主编 / 王洛林

宏观经济效应及前景分析

执行主编 / 汪同三
李雪松

China's Macroeconomic Effectiveness and its Prospect

图书在版编目（CIP）数据

宏观经济效应及前景分析/王洛林主编. —北京：经济管理出版社，2009.8

ISBN 978-7-5096-0710-7

Ⅰ. 宏… Ⅱ. 王… Ⅲ. 宏观经济—研究—中国 Ⅳ. F123.16

中国版本图书馆 CIP 数据核字（2009）第 131005 号

出版发行：经济管理出版社
北京市海淀区北蜂窝 8 号中雅大厦 11 层
电话:(010)51915602　　邮编:100038

印刷：北京银祥印刷厂　　经销：新华书店

组稿编辑：贾晓建　　责任编辑：贾晓建　徐　雪
技术编辑：黄　铄　　责任校对：陈　颖

720mm×1000mm/16　　26.5 印张　　490 千字
2009 年 9 月第 1 版　　2009 年 9 月第 1 次印刷

定价：48.00 元

书号：ISBN 978-7-5096-0710-7

总 序

20 世纪 90 年代以来，在信息革命的推动下，全球化进程呈现出明显的加速发展势头，全球化的浪潮已经席卷人类生产生活的各个领域，世界各国（地区）在经济、政治、文化等方面的联系也日益紧密，国际经济、政治的格局正在发生着急剧的变化。正处于改革开放和经济高速发展中的中国，作为全球化进程中的重要一员，一方面分享着全球化所带来的利益，另一方面也面临着全球化所带来的巨大影响和冲击。同时，由于中国经济实力和国际地位的不断增强和提高，中国对世界经济和国际事务的影响力也与日俱增，对全球化的进程发挥着越来越重要的影响。如何认识全球化与全球化中的中国因素以及全球化与中国的关系，已经成为当代知识领域中一个最为重要的课题，受到国内外的广泛关注。

在上述背景下，中国社会科学院组织经济学科片、国际问题研究学科片和社会政法学科片（现在的经济学部、国际研究学部和社会政法学部）的部分专家学者于 2004 年中成立了“全球化与中国”课题组，计划用 5 年时间（2004 年中至 2009 年中）从多学科的角度对全球化与中国未来发展的关系进行全方位的考察，不仅研究全球化进程对中国经济、社会、法律和文化等方面所产生的影响，也分析中国对全球化进程的影响以及中国在全球化进程中的作用，并就中国如何参与全球化进程、如何因应全球化挑战等问题提出政策建议。

《全球化与中国》系列丛书就是在上述课题研究成果基础上编纂完成的。

按照立项计划，课题将分为 3 个部分、10 个专题。

第一部分是综合研究，包括两个专题：一是全球化的理论与全球化的发展趋势，二是全球化背景下中国与外部世界的关系。

第二部分是经济问题研究，包括四个专题：一是经济全球化与中国经济发展的关系，二是经济全球化与中国的外向型经济发展，三是经济全球化与中国的金融改革，四是经济全球化背景下的“三农”问题。

第三部分是社会、法律和文化问题研究，分别从社会、法律、文化角度分析全球化对中国城乡产生的影响及反应，也包括四个专题：一是全球化背景下的中国农村健康和扶贫政策研究，二是全球化背景下的地方社会—文化变迁，三是全球化与中国法律，四是全球化对当代中国文化的影响。

以上各项专题研究都将对该领域的重点和热点问题作出全面深入的研究。

专题研究一：全球化理论与未来发展趋势。本专题侧重于全球化的理论研究，并在理论研究的基础上对全球化未来的发展趋势做出规律性的展望。回答的主要问题是：什么是全球化？全球化的实质及主要内容是什么？全球化与经济全球化的关系？全球化的度量方法是什么？全球化的条件、基础、动力、载体是什么？全球化的现实后果是什么？对各国人民的福利会带来哪些影响？类似于气候变暖这样的“全球性问题”对人类社会会产生怎样的影响？全球经济失衡问题也将是本专题的一项重要内容。

专题研究二：全球化背景下中国与外部世界的关系。本专题主要回答以下问题：全球化背景下中国所面临的国际环境已经发生哪些变化？未来的变化趋势如何？特别是全球化对世界经济结构产生了什么样的影响？中国在其中起到了什么样的作用？结合对上述问题的回答，本专题就中国如何参与全球化以及如何处理与外部世界的关系做出进一步的研究。

专题研究三：经济全球化与中国宏观经济。本专题将在对全球化背景下的中国宏观经济做出实证研究的基础上，着力回答以下问题：全球化对中国经济增长及宏观经济波动产生了哪些影响？怎样认识全球化影响中国经济增长和经济波动的内在机制以及中国经济与全球化的契合点？并对全球化背景下的中国经济长期发展做出展望。

专题研究四：经济全球化与中国外向型经济的发展。本专题集中研究中国的外资引进、对外贸易及中国对外投资问题。全球化为中国的外向型经济发展提供了机遇，促进了中国外向型经济的快速发展，解剖其中的内在动力、内在机制就成为深入认识中国外向型经济发展的一个基本前提，本专题正是在这一基础上，对改革开放以来中国的对外贸易、外资引进和对外投资做出了全面细致的分析。

专题研究五：经济全球化与中国金融改革。本专题的主要研究内容，一是对国内外有关金融全球化的理论发展脉络进行了梳理和简要评述；二是探讨了金融因素在经济全球化中的作用机理，综合考察金融全球化对中国经济、金融体系的影响及中国因素对经济与金融全球化的影响；三是提出了全球化背景下中国金融业的效率标准与改革方向，并在此基础上提出加快以市场化为导向的金融改革建议。

专题研究六：全球化下的中国农村发展问题。改革开放以来中国农村不仅为中国的经济发展提供了似乎取之不竭的廉价劳动力，也为其发展提供了便宜的土地。在中国目前的制度安排下，全球化既给农村群体带来了利益，也造成了损失，甚至使一部分村民成为全球化的受害者。针对这一问题，本专题首先要回答的问题就是全球化对农村群体的有利之处是什么？不利之处又是什么？

在此基础上，本专题研究的主要目标是提出一个全球化背景下的新的农村发展思路。为了实现这一目标，本专题的主要研究内容：一是对现有发展思路下的全球化影响做出评估；二是明确农村群体在这一发展过程中遇到的挑战；三是探讨新的发展思路中政府、社区、社会组织及个人在其中的责任与功能，使受到损害的目标群体的特殊需要能够优先予以保障；四是估价实现新的农村发展思路的成本及资金来源，并提出解决问题的可行途径；最后，就这一新的发展思路对全球化的可能影响做出评价。

专题研究七：经济全球化中的农村健康扶贫政策研究。改革开放以来，随着中国经济的高速增长，中国的扶贫工作取得了举世公认的成就，农村贫困人口大幅下降，但是这并不意味着中国农村贫困问题已经解决。即使按照目前中国明显偏低的贫困标准，中国也还有两千多万的农村贫困人口。其中不容忽视的一个问题是，中国的公共卫生几乎成了国内市场化和全球经济竞争的牺牲品。中国各级政府对经济增长的追求远胜于对于健康领域的关注。而健康，还有教育，无疑是影响贫困人口脱贫的决定性因素。因此，中国政府有必要针对市场化和全球化过程中出现的新问题，调整国家的卫生政策和扶贫计划，通过投资于贫困人口的健康提高他们的就业能力，并借此获得减少贫困的效果。本专题将主要从以下几个方面研究经济全球化对中国农村经济、社会和环境的影响，以便为经济市场化和全球化下的农村健康扶贫行动提供政策建议：一是沿着贸易自由化——药品价格决定——贫困人口常用药物的可及性——劳动者健康状况——非农就业——家庭收入——家庭消费与投资这样一个线索，探讨经济全球化对农村贫困人口生产生活的影响；二是考察现行合作医疗制度和医疗救助制度在贫困群体享受医疗服务及维护其家庭经济安全方面的作用；三是沿着农村工业化和农业市场化——环境污染——与环境相联系的疾病和健康问题——农户疾病负担——社区环境成本这一线索，探讨经济全球化对农村人口的健康、家计和社区生态环境的影响；四是考察现有的环境保护制度、疾病预防和控制制度、污染受害者法律保护制度对维护农村公共健康安全和社区环境安全的作用。

专题研究八：全球化与中国法律。全球化对中国的法律产生了巨大而深刻的影响，这一影响正在从三个层面逐步展开，一是具体的法律制度措施层面；二是立法体制层面；三是法律观念与法律文化层面。本研究将主要围绕这三个层面就全球化对中国法律所产生的影响的表现特征、作用机制和发展趋势进行研究，进而提出符合我国需要的制度选择建议。

专题研究九：全球化背景下的地方社会—文化变迁。本专题研究的是中国后发地区（主要是西部地区）面对全球化背景下的社会—文化变迁所做的策略选择与实践过程。主要研究内容，一是探讨后发地区在全球化过程中具有地方特色的尝试与实践，力图从中摸索出一条既能利用全球化机遇，又能激活本地社会文化资源的发展道路；二是通过个案研究发现带有共性的问题，在经验层面对地方的实践予以概括；三是从文化的角度理解基层实践的意义及其政策含义。

专题研究十：经济全球化对当代中国文化发展的影响。本专题主要研究以下几个方面的问题：一是经济全球化对中国传统价值观念的冲击，以及在这一背景下中国特色的现代社会与价值观念的重新塑造；二是经济全球化背景下中国文化产业的发展状况；三是经济全球化与中国文化的发展战略。

上述各项研究成果均将集结成册，同时，以上述研究为基础形成的专题研究报告及课题研究总报告也将汇集成册，一并陆续出版。

我们希望，《全球化与中国》系列丛书的出版，能够加深我们对全球化的了解，提高我们对中国发展与全球化关系的认识；我们也同样希望，这套丛书的出版，有助于增加世界对中国和平发展的理解。

“全球化与中国”课题研究和《全球化与中国》系列丛书的出版，自始至终都得到了美国福特基金会的财政支持，对此，我们深表感谢。我们希望，本系列丛书能够成为中美两国人民友谊的又一历史见证。

最后，诚恳希望广大读者对本丛书的不足与错误提出批评指正。

王洛林

2007 年 10 月

前言

不可否认，我们处在一个空前的全球化进程之中，它迅速压缩着整个世界，使各国各民族各地区在经济、政治、国际关系、科技、法治、管理、组织、文化、生活方式等方面的相互联系、影响、制约日益加强。

中国自从改革开放以来，就踏上了日渐深入地融入全球化进程的道路。30年来，中国所取得的成就举世瞩目，综合国力明显增强，人民生活显著改善，国际地位不断提高，同时，与世界经济、政治、文化的融合程度有了长足发展。在这种情况下，研究全球化与中国的关系，总结过去、展望未来，具有十分重要的意义。

全球化的核心是经济全球化。本报告撷取中国宏观经济层面与经济全球化紧密相关的重要问题，比如经济结构变迁（以工业化道路为着眼点）、国际贸易、国际直接投资、金融制度（外汇储备、均衡汇率、汇率变动）、环境问题（环境保护、能源消耗、贸易含污量）、技术创新等方面，研究其发展状况以及全球化对其的影响。本报告还关注中国在全球化进程中与外部世界的互动，比如分析资本账户自由化对包括中国在内的众多发展中国家的经济增长的影响；中国加入 WTO 对美国及欧洲的影响；中国制造业国际竞争力增强对周边国家的影响；国际油价变动对中国的影响。最后，报告预测了随着全球化程度的深入，中国经济的长期发展前景。

本报告的突出特点是综合利用各种现代经济计量方法，定量研究经济全球化与中国宏观经济之间的关系。报告得出的结论绝大多数都符合直觉，区别在于用定量分析验证了这些结论，并提供了更有说服力的依据。

在中国的宏观经济层面方面的结论主要有：中国的现代化本身就是国际关系激荡的产物，国内国际因素的制约决定了它将经历一条分层工业化道路；中国加入 WTO 是一个平稳过渡的过程，没有对经济构成冲击；出口、FDI、外债、政策调整和外部金融危机冲击对我国的外汇储备都有显著影响；实际有效汇率升值并不能有效解决中国的贸易顺差问题；进行人民币汇率政策调整时，人民币升值应采取小幅度、慢性化、长期性升值的原则，这样才能保证中国经济长期可持续的良好发展。

在环境和能源方面的结论主要有：在可持续发展方面，经济全球化是一把

“双刃剑”。全球化促进了中国的重化工产业的出口，加重了国内环境污染；自20世纪90年代以来中国的出口含污量一直高于进口含污量，中国的净贸易含污量呈现不断扩大的发展态势。这意味着目前中国属于能源和环境的净输出国或污染的净输入国，而90年代后期以来中国的环境贸易条件也有明显恶化；我国进出口贸易在能源消耗方面对整体经济是正面影响，进口产品的省能多于出口产品的耗能，有利于降低国内的能耗。但从近年的发展趋势来看，这种有利影响正在逐渐减小；中国存在着正向的GDP—石油价格关系。这与其他石油净进口国的GDP—油价关系完全相反，其原因在于中国特殊的经济结构尤其是能源消费结构。

在与外部世界互动方面的结论主要有：一方面，资本市场自由化对发展中国家经济增长有着正面促进作用；创新全球化带来的技术经济系统的变化为发展中国家打开了新的机会之窗，并且拓展了公共政策的范围以维持赶超进程。另一方面，又为追赶进程设置了很多障碍。发展中国家和发达国家之间的不平衡和差异性日益明显；中国、美国及欧盟都是中国加入WTO的受益者，加入WTO对中国的进出口贸易总量以及中美、中欧的双边贸易量的影响非常显著；中国制造业的崛起对周边竞争型国家有负面影响，对互补型国家有正面影响。

随着美国次贷危机所引发的全球金融危机的蔓延，对于全球化的质疑也甚嚣尘上，保护主义重新抬头。其实，从全球化进程伊始，争议就一直存在。这正验证了辩证唯物主义的对立统一规律，世界上任何事物的内部和事物之间都包含着矛盾的两个方面，矛盾的双方既对立又统一。我们的研究结果显示，中国融入全球化得到的效应中，正面作用是主要的，但也存在一些不容忽视的必须改进的问题。问题的存在并不在于全球化本身，而在于各国融入全球化时采取的政策措施是否符合本国科学发展的需要。全球化进程也许会存在波折，但是不可遏止。因此，中国在未来的全球化进程中，要遵循否定之否定规律，扬弃不合理的部分，保留合理的部分，使全球化进程和中国的发展都迈上新的台阶。

在本报告写作过程中，祖国经历了数次严峻考验。中国人民上下一心，众志成城，克难兴邦，情动天地。在这样的精神鼓舞下，我们相信，任何困难都阻挡不住中国发展的脚步。“好风凭借力，送我上青天”，借助全球化汹涌浪潮和中国已有的实力，中国的未来必将更加和谐与美好。

汪同三

2009年6月16日于北京

目 录

第一章　中国经济发展的过去、现在和未来①
——中国的分层工业化道路

改革开放以来，中国经济取得了举世公认的成就，形成了独具特色的中国发展道路。面对这种中国特色的发展道路，人们对破译所谓“中国密码”产生了浓厚的兴趣，同时，对这一发展道路的前景也形成了多种猜测。那么，究竟什么是中国特色发展道路的“秘诀”呢？能否孤立地理解中国改革开放以来取得的成就呢？换句话说，如何对改革开放前后中国的发展做出统一理解呢？它的未来发展前景又究竟会怎样呢？本章希望通过简略回顾 1949 年新中国成立以来经济发展和体制变迁的基本脉络，能够对这些问题给出合乎事实与逻辑的答案。

本章提出了这样一个认识，即 1949 年以来中国实际上走的是一条分层工业化道路。由于工业化是现代化的核心，所以，按照这样一个认识，可以对中国的现代化历程，特别是 1949 年以来中国的发展与体制选择、各种重大政治经济事件和目前面临的问题做出统一的解释，并对其发展的前景做出预测。

一、什么是中国的分层工业化道路

事实表明，中国的工业化具有明显的结构特征，突出表现为不同层次上工业化水平的巨大差异。例如，在航天领域，中国已经实现了太空行走，而与此同时，在广大的农村，普遍流行的基本还是千百年流传下来的生产方式，许多地方使用的农具和在历史教科书中看到的汉代农民所用的生产工具几乎没有什么区别。这一事实正是分层工业化的产物。初到中国来的外国游客看到北京、上海等大城市，会以为中国已经是一个发达国家，而一旦看到贫困的农村特别是中西部的农村，又会觉得中国与发达国家差距起码在 100 年以上，会产生“中国究竟是一个富国还是穷国”的困惑。这也是中国分层工业化的结果。

---

① 本章主要内容曾以《中国的分层工业化》为题提交给 2009 年中国台北《纪念中国改革开放 30 周年国际研讨会》作为会议论文。在吸收原文主要内容基础上，这里做了修改补充。

根据1949年以来中国经济发展的事实，可以做出这样的概括：1949~1978年，即改革开放以前的近30年，中国进行的是国家层面或为国家行为能力奠定物质基础的工业化，可以简称为国家工业化。这里的国家指的是国家机器。

1979年至今的近30年，中国进行的是城市经济的工业化。

根据中国经济目前面临的基本矛盾，可以预计，下一个阶段中国将要在广大的县域经济层面进行工业化。第五部分的分析将会说明，如果仅仅从宏观经济角度或者仅仅按照宏观经济数据观察当前的中国经济往往会产生许多误解。原因就是当下的中国是一个二元经济的中国，而这种二元性的具体体现就是城市经济与县域经济。城市经济中的所谓城市主要是指不含所辖县的地级市及地级市以上的城市。目前中国每年出版《中国城市统计年鉴》，同时出版的还有《中国县（市）社会经济统计年鉴》。其中，所谓县（市）是指县和县级市。它们的一部分也可以划入城市经济范围，但为了研究的方便，本章仍把它们作为县域经济的一部分。所谓“三农”问题，即农业、农村、农民问题，主要反映在县域经济层面。

就是说，在中国，以上三个层次：国家层面、城市经济层面和县域经济层面的工业化是从上而下逐步展开的，而不是同时进行的。本章把这样一条工业化道路称为中国的分层工业化道路。①

以不同层面的工业化为特征也可以把它们称为工业化的不同阶段。这样，1949~1978年可以称为国家工业化阶段。1979年至今可以称为城市经济工业化阶段。但需要特别注意的是，这里所说的工业化阶段有别于罗斯托在《经济增长的阶段》和钱纳里在《工业化和经济增长的比较研究》中所说的工业化阶段。也正是因为有这种区别，所以本章使用了分层工业化这一提法，而没有用分阶段工业化这一习惯用语。

二、国家层面工业化的基本任务

在汉语中国家一词有多种含义，在国内政治中，一般用来特指作为一种组织的国家机器。而在国际关系中，它则是国土、社会、国家组织的集合。这里所说的国家指的是前者。

国家作为一种组织承担着诸多职能，而要完成这些职能当然需要一定的物质条件。例如，为了实现保卫国家主权和领土不受侵犯的职能，不仅需要建立

---

① 赵京兴：《把握时机，善用国债》，《中国经济蓝皮书》2003年春季号，社会科学文献出版社，2003年。

强大的武装力量，还需要建立起完备的交通通信系统。在经济发展的不同时期，用来提供这些物质条件的生产方式是不同的。

所谓工业化就是以机器大工业为手段改造人们生产方式、生活方式和其他社会活动方式的过程。这也是现代以来生产力发展的基本特征。

自从大工业产生以来，先行实现工业化的国家就把国防和交通通信等国家职能赖以实现的物质条件建立在大工业基础之上了。

中国作为一个后起的国家，一直到 1949 年，不论是国防还是国内的交通通信等基础设施仍然缺少大工业的支撑。

在众所周知的国际国内环境下，1949 年后，摆在中国新生政权面前的最为紧迫的任务就是为实现维护国家独立和统一这一国家的最基本职能建立起大工业的物质基础。为了实现这一目标，一方面，需要建立起最基本的国防工业，另一方面需要建立足以连接全国的铁路、公路、邮电、通信等交通通信系统。而为了完成这些任务，对中国这样一个大国而言，就需要建立一个独立的相对完整的工业体系，特别是作为基础的重工业体系。事实上，这也是 1840 年以来中国人一直追求的目标，只是一直没能实现罢了。[①]

1949 年新中国成立后，新生政权实际面对着多重任务，需要实现多个目标，特别是在经济上，尽快改善人民生活似乎同样紧迫。在这种形势面前，中国共产党采取的基本是一个帕累托改进的策略，即在完成主要任务、实现主要目标的同时，使城乡居民的生活略有改善。

当然，在整个国家工业化阶段，中国共产党不是没犯错误，例如“大跃进”。“大跃进”之所以失败、之所以是一个错误，从根本上说，就是因为它企图同时实现多个目标，既要建立强大的国防工业和基础工业，又要满足广大群众致富的愿望。“大跃进”从反面说明了这一时期中国工业化的主要任务和主要目标只能有一个，不可能面面俱到。

第一个五年计划是代表这一时期工业化特征的典范。

中国的第一个五年计划是一个以 156 个项目为中心的大规模建设计划，而 156 个项目的重心则是国防工业和为之配套的基础性战略产业。“在前苏联援建的 156 个国家大型骨干建设项目中，有航空、兵器、无线电、造船等国防工业项目 41 个（原为 44 个，后由于抗美援朝战争结束，减为 41 个）；与国防工业有密切关系的能源、交通、钢铁、有色金属、重型机械、化工等基础工业建设项目 50 个。”[②] 二者加在一起，占了全部项目数量的 59%。由于“军工产品所需原材料种类多，加工度深，因而军工企业的发展，对一大批重工业产业有很大

① 库桂生、姜鲁鸣：《中国国防经济史》，军事科学出版社，1991 年。

② 谢光：《当代中国的国防科技事业》（上册），第 13 页，当代中国出版社，1992 年。

的带动作用”。[①] 因此除上述项目外，实际上还有不少民用工业也是间接服务于国防工业和铁路、通信等战略产业的。[②] 正如主持制定“一五”计划的陈云在《关于第一个五年计划的几点说明》中指出的：“按照五年计划，国防工业是很突出的。为了实现发展国防工业的计划，很多民用工业就必须跟上，而且跟的很吃力。有些民用工业，实际上也是为了配合国防工业而建立的，比如有些特殊钢厂、化工厂等。这种情况的存在，是由于外国是在已经发展了的工业水平上搞国防工业，而我国工业落后，基础太差，但又必须迅速地发展国防工业。这样，就不可避免地要采取目前的办法。”[③]

第三个五年计划和随后的“四五”时期，按照“备战、备荒、为人民”方针制订的计划，同样是把国防工业特别是“三线”建设放在了首位。

1978 年全国人大五届一次会议通过的《中华人民共和国宪法》中的第十一条实际是对 1949 年以来上述建设经验的总结：“国家坚持鼓足干劲、力争上游、多快好省地建设社会主义的总路线，有计划、按比例、高速度地发展国民经济，不断提高社会生产力，以巩固国家的独立和安全，逐步改善人民的物质生活和文化生活。”在这里明确地把“巩固国家的独立和安全”这一目标摆在了首位。

这一时期的建设成绩同样可以清楚地反映出这一时期工业化的特征。

（一）国防工业和基础工业

20 世纪 60 年代以后，在常规武器方面，逐步完成了由仿制到自行研制的转变。“中国已经能够依靠自己的能力，研制包括步兵轻武器、压制兵器、反坦克武器、高射武器、坦克、装甲输送车、军用车辆、舰艇、飞机，以及雷达、通信设备、防化器材等在内的武器装备。由中国自行研制的武器装备在定型的国产装备中所占比重逐年加大。”[④] 在尖端武器方面，1964 年、1967 年原子弹、氢弹爆炸成功。1970 年，第一颗人造地球卫星发射成功。1974 年第一艘核潜艇正式编入海舰序列。[⑤] 如果再加上“三线”建设，上述进展已经能够初步满足积极防御战略的需要。

钢铁工业方面，1952 年粗钢产量为 193 万吨，是 1949 年的 7.7 倍；1978 年达到 3178 万吨，是 1952 年的 16.5 倍；1952~1978 年年均增长 11.4%。同

---

① 曹尔阶等：《新中国投资史纲》，第 84 页，中国财政经济出版社，1992 年。

② 参见孙振环：《中国国防经济建设》，军事科学出版社，1991 年。

③《中华人民共和国经济档案资料选编（1953~1957）》(固定资产投资和建筑业卷)，第 22 页，中国物价出版社，1998 年。

④ 张爱萍：《当代中国丛书·中国人民解放军》(上册)，第 513 页，当代中国出版社，1994 年。

⑤ 参见谢光：《当代中国的国防科技事业》(上、下册)，当代中国出版社，1992 年。

时，在产品的质量品种规格上也基本满足了国防工业和尖端技术的需要。能源工业方面，原煤产量从 1952 年的 6600 万吨提高到 1978 年的 6.18 亿吨，年均增长 9%；原油产量从 1952 年的 44 万吨提高到 1978 年的 10405 万吨，年均增长 23.4%；发电量从 1952 年的 73 亿千瓦小时提高到 1978 年的 2566 亿千瓦小时，年均增长 14.7%。在机械工业方面，于 20 世纪 60 年代中期形成了以国防工业为主要内容的较为完整的机械工业及工业管理体系（见表 1–1）。

表 1–1　1965 年中国的机械工业管理部门

各部名称	管辖范围
第一机械工业部	通用机械、仪器仪表工业
第二机械工业部	核工业
第三机械工业部	航空工业
第四机械工业部	电子工业
第五机械工业部	兵器工业
第六机械工业部	船舶工业
第七机械工业部	航天工业

（二）铁路公路基础设施建设

铁路方面，1952 年到 1978 年，营业里程从 2.29 万公里增加到 5.16 万公里；旅客周转量从 200.6 亿人公里增加到 1093.2 亿人公里，增长了 4.4 倍；货物周转量从 601.6 亿吨公里增加到 5345.2 亿吨公里，增长了近 8 倍。公路方面，1952 年到 1978 年，公路里程从 12.67 万公里增加到 89.02 万公里，增长了 6 倍；旅客周转量从 22.6 亿人公里增加到 521.3 亿人公里，增长了 22 倍；货物周转量从 14.5 亿吨公里增加到 274.1 亿吨公里，增长了近 18 倍。

1949 年前西藏与内地交通往来极为不便，既没有可以通行汽车的公路，也没有铁路。不论民国时期还是 20 世纪 50 年代初期，中央派往西藏的代表都需要绕道印度再前往拉萨。1950 年底至 1954 年 12 月，经过 4 年的建设，四川至拉萨、西宁至拉萨的川藏、青藏公路同时建成通车。基础设施建设在维护国家的独立统一方面的重大意义在川藏、青藏公路上得到了集中体现。

（三）人民生活

正如以上所说，由于这一时期中国的工业化的主要目标与任务都是为国家行使职能提供物质基础，所以自 1949 年以来，城乡居民的生活水平提高得并不多，总体上实现了每年略有改善的目标，其中的个别年份由于决策失误，生活水平还出现过下降。职工平均工资从 1952 年到 1978 年年均实际增长仅为

0.03%,[①] 城市居民生活水平的提高主要是通过增加就业实现的。农村居民收入的提高一是来自农副产品产量的增加，二是来自农副产品收购价格的提高，但是由于这一时期人口增长较快，农村居民收入和消费水平提高同样缓慢。按照国家统计局的数据，以 1952 年为基期，到 1978 年，全国居民消费水平年均实际提高 2.3%，其中农村居民年均提高 1.76%，城市居民年均提高 3%。在涉及人民生活的各种问题中，住房问题显得尤为突出。1979 年改革开放前，"据 190 个城市统计，平均每人居住面积仅为 3.6 平方米，比新中国成立初期的人均 4.5 平方米还下降了 0.9 平方米"。[②]

以上，本章之所以要不厌其烦地叙述大量事实与数据，目的就是为了说明 1949 年至改革开放前中国工业化的基本特征，它所要达成的主要目标及所要完成的主要任务。

如果用它本来要实现的目标来衡量，特别是考虑到其间还发生过"大跃进"和"文化大革命"这样的事件，以及当时的国际环境，应该说，这一时期的发展业绩并不差。但是如果用纯经济标准来衡量，特别是把人民生活水平作为衡量标准，对这一时期发展业绩的评价结果就会一落千丈。但是，这样的评价标准是不正确的。因为它没有反映这一时期中国经济发展的客观要求。无论是古典经济学家还是现代经济增长理论家，其中的代表人物，如亚当·斯密、库兹涅茨、罗斯托等都明确指出过主权国家的建立对经济增长所具有的重大前提意义。即使像福山这样的新保守主义者也认识到了国家在现代社会中的重要作用。[③]

粗糙地把中国这一时期的发展归结为重工业优先发展战略同样是不准确的，它无法揭示这一时期中国经济发展的主要目标和主要任务，因此也不能说明这一时期经济体制及其形成的内在逻辑，更无法对这一时期出现的包括"文革"这样大规模群众运动在内的大量历史事件作出合理的解释。

三、中国的计划经济体制：理论分析与历史事实

经过 30 年的改革，中国的计划经济体制已经作为一个历史现象载入史册。除了在书本上和老人们的记忆中，它似乎早已退出历史舞台。但是，作为改革

① 国家统计局社会统计司：《中国劳动工资统计资料（1949~1985）》，第 151 页，中国统计出版社，1987 年。

② 曹洪涛、储传亨：《当代中国的城市建设》，第 101 页，中国社会科学出版社，1990 年。

③［美］弗朗西斯·福山：《国家构建——21 世纪的国家治理与世界秩序》，中国社会科学出版社，2007 年。

的对象，它其实一直在影响着改革的进程。所以，不论是为了对这一历史现象作出合理的解释，还是为了深入认识30年来的改革开放，都有必要对其进行深入研究。

本部分主要想回答两个问题，一个是通过理论分析和历史事实说明中国的计划经济体制及其形成的内在逻辑，再一个是揭示这一体制的本质特征，由此为下一部分说明其可能产生的社会后果做准备，以便从更广泛的意义上说明改革的动因。

（一）计划经济体制及其形成的内在逻辑

无疑，中国计划经济体制的产生和形成受到了苏联的影响。但是，随着越来越多史实的披露，人们发现中国的计划经济体制实际上基本是独立形成的，这一形成过程本身就能表明这一体制的内在逻辑。

透过现象，对中国计划经济管理体制的基本构成要素进行分析，不仅有助于我们从运行机制层面理解这一体制，而且可以在一定程度上认识其起源上的合理性与必然性，也只有理解了其历史合理性与必然性才能认识其历史局限性和改革的必要性。

1. 现代财政与国家预算

在现代，国家预算在国家财政中处于核心地位。国家财政古已有之，但国家预算却是资产阶级革命的产物。国家预算的首要特征就是其计划性、法律性。国家预算制度的建立，首次在国家层面上引入了计划因素，而且开创了一种新的资金运动形式。

运用马克思的分析公式，资本运动的一般公式是：G—G′（这里的G代表货币资本，G′代表增殖后的货币资本）。而财政资金的运动形式则是：计划—G（财政支出）—G′(财政收入）—计划。其中G—G′虽然有了不同的内容，但资金运动自始至终受到计划的约束这一特征则是一目了然的。这种特征纯形式上的意义远大于它的内容。限制其内容的并不是形式本身，而是政府的职能。因为，从概念上说，财政就是执行政府职能的经济基础。一旦政府职能扩展到经济领域，这种形式就能发挥起组织经济的功能。

事实上，计划经济中的基本建设投资的资金运动遵循的就是这样一种形式。所以，从经济形式上看，计划经济并不是从天上掉下来的，也不是最早实行计划经济的苏联的发明。从内容上看，计划经济不过是财政预算原则在全社会生产领域的推广。而之所以出现这一变化，又是因为政府职能及与之相应的财政职能发生了转化。

这一点在新中国经济史上表现得格外明显。早在革命战争年代，毛泽东就为根据地的财政经济确定了“发展经济，保障供给”的原则。这里的供给指的就是财政供给，是相对于战争年代党政军的需求而言的，而经济则包括了各种生产和商贸活动，这样就在财政与社会经济之间建立了紧密的联系，甚至可以说，发展经济就是为满足财政需要服务的。直至新中国成立初的“三年恢复”时期，它一直还是财政工作的指导方针。以后，随着新生政权的建立，任务的重点发生了转移，从夺取战争胜利到实现国家工业化，虽然这里需求的内容不同了，但原则实质上还是一个。

2. 公共产品与政府职能

政府职能问题一直是经济学研究的一个重要领域，但一直到 20 世纪 50 年代，关于公共产品与外部经济的研究才为确定政府职能提供了经济学的理论基础。从而明确了政府职能就是提供公共产品。

从理论上看，虽然公共产品是一个具有明确内涵的概念，但是其外延却是不明确的，要视具体的历史条件来确定。对于后发国家，在一定历史时期，由于特定的历史条件，工业化本身也成为了一种公共产品，特别是国防和交通运输通信市政基础等设施，按其自身性质本来就是公共产品或准公共产品。在发达国家，这些公共产品的生产可以通过政府采购来实现。但是 1949 年在中国经济极为落后的情况下，作为这些公共产品的生产部门，如国防工业和钢铁、化工等基础工业，由于一次性投资大、回收周期长，一方面私营经济力量薄弱、难以满足投资需要；另一方面国家已接收了大部分的现代经济，这些生产部门本身也具有了公共产品性质。①而这些部门在发展中国家工业化历程中，往往是工业化初期的主要部门。这也就是为什么后发国家的工业化大多具有政府主导性质的原因。而中国，由于其落后程度以及新中国成立前后（乃至 20 世纪 60 年代中期）面临的战争环境，②特别是以上阐述过的这一时期中国工业化的特定目标与任务，就更增加了这些部门的公共性，实现这一时期工业化目标与任务就成了政府的主要职能之一。这在中国共产党提出的过渡时期总路线中得到了明确反映，并写入了宪法。

3. 命令经济——内部行政行为与外部行政行为

计划经济的本质就是把国家行政权力作为组织经济的基本手段，具体表现为以指令性计划为核心的行政命令。这种方式的性质决定了它对内部行政行为的依赖，依靠层级结构中的上下级关系实现其经济管理目标成为它的基本特征。

时至今日，许多人仍笼统地使用“行政手段”一词描述计划经济的特征。实际上，这样说是不准确的，会导致计划经济与市场经济体制的混淆。市场经济并不排除行政手段，在发达的市场经济条件下，对经济的行政管理同样存

① 植草益：《微观规制经济学》，第 3~18 页，中国发展出版社，1992 年。
② 参见李向前：《六十年代美国试图对中国核计划实施打击揭秘》，《百年潮》，2001 年第 8 期。

在。譬如产品安全与质量管理，在市场经济条件下就要广泛地借助于行政手段。在运用行政手段方面，计划经济与市场经济的真正区别在于，在市场经济中借助的是外部行政行为，按照行政法规实现对经济的行政管理；而在计划经济体制中，行政手段主要表现为内部行政行为，从而可能通过上下级关系实现对经济的计划管理。

为了使这种管理经济的方式成为可能，就需要把各种经济组织都纳入到国家行政体系，作为行政部门的附属物，按照行政管理的条块结合的方式把它们组织在一起。这样做的结果就使整个国民经济变成了一个大公司，各个企业只是它的一个生产车间，而国务院主管经济的各部委则成了这个大公司的职能部门。

这一体系发挥作用的核心机制就是以内部行政行为为特征的行政推动。具体说就是：中央政府作为这个大“公司”的“生产指挥部”，依据各种计划指标，借助于“条条块块”组成的经济管理体系，通过指令性计划的执行，使各项计划得到实施。不论是各级政府与各级计经委、各级主管部门与下属企业，还是各级专业管理机构与其上级单位，都通过隶属关系形成了上下级之间的环环相扣的命令服从关系，并通过这一关系，达到政令的上通下达，形成了以内部行政行为为主要手段的管理体系。

由此形成的这一体制的一个突出特点就是行政权力的泛化，既是行政的社会化，也是社会的行政化。通过所谓“单位制”,[①] 使每个社会成员通过对“单位”的依附关系，被纳入这一体制。计划经济条件下的行政管理也就被赋予了特定含义，特指通过内部行政行为进行的管理。这是计划经济管理手段的一个基本特征，也是计划经济激励机制的一个基本特征和基本构成要素。

鉴于内部行政行为与外部行政行为两种不同行为方式对辨别体制特征的重要意义，有必要把这两个概念的具体含义引述如下：“所谓内部行政行为，是指行政主体在内部行政组织管理过程中所作的只对行政组织产生法律效力的行政行为，如行政处分及上级机关对下级机关所下达的行政命令等。所谓外部行政行为，是指行政主体在对社会实施行政管理活动过程中针对公民、法人或其他组织所作出的行政行为，如行政许可行为、行政处罚行为。划分内部行政行为与外部行政行为的意义在于：第一，内部行政行为适用内部行政规范，因而只能用法定的内部手段和方式去进行；而外部行政行为适用于社会行政等外部行政法规范，因而能够采用相应的法律、法规所规定的各种手段和方式去进

---

① 参见路风：《单位：一种特殊的社会组织形式》，《中国社会科学》，1989 年第 1 期；周翼虎等：《中国单位制度》，中国经济出版社，1999 年；刘建军：《单位中国》，天津人民出版社，2000 年；李路路等：《中国的单位组织——资源、权力与交换》，浙江人民出版社，2000 年。

行。就此可以看出，内部行为与外部行为的内容与方法是不同的，两者不能任意交叉使用。第二，对于内部行政行为的主体资格，法律没有严格要求，而外部行政行为的主体资格，法律则有严格要求。所以，某些具有内部行政行为主体资格的组织，不一定具有外部行政行为主体资格。第三，内部行政行为不得适用行政复议程序和提起行政诉讼，而外部行政行为在法定条件的情况下，可以适用行政复议程序和行政诉讼程序。"[①]

与外部行政行为相比，内部行政行为有两个突出特点：一是在外部行政行为场合，行政机关与行政对象是平等的法律主体，而在内部行政行为中，这种关系变成了上下级关系；二是外部行政行为必须依法行政，受到法律的约束，而内部行政行为则是一种有更大自由裁量权的行政行为，能否按政策办事完全取决于领导者的素质，结果就形成所谓的"人治"或"按长官意志办事"。

这样就形成了整个经济组织的两个基本特点：一是按行政部门（条条）和行政区划（块块）组织经济；二是按行政隶属关系组织经济，所有基层企事业单位都按不同情况分别隶属于各部门或各地区的管理机构。国家计划则分别按照这两个系统，按基层单位的行政隶属关系下达和组织执行。企业和个人离开这种隶属关系将寸步难行，小到出差旅行、婚丧嫁娶，大到产品的采购销售、企业的设立，都要在一定的行政隶属关系下才能进行。

4. 单一的公有制（国家所有制和各种形式的集体所有制）

为了使以指令性计划为核心的行政命令经济成为可能，建立单一的公有制所有制形式就成为了一种客观要求。这种公有制的实质是依附于行政权力的国家所有制。在落后的生产力基础上为了使单一的公有制成为可能，在具体形式上，公有制又分成了国家（全民）所有制及不同水平的集体所有制，从城市经济的大集体所有制、小集体所有制到农村政社合一的（人民公社）"队为基础，三级所有"的所有制。

城市经济中划分集体所有制水平的依据实际是其所属的行政层次，比如，隶属于市局一级管理部门的企业就是所谓"大集体企业"，而隶属于街道一级的企业就是"小集体企业"，但有一点是共同的，就是它们都隶属于某一级政府（乃至像居民委员会这样的"准政府"），从而可以置于统一的行政管理体系下。

农村经济则通过人民公社这种政社合一的组织形式，同样纳入到了行政管理体系。

经济系统的统一性决定了计划经济具有一种把全社会经济纳入到自身的冲动，即建立单一公有制的冲动，原因是，只有这样才能实现计划经济的基本要

---

① 罗豪才：《行政法学》，第117页，北京大学出版社，2000年。

求——综合平衡。

从这样的观点来看，所有制改造不过是实行计划经济的一个条件，从而成为了计划经济的一个基本构成要素。[①] 只有这样，才能使生产资料和各种资源——从使用权到处置权，置于统一的行政权力控制下，使所有基层单位和个人服从于统一的计划。例外的情况只有农村的自留地、自由市场以及城市居民无须票证的消费活动。

（二）中国计划管理体制的形成与基本制度安排

经济体制是经济管理体制的简称，其含义简单地说就是各种管理机构的设置和不同管理机构间权力（权利）的分配。中国的计划经济体制具体包括计划管理体制、农业管理体制、工业管理体制、交通运输管理体制、商业管理体制、物资管理体制、基本建设管理体制、科技管理体制、教育管理体制、医疗卫生管理体制、劳动工资管理体制、综合财政管理体制等等。其中计划体制居于核心位置，指的是各种计划机构及其权力（权利）关系的总和。

与苏联相比，中国的计划体制似乎就从未定型过，它不断地处于变革中，1965 年似乎是它完善的顶点，但马上就陷入了“文革”的冲击，直至 1978 年改革开放。

1949~1953 年，新中国成立后面临的经济形势极为严峻，一是物质生产力经受了严重破坏，二是旧社会遗留的各种经济势力通过恶意囤积、投机倒把等行为对经济的破坏，三是朝鲜战争。与此同时，革命战争年代形成的分散的财政经济体制与建立统一的国家财政货币体系的要求又极不适应。

在这种形势下，为了保证战争的需要和尽快恢复国民经济，在 1950~1952 年的国民经济恢复时期和“一五”初期，建立和形成了高度集中的财政经济体制，这一体制为后来的计划管理体制的建立奠定了基础。

1949 年 5 月中共中央决定成立中央财政经济委员会（简称中财委），同年 7 月中财委正式组成，1950 年 3 月政务院通过并发布了《关于统一国家财政经济工作的决定》，决定统一全国财政收支、统一全国物资调度、统一全国现金管理。为了实现财政收支的平衡和管理国营经济，在中财委内设立了计划局，并对重要物资实行计划调拨。这一时期形成的管理体制，无论从工作方法上看还是从组织机构上看，都可以说确立了今后中国计划经济体制的雏形。[②]

---

① 这样说并不等于否定改革后公有制在社会主义市场经济中的地位和作用。重要的一点恰恰是在计划经济与市场经济中公有制实现形式的区别。

② 薄一波：《若干重大决策与事件的回顾（上）》，第 48~66 页，中共党史出版社，2008 年；吴承明、董志凯：《中华人民共和国经济史》第一卷，第 173~174 页，中国财政经济出版社，2001 年。

1952年随着国民经济恢复时期的结束，开始了第一个五年计划的建设。1952年11月15日成立了中央人民政府委员会领导的与政务院平级的国家计划委员会，负责对国民经济和社会发展的规划和方针政策的研究制定，原政务院所属的重工业部、一机部、二机部、燃料工业部、建筑工业部、地质部、轻工部、纺织部、劳动部等部门划归国家计划委员会领导。

1954~1978年，随着第一届全国人民代表大会的召开，中国的国家组织发生了重大变化，全国人大代替了原来的中央人民政府委员会，撤销了政务院，代以国务院，国家计划委员会由国务院领导，同时在中央各部和省市县成立了专门的计划工作机构。以后，伴随工商业社会主义改造和农村人民公社化，逐渐形成了由“条条”、“块块”组成的计划经济管理体制。

在计划经济体制下，计划权是一基本的权力（权利），不论是集权还是分权，各级政府和企事业单位都只能按照计划所赋予的权力（权利）行事。从计划经济体制建立到1978年改革开放，其间的改革涉及的只是各级政府及企业计划权力（权利）的大小（以一定的计划指标代表），没有改变的是计划权力的分配。上级下达计划指标，下级在权力范围内再制订计划指标下达给下级，直至企业（如产量、利润、职工人数等）和个人（如每人的身份、工作岗位、工资、粮食定量等），并按照计划进行生产建设、分配、流通和消费。

“一五”时期，国家计委管理的产品范围较广，计划种类较多，计划指标齐全。基本建设投资和建设项目的绝大部分由中央各部直接安排。中央统一分配的物资达到500多种，地方的权限很小。

1958年对上述体制进行了改革，中心是扩大省一级的经济管理权限。中央管理的企业约有87%下放给地方管理，中央统一分配的物资比1957年减少了75%，地方建设项目占预算内投资的比重由“一五”的10%增加到50%。

1963年，贯彻“调整、巩固、充实、提高”的八字方针，强调经济管理的大权必须集中到中央，又大量收回下放的管理权。1963年，中央统一分配的物资又增加到522种，基本建设审批权限上收，实行了中央集中统一领导下的以“条条”为主、“条块结合”的计划管理体制。与此相应，国务院增设或恢复了若干新的职能部门，如恢复了1958年撤销的国家建设委员会，更名为国家基本建设委员会，恢复了1958年被并入建工部的建材工业部，增设了物资部，第四、五、六、七机械工业部，等等，国务院所辖机构达到了79个，其中49个职能机构中有35个是经济管理部门。

（三）中国计划管理的主要内容与基本特点

实行计划经济的根本目的就是实现国民经济的高速发展，核心任务是实现国家工业化。但由于社会经济是一个整体，为了实现上述目标，计划管理就要涉及社会经济的方方面面，由此也就规定了国民经济计划的内容。根据改革开放前几个五年计划的具体内容，可以将其分为：

（1）社会总产品和国民收入计划。它是国民经济计划最综合的部分，主要指标有：社会产品总值、国民收入、消费与积累的比例等。

（2）农业生产计划。包括农产品产量计划、农作物播种面积计划、畜牧业计划、林业计划、水产计划、农业机械化计划等。

（3）工业生产计划。包括主要工业产品产量计划、主要工业产品生产能力计划、主要技术经济指标计划、新产品试制计划等。

（4）基本建设计划。主要指标有：基本建设投资额、建筑安装工作量、新增生产能力、大中型建设项目及其建设进度、投产年限、投资效果等。

（5）交通运输计划。包括铁路、公路、河运等计划。主要指标有：货物和旅客运输量和周转量、主要运输技术经济指标、主要运输工具和设备的拥有量和利用等。

（6）物资供应计划。主要指标有：主要物资的需要量与分配量、主要物资的消耗定额、主要物资的库存量及国家储备等。

（7）劳动工资计划。主要指标有：全国城乡人口数、社会劳动力资源与分配、劳动生产率、职工人数、工资总额、平均工资、劳保福利等。

（8）商品流转计划。主要指标有：社会商品购买力、社会商品零售额、主要商品供应量、主要商品收购量、商品收购总额等。

（9）成本、价格计划。主要指标有：产品总成本、可比产品成本降低额和降低率、工农业产品价格及其比价等。

（10）综合财政计划。它是国家财政、信贷、现金计划的综合表现，反映国民经济货币资金的收支情况及其与物资的平衡关系。主要指标有：国家财政收入、国家财政支出、信贷收支、现金收支等。

此外还有科教文卫计划、对外贸易计划、援外计划、地质勘探计划、废钢铁有色金属回收计划等。

通过上述计划，国家力图将社会生活的方方面面置于国家计划控制之下。

四、计划经济体制的社会后果
——“单位制”

改革开放以来，中国社会科学领域最为重大的理论研究成果之一就是对“单位制”的发现与解剖。路风在其开创性的论文《单位：一种特殊的社会组织形式》中，对计划经济体制下的单位作出了准确的解剖和描述，这一认识为人们理解计划经济体制及其所能造成的社会后果补充了一个重要的环节，从而为人们完整认识计划经济体制，包括它的基本运行机制和利弊得失奠定了理论基础。

对于不了解单位制这一组织形式的读者，本章对计划经济体制下单位制的准确描述绝对有必要完整引用："单位对于我国每一个就业公民（农村居民除外）具有异乎寻常的重要意义：不仅工资收入来自单位，而且诸如住房、副食补贴、退休金等社会福利保障也来自单位；单位中的就业者不会失业，但也不能随意流动，他们的生老病死都仰赖单位的照料；人们的社会行为也离不开单位，登记结婚、住宿旅店或购买飞机票都要出示单位工作证或介绍信，这是对个人身份和行动合法性的证明，而且出具证明的单位像家长一样对被证明人负有连带责任。总之，个人归属单位。单位还是国家对社会进行直接行政管理的组织手段和基本环节。无论其社会分工性质和专业功能是什么，每一个作为单位的社会组织都具有行政血缘关系和行政等级，并按这种关系分别隶属于政府的行政机构。"

以上引文中唯一有待商榷的是"农村居民除外"，按照笔者的看法，农村居民同样是准单位制下的一员，区别只在于他们可能享受不到城市居民那么多的资源。

简单说，所谓"单位"就是专业（生产与服务）职能、行政管理职能与社会管理职能的统一体。单位制的社会后果主要是：首先，由于单位的普遍性和其作为特征的行政性，95%的社会成员都直接或间接地被纳入到了单位制，同时使社会关系极大地简化为"干群"（或"官民"）关系。其次，由于社会所有资源和权利都要通过单位进行分配，而没有任何内在机制能够保障领导者分配的公平性，所以不断产生"干群"矛盾并不断使这一矛盾累积是这一体制难以逃脱的宿命。

由于这些矛盾在这一体制内是无法得到解决的，所以即使把所谓"当权派"打倒 100 次，结果还会有新的"当权派"取而代之。原因是，在这一体制下，"干群"双方是一对孪生兄弟，谁也离不开谁。只有在引入市场经济体制后，对这一体制才起到了釜底抽薪般的作用，使其迅速瓦解。

1978 年中国共产党十一届三中全会以后，在经济发展方面取得的成就有目共睹，一直为人们所称道的也是改革开放解放了生产力。但是，对其带来的副产品——单位制的瓦解和由此导致的社会学意义上的人的解放，人们关注的似乎并不多。但在笔者看来，改革开放带来的社会后果，其意义和影响远比经济体制改革带来的 GDP 增长要重要、要深远。

需要特别指出的是，指出单位制的弊病并不意味着抹杀它的积极意义。在一个曾经的"一盘散沙"的社会中，如何提高社会的组织性，通过组织形式保障公民的权利，始终是一个重大问题，在这一方面单位制做出了积极的探索，它特有的组织方式必将产生深远的影响。从长远看，改革开放后单位制的命运与其说是瓦解不如说功能分化更准确。

五、改革开放后的经济发展
——城市经济层面的工业化

中国的改革开放是伴随着“生产目的大讨论”开始的。[①] 这预示着中国的工业化进入到一个新的层面，即城市经济工业化的层面。

按照社会主义生产目的，发展生产就是要满足人们不断增长的物质和文化需要。这在社会主义国家是不言自明的真理，似乎用不着讨论。但是，由于本章以上所分析过的 1949 年至改革开放前，在一系列客观因素的要求下，中国的工业化实际是为了给国家实现其基本职能提供物质基础，工业化的主要目标和任务就是为了给国家的独立统一提供大工业的物质基础。所以把改善人民生活摆在了一个相对次要的位置，“国防胜于国富”（斯密语），这本来无可非议。问题是目标与任务要适时地加以转变。关于生产目的的讨论实际正是这一转变的反映。通过这一转变，不仅释放了蓄积已久的需求，也为释放潜在的生产力创造了前提。同时还使市场化改革成为必然，因为要满足亿万人的需求，除了市场经济别无选择。

从此中国经济进入到了一个城市经济加速工业化的过程。虽然改革开放最早起源于农村的联产承包责任制，20 世纪 80 年代乡镇企业也有了很大发展，但是统计数据表明，改革开放后特别是 90 年代以后，中国的经济发展呈现出的是城乡二元化的增长格局。城市经济得到迅猛发展，以远高于国民经济平均水平的速度迅速缩小了与发达国家的距离，以至仅看中国的城市，特别是大城市，似乎已步入了发达国家的行列。至 2005 年，中国城市经济的人均 GDP 达到了 31182 元（见表 1–2），按汇率计算超过了 3800 美元，以购买力平价加权计算则超过了 1 万美元。以致 1990~2005 年城市经济与县域经济的差距迅速扩大，人均 GDP 之比从 3：1 扩大到了 4.2：1。城市经济占国民经济的比重从 35.9%提高到了 61.5%，县域经济占国民经济的比重则从 64.1%下降到了 38.5%。

在这一过程中，大部分资源特别是工业化赖以实现的物质基础——固定资产投资都投向了城市经济（见表 1–3），这就不能不使县域经济处于了相对落后的地位。

---

① 冯兰瑞：《关于社会主义生产目的讨论》，二十一世纪网络版，2004 年第 1 期。

表 1-2　1990~2005 年城市经济与县域经济发展水平比较

	GDP（万元）			人均 GDP（元）		
	全国	城市	县域	全国	城市	县域
1990 年	18667.8	6708	11959.8	1633	3736	1241
2005 年	183867.9	113144.4	70723.5	14062	31182	7486
倍数	9.85	16.87	5.91	8.61	8.35	6.03
增长率（%）	16.47	20.73	12.58	15.43	15.19	12.72

注：本表按当年价计算。

资料来源：《新中国城市五十年》，新华出版社，1999 年；《中国城市统计年鉴（2006）》、《中国统计摘要（2007）》，中国统计出版社，2007 年。

表 1-3　1990~2005 年固定资产投资分布

单位：亿元、%

	全国	城市	县域	城市投资占比
1990 年	4517	1842.68	2673.32	40.79
2005 年	88773.6	51600.18	37173.42	58.13
倍数	19.65	28	13.91	
增长率	21.96	24.88	19.18	

资料来源：同表 1-2。

在这样的发展模式下，至 2005 年，按照工业化各项指标判断，虽然中国经济从总体上看工业化水平大约只相当于钱纳里标准模式的工业化中期中的第一阶段水平，但从各项指标看，城市经济已接近于工业化中后期，而县域经济则仍处于工业化初期（见表 1-4）。

表 1-4　2005 年全国及城市与县域经济产业结构（%）

	第一产业	第二产业	第三产业
全国	12.55	47.51	39.94
城市经济	3.87	50.36	45.77
县域经济	26.43	42.97	30.61

资料来源：同表 1-2。

城市经济与县域经济的上述发展格局实际是中国经济发展城乡二元化的反映。造成这种二元化发展的直接原因就是固定资产投资。改革开放以来城镇固定资产投资就占了绝大的比重，并且呈攀升趋势（见表 1-5）。由于在经济发展的现阶段资本投入是影响劳动生产率的主要因素，劳动生产率又是影响劳动报酬的基本决定因素。因此造成了农业劳动生产率和农民收入增长缓慢。1990~2007 年，农村居民纯收入年均实际增长 5.2%，其中来自农林牧渔业的收入年均实际增长仅为 3.4%，42%的收入增长来自外出（包括在乡镇企业）务工收入。同期城乡居民收入差距从 2.2 : 1 扩大到 3.3 : 1。

表 1–5　城乡不含住宅投资的固定资产投资分布

单位：亿元、%

	全社会	城镇	农村	城镇比重	农村比重
“七五”	15325.7	12446.9	2878.8	81.22	18.78
“八五”	49405.2	40078.2	9326.9	81.12	18.88
“九五”	107417.3	87763.7	19653.5	81.70	18.30
“十五”	238101.2	199453.9	38647.3	83.77	16.23
2006 年	90665.2	77063.2	13602	85.00	15.00
2007 年	112318.9	96226.2	16092.7	85.67	14.33

这一二元化的发展模式是怎样形成的呢？我们在这里给出几个基本的因素。首先是改革开放初期城市经济面临的一系列严重问题，如城市基础设施建设严重不足，特别是居民住房极为紧张，知识青年回城带来的沉重就业压力，以及随着改革带来的农村居民收入水平的提高和生活的改善，城市居民提高工资与生活水平的要求日益高涨，等等。其次，一系列制度安排，特别是财政分权和“地管县”的体制，由来已久的户籍制度，以及以 GDP 为中心的政绩考核制度，[①] 这些都强化了城市经济的发展。更不用说，作为一个发展中国家，二元经济本来就是它的一个基本特点；一直以来，中国共产党在各方面工作中也是把城市与农村区别对待的。

在有限的篇幅里，比起以上关于二元化发展的成因，本章更关注这种发展方式带来的宏观经济后果。

六、二元经济条件下的国民收入分配
——投资与消费的失衡

从 20 世纪 80 年代后期以来，中国的工资等劳动收入在国民收入分配中的份额一直是趋于下降的（见表 1–6），这也是造成目前中国国内需求不足的一个根本原因。而这种情况背后起作用的基本因素就是市场经济条件下的二元经济结构。二元经济的一个基本特点就是所谓的劳动力无限供给。在中国它的具体表现就是农村存在大量剩余劳动力。由于在市场经济条件下，供求关系是调节劳动力价格的一个基本因素。原来处于低收入状态的农村劳动力可以接受较低的工资报酬，所以当他们大量涌入城市劳动力市场，必然会对劳动力价格（具体说就是工资）形成向下的压力。这是在中国这样存在二元经济结构的国

① 潘世伟：《中国的大国经济发展道路》，第 78 页，中国大百科全书出版社，2008 年。

家实行市场经济制度的一个必然结果。因此也就形成了中国目前的国民收入分配规律。用马克思主义政治经济学的语言表示就是，代表剩余价值的 M 在国民收入中会占较高的比重，而代表劳动报酬的 V 的比重则出现下降。

表 1-6　各项收入占收入法 GDP 比重（%）

年　份	劳动者报酬	固定资产折旧	生产税净额	营业盈余
1995	52.84	12.35	12.85	21.96
2000	51.38	15.40	14.16	19.06
2001	51.45	15.72	14.08	18.76
2002	50.92	15.67	14.04	19.28
2003	49.62	15.90	14.29	20.19
2004	49.62	15.90	14.29	20.19
2005	41.40	14.93	14.12	29.56
2006	41	15	14	31
2007	40	14	15	31

注：根据历年《中国统计年鉴》计算。

上述分配结构造成了国内消费需求不足以及投资与消费和外贸顺差过大的双重结构失衡。

2000 年以后，在国债投资与住宅投资的拉动下，中国固定资产投资增长十分强劲，固定资产投资与 GDP 的比值直线攀升，从 2001 年的 37.7%快速上升到 2007 年的 52.2%；与此对应，资本形成率也从 2001 年的 36.5%升高到 2007 年的 42.3%。而最终消费率则下降了 12 个百分点，其中居民消费率更是下降到了历史最低点，仅为 35.45%（见表 1-7）。令人难以置信的是，其中占人口近 60%的农村居民消费占 GDP 的比重仅为 9%。

表 1-7　2001~2007 年支出法 GDP 相关结构（%）

年　份	固定资产投资/GDP	资本形成率	最终消费率	居民消费率	政府消费率
2001	37.7	36.5	61.4	45.16	16.21
2002	40.3	37.9	59.6	43.68	15.89
2003	45.7	41	56.8	41.67	15.11
2004	44	43.2	54.3	39.83	14.47
2005	47.5	42.7	51.8	37.98	13.93
2006	49.6	42.6	49.9	36.31	13.59
2007	52.2	42.3	48.8	35.45	13.34

注：本表按现价计算。

从历史数据看，这一非均衡增长格局并非始自“十五”，而是20世纪80年代中后期以来一直的趋势（见表1-10），只不过近年来为势更烈而已。有关“十五”及改革开放以来投资与消费增长及对增长的作用数据见表1-7至表1-9。

表1-8 GDP、居民消费、固定资本形成、净出口增长率（%）

年 份	支出法GDP	居民消费	城镇居民消费	农村居民消费	固定资本形成	净出口
2001	10.35	7.32	8.84	4.25	11.55	-2.74
2002	10.44	6.82	8.61	3.04	15.57	33.10
2003	13.33	8.11	11.65	0.21	22.59	-3.48
2004	17.51	12.31	14.20	7.63	21.74	36.49
2005	16.48	11.08	12.12	8.34	18.72	150.81
2006	17.47	13.0	14.20	9.77	16.62	62.91
2007	18.76	15.96	16.90	13.30	16.72	40.39
平均	14.91	10.66	12.36	6.65	17.64	45.35

注：本表按现价计算。

表1-9 三大需求对GDP的贡献率和拉动（%）

年 份	最终消费		资本形成		净出口	
	贡献率	拉动	贡献率	拉动	贡献率	拉动
2001	50	4.1	50.1	4.2	-0.1	
2002	43.6	4	48.8	4.4	7.6	0.7
2003	35.3	3.5	63.7	6.4	1	0.1
2004	38.7	3.9	55.3	5.6	6.1	0.6
2005	36.1	3.7	38.1	3.9	25.8	2.6
2006	38.7	4.5	42.0	4.9	19.3	2.2
2007	39.4	4.7	40.9	4.9	19.7	2.3

注：三大需求指支出法国内生产总值的三大构成项目，即最终消费支出、资本形成总额、货物和服务净出口。贡献率指三大需求增量与支出法国内生产总值增量之比。拉动指国内生产总值增长速度与三大需求贡献率的乘积。引自《中国统计年鉴（2008）》。

表1-10 1981~2000年历年投资率与消费率（%）

年 份	固定资产投资/GDP	投资率	消费率	年 份	固定资产投资/GDP	投资率	消费率
1981	19.2	32.5	67.1	1987	30.9	36.3	63.6
1982	22.0	31.9	66.5	1988	30.9	37	63.9
1983	23.0	32.8	66.4	1989	25.5	36.6	64.5
1984	24.9	34.2	65.8	1990	23.3	34.9	62.5
1985	28.0	38.1	66	1991	24.8	34.8	62.4
1986	29.7	37.5	64.9	1992	29.3	36.6	62.4

续表

年　份	固定资产投资/GDP	投资率	消费率	年　份	固定资产投资/GDP	投资率	消费率
1993	35.4	42.6	59.3	1997	30.5	36.7	59
1994	33.9	40.5	58.2	1998	32.8	36.2	59.6
1995	31.7	40.3	58.1	1999	32.8	36.2	61.2
1996	30.9	38.8	59.2	2000	33.3	35.3	62.3

注：本表按现价计算。表中所指 GDP 为支出法 GDP。

消费下降必然导致储蓄率上升。储蓄率的上升或者带来投资率的进一步提高，或者使净出口进一步增加。否则就会使需求萎缩，导致产出水平的下降。

为了避免 1998 年生产过剩和需求不足局面的重演，2005 年后加大了投资规模的控制力度。2006 年在控制投资规模的情况下，产能过剩问题似乎并未出现，一方面，是因为投资仍保持了快速增长，而另一方面则是过剩生产能力被迫到国外市场找出路，导致 2005 年、2006 年、2007 年净出口大幅增长。

七、二元化发展下的中国对外开放

从根本上说，中国的现代化发轫于改变由其自身状况决定的国际地位及与其相应的国际关系的努力，并由此决定了中国与外界的交往方式。因此，中国自身的改变最终也必然带来国际交往方式的改变。随着中国国家层面工业化任务的完成，中国积贫积弱的面貌得到改变，从而使其成为国际关系中的一支重要力量。20 世纪 70 年代，中美关系的变化改变了全球国际战略关系的格局，不仅为中国打开了通往世界的大门，也是促成本轮全球化进程的重要因素之一。可以说，中国的改革开放和这一时期的全球化实际上是一个相互促进的过程。

这一时期也正是中国城市经济工业化阶段，对外开放给中国的分层工业化带来利弊相间的影响，一方面，对外开放大大加快了中国城市经济工业化的进程，这突出表现在沿海三大城市圈的形成，同时通过为农民工创造更多的就业机会缓和了二元经济结构矛盾，并积累了大量财富为解决二元经济矛盾提供了基础；但是另一方面，由于过剩的生产力被引向国外市场，也延缓了二元经济矛盾的解决。但是，总的来说，由于中国的开放是自主开放，在全球化背景下，可以利用国家的力量尽可能趋利避害，所以总体上看利大于弊。

在至今为止的对外开放中，中国执行的是一种出口导向与进口替代相结合的双重混合战略。而之所以能够做到这一点，一方面是因为有一支以农民工为主力的廉价劳动力大军，而这支廉价劳动力大军正是中国分层工业化的产物；另一方面也源于通过前 30 年的工业化中国已经具备了一定的工业基础。中国之所以能够从整体上顺利地从工业化初期进入到重化工业化阶段，并提出一系列只有发达国家才能追求的发展目标，如自主创新、发展循环经济，离开前 30 年的基础也是不可想象的。

十一届三中全会以来的中国的对外开放大体可以分为三个阶段，1979~1991 年为试验和起步阶段，1992~2000 年为快速发展阶段，2001 年加入世界贸易组织以来为加速和转型阶段。

早在十一届三中全会前、粉碎“四人帮”后，中国就企图通过引进外国先进技术设备、提升自身的技术水平以加快自身的发展，但很快就像其他发展中国家一样遇到资金和外汇不足的困扰，导致了宝钢等一批大型引进项目一度不得不要么下马、要么暂停建设。在这样的背景下，中国在开放之初，在引进外商直接投资时就十分注重外资企业的外汇平衡。但即便如此，中国的外汇不足问题仍很突出，在整个 20 世纪 80 年代，除了个别年份，中国的对外贸易基本是逆差（见表 1–11）。为了扭转这一局面，中国制定了一系列鼓励出口导向型的外商直接投资政策和有利于出口的汇率政策，积极促进出口。

表 1–11　1979~2007 年货物进出口

单位：亿美元

年　份	进出口总额	出　口	进　口	差　额
1979	293.3	136.6	156.7	–20.1
1980	381.4	181.2	200.2	–19
1981	440.3	220.1	220.2	–0.1
1982	416.1	223.2	192.9	30.3
1983	436.2	222.3	213.9	8.4
1984	535.5	261.4	274.1	–12.7
1985	696	273.5	422.5	–149
1986	738.5	309.4	429.1	–119.7
1987	826.5	394.4	432.1	–37.7
1988	1027.9	475.2	552.7	–77.5
1989	1116.8	525.4	591.4	–66
1990	1154.4	620.9	533.5	87.4
1991	1357	718.4	637.9	80.5
1992	1655.3	849.4	805.9	43.5
1993	1957	917.4	1039.6	–122.2
1994	2366.2	1201.1	1156.1	54
1995	2808.6	1487.8	1320.8	167
1996	2898.8	1510.5	1388.3	122.2

续表

年　份	进出口总额	出　口	进　口	差　额
1997	3251.6	1827.9	1423.7	404.2
1998	3239.5	1837.1	1402.4	434.7
1999	3606.3	1949.3	1657	292.3
2000	4742.9	2492	2250.9	241.1
2001	5096.5	2661	2435.5	225.5
2002	6207.7	3256	2951.7	304.3
2003	8509.9	4382.3	4127.6	254.7
2004	11545.5	5933.2	5612.3	320.9
2005	14219.1	7619.5	6599.5	1023
2006	17604	9689.4	7914.6	1774.8
2007	21737.3	12177.8	9559.5	2618.3

资料来源：《新中国五十五年统计资料汇编》，《中国统计年鉴（2008）》。

通过这样的政策，中国对外贸易逆差的局面迅速扭转。到 20 世纪 90 年代中国已是连年顺差，资金和外汇不足的问题已大为缓解，甚至出现了从资本不足到资本过剩的转变，但在各种体制惯性下，以出口创汇为导向的对外开放格局一直延续至今。其中一个重要原因就是在 90 年代后出现的内需不足和就业压力，特别是农村剩余劳动力转移的压力。

出现上述问题的基本背景是，20 世纪 90 年代后期在积极财政政策和住房制度改革推动下，城市经济的工业化进程大大加快，但农民增收乏力，城乡差距迅速拉大。从根本上说，这一矛盾只能通过城乡一体化发展才能得到解决。通过出口来扩大需求、增加就业只是转移矛盾而不是解决矛盾，因而是难以持续的。

2004 年以来，随着国际收支顺差持续扩大，不仅加大了宏观调控的复杂性和难度，增加了人民币升值压力和贸易摩擦，还造成了对国际市场的严重依赖。

2007 年，中国的外贸依存度高达 66.8%，其中出口依存度高达 37.5%。如果考虑出口的乘数作用，估计将近一半的国民经济活动与出口相关。

上述内外结构双失衡的增长格局是难以持续的。在中央一系列调控措施作用下，加上全球金融危机的影响，经济增长率出现了快速下滑。2007 年中国 GDP 增长率为 11.9%。2008 年，就大幅度地下降到 9%。据中国国内多个机构预测，2009 年 GDP 增长率大约能够达到 8%。与其他国家相比，这一速度虽然不低，但仍低于中国目前的潜在增长率。

2003~2008 年中国的大规模固定资产投资形成了强大的生产能力，由需求不足导致的增长率快速下滑必然造成大量生产能力闲置和人员失业，迫使国家为过剩的生产力寻找出路。目前虽然推出了 4 万亿元投资的扩大内需的措施，但这只是应急措施。为了保持国民经济持续稳定较快增长，还必须从根本上扭转目前失衡的经济结构，实现二元化发展方式向城乡一体化发展方式的转变。

八、展望：城乡一体化发展的新阶段
——县域经济层面的工业化

中国的城市经济已表现出工业化成熟阶段的特征，欧美工业化的历史经验表明，如何为已获得的生产力寻找出路是这一发展阶段面临的共同问题。[①] 正是这一问题推动了发达国家从工业化中期走向了工业化后期，即所谓大众消费阶段，进而又发展到了所谓后工业化时期。

中国的情况与发达国家有所不同，中国走的是一条分层工业化道路。在当前，一方面是已步入工业化中期甚至后期的城市经济，另一方面是尚处于工业化初期的县域经济。在这种情况下，显然，过剩的生产力首先应该用于县域经济的工业化。

为此，需要大力发展新型县域经济，壮大县域经济中的非农产业，加快县域的城市化步伐，实现县域经济的工业化和城市化，为农民向非农产业和城市的流动创造更便利的条件和更大的空间，以县域经济工业化带动和实现社会主义新农村建设。

这样说的理由是：

首先，由于历史的原因，中国的二元经济或者说“三农问题”比较整齐地表现为县域经济与城市经济的差别。这是中国分层工业化道路的必然结果。因此，改变二元经济结构就是要改变县域经济的面貌，实现县域经济的工业化。

其次，中国的二元经济分配关系不可能通过市场力量自发地改变，必须有政府干预，主要的手段就是财政支出，而县一级财政在中国财政体制中正是直接面向“三农”的最基层财政。

再次，中国目前各县人口大多在 20 万~100 万，无论对于非农产业的发展，还是建设现代化的城市，都具备了发展现代经济形态的人口规模，将成为未来城市化的新的增长点。

最后，发展县域经济也更方便农业劳动力的流动，不仅能使年龄较大的农民也参加到农业劳动力的流动中来，而且由于与大中城市相比，交通更近便，迁移和定居的其他成本也较低，具有移得出、稳得住的优点。

从中期看，通过县域中的非农产业发展和城市建设，促进农村劳动力定居

---

① 参见［美］W.W.罗斯托：《经济增长的阶段》，第五、六章，中国社会科学出版社，2001 年。

县城，不仅可以较快增加原农村居民的收入，由于生活方式的改变也可以较大幅度地促进消费。而且，中国的第三产业比重低，很大程度上是县域经济的第三产业比重低造成的，县域经济的城市化有助于改变中国第三产业发展相对缓慢的现状。从短期看，县域经济的发展可以为投资找到新的投资领域，保持投资的增长。而且，从投资乘数上看，县域经济的投资也会对消费有更大的带动作用。原因是县域经济的固定资产投资建设劳动密集性更高，从事投资建设的农民的边际消费倾向也更高。

发展县域经济不但有必要性，也有可能性。首先，目前在县域范围内已经出现了人口向县城集中的趋向。其次，中国大中城市劳动力成本普遍高于县域内的劳动力成本，随着县域内基础设施的完善，产业向县域的转移也是可以预期的。最后，财政收入的快速增长也为发展县域经济提供了可能。

在必要性和可能性两种力量的推动下，县域经济的发展也就具有了现实性。

县域经济的发展要求对目前束缚农民非农化的各种制度，如户籍制度、社会保障制度进行改革。中共中央自2003年以来已推出了一系列有助于城乡经济一体化发展的方针政策，可以预计，随着发展压力的加大，城乡一体化发展的步伐有望进一步加快。

同样可以预期的是，随着城乡居民权利的平等化，中国的民主化进程必将加快。

九、结　语

在即将结束本章的时候，笔者想起几年前在电视上看到的一个儿童游戏国际比赛。这个游戏是这样的：每一组孩子面前有一个玻璃瓶，里面装着5个系着线的圆球，每个孩子用这些线拉着一个球，瓶口的直径刚好和圆球一样，看哪一组孩子能以最快的速度把所有的球从瓶子里拉出来。结果很有趣，随着裁判一声令下，中国的孩子在1、2、3、4、5的叫声中顺序把球拉出了瓶口，得了第一名，而其他几组的孩子在争先恐后的过程中，使球堵在了瓶口。

对于中国的发展，同样存在这样一个瓶口（颈），按照发展经济学的理论，这个“瓶颈”就是资金约束。在中国，克服这一“瓶颈”的基本办法就是分层工业化。应该说，这一做法是符合经济规律的。

各国现代化的经验一再表明，离开了一个以发展为取向的强大的国家政权，现代化是无法起步的，或者可以说，国家政权的现代化建设本身就是现代化的第一步。在改革开放之前的30年，新中国用自己的方式完成了这一历史任务。这就为独立自主的对外开放和国内的体制转换以及发展过程中必不可少的宏观调控提供了基本的支撑。

发展中国家的实践表明，二元经济结构是经济发展过程中难以避免的一个阶段，中国的分层工业化道路通过利用这一规律性过程大大加快了城市经济这一现代部门的发展，从而不仅为城乡经济一体化发展奠定了物质基础，而且由此形成的更为突出的城乡二元经济矛盾也为下一步发展明确了发展的目标与需要完成的任务。

更一般地说，经济的非平衡发展是一个普遍现象，甚至可以说是经济发展的一个普遍规律，从各个部门技术的非平衡发展到区域的非平衡发展，乃至全球经济的非平衡发展，说明经济发展从来就是不平衡的。广义而言，中国的分层工业化道路也属于非平衡发展的一种形式。不同之处在于：首先，中国的分层工业化道路是利用其自身“全国一盘棋”、“集中力量办大事”这样的制度优势，在实现各个时期基本发展目标过程中，结合一个个具体问题的解决，相当程度上是一个自觉的过程。其次，从总体上看，在整个非平衡发展过程中，中国始终能使不同层面的发展目标与任务基本保持一种帕累托改进关系，这样就为经济发展创造了一个基本稳定的社会条件。

在笔者看来，这既是所谓中国特色社会主义的核心内涵，同时也是至今为止中国经济成功发展的基本经验。

参考文献

[1] 赵京兴：《把握时机，善用国债》，《中国经济蓝皮书》2003 年春季号，社会科学文献出版社，2003 年。

[2] 库桂生、姜鲁鸣：《中国国防经济史》，军事科学出版社，1991 年。

[3] 谢光：《当代中国的国防科技事业》（上、下册），当代中国出版社，1992年。

[4] 曹尔阶等：《新中国投资史纲》，中国财政经济出版社，1992 年。

[5] 孙振环：《中国国防经济建设》，军事科学出版社，1991 年。

[6]《中华人民共和国经济档案资料选编（1953~1957)》（固定资产投资和建筑业卷），中国物价出版社，1998 年。

[7] 张爱萍：《当代中国丛书·中国人民解放军》（上、下册），当代中国出版社，1994 年。

[8] 国家统计局社会统计司：《中国劳动工资统计资料（1949~1985)》，中国统计出版社，1987 年。

[9] 曹洪涛、储传亨：《当代中国的城市建设》，中国社会科学出版社，1990 年。

[10] 植草益：《微观规制经济学》，中国发展出版社，1992 年。

[11] 李向前：《六十年代美国试图对中国核计划实施打击揭秘》，《百年潮》，2001 年第 8 期。

[12] 路风：《单位：一种特殊的社会组织形式》，《中国社会科学》，1989 年第 1 期。

[13] 周翼虎等：《中国单位制度》，中国经济出版社，1999 年。

[14] 刘建军：《单位中国》，天津人民出版社，2000 年。

[15] 李路路等:《中国的单位组织——资源、权力与交换》，浙江人民出版社，2000 年。

[16] 罗豪才:《行政法学》，北京大学出版社，2000 年。

[17] 薄一波:《若干重大决策与事件的回顾》(上、下册)，中共党史出版社，2008 年。

[18] 吴承明、董志凯:《中华人民共和国经济史》第一卷，中国财政经济出版社，2001 年。

[19] 冯兰瑞:《关于社会主义生产目的讨论》，二十一世纪网络版，2004年第 1 期。

[20] 潘世伟:《中国的大国经济发展道路》，中国大百科全书出版社，2008 年。

[21] [美] W.W.罗斯托:《经济增长的阶段》，中国社会科学出版社，2001 年。

[22] 钱纳里等:《工业化和经济增长的比较研究》，上海三联出版社，1986 年。

(本章执笔人：赵京兴)

第二章　经济全球化背景下我国外汇储备积累成因理论评述和实证分析

在 20 世纪 60~70 年代，国际学术界曾兴起一股对国际储备研究的浪潮。Heller 等一批学者所提出的有关最优国际储备量的一些观点被很多国家的货币当局采纳作为其外汇储备管理的指导原则。但在 80~90 年代之后，随着布雷顿森林体系的瓦解以及越来越多的国家开始采用更加灵活的汇率政策，对该领域的研究逐渐式微。90 年代在拉美和东亚所爆发的几次区域性金融危机之后，发展中国家外汇储备量剧增的情况又再次吸引很多学者对国际储备问题继续开展深入的研究。很多西方学者将中国归入东亚的新兴市场国家之列，认为中国外汇储备积累的主要原因和东亚的其他国家大体相同。但事实上，中国的外汇储备管理制度以及储备的变化趋势和其他的新兴市场国家之间存在一些本质区别。这就造成很多关于东亚发展中国家外汇储备积累的经济假说对中国并不适用。

目前，经济全球化是当今世界发展的客观进程，是在现代高科技的条件下，经济社会化和国家化的历史新阶段以及必经的阶段，因此是不可抗拒的历史潮流。经济全球化进程是如今中国经济发展的外部环境，中国在 2001 年 12 月 11 日正式加入世界贸易组织，标志着中国全面地参与到经济全球一体化的进程中来。中国的外汇储备的增长情况同贸易发展以及金融市场国际一体化趋势等诸多因素都密切相关。本章将通过中国的实际数据来考察近 20 年来，随着中国越来越多地融入到经济全球化的进程中，中国外汇储备量剧增的主要来源，并对西方学界提出的一些有关储备积累行为的理论对中国的适用情况进行讨论。

一、文献综述

（一）国外关于发展中国家高储备量成因理论综述

在 20 世纪 90 年代所爆发的几次重大的国际金融危机之后，全球外汇储备总额的不断增长，尤其是东亚地区的高增长率和巨额总量成为吸引学术界瞩目的一个热点现象。于是有关外汇储备的研究再次成为国际经济学的热门研究问题之一。在此之前，早期的研究文献都将研究的重点集中于储备量与一些简单指标，如进出口总量、国家规模、对外经济的波动性、外债规模等，以此来确定一个国家对储备的需求数量。但是，在金融危机之后，发展中国家储备规模迅速、大量增长的现象却难以使用原来提出的各种理论加以解释。许多金融经济学家在该领域进行深入的研究，针对这种巨额储备规模形成的原因积极开展讨论，提出各种理论和模型，并使用一些较新的研究方法对此领域早先的研究成果进行改进和发展。

1. 缓冲存量（Buffer Stock）需求

较早的文献主要集中于将国际储备的功能视作缓冲资本存量（Frenkel and Jovanovic，1981），这种模型的实质是将这些储备视作可调节的钉住汇率制度或管理浮动汇率制度的组成部分之一。因此，在这种模型的理论框架之下，最优的储备量应该是能使当一个国家没有储备时所需要承担的宏观调整成本与持有储备时应当承担的机会成本达到均衡的某个水平。20 世纪 80 年代的一些相关研究文献都证实了这些预测结果，具体可以参见 Frenkel（1983）、Edwards（1983）以及 Flood 和 Marion（2002）等人的文章。但是在 90 年代几次严重的金融危机之后，全球国际储备量不断递增的实际情况却对该理论提出了严峻的挑战。

2. 汇率的波动性

Flood 和 Marion（2002）提出当储备发生变动时，很难判定这种变化是由其自然波动引起还是受管理储备的货币当局主动调整的影响，于是他们在缓冲存量模型的基础上引入了“影子汇率”（Shadow Exchange Rates）的概念，用汇率的波动作为储备波动的替代变量。他们提出，汇率波动会直接影响对国际储备的需求量，同时，他们认为目前国际储备的增长与国际资本的高度流动性也具有较强的相关性。

3. 预防性需求（Precautionary Demand）

在金融危机之后，对发展中国家国际储备量剧增原因研究的一大发展就是将凯恩斯提出的对货币的需求理论引入到对储备的分析中来。这些学者认为在金融危机之后，一些国家持有国际储备的动机可被视为出于对储备的预防性需要，即为了在未来面临突然冲击时能够进行自我保护（Self Insurance）。在这些发展中国家中，它们持有国际储备的预防性需求动机是为了稳定国家的财政支出（Aizenman and Marion，2004）。Aizenman 和 Marion（2004）对该理论的实证检验结果证实该假说与东亚诸国的实际情况相一致。

4. 现代重商主义倾向

对国际储备剧增现象进行解释的另一种著名观点为现代重商主义倾向：这

种观点认为一些国家为了保护本国商品的出口竞争力而采取一些政策和措施从而导致储备量不断增加。这种解释是由 Dooley，Folkerts-Landau 和 Garber（2003）所提出的，他们指出其中的代表性国家就是中国。这些学者们认为东亚诸国尤其是中国的外汇储备量的不断增加实际上是其所采取的促进出口政策所衍生的"副产品"，这是因为中国需要通过促进出口来创造更好的就业机会，因此可以吸收一些传统部门——主要是农业部门中的富余劳动力。尽管这种解释引起很多学者的关注，但是对此说法还是存在不少争论。

5. 税收成本和主权风险因素

更进一步地，Aizenman 和 Marion（2003，2004）提出一国的税收政策以及主权风险也会对该国的国际储备积累行为产生影响。作者假设一国政府对财政政策的控制力可以被分为"严格"（Tough）的政策制度和"宽松"（Soft）的政策制度两类，如果一国政府对财政政策的管理力度是"严格"的，那么这种政府能够很好地控制财政政策，坚持自己的财政支出计划，在这种情况下，该国将倾向于不断增加所持有的储备总量以满足长远利益；相反，如果政府对财政政策的管理力度是"宽松"的，那么它们将会更倾向于减少本国的储备持有总量，增加外债规模，以最大化当期消费。在文章的实证部分，作者使用了1980~1996 年间 64 个发展中国家的数据对该理论进行检验，并根据这些国家的实际政治情况对政治变量赋予不同的数值，实证结果证实了他们的假说。

6. 制度和其他政治因素

随着金融体系全球一体化的逐步深入，储备的影响因素也一直处于不断变化和发展的状态之中，而最近的几次金融危机也表明预期、政策的可靠性以及制度结构都对国际储备的积累有着不同程度的影响。Ito 和 Cheung（2006）使用 1975~2004 年间超过 100 个国家的数据进行跨国实证研究，他们的研究结果表明 20 世纪 80 年代到 90 年代间在拉美和亚洲所爆发的几次金融危机改变了这些发展中国家对外汇储备的需求，除了传统的宏观经济变量、金融因素之外，他们还考虑了制度因素和用虚拟变量所表示的重大金融危机对储备量需求结构的影响。其中制度性因素包括名义开放程度、实际开发程度、腐败程度、法律制度、政府效率、主权风险、左翼政府、股市市值相对于 GDP 的比率、汇率制度（固定或爬行）及一些地理因素等。而这些制度因素的数值大部分是用作者赋予的模拟数值表示。

（二）国内对我国外汇储备积累成因的研究

如前所述，在 20 世纪 90 年代几次严重的金融危机之后，一些发展中国家的外汇储备总量大幅上升，中国也在这些国家之列。国外的国际经济学家在对东亚地区外汇储备量剧增现象提出解释的时候，往往将中国视作这种现象的代表性国家，但是分析的过程中，却并未就中国自身经济发展的特点对中国外汇储备高速增长的现象进行深入的分析，探究中国与其他国家不同的特点，而往往只是根据某些假说，使用一个一般性的数理模型，将中国作为面板数据模型中的一个组成部分加以研究并和其他国家进行比较。要探究中国高外汇储备量的成因，我们就必须对其具体来源进行分析。因此我们首先来考察一下中国外汇储备增长的来源性和其未来变化趋势的稳定性。

目前，尽管国内学界对于我国巨额外汇储备成因的研究非常多，但对于我国连年大幅提高外汇储备量的具体来源，也尚未得到一个一致性意见。国内对于分析外汇储备来源的工具主要有两种看法，一种认为应该使用国家收支平衡表来进行分析（阎先东，1998），另一种认为应用银行结售汇报表进行分析（蔡瑞文，2003），国家外汇管理总局总是根据实际情况定期对银行结售汇统计表的统计口径和一些项目进行调整，而且该表只能反映一部分外汇收支的结构，因此本章中，作者在初步分析外汇储备来源时，使用的是国际收支平衡表。

根据国际收支平衡表来分析，一种观点认为，由于我国目前国内储蓄大于投资的格局比较明显，国内制造业生产能力迅速增大，一些国际制造业也纷纷向我国转移，这些因素一起拉动我国出口总额保持一个稳定增长的良好发展态势，而外汇储备的积累趋势和贸易顺差的变化趋势也相吻合，因此外汇储备的主要来源是经常项目中的贸易顺差（陈全庚等，2001；裴长洪，2006）。同时支持这种观点的学者认为，进入国内的外资主要是直接投资，不需要结汇，而需要结汇的投资款和外债需经由外汇管理总局相关部门批准，因此来自资本项目的贡献数量有限。但另一种观点则认为中国同日本以及中国台湾地区的情况有所差异，外汇储备并非绝大部分都来源于经常项目（巴曙松，1998），这种观点提出中国外汇储备大幅增长的主要来源应该是资本项目的长期巨额盈余，尤其是外商直接投资所造成的巨额盈余（李扬，1997）。

根据国际收支表的复式簿记原理，所有项目的余额原则上应该为零，因此有：

储备资产增减额 = 经常项目差额 + 资本项目差额 + 误差与遗漏　　（1）

根据我国的国际收支实际变化情况来说，与储备增减联系最为紧密的当属经常项目差额中的贸易差额以及资本项目差额中的外商直接投资（FDI）和外债余额。其中来自于经常项目顺差的储备资产积累属于主动性储备，这部分储备没有到期偿还的压力，同时出口的增长也可以通过乘数效应促进经济扩张，并创造出更多的就业机会以使社会保持稳定。但来自于外债和外商直接投资的储备积累一般被视作被动性积累，尤其是外债储备属于债务性储备，这部分储备尽管在年末被计入储备余额中，但是由于最终必须将其偿还，因此这部分储备是不稳定的。

根据我国历年的国际收支平衡表，可以看出国际收支平衡表四大项的变化趋势，如图 2-1 所示。在 1986~2007 年期间，我国外汇储备的增加额高达 16022.7 亿美元，2007 年底储备水平相当于 1986 年底水平的 775 倍，增长速度非常惊人。同时，我们也能看到外汇储备当年变化值曲线的变化趋势和经常项目基本吻合。而自 2005 年以来，资本和金融项目的余额却呈下降态势，直到 2007 年才有所反弹。误差与遗漏项目的总余额为-840.08 亿美元，说明有相当规模的资本外流并未通过合法途径计入国际收支表内。

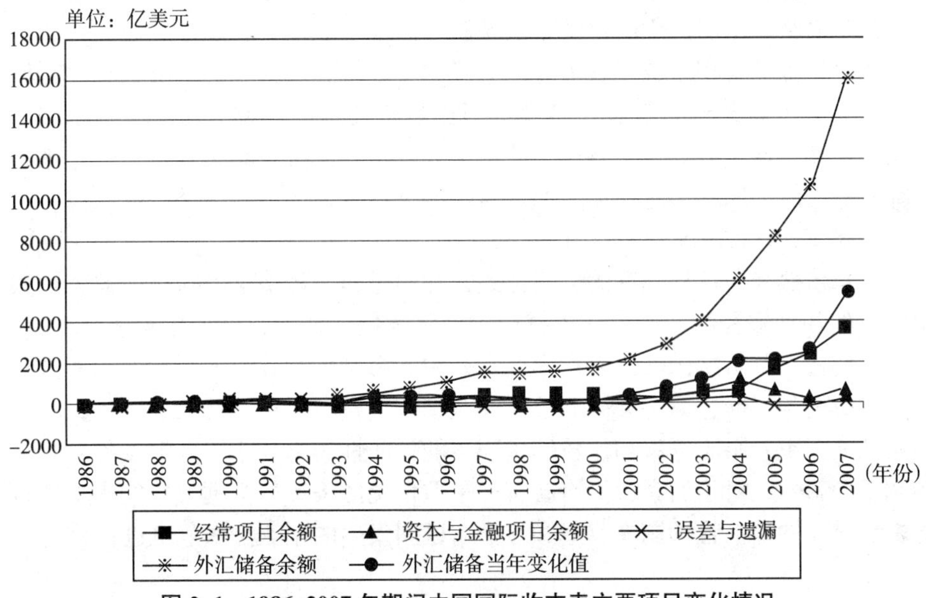

图 2-1　1986~2007 年期间中国国际收支表主要项目变化情况

数据来源：国家外汇管理局所提供的各年国际收支平衡表数据。

很多研究人员据此数据，就简单地得出结论：外汇储备的积累主要来源于经常账户，甚至直接根据经常项目和资本与金融项目的总余额以及外汇储备余额就计算出两者对于储备积累的贡献率，作者认为这样的论断并不严格。在国际收支表的计算编制过程中，对于前三大项目的核算和计算是分归于国家外汇管理局的不同部门加以管理，然后根据收支平衡表式（1）加以汇总，求得未经正常途径流入或流出的外汇总量。式（1）只是一个恒等关系式，而非外汇储备余额的计算公式，也就是说并不能由该式得出外汇储备余额的统计数据直接来自于经常项目余额、资本与金融项目余额以及误差与遗漏项目数据的加总。由此计算得到的贡献率也不能直接作为判断外汇储备积累来源的证据。合理的做法应该是，根据对于储备积累原因的各种经济假说，建立经济计量分析模型，根据数据的变化趋势以及估计结果来检验各种假说和经济关系的正确性，这也正是经济实证分析（Empirical Analysis）所要完成的任务。

二、实证研究思路

本章在实证分析时将延续 Aizenman 和 Lee 对东亚许多国家进行研究时所采用的思路，但仅考虑中国的实际情况，分析中国在 20 世纪 80 年代中期以后，储备高速积累的原因主要是来自鼓励出口政策而产生的主动性积累还是来自于预防面临冲击所产生的对储备的预防性需求。

在对外汇储备积累成因各种理论假说的实证检验研究中，标准的程序是假定各种解释变量与储备量或储备量相对于经济总量的比率（R/GDP 或 R/M2）之间存在着线性关系。通常将这个线性形式设定为储备量相关变量关于一系列解释变量之间的回归。这一形式通常表示如下：①

$$\ln R_{it} = \alpha + \beta_1 \ln X_{1t} + \cdots + \beta_n \ln X_{nt} + \varepsilon_{it} \tag{2}$$

本章依然采取这样标准的分析范式，在参考西方经济学者对东亚储备积累所给出的各种解释的基础上，根据中国经济发展的特点，选择相关解释变量。本章主要旨在分析中国的储备积累究竟是源于鼓励外贸政策的影响（即西方经济学者所谓的“新重商主义倾向”），还是来自于资本项目的贡献。此外，本章的实证模型更着眼于考察和比较储备积累的预防性需求和中国外汇、外贸政策的调整的影响，对于后者我们将会首先采取传统经济计量学框架中的虚拟变量对中国重要的外汇管理制度改革和在样本区间发生的东亚金融危机进行分析。

三、我国高额外汇储备量成因实证分析

（一）变量选取及数据来源

本章在选取模型的解释变量时是从以下几方面进行考虑的。

1. 经济总量因素

许多学者认为一国的经济总规模甚至人口总规模和其储备量之间存在一定的关系，在传统的储备积累实证研究中，也将总量规模变量，如国内生产总值

---

① 如式（2）所示的面板数据模型是很多国际经济学家在对很多发展中国家进行实证研究时最喜欢用的计量模型，这是因为面板数据模型具有特殊的优势，可以允许对不同国家的情况进行比较，但是有很多对单个国家储备情况研究的实证论文中仍然采取的是截面数据，截面数据与面板数据的唯一区别在于对式（2）的回归方程去掉了时间维度。

(GDP)、人均收入（YPC）、总人口（POP）作为解释变量，得到的结论也各不相同。但是从世界范围内储备积累的实际特点来看，似乎佐证力度不强，很多发展中国家都是在金融危机之后加快了储备积累速度，但与此同时，这些国家的总人口或经济总规模并未表现出明显增加的趋势。在实证分析的时候，我们也对我国的 GDP 和人均收入等总量指标对储备积累的影响进行了考察，但是在不同的模型形式中，结论并不统一，因此可以推断经济总量的增加并非是决定储备积累最重要的因素，它对储备变化趋势的影响已经通过其他解释变量间接地体现出来了。

2. 外贸因素

对于经常项目对储备增长的贡献，这里着重考察的是国家鼓励出口的政策和中国出口的增长状况是否能够显著地解释中国外汇储备资产积累的实际变化趋势。因此这部分主要采用的变量倾向于度量以下两个方面：首先是中国出口的实际总量（EX）或增长率和偏离购买力平价（Purchase Power Parity Deviation，用 PLDE 表示）的情况。在偏离购买力平价的求取上，我们沿用 Aizenman 和 Lee 在 2005 年的研究中所使用的方法，通过一个辅助回归（Auxiliary Regression）来求取对 PPP 偏离程度的一个代理指标。

在这里求取 PLDE 的过程中所使用到的是购买力平价理论的一些简单结论。在无交易成本的情况下，长期购买力平价关系可以表示为：

$$s_t - p_t^* + p_t = u + x_t \tag{3}$$

式中，s_t、p_t 和 p_t^* 分别为名义汇率、本国价格和外国价格的自然对数，u 是常数，反映度量上的差异，x_t 为误差项，反映了偏离购买力平价。对于购买力平价的具体计算，也存在很多不同的做法，巴拉萨-萨缪尔森命题（the Balassa-Samuelson Thesis）将劳动作为生产的唯一投入，工资构成一国生产的唯一成本，因此该命题假定均衡汇率取决于两国贸易物品的相对价格。在一些实证检验中，也有对该命题的延伸，认为购买力平价应当反映两国货币对本国全部商品（包括服务）的购买力，本章的分析基于该思路，在求取我国汇率偏离时并未区分贸易物品和非贸易物品，则两国的价格水平可以被表示为：

$$P = \frac{W}{X} \qquad P^* = \frac{W^*}{X^*} \tag{4}$$

式中，P 表示物价水平，W 表示平均货币工资（在这里用中国和美国的可支配收入代替），X 表示平均劳动生产率（在这里用不变价 GDP 除以就业人口代替），* 表示美国。

在这里求取的购买力平价偏离用 PLDE 表示，其值用中国相对于美国的收入水平对中国相对于美国的平均货币工资（收入水平）作回归的残差值来衡量。

3. 资本与金融项目因素

从附表中提供的数据可以清楚地看出，在样本考察时期内，除了 1992 年和 2001 年以外，中国的资本与金融项目余额也一直是正值，尤其是外商直接投资一直保持为正值，因此一种观点是资本与金融项目中的外商直接投资是外汇储备增加的主要结构性因素（武剑，1998），同时对于外债对储备的贡献也没有一个一致性的意见。有的研究人员提出由于我国外汇管理实行强制结售汇制的限制，一部分短期外债只能以外汇储备的形式存在，这些债务也是外汇储备积累的来源之一（王珍，2007），但是在武剑的同篇论文中却提出债务对于储备积累的贡献非常小。因此，这里将分析外商直接投资（FDI）和外债规模（EX-DEBT）对储备积累的贡献程度。

4. 预防性需求和政策性冲击

针对预防性需求，本章将通过对于样本区间内发生的东亚金融危机来考察这次外生冲击对中国储备积累状况的影响。由于东亚许多发展中国家积累国际储备的浪潮多出现在 1997 年的东亚金融危机之后，因此很多西方学者认为这种情况和凯恩斯提出的货币的预防性（或谨慎）需求类似，这些国家对于储备的需求有部分也是来源于对未来资本流动性冲击的防御，而增加自我防护（Self Insurance）的预防性需求。一方面，这种需求与一国经济总体规模有关；另一方面，这种需求的出现更像一种外生性冲击，主要始于金融危机结束之后。另外一种对中国外汇储备的积累有着显著影响的因素就是我国政府和管理部门所采取的一些能够对外贸和外汇储备管理工作产生显著影响的重要政策。在我们分析的样本区间内，实证分析验证比较重要的时变点为 1994 年（取消企业外汇留成，实行银行结售汇制度，实行汇率并轨，建立银行间统一的外汇市场，人民币大幅贬值）和 1997 年（亚洲金融危机所带来的预防性需求冲击对储备的影响），在分析中将采用虚拟变量的方法考察这些外生冲击的影响。

经过实证检验，最后确定的变量包括 R（外汇储备量）、EX（实际出口总额）、PLDE（以中国相对于美国的价格水平对两国相对工资收入水平进行回归得到的残差表示的购买力平价偏离结果）、FDI（外商直接投资）、EX-DEBT（外债规模）以及虚拟变量 D_{1994} 和 D_{1997}：当 $t < 1994$ 时，$D_{1994} = 0$；当 $t \geq 1994$ 时，$D_{1994} = 1$（D_{1997} 定义与之相同）。

本章所使用的数据主要来自于各年的《中国统计年鉴》、《中国人民银行季报》、国家外汇管理局网站所公布的各种数据，美国劳动统计局（BLS）网站公布数据，美国商务部经济分析局（BEA）网站公布数据，以及中国华通经济数据库和 CCER 经济数据库。所有数据均通过价格调整为 2000 年的不变价水平。

（二）结构突变理论介绍

在普通的时间序列分析技术中，并未考虑到数据生成过程（DGP）中变量系数发生时变性的问题，即假定数据生产不会发生结构性的突然变化。但是对于经济分析来说，一些现实的外生冲击（如金融危机、体制改变等）都会导致经济时间序列出现结构突变，基于这样的现实，Perron 率先在 1989 年提出了时间序列中结构突变（Structural Break）的概念，他运用结构突变的单位根检验，判断出美国宏观经济变量的时间序列大部分都是结构突变的趋势稳定。

在我国的经济发展过程中，也经历了若干次深刻的经济体制改革，这些经济政策的重大调整可以视作是对原有经济秩序的外生冲击，同时，如 1997 年亚洲金融危机这样不可预知的外来冲击也会对我国经济的发展情况产生一定的影响。本章旨在使用结构突变单位根检验的理论来对中国外汇储备的变化趋势进行分析，希望能够找到影响中国外汇储备积累行为的重要冲击的根据。

在这里，首先简要介绍一下结构突变理论的一些重要内容。

如果假定外生结构突变点已知，则可称其为外生结构突变点，对于经济时间序列的分析来说，可以从经济生活的实际情况中判定出曾发生过的一些重大政策性冲击或外来冲击，如经济体制改革或经济危机等。现在假设发生结构突变点时的时点为 t_B，突变后，截距由之前的 μ_0 变为 $\mu_0+\mu_1$。定义：

$D_t=1$，若 $t>t_B$；

$D_t=1$，若 $t\leq t_B$。

同时考虑突变前后，可以将截距项记作 $\mu_0+\mu_1 D_t$。

一个外生冲击除了可能会对截距项产生影响之外，还有可能对时间趋势系数 β，即斜率项产生影响；或同时对截距项和时间趋势项产生影响。如果可以确定在进行突变回归后，所得残差是一个单位根过程，即可将该时间序列称为具有结构突变的单位根过程。

可以总结出趋势平稳过程中的结构突变有四种情形：一是水平（Level）突变，即无趋势平稳过程发生的均值突变；二是截距（Intercept）突变，即截距处发生结构突变；三是斜率（Slope）突变，即斜率处发生结构突变，但在突变处是连续的；四是水平和斜率双突变，即截距和斜率都发生变化。若真实的时间序列为单次结构突变的（趋势）平稳过程，则以上四种突变形式对应的模型可表示为：

水平突变 $y_t=\mu_0+\mu_1 D_t+e_t$ （5）

截距突变 $y_t=\mu_0+\mu_1 D_t+\beta t+e_t$ （5a）

斜率突变 $y_t=\mu_0+\beta_0 t+\beta_1 t+e_t$ （5b）

截距与斜率双突变 $y_t=\mu_0+\mu_1 D_t+\beta_0 t+\beta_1 t^*+e_t$ （5c）

式中的 t^* 定义为：

$t^* = t - t_B$，若 $t > t_B$；

$t^* = 0$，若 $t \leq t_B$。

从突变的影响来说，水平冲击是最普通的一次性冲击；截距突变是指外生冲击对趋势平稳过程产生了一次性的总量冲击，故也被称为崩溃模型（Crash Model），在冲击之后，时间序列的均值轨迹将会发生一次性的改变；斜率突变是指外生冲击对原来序列的增长率产生了结构性的冲击，在冲击后，原序列的增长情况会发生改变。但是一种冲击只影响斜率但不影响截距的情况比较少见，通常比较严重的冲击会同时影响增长行为并对其总量也产生一次性的影响，截距和斜率双突变就是描述的这种情况。

对于结构突变模型（5a）~（5b），其原假设和备择假设分别为：

$H_0: e_t \sim I(1) \qquad H_A: e_t \sim I(0)$

我们将在实证部分结合结构突变模型的三种形式对我国外汇储备总量的积累行为进行结构突变单位根的假设，以确定影响最大的外生冲击。

（三）我国外汇储备积累行为结构突变的单位根检验

根据对样本区间的考察，我们检验 1994 年的外汇管理一系列改革措施和 1997 年亚洲金融危机是否对我国储备积累的过程产生结构性影响。为此，我们假定外生的冲击突变点 T_B 是 1994 年和 1997 年。分别定义虚拟变量 D_{1994} 和 t_{1994}，具体定义规则在模型变量命名中说明。我们首先对 1994 年为突变点进行检验。根据前面对结构突变检验模型的介绍，在这里我们逐一对模型（5a）到模型（5b）进行回归，最后得到对于 1994 年的冲击效果模拟较好的为崩溃模型，即模型（5a），回归结果如下：

$$\ln R_t = 139.388 - 1456.568D_{1994} + 782.737t_{1994}$$

$$(554.868) \quad (970.170) \quad (104.050)^{①}$$

$$R^2 = 0.815 \quad D.W. = 1.748 \quad F\text{-statistic} = 41.921 \tag{6}$$

进一步对上式回归得到的残差进行单位根检验，按照 AIC 和 SCI 准则确定合适的滞后项数，得到的 ADF（3）回归结果为：

$$\Delta e_t = 118.456 - 0.578e_{t-1} + 0.680\Delta e_{t-1} + 0.654\Delta e_{t-2} + 0.883\Delta e_{t-3} + \varepsilon_t$$

$$(202.965) \quad (0.236) \quad (0.312) \quad (0.365) \quad (0.405)$$

$$AIC = 16.754 \quad SCI = 16.540 \quad ADF(0) = -2.453 \tag{7}$$

由于 ADF 统计量的值等于−2.453，而 $\alpha = 5\%$，$\lambda = 9/22 = 0.41 \approx 0.4$，根据 Perron（1989）提供的临界值可知当双边检验置信水平为 5%时临界值为−3.72，

① 回归结果中，各系数下面括号中的数值为标准差，下同。

ADF 统计量大于临界值，故接受原假设，我国外汇储备总值为截距结构单变的单位根过程，其突变点为 1994 年。

根据同样的步骤可以对 1997 年的亚洲金融危机冲击进行检验，根据模型拟合结果可采用模型，即截距和斜率同时发生，估计结果为：

$$\ln R_t = -156.727 - 1656.155D_{1997} + 98.609t + 959.813t_{1997}$$
$$(736.731)\quad(920.772)\qquad(63.521)\quad(176.112)$$

$R^2 = 0.878$　D.W. = 1.643　F-statistic = 43.497　（8）

对上式的退化残差进行单位根检验，按照 AIC 和 SCI 准则确定合适的滞后项数，得到的 ADF（3）回归结果为：

$$\Delta e_t = 67.627 - 0.908e_{t-1} + 0.810\Delta e_{t-1} + 0.640\Delta e_{t-2} + 0.720\Delta e_{t-3} + \varepsilon_t$$
$$(214.043)\ (0.327)\qquad(0.323)\qquad(0.369)\qquad(0.396)$$

AIC = 16.869　SCI = 16.555　ADF（0）= –2.774　（9）

由于 ADF 统计量的值等于–2.774，而 $\alpha = 5\%$，$\lambda = 12/22 = 0.54 \approx 0.5$，根据 Perron（1989）提供的临界值可知当双边检验置信水平为 5%时临界值为–3.76，ADF 统计量大于临界值，故接受原假设，我国外汇储备总值为截距和斜率结构单变的单位根过程，其突变点为 1997 年。

故此我们可以对 1994 年和 1997 年的外生变化冲击进行比较。1994 年的汇改只是对外汇储备的截距产生影响，即在此之后有一个总量的增进效应，但是 1997 年的亚洲金融危机既对外汇储备积累的总量产生了影响，同时也对外汇储备积累的增长率有一个显著性冲击。

（四）对外汇储备增长成因的回归分析

我们在这里所进行的实证分析是在前人的基础上，新加入了一些控制变量。首先是在传统的出口和进口总量和基础上，通过加入购买力平价偏离因素，综合考察外贸因素对于外汇储备积累的影响。在这里，我们考察的重点是我国汇率的实际水平和根据购买力平价理论得到的理想汇率水平之间的偏差，即政府防止或减缓人民币升值的举措对于我国外汇储备积累行为能否产生显著的正向鼓励效应。本章用 PLDE 变量来粗略度量相对于“基础”PPP 值的偏离程度，该变量用中国相对于美国的收入水平对中国相对于美国的平均货币工资（收入水平）作回归的残差值来衡量。[①] 如果 PLDE 的系数为正值，根据前面所进行的理论和实证分析可以基本判定，我国政府促进出口的政策并因此采取的一些稳定人民币币值的做法是造成我国外汇储备稳定增长的重要因素。

另外的一些变量则是考察我国一些相关管理政策、制度改革的外生性冲击

① 具体回归结果此处从略。

是否对外汇储备积累行为产生了显著的影响。通过上面进行的结构突变检验，确定将 1994 年和 1997 年作为我们重点考察的时点。

我们还进一步考察了资本和金融项目中的 FDI 以及我国的外债规模是否有助于解释外汇储备的积累行为。

本章回归的基本方程形式为：

$$\ln R = c + \ln EX + \ln IM + PLDE + \ln FDI + \ln EX\text{-}DEBT + d_t + u_t \quad (10)$$

式中，d_t 考察的是外生冲击，用时间虚拟变量来表示，t 取 1994 年或 1997 年。

表 2-1 中给出了对这些因素综合考虑之后，进行回归的一些回归结果。从中可以看出，在所有的回归结果中出口对储备积累的正向影响都是比较显著的，其弹性系数也没有发生较大的变化，这说明出口一直是影响我国外汇积累的一个最重要的因素。但是加入虚拟变量之后，出口总量的系数也相应的增大，即无论是外汇体制的改革还是金融危机都有效地促进了出口对储备增长的贡献力度。进口项前的估计系数值一直是负值，这也是与经济理论和我国经济的现实情况相吻合的。但是通过系数比较可以发现，进口增长所导致储备减少的幅度要小于出口对储备积累的贡献率，因此总体而言，经常项目对于我国储备增长起到了一个促进作用。

表 2-1 外汇储备积累成因的回归结果

	Ⅰ	Ⅱ	Ⅲ	Ⅳ
c	−6.313*** (0.663)	−5.652*** (0.661)	−5.918*** (0.663)	−5.534*** (0.807)
lnEX	2.736** (0.791)	2.326*** (0.729)	1.676*** (0.616)	2.711*** (0.757)
lnIM	−1.545** (0.582)	−1.157*** (0.547)	−0.734** (0.391)	−1.462*** (0.560)
PLDE	1.576 (2.081)	3.701** (2.083)	4.515** (2.096)	3.332** (2.018)
ln EX-DEBT	0.418** (0.383)	0.428** (0.328)	1.067*** (0.462)	0.134*** (0.679)
ln FDI	0.349*** (0.136)	0.209 (0.157)		0.352*** (0.130)
D_{1994}		0.426*** (0.189)	0.557*** (0.175)	
D_{1997}				0.277** (0.146)
R^2	0.989	0.992	0.991	0.991
D.W.	1.771	2.184	2.172	1.976

注：***、** 分别表示在 1%、5%的置信区间上显著。下同。

如果不考虑 1994 年和 1997 年的冲击，则购买力平价偏离对储备积累行为的解释并不显著。但是在考虑虚拟变量的冲击之后，该因素就成为显著的影响因素。这说明外汇管理改革和金融危机之后，购买力平价的偏离问题对于外汇储备积累的影响变得更为显著。

外债规模也是一个对储备积累行为比较重要的贡献因素，从回归结果来看，其系数都是非常显著的，即在我国的外汇储备增长中，来自外部债务的贡献也不容小视。但是同时也可以注意到，加入虚拟变量后的回归结果中，外债的弹性明显减小，这说明在金融危机之后，由外债增长所引起的储备量增长速度是呈减缓趋势的，这是一种积极的信号，因为这种被动性储备的稳定性显然不如来自经常项目的主动性储备。

最后一个值得注意的结果则是如果将 1994 年的冲击考虑进来，那么来自外商直接投资的影响并不显著；但是如果考虑 1997 年的冲击，则来自外商直接投资的影响则比较重要。此外，如果考虑 1994 年的冲击，得到估计结果显示 FDI 的贡献率会下降，但是这种结果并非统计显著。对这一情况可能的解释有 1994 年的外汇外贸体制改革后，我国实行以市场供求为基础的、有管理的浮动汇率制度，其目的在于将改革外汇管理体制作为创造外贸平等竞争环境、深化外贸体制改革的重要措施，这次改革后，实行的是外汇收入结汇制，取消各类外汇留成、上缴和额度管理制度；不再给进出口企业下达外贸承包指令性计划指标，继续采取鼓励出口的政策措施，促进出口增长，完善出口退税制度；继续拓展业已形成的进出口贸易的格局，发挥进口对国民经济发展的促进作用；改革并完善进口管理，保持进出口基本平衡，因此这次外生因素的影响主要是使得出口和购买力平价成为影响我国外汇储备最为显著的因素，而且在这些改革之后，在短暂的时期内，出口的变化也会对 FDI 产生影响，通过这些反映外贸的变量就可以间接地反映部分外商直接投资对外汇储备的贡献情况，因此在这段时期内，外商直接投资的影响变得并不那么显著。但是 1997 年的冲击，主要是来自于亚洲金融危机，在亚洲金融危机之后，我国开始意识到来自资本项目的流动性冲击对经济的巨大负面影响，因此更倾向于通过吸引外资而非向外举债来获得资本。尽管在金融危机之后，由于国外投机资本的逃逸，我国的外商直接投资总额曾一度出现下降的趋势，但通过实证检验来看，在该冲击后，外汇储备增长受外商直接投资影响更为显著。

（五）对外汇储备增长影响因素的向量协整分析

尽管传统回归分析能够大致反映出经济变量之间的相互影响关系，但是对这些关系的估计是基于一些非常严格的经典计量假设。而在 20 世纪，经济计量学的一大发展就是提出了在现实生活中，大量的经济数据并不能服从这些严格的假设要求，而国内外学者的一些实证工作已早就证实，大部分经济数据都是非平稳的时间序列，因此基于传统回归技术得到的结果可能并不能准确地刻画出各变量之间的相互关系。因此，为了更加深入地研究我国外汇储备的增长行为，将在本部分继续使用协整理论和结构突变的协整来探究外汇储备总量的变化规律。

尽管影响一国外汇储备增长的因素很多，如外汇储备最直接的来源贸易顺差、直接净资本流入等都会对其产生显著影响；但像一国的经济总量规模、本国收益率和国外收益率的利差和一国的汇率水平等因素也会明显影响储备的增长行为。还有更多很难量化的政策性倾向、一国财政、货币政策管理体制的选择也会刺激或抑制外汇储备增长。由于在该领域的研究，多基于实际经验（Practical Experience）而非严格的经济理论，因此很难界定一些具体的影响外汇储备的经济变量是不是内生的，在这里，我们试图利用现代计量分析技术，来确定我国外汇储备的积累和一些相关变量之间是否存在一定的长期均衡关系。

首先我们确定采取出口总额（EX）、进口总额（IM）、FDI 以及外债总额（EX-DEBT）这几个变量作为对我国外汇储备总量最为显著的影响因素。之所以没有将前文中的购买力平价偏离考虑在内是因为该值只是一个粗略的估计结果，而且购买力平价偏离明显是对出口的外生影响，因此在下面的分析中，主要是基于我国国际收支平衡表中的几个重要的项目余额对外汇储备的影响而进行的。图 2-2 给出了这几个变量在样本考察时间段内的变化趋势情况（经过价格调整和对数化处理）。我们下面将对这个系统进行向量协整分析，建立误差修正模型，并对长期均衡关系进行识别和解释变量的外生性检验。

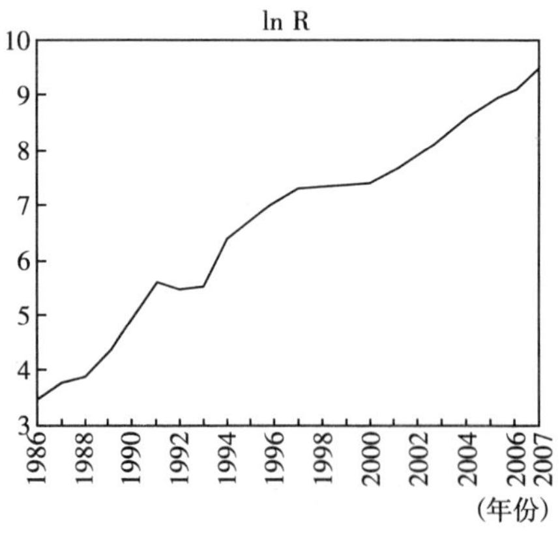

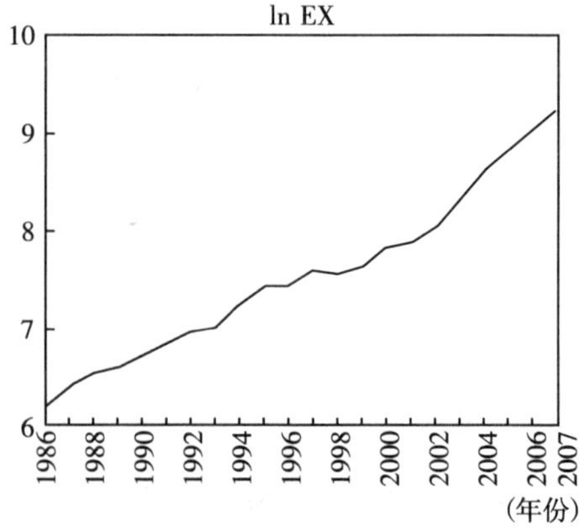

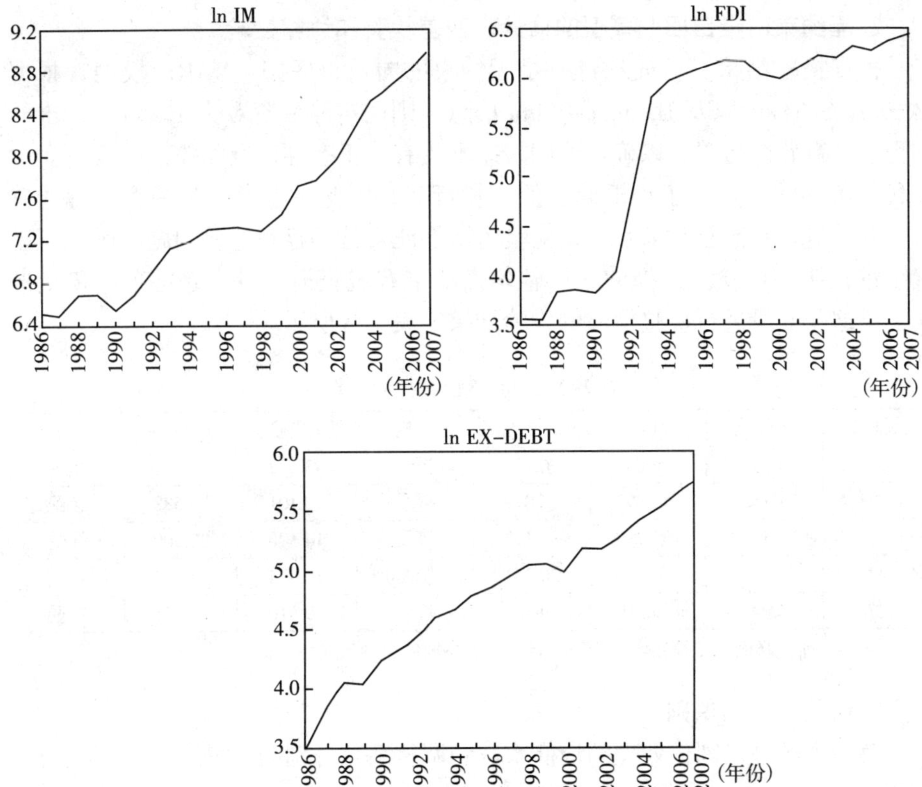

图 2-2　外汇储备、出口总额、FDI 和外债规模的变化趋势（1986~2007 年）

资料来源：国家外汇管理总局网站统计数据和历年统计年鉴。

1. 各变量的单位根检验

首先对这些变量进行稳定性和单位根检验，根据这几个指标的特征，选择是否带有截距项和趋势项的 ADF 检验模型，根据最小 AIC 和 SCI 准则选择最优滞后阶数，并基于 PP 检验的非参数模型，对每个变量的时间序列进行分析。检验结果如表 2-2 所示，结果证实所有的序列都是非平稳的一阶单整时间序列。

表 2-2　各变量的单位根检验结果

变量	ADF 检验		PP 检验		结论
	水平值	一阶差分	水平值	一阶差分	
ln R	-0.893	-3.788***	-1.085	3.692***	I (1)
ln EX	1.612	-3.638***	1.524	-3.632***	I (1)
ln IM	1.517	-3.418**	2.019	-3.368**	I (1)
ln FDI	1.002	-2.071**	1.386	-2.010**	I (1)
ln EX-DEBT	-2.143	-5.458***	-2.386	-5.458***	I (1)

注：*** 表示在 1%的置信区间中显著；** 表示在 5%的置信区间中显著。

2. 无约束向量自回归模型的估计、残差检验和协整检验

根据检验结果，首先估计一个无约束的向量自回归（VAR）模型，根据Akaike、Schwarz以及Hannan-Quinn信息准则确定滞后阶数为1。对估计出的方程组进行残差检验，以确定回归残差不具有非正态性以及相关性等问题。由于我们考察的重点在于外汇储备的增长行为，因此重点考察第一个方程的残差，对其进行正态性检验和LM检验的结果证实其不存在这些问题。因此可以继续进行协整检验。选择的是协整均衡项带有截距但是没有趋势项的模型形式，对这些变量进行协整检验的检验结果如表2-3所示。

表2-3 约翰森协整检验结果

特征值	原假设	迹统计量	5%临界值	结论	最大特征值	临界值	结论
0.887	r = 0	106.037	76.973	拒绝	43.672	34.806	拒绝
0.851	0 < r≤1	52.891	54.079	接受	28.101	28.588	拒绝
0.511	1 < r≤2	32.789	35.193	接受	14.306	22.300	接受
0.422	2<r≤3	20.483	20.261	接受	10.974	15.892	接受
0.378	3 < r≤4	9.510	9.165	接受	9.510	9.165	接受

注：此处所选择的协整检验模型为带截距不带趋势项的模型形式。

3. 协整关系的识别

第一个经过正则化处理的均衡系数和调整系数分别为（最后一个系数为常数项系数）：

$$\hat{\beta} = (1,\ -1.720,\ 1.634,\ -0.257,\ -0.253,\ -6.345)$$
$$(0.856)\ (0.775)\ (0.117)\ (0.089)\ (2.341) \tag{11}$$

$$\hat{\alpha} = (-0.845,\ 0.235,\ -0.324,\ -0.078,\ -0.223,\ -0.456)$$
$$(-0.334)\ (0.151)\ (0.234)\ (0.085)\ (0.264)\ (0.134) \tag{12}$$

这意味着一个可能的关于外汇储备总量的长期均衡关系为：

$$\ln R = 6.345 + 1.72 \ln EX - 1.634 \ln IM + 0.257 \ln EX\text{-}DEBT + 0.253 \ln FDI \tag{13}$$

同表2-1中所提供的回归分析的估计结果相比较，可以发现该长期均衡关系中反映的储备增长和各解释变量之间相互影响的关系和回归分析得到的结论比较接近。而根据式（12）中对调整系数的估计结果可知，当外汇储备量偏离均值的时候，系统具有自我调整的机制，而且调整的速度比较快。

但是值得注意的一点是，尽管我们可以由此获得一个长期均衡关系，但是我们必须对该协整关系系数进行识别。尽管根据经济理论很难确定这些变量之间的关系，但是由于前面的线性回归结果证实FDI对于外汇储备积累的作用是这些变量中最不稳定的，而且在回归结果中外商直接投资的弹性估计结果总是

最小的，因此我们希望首先识别是否外商直接投资对于外汇储备的增长并没有显著的影响效果。根据高级时间序列分析理论我们知道，如果一个 n 维的系统 x_t 中存在 r 个协整关系，我们关心的是这些协整关系是否由 x_t 中的 q 个变量组成，显然，正数 q 满足 $r \leqslant q \leqslant n$。我们对以外汇储备总量为考察核心的各种系统进行协整检验结果。[①] 这里首先考虑检验在协整系数向量式（11）中检验其第五个分量为零的假设，因此，此处相应的选择矩阵 R 为：

$$R = \begin{bmatrix} 1 & 0 & 0 & 0 & 0 \\ 0 & 1 & 0 & 0 & 0 \\ 0 & 0 & 1 & 0 & 0 \\ 0 & 0 & 0 & 1 & 0 \\ 0 & 0 & 0 & 0 & 0 \end{bmatrix} \tag{14}$$

由于基于约翰森协整检验的结果显示，系统 x_t = ［ln R，ln EX，ln IM，ln FDI，ln EX-DEBT］中存在两个协整关系，由此 r = 2，当已知系统中有 r 个协整关系时，Δx_t 的集中对数似然函数为：

$$L^{**}(\hat{\beta}) = K_2 - \frac{T}{2}\sum_{i=1}^{r}\ln(1-\lambda_i) \tag{15}$$

若进一步假设这 r 个协整关系由 $R'x_t$ 组成，相应的对数似然函数可以表示为：

$$\tilde{L}^{**}(\hat{\beta}) = K_2 - \frac{T}{2}\sum_{i=1}^{r}\ln(1-\tilde{\lambda}_i) \tag{16}$$

由此可构造检验假设 $R'x_t$ 含有 r 个协整关系的似然比统计量 $\tilde{\eta}_0$ 为：

$$L^{**}(\hat{\beta}) - \tilde{L}^{**}(\hat{\beta}) = -T\sum_{i=1}^{r}\ln(1-\lambda_i) + T\sum_{i=1}^{r}\ln(1-\tilde{\lambda}_i) \tag{17}$$

根据估计结果显示对选择的式（14）中的协整向量 R 进行识别检验，可以得到检验统计量 $\tilde{\eta}_0 = 13.45$，而在原假设成立的条件下，$\tilde{\eta}_0$ 应当服从 χ^2 极限分布，其自由度为 $r(n-q) = 6$。查表可知，在 5%的置信水平之下，$\chi^2(6)$ 的临界值为 12.59，因此可以拒绝原假设，即外商直接投资也应该为该系统协整关系中的一个部分。也就是说在长期中，FDI 对于外汇储备的增长存在显著的影响作用。对其他四个变量进行同样的显著性识别检验，其结果都证实在 5 变量组成的长期均衡系统式（13）的基础上，假定有变量的影响不显著的假设是不能得以证实的。因此式（13）这个由 5 变量所组成的长期协整关系是可靠的。

4. 解释变量的外生性检验

Koopmans 曾对从经济计量分析的角度对外生性进行了表述："外生变量是

---

① 检验结果此处从略。

由模型（系统）之外的因素所确定的变量。”这意味着，对外生变量的经验化处理，有可能会导致对模型的设定和统计推断失效，因此由该模型得到的政策性意义（如果外生变量能够反映政策性的变化）也会大打折扣。由于本系统的变量是基于实际情况作出的经验分析归纳选取而得，因此有必要再次对变量的外生性进行计量检验。前面估计出的 VECM 模型中的长期均衡关系反映了对外汇储备增长速度的短期调节效应，现在要检验储备量、出口总额、FDI 以及外债规模之间的关系究竟是否具有外生性，即对估计出的调整变向式（12）进行检验，考察调整向量 $\alpha=(\alpha_1, \alpha_2, \alpha_3, \alpha_4, \alpha_5)$ 中的每个分量是否为零。如果接受零约束假设则表明各变量确实是协整向量的弱外生性变量，检验的原假设分别为：

$H_{01}: \alpha=(0, \alpha_2, \alpha_3, \alpha_4, \alpha_5)$

$H_{02}: \alpha=(\alpha_1, 0, \alpha_3, \alpha_4, \alpha_5)$

$H_{03}: \alpha=(\alpha_1, \alpha_2, 0, \alpha_4, \alpha_5)$

$H_{04}: \alpha=(\alpha_1, \alpha_2, \alpha_3, 0, \alpha_5)$

$H_{05}: \alpha=(\alpha_1, \alpha_2, \alpha_3, \alpha_4, 0)$

检验结果为：

$LR_1=12.041$，$p_1=0.0005$；$LR_2=4.876$，$p_2=0.038$；$LR_3=4.098$，$p_3=0.043$；$LR_4=3.942$，$p_4=0.047$；$LR_5=0.741$，$p_5=0.39$

由此可见，只有对 FDI 的检验无法拒绝原假设，即 FDI 具有弱外生性。同时，由于对外汇储备调整系数的检验拒绝了原假设，这表明估计出的协整关系能对外汇储备的增长产生有效调节。而外商直接投资的弱外生性则表明：外汇储备的增长行为不足以对外商直接投资的短期调整产生显著的影响。亦可解释为在短期内，外汇储备的增长情况不会对目前的外商直接投资的结构和发展状况产生显著的影响。

5. 考虑外生性冲击的 VECM

我们可以进一步，在已经估计出的向量误差修正模型的基础上，加入制度变革和金融危机冲击等外生变量，然后重新估计向量误差修正模型。下面要进行的工作是在前一部分估计出的向量误差修正模型的基础上加入时间虚拟变量 d_t（其定义仍如前所述），其中仍参考前面所进行的有关结构突变点确定的结果，主要考察 1994 年和 1997 年两个时点。在加入这两个时点之后，估计出的结果如下所示：

$$\begin{bmatrix}\Delta\ln R_t\\ \Delta\ln EX_t\\ \Delta\ln IM_t\\ \Delta\ln FDI_t\\ \Delta\ln EX\text{-}DEBT_t\end{bmatrix}=\begin{bmatrix}-2.806\\ -0.123\\ -0.149\\ -0.198\\ 1.306\end{bmatrix}e_{t-1}+\begin{bmatrix}2.247 & 0.921 & 0.267 & -3.827 & 0.256\\ 0.294 & -0.061 & 0.105 & 0.523 & -0.295\\ 0.348 & 0.389 & -0.456 & 1.067 & 0.298\\ 0.329 & 0.157 & 0.290 & 0.135 & -1.050\\ -0.326 & -0.149 & -0.059 & 2.540 & 0.936\end{bmatrix}$$

$$\begin{bmatrix}\Delta\ln R_{t-1}\\ \Delta\ln EX_{t-1}\\ \Delta\ln IM_{t-1}\\ \Delta\ln FDI_{t-1}\\ \Delta\ln EX\text{-}DEBT_{t-1}\end{bmatrix}+\begin{bmatrix}1.619\\ 0.172\\ -0.029\\ 0.208\\ -0.517\end{bmatrix}d_{1994}+\begin{bmatrix}0.673\\ 0.221\\ 0.136\\ 0.149\\ 0.143\end{bmatrix}d_{1997} \tag{18}$$

其中误差修正项为：

$$\ln R = 7.913 + 2.830 \ln EX - 1.534 \ln IM + 0.250 \ln EX\text{-}DEBT + 0.456 \ln FDI \tag{19}$$

考虑了外生冲击的协整系统表明，在外生冲击的影响之下，出口相对于外汇储备增长的弹性略有提高，FDI 的弹性显著提高，几乎比不考虑外生冲击的水平高了一倍。除了协整系数之外，还要继续考察调整系数。从估计结果可以清楚地看出，除了 FDI 外，其他变量的短期调整系数都为负值。这说明当系统偏离均衡状态时，系统的自我调整机制较好。特别是外汇储备的调整速度是最快的。前面的外生性检验已经证明 FDI 是该系统中的弱外生性变量，因此在该系统中，它的自我调整能力也较差。在现实中，我国的外商直接投资多受经济政策和国内外经济环境的影响，自我调整能力较差，因此估计结果和现实也是相符的。在系统中，虚拟变量 d_{1994} 的 t 统计值向量为（6.163，1.793，1.853，2.123，-0.700），除了外商直接投资之外，其他的都非常显著；而 1997 年的虚拟变量的 t 统计值向量则为（9.234，0.867，1.846，1.571，1.856），基本都是显著的。这与前面回归分析的结果也基本吻合。

四、结论与建议

本章首先对西方一些学者对发展中国家，尤其是亚洲的一些新兴市场国家在金融危机之后，大量积累外汇储备的现象进行解释的各种假说进行了总结。其中比较有代表性的假说包括缓冲存量需求理论、预防性需求理论、汇率波动性原因、现代“重商主义”浪潮以及税收政治制度和主权风险因素等。

然后根据我国外汇管理制度的实际情况和相关数据对中国外汇储备剧增的情况进行了实证分析，可以得到以下一些主要结论。

（1）经常项目中的贸易顺差，特别是出口的持续增长是造成我国外汇储备总额连创新高的主要原因。实证研究证实，出口的增长是我国外汇储备积累的主要来源。在考虑出口贡献的同时，本章还分析了贸易贡献的成因，在辅助回归中对购买力平价偏离程度进行了粗略估算。而回归分析也验证了，当我国的购买力平价偏离实际水平时，政府倾向于防止或减缓人民币升值的举措对于我国外汇储备积累行为具有正向激励作用。

（2）FDI 也是我国外汇储备增长的重要影响因素之一，但是相比较于经常项目中的出口，外商直接投资对外汇储备的影响作用较为不稳定，而且弹性也更小。特别是政策性的外生冲击之后，FDI 对外汇储备总额的影响往往会发生显著的变化。

（3）外债是外汇储备增长中不容忽视的一项稳定来源。随着我国融入全球一体化步伐的进一步深入，可以通过更多途径获得外汇储备资产，除了传统的发展外贸和吸引外资之外，我国也开始越来越多地使用债务手段获得国外资本。在回归中，外债相对于外汇储备的弹性总是最大的，即当外债增长速度提高时，对外汇储备增长速度的影响作用更大。但是考虑到在样本区间我国外债的规模和增速都无法与出口以及 FDI 媲美，因此综合影响并不大。

（4）政策调整和 1997 年的亚洲金融危机所带来的冲击对我国的外汇增长趋势也有着重要的影响。通过虚拟变量可以模拟出如政策调整或金融危机这样的外生性冲击对外汇储备的影响情况，回归结果表明，这些冲击改变了外汇储备积累的来源结构发展趋势。1994 年的外汇管理制度改革使我国的购买力平价偏离因素成为促使我国外汇储备高速增长的重要原因之一；而在 1997 年之后，出口、FDI 对外汇储备增长的弹性增强，外债的弹性则有所下降。这意味着这次金融危机不但对我国外汇储备的增长行为产生影响，同时使我国货币管理当局正视外汇储备来源结构的健康性和稳定性问题，更加重视比较安全的主动性储备，在来自于资本与金融项目的被动性储备中，也倾向于吸收更加安全的外商直接投资资金而非债务性资金。

根据我国目前的实际经济情况，外贸顺差的情况在一段时间还将继续持续下去，但是增长趋势将会大幅下降，而受国际金融危机的影响，全球未来经济走势仍不太明确，因此容易受外生冲击影响的外商直接投资的增长趋势仍不太明朗。从我国外债的增长规模来看，在短期内仍会呈现平稳增长的态势。因此，在外商直接投资不发生大幅波动的情况下，我国外汇储备总量持续稳定增长的情况，在一定时期内仍将持续下去。外汇储备水平的不断提高反映了在全球化的背景之下，我国对外部动力的依赖性变得日趋显著。因此在合理地利用外来动因促进我国经济良性增长的同时，注意规避经济全球化进程中必然的风险，是十分重要而又迫切的。

1. 合理利用经济全球化给我国经济带来的正面效应，推动经济快速增长

实证分析已经证实，在全球经济一体化的浪潮下，我国经济越来越多地同世界经济发展的大趋势紧密联系在一起。在全球化的大环境下，外部经济可以通过多种渠道对我国经济产生推动和影响作用，除了直接地促进我国外汇储备水平稳步提高之外，还能给我国经济的诸多方面带来有利影响。

（1）引入外资投资。在经济全球化的趋势下，大量外资进入中国，这样可以有助于解决我国在经济发展过程中遇到的资本不足的问题，促进经济增长。

（2）外资的涌入给我国带来国际先进的技术、管理经验。大批国际知名公司纷纷在我国建立分公司或者研究中心、技术开发中心或实验室，这些公司带来了最先进的管理经验和企业创新精神，通过向这些先进企业学习，我国的国有企业开始进行传统的产业结构改造和产业竞争，有利于我国国有企业建立起现代企业制度。

（3）全球化带来的外资有利于解决我国剩余劳动力就业问题。我国人口众多，存在劳动力的超额供给，因此劳动力成本普遍较低，在全球经济一体化的趋势下，根据“比较优势”理论，其他发达国家跨国公司在全球范围内配置生产要素资源，因此投入大量外资进入我国以获取工资低廉的过剩劳动力从事有效就业，与此同时，我国也可以发展自己具有国际分工优势的劳动密集型产业和产品。

（4）经济全球化促进我国金融市场的完善。在全球化的情况下，要求我国具有同世界接轨的金融市场，这样的转变和完善有助于我国的货币化和金融深化改革，这对经济增长也是大有裨益的。

因此，在现阶段过于强调以内需为主，忽视国外的庞大市场的做法是不合时宜的。当前应该进一步实施外贸多元化的战略，调整出口的地区结构，在巩固传统的亚洲和北美市场的同时，大力开拓欧洲市场，逐步向拉美、中东以及非洲市场进军。同时要大力推进加工贸易的转型升级，增强加工贸易对我国经济增长的贡献程度。同时要大力发展高新技术产品加工和研发的投入，加快产业升级，摆脱我国长期在国际分工中处于低端环节的局面。将主要精力集中于国内产业结构的调整和产业竞争力的提高，进而改善进出口商品结构，推动经济的可持续性发展。

我国经济呈现出多因素共同驱动的复合型增长态势而非单一的出口导向型增长，尽管出口不是我国经济增长的最主要引擎，但它也是拉动我国经济增长不可忽视的因素之一。出口贸易可以为国内产品寻找国际市场，通过扩大外部需求从而促进经济增长。出口贸易的迅速增长，可以带动相关产业的结构调整、资源整合、技术升级、产品研发。而且从长期看，对外贸易的发展对于保持我国宏观系统有着重要的意义，尤其是在内需不旺的情况下，更要充分利用出口对我国经济的提升作用。通过脉冲响应分析和方差分解，可以发现出口增长对我国经济增长的影响时滞是比较久的，一个正向波动在长期内都会有着明显的正影响，针对这种情况，在制定相关政策时，应该侧重以经济增长为导向的出口战略规划，明确战略目标和战略措施。政府应当支持企业开拓国际市场、培养自有出口品牌，使企业在高层次上参与国际分工与竞争，还应当争取相关金融机构的资金支持，落实加工贸易深加工结转保税监管政策。积极引导企业着眼长远，提升国际竞争力。

因此，在面对经济全球化对我国经济增长的积极推动作用时，在当前及今后一段时间内，中国应该着重做好以下工作：①建立适应经济全球化的社会主义市场经济体制；②确立和发展开放型的国际贸易体制；③健全和完善与国际接轨的法律保障机制；④积极开展区域经济合作，促进经济一体化发展。

2. 防止经济全球化带来的不利影响

尽管外部动力对我国经济增长有着显著的推动作用，但是我们同时要注意警惕如果我国过分依赖国外动力，容易使我国经济受外部经济波动的影响。因此在合理利用经济全球化带来的积极影响的同时，还必须要注意规避在这一过程中同时产生的风险。因此，在注重外部动因的同时，也不能忽视对国内市场的关注。我国经济增长的国内动因主要来自于投资，但是目前我国的投资市场，尤其是房地产建设投资已有过热的趋势，国家为了经济健康持续的发展制定了一系列的相关政策，遏制其不良的急剧增长的态势。根据我国目前的实际情况，我国目前已进入了以重化工业为主导的城市化加速发展的阶段，而促进和扩大就业仍然是我国当前和今后比较长时期内的重大战略任务，同时我国相当高的储蓄率决定了我国在未来一段时期内仍将保持比较高的投资水平，因此投资仍将是我国经济增长的主要动力。与此同时，为了保证经济健康的发展，建设和谐社会，必须首先提高投资效率，避免无谓低效率的投资；除此之外，还需要不断扩大内需，发展国内消费市场。单纯依靠不断攀升的投资和外部动力促进经济发展而忽视国内市场的消费能力不利于经济的可持续性发展。因此，为了中国经济更加健康地增长和发展，必须寻找新的动力。而且为了避免我国经济对外部动因过于依赖，应该加大对其他国内替代动因的发掘和培养。此外，我们还应该注意控制外汇储备中来源于短期外债的部分，以防止当出现外部经济冲击时，我国陷入货币或金融危机的不利境地。

参考文献

[1] Aizenman, Joshua (2003), "Capital Account Opening, International Reserves, and Development: Evidence and Some Policy Controversies", NBER Report., Fall 2003, pp.9-12。

[2] Aizenman, Joshua and Marion, Nancy (2004), "International Reserve Holdings with Sovereign Risk and Costly Tax Collection", *Economic Journal*, July, Vol. 114 Issue 497, pp. 569-591.

[3] Aizenman, Joshua and Lee, Jaewoo (2005), "International Reserves: Precautionary versus Mercantilist Views, Theory and Evidence", NBER Working Papers 11366.

[4] Ben-Bassat, Avraham and Gottlieb, Daniel (2005), "Optimal international reserves and sovereign risk", *Journal of International Economics*, Nov.92, Vol. 33 Issue 3/4, pp.345-362.

[5] Edwards, Sebastian (1983), "The Demand for International Reserves and Exchange Rate Adjustments: The Case of LDCs, 1964–1972", *Economica*, Aug.83, Vol. 50 Issue 199, pp.269–280.

[6] Frenkel, Jacob; Jovanovic, Boyan (1981), "Optimal International Reserve: A Stochastic Framework", *The Economic Journal*, Vol.91, pp.507–514.

[7] 陈全庚:《人民币汇率改革和 1995 年汇率趋势》,《国际金融研究》, 1995 年第 5 期。

[8] 窦祥胜:《国际收支调节与国际储备需求的经济分析》,《财经研究》, 2002 年第 3 期。

[9] 贺瑛:《我国国际储备适度化初探》,《上海金融》, 1996 年第 8 期。

[10] 李扬:《外汇体制改革与中国的金融宏观调控》,《国际经济评论》, 1997 年第 8 期。

[11] 刘旦:《我国外汇储备规模影响因素的实证研究》,《河南金融管理干部学院学报》, 2007 年第 3 期。

[12] 刘莉亚、任若恩:《我国外汇储备适度规模的研究综述》,《经济问题》, 2003 年第 5 期。

[13] 裴长洪、彭磊:《对外贸易依存度与现阶段我国贸易战略调整》,《财贸经济》, 2006 年第 4 期。

[14] 孙卫星、刘振林:《影响中国国际储备规模因素的实证分析》,《江西教育学院学报》, 2003 年第 10 期。

[15] 王传纶、阎先东:《外汇储备与通货膨胀:中央银行的对冲可行性分析》,《财贸经济》, 1999 年第 3 期。

[16] 王国林:《我国国际储备适度状况定量分析》,《亚太经济》, 2001 年第 5 期。

[17] 武剑:《我国外汇储备规模的分析与界定》,《经济研究》, 1998 年第 6 期。

(本章执笔人:张莹)

第三章　中国外贸体制改革的政策效应[①]
——基于单变量的结构突变点的检验

引言：经济全球化背景

全球化已成为世界经济、政治、文化发展的不可逆转的大趋势，其最突出的表现体现于经济全球化。随着世界经济的发展，以全球性的生产和国际化的金融市场为特征，经济增长已经跨越了政治上以民族国家为主体的国家和地区的边界。全球的产品、服务和资本通过国际贸易、国际投资、国际化大生产，大规模地跨国流动，各种资源的利用也大大超越国界，资源在全球范围寻找最佳配置，使得一个区域、国家、企业甚至个人的经济活动与整个世界经济体系的相互依赖和联系日益加强。

经济全球化迄今已经经历了三次浪潮（何帆，1998）。第一次浪潮在 19 世纪后半期到 20 世纪初，国际贸易的繁荣和国际资本、劳动力的大规模流动成为这个时代的特征。第二次浪潮发生在 20 世纪 50~60 年代，其特征是以美国实力支撑的国际金融和国际贸易体制的发展和跨国公司的日益活跃。第三次浪潮发生在 20 世纪 70 年代后期至 90 年代，其特征是：①以电子技术为中心的科技革命，推动了水平化的、高度发达的国际分工体系的形成；②国际贸易和国际直接投资急剧增长；③劳务、货币、金融、技术、信息等世界市场迅速发展，构成了完整的、发达的世界市场体系；④发展中国家成为独立的经济实体，积极参与世界经济活动。

从上述几次经济全球化浪潮的特征可以看出，国际贸易、国际投资体系的自由化是经济全球化最核心也是最本质的方面。因此，在第三次全球化浪潮期间开始进行改革开放的中国，一方面不可避免地要顺应全球化浪潮，进行外贸体制改革，以积极参与“国际大循环”，谋求经济起飞；另一方面，中国当时无论主观还是客观上，都存在着发展外向型经济的要求。客观上，从 20 世纪

① 本章根据作者博士论文的一部分改写而成。感谢导师汪同三教授的悉心指导。作者文责自负。

70 年代初期，中国的对外经济关系有所好转；主观上，从 20 世纪六七十年代开始，东亚的出口导向模式开始走红，亚洲“四小龙”主要通过大力实施出口导向政策，在较短时期实现了经济腾飞，为中国树立了一个良好的借鉴。

随着经济全球化的加剧，各国的贸易政策的制定不但要根据本国的经济情况，更要顾及国际环境；既要积极参与国际分工，又要在国际贸易中实现成本最小化。受国内外形势影响，中国在 1978 年召开的十一届三中全会上，将对外开放确定为实现中国社会主义现代化的一项基本国策，并开始进行外贸体制改革。

本章试图利用结构突变检验方法，实证分析中国外贸体制改革的政策成效。本章分为以下几个部分：第一部分对中国外贸体制改革历程进行概要介绍；第二部分介绍单变量的结构突变检验方法；第三部分实证检验相关变量的结构突变点；第四部分根据检验结果、结合突变时点对应的改革措施，分析外贸体制改革的政策成效；第五部分是政策建议。

一、中国外贸体制改革

外贸体制是指对外贸易的形式、机构设置、管理权限、经营分布和利益分配等方面的制度。因此外贸体制与整个经济体制，尤其是汇率制度、财政、税收等有密切的关系，外贸体制改革也涉及宏观经济改革、对外贸易管理、货币管理、企业制度等多个层面。

改革首先从深化外贸政策改革着手。外贸政策是一国经济政策的重要组成部分，是为国家的经济基础和对外政策服务的。一国外贸政策的目的主要有保护本国市场、扩大出口、促进本国产业结构升级、积累资金、维护和发展国际关系等目的，一般包括外贸战略、进出口政策和国别、地区贸易政策等组成部分。

20 世纪 70 年代末，高度集中的计划经济体制严重影响了外贸企业的主动性和积极性，阻碍了我国外贸的发展。为适应国家改革开放的宏观政策体制改革，外贸政策也从国家统制型转向市场开放型。

从 1979 年开始，为了改变以往高度集中的计划经济体制下外贸经营管理高度集中的局面，中央开始了“简政放权”，下放进出口贸易经营权，允许部分工业企业和生产企业从事进出口贸易，打破外贸专业公司的外贸垄断局面，尤其是为了推动出口产品结构从初级产品向工业制成品的升级，率先给予了机械工业企业外贸自主权。同时，为了吸引外资，颁布实施了《中华人民共和国中外合资经营企业法》，并相继颁布了与之相关的配套法律和实施细则，涉及所得税、外汇管理、外资企业登记管理办法等内容。国务院设立了外国投资管理委员会，统一管理全国的外资工作，并于 1980 年批准成立了深圳、珠海、汕头和厦门 4 个经济特区。1981 年人民币与美元之间的汇率由 1.4：1 调整为 2.8：1，出口亏损增大，进口盈利减少，为了平衡进出口贸易的利益，开始实行贸易外汇内部结算办法。这种双重汇率制提高了进口成本，同时实际上对出口实行了一种“汇率补贴”。1982 年开始推行工贸结合的试点改革，将工商贸、产供销紧密结合起来。从 1985 年起，取消人民币贸易外汇内部结算价，外贸计划体制由完全指令性计划体系逐渐转变为指令性计划、指导性计划和市场调节相结合，并开始积极使用关税、进口调节税、出口退税等调节杠杆，并且改变了企业外汇留成比例，从原先的 25%提高到 50% ，这在刺激企业积极性的同时，也形成了人民币的双重价格体制。1986 年国务院发布了《关于鼓励外商投资的规定》，习惯上被称为“二十二条”，对外资在税收、土地使用、劳务费、利润再投资、进出口等多方面给予大幅度的优惠政策。但是由于其他配套措施并不完善，以上的措施并没有达到预期的效果。

从 1987 年开始，中国开始实行以外贸专业公司承包为主体的外贸承包经营责任制，1988 年 2 月国务院下达了《关于加快和深化对外贸易体制改革若干问题的规定》，决定在全国范围实行以地方承包为主体的外贸承包经营责任制，这是改革进一步深化的标志。此时鼓励出口的措施主要是出口补贴，出口亏损由进口盈利抵补，出口补贴作为承包的内容之一，出口补贴额被冻结于 1987 年的水平。1988 年，中国确定了“征多少、退多少、未征不退和彻底退税”的原则，其中对实行产品税的出口产品核定综合退税率，根据产品所含税款情况，退还以前所有环节的流转税。这一政策执行到 1993 年。

1990 年底，为努力扩大出口，实行外贸企业自负盈亏；取消出口的财政补贴，全面实行出口退税制度；完善出口商品计划、配额和许可证管理。1991 年，取消了出口指令性计划，并在之后几年持续削减国家管理的进口商品范围。为减轻国家的财政负担，特别是为使外贸企业走上自主经营、自负盈亏的轨道，取消了国家对出口的直接补贴。并且，为加快吸引外资，对外资企业所得税实行优惠政策。从 1992 年开始，国家多次大幅调低进口关税，并大量削减非关税壁垒，并且国内市场逐步向外资企业开放，进一步开放了 6 个沿江港口城市、13 个内陆边境城市和 18 个内陆省会城市。1993 年开始恢复并加强生产企业自营进出口贸易经营权，1994 年，颁布了《对外贸易法》，加快赋予具备条件的国有生产企业、商业物资企业和科研单位以外贸经营权，之后几年，外贸企业数量高速增长。

1994 年，双重汇率并轨，消除了人民币长期高估的现象，大幅降低了出口成本；汇率留成也随之取消。汇率制度也从原先的盯住美元的策略变为以市场供求为基础的、单一的、有管理的人民币浮动汇率制度。同年，中国进行了全面的税收体制改革，出口退税政策也随之改变。出口退税全部由中央财政负担，出口退税税种开始包括增值税和消费税，出口退税率由 11.2%提高到 16.63%。此后几年，中国出口退税税种结构基本稳定，但退税率变动频繁。例如，1995 年，出口退税率总体下调 3%；1996 年再次下调；为应对亚洲金融危机对中国外贸的冲击，1997~2000 年，多次调高出口退税率。也是从 1994 年开始，加强了对外资企业的监管措施，规范三资企业的行为，对外资的限制政策进一步取消，外资的国民待遇逐步加强。

2001 年中国加入了世贸组织，开始认真履行“入世”承诺，采取了很多有力措施。2001 年，中国全面放开外贸经营权，开始引入市场竞争机制，打破过去外商不能与中国用户直接签订进口协议而必须由外贸公司代理、国内生产企业也需通过外贸公司出口的格局。2002 年修订了关于外商直接投资的相关法律，修改了“当地含量”条款、外汇平衡条款、出口业绩要求和企业生产计划备案条款；2003 年，中华人民共和国商务部成立，统一管理我国的外贸和内贸事务。这对于改进我国长期内外贸分割、国内外市场分割和进出口配额分割的局面起到了积极的作用。同年，降低了进出口经营资格准入条件，并降低了对于企业注册资本的要求。为适应中国出口贸易增势强劲、人民币升值压力巨大的情况，2003 年调低了绝大部分商品的出口退税率，取消部分国内短缺或在国际市场影响较大的资源性商品的出口退税，并建立中央与地方共同负担出口退税的新机制。“入世”后，中国加大了从 20 世纪 80 年代就开始的降低关税和削减非关税壁垒措施的力度，到 2004 年，我国关税总水平已下降至 10.4%，比当初“入世”议定书中所要求的削减幅度还要大。2005 年 7 月，央行宣布开始实行以市场供求为基础、参考一篮子货币进行调节、有管理的浮动汇率制度。人民币汇率不再盯住单一美元，形成更富弹性的人民币汇率机制。

上面我们简要回顾了中国外贸体制改革的重要政策措施。贸易改革的初衷是改善资源配置，促进产业结构升级，并且在全球化进程中获得利益。总而言之，中国从 1979 年开始外贸体制改革，在大力降低关税和非关税壁垒、提高外贸透明度、完善政策法令改革和体制完善、与国际接轨等方面都采取了有力措施，在外贸经营体制、汇率制度改革、关税政策、外资政策等方面都进行了深入的改革。随着中国加入世贸组织，中国已经建立起了基本符合社会主义市场经济体制需要的比较系统的外贸体制，并向着融入国际规则的方向继续深化改革。

为了对需检验其效应的重大政策变革发生的时点以及国内外环境有更清晰的认识，也为了进行结构突变检验时便于确定外生突变点，笔者整理了影响中国外贸发展的政策因素和国内外宏观环境因素，见附表 3–1。

二、检验方法

（一）结构突变的思想

“结构突变”（Structural Break）概念是由 Perron（1989）提出的，他将1929 年的经济危机和 1973 年的石油危机视做一种“冲击”（Shock），考察是否美国的一些宏观经济变量的 DGP（数据生成过程）因此发生了改变。简言之，结构突变的思想就是考察外生冲击（例如体制变迁、经济危机、技术升级、石油价格冲击等）是否使得时间序列的数据生成过程发生了改变，也就是研究是否由于某些冲击使得经济计量模型的系数在冲击前后发生了改变。

时间序列通常都是非平稳的，一种解释非平稳过程的方法是单位根过程，它假设在所考虑样本区间内数据的 DGP 保持不变。

另外一种方法就是结构突变方法，它假设剧烈的外生冲击可能会导致数据的 DGP 发生变化，非平稳过程是由于数据的确定趋势（截距或者斜率）在样本期内随时间而变，数据的非平稳性归咎于断续出现的大的迁移（Shift），即结构突变。

对于计量经济模型系数的时变性问题，已经纳入一般计量软件的 Chow 检验（Chow，1960）就显示出了计量工作者很早就开始考虑这个问题，但是 Chow 检验相对来说还是很粗略的。另外颇具影响的观点是 Lucas（1976），对经典计量方法的预测能力提出质疑。他认为，如果一个模型的某些参数所反映的是私人行为对以前的经济政策的反应函数的适应性，如果政策反应函数发生了改变，则私人行为对新的反应函数将再适应，其结果是，原先估计的模型参数将不能描述这种再适应。Lucas 批判隐含的意思是如果政策反应函数出现变化，则计量经济模型的参数也将改变。其实质是提出了计量模型的参数是否随时间而变化的问题，隐含了经典计量模型产生不精确预测的重要原因是结构变化问题。

对于两种常见的非平稳过程：

$$y_t = \mu + \delta_t + u_t \quad u_t \sim IID\ (0,\ \sigma^2) \tag{1}$$

$$y_t = \mu + \delta_t + y_{t-1} + u_t \quad u_t \sim IID\ (0,\ \sigma^2) \tag{2}$$

式（1）一般称为趋势平稳过程，式（2）称为趋势非平稳过程，如果在某一时点，式中的 μ 或者 δ 发生了变化，则称其发生了结构突变。

如果序列存在结构突变，但是用传统的单位根检验方法进行平稳性检验，而没有考虑到结构突变问题，则会使得单位根检验的功效大大降低（Perron，

1989；王少平、李子奈，2003）。Hendry 和 Clements（2000）说明了若在建模时没有考虑数据存在的结构突变，将会导致预测失败。

由此可见，结构突变理论是对传统单位根检验方法的有益的补充和完善。结构突变理论的最大优点，就是可以用现实事件（外生冲击）来解释经济变量的变化，这使得模型的解释能力大大提高。

关于结构突变理论的应用还不是非常广泛。Perron（1989）将 1929 年大萧条和 1973 年石油危机作为对美国经济序列的冲击，认为大萧条使得经济水平降低（均值突变），而石油危机使得增长率降低（斜率突变），并运用这种假设突变时点已知的方法检验了 Nelson 和 Plosser（1982）中的 14 个单位根过程，认为其中有 11 个为结构突变的趋势稳定。然而，Zivot 和 Andrews（1992）通过内生性结构突变点的检验方法，认为 Perron 的结论部分不正确。Tony Caporale 等（2000）检验了 1961 年 1 月至 1986 年 3 月的美国实际利率与政府换届之间的关系，发现利率发生结构突变的时间与总统换届的时间相吻合，而与更换美联储主席的时间不一致。Hungnes（2004）利用 VAR 模型中的结构突变方法，检验了德国统一前后货币需求、真实 GNP、利率、通货膨胀等变量，发现在 1990 年 7 月统一货币后，变量都有结构突变。王少平（2003）检验了 1976~2000 年中国人民币汇率的稳定性，结果表明人民币汇率服从结构突变的单位根过程，两个突变点——1989 年和 1993 年——都是由于人民币自身的币值对汇率的调整所致，并且汇率在亚洲金融危机之后没有出现结构突变，保持了稳定。佟孟华等（2004）检验了 1996 年 1 月到 2003 年 5 月的中国上证指数，结果表明上证指数是结构突变的趋势平稳过程。

中国在过去 20 多年里进行了深刻的外贸体制改革，其间有很多重大政策改变，比如 1992 年开始大幅削减关税、1994 年的汇率并轨等。这些政策措施的实施是为了适应从计划经济体制向市场经济体制转变的需要，可以认为是对原有经济秩序的外生冲击，这样转型期的中国经济的改革实践为结构突变理论提供了一个很好的适用案例。

（二）单突变点检验方法

根据突变点的多少，结构突变点检验方法可以分为单突变点检验、双突变点检验和多突变点检验。根据突变点是否先验设定，分为外生性结构突变（突变点已知）和内生性结构突变（突变点未知）。这里先介绍单突变点的检验方法。关于此检验方法，国内已经有一些文献介绍过了（王少平，2003；王静，2005），因此这里只是简要总结一下。

1. 外生性单突变点的检验

结构突变发生时点已知时，称其为外生性结构突变点。假定发生结构突变

的时点为 t_B，则发生在截距的突变为 $\mu_0 + u_1D_t$，其中 $D_t = 1$，当 $t > t_B$ 时；$D_t = 0$，当 $t \leqslant t_B$ 时。也就是 t_B 之后，截距由 μ_0 突变到 $\mu_0 + u_1$。对于时间趋势项 δ_t，也可能发生相应的结构突变，或者结构突变在截距和时间趋势上同时发生。若发生了确定项结构突变的是单位根过程，则称为具有结构突变的单位根过程。

Perron（1989）针对突变点已知的结构突变提出了三种模型：截距突变的“崩溃”模型 A、斜率突变的“增长率”模型 B、截距与斜率都有突变的模型C。

模型 A：$y_t = \mu_0 + \delta_t + \mu_1D_t + u_t$　　（3）

这一模型称为崩溃模型，是因为结构变化之后，y_t 的均值轨迹不再返回结构变化之前的均值轨迹。

模型 B：$y_t = \mu_0 + \delta_1t + \delta_2t^* + u_t$　　（4）

这里 $t^* = 0$，当 $t \leqslant t_B$ 时；$t^* = t - t_B$，当 $t > t_B$ 时。

突变发生在斜率而截距不变的模型 B，由于斜率反映增长率，因此也称为变化的增长率模型。

模型 C：$y_t = \mu_0 + \mu_1D_t + \delta_1t + \delta_2t^* + u_t$　　（5）

对于模型 A、B、C，原假设和备择假设为：

$H_0 : u_t \sim I(1)$　$H_1 : u_t \sim I(0)$

当接受 H_0 时，y_t 为结构突变的单位根过程，而接受 H_1 时，y_t 为结构突变的趋势平稳过程。从而对结构突变的单位根检验就转化为对退化趋势之后的残差的单位根检验。不过 Perron（1989）证明，即使回归后的残差是独立同分布的，u_{t-1} 的系数 ρ 的分布并不是标准的 DF 分布，它与突变的时点位置 $\lambda = t_B/T$ 有关，因此必须使用 Perron 的临界值确定接受还是拒绝 $\rho = 1$。

2. 内生性结构突变点的检验

当数据结构变化不是特别明显时，外生结构突变点的检验可能失效。因此，很多文献开始研究在 t_B 未知时的结构突变的单位根检验。这样问题的重点首先是如何确定 t_B。

Perron 等人对结构突变点未知的情况，仍延续结构突变点已知的单位根检验的思路，首先对数据进行退化趋势，然后对所有可能的结构变化点 $\lambda_i = t_i / T$ 重复上述外生结构突变点的检验步骤。一般来说，为保证检验功效，λ_i 应位于［15%，85%］之间。t_i 的确定可以根据数据特性来经验判断，也可以把样本区的 15%~85%的每一时点都作为可能的突变点。

这样，问题又转化为 t_B 已知的情况。对每一个 t_i，重复外生结构突变的单位根检验的步骤，计算相应 ρ_i 的 t 值（记为 $t(\rho_i)$），取 $\min\limits_{\lambda i} t(\rho_i)$，以此确定 λ' 和 $t(\rho')$。与 λ' 对应的 t' 就是结构突变点。确定了结构突变点后，将 $t(\rho')$ 与 λ 未知的结构突变的单位根检验的临界值比较，来最终确定数据是由结构突变的单位根还是结构突变的趋势稳定过程所生成。

进一步，Bai 和 Perron（1998）给出了在线性系统中存在多个内生突变时的参数的渐近分布和突变时点的检验方法，并且给出了对于零假设：存在 l 个突变与备择假设：存在 l + 1 个突变的检验方法。

（三）双突变点检验方法

既然在单位根检验中，如果忽视存在一个突变的情况，会使得单位根检验的势大大降低，那么，很自然地猜测，如果原序列存在两个突变点，而只检验其中一个的话，也会使得结构突变的单位根检验的势降低。

Lumsdaine 和 Papell（1997，下面简称为 LP）沿着上述思路，将 Zivot 和 Andrews（1992，下面称为 ZA）的检验方法扩展到了包括两个突变点的情况。ZA 和 LP 检验的共同点是，零假设是没有结构突变的单位根过程，对立假设是存在（一个或两个）结构突变。这样对立假设包括存在结构突变的单位根过程和趋势平稳两种情况。他们的仿真实验所得的临界值也是基于这个假设的。这样，拒绝零假设本身并不意味着拒绝单位根过程，而可能只是意味着拒绝结构突变的单位根过程。这要求在实证中对于结果的解释要特别注意。很多研究者将拒绝零假设解释为序列是结构突变的趋势平稳过程，当序列实际是带有突变的差分平稳过程时，就会得出错误的结论。

为了弥补 ZA 和 LP 检验的不足，Junsoo Lee 和 Mark C. Strazicich（2003）提出了双突变点的 LM 单位根检验方法（Minimum Lagrange Multiplier Unit Root Test，简记为 LM 检验），这里的对立假设明确是趋势平稳过程。

考虑序列 y_t，DGP 如下所示：

$y_t = \delta' Z_t + e_t$，并且 $e_t = \beta e_{t-1} + \varepsilon_t$

这里 Z_t 是一个外生变量向量，ε_t~IIDN（0，σ^2）。我们用 T_{Bj} 来表示结构突变发生的时点，对应于 Perron（1989）定义的模型 A、B 和 C，双结构突变可以这样描述：

模型 A（截距项发生两次迁移）：

$$y_t = \delta' Z_t + e_t, \quad e_t = \beta e_{t-1} + \varepsilon_t \tag{6}$$

$Z_t = [1，t，D_{1t}，D_{2t}]'$，

这里：对于 j = 1，2，定义 $D_{jt} = 1$，当 $t \geq T_{Bj} + 1$ 时；$D_{jt} = 0$，当 $t \leq T_{Bj}$ 时。

模型 B（趋势项发生两次突变）：[①]

$$y_t = \delta' Z_t + e_t, \quad e_t = \beta e_{t-1} + \varepsilon_t \tag{7}$$

$Z_t = [1，t，DT_{1t}，DT_{2t}]'$，

① 在以下的讨论中省略了模型 B，因为绝大多数经济时间序列都适合用模型 A 或者模型 C 模拟，这是一个得到很多学者承认的事实。

这里，对于 j = 1，2，定义 $DT_{jt} = t - T_{Bj}$，当 $t \geq T_{Bj} + 1$ 时；$DT_{jt} = 0$，当 $t \leq T_{Bj}$ 时。

模型 C（在截距项和趋势项都发生两次突变）：

$$y_t = \delta' Z_t + e_t,\ e_t = \beta e_{t-1} + \varepsilon_t \tag{8}$$

$$Z_t = [1,\ t,\ D_{1t},\ D_{2t},\ DT_{1t},\ DT_{2t}]'$$

这里，对于 j = 1，2，定义 $D_{jt} = 1$，$DT_{jt} = t - T_{Bj}$，当 $t \geq T_{Bj} + 1$ 时；$D_{jt} = 0$，$DT_{jt} = 0$，当 $t \leq T_{Bj}$ 时。

上面的 DGP 过程，在零假设（$\beta = 1$）和对立假设（$\beta < 1$）下都以一种一致的形式，包含了突变项。

以模型 A 为例（模型 C 的论证与此类似），对于 β 值，我们有：

零假设：$y_t = \mu_0 + d_1 B_{1t} + d_2 B_{2t} + y_{t-1} + v_{1t}$ (9a)

对立假设：$y_t = \mu_0 + \gamma_1 + d_1 B_{1t} + d_2 B_{2t} + v_{2t}$ (9b)

这里 v_{1t} 和 v_{2t} 是平稳的残差项，对于 j = 1，2，当 $t = T_{Bj} + 1$ 时有 $B_{jt} = 1$；其余时候 $B_{jt} = 0$。记 $d = (d_1,\ d_2)'$（注：在模型 C 中，式（9a）中要加入 D_{jt} 项，并且式（9b）中加入 DT_{jt} 项）。

双突变点的 LM 单位根检验的统计量可以按照如下的 LM 或者得分（Score）原则回归得到：

$$\Delta y_t = \delta' \Delta Z_t + \phi \tilde{S}_{t-1} + u_t \tag{10}$$

这里，$\tilde{S}_t = y_t - \tilde{\psi}_x - Z_t \tilde{\delta}$，t = 2，3，…，T；

$\tilde{\delta}$是 Δy_t 对 ΔZ_t 回归的系数；

$\tilde{\psi}_x$ 由 $y_1 - Z_1 \tilde{\delta}$得出（y_1 和 Z_1 代表 y_t 和 Z_t 的第一个观测值）。

单位根检验的零假设是 $\phi = 0$，相应的 LM 检验统计量由下式给出：

$$\tilde{\rho} = T\tilde{\phi} \tag{11a}$$

$\tilde{\tau}$：零假设 $\phi = 0$ 时的 t 统计检验量 (11b)

Lee 和 Strazicich（2003）计算了双突变点 LM 检验的模型 A 和模型 C 的临界值。外生突变点的临界值是通过 50000 次的重复抽样实验得出的，具体临界值略。

双突变点的内生 LM 单位根检验通过格点搜索（Grid Search）来确定突变发生的时点 TB_j（和典型的内生检验一样，通常将突变点发生的样本区间缩小一个比例，例如为［10%，90%］）。突变点的确定和 LP 检验类似，根据最小的检验统计量对应的 λ 值来确定突变点，如下所示：

$$LM_\rho = \inf_{\lambda} \tilde{\rho}\ (\lambda) \tag{12a}$$

$$LM_{\tau} = \inf_{\lambda} \tilde{\tau}(\lambda) \tag{12b}$$

Lee 和 Strazicich（2003）也根据仿真试验得出了内生双突变点的 LM 检验临界值，具体数值略。并且分别检验了外生突变和内生突变的双突变点的 LM 单位根检验的检验势。

在外生突变部分，他们通过设定不同的实验，检验了模型设定错误（没有突变时错误设定有突变）、不同的突变位置和个数等情况，结果表明 LM 检验在模型设定错误的情况下没有明显的偏离，也就是不影响检验效果；对于不同的突变位置和个数的情况，结果明显显示了 LM 检验的不变性质（检验结果与突变个数与位置无关）；无论突变点的位置、个数、位置是否设定正确，LM 检验都没有表现出类似 LP 检验的过度拒绝的特点，在大多数情况下 LM 检验具有最高的检验势，拒绝率在 4.8%左右。

在内生突变方面，结果显示对于模型 A，无论突变点的位置和规模如何，可以用相同的临界值。在突变个数增加时，LP 检验容易过度拒绝零假设，而 LM 检验无论是对于模型 A 还是模型 C，都没有明显的错判倾向。总之，内生 LM 单位根检验在存在突变时检验性能良好。

三、实证检验

外贸体制改革二十多年来，中国外贸发生了举世瞩目的变化。外贸体制改革对社会、经济、文化都产生了深刻的影响，其效应是多方面多层次的，试图全面完整地描述是一件几乎不可能的事情。本节将利用第二部分介绍的单变量结构突变点检验方法，结合第一部分中的中国外贸体制改革的历程，检验外贸体制改革效应的一个方面：是否一些重大的外贸政策改变，导致了贸易规模、贸易结构、产业结构等变量发生了量或者增长速度的显著改变（也就是结构突变）。

在实证中究竟使用外生突变检验方法还是内生突变检验方法，学术界一直存在争论。张晓峒、王少平等人认为，在实证中将二者结合起来综合使用，更可靠一些。因此下面将分别用外生和内生突变点检验方法，针对单突变点和双突变点，对每个变量一一进行检验。

对外生单突变点的检验，是根据第一部分关于中国外贸改革历程的论述，先验地选择会对某变量产生直接重大影响的政策变革实施时点作为外生突变点，设定相应的虚拟变量，并根据数据特征确定其适合于模型 A、B、C 中的哪种形式，进行检验。在进行内生单突变点检验时，对每个变量在样本区间的

[10%，90%] 中的每一个样本点（在本章操作中，是选取了其中若干可能发生结构突变的样本点），逐次按照外生结构突变点的检验方法进行检验，用其 ADF 的最小值（min ADF）所对应的时点确定突变点，并将 min ADF 与相应的临界值比较，以确定变量是结构突变的单位根过程还是结构突变的趋势平稳过程。双突变点检验时，突变点的先验选取的思路与单突变点检验方法类似，只是在检验中使用不同的检验参数。

（一）数据与变量

（1）外贸总值：数据来源是 1985 年《中国对外经济贸易年鉴》以及历年《中国统计年鉴》，单位是亿美元，样本区间是在 1960~2005 年。这里用一般零售物价指数（General Retail Price Index）对名义外贸总值数据进行处理，以得到外贸总值的实际值。

（2）出口总值：数据来源同上，样本区间选用 1970~2005 年。用一般零售物价指数对其进行处理，得到实际出口总值。

（3）进口总值：数据来源同上，样本区间选用 1970~2005 年。用一般零售物价指数对其进行处理，得到实际进口总值。

（4）出口结构：用工业制成品出口值占中国出口总值的比重来表示，数据来源是 1989 年《中国对外经济贸易年鉴》以及历年《中国统计年鉴》，样本区间是 1975~2004 年。

（5）进口结构：用工业制成品进口值占中国进口总值的比重来表示，数据来自外经贸部统计数据以及历年《中国对外经济贸易年鉴》，样本区间是 1975~2004 年。

（6）产业结构：以第二产业产值占 GDP 的比重来表示，根据 2005 年《中国统计年鉴》数据计算而得，样本区间为 1978 ~2004 年。

（7）外贸竞争力：以工业制成品的外贸竞争力指数来表示，根据历年《中国统计年鉴》数据计算，样本区间为 1980~2004 年。具体计算公式为：贸易竞争力指数 $= (E_i - M_i) / (E_i + M_i)$，式中，$E_i$ 为工业制成品的出口总值，M_i 为工业制成品的进口总值。可以看出贸易竞争力指数的变化范围在-1 和+1 之间，若指数为正，表明出口产品处于比较优势地位，指数越大表明产品出口竞争力越强。

（8）实际利用 FDI 额：数据来自历年《中国统计年鉴》，单位是亿美元，样本区间为 1983~2004 年。

（9）加工贸易占比：用加工贸易总值占中国外贸总值的比重来表示，数据来自于《中国统计摘要（2004）》、《中国统计公报（2004）》、《海关统计（2005）》。

（二）外贸规模检验

变量（1）~（3）表示外贸规模。在新中国成立初期，外贸规模非常小，发展也相对很缓慢。20 世纪 70 年代外贸持续增长，但是增速波动巨大。改革开放以来，中国外贸在大多数年份保持着两位数的增长速度，中国在国际贸易中的地位也大幅提升，已经成为了一个外贸大国。

1. 外贸总值

进行外生单突变点检验时，检验 1979 年改革开放的政策是否对外贸规模构成了外生冲击，即设定突变点 T_B 为 1979 年，根据虚拟变量的参数显著性判断，我们选用 Perron 的模型 C；在进行内生单突变点检验时，将 1979 年（改革开放）、1985 年（基本取消外贸计划体系）、1988 年（推行承包经营制）、1992 年（十四大确立社会主义市场经济体制，改革开放加速）、1996 年（关税一降再降、宏观经济软着陆）、2001 年（加入世贸组织）作为可能的突变点；进行外生双突变点检验时，将在单突变点检验中得到的两个突变点：1979 年和 1996 年作为检验时点；在进行内生双突变点检验时，依次检验了 1979 年、1985 年、1988 年、1992 年、1996 年和 2001 年这些可能的突变点的所有两两组合。

检验的零假设是，该变量是结构突变的单位根过程（下同）。检验结果见表 3–1。

表 3–1　外贸总额的检验结果

检验方法	突变点（年）	模型	ADF 值/min $\tilde{\tau}$	临界值	min $\tilde{\rho}$	临界值	结论
外生单突变点	1979	C	–0.386	–4.22			接受零假设
内生单突变点	1996	C	–4.265	–5.08			接受零假设
外生双突变点	1979、1996	C	–3.125	–4.32	–18.403	–31.7	接受零假设
内生双突变点	1988、2001	C	–4.732	–5.286	–33.371	–45.531	接受零假设

注：第四列的参数在单突变点检验中，使用 ADF 值；在双突变点检验中，使用的是 min $\tilde{\tau}$和 min $\tilde{\rho}$，下同。

2. 出口总值

促进出口、增加外汇在很长一段时间都是中国外贸的最主要的目标，自改革开放以来，国家陆续出台了很多出口优惠政策，直到最近几年由于巨额双顺差的持续，过分强调出口的政策导向才有所改变。

对出口总值进行外生单突变检验时，设定的突变点为 1994 年，对应的重大政策改变是大幅提高出口退税率。因为此时中国外贸体制改革已经比较深入、承包经营制经过几年的推行已经走上了正轨，并且三资企业已颇具规模。此时提高出口退税率，对于出口的冲击效应应该比较大。内生单突变检验时，把 1980 年（设立经济特区）、1985 年（纺织品受配额限制，实行出口退税、改革外汇留成制度）、1988 年（实行承包经营制、扩大出口退税范围）、1994 年（汇率并轨、调高出口退税率）、1996 年（允许合资合作经营、调低出口退税率）、1997 年（亚洲金融危机、调高出口退税率）和 2001 年（加入世贸组织）设定为可能的突变点进行检验。内生双突变点检验时，依次检验了所有可能的突变点的组合（剔除了相隔太近的组合，例如 1996 年和 1997 年），检验结果见表 3–2。

表 3–2 出口总值的检验结果

检验方法	突变点（年）	模型	ADF 值/min $\tilde{\tau}$	临界值	min $\tilde{\rho}$	临界值	结论
外生单突变点	1979	C	–0.386	–4.22			接受零假设
内生单突变点	1996	C	–4.008	–5.08			接受零假设
内生双突变点	1988、2001	C	–3.396	–5.286	–23.966	–45.532	接受零假设

由于外生单突变检验接受 1994 年是突变点，而内生单突变检验到的突变点是 1996 年，这两个时点相距非常近，因此反映的是同一个突变，因此没有必要对其组合进行外生双突变检验。可以认为从 1993 年开始的出口退税的频繁调整，在那几年对出口总值都有很大影响，使得出口总值的发展趋势有了明显改变，发生了结构突变。考虑到内生单突变检验有“寻找最优”的含义，因此我们认为出口总值的变化，在 1996 年最为明显。

3. 进口总值

对于进口总值进行外生单突变点检验时，假设突变点是 1993 年。此时，国内宏观经济呈现高增长高通胀的形势，投资和消费都十分强劲。并且从 1992 年开始，国家开始大量削减关税和非关税壁垒，这对于进口应该具有很强的刺激作用。进行内生单突变检验时，把 1980 年（大量引进技术设备、欧共体给予中国最惠国待遇）、1982 年（修改税则，提高关税）、1992 年（国内需求高涨，大幅削减关税和非关税壁垒）、1993 年、1994 年、1996 年、1997 年（汇率并轨、屡次大幅降低关税）、2001 年（加入世贸组织，关税持续降低）看作是可能的突变点。对于在单突变检验中确定的突变点 1993 年和 1997 年，我们用外生双突变的 LM 检验方法予以验证。对于可能的内生单突变点的两两组合，逐个进行内生双突变点检验。检验结果见表 3–3。

表 3–3 进口总值的检验结果

检验方法	突变点（年）	模型	ADF 值/min $\tilde{\tau}$	临界值	min $\tilde{\rho}$	临界值	结论
外生单突变点	1993	C	–3.297	–4.18			接受零假设
内生单突变点	1997	C	–3.834	–5.08			接受零假设
外生双突变点	1993、1997	C	–3.374	–4.19	–20.23	–30.2	接受零假设
内生双突变点	1993、2001	C	–4.285	–5.286	–27.73	–45.53	接受零假设

(三) 外贸结构、产业结构、外贸竞争力

变量 (4)~(7) 可以看作另一个组，变量 (4)、(5) 代表外贸结构，其与变量 (6) 产业结构的良性促进是经济发展和外贸政策改革的重要目标。外贸结构需要产业结构来支撑，产业结构需要外贸结构来拉动。产业结构从层次上可以划分为基础产业、支柱产业、主导产业和新兴产业。出口商品结构的层次一般以主导出口商品的层次来定位，出口商品结构的层次低于支柱产业的层次称为落后错位，反之称为超前错位。出现落后错位时，则外贸商品结构需以产业结构为依据进行调整；出现超前错位时，则在产业结构调整中应依照外贸商品结构，将生产主导出口商品的产业作为重点产业发展，利用外贸结构带动产业结构升级。而变量 (7) 反映了出口商品的比较优势所在，它也应该与产业结构相适应。

优化对外贸易结构一向是各国进行外贸体制改革的重要目标。由于中国的工业化程度尚不高，提升工业化水平、优化产业结构是我国政府现阶段重点强调的目标，因此这里关注出口总值和进口总值中工业制成品的比重，用它来反映外贸结构的变化；用第二产业产值占 GDP 的比重反映产业结构的变化。而一个国家的商品竞争力，与产业结构水平密切相关。

如果说前面的外贸规模变化可以体现出外贸政策改革的直接作用，则这里要检验的外贸结构、产业结构和外贸竞争力等因素，可以反映出外贸政策变革的深层次效应。由于这些变量反映的是外贸体制改革的潜在效应，我们无法断言具体什么政策会直接导致这些因素的显著变化，也就是无法先验确定外生突变点，因此对这些变量的检验，只采用内生检验方法。

1. 出口结构

根据数据特征和中国外贸体制改革的重大政策改革的时点，我们设定可能的突变点：1979 年、1983 年、1985 年、1988 年、1990 年、1992 年、1994 年、1995 年、1996 年、1998 年、2000 年、2001 年，进行内生单突变点检验。进行内生双突变点检验时，只对内生单突变点检验时虚拟变量的参数显著的时点（1988 年、1990 年、1992 年、1994 年、1995 年、1998 年）的组合进行检验。具体检验结果见表 3–4。

表 3–4　出口结构的检验结果

检验方法	突变点（年）	模型	ADF 值/min $\tilde{\tau}$	临界值	min $\tilde{\rho}$	临界值	结论
内生单突变点	1988	C	–5.362	–5.30			接受零假设
内生双突变点	1988、1994	C	–3.335	–5.286	–19.557	–45.532	接受零假设

2. 进口结构

进行内生单突变点检验时，根据数据特征和中国外贸政策改革的重要时点，设定 1982 年、1988 年、1992 年、1993 年、1994 年、1996~2001 年为可能的突变点。对进口结构进行内生双突变点的检验时，可能的突变点取上面单突变点检验时，虚拟变量的参数显著的时点的组合，并且为了检验建立社会主义市场经济体制、亚洲金融危机和加入世界贸易组织等重大事件的影响，特意增加了检验时点组合（1992 年，1998 年）、(1992 年，2001 年）和（1998 年，2001 年)。检验结果见表 3–5。

表 3–5 进口结构的检验结果

检验方法	突变点（年）	模型	ADF 值/min $\tilde{\tau}$	临界值	min $\tilde{\rho}$	临界值	结论
内生单突变点	1988	C	–5.007	–5.08			接受零假设
内生双突变点	1985、1988	C	–3.812	–5.286	–22.334	–45.532	接受零假设

3. 产业结构

根据数据特征以及中国外贸体制改革的重要时点，设定所有可能的突变时点：1980 年、1985 年、1988 年、1990 年、1993 年、1996~2001 年。进行内生双突变点检验时，可能的突变点取上面单突变点检验时，虚拟变量的参数显著的时点（1980 年、1985 年、1988 年、1993 年、1996 年）的所有组合。检验结果见表 3–6。

表 3–6 产业结构的检验结果

检验方法	突变点（年）	模型	ADF 值/min $\tilde{\tau}$	临界值	min $\tilde{\rho}$	临界值	结论
内生单突变点	1993	C	–3.45	–5.08			接受零假设
内生双突变点	1988、1993	C	–2.891	–5.286	–15.918	–45.532	接受零假设

4. 外贸竞争力

进行内生单突变点检验时，根据数据特征和中国外贸体制改革的重要年份设定所有可能的突变时点：1982 年、1985 年、1987 年、1990 年、1992 年、1995 年、1997 年、1999 年、2001 年。用这些可能突变点的两两组合进行内生双突变点检验。根据数据特征，选用 Perron 的模型 A 进行检验。具体检验结果见表 3–7。

表 3–7 外贸竞争力的检验结果

检验方法	突变点（年）	模型	ADF 值/min $\tilde{\tau}$	临界值	min $\tilde{\rho}$	临界值	结论
内生单突变点	1990	A	–4.508	–4.80			接受零假设
内生双突变点	1985，1987	A	–3.621	–3.842	–19.799	–26.894	接受零假设

双突变点检验表明，工业制成品的外贸竞争力指数是结构突变的单位根过程，对应的突变点是（1985 年，1987 年）。其实，由于这两个时点非常邻近，可以理解为它们反映的是同一个突变，说明外贸竞争力指数在 20 世纪 80 年代后期有明显变化。

（四）外资规模及使用

中国从 1979 年开始吸引外资，外资政策在过去二十多年逐步完善，陆续出台了很多重要政策，吸引的 FDI 流量大幅增长。变量（8）~（9）都与外资政策改革有关。变量（8）可以用来检验外资政策的成效，而由于中国的劳动力资源丰富的比较优势，"大进大出、两头在外"一直是我国引进外资的重要特征，中国的贸易顺差很大部分都要归因于加工贸易，因此我们也检验变量（9）。

贸易方式一般分为一般贸易、加工贸易和其他贸易。传统意义上的一般贸易是指全部或者绝大部分使用本国资源和材料进行生产和出口的贸易方式。加工贸易是指从境外保税进口全部或者部分原辅材料、零部件、元器件、包装物料，经境内企业加工或者组装后，制成品重新出口，一般包括来料加工和进料加工。中国的贸易顺差很大部分都要归因于加工贸易。

这里我们检验中国实际利用 FDI 额，来检验外资政策的成效；同时检验中国的加工贸易占比，一方面检验吸引的 FDI 流量与加工贸易的发展的关系，另一方面可以从侧面反映中国的外贸政策的成效。

1. 实际利用 FDI 额

对实际利用 FDI 额进行外生单突变点检验时，设定突变点是 1992 年。1992 年中国确立了社会主义市场经济体制、增加了开放城市，并且降低了外资企业产品的出口要求。这里建议考虑这些措施是否对提高引入的 FDI 有明显影响。另外，用内生单突变点检验的方法来检验其他时点的政策变化对 FDI 是否构成了冲击。考虑到某些政策的滞后效应，我们设定可能的突变时点是 1986 年、1991 年、1992 年、1993 年、1996 年、1998 年、2001 年和 2002 年。由于内生单突变点检验的结果是 1991 年，与外生单突变点的检验结果 1992 年只相差一年，所以可以认为它们的结论是一致的，实际代表的是同一个突变。因此，没有必要对于（1991 年，1992 年）的组合进行外生双突变点检验。在进行内生双突变点检验时，按照内生单突变点检验时虚拟变量的参数显著的时点，并特意增加了 1986 年（"二十二条"出台）、1996 年（允许合作经营）、1998 年（亚洲金融危机）、2002 年（中国"入世"之后）这些时点，对它们的所有组合进行检验。具体检验结果见表 3-8。

表 3-8 实际利用 FDI 额的检验结果

检验方法	突变点（年）	模型	ADF 值/min $\tilde{\tau}$	临界值	min $\tilde{\rho}$	临界值	结论
外生单突变点	1992	C	-3.063	-3.76			接受零假设
内生单突变点	1991	C	-3.138	-5.30			接受零假设
内生双突变点	1992、1998	C	-3.587	-4.32	-20.314	-31.7	接受零假设

2. 加工贸易占比

由于不能断言哪些政策对于加工贸易占比有显著影响，因此这里只用内生检验方法。在进行内生单突变点检验时，根据数据特征和中国外资政策和国内外经济环境发生重大改变的时点，设定可能的突变点为 1986 年、1988 年、1990 年、1992 年、1995 年、1998 年和 2001 年。之后，将内生单突变点检验时虚拟变量的参数显著的时点作为可能的突变点，对其组合进行内生双突变点检验。检验结果见表 3-9。

表 3-9 加工贸易占比的检验结果

检验方法	突变点（年）	模型	ADF 值/min $\tilde{\tau}$	临界值	min $\tilde{\rho}$	临界值	结论
内生单突变点	1995	C	-4.564	-5.08			接受零假设
内生双突变点	1988，1999	C	-4.179	-5.286	-24.323	-45.532	接受零假设

（五）实证结果小结

为清楚起见，这里简要总结一下上面实证检验的结果，如表 3-10 所示。

表 3-10 各变量的结构突变点检验结果

	突变点 1	突变点 2	突变点 3	突变点 4
贸易总值	1979 年（增速加快）	1988 年（增速加快）	1996 年*（增速加快）	2001 年（增速加快）
出口总值	1988 年（增速加快）	1994 年（增速放缓）	1996 年*（增速加快）	2001 年（增速加快）
进口总值	1993 年（增速放缓）	1997 年*（增速加快）	2001 年（增速加快）	
出口结构（工业制成品占比）	1988 年*（水平跃升）	1994 年（水平提高，增速加快）		
进口结构（工业制成品占比）	1985 年（水平跃升）	1988 年*（水平提高，增速减慢）		
产业结构（第二产业在 GDP 占比）	1988 年（增速加快）	1993 年*（水平提高，增速加快）		
贸易竞争力指数（工业制成品）	1985 年（从负增长转为快速正增长）	1987 年（水平跃升，快速增长）	1990 年*（增速放缓）	

续表

	突变点 1	突变点 2	突变点 3	突变点 4
实际利用 FDI 额	1991 年* (水平跃升，增速加快)	1992 年 (水平跃升，增速加快)	1998 年 (负增长)	
贸易方式 (加工贸易占比)	1988 年 (水平提高)	1995 年* (水平提高)	1999 年 (负增长)	

注：带 * 的突变点是内生单突变点检验的结果，笔者将此突变点视为最明显的突变点。

根据各变量的突变点的检验结果和具体时点，我们可以得出以下直观的印象：

（1）中国的外贸体制改革确实对中国外贸的相关变量产生了显著的影响。检验结果表明，这些变量都是带有结构突变的单位根过程，也就是说，外贸体制改革对这些变量产生了冲击，使得它们的数据生成过程发生了改变，表现为水平跃升或者增速加快。

（2）将内生单突变点检验结果视为最明显的突变发生时点，可以看出，20 世纪 90 年代中期是中国外贸规模发生最显著变化的时期，而外贸结构的显著改变发生在 80 年代末期，产业结构和外贸竞争力的显著改变发生在 90 年代初期，这说明 90 年代初期产业结构的提升促进了中国外贸的发展，但是外贸规模的急剧扩大并没有相应地显著促进产业结构优化和比较优势的提升，显示出一定的不协调，并且进口结构的优化在 90 年代之后没有突变性变化，也与外贸规模的发展不协调，这也是外贸没有有效地促进产业结构升级的主要原因。吸引的外资规模和增长速度从 90 年代初期开始有显著改变，说明扩大开放城市以及对于外资的优惠政策增强对于外资流入有显著效应，而外资流入急剧增加之后 4 年，中国的加工贸易占比也发生了显著变化，说明外资确实对于加工贸易有明显带动作用，滞后期应该是由于投资的滞后效应造成的。

（3）从检验结果看，中国加入世界贸易组织对于外贸规模的影响比较明显，然而对于贸易结构、贸易竞争力以及吸引的外资没有突出的影响。尽管双突变点的 LM 方法检验到的突变点与单突变点检验的结果不尽相同，但是所反映出的问题是一致的。首先外贸结构的升级落后于外贸规模的扩大，其次产业结构的提升对于外贸规模有促进作用，但是外贸规模的急剧增长并没有随后引起产业结构的进一步优化，而外贸竞争力的提升在 20 世纪 90 年代之后没有显著改变，这与中国外贸规模在 90 年代后的表现非常不协调。而吸引的 FDI 在 90 年代之后有了很大增长，带动了加工贸易的增长。

四、政策效应分析

根据突变点检验结果，并结合相应时点的中国外贸体制的政策改变和国内外经济环境的变化，我们可以得出以下结论。

(1) 社会主义市场经济体制的确立，使得外贸政策改革和调节手段的作用明显增强。从中国外贸体制改革的历程以及由突变点显示出来的中国外贸的发展情况，可以看出经济体制对于政策的成效具有明显的影响。在计划经济时期，1979 年开始的改革开放、简政放权，1985 年开始实行出口退税制，并且改革外汇留成制度，1988 年在全国范围实行以地方承包为主体的外贸承包经营制，这些政策尽管对于外贸规模有一定刺激，使得外贸发展速度有所增加(1988 年是外贸总值和出口总值的一个突变点，但是不是其最明显的突变点)，但是从总体上看，收效甚微。而在确立了社会主义市场经济体制之后，改革开放的力度大大增强，此时外贸体制改革的效应开始变得突出。

合理的经济体制是政策改革的基础，可以大大提高政策手段的调节作用。我们的检验结果很好地支持了这一观点：首先，1985 年实行出口退税对出口几乎没有什么影响，而 1993 年开始的出口退税率的提高使得出口的增长速度发生了突变。其次，1986 年国务院出台了针对外资的“二十二条”，然而对于 FDI 流入量影响很小，当时国内的投资环境尚待完善、相关的法律法规不够健全等因素都制约了 FDI 的流入规模和速度。而 1991 年和 1992 年，随着社会主义市场经济体制的逐步确立，扩大开放城市、对外资的相关法律的完善和优惠政策的增强、削减外企产品的出口要求等政策措施，对于外资的流入起到了积极的促进作用，FDI 的流入量无论是水平还是增长速度都有很大的提高。最后，尽管从 20 世纪 80 年代中后期中国就开始使用进口补贴、关税等调节手段，然而在市场机制不完善的情况下，这些手段没有发挥明显的作用，中国的进口总值在 20 世纪 80 年代发展比较平稳，直到 1993 年基本取消指令性计划后才出现了明显的增长。

(2) 中国外贸体制改革成效显著，尤其是 20 世纪 90 年代的扩大开放地区、提高出口退税率、大幅降低关税、汇率并轨等政策效果突出。从贸易规模来看，外贸总值和出口总值在 1996 年附近发生了最剧烈的变动，进口总值最显著的突变发生在 1997 年，都表现为增长速度明显提高。这个时期的贸易规模的明显变化，可以看作是一系列政策的综合效果。从 1979 年开始简政放权开始，中国在外贸经营机制、外贸管理的法律法规、外贸调节手段等方面都进行了不断的改革，到 20 世纪 90 年代初期，外贸经营环境已经大大改善，为外贸的发展奠定了基础，此时随着社会主义市场经济体制的确立和开放地区的扩大，再加上提高出口退税率、降低关税、放松外贸经营权的管理等政策的刺激，贸易规模开始迅猛增长。再考虑到出口结构、产业结构、吸引的 FDI 流量都在 90 年代初期发生了结构变化，因此，我们可以说 20 世纪 90 年代中前期是中国外贸发生根本性转变的时期，中国外贸进入了一个飞速发展的“快车道”。

（3）20 世纪 80 年代到 90 年代中期，外贸结构与产业结构存在良性作用机制，并且带动了中国比较优势的发挥。中国的进口结构（工业制成品进口占比）发生突变的时间是 1985 年和 1988 年，其中最显著的突变发生在 1988 年。两次突变都表现为水平的提升，1988 年后增长速度还有所加快。1985 年的突变可以理解为是由于在 20 世纪 80 年代初，国家为了工业化的需要，大量引进机器设备，加上同期国内宏观经济增长迅速、投资高涨而造成的，它使得工业品进口占比有了一个明显的飞跃。之后工业品进口占比有所下降，但是在 1988 年开始回升，并且增长速度也有所改变。

从出口结构（工业制成品的出口占比）的检验结果看，其在 1988 年和 1994 年都发生了结构突变，这两年的工业制成品占比的水平都有所提高，并且 1994 年后增长速度有所加快。这说明了中国的出口在不断地转向以工业制成品为主。考虑到改革开放初期我国主要利用石油等原材料和初级产品换取外汇，不能发挥我国的比较优势，1988 年和 1994 年出口结构的这种转变反映了随着改革的深入，我国的出口结构在不断朝着反映我国比较优势的结构转变，优化了我国的出口结构。

中国的产业结构（以第二产业占比为代表）在 1988 年和 1993 年都存在突变，工业占国民经济的比重，在这两年无论是水平还是增长速度都有很大提高。

中国的工业制成品的竞争力指数在 1985 年、1987 年和 1990 年发生了突变。在 1985 年之前，工业制成品的外贸竞争力指数持续下降，这是由于当时实行进口替代政策、大量进口机器设备造成的。从 1985 年，我国的工业制成品的竞争力指数开始快速提高，1987 年竞争力指数的水平有一个小的跃高，到 1990 年达到顶点。

对比外贸结构、产业结构和外贸竞争力指数发生突变的时间，可以看出：进口结构的调整最早（在 20 世纪 80 年代中后期），之后产业结构、出口结构和外贸竞争力的剧烈变化几乎是同时发生的。因此我们认为 20 世纪 80 年代到 90 年代中期，中国外贸结构和产业结构存在良性促进机制，中国大量进口机器设备促进了产业结构的升级，由此带动了出口结构的提升，并增强了我国工业制成品的国际竞争力。从突变点看，发生过两次明显的互相促进：第一次是 80 年代中期的进口结构的调整→产业结构优化→出口结构调整→出口商品竞争力提高；第二次是发生在 1993 年左右的产业结构调整→出口结构优化。这为我国外贸在 20 世纪 90 年代中期之后的迅猛发展奠定了基础。

(4) 1994 年汇率并轨是符合经济发展需要的，对于进出口都具有正面影响。1994 年，中国汇率并轨，人民币大幅贬值。从国际经济学的理论来说，汇率贬值有利于出口，而对进口不利。然而从突变点的检验来看，出口总值在当年的增长速度有所放缓，不过仍维持相当高的增长率（当然，这里面还有出口退税等政策的影响），进口总值从 1993 年增长速度就有所放缓，然而 1994 年的汇率改革并没有按照理论预计的那样使其明显降低，相反进口的发展相当稳定，并从 1997 年开始增长速度有所加快。这说明我国的汇率改革是成功的，对于外贸运行没有造成震荡，同时也说明当时的汇率改革是必要的，符合经济发展的需要，改变了汇率长期人为高估的现象，使得名义汇率更加接近真实汇率，对于构建优良的外贸环境具有积极影响。

(5) 中国加入世界贸易组织是一个平稳过渡的过程，没有对经济构成冲击。从突变点检验的结果看，2001 年中国加入世贸组织只是对外贸规模造成了明显影响，外贸总值、出口总值和进口总值的增长速度都有所加快，但是对于这三个变量来说，2001 年的突变都不是其最显著的突变，强烈程度不及 20 世纪 90 年代中期的突变。而贸易结构、产业结构、FDI 流量等其他变量在 2001 年前后都没有明显改变。这一方面说明“入世”对于中国外贸确实有促进作用，使得贸易规模进一步放大；另一方面也说明中国加入世界贸易组织是一个比较平稳的过程，没有造成经济震荡。由于中国“入世”经历了一个比较长的准备期，之后还有过渡期，因此是一个渐进的过程，而不是一个突然的冲击。

(6) 外贸开放增强了中国经济受世界经济的影响程度。从检验结果看，亚洲金融危机对于中国吸引的外资水平有很明显的负面影响，1998 年中国实际利用 FDI 额大幅下降，这说明了亚洲金融危机使得国际投资对于亚洲的投资环境都产生了怀疑，亚洲金融危机严重影响了中国吸引外资的额度。只是由于当时中国资本账户尚未开放，并且中国政府采取了一些积极措施，才使得亚洲金融危机没有对我国造成直接的冲击。这从一个侧面反映了随着全球化的进程和中国开放程度的加强，中国经济受外界的影响程度开始加强。随着中国加入世界贸易组织后更深地融入全球经济中，更易受到世界经济波动的影响，因此，必须增强经济的稳健性以抵御外部冲击，这督促我们必须加快制度的建立和健全、实行更加严格和科学的管理、建立各种必要的应急措施，以防御外部波动。

(7) 进口的政策改革落后于出口改革，从 20 世纪 90 年代开始进口结构调整缓慢。从突变点看，中国的进口总值在 20 世纪 90 年代中期才有了本质的改变，而出口在 80 年代中期就有了较大变化，这说明中国对于进口的政策改革是落后于出口的。在改革初期中国实行进口替代战略，之后又实行出口导向政策，可以说，中国对于出口的重视一直是远高于进口的。但是，出口的目的是为了换取外汇、以有能力购买国民经济急需但是本国又无力生产的物资，也就是说出口的根本目的应该是进口所需要的机器设备、新技术和投入品，以推动国内的产业升级或者建立新的产业。因此要获得进出口的良性循环，并且用外贸促进工业化建设，必须更加重视进口的作用，在政策上予以适当的引导。

中国的进口结构发生明显变化的时期是 1985 年和 1988 年，在 20 世纪 90 年代之后没有明显改变。20 世纪 80 年代后期的进口结构的改变是由于当时发展工业化的要求，进口指令性计划中大量增加了对于机器设备的进口而造成的。而在社会主义市场经济体制确立后，国家基本取消了进口的指令性计划，进口结构却没有进一步优化，甚至在 90 年代工业制成品进口占比还有所下降。这说明进口结构没有适应市场经济和产业升级的需要，进口对于国民经济没有发挥出应有的促进作用。因此，必须更加重视进口，从政策上引导进口结构向有利于加速产业结构优化升级的方向转变。

（8）中国外贸，尤其是出口对于价格调节手段非常灵敏，反映出一定的短视和投机倾向。中国的贸易总量、出口总值和进口总值发生最显著的突变的时间都是在 20 世纪 90 年代后期，当时外贸的指令性计划已经基本取消，出口退税率的提高非常强烈地刺激了出口的增长，而关税的持续下降也刺激了进口的增长。可以说，中国外贸对于这种直接影响产品的相对价格（进而影响利润率）的政策最敏感。相对于这种政策，其他政策例如对企业经营机制的改革等，推行实施就比较缓慢，不会产生即刻的显著效应。这从一个方面反映了中国外贸存在急功近利、企业的利益和社会效应不统一的问题。而加入世界贸易组织后，可以使用的这种价格调节手段越来越有限，如果不从根源上改善中国外贸企业的经营状态，使之利益适应国家的资源最优配置、全球化经济的要求的话，则无法保证中国外贸的持续高速发展。

（9）从 20 世纪 90 年代以来，外贸规模的增长速度与外贸结构、产业结构的调整速度不相匹配。20 世纪 80 年代，中国的外贸结构和产业结构呈现出互相促进的良性循环，其为 90 年代中期之后外贸规模的迅猛发展奠定了基础。然而，中国无论进口还是出口，其总量的最剧烈的变化发生在 90 年代后期，此时外贸结构和产业结构却没有发生相应的突变，基本维持在 90 年代初的水平，甚至工业制成品进口占比还有缓慢下降。这反映了在最近十余年，我国产业结构的升级和外贸结构的调整落后于外贸量的增长。或者说，我们目前外贸规模尤其是出口规模的增长，并不是反映我国支柱产业水平并且带动主导产业和新兴产业发展的经济行为。而且从出口商品的竞争力来看，其显著变化也发生在 80 年代，在 1990 年之后就没有明显变化，这反映了在 80 年代我国的外贸结构体现了比较优势，但是 90 年代之后没有继续将比较优势加强，没有实现比较优势向竞争优势的转变。贸易结构必须和产业结构相互适应和促进、不断优化提高，才能实现比较优势的动态化，从而使得外贸良性发展。

(10) 中国的外资政策在吸引外资流量方面发挥了积极作用，然而在 FDI 的投资方向上缺乏有力的引导。中国目前已经是世界吸收 FDI 的大国，这一方面反映了外资政策的改革改善了中国的投资环境，另一方面也是由于可以提供更具吸引力的投资回报。

中国吸引外资的初衷是为了弥补国内投资的不足，引入国外先进的技术和管理手段，加快高科技产业和新兴产业的建设。然而目前从利用 FDI 的情况来看，FDI 集中在劳动密集型的加工贸易业中，中国仅收取加工费，附加值不高。比较实际利用 FDI 额和加工贸易占比这两个变量的结构突变点，FDI 流入量发生突变的时点是 1991~1992 年和 1998 年，而加工贸易占比在 1995 年和 1999 年发生了突变，加工贸易占比发生突变的时点总是紧随着 FDI 流入量的突变时点（落后 1 到 2 年，正好符合投资见效的滞后时间），并且相应的突变方向都是非常相似的，20 世纪 90 年代中期都表现为水平提升、增速加快，而亚洲金融危机后（1998 年左右）的突变都是水平下降，开始了几年的负增长。因此可以认为我们的检验结果印证了中国 FDI 和加工贸易的紧密关联。

由于中国的加工贸易主要利用进口的投入品进行加工后再出口（两头在外），因此与国内其他产业的联系不强，从而很难带动其他产业的升级，也很难产生迅速的技术溢出效应。在出口创汇不足的情况下，FDI、政府借款、政府贷款等获得外汇的手段是必要的补充。但是，从长期看，借款和贷款要偿还，即使是 FDI 也是为了获得更高的利润，而这些利润大多都汇回母国。因此，要维持国际收支的平衡应该主要依靠自己的出口能力。在中国目前持续双顺差的情况下，对于外资的利用效率和鼓励政策应该给予更审慎的考虑和更多产业性的引导，以使其更具针对性。

五、政策建议

从以上的政策效应分析可以看出，中国外贸体制改革取得了突出的成效，在贸易额和引进外资额持续增长的同时贸易结构也得到了一定程度的优化。同时，各个变量发生突变的时点有所关联但是又不尽相同，说明了中国贸易改革的渐进性。而从中国外贸目前的成就来看，无疑这种渐进式的改革是成功的。

但同时也存在一些不能忽略的问题，比如外贸结构存在“重出口轻进口”的倾向；外贸规模对于价格调节手段非常灵敏，反映出一定的短视和投机倾向；外贸规模和 FDI 规模的增长速度，远快于贸易结构和产业结构的调整速度，体现出一定的“重量不重质”的问题。这些问题的存在，使得外贸体制改革通过国际贸易和金融来大力优化产业结构、提高外贸核心竞争力的目标没有完全实现，也是近年来产生巨额贸易顺差导致贸易摩擦增多、外贸规模急剧增长的同时中国贸易条件持续恶化、对能源与资源的进口需求大大增加等问题的原因。

为了中国外贸的持续稳定发展，为了使外贸能对优化产业结构、促进中国经济健康协调发展发挥更大的作用，在今后的外贸体制改革中，建议树立以下观念。

（一）树立我国外贸的“大国战略”原则

顺应中国经济的发展需求，中国外贸也应建立相应的“大国战略”。首先，外贸要积极为增加国家安全服务。其次，中国外贸应该采取积极措施，为降低世界经济发展不平衡态势服务，为建立多极化的世界经济格局服务。为此，应该努力降低贸易的地区结构的集中度，在政策上鼓励企业开拓其他市场，尤其是独联体、拉美、东欧的市场。对于比较不发达国家和地区，积极开展适当的援助。通过经济往来带动文化交流，构建双赢或共赢的局面。最后，中国要在世界外贸中发挥大国职责。积极捍卫国际公则和法理，积极参与国际贸易的相关规则的制定。在国际贸易事务中，要积极运用自己的影响力，维护公权和公平贸易。

（二）实现外贸政策的理念转变，从价格补贴转为真正提升企业的竞争优势

中国长期受出口导向的影响，政策上倾向于利用退税、补贴等价格手段扩大外贸规模，然而，在目前亟须从量变转为质变的时候，政策应该着眼于能够提升企业的长期竞争力的方面。例如，设立创新基金和知识产权专项资金，支持国内企业的自主知识产权产品出口和技术创新。加快知识产权法律法规的制定和完善，切实保护知识产权，保护企业自主创新的积极性，推动我国知识产权的管理体制与国际接轨。另外，对于大量聘用外来务工人员的大型外贸企业，国家可在政策上鼓励企业设立子弟学校，解决工人的后顾之忧，提高熟练工人的保留率，这有助于提高企业的劳动生产率和长期竞争力，同时也可以加快城市化进程，使外贸发展有益于缓解地区发展不平衡。

（三）对进出口关税、出口退税率实行动态和结构性的调整

对一些资源性产品、国内需求大以及对国外市场冲击较大的出口产品，在不违反世界贸易组织规则的前提下，参照纺织品出口的做法，征收出口关税或者临时性关税，甚至自主设定临时性的出口配额，以减少恶性竞争，保证国内

供应，保护贸易利益；对国内供应不足的资源、能源、短缺的技术和关键设备，实行较低的进口关税、暂定税率甚至零关税。对具有较大竞争优势产品、供给垄断产品、低价竞销和易引发反倾销产品、资源性产品和高耗能高污染产品，采取降低或取消出口退税甚至征收高额出口关税的措施，提高出口价格，保护贸易利益和资源环境。

（四）提高在世界贸易组织体系中进行政策博弈的能力

加入世界贸易组织后，中国外贸体制改革的速度和深度都将进一步强化。中国目前的贸易规模和外贸在国民经济中的比重，使得外贸政策改革对于国民经济的全局都会产生更为深刻的影响。而考虑到各国在世界贸易组织规则允许范围内，贸易保护方式更为隐蔽和复杂，而对其规则不够熟悉的成员国，在博弈中十分被动。总体来看，我国目前在公平贸易方面的手段比较单一，还不能灵活有效地运用世界贸易组织有关协议中的保护条款及其框架内许可的非关税壁垒措施。其主要原因在于很多企业对世界贸易组织相关规则不够熟悉、相关人才非常缺乏。商务部和各地相关部门以及大型出口企业，应该联合经贸类、法律类高校，通过吸收引进、委托培养、培训等形式，大力培养相关人才。

附录

附表 3–1　影响中国外贸发展的重要因素

年份	贸易体制改革	汇率与外汇留成	出口鼓励政策	关税与非关税措施	外资政策	国内宏观经济情况描述	国际贸易协定
1979					成立特区	改革开放	
1980				加工贸易免关税		大量引进技术设备	欧共体给予中国普惠制待遇
1981		采用双重汇率					中美互给最惠国待遇
1982	简政放权			全面修改税则，提高关税			中美签订第二个纺织品协定
1983							已与 170 多个国家建立经贸关系
1984				纺织品出口全面受配额限制		增长	中国加入多边纤维协定，接受全面限制
1985	基本取消计划体系		开始实行出口退税				

续表

年份	贸易体制改革	汇率与外汇留成	出口鼓励政策	关税与非关税措施	外资政策	国内宏观经济情况描述	国际贸易协定
1986					《关于鼓励外商投资的规定》发布		开始恢复GATT谈判
1987							中美签订第三个纺织品协议
1988	全面实行承包经营制		扩大出口退税范围			稳定增长	与马来西亚、老挝签订贸易协定
1989							
1990							
1991	取消出口指令性计划		取消出口补贴		《所得税法》颁布		
1992				较大幅度削减关税和配额及许可证	减弱外企产品出口要求，增加开放城市	国内需求高涨	中美市场准入谈判开始
1993							
1994	《对外贸易法》	取消外汇留成，汇率并轨	税制改革，调高出口退税率			高速增长伴着高通胀率	
1995			降低出口退税率	大幅取消非关税壁垒			
1996		人民币经常项目下可兑换		大幅降低关税	允许合资合作经营	软着陆	
1997							
1998							
1999			调高出口退税率			出现紧缩	
2000							
2001	全面放开外贸经营权	升值压力		《反倾销条例》颁布			正式加入世贸组织
2002				大幅下调关税和减少配额	取消“当地含量”等限制	在投资拉动下，经济高速增长	
2003	降低外贸经营资格准入条件						
2004			降低出口退税率			宏观调控	
2005		实行参考一篮子货币的有管理的浮动汇率制度					

参考文献

[1] Bai Jushan and Pierre Perron: "Estimating and Testing Linear Models with Multiple Structural Breaks", *Econometrica*, 66 (1), 1998, pp.47–78.

[2] Hendry, D. F., and Clements, M. P.: Economic forecasting in the face of structural breaks, Econometric Modeling: Techniques and Applications, pp.3–37. Cambridge: Cambridge University Press, 2000.

[3] Hungnes, H.: "Identifying Structural Breaks in Cointegrated VAR Models", Discussion Papers from Research Department of Statistics Norway, 2004, http://www.ssb.no/publikasjoner/DP/pdf/dp422.pdf.

[4] Junsoo Lee and Mark Strazicich: "Minimum LM Unit Root Tests with Two Structural Breaks", *Review of Economics and Statistics*, Vol. 85, No. 4, November 2003, pp.1082–1089.

[5] Lumsdaine, Robin, and David Papell: "Multiple Trend Breaks and the Unit Root Hypothesis," *Review of Economics and Statistics*, 1997, 79 (2), pp.212–218.

[6] Nelson, Charles R., and Charles I. Plosser: "Trends and Random Walks in Macroeconomic Time Series", *Journal of Monetary Economics*, 1982, 10(2), pp.139–162.

[7] Perron, P.: "The Great Crash, The Oil Price Shock and the Unit Root Hypothesis", *Econometrica*, 57, 1989, pp.1361–1401.

[8] Tony Caporale and Kevin B. Grier: "Political Regime Change and the Real Interest Rate", Journal of Money, *Credit and Banking*, 2000, 32 (3), pp.320–334.

[9] Zivot, E, and D. W. K. Andrews: "Further Evidence on the Great Crash, The Oil Price Shock and the Unit -Root Hypothesis", *Journal of Business and Economic Statistics*, 10, 1992, pp.251–270.

[10] 何帆：《经济全球化的三次浪潮》，《世界知识》，1998 年第 6 期。

[11] 佟孟华、钟春仿、郭多祚：《结构突变及其对上证指数的实证研究》，《财经问题研究》，2004 年第 3 期。

[12] 王静：《结构突变与协变理论简介》，《管理科学与统计决策》，2005 年第 2 卷第 12 期。

[13] 王少平、李子奈：《结构突变与人民币汇率的经验分析》，《世界经济》，2003 年第 8 期。

[14] 王少平：《宏观计量的若干前沿理论与应用》，南开大学出版社，2003 年。

[15] 张晓峒：《计量经济分析》，经济科学出版社，2003 年。

（本章执笔人：王静）

第四章　全球化进程中FDI流入中国的前景及贸易效应与产业结构升级效应

经济全球化与日益开放的国际经济环境所导致的国际投资的大规模扩张与产业的国际转移，使中国经济面临着前所未有的巨大机遇，特别是中国的“入世”，制造业的全面开放，服务业开放幅度的加大，让抓住这种机遇的中国经济得到了全面启动并进入了高速发展期。经济全球化进程的加快不仅显著地改变了世界经济与各国经济的运行方式，而且使世界各国市场成为了更为开放的市场空间，并使国内市场国际化，国际竞争转向国内市场，促使要素资源在市场机制的作用下按照各国的特点与优势在全球范围寻找其最适合的增值空间，从而为国际资本的多层次与多形式的流动提供了必要条件。

作为经济全球化载体的外商直接投资（FDI），特别是跨国公司在全球范围内寻找优势资源，并进行资源优化配置，使得各国及各地区间的经济日益相互依存与相互融合，国际投资已经成为了推动全球经济市场一体化的重要力量。同时，随着生产要素流动性的增强与国际生产分工的细化，以及全球性的生产网络的形成，一国所独有的要素资源禀赋已不再为一国所独享。通过东道国的比较优势与引进的先进生产要素的结合，实现由比较优势向竞争优势的转化，竞争优势成为了全球资源整合与国际分工的基础，成为了影响跨国投资与FDI流入的重要因素。因此，中国经济与世界经济的进一步融合，为中国公司适应新的竞争环境与市场变化，通过自主创新促进了比较优势向竞争优势的转化，更广泛地参与国际生产价值链，以及发展和壮大中国公司并提升国际竞争力提供了更多的机遇与挑战。

一、FDI流入在中国的发展概况

（一）FDI流入中国的基本特征

自从1979年第一家FDI公司进入中国以来，流入中国的FDI伴随着中国经济体制的变革已经走过了近30年的不平凡历程，并使中国经济在更大范围和更深层次上加速融入到了经济全球化之中。FDI 流入中国的全面高速发展是以 1992 年初邓小平同志的南方谈话，以及党的十四大报告中“建立社会主义市场经济”的改革开放目标的确立为重要转折点，这预示着中国经济将逐步与世界经济接轨，市场经济将发挥越来越重要的作用，自此拉开了中国全面进行经济体制变革的序幕。这种全面的改革开放以及在外资政策上的深化使得 FDI 流入的投资环境发生了根本性的变化，并坚定了外国投资者的信心，为 FDI 大规模流入中国奠定了坚实基础，由此 FDI 的流入得到了迅猛发展，并一直是发展中国家中 FDI 流入最多的国家。从 1993 年起，中国一直位居世界第二大 FDI 流入国，仅次于美国，其中在 2003 年一度超过美国成为了世界流入 FDI 最多的国家。截止到 2007 年底，在全球 500 强企业中，已有 400 多家企业在华投资，投资来源国包括了近 200 个国家和地区，累计超过 51 万家的外资企业在中国落户，经营范围遍及劳动密集型、资本密集型和知识技术密集型产业，涉及制造业、贸易、农业、基础设施、服务业等众多行业，FDI 流入实际累计总额截止到 2007 年底已经达到了近 7585 亿美元。根据中国市场经济改革的进程，以及 FDI 流入的趋势与特征，FDI 流入大致经历了以下三个发展阶段：初级阶段 1979~1991 年，快速增长阶段 1992~1999 年，稳步发展阶段 2000~2007 年。

第一阶段 1979~1991 年，为 FDI 流入的初级阶段。中国政府首先在广东省与福建省建立了经济特殊开发区（SEZs），对 FDI 流入提供特殊的激励政策。在 1979~1983 年这段时期，FDI 流入大多只是试探性的投资，进入方式一般为合资、合作和独资的“三资企业”形式。同时，FDI 公司的投资母国出于产业结构调整的需要，将中国作为以劳动密集型加工组装为特点的低端制造业转移目的地，并高度集中在经济特殊开发区，FDI 流入实际总额仅为 17.55 亿美元，中国吸引的 FDI 流入的业绩并不显著。到了 1984~1988 年间，随着海南省与 14 个沿海城市的对外开放，FDI 流入显著增加，FDI 流入实际总额达到 103.01 亿美元。但到了 1989~1991 年间，由于天安门广场事件，FDI 流入的增速显著降低，1989 年增速为 6.2%，而 1990 年增速仅为 2.8%。FDI 流入实际总额仅为 112.45 亿美元。在这期间，国务院颁布了《关于鼓励外商投资的规定》，成为中国开放历史上 FDI 流入的一个重要节点。中国政府决定开放更多的区域吸引 FDI 流入，如长江三角洲、珠江三角洲、闽南区域、上海浦东新开发区以及整个沿海区域。因此，在 1979~1991 年期间，FDI 流入实际总额仅达到 233.01 亿美元。

第二阶段 1992~1999 年，为 FDI 流入的快速增长阶段。这一阶段以邓小平同志 1992 年初著名的南方谈话为标志，肯定了 FDI 流入对于促进特区经济发展的作用，表达了加快市场经济改革步伐的期望，从有限的开放领域逐渐过渡到全面的开放。中国政府对引进 FDI 的政策进行了调整，并采取了从开放早期的特殊区域的倾斜政策转向全国范围的更加开放的引进外资的政策以鼓励更多的 FDI 流入。同时，开放的力度与产业领域进一步扩大，除了一些制造业以外，涉及的领域还包括律师、公证、金融、保险、零售等服务性产业。在合资方式上从合作合资逐渐转向独资，更加注重建立与拓宽上下游产业链，企业的效率成为 FDI 公司强调的重要指标，并在中国设立研发中心或将地区总部甚至是全球总部迁入中国。仅 1992 年 FDI 流入就达到了 110.07 亿美元，增长率为 152.11%，而 1998 年 FDI 流入则达到历史最高水平 454.63 亿美元。但是到了 1999 年，由于亚洲金融危机的影响，FDI 流入下降到 403.19 亿美元，增长率为-11.315%。因此，在 1992~1999 年间，FDI 流入的总额达到了 2825.74 亿美元。

第三阶段 2000~2007 年，为 FDI 流入的稳步发展阶段。这一阶段以亚洲金融危机为转折点，2001 年中国加入世界贸易组织为标志，FDI 流入中国掀起了新一轮的投资热潮。FDI 公司由原来把中国视为重要的制造中心与研发中心，转向把中国看作更重要的营销中心与资本运营中心，以及这些不同投资策略的有机结合。投资项目更加注重投资地区的科技发展水平与整体国民素质和市场容量。投资方式由早期的绿地投资与合资合作方式转向寻求跨国并购与独资的方式。这一时期，FDI 流入从沿海区域迅速向内陆区域扩散。同时，产业开放的领域限制随着“入世”保护期的结束逐步放宽，对前期限制类产业逐渐变为允许类产业，而允许类产业逐渐变为鼓励类产业，特别是随着第三产业中服务性产业的陆续开放，FDI 流入的服务性产业的投资比例不断扩大，而制造业 FDI 流入的增速则相对减慢。在 2000~2007 年期间，FDI 流入达到 4526 亿美元，年均引资规模都超过 570 亿美元，并且自改革开放以来（1979~2007 年）FDI 流入累计总额已经达到近 7585 亿美元。

（二）FDI 流入在中国的地理分布特征

FDI 流入在中国的分布呈现明显的地区差异。在 1979~2007 年间，流入东部地区的 FDI 占当年总流入的 85%以上，中部地区则在 10%左右，而西部地区则不到 5%，在空间分布上明显集聚于东部沿海地区。随着对外开放与市场化经济改革的逐步深入，政府提出了西部大开发、振兴东北老工业基地以及中部崛起的战略，并对中西部地区吸引外资分别给予了一定的优惠政策，FDI 流入中西部地区的数额在总体上得到了快速的发展，而 FDI 流入东部地区的数额也在快速增长，虽然不同年份 FDI 流入的数额会有一定的波动，但 FDI 流入的空间分布的整体格局并没有明显变化。特别是东部沿海地区已经形成了较规范的市场环境，具备了较完善的基础设施与上下游产业的配套能力，而且由于劳动力等要素的流动性在增强，东部沿海地区可以分享中西部地区低成本劳动力的优势，并且东部沿海地区如上海、广东、大连、浙江、江苏以及北京与山东等省市已经构成中国制造业的主要集聚地区，形成了明显的集聚优势，而且这种集聚具有进一步加强的趋势。因此，中西部地区在自然条件和投资环境方面与东部地区仍然存在着较大差距，FDI 流入的水平目前已经处于相对稳定的阶段，东部、中部和西部的 FDI 流入保持在一个与其吸引力结构相匹配的水平上。

（三）FDI 流入在中国的产业分布特征

随着全球化进程的加快，跨国公司为了充分实现其全球化战略，进一步提高其运营效率，对其在华投资管理结构进行了调整，建立和加强中国地区总部。特别是 2001 年中国的“入世”极大地增强了跨国公司在中国投资的信心，越来越多的跨国公司将地区总部迁往中国内地城市，并开始在中国建立研发中心。目前，跨国公司在华的地区性研发中心达 400 多家，仅上海就有 100 多家。有超过 60 家跨国公司的亚太区总部由中国香港、新加坡、马尼拉、悉尼迁到上海、北京等中国内地城市。其他在华运营中心还包括投资中心、制造中心、物流中心、培训中心、售后服务中心、财务中心、结算中心、媒体公关部以及政府事务部和跨国公司母公司业务部门在中国建立的分支机构等，以此实行横向一体化的投资。同时，FDI 公司原本在海外形成的产业链，以更加完整全面地进入中国并“集聚化”地连接起来，在产品、制造和服务环节上分工逐步深化，从基本原材料和相关的零部件以至研发、制造、销售、融资、保险、咨询、运输等对一个产业的上、中、下游各个阶段的产品进行整个产业链的纵向一体化投资。

目前，制造业仍然是 FDI 流入的主要领域（见图 4–1），在服装、纺织品、鞋类、玩具、五金、手机、DVD、电冰箱、彩电、空调、摩托车、照相机、显示器、液晶电脑等产品领域中国已经成为世界最大出口国，其中，一半以上为 FDI 公司生产或 FDI 公司的贴牌或品牌生产的产品。2007 年制造业 FDI 流入项目数为 20087 个，实际利用金额为 428.5 亿美元，分别占 FDI 流入总数的 53.0%和 57.3%，并以出口导向型 FDI 流入占很大比例为主。特别是中国“入世”后开放领域的逐步扩大，FDI 公司已从初期具有比较优势的服装业、制鞋业、织袜业、玩具业等劳动密集型产业逐步向微电子、汽车制造、通信设备、办公用品、仪器仪表、制药、化工等技术知识含量高的资本密集型的产业领域大幅度增加投资。此外，金融业、流通业、咨询业等服务业是近年 FDI 流入增长幅度最大的产业领域，涉及银行、保险、证券、交通运输通信、房地产、批发零售贸易、物流、法律、会计、管理以及文化艺术业等服务业领域。2007 年服务业 FDI 流入项目数为 16736 个，实际利用金额为 310 亿美元，分别占总数的 44.29%和 41.55%。而第一产业 FDI 流入项目数仅为 1048 个，实际利用金额为 9.2 亿美元，分别占总数的 2.8%和 1.2%，在三次产业中占 FDI 流入的总份额仍然很低。总体上，20 世纪 80 年代，FDI 流入主要集中于劳动密集型产业，90 年代初开始向资本密集型产业转移，而 21 世纪初则更多地转向技术密集型产业，以及向中高技术含量的制造业和知识密集型服务业转移。但服务业 FDI 流入的结构很不平衡，集中分布在银行、保险、房地产等行业，并以市场导向型投资为主，服务外包业比较少。

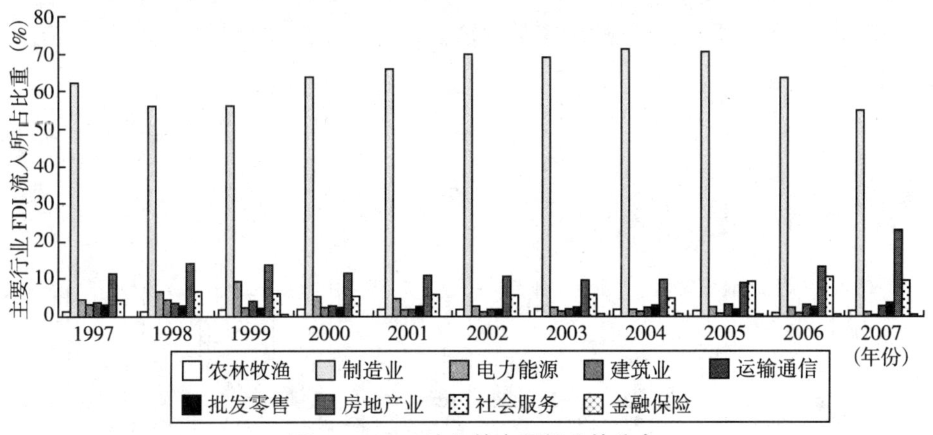

图 4-1　FDI 流入的主要行业的分布

(四) FDI 流入的主要来源国家与地区

在 1978 年的改革开放初期，由于地理位置的邻近以及文化习俗与语言的相通性等，FDI 流入主要来源于中国港澳台地区以及东南亚的海外华裔的投资，而真正来自发达国家的投资则很少，投资来源国主要包括美国与日本，其他则是来源于西欧等国家。因此，在改革开放初期，FDI 流入主要是中小型企业，投资规模也较小，并主要集中于劳动密集型产品与出口加工贸易的投资，形成了以中小企业投资为主体的投资结构。在 1992 年邓小平同志南方谈话之后，随着中国改革开放力度的加大以及对引资政策的调整，外资开放的领域进一步拓宽，FDI 投资额迅猛增加，投资来源地也呈现多样化的特点。特别是来自中国周边国家或地区和新兴经济体（NIEs）中国台湾、中国香港、韩国及新加坡等的投资，以及来自东盟国家（ASEAN）泰国、马来西亚、印度尼西亚、菲律宾等国的投资显著增加。2001 年底中国加入世界贸易组织以后，增强了来自美国与日本等发达国家与其他发展中国家 FDI 投资的信心，投资额度较以前显著增加，但从投资的绝对数额来说，虽然发达国家的对外投资占到全球跨国投资的 80%以上，但来自美国、欧盟、日本等发达国家的 FDI 流入仅占不到 1/3。2006 年中国香港的投资比重仍然占绝对优势，流入份额占总流入的 32.11%，其中亚洲新兴经济体（NIEs）① 占 46.22%（见图 4–2），英属维尔京群岛占 17.85%，发达国家（DCs）② 占 13.39%，西欧国家（WEs）③ 占 6.79%，东盟国家（ASEAN）④ 占 1.23%，其余世界⑤ 占 12.88%。2006 年 FDI 流入前五位的国家与地区为中国香港、英属维尔京群岛、日本、韩国和美国。中国香港自改革开放以来 FDI 流入总额一直保持首位，近年韩国投资增长幅度较大，并挤入前五名，中国台湾地区从前五名中退出。因此，总的趋势是中国的 FDI 流入日趋多元化，来自其余世界的 FDI 流入逐渐增多，而不同于改革开放早期主要来自于周边华语圈国家与发达国家的局面。

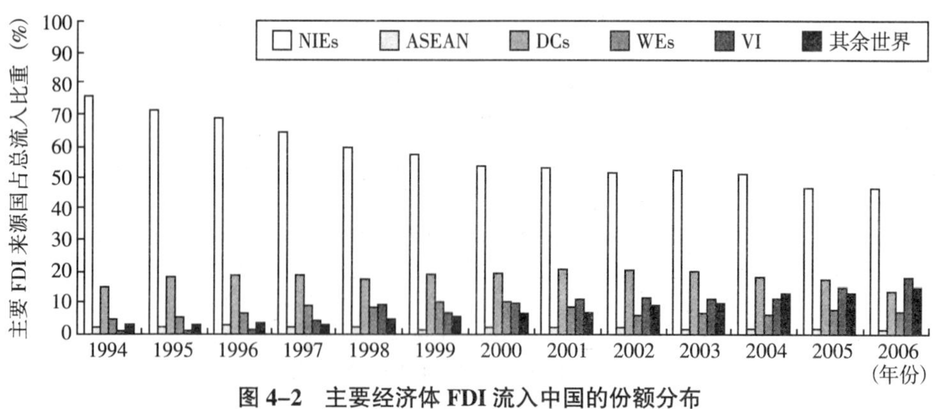

图 4–2 主要经济体 FDI 流入中国的份额分布

二、FDI 流入在中国的发展前景

在经济全球化新的竞争背景下，要素流动的多样性与差异性决定了东道国在全球化分工中的地位与产业的发展特征。FDI 流入中国的发展历程表明，FDI 流入经历了从低级向高级阶段的演变过程，并呈现了由“资金”向“资本”的投资变化趋势。特别是中国“入世”后对外资进入领域限制的逐步放宽，FDI 流入的投资方式日趋多样化，并由改革开放初期以绿地投资、中外合资企业为主的投资方式更多地开始注重外商独资企业、外商股份制企业以及跨

① 亚洲新兴经济体包括：韩国、中国香港、中国台湾、中国澳门、新加坡。

② 参加统计的发达国家主要包括：日本、美国、澳大利亚、加拿大。

③ 参加统计的西欧国家主要包括：英国、法国、德国、意大利、荷兰。

④ 东盟四国包括：菲律宾、泰国、马来西亚、印度尼西亚。

⑤ 其余世界是指除了 NIEs、DCs、WEs、ASEAN 以外的来自其他国家与地区的 FDI 流入。

国并购这些投资方式。中国开放早期作为低成本生产基地和发达国家成熟的制造产业转移目的地国家吸引了大量 FDI 流入，而现在中国经济竞争优势的培育促使 FDI 公司更多地将中国视为中高端制造业中心、研发中心、资本运营中心。同时，日益加剧的竞争迫使 FDI 公司从规模数量型投资向质量效率型投资转变，并向价值链的两端延伸，以至将整个价值链转移到中国。这些变化导致跨国公司在企业价值链结构、产业结构以及诸如优化资本配置和推进投资结构的升级与调整等层面的投资都发生了深刻的变化，由此也加剧了东道国产业内企业之间的竞争、促进了企业的进一步改革和整合、提升了技术进步和完善了市场经济体制，使东道国企业更均衡地融入全球分工体系中。因此，经济全球化不仅促进了以 FDI 流入作为载体的国际资本流动，而且促进了 FDI 公司所拥有的所有权与内部化优势诸如专利、技术、品牌、标准、管理、销售渠道等多种优势的国际流动，这种广义的要素国际流动不仅使要素流入国实现了“为我所用”，而且使要素流出国保持了“为我所有”，达到了双赢的目的。因此，在中国经济高速发展与竞争优势不断增强的背景下，FDI 公司更加强调的是 FDI 公司与东道国投资地区的比较优势相结合而形成的竞争优势，以及企业之间产业链的相互依存、信息交流与技术外溢的优势互补、技术研发资源与专业化的分工合作共享所形成的集聚优势，更加注重的是全球范围内快速组织与整合资源的能力、快速与持续的技术创新能力以及建立、协调与管理全球价值链的能力，这些优势与能力已经成为当今 FDI 流入的决定因素。因此，在全球化的不断推进与中国对外开放进入新阶段的背景下，FDI 流入中国的前景呈现出新的特点与趋势。

（一）跨国并购成为 FDI 流入中国的主要形式

以往企业的国际化进程大部分都是遵循产品生命周期的顺序或边际产业转移理论开始走入国际化的，但随着经济全球化的进一步推进与竞争的日益加剧，如何充分利用东道国的各种资源，诸如现有的生产设施、营销体系和人力资源等优势，避免由于新建企业而耗费宝贵的时间贻误有利的市场机会，从而缩短对外投资的建设周期，达到降低投资成本、形成规模经济、调整投资结构、抢占市场、资本增值与税收优惠等目的，以使 FDI 企业用最短的时间成本迅速地进入东道国市场并建立生产与营销网络，这无疑成为 FDI 公司在新的竞争形势下考虑的首要因素。由此，兼并与收购的进入方式自然成为更符合资本利益的简便易行的投资方式，并成为 FDI 公司向外扩张取代绿地投资的主要方式。此外，国际分工的不断细化与 FDI 公司产业链的延长为跨国并购奠定了的基础，使得价值增值链的任一环节都为 FDI 公司采用新技术与新的市场进入方式提供了更多机遇与更大的生存空间。因此，兼并与收购的进入方式是 FDI 流入方式的根本性转变，也是资本全球扩散的必然趋势，可以说经济全球化与日渐统一的国际市场已经成为推动跨国公司进行全球并购的重要推动力。

目前，跨国并购主要发生在较发达国家，以及具有较先进的完整工业体系和较发达的资本市场的发展中国家。并购的产业主要集中于银行、保险和其他金融服务业、电信服务、制药、石油、汽车、零售、电子与电气设备及商业服务等行业，并成为对外投资的重要方式，这种方式的 FDI 流入占全球 FDI 流入的 85%以上。中国自改革开放经过 30 年的发展，制造业已有大量的基于资本与技术密集的 FDI 流入，相对来说其发展已经比较成熟，形成了具有一定规模的外资并购对象，尤其是东部沿海地区迅速成长起来的发达制造业与服务性行业以及较成熟的市场经济体系为跨国并购创造了有利条件。特别是中国加入世贸组织后，允许外资收购大型国有企业，并对过去限制和禁止外商进入与国家长期垄断的领域，诸如金融、电信、电力、交通运输等服务业以及一些成熟和市场潜力巨大的制造业实行逐步开放，使得跨国公司更容易地通过增资扩股而成为未来并购的重点领域。此外，各国民营化过程中的实际并购案例表明，政府支持企业民营化的快速发展的政策也将推动跨国并购的快速增长。因此，跨国并购可以说是市场激烈竞争以及国际直接投资和东道国经济发展到一定水平的必然结果。可以预计中国将成为全球企业并购活动最频繁的地区之一，FDI 独资企业与股份制企业在 FDI 企业中将占有愈来愈大的比重，由跨国公司对我国企业的并购所流入的 FDI 将大幅度增长。

（二）制造外包与服务外包成为 FDI 流入的新特点[①]

经济全球化的深化与市场的激烈竞争进一步分解 FDI 公司的产品价值链，使得越来越多的产品、制造和服务环节可以进行全球分工，这促使 FDI 公司剥离价值链中低增值或不擅长的非核心环节，转移外包给具有专业能力并能增强其竞争优势的外部供应商或较不发达国家的供应商，而将资源集中在高增值的最具竞争优势的核心环节，然后再通过外购获得这些产品，由此使 FDI 公司获得仅依靠自身力量在产品价值链的每个环节都无法取得整体竞争优势。在制造业的外包中，依据产业链由低到高分为三个阶段，一是 OEA 外包阶段（Original Equipment Assembly），为进口产品的加工组装外包，这一阶段处于产业链外包业务的最低端；二是 OEM 外包阶段（Original Equipment Manufacturing），为原始设备制造的外包，设计来自跨国公司，并由跨国公司负责营销与品牌；

---

① 外包的定义为：企业作为发包方将产品制造或服务各环节中的中间投入品或信息技术、商务管理、业务流程等发包给企业以外的外部供应商提供，并从外部购买的过程，外部供应商分为注重价值增值的本土承接外包的供应商与注重成本优势的离岸承接外包的供应商。在本章中，外部供应商特指离岸承接外包的供应商。

三是 ODM 外包阶段（Original Design Manufacturing），为产品自行设计外包阶段，产品自行设计后，按跨国公司的品牌或贴牌进行销售，这一阶段处于产业链外包业务的最高端。其中，OEM 外包模式是 FDI 流入的重要模式，其生产主要是按照发包商的要求由承接外包的供应商生产其品牌并由发包商负责提供给市场进行销售的交易模式。OEM 模式将供应商的专业制造优势与发包商的品牌优势、营销技术、销售网络有机地结合起来构成了产品的整体竞争优势，并给产品的供求双方带来了利益的双赢。这种形式的 FDI 流入中，日本、欧美中企业的外包生产规模呈现高速增长的态势，20 世纪 90 年代以来，外包生产一直保持着两位数的年增长率，并且越来越多的外包生产基地转移到发展中国家，例如，松下、IBM、西门子、可口可乐、宝洁、飞利浦等跨国企业。其中，日本与欧美的 OEM 外包主要集中于技术密集型与高附加值的产品，而亚洲的"四小龙"韩国、中国台湾、中国香港、新加坡的 OEM 外包主要集中在中等技术含量与标准化产品上或 OEA 外包加工组装产品上，东盟四国以及其他东亚后行国家和地区之间的 OEM 或 OEA 外包主要集中于劳动密集型与标准化的产品。

服务业外包是吸引 FDI 流入的新的投资方式，其快速发展始于 20 世纪 90 年代初，其主要形式包括业务流程外包（BPO）和信息技术外包（ITO）。目前，信息技术外包占全球服务外包市场的 60%的市场份额，发达国家和地区是主要服务外包输出地，其中，美国大约占 2/3，欧盟和日本约占 1/3，其他国家所占比例较小。发展中国家是主要的服务外包业务承接地，而亚洲是承接外包业务最多的地区，约占全球外包业务的 45%，其中，印度是亚洲服务业外包的中心，并从 2003 年起就成为世界计算机信息服务业外包业务第二大国家。墨西哥、巴西是北美的外包中心，俄罗斯、东欧和爱尔兰是欧洲的外包中心，中国、新加坡、菲律宾等国家也正在成为服务外包的新兴市场。据联合国贸发会议（UNCTAD）与 Inc 等机构预测，全球外包市场将继续以每年 20%~40%的速度增长，2008 年全球服务外包市场将突破 1 万亿美元。

服务外包市场规模的迅速扩大表明跨国公司的经营理念正在发生新的变革，其本质是以价值链管理为基础，注重于降低成本与技术熟练的廉价劳动力，将非核心业务离岸外包给外部供应商，从而优化产业链与提高资源配置效率，这已经成为当今国际产业转移的大趋势。因此，发展中国家的服务外包市场潜力巨大，服务外包业务的竞争力正在日益增强。目前，服务外包主要以跨国公司的非核心商业流程为主，技术含量和附加值则相对较低，而中国作为高等教育普及与人力资源丰富的发展中国家被一些国际机构认为是跨国公司服务转移和外包最具有潜力的新兴市场。据科尼尔公司对各国吸引离岸外包业务能力的综合评价中，中国仅次于印度排名第二。而毕博管理咨询公司等机构则预测，到 2015 年，中国和印度将可能成为全球金融服务外包业的中心。其中，中国软件外包业务发展迅速，2001~2004 年，ITO 市场年复合增长率达到 52.1%，市场规模由 2001 年的 1.80 亿美元，上升到 2004 年的 6.33 亿美元。2005 年，ITO 服务市场规模达到 8.89 亿美元，同比增长 40.5%。到 2009 年，中国 ITO 服务市场规模将达到 45.60 亿美元，并以 48.4%的年均增长率高速增长，处于市场快速扩张阶段，到 2015 年，ITO 服务市场则会跃居全球首位。因此，中国在服务外包领域的 FDI 流入市场潜力巨大，吸引发达国家服务外包业务的最大优势在于人力资源的比较优势，并在软件开发、远程数据处理、金融后台服务、人力资源服务、生产性服务、现代物流、网络信息服务、研发与设计等领域的服务外包业务将会给中国带来巨大的经济与社会发展利益。

（三）集聚经济成为 FDI 流入的新模式

FDI 公司为适应经济全球化所带来的迅速变化的市场和日新月异技术的能力，FDI 公司不再按传统的产品生命周期顺序进行投资，而是主动引导投资，将原本在海外形成的产业链与供应链体系，诸如技术环节：包括研究与开发、设计与中试、技术培训以及研究总部；生产环节：包括原料采购、产品制造、终端加工、测试与质量控制以及包装与库存管理；营销环节：包括物流与储运、批发与零售、广告与售后服务等环节以更加完整地全面地转移到东道国并“集聚化”地连接起来，从而建立与发展当地的配套产业，加大零部件与中间品供给的当地化战略，形成了一种 FDI 公司仅靠自身力量无法得到的整体竞争优势，即集聚优势，并产生集聚经济效应。此外，随着中国“入世”后 5 年过渡期的结束，对所承诺的开放领域的进一步扩大，以及放宽 FDI 进入领域的限制，也使得 FDI 公司原本在海外形成的集聚链条得以重新连接起来，集聚优势得以发挥。FDI 公司形成以网络为基础的这种相互依赖与优势互补的空间集聚模式是源于市场激烈竞争的结果，这种模式吸引并影响后续公司的进入与集聚，并使集聚优势得以强化。空间集聚效应已经成为当今影响 FDI 流入区位选择的重要因素。

因此，跨国公司的这种业务整合促进了价值链上相关公司的发展，并形成相互依赖与分工合作共享的网络化生存关系，最终不断延伸与演化形成 FDI 公司与地区企业之间的空间集聚关系，它是随着经济全球化的深化、科技的迅速发展、分工细化以及市场结构的变迁持续进行的过程。这一过程提升了空间集聚地区的公司持续创新能力，有利于提升企业的资源配置效率，进而保持集聚地区的整体竞争优势。不过，FDI 公司形成的这种立体的集聚化的网络使得中国公司的发展空间受到严峻挑战。中国公司在获得参与竞争 FDI 公司的全球价值链分工机会的同时也面临着如何获得竞争优势而不被挤出市场的挑战。因此，中国公司应以战略联盟形成利益共同体与协同优势，不仅要加强对引进技术的消化吸收，突出核心竞争力，而且唯有提升技术能力与自主创新才是保持持续创新能力与获得竞争优势的关键。

（四）服务业 FDI 流入的快速增长成为经济全球化新阶段的重要特征

20 世纪末，中国依靠人力资源与成本优势在以制造业为重心的经济全球化浪潮中迅速地成为全球制造基地，而 21 世纪初，以服务业为重心的新一轮经济全球化浪潮的到来，为我国企业积极参与全球服务业的转移与分工的竞争提供了新的机遇。服务业跨国投资占全球跨国投资的比重由 20 世纪 70 年代初期的 25%，迅速上升到 90 年代初期的 45%，到了 21 世纪初的 2002 年，全球服务业的 FDI 流入量为 4523 亿美元，比重达到 70%。① 而 2006 年流入服务业的 FDI 总规模超过 7800 亿美元，超过全球跨国投资总额的一半以上。其中，2005 年财富全球 500 强公司中服务类跨国公司就占多达 281 家，并且相当一部分跨国公司服务业务的收入已经接近或超过了制造业务的收入，甚至一些研究机构认为到 2010 年，服务业将替代制造业成为推动全球经济发展的主导力量。因此，以服务业为重心的国际产业转移正在形成世界经济和产业结构的新格局，这将显著地推动各国的经济增长、企业运营、技术创新的发展模式转变，也将成为影响世界各国在全球产业链中的分工地位与利益分配及其国际竞争力的重要因素。

跨国公司所主导的服务业的全球性转移对于全面推动现代化进程与正在建设创新型国家的中国来说是一个重要历史机遇。这包括两个方面的内容：一是生产性服务业全球迅速扩张所带来的机遇；二是信息技术的可贸易性革命所产生的重大机遇。很好地掌握和抓住这两种机遇将显著地提升中国在经济全球化中的整体竞争优势，缩短中国经济迅速崛起的时间周期。首先，制造业的全球化推动了生产服务业的全球化，由生产服务业的分工深化所形成的全球服务网络不仅促进了跨国公司海外服务市场的进一步扩张，而且提高了全球制造业分工的运营效率。因此，全球制造与全球服务是一种分工合作、优势互补、相互依存的关系。研究表明，制造业全球化程度越高，相关服务业的全球化程度也就越高，并且生产服务业总体上都具有高度专业化的知识密集性特征，例如研究与开发、创意与设计、管理与咨询、软件与系统集成、营销与客户服务等。这些特征已经成为跨国公司建立、协调与管理全球产业链的关键竞争优势。我国完善与发达的基础工业体系与较先进的制造业以及拥有质优价廉的综合人力

① 数据来源于商务部外商投资网。

资源优势，已经成为国际生产性服务转移最具有潜力的市场。因此，生产性服务业的技术进步与创新是推动产业链技术进步与创新的源泉，积极推进服务业的现代化和全球化，使我国生产性服务业在参与国际分工和交换中获得最大化利益是发展我国服务业的必然选择，也是加速全面推动我国现代化进程的重要机遇。

信息技术的迅速发展使服务业的可贸易性发生了革命性的变化，并使服务业的国际转移由制造业推动的海外追随扩张型开始更多地向自主扩张型转变，不仅为跨国公司的客户提供服务，还为东道国其他公司提供服务，甚至可以向第三国服务出口。传统服务业以无形性、非标准性、同步性、不可存储性等为基本特征，由此决定了服务业的不可贸易性。但以 IT 为主导的高新技术，特别是互联网技术的重大突破，使以上服务业的基本特征发生了根本性变化，并产生了许多新颖的跨境生产与服务的消费方式，例如远程事务管理与咨询、网络服务与数据处理、电子商务与网上企业、视频会议与通信、远程教育与医疗、信息传输与知识编码服务等可以更低成本远距离地实时进行，其可贸易性甚至超过许多制造产品。因此，信息技术的革命性的重大突破已经成为服务业全球化的重要基础，并使服务业国际转移与分工逐步全面走向深化，创立了服务业自主扩张与独立发展壮大的新模式。并且信息技术的快速发展对企业的运营模式、经营环境、创新模式、竞争模式等带来显著改变。同时，信息技术的迅速发展又加速了其与一、二产业的全面融合，特别是向制造业全过程的渗透，并显著地降低了企业内部管理和经营成本，提高了企业运营效率。这也意味着信息技术的广泛应用使得跨国公司可以及时地监督其全球范围的资产流动、生产与运营情况，并客观上为服务业的国际转移创造了条件。因此，通过现代信息技术所搭建的全球化的网络平台，跨国公司可以建立高效稳健的生产与服务供应链管理体系，大大降低了外部生产与服务供应链的交易成本，从根本上改变了工业化时代以资源依赖与规模优势为导向的运营模式，并向以效率与技术创新为导向的新增长模式转变。因此，充分利用现代信息技术的革命性机遇，发挥我国信息技术产业所具备的优势与条件，促进我国企业逐步进入并占领国际产业链的中高端环节，推动“中国制造”向“中国创造”的转变，从而能够在参与国际分工和交换中获得最大化利益，实现以信息化带动工业化，走新型工业化道路的目标。

截至 2007 年末，我国年人均 GDP 已超过 2000 美元，进入工业化中期阶段，服务业已经进入快速发展期。但是 2004 年我国服务业增加值占 GDP 比重仅为 40.7%，不仅低于世界平均水平 68%和发达国家平均水平 72%，而且也低于发展中国家平均水平 52%，其重要原因就是服务业参与全球化进程不够深入。因此，扩大服务业的对外开放，积极参与服务业的全球化进程，促进我国经济由传统经济增长模式向现代服务业的经济增长模式转变、促进服务业的技术进步与创新、开拓国际市场已经成为经济全球化新竞争形势下的必然选择。随着中国“入世”过渡期的结束，对 FDI 进入领域的进一步扩大开放，金融、保险、零售、咨询、通信、现代物流、电子信息、特许权、经营许可以及管理合约等知识密集型与资本技术密集型产业为代表的新兴服务业成为 FDI 流入的重点领域。自改革开放以来，服务业 FDI 流入规模不断扩大，实际利用金额由 1992 年的 1.68 亿美元上升到 2007 年的 310 亿美元，所占总额比重由 21.26% 上升到 41.55%，所占份额的增长翻了近一倍，并继续呈现高速增长的态势，而相应的制造业所占 FDI 流入份额则从 1992 年的 78.68%下降到 2007 年的 57.3%。因此，服务业 FDI 流入已经成为增长最快的领域，成为中国经济潜在的新增长点。

（五）研究开发和技术创新日益全球化成为 FDI 流入的新趋势

经济全球化带来的经营环境的巨大变化与日益加剧的竞争迫使跨国公司利用发展中国家的本地研发优势来支持其生产扩张活动，以持续的创新来保持技术优势与竞争优势，并促进了其研发过程的国际化，成为国际技术转移的重要载体。同时，技术研发又推动了跨国公司的全球化不断深入，并成为持续创新的重要动力。据商务部统计，目前，跨国公司在华设立的独立法人和非独立法人研发机构已经超过 980 家，并逐渐成为跨国公司新的研发中心，一些机构评测，未来跨国公司设立的 3/4 以上研发中心将落户中国和印度，中国已经取代美国，成为跨国公司海外研发活动的首选地，其次是美国和印度。因此，跨国公司全球研发中心的国际转移已经成为经济全球化下整合资源与投资系统化提升其竞争优势的大趋势。

首先，跨国公司的研发活动按市场需求主要分为原创型研发、引进型研发和地方化技术型研发三个方面。原创型研发是指研发成果在母公司体系内具有创新性质，并面向全球市场需求，涉及从创意到商业化的全过程，例如技术创意、技术产品概念、市场定位、研发组织管理、技术产品制造和投放市场等。引进型研发是对母公司引进的原有技术根据东道国市场的需求水平与特点，通过改造而进行的研发活动。地方化技术型研发则是指针对特定东道国市场特点而进行专用技术型的研发活动。其次，按产品阶段与生产过程的不同又分为水平型与垂直型的研发活动。前者是指企业按产品类型与目标市场成本的不同所进行的水平差异化研发活动。后者是指根据产品标准化和生产阶段分工细化的不断加强，对每一个生产零件或步骤都可以进行改进创新，从而对产品组件和生产过程进行的分散化研发活动。

目前，跨国公司在中国的研发活动主要集中在知识与技术密集型行业，研究内容从过去的应用技术开发为主开始逐渐转为增加基础研究等战略性知识储备，包括对引进中国的技术按市场需求水平进行改进，以及专门研究开发适应中国市场的技术与产品。研发机构的区位选择多集中于人力资源优势、通信设施发达、具备研发水平、金融服务完善、交通位置优越的经济发达地区。其中，规模较大的研发机构大都来自北美、日本与欧洲等地区跨国公司，中国香港、中国澳门、中国台湾投资企业所占比例很小。因此，中国市场的巨大潜力与知识产权保护等条件的具备，使跨国公司更多地从战略上将中国与其全球研发体系连接起来，并融入到其研发活动的国际创新网络中，这种技术与研发成果的共享机制的建立，有效地促进了中国企业的研发活动。同时，在激烈的国际市场竞争中，中国企业也要避免对跨国公司相关产业环节的过多技术依赖，防止跨国公司的技术垄断，并努力拥有更多的知识产权与技术标准，加强对引进技术的消化吸收，从而将引进技术转化为自己的技术创新能力，实现自主创新才是赶超国际水平与提升中国在全球分工中地位的根本出路。

（六）FDI 流入日益呈现本土化的趋势

随着“入世”过渡期的结束，开放领域的进一步扩大，跨国公司对中国未来长期经济发展前景与投资环境信心进一步增强，并更加认识到本土化经营的重要性。其进入中国的投资日益呈现全方位的本土化趋势，从产品研发到生产制造与服务的全面进入的发展模式，包括管理人员与员工本土化、研发本土化、原材料采购与设备本土化、生产与流通本土化、市场与营销本土化、管理与服务本土化等趋势。例如，公司总部的地方化，通过建立地区总部，将母公司的部分职能转移到中国，统筹协调与管理在华子公司及其全球经营网络；在市场本土化方面，按东道国需求进行产品开发、生产和流通；在技术方面，利用当地技术与研发资源，进行技术转让，设立研究与开发机构；在管理上，努力了解当地的文化和风俗习惯，甚至鼓励 FDI 公司风格的当地化，按中国企业的运营方法操作；在人力资源本土化方面，依据个人能力选聘管理人员与员工，利用本土人才了解当地市场的消费文化、消费需求和生活习惯的优点，开发适合中国市场需要的产品和技术，迅速打开市场并拓宽营销渠道；在生产投入品方面，在当地购买主要原材料和零部件；在利润分配上，把当地获得的利润大部分用于当地的再投资等。

因此，跨国公司对中国所实施的本土化战略不仅顺利实现了投资母国的产业结构升级与边际产业的国际转移，而且将失去垄断优势的先进技术和过剩资本与东道国的丰富资源和廉价劳动力有机结合形成竞争优势，将产品迅速打入中国市场及全球市场，并为跨国公司带来了丰厚的利润。同时，本土化也为发展中国家带来现代企业制度、先进的管理思想与运营经验以及推动了经济结构调整与升级等。因此，本土化战略的实施为东道国和投资者带来了双赢。

（七）QFII 成为未来外商投资的一个重要方向

QFII（Qualified Foreign Institutional Investors）制度[①]是中国金融体系改革和资本市场对外开放的过渡性制度，起于 2003 年，是一种有限度地引进外资的制度，是中国引进外资方式渐进式改革的重要一环。由于中国证券市场与西方发达国家相比历史很短，加上人民币没有完全放开可自由兑换，资本市场也并未完全开放，因此，为了避免外资大规模地流入与流出对国内证券市场及整体经济可能带来突然的负面冲击，需要通过 QFII 制度逐步提高境外投资者在中国资本市场中的投资比重，QFII 制度将伴随着中国证券市场的完善，最终从高门槛的 QFII 再到境外一般投资者的进入这样的渐进演进过程，以此使境外投资者的比重与中国的经济和证券市场发展水平相适应。因此，QFII 制度是中国开放证券市场并渐进融入全球金融市场的必然需要。

2007 年是中国资本市场发展迅猛的一年，投资者开户总数突破 1 亿户，沪深两市 A 股总市值由 2006 年底的 8.87 万亿元迅猛增加到 2007 年底的 32.7 万亿元，已经超过国内 GDP 总量的规模，证券化率突破 130%，并达到发达国家的成熟市场水平，成为继美、日、英之后全球第四大证券市场。[②]因此，与中国经济发展水平相适应，证券市场对 QFII 投资额度的逐步放宽也是中国资本市场发展的必然，这将大大提高 QFII 的资金规模。特别是进入 2008 年以来，美国次贷危机的影响，以及中国经济的稳健与市场规模，人民币继续大幅升值与美元不断贬值等因素，使得中国市场为国际资本提供了巨大的投资机会。另外，中国周边国家的亚洲中小投资机构，由于地域经济与历史文化的缘故，对参与中国证券市场的兴趣要比其他国家与地区的投资者更大，这也将增强投资中国证券市场的信心。截至 2008 年 5 月，已有 55 家境外金融机构的 QFII 资格获中国证监会批准，QFII 中国 A 股基金的最新资产规模为 56.13 亿美元，可使用的投资额度为 106.7 亿美元。这表明中国以证券投资吸引外资的步伐在不断加快，QFII 将成为外资流入的又一重要形式。

---

① QFII 合格境外机构投资者的投资模式是指经中国监管部门核准并在一定规定和限制下允许汇入一定额度的外汇资金，并转换为人民币本币，通过严格监管的专门账户投资当地证券市场，其资本利得、股息等经审核后可转为外汇汇出的一种市场开放模式。

② 2007 年中国上市公司市值年度报告。由中国上市公司市值管理研究中心发布。

三、FDI 流入在中国国际贸易中的作用

在中国的进出口贸易中，FDI 流入对中国贸易的增长起着重要作用。20 世纪 80 年代改革开放初期，FDI 流入所产生的贸易量占中国外贸总额不到 10%，但到了 90 年代，在数量扩张型与出口导向型的引资战略下，FDI 贸易所占份额迅速上升到 50%（见图 4–3）。到了 21 世纪初期，随着引资战略由数量型逐步向质量型的转变，虽然 FDI 贸易的增速有所放缓，但所占份额继续保持稳步增长的态势。2007 年中国进出口总额的 57.73%来自外商投资企业，其中出口占 57.10%，进口占 58.53%，外商投资企业的贸易顺差占中国贸易顺差总额的 51.9%。因此，中国政府早期对 FDI 流入所实行的鼓励政策，特别是鼓励外向型的 FDI 流入并实行了诸如土地、关税、税收等优惠措施，使 FDI 流入成为推动中国国际贸易增长的重要力量。由此，中国的贸易地位在短短 20 年内由 1979 年的世界第 27 位上升到目前的世界第 3 位，并迅速成为以劳动密集型加工贸易为主的世界制造业基地。因此，随着经济全球化新一轮浪潮的到来，以及吸引外资结构的转变，FDI 公司与中国企业比较优势的有机融合所形成的竞争优势，将推动中国由世界制造业基地向世界制造业中心的形成，由此导致的产业内分工的深化与贸易，也将促进中国总体贸易规模在新的水平上进一步扩张。

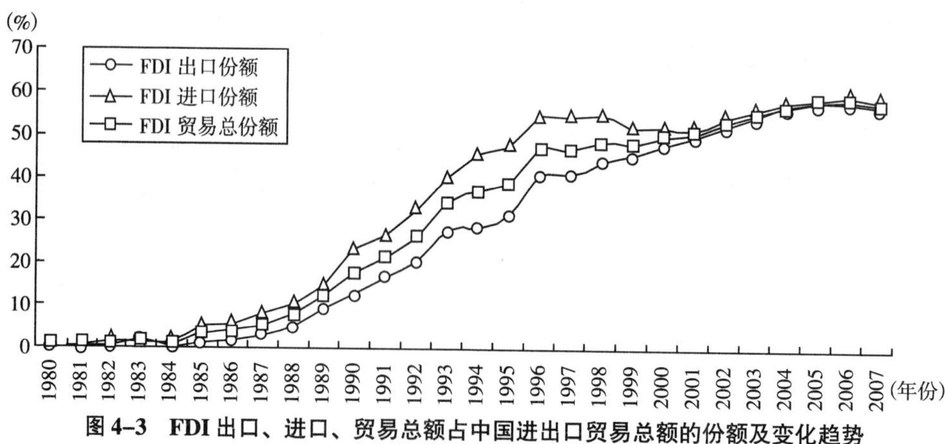

图 4–3　FDI 出口、进口、贸易总额占中国进出口贸易总额的份额及变化趋势

（一）FDI 流入与国际贸易的互动关系

国际投资与国际贸易的相互作用关系的研究，伴随着国际贸易理论经历了从古典、新古典，再到目前的新贸易理论的演进，并始终是经济理论与实证研

究的一个重要研究课题。对于投资与贸易的相互关系，Robert A. Mundell（1957）在其最早提出的基于市场完全自由竞争与比较成本优势的投资与贸易的替代效应模型中得到了精确刻画。并说明了当商品贸易遇到障碍时，国际投资将代替商品贸易实现各生产要素价格的均等化。反之，商品贸易也将代替国际投资实现各生产要素价格的均等化，商品贸易与国际投资对生产要素价格均等化存在着相互替代的作用关系。而 Raymond Vernon（1966）的产品周期模型则从比较优势的动态转移的角度假定技术要素在各国之间不存在技术传播的前提下，说明了国际贸易与国际投资的替代模式，由此技术发明国的跨国公司通过东道国的投资客观上带来了技术的扩散，进而丧失了在新产品生产上所拥有的技术优势，并通过技术外溢将这种优势向东道国转移，从而投资母国的产品技术优势的转移带来了贸易结构的变化，国际投资替代了国际贸易。但现实经济中，虽然这种投资对贸易的替代关系确实存在，但替代效应的程度，由于资本要素与生产要素流动性的日益增强与不完全竞争的市场结构，各国企业之间存在着技术的相互扩散与传播，以及东道国与投资母国需求的多层次性与消费收入水平的差异等，而显著不同。

K. Kojima（1973，1985）根据边际产业转移理论说明了国际贸易与国际投资的互补关系，并放松了以往生产要素不能在各国之间自由流动的假定，说明跨国投资已不再是简单的资本流动，而是包括技术和经营管理以及人力资本的总体转移。虽然 FDI 流出替代了投资母国原先的对外出口，但也因此带动了投资母国的相关设备、关键零部件、中间品与原材料的出口，对东道国而言则使其潜在的比较优势得以发挥，增强了生产与出口能力。由此，资本的流动所导致的市场结构效应和生产要素配置格局的变化，不可能产生投资对贸易的完全替代，在一定程度上跨国投资与国际贸易是一种互补关系，并且可以创造和扩大贸易。但 Kojima 的贸易与投资的互补关系的理论基础仍然是以比较成本优势与完全竞争的市场结构为假设前提，虽然假定生产要素可以在各国之间进行自由流动，但国际贸易只是部分地起到促进生产要素价格均等化的作用。实际上，生产要素的价格均等化不仅可以通过国际贸易来实现，也可以通过生产要素的自由流动来实现，两者可以同时起作用。此外，经济全球化，使得跨国公司全球进行资源整合，因而对外投资所需要的中间零部件与机器设备等可能来自他国而并非投资母国，生产的产品可以面向东道国市场，也可以面向全球市场。

在经济全球化所导致的资本要素流动性日益增强的情况下，实际上，比较成本优势已不再为东道国所独享，跨国投资与国际贸易日益一体化，竞争优势将逐步取代传统的比较优势而成为国际贸易分工的重要基础。例如，FDI 公司可以通过资本流动到东道国投资设厂以此利用东道国的比较优势，从而获取利润并汇回投资母国，东道国的比较优势实际上已经成为本国与 FDI 公司都可以利用的区位优势。FDI 公司的国际竞争优势越强大，就越可以在国际分工中更多地整合别国的资源，并减少本国资源被别国企业的整合。因此，这种竞争优势主要体现了跨国公司的市场力量。首先是 FDI 公司依靠 R&D 获取技术优势与生产差异化产品的能力所产生的不完全竞争而导致的国际贸易；其次是依靠资本力量从事大规模生产所获得由外部规模经济所产生的成本优势，从而产生不完全竞争企业的市场销售战略所导致的相互倾销与贸易；最后就是依靠 FDI 公司独特的管理方法与内部化优势从而降低交易成本获取超额利润的能力。由此，经济全球化使得地区市场逐渐演变为全球市场，产业内的专业化细密分工与合作分享所形成的相互依存与优势互补的竞争优势，推动了以传统比较成本优势为基础的产业间贸易格局向以规模经济与竞争优势为基础的产业内贸易格局的转变。因此，以跨国公司为主导的经济全球化所导致的全球性的生产网络的形成，使得各国市场都成为国际市场的一部分，并成为国际分工体系中的一个环节，跨国公司不仅促进了市场竞争，而且进一步推动了国际贸易的自由化，并促进了各国贸易的显著增长。因此，具有互补特征的贸易与 FDI 是经济体国际化特征的两种最重要的标志。FDI 流动可以促进贸易，反之，贸易也可以导致 FDI 流动。

经济全球化的深化使得 FDI 流动与国际贸易的互动关系呈现新的特征。跨国公司为了在经济全球化下日益激烈的全球竞争中抢占市场先机，以及获得丰厚的利润与市场份额，跨国公司的研发与生产已经不再仅仅局限于投资母国，而是一开始就在海外就进行设计、研究与开发，并面向全球市场销售。特别是世界经济关系的全球化与一体化，以及以信息技术为基础的国际互联网的形成，信息已成为最重要的生产要素和资源，技术知识生产的转移与扩散突破了时间与空间的局限，这一切变革又进一步增强了跨国公司提升整体竞争优势和管理全球价值链与整合资源的能力。由此使得许多新产品不再像以往那样遵循 Raymond Vernon 的产品生命周期。而发展中国家的后发优势、“干中学”、实行技术赶超与自主创新也不再遵循诸如 K. Kojima 的边际产业转移理论与 Kaname Akamatsu 的雁行式经济发展理论，按照国际贸易分工中产业梯度转移进行国际投资与国际贸易。因此，经济全球化所导致的国际分工的深化，使得国际投资与国际贸易的关系更多地呈现了一种互动的动态作用关系。国际投资可以是双向的，不仅仅是 FDI 公司在东道国市场进行资源整合，而且东道国公司，甚至发展中国家也可以在海外市场或发达国家进行资源整合，并通过 FDI 公司与东道国公司比较优势的有机融合形成国际贸易中的竞争优势。因此，FDI 流入与流出不仅创造和促进了国际贸易，而且反过来，国际贸易又进一步推动了 FDI 的流入与流出。

（二）FDI 流入对中国进出口贸易的影响

FDI 流入对中国国际贸易的影响起着显著的促进作用，同时，国际贸易的扩张又进一步推动了 FDI 的大量流入。但是，由于地理位置的因素以及政府开放政策的实施最先选择东部沿海地区作为经济开放与改革的实验区，这使得最初的 FDI 流入大量集聚于东部沿海区域。由此东部沿海地区率先建立起了配套设施比较完善的产业链与出口加工制造业基地，并形成了 FDI 流入的“马太效应”，逐步拉大了与内陆经济发展水平的差距。因此，FDI 流入是导致改革开放以来中西部地区的经济发展不平衡与收入水平差距的重要因素。特别是东部、中部、西部[①] 在区位因素、市场机制的完善程度、基础设施以及资源与劳动力成本的比较优势等方面存在着差异，这些因素也显著地影响着后续 FDI 流入的区位选择，并使得不同发展水平区域的 FDI 流入的增长存在着巨大反差（见图 4-4），其中，东部区域 FDI 流入历年所占份额均在 86%以上，而中部区域则在 10%左右，西部区域则不到 5%。因而 FDI 流入对不同区域的国际贸易效应的影响程度，以及与国际贸易的相互作用关系在不同区域也将呈现出一定的差异。

实际观测数据表明（见图 4-5、图 4-6），东部区域国际贸易所占份额由 1992 年的 85.89%逐步增加到 2006 年的 92.86%，而中部区域则由 9.17%逐步降到 4.58%，西部区域则由 3.94%逐步降到 2.56%。不同区域的国际贸易额的差距呈现逐年拉大的趋势，并且东部区域贸易额的逐年增加与 FDI 流入规模相一致，FDI 流入产生了贸易创造效应。而中部区域贸易额减少的趋势则与相应的 FDI 流入的增加趋势相反，中部区域 FDI 流入所占份额由 1988 年的 6.09%逐渐上升到 2004 年的 11.6%，说明 FDI 流入的相对增加不仅没有增加贸易，反而减少了贸易，产生了替代效应。西部区域 FDI 流入所占当年份额与国际贸易所占当年份额双双呈现逐年下降的趋势，FD 流入份额由 1988 年的 4.76%逐年降到 2004 年的 1.83%，两者的下降呈现了一定的相关性。同样，由 FDI 流入所产生的贸易额在不同区域分布的差距也呈现逐年扩大的趋势，东部区域 FDI 贸易额由 1993 年的 94.10%逐步上升到 2006 年的 97.21%，而中部区域则由 4.36%逐步降到 2.08%，西部区域则由 1.45%逐步降到 0.71%，不同区域的 FDI 贸易的变动趋势与国际贸易情景下的变动趋势一致，因而 FDI 流入与 FDI

---

① 东部沿海区域包括 12 城市与省份：上海、北京、江苏、天津、河北、山东、辽宁、广东、广西、海南、浙江、福建；中部区域包括 9 城市与省区：湖北、湖南、江西、安徽、吉林、河南、山西、内蒙古、黑龙江；西部区域包括 10 个城市与省区：重庆、四川、云南、贵州、甘肃、陕西、西藏、青海、宁夏、新疆。

贸易的促进与替代关系与国际贸易的情景也相类似。因此，中国区域经济发展的不平衡与集聚经济决定了 FDI 流入的区位选择，不同经济发展水平区域的 FDI 流入规模与国际贸易水平呈现动态的相互作用关系。同时，东部、中部、西部不同区域根据 FDI 流入动机的不同又决定了不同类型的 FDI 流入，由此产生相应的 FDI 贸易特性在不同经济发展水平区域呈现不同的数字特征。

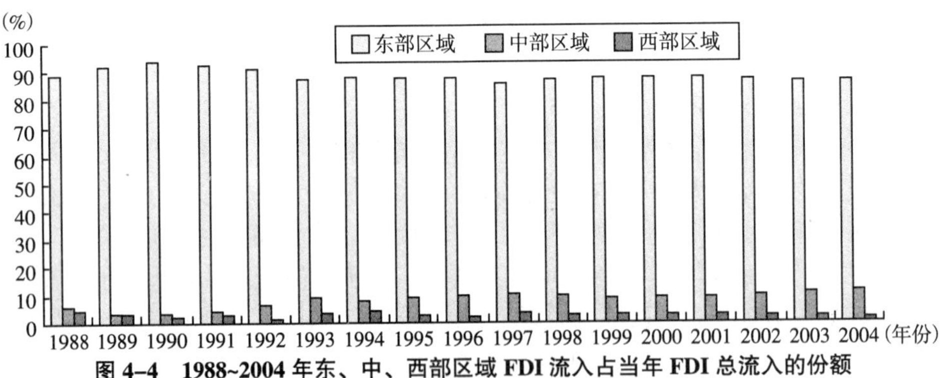

图 4-4　1988~2004 年东、中、西部区域 FDI 流入占当年 FDI 总流入的份额

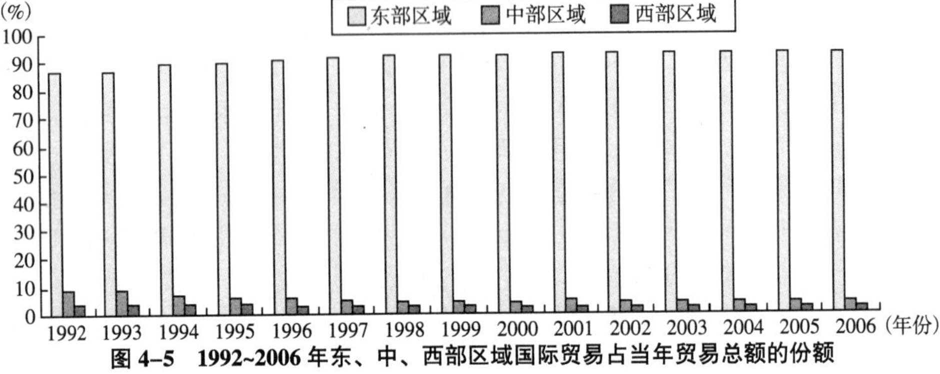

图 4-5　1992~2006 年东、中、西部区域国际贸易占当年贸易总额的份额

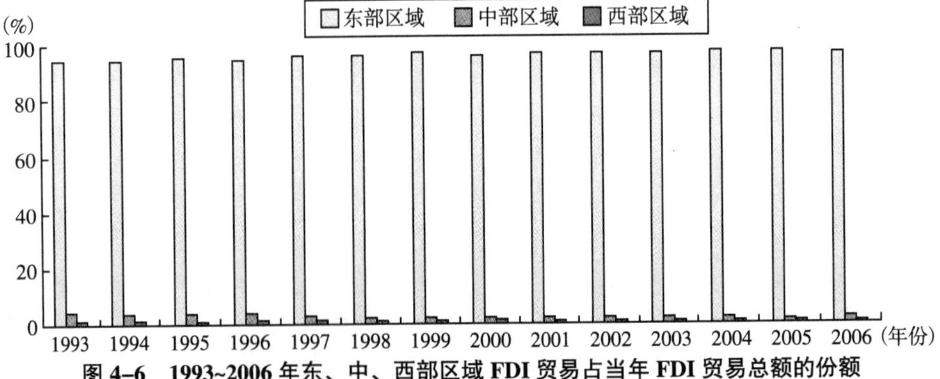

图 4-6　1993~2006 年东、中、西部区域 FDI 贸易占当年 FDI 贸易总额的份额

从理论上来说，中西部地区依据资源要素的比较优势与巨大的市场规模对资源寻找型（Resources-Seeking FDI）与市场寻找型（Market-Seeking FDI）的 FDI 流入具有较强吸引力，因而对投资母国的出口与东道国的进口产生替代效应，例如，来自欧洲和美国、日本以及其他发达国家的 FDI 流入，涉及零售商业、金融、房地产、交通运输与通信设施，以及煤炭与金属和非金属矿物资源等领域。而东部沿海地区以其完善的金融服务与工业体系、较高的研发与人力资本集中水平、规范的市场体系与透明制度，以及发达的基础设施与交通运输便利和优良的港口设施等对效率寻找型（Efficiency-Seeking FDI）与面向生产型（Production-Oriented FDI）的 FDI 流入具有较强的吸引力，对投资母国的出口与东道国的贸易具有创造与促进效应。例如，跨国公司总部与研发类 FDI 流入、资本技术密集型的石油化工、钢铁与汽车、医药、医疗器械，以及能源电力等 FDI 的流入。此外，中国政府对外向型 FDI 流入的鼓励，使得面向出口（Export-Oriented FDI）与贸易促进型（Trade-Facilitated FDI）的 FDI 流入成为推动中国贸易增长的重要力量。特别是中国与周边国家和地区的语言文化与历史的渊源，对吸引亚洲新兴经济体（NIEs）与东盟四国（ASEAN）的劳动密集型的中小企业具有较强的吸引力。

（三）变量选取与数字特征

1. 离散型数据变量的选取与数字特征

根据跨国公司在中国省区域与中心城市的公司集聚规模说明国际贸易对跨国公司集聚的影响，并按中国不同区位特征，以及市场规模与经济规模的差异构造国际贸易与对不同类型跨国公司集聚的影响的效应模型，并检查国际贸易与跨国公司集聚规模和类型的作用关系。数据分析采用中国 31 个省区市与 20 个中心城市的跨国公司分别在制造业、研发业、运营业以及跨国公司总体的集聚水平，检查国际贸易促进跨国公司进住的影响。研究方法根据数据水平的不同分别采用连续型数据的解释变量与离散型数据的被解释变量的概率分布模型进行实证分析，根据被解释变量的不同数字特征，概率分布回归模型又包括：基于二态变量的二态逻辑变量概率回归模型（简称 Logit 模型）、基于被解释变量的截值调整模型（简称 Tobi 模型）、基于被解释变量的均值与方差等价关系的 Poisson 分布模型、基于解释变量空间集聚特征的负二项分布模型（Negative Binomial）、基于 Poisson 分布的 0 概率事件调整的 ZIP 分布模型（Zero Inflated Poisson），以及基于 NB 分布的 0 概率事件调整的 ZINB 分布模型（Zero Inflated Negative Binomial）。因此，被解释变量中既包含了连续型变量，又考虑了离散型的二态变量、截值变量、整数型的记数变量，以此挖掘不同数据水平中所包含的重要信息，检查各种模型方法实证结果的一致性。

其中，概率分布模型的被解释变量包括：制造业公司数目、研发公司数目、运营公司数目、跨国公司总数目，变量的统计分布特征详见表 4–1。其数字特征表明跨国公司的进入数目的标准离差均显著大于其均值，说明在区域空间分布上的跨国公司空间分布的不均匀性与大的变化性。解释变量包括：劳动力成本、经济发展水平、市场规模、基础设施、经济规模、人口密度、贸易总量，其变量描述详见表 4–2。数据类型主要为 2006 年度的离散数据序列与中国省的横截面数据。

表 4–1 跨国公司进入中国的被解释变量的数字分布特征

统计区域	统计参数	制造业数目	研发数目	运营数目	各行业总计
省区域统计	总观察数	793	176	203	1172
	Mean	25.5807	5.6774	6.5484	37.8065
	Median	4.0000	0.0000	0.0000	4.0000
	Maximum	264.0000	73.0000	77.0000	414.0000
	Minimum	0.0000	0.0000	0.0000	0.0000
	Std. Dev.	56.3316	17.2712	16.8619	89.3179
中心城市统计	总观察数	702	170	193	1065
	Mean	35.1000	8.5000	9.6500	53.2500
	Median	12.0000	1.0000	2.0000	16.0000
	Maximum	264.0000	73.0000	77.0000	414.0000
	Minimum	4.0000	0.0000	0.0000	6.0000
	Std. Dev.	62.3149	20.7555	19.8210	102.0221

注：资料来源于商务部外商投资网 www.FDI.org.cn，以及 www.corporateaffiliations.com 中的数据库系统。数据为年总销售收入 1000 万美元以上的跨国公司。行业代码为北美五位数行业代码标识（NASCI），数据截止到 2006 年度末。

表 4–2 跨国公司进入中国的解释变量的数字分布特征

解释变量	变量描述	Mean	Median	Maximum	Minimum	Std.Dev.	假设符号
TRADE	贸易规模（10 亿美元）	5.6787	0.9103	52.7199	0.0328	11.1909	+
GDP	经济规模（千亿元人民币）	7.4533	4.8285	26.2045	0.2910	6.4221	+
PGDP	人均 GDP 代表经济发展水平（每人万元人民币）	1.8662	1.3313	5.7695	0.5787	1.2276	+
POP	市场规模（千万人）	4.1655	3.7570	9.3920	0.2810	2.6846	+
POPDEN	人口密度代表集聚经济（每平方公里百人）	4.8814	2.5998	34.2439	0.0234	7.5425	+
LENGDEN	公路密度代表基础设施水平（每平方公里长度公里）	1.0698	0.7213	12.2316	0.0373	2.1136	+
WAGE	劳动力成本（每年万元）	2.0993	1.8300	4.1188	1.5590	0.6603	–

注：资料来源于国家统计局各年度统计年鉴与年度统计公报，以及国家统计局与中国经济信息网网站的数据库系统（www.stats.gov.cn，www.cei.gov.cn）。

2. 连续型数据变量的选取与数字特征

连续型数据变量的选取分为 FDI 流入变量与 FDI 存量变量，以及影响国际贸易规模的附加解释变量。根据获得的数据水平，面板模型的数据时间跨度为 1992~2006 年中国 30 个省区市的面板连续型数据，并应用中国省区域的出口贸易、进口贸易、总量贸易的实际数额，检查 FDI 流入、FDI 存量水平及相关解释变量对东部、中部、西部，以及全国区域的国际贸易、出口贸易、进口贸易的创造效应、补充效应、替代效应。动态面板模型的被解释变量包括：贸易总量变量、出口总量变量、进口总量变量。解释变量包括：经济发展水平变量、市场规模变量、经济规模变量、集聚经济变量、FDI 流入变量、FDI 流入存量变量、FDI 流入滞后变量、FDI 流入面向市场的特征变量、进口滞后变量、出口滞后变量。解释与被解释变量数字特征与变量描述详见表 4–3。另外，重庆市由于 1997 年建市前缺失数据，因而为使统计口径的一致性，重庆市各变量与四川省相对应的历年统计数据进行加总，并合并为一个省区域。其中，经济发展水平变量与集聚经济水平变量为两区域的加权平均，其他变量均为简单加总数据。此外，所有参加模型计算的连续型数据均为扣除当年价格影响因素后的实际数据变量。

表 4–3　连续型数据的面板模型的数字特征（1992~2006 年，中国 30 个省市区域）

变量类型	变量描述	Mean	Median	Maximum	Minimum	Std.Dev.
TRADE	总贸易规模（亿元）	1214.2907	214.2782	28700.0000	4.5021	2993.4483
FDI	当年 FDI 流入规模（亿元）	111.7791	35.5512	1027.8823	0.0178	189.5926
FST	FDI 存量规模（亿元）	661.9024	196.1406	10500.0000	0.0347	1354.2668
FST*POP	FDI 面向市场的合成变量（10^4 亿元 * 万人）	374.0000	67.3000	8680.0000	0.0016	1020.0000
EX	出口贸易规模（亿元）	639.4872	122.2121	15400.0000	3.1844	1584.5242
IM	进口贸易规模（亿元）	574.8035	91.7786	13300.0000	0.5025	1447.2463
GDPR	经济规模（亿元）	2864.7850	1964.1700	18315.1700	76.7682	2792.1320
PGDPR	经济发展水平（每人元）	7454.6520	5360.7210	54116.4400	475.1370	6918.6380
POP	市场规模（万人）	4280.0620	3815.0000	11847.0000	461.0000	2755.9970
POPDEN	集聚经济水平（每平方公里人数）	372.3836	251.1084	2765.0790	6.4028	444.2582

注：重庆市由于 1997 年建市前缺失数据，因而重庆市各变量与四川省统计数据加总，并合并为一个区域。

（四）模型与方法论

根据 FDI 流入的数据水平，模型研究方法分为连续型数据的动态面板数据模型与离散型数据的概率分布模型。其中，连续型数据的数据模型对高水平数据的数字特征提供了精确描述，并根据数据的趋势性与平稳性变化，进行相应的数据变换，以此给出稳健的模型结果。同样，离散型数据模型的应用对现实世界中观测事件的数字分布特征的描述具有其独特的作用，两种模型互为补充，以此捕获各种类型数据中所包含的更全面的数字特征信息。离散型数据模型的构造首先进行被解释变量的概论分布模型检验，根据变量的概率分布类型与数字特征选择相应的概率分布模型，并进行模型的构造与实证分析。

连续型数据的动态面板数据模型根据区域经济发展水平的不平衡，以及FDI 流入与国际贸易的巨大差异，按高、中、低经济发展水平分别对东部、中部、西部地区构造动态面板模型，以及检查不同经济发展水平区域 FDI 流入对国际贸易动态影响效应的不同特征。而离散型数据采用概率分布模型检查不同区域贸易量对跨国公司集聚水平的影响进行检查与实证分析。根据离散型数据解释变量的不同数字特征，分为六种情景：①二态逻辑变量概率回归模型（Logistic 概率分布，简称 Logit），将被解释变量转换为 0 或 1，以此检查不同区域贸易量对跨国公司集聚的影响；②Tobit 模型（也称为截值调整概率回归模型，见 McDonald and Moffitt，1980），对于小于或等于 0 的被解释变量转换为 0，以此放松二态数据变量的限制，并检查不同区域贸易量对跨国公司集聚的影响；③Poisson 分布模型，根据被解释变量的数字特征与分布特征，进行统计检验决定模型的选择；④负二项分布模型（Negative Binomial），根据被解释变量的数字特征与分布特征，进行统计检验决定模型的选择；⑤ZIP 模型（Zero Inflated Poisson），ZIP 模型为 Poisson 的扩展模型，对于被解释变量 0 概率值的频繁出现，并根据被解释变量的数字特征与分布特征，进行统计检验决定模型的选择；⑥ZINB 模型（Zero Inflated Negative Binomial），ZINB 模型为 NB 模型的扩展模型，对于被解释变量 0 概率值的频繁出现，并根据被解释变量的数字特征与分布特征，进行统计检验决定模型的选择。通过对不同方法的模型结果的分析与对比，检查 FDI 流入与国际贸易的互动关系的稳健性。其中，NB 分布模型、Poisson 分布模型、 ZIP 分布模型、ZINB 分布模型为本章研究的重点讨论模型。

1. 离散型数据变量的概率分布模型与统计分布检验

从观测到的跨国公司在中国的空间分布与数据特征表明，跨国公司的空间分布显著地集聚于东部沿海地区，从其数据特征也可以看出，其数学方差均大于其数学期望（见表 4-4、图 4-7）。根据概率分布函数的数字特征与应用条件可知，当 $\sigma^2(X) > E(X)$ 时，变量具有集聚性的特征，通常应用负二项分布模型进行拟合，简称 NB 分布（也称为 Pascal 分布）；而当 $\sigma^2(X) = E(X)$ 时，通常应用 Poisson 分布模型进行拟合，当 $\sigma^2(X) < E(X)$ 时，通常应用二项分布模型拟合。其中，NB 分布可由数个数学期望不同的 Poisson 分布混合而成。

NB 分布的极限分布既为 Poisson 分布，而 Poisson 分布的极限分布为正态分布。ZIP（Zero-Inflated Poisson）与 ZINB（Zero-Inflated Negative Binomial）分布模型分别是标准 Poisson 分布模型与标准 NB 分布模型的一个扩展。由于当 0 概率事件在某段区域或时间段显著地频繁发生时，标准的 Poisson 分布模型与标准 NB 分布模型并不能很好地拟合这一事件过程，则采用扩展的 ZIP 分布模型与扩展的 ZINB 分布模型会取得较好的拟合效果。

因此，对于具有集聚数据特征的跨国公司空间分布进行 NB 分布模型与 Poisson 分布模型的拟合优度检验，以此采用统计上显著的相应离散数据概率分布模型对 FDI 流入与国际贸易的相互作用关系进行分析。为了说明跨国公司空间分布的离散事件的概率分布类型，当观测数据满足 $\sigma^2(x_{ij}) = E(x_{ij})$ 的条件限制时，则采用以下 Poisson 分布模型：

$$P(x_{ij}) = \exp(-\lambda_{ij})\lambda_{ij}^{x_{ij}} / x_{ij}! \tag{1}$$

式中，$P(x_{ij})$为跨国公司在 i 区域与 j 时间（年度）的空间分布概率。x_{ij} 为跨国公司在 i 区域与 j 年度的空间分布数量的分级数；λ_{ij} 为 x_{ij} 的数学期望，并且 $E(x_{ij}) = \lambda_{ij} = \exp(\beta Z_{ij})$；$Z_{ij}$ 为在 i 区域与 j 年度，特定解释变量向量的观测值；β 为最大似然法待估计的解释变量的回归系数向量。为了放松 Poisson 分布模型的严格限制条件，当观测数据满足过度分散而不均匀时，并满足条件 $\sigma^2(x_{ij}) > E(x_{ij})$ 时，则采用 NB 分布模型进行跨国公司空间分布的拟合，并进行 χ^2 拟合优度检验。

$$\lambda_{ij} = \exp(\beta Z_{ij} + \varepsilon_{ij});\ \sigma^2(x_{ij}) = E(x_{ij}) + \alpha E(x_{ij})^2 \tag{2}$$

式中，$\exp(\varepsilon_{ij})$ 服从一个误差项为 ε_{ij} 的 Gamma 分布，以此使得 $\sigma^2(x_{ij})$ 可以被允许不等于 $E(x_{ij})$，并放松 Poisson 分布的限制条件；α 为 NB 分布模型与 Poisson 分布模型之间的调节参数，当 α 接近 0 时，则采用 Poisson 分布模型进行拟合，否则采用 NB 分布模型进行拟合；NB 分布模型的函数形式如下：

$$P(x_{ij}) = \frac{\Gamma((1/\alpha) + x_{ij})}{\Gamma(1/\alpha)\, x_{ij}!}\left(\frac{1/\alpha}{(1/\alpha) + \lambda_{ij}}\right)^{1/\alpha}\left(\frac{\lambda_{ij}}{(1/\alpha) + \lambda_{ij}}\right)^{x_{ij}} \tag{3}$$

$P(x_{ij})$ 的估计分别采用矩法与最大似然法相结合的方法进行估值，其分布模型可以进一步简化为 $P(x_{ij}) = (\hat{\kappa} + x_{ij} - 1)\, R(\hat{\kappa},\ x_{ij})\, P(x_{ij} - 1) / x_{ij}!$。

式中，$R(\hat{\kappa},\ x_{ij}) = E(x_{ij}) / (\hat{\kappa} + E(x_{ij}))$；$\hat{\kappa} = E(x_{ij}) / (\sigma^2(x_{ij}) - E(x_{ij}))$。$\chi^2$ 拟合优度检验值的计算方法见公式（4），f_{ij} 为跨国公司在 i 区域与 j 时间的空间分布的实际观测频率。NB 模型中的参数估值与 χ^2 拟合优度理论值以及概率分布检验结果见表 4-4。

$$\chi^2 = \left(\sum_{i=1}^{n} x_{ij}^2 f_{ij} - \left(\sum_{i=1}^{n} x_{ij} f_{ij}\right)^2 \Big/ \sum_{i=1}^{n} f_{ij}\right) \Big/ \sum_{i=1}^{n} f_{ij} \tag{4}$$

概率分布模型的检验结果表明，中国省区域水平上的制造业公司数目、研发公司数目、运营公司数目、跨国公司总数目均服从 NB 概率分布，这与实际观察中，FDI 流入高度集聚于东部沿海区域的特征相吻合。而中心城市区域水平上的概率分布仅有制造业与运营公司的分布服从 NB 概率分布，说明对于中心城市完善的服务与产业配套设施，以及巨大的市场规模、集聚经济与城市的消费水平均高于外围区域的现状，制造业公司与运营公司更倾向于集聚中心城市。而研发公司则对中心城市的市场规模与消费水平的影响不显著，检验结果既不服从 NB 概率分布，也不服从 Poisson 概率分布。

在通过对实际观测值进行 NB 概率分布检验以后，基于跨国公司在区域分布中 0 概率值的频繁出现，可应用 ZINB 分布模型进行拟合，给出概率调整后的 ZINB 分布模型，并对事件出现机会的模拟等式构造如下：

$$\text{Prob}(Y_{ij}=0)=p_0+(1-p_0)\left(\frac{1/\alpha}{(1/\alpha)+\lambda_{ij}}\right)^{1/\alpha} \tag{5}$$

$$\text{Prob}(Y_{ij}=c_i)=(1-p_0)\frac{\Gamma((1/\alpha)+c_i)}{\Gamma(1/\alpha)c_i!}\left(\frac{1/\alpha}{(1/\alpha)+\lambda_{ij}}\right)^{1/\alpha}\left(\frac{\lambda_{ij}}{(1/\alpha)+\lambda_{ij}}\right)^{c_i} \tag{6}$$

式中，$c_i=1, 2, 3, \cdots, n$，为跨国公司在区域分布中出现事件的分级；p_0 满足以下等式：

$$E(y_{ij})=(1-p_0)\lambda_{ij} \tag{7}$$

$$\sigma^2(y_{ij})=(1-p_0)\lambda_{ij}(1+(p_0+\alpha)\lambda_{ij}) \tag{8}$$

$$\frac{\sigma^2(y_{ij})}{E(y_{ij})}=1+\left(\frac{p_0+\alpha}{1-p_0}\right)\times E(y_{ij}) \tag{9}$$

显然，ZINB 模型的方差与数学期望的比值大于 1，说明服从 ZINB 分布模型的数据具有集聚特征。对于跨国公司在区域分布中概率分布模型的选择，需要对 NB 和 ZINB 模型的适用性进行检验，但不能通过直接的检验来进行，这里采用 Vuong（1989）提出的用于非镶套模型的统计检验方法。设随机变量 $Y=y_i$，并假设 ZINB 分布的概率密度函数为 $f_1(y_i/x_i)$，NB 的概率密度函数为 $f_2(y_i/x_i)$。因此，Vuong 的 ZINB 与 NB 分布模型的非镶套模型的统计检验方法如下：

$$\eta_i=\ln\left(\frac{f_1(y_i/x_i)}{f_2(y_i/x_i)}\right) \tag{10}$$

$$\omega=\frac{\sqrt{n}\left(\sum_{i=1}^{n}\eta_i/n\right)}{\sqrt{\sum_{i=1}^{n}(\eta_i-\bar{\eta})^2/n}} \tag{11}$$

式中，η_i 为 NB 分布概率与 ZINB 分布概率比值的自然对数；$\bar{\eta}$为 η_i 取自然对数值的均值；n 为样本大小。Vuong 的值服从标准正态分布，如果$|\omega|$的

绝对值小于 1.96（为 t 检验的 95%置信水平），统计检验结果并不能说明服从任何其他分布模型。但是，当|ω|的绝对值大于 1.96 时，如果 ω 的数值大于 1.96，那么，观测数值则服从 ZINB 模型；而 ω 的数值小于 1.96，则观测数值服从 NB 模型。Vuong 的统计检验值详见表 4-4。检验结果表明，中国省区域水平上的制造业公司数目、研发公司数目、运营公司数目、跨国公司总数目的 ZINB 分布与 NB 分布的概率值均大于 1.96，说明存在 NB 分布或 ZINB 分布，但去掉绝对值以后其值由于都是负数均小于 1.96，因此，这些观测值统计上都服从 NB 概率分布，而不是 ZINB 概率分布，这与实际观察中，FDI 流入高度集聚于东部沿海区域的特征相吻合。而中心城市区域水平上的概率分布仅有制造业与运营业公司的分布在统计上服从 NB 概率分布，而研发业公司与公司总体分布的检验结果在统计上既不服从 NB 概率分布，也不服从 Poisson 概率分布或 ZINB 概率分布。

此外，通过对中国省与中心城市区域的制造业公司数目、研发业公司数目、运营业公司数目、跨国公司总数目的 Poisson 分布、NB 分布、ZINB 分布的概率值的计算，可以看出，在省的拟合水平上，观测值与 NB 分布的 χ^2 拟合优度和 Vuong 检验值的拟合程度都较好，并在统计上服从 NB 分布。其中，制造业公司与运营业公司拟合度最高，并且制造业公司在上海、北京、江苏、天津、辽宁、山东、浙江、四川等按概率大小顺序依次具有进一步集聚的潜力（见图 4-8）。而在上海、广东、辽宁、江苏、天津等则依次对吸引运营业公司的进入具有较大潜力（见图 4-10）。此外，拟合度较好的公司为研发公司与公司总体，并且上海、江苏、福建、山东等依次对研发公司具有较大吸引集聚潜力（见图 4-9）。而在总体上，上海、江苏、天津、辽宁、山东、浙江、福建、四川、湖北、陕西等依次具有进一步吸引跨国公司总体进入的潜力（见图 4-7）。在中心城市的拟合水平上，仅制造业公司与运营业公司的 χ^2 拟合优度和 Vuong 检验值的拟合程度较好，并通过了统计检验，在统计上均满足 NB 概率分布（见表 4-4）。其中，上海、天津、广州、苏州、深圳、大连、东莞、青岛、南京等按概率大小顺序依次对制造业的跨国公司的进入具有进一步的吸引与集聚的潜力。而上海、广州、大连、天津、苏州、深圳、青岛、杭州、东莞等则依次对运营类的跨国公司具有进一步的吸引集聚潜力（见图 4-11、图 4-12、图 4-13、图 4-14）。

2. 连续型数据变量的动态面板模型与联合平稳性检验

连续型变量的估计采用动态面板数据模型（Panel Data），分别按照东部、中部、西部以及中国整体进行估计，以此考察 FDI 流入对进口、出口、贸易总额的动态影响作用关系，以及不同经济发展水平区域的贸易创造效应、补充效应、替代效应的差异。其中，进口、出口、贸易总额分别作为被解释变量，而

表 4–4　跨国公司空间分布的概率分布模型与统计检验

统计区域	检验参数	制造业公司	研发公司	运营公司	各行业公司总计
省区域统计	E（X）	2.6356	1.1989	1.6453	2.2952
	σ^2（X）	14.5324	3.7945	4.3191	12.2134
	矩法$\hat{\kappa}$值	0.5839	0.5537	1.0124	0.5312
	似然法$\hat{\kappa}$值	0.6755	0.9377	0.9440	0.6590
	R 值	0.7960	0.5611	0.6354	0.7769
	χ^2（Poisson）	9.18E+12	1.14E+06	1040.4945	1.38E+14
	χ^2（NB）	28.2064	45.1926	5.7283	45.7072
	Vuong 检验值	–8.7480	–8.3222	–7.8351	–9.0488
	检验结论	χ^2(Poisson) > χ^2(29,0.001)= 58.301，拒绝假设；χ^2(NB,28) < χ^2(0.1) = 37.9160，接受假设，服从 NB 分布；V_{ZINB} < Vuong (0.95) = 1.96，服从 NB 分布	χ^2(Poisson) > χ^2(29,0.001)= 58.301，拒绝假设；χ^2(NB,28) < χ^2(0.01) = 48.2782，接受假设，服从 NB 分布；V_{ZINB} < Vuong (0.95) = 1.96，服从 NB 分布	χ^2(Poisson) > χ^2(29,0.001) = 58.301，拒绝假设；χ^2(NB,28) < χ^2(0.1) = 37.9160，接受假设，服从 NB 分布；V_{ZINB} < Vuong (0.95) = 1.96，服从 NB 分布	χ^2(Poisson) > χ^2(29,0.001) = 58.301，拒绝假设；χ^2(NB,28) < χ^2(0.01) = 48.2782，接受假设，服从 NB 分布；V_{ZINB} < Vuong (0.95) = 1.96，服从 NB 分布
城市统计	E（X）	3.0142	1.2529	2.0933	2.6723
	σ^2（X）	18.5676	4.4031	11.1475	16.8089
	矩法$\hat{\kappa}$值	0.5842	0.4983	0.4839	0.5052
	似然法$\hat{\kappa}$值	0.4897	0.7623	0.5356	0.4744
	R 值	0.8603	0.6217	0.7963	0.8492
	χ^2（Poisson）	5.79E+07	1.14E+06	6.00E+07	5.65E+08
	χ^2（NB）	36.5874	42.0954	21.6703	101.7649
	Vuong 检验值	–7.1870	–6.4304	–7.1582	–7.4056
	检验结论	χ^2(Poisson) > χ^2(18,0.001) = 42.312，拒绝假设；χ^2(NB,17) < χ^2(0.001)=40.790，接受假设，服从 NB 分布；V_{ZINB} < Vuong (0.95) = 1.96，适用于 NB 分布	χ^2(Poisson) > χ^2(18,0.001) = 42.312，拒绝假设，不服从 Poisson 分布；χ^2(NB,17)>χ^2(0.001)=40.790 接受假设，不服从 NB 分布	χ^2(Poisson) > χ^2(18,0.001) = 42.312，拒绝假设；χ^2(NB,17) < χ^2(0.1) = 24769，接受假设，服从 NB 分布；V_{ZINB} < Vuong (0.95) = 1.96，适用于 NB 分布	χ^2(Poisson) > χ^2(18,0.001) = 42.312，拒绝假设，不服从 Poisson 分布；χ^2(NB,17) > χ^2(0.001) = 40.790 接受假设，不服从 NB 分布

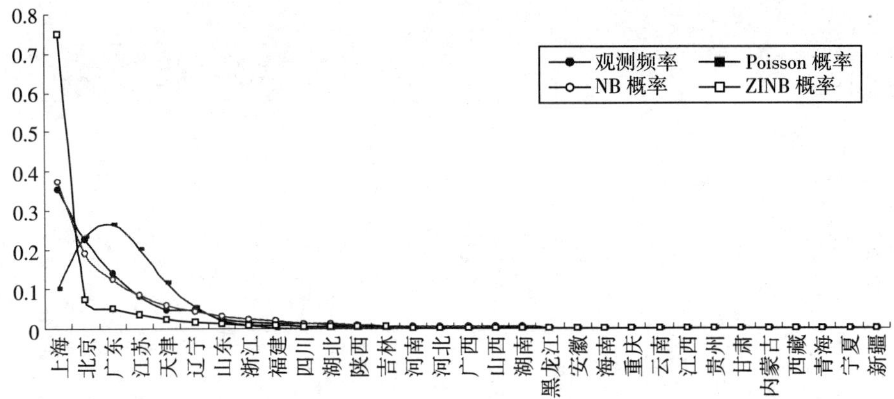

图 4-7 跨国公司进入中国各省的公司空间分布的观测频率与预测概率

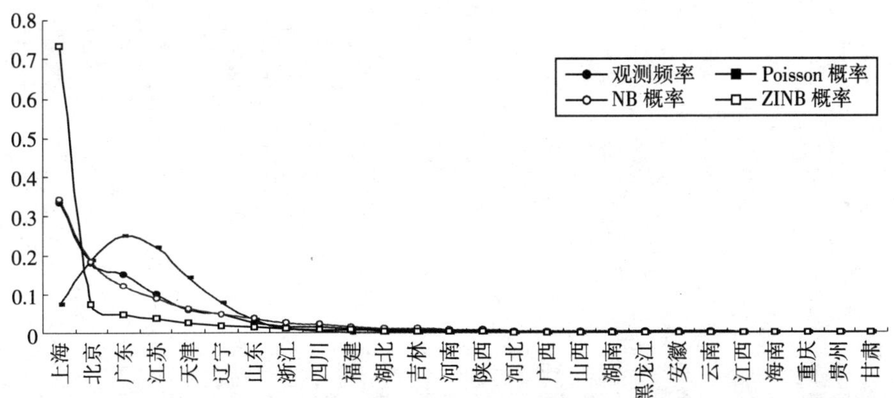

图 4-8 跨国制造业公司进入中国各省的公司空间分布的观测频率与预测概率

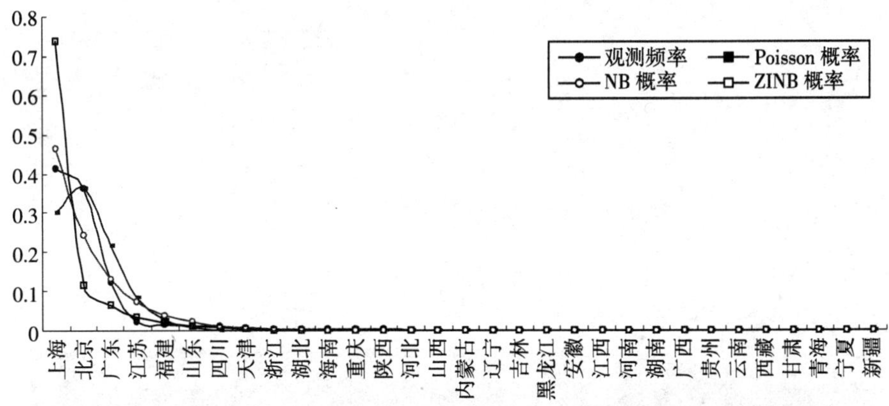

图 4-9 跨国研发公司进入中国各省的公司空间分布的观测频率与预测概率

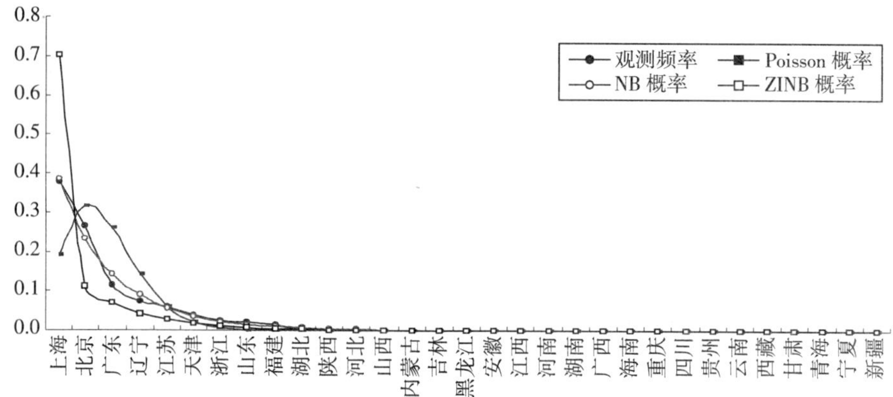

图 4-10　跨国运营公司进入中国各省的公司空间分布的观测频率与预测概率

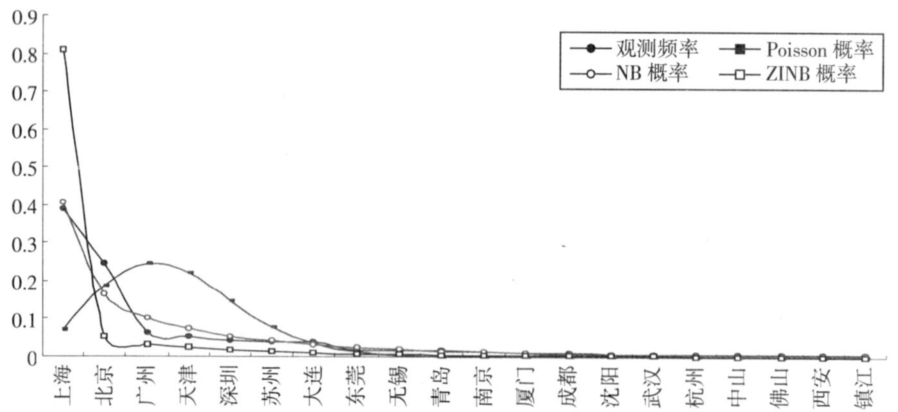

图 4-11　跨国公司进入中国中心城市的公司空间分布的观测频率与预测概率

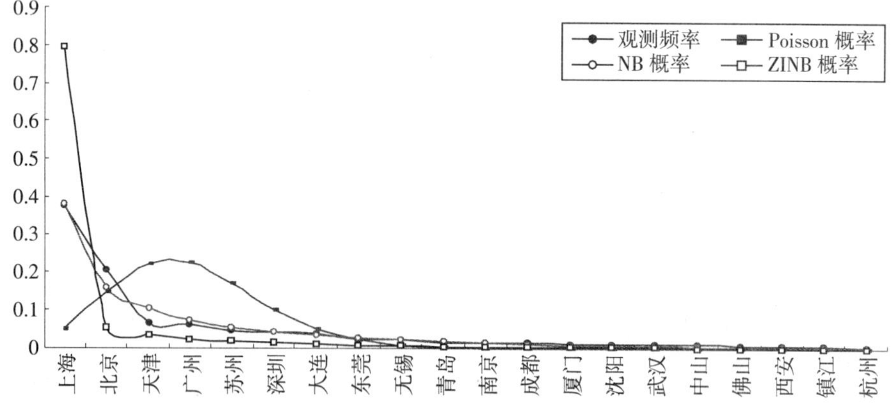

图 4-12　跨国制造业公司进入中国中心城市的公司空间分布的观测频率与预测概率

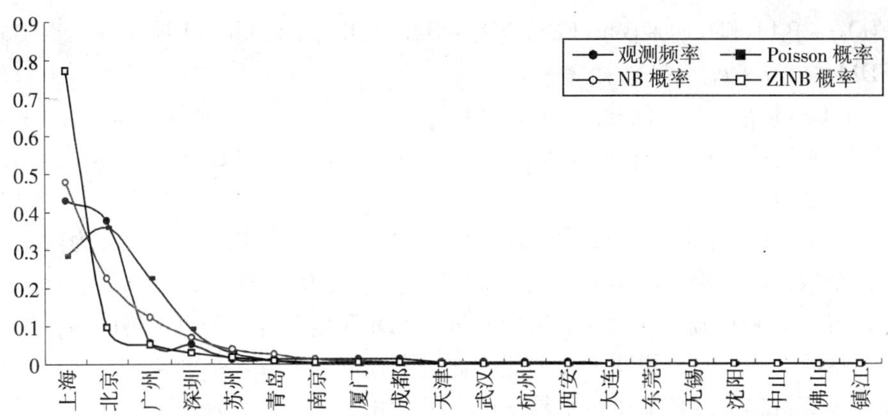

图 4-13　跨国研发公司进入中国中心城市的公司空间分布的观测频率与预测概率

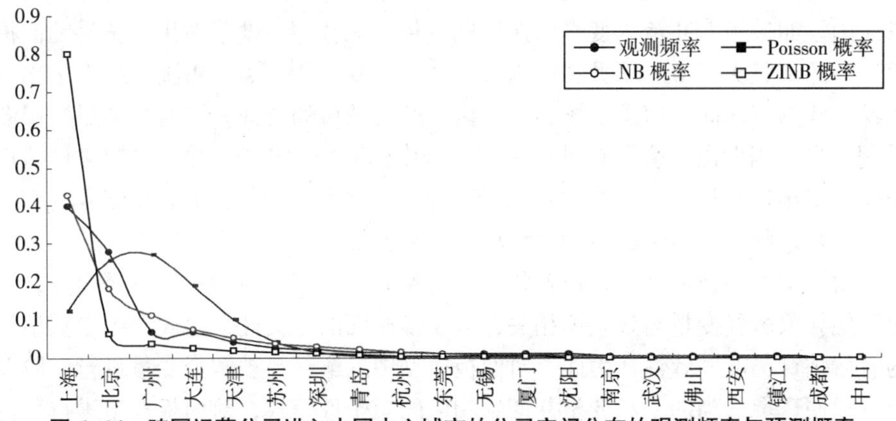

图 4-14　跨国运营公司进入中国中心城市的公司空间分布的观测频率与预测概率

FDI 流入当期与滞后期变量，FDI 存量、进口、出口、贸易总额的滞后期变量，以及经济规模、市场规模、集聚经济、经济发展水平等附加解释变量参加模型的估值。由于面板模型中的分析区域分为经济发展极为不平衡的东部、中部、西部，存在着显著的个体差异，并存在随时间序列与横截面等因素而变化的可能性，因此，面板模型以变截距的固定效应面板模型或随机效应面板模型进行构造。其模型构造分别见出口面板模型（12）、进口贸易面板模型（13）、贸易总量面板模型（14）：

$$\ln(ex)_{i,t} = C + \beta_1\ln(gdp)_{i,t} + \beta_2\ln(pop)_{i,t} + \beta_3\ln(im)_{i,t} + \beta_4\ln(ex)_{i,t-1} + \beta_5\ln(Fst)_{i,t} + \beta_6\ln(FDI)_{i,t} + \beta_7\ln(FDIagg)_{i,t} + \beta_8\ln(FDI)_{i,t-1} + \beta_9\ln(FDI)_{i,t-2} + \cdots + \beta_n\ln(FDI)_{i,t-m} + \alpha_i + \varepsilon_{i,t} \quad (12)$$

$$\ln(im)_{i,t} = C + \beta_1\ln(gdp)_{i,t} + \beta_2\ln(pop)_{i,t} + \beta_3\ln(im)_{i,t} + \beta_4\ln(ex)_{i,t-1} + \beta_5\ln$$

$(Fst)_{i,t} + \beta_6 \ln(FDI)_{i,t} + \beta_7 \ln(FDIagg)_{i,t} + \beta_8 \ln(FDI)_{i,t-1} + \beta_9 \ln(FDI)_{i,t-2} + \cdots + \beta_n \ln(FDI)_{i,t-m} + \alpha_i + \varepsilon_{i,t}$ (13)

$$\ln(trade)_{i,t} = C + \beta_1 \ln(gdp)_{i,t} + \beta_2 \ln(pop)_{i,t} + \beta_3 \ln(ex)_{i,t} + \beta_4 \ln(im)_{i,t-1} + \beta_5 \ln(Fst)_{i,t} + \beta_6 \ln(FDI)_{i,t} + \beta_7 \ln(FDIagg)_{i,t} + \beta_8 \ln(FDI)_{i,t-1} + \beta_9 \ln(FDI)_{i,t-2} + \cdots + \beta_n \ln(FDI)_{i,t-m} + \alpha_i + \varepsilon_{i,t} \quad (14)$$

式中，C 为截距项；α_i 为特定区域的固定效应或随机效应值；n 为待估参数的个数；m 为滞后阶数；β_i 为待估参数；$\varepsilon_{i,t}$ 服从均值为 0，方差为 σ^2 的正态分布。当 FDI 流入变量或滞后期变量与 FDI 存量变量对进口贸易的面板模型中的系数大于 0 时，说明 FDI 的流入促进了投资母国或其余世界的中间品、制成品或原材料与设备的进口贸易，产生了 FDI 流入的补充效应，反之，如果系数小于 0，则对进口产生了替代效应，减少了投资母国或其他中间品生产国的出口，说明 FDI 公司的进入是以投资本土化生产的形式而不是贸易的形式流入东道国。如果当 FDI 流入变量或滞后期变量与 FDI 存量变量对出口贸易的面板模型中的系数大于 0，说明 FDI 流入创造了贸易，否则，FDI 流入减少了出口贸易，并具有面向东道国市场的本土化生产与销售的特征。同时，如果进口滞后期变量与当期出口变量在进口面板模型中的系数大于 0，并且当期进口滞后期变量或出口滞后期变量在出口面板模型中的系数大于 0，则 FDI 流入具有大进大出与来料加工组装的劳动密集型的贸易特征。

由于动态面板模型中将被解释变量的滞后变量作为模型中的解释变量，因而可能导致解释变量与残差项相关，以及横截面的相关性，由此产生参数估计的有偏估计与非一致性。为此，对面板模型中的解释与被解释变量进行一阶差分，以便选取适当的工具变量并产生相应的矩条件等式，对面板模型进行稳健估计，差分后的面板模型见差分出口面板模型（15）、差分进口面板模型（16）、差分总贸易面板模型（17）：

$$D(\ln(ex))_{i,t} = C + D(\beta_1 \ln(gdp))_{i,t} + \beta_2 D(\ln(pop))_{i,t} + \beta_3 D(\ln(im))_{i,t} + \beta_4 D(\ln(ex))_{i,t-1} + \beta_5 D(\ln(Fst))_{i,t} + \beta_6 D(\ln(FDI))_{i,t} + \beta_7 D(\ln(FDIagg))_{i,t} + \beta_8 D(\ln(FDI))_{i,t-1} + \beta_9 D(\ln(FDI))_{i,t-2} + \cdots + \beta_n D(\ln(FDI))_{i,t-m} + \alpha_i + \varepsilon_{i,t} \quad (15)$$

$$D(\ln(im))_{i,t} = C + D(\beta_1 \ln(gdp))_{i,t} + \beta_2 D(\ln(pop))_{i,t} + \beta_3 D(\ln(im))_{i,t} + \beta_4 D(\ln(ex))_{i,t-1} + \beta_5 D(\ln(Fst))_{i,t} + \beta_6 D(\ln(FDI))_{i,t} + \beta_7 D(\ln(FDIagg))_{i,t} + \beta_8 D(\ln(FDI))_{i,t-1} + \beta_9 D(\ln(FDI))_{i,t-2} + \cdots + \beta_n D(\ln(FDI))_{i,t-m} + \alpha_i + \varepsilon_{i,t} \quad (16)$$

$$D(\ln(trade))_{i,t} = C + D(\beta_1 \ln(gdp))_{i,t} + \beta_2 D(\ln(pop))_{i,t} + \beta_3 D(\ln(im))_{i,t} + \beta_4 D(\ln(ex))_{i,t-1} + \beta_5 D(\ln(Fst))_{i,t} + \beta_6 D(\ln(FDI))_{i,t} + \beta_7 D(\ln(FDIagg))_{i,t} + \beta_8 D(\ln(FDI))_{i,t-1} + \beta_9 D(\ln(FDI))_{i,t-2} + \cdots + \beta_n D(\ln(FDI))_{i,t-m} + \alpha_i + \varepsilon_{i,t} \quad (17)$$

解释与被解释变量的联合平稳性检验（见表 4-5）表明，各变量的 Levin, Lin & Chu t 联合平稳性检验均在 1%水平上拒绝存在单位根假设，说明一阶差分后变量具平稳性，而 Breitung T-stat 联合平稳性检验除了 FDI 存量变量接受单位根假设为非平稳性外，其他变量均拒绝单位根假设，具有平稳性。Hadri Z-stat 的联合平稳性检验效果则不理想。因此，差分后的解释与被解释变量总体上具有联合平稳性。最后，通过 Hausman 统计检验，以此决定固定效应与随机效应面板模型的选择。Hausman 统计检验量如下：

$$H = [X_1 - X_2]' [\sigma^2(X_1) - \sigma^2(X_2)]^{-1} [X_1 - X_2] \tag{18}$$

式中，H 统计检验值服从自由度为 k 的 χ^2 分布。当统计量 $|H|$ 的绝对值大于自由度为 k 的 χ^2 临界值时，选择固定效应模型，说明各省之间的差别可以用不同的常数项来表示。当统计量 $|H|$ 的绝对值小于自由度为 k 的 χ^2 临界值时，选择随机效应模型，说明描述各省差别的特定常数项可以用随机项来表示。X_1 为固定效应面板模型的估计系数向量，X_2 为随机效应面板模型的估计系数向量。$\sigma^2(X_1)$ 为固定效应面板模型的估计系数向量的方差，$\sigma^2(X_2)$ 为随机效应面板模型的估计系数向量的方差。

表 4-5　面板模型的连续型数据变量的联合平稳性检验（1992~2006 年，30 个中国省市区域）

变量类型	Levin，Lin & Chu t	Breitung T-stat	Hadri Z-stat
D（ln（TRADE））	-18.6313	-8.7315	-0.1380
Prob.	(0.0000)	(0.0000)	(0.5549)
D（ln（FDI））	-14.9787	-1.4398	5.4792
Prob.	(0.0000)	(0.0750)	(0.0000)
D（ln（FST））	-37.7814	2.8900	9.2361
Prob.	(0.0000)	(0.9981)	(0.0000)
D（ln（FST*POP））	-31.1466	2.6741	9.2572
Prob.	(0.0000)	(0.9963)	(0.0000)
D（ln（EX））	-17.8726	-8.6978	0.2082
Prob.	(0.0000)	(0.0000)	(0.4175)
D（ln（IM））	-17.3599	-6.7913	-0.2985
Prob.	(0.0000)	(0.0000)	(0.6173)
D（ln（GDP））	-13.4422	-2.8196	-0.0560
Prob.	(0.0000)	(0.0024)	(0.5223)
D（ln（PGDP））	-14.5844	-2.3801	0.7353
Prob.	(0.0000)	(0.0087)	(0.2311)
D（ln（POP））	-14.7546	-6.7514	1.5610
Prob.	(0.0000)	(0.0000)	(0.0593)
D（ln（POPDEN））	-14.7546	-6.7514	1.5610
Prob.	(0.0000)	(0.0000)	(0.0593)

注：滞后阶数的选择以 SIC：0-2 为依据。Fisher 伴随概率 Prob.的计算利用 χ^2 的渐进分布，其他所有检验均假设为渐进正态分布。其中，Levin，Lin & Chu t 的零假设为存在联合单位根过程，Hadri Z-stat 的零假设为没有任何联合单位根过程。

（五）模型的实证估计结果

1. 离散型变量的概率分布模型的实证结果

国际贸易对跨国公司总体在中国省水平上的集聚影响的模型结果表明（见表 4-6），贸易规模、经济发展水平、市场规模、劳动力成本对跨国公司总体的集聚均起重要作用，估计参数均在 5%与 1%的水平上统计高度显著，但经济规模、集聚经济、基础设施水平的影响在统计上则不显著。所有模型整体上 L.R.似然比值均统计显著。其中，在 Logit 模型的估计参数中，贸易规模、经济规模、集聚经济、基础设施对跨国公司总体的集聚均起正影响，但统计上并不显著。在 Tobit 模型的估计中，贸易规模、经济发展水平、市场规模、基础设施对跨国公司总体的集聚均起正影响，但统计上只有贸易总量与经济发展水平分别在 5%与 1%水平上统计高度显著。在 NB 模型中，贸易规模、经济发展水平、基础设施对跨国公司总体的集聚均起正影响，其中，贸易总量与经济发展水平均在 1%水平上统计高度显著。而劳动力成本起负影响，并在 5%水平上统计显著，说明较低的劳动力成本对跨国公司总体的集聚起着重要作用。在

表 4-6　跨国公司所有行业进入总数目与贸易关系的概率回归分析

自变量	Binary Logit	Tobit	NB	Poisson	ZINB
C	-8.0465	-63.8671	1.7108	-0.2636	-1.7313
z-statistic	(-1.0152)	(-2.4339)**	(2.1349)**	(-1.2534)	(-1.3464)
TRADE	2.4944	1.8273	0.0516	0.0254	0.0052
z-statistic	(0.3163)	(2.1150)**	(2.8833)***	(6.6735)***	(0.2209)
GDP	0.7867				
z-statistic	(0.6228)				
PGDP		42.1740	1.6170	1.0004	2.2724
z-statistic		(2.8648)***	(4.2133)***	(20.1824)***	(3.8664)***
POP		0.9018		0.1431	0.3000
z-statistic		(0.3017)		(5.3648)***	(2.3174)**
POPDEN	1.9981		-0.0116		
z-statistic	(0.2085)		(-0.1973)		
LENGDEN	11.7096	1.1286	0.1175	-0.1185	-0.4048
z-statistic	(0.2917)	(0.4161)	(0.0617)	(-1.4686)	(-0.5662)
WAGE			-1.3878		-1.2433
z-statistic			(-2.1737)**		(-1.3321)
Adj. R-squared	0.8267（McFadden）	0.7466	0.8765	0.946204	0.77987
Log likelihood	-2.3734	-137.1547***	-97.7048	-156.4834	-69.58986
L.R.stat.（4 df）	22.64495***		3303.464***	3185.906***	5443.206***

注：** 表示 5%的统计显著水平；*** 表示 1%的统计显著水平。

Poisson 模型中，贸易规模、经济发展水平、市场规模对跨国公司总体的集聚均起正影响，并在 1%水平上统计高度显著。但基础设施的影响并不显著。在 ZINB 模型中，贸易规模、经济发展水平、市场规模、劳动力成本的估计系数符号与模型的假设符号一致，对跨国公司总体的集聚均起影响，其中，经济发展水平与市场规模分别在 1%与 5%水平上统计高度显著。

制造业跨国公司的集聚数量与国际贸易作用关系模型分析也得出了类似的结果（见表 4-7），贸易规模、经济发展水平、市场规模、劳动力成本对制造业跨国公司的集聚均起重要作用，估计参数均在 5%与 1%的水平上统计高度显著，而基础设施水平、集聚经济与经济规模的影响在统计上则不显著。所有模型整体上 L.R.似然比值均统计显著。其中，在 Logit 模型的估计参数中，贸易规模、经济规模、集聚经济、基础设施对制造业跨国公司的集聚均起正影响，但统计上并不显著。在 Tobit 模型的估计中，贸易规模、经济发展水平、市场规模、基础设施对制造业跨国公司的集聚均起正影响，但统计上只有贸易总量与经济发展水平均在 1%水平上统计高度显著。在 NB 模型中，贸易规模、经济发展水平、集聚经济对制造业跨国公司的集聚均起正影响，其中，贸易规模与经济发展水平分别在 1%水平上统计高度显著。而劳动力成本起负影响，并在 5%水平上统计显著，说明较低的劳动力成本对制造业跨国公司的集聚起着重要作用。在 Poisson 模型中，贸易规模、经济发展水平、市场规模对制造业跨国公司的集聚均起正影响，并在 1%水平上统计高度显著。但基础设施的影响并不显著。在 ZINB 模型中，贸易规模、经济发展水平、集聚经济、劳动力成本的估计系数符号与模型的假设一致，对制造业跨国公司的集聚均起影响，其中，经济发展水平与贸易规模均在 1%水平上统计高度显著，而劳动力成本变量则在 5%水平上统计显著。

表 4-7　跨国公司制造行业进入总数目与贸易关系的概率回归分析

自变量	Binary Logit	Tobit	NB	Poisson	ZINB
C	-8.0465	-37.8236	1.6982	-0.5564	0.9405
z-statistic	(-1.0152)	(-2.75754)***	(2.2468)**	(-2.2993)**	(1.1493)
TRADE	2.4944	1.5064	0.0522	0.0229	0.0458
z-statistic	(0.3163)	(3.2053) ***	(3.2082)***	(5.3620)***	(3.0615)***
GDP	0.7867				
z-statistic	(0.6228)				
PGDP		24.9590	1.4651	0.9707	1.5737
z-statistic		(3.7424)***	(4.0750)***	(16.7448)***	(3.6358)***
POP		0.8165		0.1674	
z-statistic		(0.4766)		(5.5393)***	
POPDEN	1.9981		0.0023		0.0762

续表

自变量	Binary Logit	Tobit	NB	Poisson	ZINB
z-statistic	(0.2085)		(0.0415)		(1.5605)
LENGDEN	11.7095	0.5624	-0.0656	-0.1294	-0.3744
z-statistic	(0.2917)	(0.3638)	(-0.3495)	(-1.3225)	(-1.3407)
WAGE			-1.3414		-1.5151
z-statistic			(-2.2307)**		(-2.1477)**
Adj. R-squared	0.8267（McFadden）	0.7252	0.8753	0.9605	0.9958
Log likelihood	-2.373427	-122.7861***	-91.0385	-119.7882	-68.32002
L.R.stat.（4 df）	22.64495***		2029.512***	1972.013***	3540.329***

注：** 表示 5%的统计显著水平；*** 表示 1%的统计显著水平。

研发业跨国公司的集聚数量与国际贸易作用关系模型的分析结果见表 4-8，贸易规模、经济发展水平、集聚经济、基础设施水平、劳动力成本对研发业跨国公司的集聚均起重要作用，估计参数分别在 5%与 1%的水平上统计高度显著，而经济规模与市场规模的影响在统计上则不显著，特别是研发业以高的劳动成本吸引拥有专业技术与创新能力的人才为特征。所有模型整体上 L.R.似然比值均统计显著。其中，在 Logit 模型的估计参数中，贸易规模、集聚经济、劳动力成本对研发业跨国公司的集聚的影响与假设符号一致，但仅有贸易规模对研发业跨国公司的集聚的影响在 10%的水平上统计显著。在 Tobit 模型的估计中，贸易规模、经济发展水平、市场规模、基础设施水平、劳动力成本对研发业跨国公司的集聚均起正影响，但只有经济发展水平在 5%水平上统计高度显著。在 NB 模型中，贸易规模、经济发展水平、基础设施水平、劳动力成本对研发业跨国公司的集聚均起正影响，集聚经济起负影响。其中，贸易规模与集聚经济在 1%水平上统计高度显著。而经济发展水平、基础设施、劳动力成本在 5%水平上统计显著，说明劳动力成本与集聚经济与假设符号不一致，研发业跨国公司往往以拥有专业技术知识且创新能力强的高劳动力成本为特征，并选择远离人口稠密且有利于创新的环境怡静区位为特征。在 Poisson 模型中，贸易规模、经济规模、基础设施、劳动力成本对研发业跨国公司的集聚均起正影响，而集聚经济起负影响。其中，劳动力成本在 1%水平上统计高度显著，而集聚经济与基础设施在 5%水平上统计显著，贸易规模在 10%水平上统计显著。在 ZINB 模型中，贸易规模、经济规模、市场规模、基础设施、劳动力成本对研发业跨国公司的集聚均起正影响，其中，劳动力成本在 1%水平上统计高度显著，而其他变量在统计上则不显著。

表 4-8　跨国公司研发行业进入总数目与贸易关系的概率回归分析

自变量	Binary Logit	Tobit	NB	Poisson	ZINB
C	8.2965	-51.1290	-4.7722	-6.2251	-7.4681
z-statistic	(1.1036)	(-2.5598) **	(-7.1007) ***	(-6.7664) ***	(-3.0889)***
TRADE	0.8809	0.1054	0.0537	0.0347	0.0085
z-statistic	(1.7873) *	(0.3191)	(8.01212) ***	(1.7245) *	(0.1745)
GDP	-0.2644			0.0511	0.1276
z-statistic	(-1.1960)			(1.0818)	(0.7953)
PGDP		10.7350	0.6422		
z-statistic		(2.1690) **	(1.9837) **		
POP		0.4601			0.0327
z-statistic		(0.2861)			(0.0867)
POPDEN	0.9585		-0.0464	-0.0248	
z-statistic	(1.1249)		(-2.9770) ***	(-2.2993) **	
LENGDEN	-2.0693	1.3605	0.2705	0.2172	0.0023
z-statistic	(-0.8189)	(1.3734)	(2.5098) **	(2.2981) **	(0.0082)
WAGE	-5.7620	11.0938	1.2182	2.3213	2.4392
z-statistic	(-1.3233)	(1.1197)	(2.5088) **	(10.5960) ***	(3.3002) ***
Adj. R-squared	0.5172 (McFadden)	0.7842	0.9926	0.9903	0.6482
Log likelihood	-10.1796	-57.2239***	-38.5463	-40.7682	-32.5395
L.R.stat (4 df)	21.8060***		670.1891***	665.7454***	835.3004***

注：* 表示 10%的统计显著水平；** 表示 5%的统计显著水平；*** 表示 1%的统计显著水平。

运营业跨国公司的集聚数量与国际贸易作用关系模型的分析结果见表 4-9，贸易规模、经济发展水平、集聚经济、劳动力成本对运营业跨国公司的集聚均起到重要作用，估计参数分别在 1%、5%或 10%的水平上统计显著，而经济规模、市场规模、基础设施的影响在统计上则不显著，所有模型整体上 L.R.似然比值均统计显著。其中，在 Logit 模型的估计参数中，贸易规模、经济规模、基础设施对运营业跨国公司的集聚的影响为正，但统计上并不显著。在 Tobit 模型的估计中，贸易规模、经济发展水平、集聚经济、劳动力成本对运营业跨国公司的集聚均起正影响，但只有经济发展水平与集聚经济在 10%水平上统计显著。在 NB 模型中，贸易规模、经济发展水平、基础设施水平、劳动力成本对运营业跨国公司的集聚的影响符号与假设一致，但贸易规模与劳动力成本在 5%水平上统计显著。而经济发展水平在 1%水平上统计显著。在 Poisson 模型中，贸易规模、经济发展水平、市场规模、劳动力成本对运营业跨国公司的集聚均起正影响。其中，经济发展水平在 1%水平上统计高度显著，而贸易规模在 5%水平上统计显著，劳动力成本统计上则不显著。在 ZINB 模型中，贸易规模与经济发展水平对运营业跨国公司的集聚起正影响，并在 5%水平上统计显著，劳动力成本起负影响，而其他变量在统计上则不显著。

表 4-9 跨国公司运营进入总数目与贸易关系的概率回归分析

自变量	Binary Logit	Tobit	NB	Poisson	ZINB
C	-3.5785	-30.6180	-0.1301	-2.3905	-0.6045
z-statistic	(-1.8636) *	(-2.5915) ***	(-0.0956)	(-3.0503) ***	(-0.3841)
TRADE	1.9837	0.2685	0.0513	0.0256	0.0539
z-statistic	(1.2460)	(1.4563)	(2.4047) **	(2.3690) **	(2.4141) **
GDP	0.0219				
z-statistic	(0.0815)				
PGDP		9.1435	3.4593	0.8994	2.9742
z-statistic		(1.6946) *	(3.0378) ***	(4.2760) ***	(2.1134) **
POP				0.1095	
z-statistic				(1.5150)	
POPDEN	-0.9418	1.3729	-0.1188		-0.0190
z-statistic	(-0.6496)	(1.7407) *	(-1.5662)		(-0.2270)
LENGDEN	2.5811	-4.1785	0.2272		-0.1226
z-statistic	(0.6279)	(-1.2961)	(0.4158)		(-0.1446)
WAGE		3.6077	-3.3476	0.2281	-2.9760
z-statistic		(0.4829)	(-1.9998) **	(0.5680)	(-1.4601)
Adj. R-squared	0.6818 (McFadden)	0.8805	0.6414	0.9094	0.9343
Log likelihood	-6.4162	-44.8456***	-44.4148	-59.7529	-36.3446
L.R.stat. (4 df)	27.49184***		643.6878***	613.0115***	901.6791***

注：* 表示 10%的统计显著水平；** 表示 5%的统计显著水平；*** 表示 1%的统计显著水平。

2. 连续型变量的动态面板模型的实证结果

东部区域的进出口贸易的模型分析结果表明（见表 4-10），在总量贸易模型中，当期 FDI 流入变量、出口与前期进口贸易变量对总贸易变量在统计上为显著正影响，而前期 FDI 流入变量、FDI 存量与市场规模的结合变量在统计上影响则不显著，并且 Hausman 检验结果为随机效应模型。其隐含意义说明当期 FDI 的流入、进口与出口贸易显著地促进了总贸易增长，而 FDI 存量与市场规模的结合变量的不显著则意味着 FDI 流入并不是面向当地生产与销售，市场规模并不是 FDI 流入的主要动因，面向出口的加工组装基地才是 FDI 流入的重要动因。在出口贸易模型中，FDI 存量变量与前期进口变量对出口贸易变量在统计上为显著正影响，并且 Hausman 检验结果为随机效应模型。其隐含意义说明东部区域的 FDI 流入主要是面向出口（Export-Oriented FDI）与贸易促进型（Trade-Facilitated）的 FDI 流入，其东部贸易的增长，主要依赖于 FDI 公司利用中国劳动力低成本的优势，进行来料加工组装贸易。在进口贸易模型中，当期 FDI 流入、出口与前期进口变量对进口贸易变量在统计上为正显著影响，FDI 存量变量与市场规模变量对进口贸易变量的影响在统计上则并不显著，并且 Hausman 检验结果为随机效应模型。其隐含意义说明当期 FDI 流入对进口贸易的促进作用与当期随 FDI 流入的投资设备的进口有显著关系，并且主要为面向出口的来料加工组装贸易，具有大进大出的特征，并显著地呈现了

表 4-10　不同区域的 FDI 贸易效应的动态面板模型的分析结果

变量类型	全国区域 FDI 流入的贸易效应			东部区域 FDI 流入的贸易效应		
	总量贸易	出口贸易	进口贸易	总量贸易	出口贸易	进口贸易
C	0.0081	0.0064	0.0084	0.0216	−0.0279	0.0400
t-Statistic	(1.3136)	(0.4646)	(0.5359)	(1.2984)	(−0.9474)	(1.2246)
D(ln(FDI))	0.0295	0.0256	0.0988	0.0454	0.0261	0.1395
t-Statistic	(2.1111)**	(0.8286)	(2.8321)***	(1.6595)*	(0.5187)	(2.6689)***
D(ln(FDI(−1)))	−0.0140	0.0759	−0.0265	0.0020	−0.0090	0.0207
t-Statistic	(−1.3480)	(3.5644)***	(−1.0230)	(0.0632)	(−0.1639)	(0.3239)
D(ln(FST))					0.3480	−0.2415
t-Statistic					(2.5200)**	(−1.5412)
D(ln(FST*POP))				−0.1287		
t-Statistic				(−1.6257)		
D(ln(EXR?))	0.8621		0.5954	0.9605		0.8104
t-Statistic	(41.096)***		(11.013)***	(28.596)***		(12.042)***
D(ln(EXR(−1)))		−0.0908			0.0523	
t-Statistic		(−2.4596)**			(1.1510)	
D(ln(IMR))		0.5026			0.6590	
t-Statistic		(12.4073)***			(13.3372)***	
D(ln(IMR(−1)))	0.0379		0.1051	0.0758		0.1627
t-Statistic	(2.2021)**		(2.4435)**	(2.6865)***		(2.7155)***
D(ln(PGDPR))	0.0615	0.5372				
t-Statistic	(1.6341)	(7.3436)***				
D(ln(GDPR))			0.2408			
t-Statistic			(2.3832)**			
D(ln(POPDEN))	0.2800	1.0313	0.3393		0.2724	0.5728
t-Statistic	(1.1744)	(1.8573)*	(0.5790)		(0.6404)	(1.2520)
Hausman 检验值	3.9401	−6.7809	0.6844	0.9742	−5.4126	1.5934
χ^2 临界值	$\chi^2(6,0.1)=$ 10.645	$\chi^2(6,0.1)=$ 10.6450	$\chi^2(6,0.1)=$ 10.6450	$\chi^2(5,0.1)=$ 9.236	$\chi^2(6,0.1)=$ 10.6450	$\chi^2(6,0.1)=$ 10.6450
Ad.R-sq.	0.8776	0.5435	0.3643	0.8658	0.5735	0.4879
DW-stat	1.8438	1.7649	1.7872	1.7886	1.7300	1.7292

注：其中，西部区域的重庆市由于 1997 年建市前缺失数据，因而重庆市各变量与四川省统计数据加总，并合并为一个区域，样本共 30 个省市，时间跨度为 1992~2006 年。为节省篇幅，随机效应面板模型中的各省的随机误差项与变截距项未予以列出。

出口与前期进口的拉动效应。因此，东部区域的 FDI 的流入显著地促进了进出口贸易的增长，呈现了高进口与高出口的特征，并以面向出口与贸易促进型的 FDI 流入为特征，FDI 的流入不仅促进了中间品、原材料与设备的进口，而且也带动了相关制造产业成品与半成品的出口，促进了东部区域的进出口贸易的增长。

中部区域的进出口贸易的模型分析结果表明（见表 4-11），在总量贸易模型中，进口与出口贸易变量，以及经济规模对总贸易变量在统计上产生了显著正影响，FDI 存量变量与市场规模变量在统计上产生了显著负影响，而当期与前期 FDI 流入变量对总贸易变量的影响统计上并不显著，并且 Hausman 检验结果为随机效应模型。其隐含意义说明由于中部巨大的市场规模与经济规模，FDI 的流入对总贸易的影响主要面向当地生产与贸易，而出口与前期进口贸易对贸易的增长产生了显著效应，说明存在来料加工贸易。因此，FDI 流入总的来说并没有显著促进贸易增长，并主要为市场寻找型（Market-Seeking）的 FDI 流入。在出口贸易模型中，经济发展水平与前期进口变量对出口贸易变量在统计上为显著正影响，当期 FDI 流入则为负影响，而 FDI 存量变量对出口影响并不显著，并且 Hausman 检验结果为随机效应模型。其隐含意义说明由于中部区域巨大的市场规模，当期 FDI 流入与先期 FDI 存量主要面向当地生产与销售，但低的劳动力成本优势对来料加工贸易型的 FDI 流入存在吸引潜力，来料加工贸易为出口贸易增长的主要因素。在进口贸易模型中，出口贸易变量对进口贸易变量在统计上为正显著影响，而 FDI 存量在统计上则为负显著影响，当期与前期 FDI 流入的影响统计上则不显著，并且 Hausman 检验结果为随机效应模型。隐含意义说明中部区域的贸易进口主要有来料加工的出口贸易拉动效应，当期 FDI 流入与先期 FDI 存量则主要面向当地生产与销售。因此，由于中部区域巨大的市场规模与经济规模，FDI 的流入主要面向当地生产与销售，而中部区域的出口与进口贸易的增长则主要来源于来料加工组装贸易。因此，中部区域的 FDI 流入总的来说并没有显著促进贸易增长，产生了进口贸易替代效应，并且主要为市场寻找型（Market-Seeking）的 FDI 流入。

西部区域的进出口贸易的模型分析结果表明（见表 4-11），在总量贸易模型中，当期 FDI 流入变量、出口贸易变量对总贸易变量在统计上为显著正影响，而前期 FDI 流入变量则为显著负影响，FDI 存量与市场规模对贸易的影响也不显著，并且 Hausman 检验结果为随机效应模型。其隐含意义说明 FDI 的流入对总贸易的影响主要集中于当期投资设备进口、矿产品出口贸易与来料加工贸易，而 FDI 流入并没有产生显著的进口效应，主要面向当地的生产与贸易，可以说产生了进口替代。在出口贸易模型中，当期 FDI 流入、经济发展水平、前期进口变量对出口贸易变量在统计上为显著正影响，而 FDI 存量变量对

表 4-11　不同区域的 FDI 贸易效应的动态面板模型的分析结果

变量类型	中部区域 FDI 流入的贸易效应			西部区域 FDI 流入的贸易效应		
	总量贸易	出口贸易	进口贸易	总量贸易	出口贸易	进口贸易
C	0.0451	-0.0586	0.1783	0.0210	0.1086	0.1591
t-Statistic	(2.1922)**	(-1.0364)	(3.7706)***	(1.5033)	(1.2468)	(3.5373)***
D(ln(FDI))	0.0103	-0.1457	0.1020	0.1094	0.3008	0.5247
t-Statistic	(0.3786)	(-1.7851)*	(1.3432)	(7.3237)***	(3.1967)***	(9.0316)***
D(ln(FDI(-1)))	-0.0224	0.0177	0.0274	-0.0369	0.0543	0.0448
t-Statistic	(-0.9320)	(0.2620)	(0.4496)	(-2.5864)**	(0.6418)	(0.7529)
D(ln(FST))		0.3185	-0.3911		-0.1226	-0.5969
t-Statistic		(1.3189)	(-1.8578)*		(-0.4320)	(-3.9025)***
D(ln(FST*POP))	-0.1624			0.0047		
t-Statistic	(-2.0510)**			(0.1148)		
D(ln(EXR))	0.6505		0.2943	0.7878		
t-Statistic	(18.278)***		(3.1366)***	26.3465***		
D(ln(EX(-1)))		0.0223				
t-Statistic		(0.2002)				
D(ln(IM))		0.4250				
t-Statistic		(4.0091)***				
D(ln(IM(-1)))	0.1593		0.1553	0.0099	-0.3059	0.1548
t-Statistic	(4.0231)***		(1.5693)	0.3209	(-2.929)***	(1.4945)
D(ln(PGDP))			0.0079		0.7211	
t-Statistic			(0.0290)		(1.6900)*	
D(ln(GDP))	0.2854	0.4128		0.0676		0.5764
t-Statistic	(2.1742)**	(1.1697)		(1.0273)		(3.5454)***
D(ln(POPDEN))					3.5939	
t-Statistic					(1.3579)	
D(ln(POP))			0.9631			0.1220
t-Statistic			(0.4941)			(0.1096)
Hausman 检验值	3.9828	2.3184	-4.0172	6.9354	-20.8008	7.9585
χ^2 临界值	$\chi^2(6,0.1)=$ 10.6450	$\chi^2(6,0.1)=$ 10.6450	$\chi^2(7,0.1)=$ 12.017	$\chi^2(6,0.1)=$ 10.6450	$\chi^2(6,0.001)=$ 22.458	$\chi^2(6,0.1)=$ 10.6450
Ad.R-sq.	0.7291	-0.0906	0.0865	0.8883	0.1796	-0.0534
DW-stat	1.9203	1.7422	2.1552	2.0845	2.0062	1.6125

注：其中，西部区域的重庆市由于 1997 年建市前缺失数据，因而重庆市各变量与四川省统计数据加总，并合并为一个区域，样本共 30 个省市，时间跨度为 1992~2006 年。为节省篇幅，随机效应面板模型中的各省的随机误差项与变截距项未予以列出。

出口影响并不显著，并且 Hausman 检验结果为随机效应模型。其隐含意义说明由于西部区域的矿产资源与劳动力低成本的优势对 FDI 流入存在吸引潜力，经济发展水平决定了出口贸易规模，并存在来料加工贸易与矿产资源出口贸易。在进口贸易模型中，当期 FDI 流入、经济规模变量对进口贸易变量在统计上为正显著影响，FDI 存量变量在统计上对进口贸易变量产生了显著负影响，并且 Hausman 检验结果为随机效应模型。这说明当期 FDI 流入对进口贸易的促进作用与当期随 FDI 流入的投资设备的进口有显著关系，并且先期流入的 FDI 总量主要面向当地的生产与贸易。经济规模决定了贸易的水平，较大的经济规模将显著增加贸易量，反之，较小的经济规模将显著减少贸易量。因此，在西部区域总的进出口贸易中，FDI 流入主要为面向资源（Resource-Oriented FDI）与市场寻找型的 FDI 流入，即主要面向当地生产与销售，以及利用劳动力低成本的来料加工贸易与进行矿产资源的出口贸易，FDI 流入促进了出口贸易，但产生了进口替代效应。

全国总的进出口贸易的模型分析结果表明（见表 4-10），在总量贸易模型中，当期 FDI 流入变量、出口与前期进口贸易变量对总贸易变量在统计上为显著正影响，而其他变量则不显著，并且 Hausman 检验结果为随机效应模型。其隐含意义说明当期 FDI 的流入、进口与出口贸易显著地促进了总量贸易的增长，并具有面向市场与面向出口的大进大出的特征。在出口贸易模型中，前期 FDI 流入变量、进口变量、经济发展水平、人口密度对出口贸易变量在统计上为显著正影响，而前期出口变量则为负的显著影响，并且 Hausman 检验结果为随机效应模型。其隐含意义说明 FDI 流入以面向出口与贸易促进型的 FDI 流入为特征，并且经济发展水平与集聚经济决定了全国贸易的增长。在进口贸易模型中，当期 FDI 流入、经济发展水平、出口与前期进口变量对进口贸易变量在统计上为正显著影响，而前期 FDI 流入变量的影响在统计上则并不显著，并且 Hausman 检验结果为随机效应模型。其隐含意义说明当期 FDI 流入对进口贸易的促进作用与当期随 FDI 流入的投资设备的进口有显著关系，并呈现了出口与前期进口的显著拉动效应，说明了 FDI 贸易的面向市场与面向出口的大进大出的特征。因此，中国巨大的市场规模与经济规模，吸引 FDI 的流入并显著地促进了进出口贸易的增长，呈现了高进口与高出口的特征，并以面向市场与面向出口以及贸易促进型的 FDI 流入为特征。

为了对面板模型估计结果的稳健性进行评估，避免伪回归，表 4-12 给出了全国区域以及东部、中部、西部区域面板模型的残差项的联合平稳性检验。其具体计算方法见 Levin（2002）和 Breitung（1994）等。检验结果表明，Levin，Lin & Chu t 的检验方法在 1%水平以上均拒绝零假设，表明不存在 0 阶联合单位根过程，所有面板模型的残差均具有平稳性。Breitung T-stat 的检验方法除了贸易总量面板模型的残差接受假设外，其他面板模型的残差均在 5%水平以上拒绝零假设，表明不存在 0 阶联合单位根过程。Hadri Z-stat 的检验

表 4-12 面板模型残差项的联合平稳性检验（1992~2006 年）

统计区域	面板模型	Levin，Lin & Chu t	Breitung t-stat	Hadri Z-stat
全国区域	贸易总量	-13.2429	0.2281	2.6708
	Prob.	(0.0000)	(0.5902)	(0.0038)
	出口贸易	-17.7428	-6.7514	6.3688
	Prob.	(0.0000)	(0.0000)	(0.0000)
	进口贸易	-17.7428	-6.7514	6.3688
	Prob.	(0.0000)	(0.0000)	(0.0000)
东部区域	贸易总量	-15.6191	-3.5910	0.4701
	Prob.	(0.0000)	(0.0002)	(0.3191)
	出口贸易	-15.1778	-10.2032	4.5492
	Prob.	(0.0000)	(0.0000)	(0.0000)
	进口贸易	-15.1778	-10.2032	4.5492
	Prob.	(0.0000)	(0.0000)	0.0000
中部区域	贸易总量	-5.2167	-1.8226	1.3673
	Prob.	(0.0000)	(0.0342)	(0.0858)
	出口贸易	-5.4628	-1.9423	1.2493
	Prob.	(0.0000)	(0.0260)	(0.1058)
	进口贸易	-8.0437	-0.8358	2.8266
	Prob.	(0.0000)	(0.2016)	(0.0024)
西部区域	贸易总量	-7.1052	-3.1700	3.9447
	Prob.	(0.0000)	(0.0008)	(0.0000)
	出口贸易	-7.9619	-3.8943	3.6237
	Prob.	(0.0000)	(0.0000)	(0.0001)
	进口贸易	-8.3067	-4.0378	3.6172
	Prob.	(0.0000)	(0.0000)	(0.0001)

注：滞后阶数的选择以 SIC：0–2 为依据。fisher 伴随概率 Prob.的计算利用 χ^2 的渐进分布，其他所有检验均假设为渐进正态分布。其中，Levin，Lin & Chu t 的零假设为存在联合单位根过程，Hadri Z-stat 的零假设为没有任何联合单位根过程。

方法的零假设为不存在联合单位根过程，检验结果不是很理想，部分面板模型的残差拒绝了零假设，存在联合单位根过程。但总体上，面板模型的残差均呈现了平稳性的特征，说明 GMM 方法的估计结果的一致性，面板模型的估计结果是可靠的。

（六）主要结论

离散型变量的概率分布模型的检验结果表明，制造业、研发业、运营业以及跨国公司总体在中国省的空间分布统计上具有显著的集聚特征，并在统计上服从 NB 分布。其中，在中心城市的跨国公司的集聚中，研发业的集聚在统计上并不显著，仅有制造业与运营业跨国公司统计上显著地服从 NB 分布，说明研发业的跨国公司往往集聚于中心城市的外围区域，这与基于中国省的分布检验结果一致。模型结果的分析表明，国际贸易对制造业、研发业、运营业以及跨国公司总体集聚于中国东部沿海区域起到了显著的促进作用，并且国际贸易的这种促进作用具有很强的稳健性。对跨国公司集聚起显著促进作用的其他附加影响因素还包括：较高的经济发展水平、巨大的市场规模、较强的集聚经济效应、完善的基础设施、低的劳动力成本等。其中，对制造业跨国公司的集聚起重要作用的影响因素除了贸易规模以外，较低的劳动力成本、较高的经济发展水平、较大的市场规模对制造业跨国公司的集聚促进作用最显著。而对研发业跨国公司的集聚起显著的促进作用的影响因素包括大的贸易规模、较高的经济发展水平、完善的基础设施水平。但较高的劳动力成本与较低的人口密度对研发业跨国公司的集聚在统计上也起着显著促进作用，这说明研发业跨国公司往往以拥有专业技术知识且具有创新能力强的高劳动力成本为特征，并选择远离人口稠密且有利于创新与设计的较低人口密度并且环境怡静的区位为特征。同样，较大的贸易规模对运营业跨国公司的集聚也起着显著的促进作用，同时，较高的经济发展水平、较低的劳动力成本、较强的集聚经济效应对运营业跨国公司的集聚也起着显著促进作用。

面板模型的估计结果表明，由于中国不同区域比较优势与生产率水平的差异，以及 FDI 流入类型的不同，FDI 的流入所导致的贸易效应不同区域也存在着显著差异。在东部区域，FDI 的流入显著地促进了进出口贸易的增长，呈现了高进口与高出口的特点，并以面向出口（Export-Oriented FDI）与贸易促进型（Trade-Facilitated FDI）的 FDI 流入为特征。FDI 流入不仅促进了区域出口贸易，产生了显著的贸易创造效应，而且也带动了大量相关中间品、制成品、原材料与设备的进口贸易，对投资母国来说也产生了 FDI 流出的互补效应。而在中部区域，FDI 流入总的来说并没有显著促进贸易增长，并具有市场寻找型（Market-Seeking FDI）的 FDI 流入特征。由于中部区域巨大的市场规模与经济规模，FDI 的流入主要面向当地生产与销售，产生了进口贸易的替代效应。在西部区域总的进出口贸易中，FDI 流入具有面向资源（Resource-Oriented FDI）与市场寻找型（Market-Seeking FDI）的 FDI 流入特征，即 FDI 流入不仅促进了当地生产与销售贸易，产生了进口贸易的替代效应，而且也促进了矿产资源与其他稀缺品的出口贸易，产生了贸易的创造效应。

因此，离散型数据的概率分布模型与连续型数据的动态面板模型的估计结果表明，FDI 流入与国际贸易存在显著的动态相互促进关系。一方面，基于中国较高的经济发展水平、巨大的市场规模、较强的集聚经济效应、完善的基础设施以及低的劳动力成本，国际贸易对制造业、研发业、运营业以及跨国公司总体集聚于中国东部沿海区域起到了显著的促进作用，并且国际贸易的这种促进作用具有很强的稳健性。另一方面，基于中国巨大的市场规模与经济规模，FDI 的流入显著地促进了中国区域进出口贸易的增长，呈现了高进口与高出口的特征，并以具有面向市场、面向出口以及贸易促进型的 FDI 流入为特征，产生了贸易的创造效应、补充效应、替代效应，并根据不同区域的经济发展水平与资源禀赋，这些效应也存在着显著的差异。

四、FDI 流动对中国产业结构调整的促进作用

随着以制造业为重心的经济全球化向以服务业为重心的新一轮经济全球化浪潮的全面推进，中国面临着全面推动产业结构升级与加快建设创新型国家的重要机遇期。世界经济的发展实践表明，国际产业转移的历次浪潮往往与产业结构的升级密切联系在一起。跨国公司通过将失去垄断优势的先进技术与失去比较优势的边际产业转移到具有潜在比较优势的发展中国家，将资源更多地投入到新兴的知识与技术密集型产业中去，从而推动投资母国的新一轮的产业升级。而发展中国家则通过跨国公司的 FDI 流入带动本国劳动密集型与相关配套产业的迅速发展，并沿着发达国家技术研发的轨迹，实现技术赶超，进而逐步改变产业结构形成的物质基础。通过技术创新与资本积累，激发对外进行国际产业转移的需求特别是对发达国家技术寻求型的直接投资，以此促进国内新兴产业的成长，提高国内产业的资本与技术密集度，从而实现产品更新与产业结构的逐步优化。因此，作为经济全球化载体的 FDI，其流动大大推动了中国产业结构升级的步伐，并带动了大批中国上下游企业，使其被纳入到跨国公司的国际生产网络体系中，从整体上提高了中国企业的技术水平与竞争优势。

（一）基于 FDI 流动推动的产业结构升级的路径与模式

1. 基于经济发展阶段的投资发展路径模式

英国学者 John H.Dunning（1988）在综合了以往的 FDI 理论基础上，提出了基于 OLI（Ownership，Location and Internalization Advantage）的国际生产折中理论（Eclectic Paradigm），即企业只有同时具备了“所有权优势”、“区位优势”、“内部化优势”才可能对外进行直接投资。所有权优势决定了公司对外直接投资的能力，内部化优势决定了对外直接投资的目的与形式，而区位优势则决定了对外直接投资的区位选择。在 Dunning 看来，FDI 的流入与流出是经济发展的直接结果，并随着比较优势的变化而动态演进。

基于 OLI 三优势理论，Dunning 提出了 FDI 的投资发展路径（IDP:

Investment Development Path)，并根据人均国民生产总值（GNP）的变化，将一国 FDI 的流入与流出变化划分为四个经济发展阶段。第一阶段，人均 GNP 小于 400 美元，FDI 流入很少，没有 FDI 流出，主要集中于资源寻找型的 FDI 流入。东道国企业没有所有权和内部化优势，也不具备区位优势。第二阶段，人均 GNP 在 400~2000 美元，FDI 流入逐渐增加，但 FDI 流出仍然很少，主要集中于劳动密集型与市场导向型的 FDI 流入，以劳动密集型与基础设施等比较优势产业吸引 FDI 流入。东道国企业具有一定的所有权优势和内部化优势，但区位优势有所增加。第三阶段，人均 GNP 在 2000~5000 美元，FDI 的流出增速大于流入增速，但流出量仍然小于流入量，主要集中于效率型与市场导向型的 FDI 流入，比较优势开始由自然资源为基础的产业结构逐步转变成以创造性资产为基础的资本与知识技术密集型的产业结构。东道国企业的所有权优势和内部化优势上升，竞争力增强，产业结构升级步伐加快，但投资母国企业的所有权优势在下降。第四阶段，人均 GNP 大于 5000 美元，FDI 的流出量大于流入量，主要集中于效率型、资产扩张型与市场导向型的 FDI 流入。东道国企业的所有权和内部化优势强大，但区位优势迅速下降。这一阶段从根本上改变了产业结构形成的物质基础，提高了整个产业的资本和知识技术的密集度，进而实现了产业结构的逐步升级。

2. 基于动态比较优势的投资发展路径模式

日本学者 Terutomo Ozawa（1992）结合 Porter 的竞争优势理论，从动态比较优势的视角揭示了 FDI 流入与流出和产业结构升级的关系，进一步发展了 Dunning 的 IDP 模式。并认为每个产业都有自己的 IDP 模式，经济发展的过程就是产业不断升级与更替的过程，比较优势是动态变化的，各个产业形成的 IDP 包络曲线的复合就是 Dunning 提出的一国经济发展的 IDP 包络曲线，当发展中国家的比较优势随时间和条件而发生变化时，产业结构和投资结构也随之发生变化，并且随着资本与技术的不断积累，比较优势逐渐转移到资本与技术密集型的产品生产。

因此，比较优势的不断增强是保持竞争优势的动力，也是发展中国家从纯 FDI 流入国家演变为 FDI 流出国家的根本原因。例如，将一国的经济发展分为四个阶段：要素驱动、投资驱动、创新驱动、财富驱动。其中，要素驱动阶段主要集中于以自然资源开发为主的 FDI 流入，以初级产品与劳动密集型产品产业结构的比较优势为特征；投资驱动阶段主要集中于以中间品、资本品制造业以及基础设施为主的 FDI 流入，劳动密集型产业逐步流出，并以资本密集型产品的规模经济产业结构的比较优势为特征；创新驱动阶段主要集中于以人力资源开发与研发活动为基础的 FDI 流入，而中间品制造业逐步流出，并以高技术制造业研发产业结构的比较优势为特征；财富驱动阶段主要集中于以资本密集型的资金流入和资本导向性的 FDI 流入与流出，并寻求资本扩张与海外市场，以知识与技术密集型产业结构的比较优势为特征。因此，在经济发展的不同阶段，不同的产业结构都对应着相应投资结构的 FDI 流入与流出模式，FDI 流动决定着产业结构的升级与更替。

3. 基于边际产业转移的投资模式

日本学者 Kiyoshi Kojima（1978）提出的边际产业转移的投资模式的核心思想是：FDI 流出应该从投资母国已经或即将处于比较劣势的产业开始，也称为边际产业，并按边际产业顺序依次对外进行直接投资。各国由于资源禀赋存在差异，投资母国的比较劣势产业，却可能是东道国的潜在比较优势产业。投资母国对东道国进行直接投资，使东道国原来的潜在比较优势产业转变为现实比较优势产业，从而推动东道国的产业结构的逐步优化。而投资母国则将资源集中于发展新兴的优势产业，实现新一轮的产业结构升级。日本的经济发展实践表明，日本对外直接投资处处显示着边际产业的投资模式，并在 20 世纪 70 年代末达到国际产业转移的顶峰。其发展路径与我国产业的发展路径具有相似之处，即通过对外转移边际产业，并将比较优势逐步转移到资本与知识技术密集型产品的生产，以此推动正在进行的国内产业结构的升级与优化。

4. 基于产品生命周期的产业转移投资模式

美国学者 Raymond Vernon（1966）基于产品生命周期理论（Product Life-Cycle），通过对美国 FDI 流出的分析，认为美国制造业对外直接投资的比较优势和竞争条件随产品生命周期而变化，而产品在其生命周期中比较优势的变化又决定了美国对外直接投资的动机、流向和时间。产品生命周期从进入市场起划分为创新阶段、成熟阶段和标准化阶段。产品市场则分为发明新产品的发达国家；经济发展程度略低的较发达国家；经济发展落后的发展中国家。按产品的生命周期选择相应的产业结构不同的东道国进行产业转移，充分发挥产品生产与东道国的比较优势。例如，在产品创新阶段在投资母国生产并出口；在成熟阶段，则将产品生产转移到较发达国家投资生产，投资母国减少生产和出口；而在产品标准化阶段，产品生产转移到发展中国家和地区投资生产，投资母国停止生产并从东道国进口该产品。

5. 小规模技术理论和技术地方化理论

这两种理论是以古典的比较优势理论和现代的比较优势理论为基础。美国学者 L.T.Wells（1983）提出了基于比较优势的小规模技术理论，并认为参与世界市场竞争的经济主体从低级到高级是多元与多层次的，即使经营规模与技术先进性有限，但由于具有显著的比较成本优势，因而可以获得大规模生产技术无法得到的特有的国际竞争力。因此，发展中国家对外投资的比较优势来源于小规模生产技术，这种低成本优势与其母国的市场结构特征密切相关。由小规模生产技术带来的低生产成本等比较优势包括：面向小市场需求服务的小规模生产技术优势、民族产品海外生产优势、低价产品营销战略优势，这些优势能够使发展中国家的投资者获得比较利益。英国学者 Sanjaya Lall（1983）提出了技术地方化理论。该理论认为发展中国家企业的技术形成包含着不同于发达国家特定环境的企业内在的创新活动，这种创新活动形成了发展中国家能够在较低技术水平上形成与自身经济与需求相对应的企业特有优势。这种优势不但可以促进对其他发展中国家进行直接投资，而且还可以促进成熟技术创新对发达国家的直接投资。

6. 技术创新产业升级理论

John Cantwell（1990）和 Paz Estrella Tolentino（1993）提出了基于技术创新与产业升级的对外投资理论。该理论认为发展中国家企业技术能力的不断提高是一个不断积累的结果，这种技术能力的提高导致产业结构升级，并影响对外投资的速度与形式。技术创新产业升级理论解释了发展中国家与新兴工业化国家和地区对外直接投资的变动轨迹，以及产业转移逐步由发展中国家向发达国家，并由传统产业向高技术产业的对外投资过程。因此，该理论为发展中国家通过对外投资来加强技术创新与资本积累，进而提升产业结构和加强国际竞争力提供了范例。

以上是具有代表性的 FDI 流动推动产业结构升级的路径与模式，其他有关 FDI 的投资模式与理论还包括：美国学者 Stephen Herbert Hymer 提出的以产业组织学为基础的基于产品与要素市场不完全优势的垄断优势理论、Peter Buckley 与 Mark Casson 的内部化理论、James R. Markusen 与 E. Helpman 的基于东道国和投资母国要素禀赋的水平投资与垂直投资理论以及日本学者 Kaname Akamatsu 的雁行式经济发展理论（Flying-Geese Paradigm）等，这些理论都从东道国与投资母国的比较优势等特定因素出发解释了 FDI 流入与流出的模式。

（二）FDI 流动所主导的国际产业转移与产业结构升级的互动关系

经济发展的过程实质上就是产业结构升级与优化的过程，而产业结构的升级又促进了经济更快速增长，FDI 流动则是推动这种产业结构升级与优化的最为有效的途径。经济全球化与日益开放的国际经济环境为这种国际产业转移提供了条件，同时，各国产业结构的不断升级也激励了对外进行产业转移的需求。产业结构升级的重要标志是三次产业所呈现的由第一产业占优势比重依次逐渐向第二、第三产业占优势比重推进的历史演变特征，并且，产业结构中制造初级产品的产业占优势比重逐渐向制造中间产品、最终产品占优势比重演进的历史过程。其中，第一产业占优势比重不断下降，农业经济开始向工业经济形态转变。随着工业化进程的加速推进，第二产业占优势比重快速上升，由工业化初期的劳动密集产业结构向资本密集型的重化工产业结构转变，当进入工业化后期，所占比重趋于缓慢上升，甚至下降，工业经济开始向知识与技术密集型的产业结构转变。第三产业占优势比重迅速上升，最终占据经济主导地位，并由工业经济向知识创造与研发为特征的服务产业结构转变。目前，发达国家已经基本完成了工业化，那些已不具有比较优势的边际产业产生了对外进行产业转移的客观需求，而发展中国家则正在积极地推进工业化，一些新兴崛起的发展中国家也已处于工业化后期发展阶段，为发达国家对外进行产业转移提供了动力。因此，发达国家向发展中国家进行国际产业转移的过程，同时也是对 FDI 流出国与 FDI 流入国进行产业结构升级的过程。

根据 Dunning 与 Ozawa 对外投资的 IDP 模式，各国产业结构的升级所导致的国际产业转移的需求，其产业类型应该以要素驱动的劳动密集型产业的转移开始，然后再沿着投资驱动、创新驱动与财富驱动的 IDP 路径进行产业转移。因此，起初发达国家通过向发展中国家转移劳动密集型产业进而向资本与技术密集型产业过渡，发展中国家则通过 FDI 流入由初级产品的产业结构向劳动密集型的产业结构升级，如纺织、食品加工以及加工装配等劳动密集型产业。随着发达国家产业技术与创新水平的提高，以前处于比较优势的产业即将成为处于比较劣势的产业，为了将资源集中于新兴产业，激发了发达国家对外投资的动力，再加上这些国家具备了对外进行产业转移的需求与条件，从而推动了发达国家新一轮的产业结构升级。而对发展中国家来说，发达国家失去优势的产业则是潜在比较优势的产业。因此，发达国家继续对成为本国边际产业的劳动与资本密集型产业向发展中国家进行转移，如钢铁、化工、机械、汽车等重化工业。而发展中国家由于资本积累与技术水平的提高，将生产能力过剩与成为边际产业的劳动密集型产业通过对外投资，再转移到其他在国际分工中处于更低阶梯的发展中国家，自己则将资源集中于资本与技术密集型产业的开发，如精密机械、信息技术、通信设备、微电子、生物化工等资本与技术密集型产业，由此实现产业结构的升级，发展中国家随之成为新兴工业化国家，这种产业的投资发展路径也与 Kojima 的边际产业转移模式是一致的。最终发达国家实现由资本密集型的产业结构向知识与技术密集型的产业结构的升级，而发展中国家则由农业经济与初级产品为特征的产业结构向资本与技术密集型的现代工业化的产业结构过渡。因此，发达国家的 FDI 流出与发展中国家的 FDI 流入同时都促进了本国产业结构的升级，实现了投资双方的双赢。

FDI 流动促进产业结构升级的另一种主要形式就是根据产品技术水平的不同阶段选择相应经济发展水平的国家进行产业转移，由此推动产业输出国与接受国的产业结构升级。根据 Vernon 的产品生命周期的对外投资模式，产品在其生命周期中的创新、成熟与标准化的不同阶段，其比较优势的变化决定了产品发明国对外直接投资的动机、流向与时间。因此，在产品创新阶段，企业一般选择本国作为产品生产基地，并不断改进产品，此阶段由于产品价格弹性较低，企业具有垄断优势，以面向高收入的发达国家进行出口贸易的方式为主。随着生产技术的日渐成熟，产品基本定型，产品价格弹性逐渐增大，出口量迅速增加，仿制品开始出现，产品的制造技术已扩散到国外竞争者手中。出口贸易的边际成本加上运输成本已经接近或超过进口市场的预期平均生产成本，竞争开始转向产品的生产成本的竞争。因此，产品创新国企业为了降低成本与保持市场份额，开始将产品生产转移到与本国需求类型相似的发达国家进行投资生产，而本国企业则开始新一轮产品的开发与创新，由此提升产品创新国的产业结构。当生产产品的技术成为标准化技术时，由于垄断优势的失去，竞争开始转向产品价格的竞争，企业开始将产品生产转移到生产成本更低的发展中国家，由此失去垄断优势的先进技术与发展中国家的丰富资源和廉价劳动力有机结合形成竞争优势，产品又返销到产品创新国与全球市场，原产品创新国成为纯进口国，至此国际产业转移最终完成，发展中国家也由此促进了产业结构的升级。

FDI 流动一般从发达国家到较发达国家，然后再从新兴工业化国家向发展中国家流动，其流动呈现梯度转移的发展路径，并按经济发展水平依次推进产业结构的升级。对此，Akamatsu 的雁行式模式对这种逐层推进的经济现象进行了形象的描述，也就是说，FDI 流动首选具有一定工业基础与区位优势的国家和地区进行投资，然后再流向其他更低一层次的国家和地区，其发展路径犹如飞行的雁群，产业结构的升级也基本遵循此路径。例如，在 20 世纪 60~80 年代亚洲的 FDI 流动浪潮中，欧美发达国家已经处于工业化中期阶段，而日本则处于工业化初期阶段，欧美发达国家将纺织与加工装配等劳动密集型产业转移到生产成本较低的日本，集中资源发展资本密集型的重化工业，由此日本成为世界市场劳动密集型产品的主要供给者。此后，日本沿着技术阶梯层层上升，劳动密集型产业逐步失去竞争优势并成为边际产业，并开始将劳动密集型产业向生产成本更低的亚洲“四小龙”之称的中国台湾、中国香港、韩国、新加坡等国家和地区进行转移，而在国内开始发展重化工业，加快推动国内产业结构升级的步伐。同时，日本这种生产能力的海外迅速扩张，也为周边国家的经济发展提供了契机。到了 20 世纪 90 年代，欧美发达国家已经发展到工业化后期阶段，日本则经过资本积累与技术赶超，生产成本与技术水平的显著提高推动新一轮产业结构的升级，并向微电子、生命科学、新兴能源与信息技术等知识与技术密集型产业转变。在此期间，亚洲“四小龙”紧随日本产业结构升级的步伐，并逐步将劳动密集型产业向技术梯度较低的东盟四国（菲律宾、泰国、马来西亚、印度尼西亚）和中国转移，自己则开始发展资本与技术密集型产业。通过自主研发与技术创新，推动产业结构的升级，亚洲“四小龙”迅速成为新兴工业化国家与地区。中国自改革开放至今，通过技术创新与资本积累实现技术赶超，加速推进现代工业化进程，现已经成为世界家电产品与信息技术产品的重要供给市场。因此，在这一轮产业结构的升级与 FDI 流动中，日本作为领头雁，是主要的 FDI 流出国，并积极运用 FDI 流出推动本国产业结构的升级，而雁身则是亚洲“四小龙”等新兴工业化国家与地区，FDI 流出在推动产业结构升级中也起到了积极主动的促进作用，而雁尾则是东盟四国与中国，产业结构的升级主要以 FDI 流入为主要促进形式。因此，亚洲各国的产业结构升级与 FDI 流动的整个演变轨迹呈现了雁行的投资发展路径。

在以发达国家为主导的 FDI 流动与产业结构升级的浪潮中，发展中国家的 FDI 流出及其对产业结构的升级作用也具有其独特的优势。例如，新中国成立以来，已经建立起比较完整的工业与教育研发体系，虽然制造业的发达水平，特别是关键技术研发和制造环节与发达国家相比仍然有较大差距，但同一些发展中国家相比具有一定的比较优势。因此，根据小规模技术理论和技术地方化理论，中国所拥有的大量成熟与标准化的劳动密集型产品与低成本制造技术对其他发展中国家来说，技术梯度较小，适合于相同收入水平国家的消费需求并易于接受。由此适时推动国际产业转移战略，不仅是国内产业结构升级的需要，而且可以转移国内过时与过剩的生产能力，并为本国企业集中资源发展新兴产业以及推动产业结构升级创造了条件。同时，对这些成熟与标准化的产品与技术的不断创新不仅促进了中国企业对发达国家进行直接投资，而且延长了产品生命周期并可获得海外投资收益，进而推动了国内产业结构的升级。

另外，随着工业化进程的快速推进，一些发展中国家，特别是新兴工业化国家和地区的技术水平与创新能力不断提高，产业结构得到了显著优化，由此也产生了对外投资的需求，而通过 FDI 流出又进一步地推动了国内的技术创新与产业结构的升级。例如，根据技术创新产业升级理论，中国作为一个发展中国家，经过 30 年的经济改革与开放，通过技术创新与资本积累，在现代制造业与信息技术等资本与技术密集型产业的生产水平得到了迅速提高，由此产业结构的升级为 FDI 流动创造了新的动力，FDI 流出已不再局限于家电、纺织、医药与机械设备等传统产业的产品，而且开始向计算机、电子商务、微电子与信息技术等高科技领域与现代服务业的生产和开发活动转移，并且 FDI 流出由发展中国家延伸到发达国家。因此，对于发展中国家通过 FDI 流动来加强技术创新与资本积累，进而提升产业结构和加强国际竞争力是实现赶超战略的最有效的经济发展路径。

（三）中国产业结构的基本特征

产业结构是各产业生产能力的配置构成方式和比例关系，发达的经济体往往体现了第三产业的高比例与强大的生产能力，代表了经济体在科学技术、教育、科学研究、卫生保健、信息技术、金融服务以及贸易等领域具有较强实力，也是一个国家和地区的现代化与科技发达的标志。第一、二、三次产业产值占当年总产值的比重见图 4–15，说明自 1978 年中国改革开放以来，产业结构的变化特征很明显。第二产业产值比重最大，其中 1985 年以前，第一产业产值的比重大于第三产业产值比重，1985 年以后，第一产业产值的比重逐渐减少，并由 1982 年的峰值 33.89%降到 2007 年的 11.72%，而第三产业产值的比重则由 1980 年的最低点 21.60%逐渐上升到 2007 年 39.06%，第二产业产值的比重与第三产业产值的比重呈现同步增加的趋势，并由 1984 年的最低点 43.9%逐渐上升到 2007 年 49.22%，两者占相应产业的产值比重的差距日益缩小。从图 4–16 三次产业对 GDP 增长的拉动效应[①] 也可以看出，第二产业对经济增长的拉动效应最大，并由 1999 年的低点 4.4%逐渐增加到 2007 年的 5.6%。其次为第三产业拉动效应，并由 1990 年的低点 0.6%逐渐增加到 2007 年的 4.5%，上升了近 3.9 个百分点，增长明显加快，而第一产业对经济增长的拉动效应则不到 2%。因此，改革开放以来，改变了以往推行的工业化模式，并改变了改革开放初期第二产业升幅过大的趋势，经过 20 世纪 80 年代与 90 年代的产业结构的调整，促进了经济的快速稳健增长，中国三次产业结构存在的第二产业比重过大的局面正在逐步得到改变，并与第二产业对经济增长的拉动效应的差距也在逐步缩小。

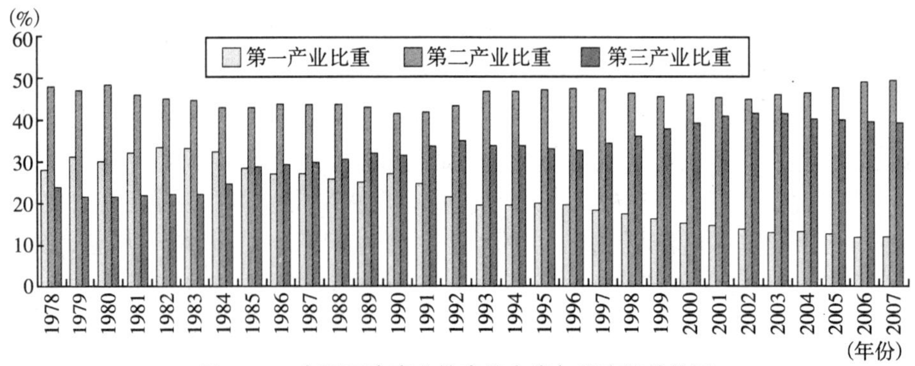

图 4–15　中国三次产业的产值占当年总产值的比重

① 产业拉动效应是指 GDP 增长速度与各产业贡献率的乘积，单位为%。

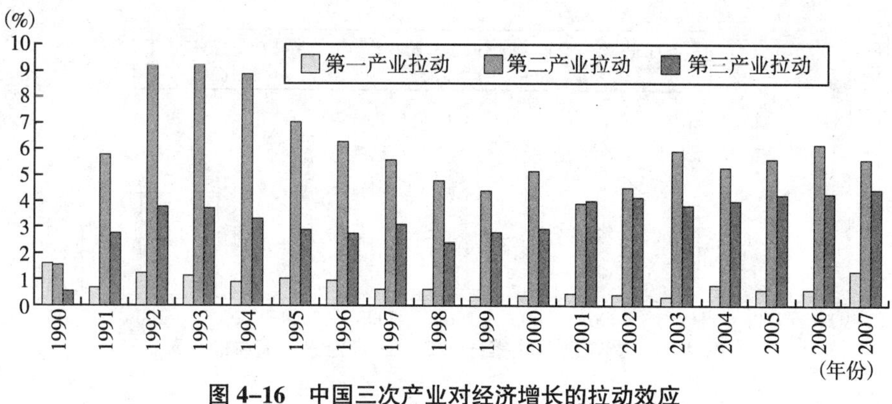

图 4-16　中国三次产业对经济增长的拉动效应

（四）FDI 流入的产业结构的基本特征

从图 4-17 可以看出，FDI 流入主要集中于第二产业，占 FDI 总流入的 50%以上，其次为第三产业，占 20%以上，而第一产业流入的 FDI 则相对较少，所占份额不到 2%。但是，第三产业的 FDI 流入份额呈现显著增加的趋势，并由 2002 年的最低点迅速增加到 2007 年的 41.45%。而第二产业在 2004 年与 2005 年达到顶峰后呈现回落的趋势，逐渐回落到 2007 年的 57.31%，第二产业与第三产业 FDI 流入的总量差距在逐渐缩小。

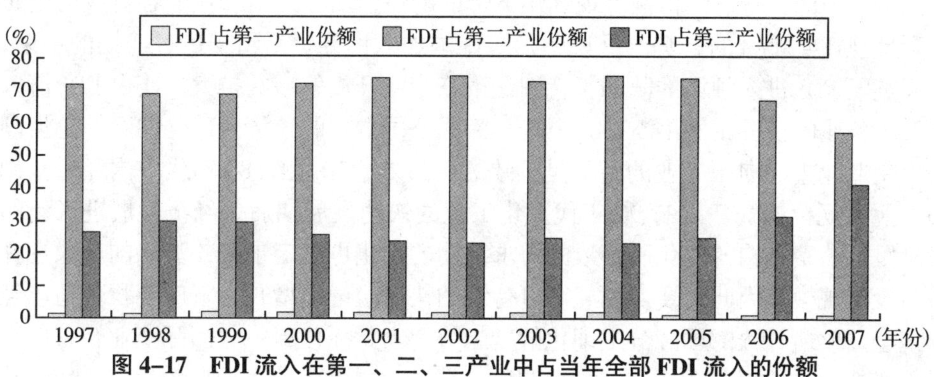

图 4-17　FDI 流入在第一、二、三产业中占当年全部 FDI 流入的份额

另外，FDI 流入占三次产业的总产值的比重也呈现了与 FDI 流入份额类似的变化趋势（见图 4-18）。FDI 流入的规模与其在总产值中所占比重大小相对应，第二产业所占比重最大，其次为第三产业，而第一产业所占比重最小。FDI 流入占第三产业总产值的比重呈现上升趋势，而 FDI 占第二产业总产值的比重呈现下降趋势，FDI 流入在第二、三产业所占比重的差距在逐渐缩小。但 FDI 流入在第一产业总产值中所占比值的变化趋势则不明显。

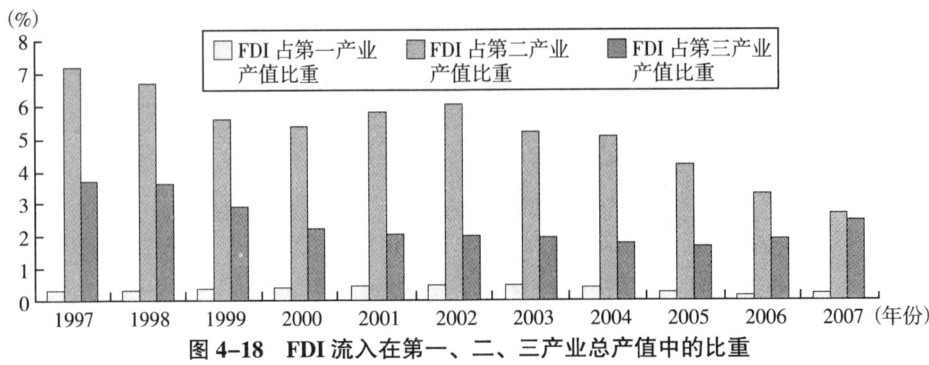

图 4-18 FDI 流入在第一、二、三产业总产值中的比重

从 FDI 流入的行业的分布来看（见表 4-13），FDI 流入在第二产业中主要集中于制造业，占当年 FDI 总流入的 50%以上，其次为电力、燃气及水的生产和供应业，所占份额由 1997 年的 4.58%下降到 2007 年的 1.43%，最后为建筑业，所占份额由 1997 年的 3.18%下降到 0.58%。而在第三产业中，FDI 流入主要集中在房地产业，所占份额由 1997 年的 11.42%上升到 2007 年的 22.86%。其次为社会服务业，所占份额由 1997 年的 4.39%上升到 2007 年的 9.72%，交通运输、仓储和邮电通信业等领域，所占份额由最低点 1.62%上升到 2007 年的 2.69%。最后为批发和零售贸易餐饮业与科研教育和文化卫生及其他服务业，金融与保险业所占份额最小不到 0.5%。总体上，FDI 流入在第二产业中的各行业的份额呈现逐年下降的趋势，而在第三产业的各行业的分布则呈现逐年上升的趋势。这说明随着中国加入世界贸易组织后过渡期的结束，放宽了 FDI 进入领域的限制，特别是第三产业开放领域的扩大，使得 FDI 流入在服务业的投资比例不断扩大。这与跨国公司主导的经济全球化的新一轮浪潮由制造业重心向服务业的转移是一致的，另外，20 世纪 80 年代中国经过基础工业大规模投资建设与 90 年代重化工业的快速发展期后，经济发展进入新的阶段，消费结构的变化所导致的需求结构的变化也决定了 FDI 流入的产业选择与投资规模。因此，要实现经济可持续的快速稳健地增长，就应当积极适应经济全球化所导致的国际分工细化的新趋势，紧紧抓住新一轮国际产业转移的重大机遇，加快服务业产业结构的调整，促进中国由劳动密集型的静态比较优势向知识技术密集型的竞争优势的转换。

表 4-13　FDI 流入在各行业中的分布（%）

年份	第一产业	第二产业				第三产业					
	农、林、牧、渔业	采矿业	制造业	电力、燃气及水的生产和供应业	建筑业	交通运输、仓储和邮电通信业	批发和零售贸易餐饮业	金融、保险业	房地产业	社会服务业	科研教育和文化卫生及其他服务业
1997	1.39	2.08	62.13	4.58	3.18	3.66	3.10	0.00	11.42	4.39	4.08
1998	1.37	1.27	56.27	6.82	4.54	3.62	2.60	0.00	14.10	6.52	2.89
1999	1.76	1.38	56.06	9.18	2.27	3.85	2.39	0.24	13.86	6.33	2.66
2000	1.66	1.43	63.48	5.51	2.22	2.49	2.11	0.19	11.44	5.37	4.10
2001	1.92	1.73	65.93	4.85	1.72	1.94	2.49	0.08	10.96	5.54	2.83
2002	1.95	1.10	69.77	2.61	1.34	1.73	1.77	0.20	10.74	5.58	3.19
2003	1.87	0.63	69.03	2.42	1.14	1.62	2.09	0.43	9.79	5.91	5.04
2004	1.83	0.89	70.95	1.88	1.27	2.09	2.61	0.41	9.81	4.65	3.22
2005	1.19	0.59	70.37	2.31	0.81	3.00	1.72	0.36	8.98	9.25	1.17
2006	0.95	0.73	63.59	2.03	1.09	3.15	2.84	0.47	13.06	10.51	1.26
2007	1.23	0.66	54.65	1.43	0.58	2.69	3.58	0.35	22.86	9.72	1.89

注：其中，社会服务业包括：信息传输、计算机服务和软件业，租赁和商务服务业，住宿和餐饮业，居民服务和其他服务业；科研教育和文化卫生及其他服务业包括：科学研究、技术服务和地质勘查业，水利、环境和公共设施管理业，教育、卫生、社会保障和社会福利业，文化、体育和娱乐业，公共管理和社会组织。

（五）FDI 流入对中国产业结构升级效应的模型分析与检验

本章限于 FDI 流出的数据水平，仅从 FDI 流入视角讨论中国产业结构的升级效应及统计模型的分析与检验，以此说明 FDI 流入与第一、二、三产业结构调整的互动关系，分析 FDI 流入推动产业结构升级的机制。模型分析与检验的研究内容包括：FDI 流入与第一、二、三产业的协整关系、基于短期波动的误差修正模型，FDI 流入、国际贸易、经济发展水平与第一、二、三产业的多重协整关系检验及向量分布滞后误差修正模型，FDI 流入对第一、二、三产业结构调整的冲击效应，以及影响第一、二、三产业结构调整的各变量的方差分解与贡献度分析。

1. 数据分析与单位根检验

为了便于时间序列的平稳性检验，避免出现奇异值的影响，首先，进行量纲变换，对第一、二、三产业变量与 FDI 流入、国际贸易与经济发展水平变量取自然对数变换，记为 ln（in1）、ln（in2）、ln（in3）、ln（FDI）、ln（trade）、ln（pgdp）。其次，对第一、二、三产业变量及相关时间序列变量进行单位根检验，以此避免非平稳时间序列统计分析过程中出现的谬误回归现象。经应用

ADF 方法的单位根检验，结果表明变量均具有非平稳的特征，都有一个单位根的 1 阶单整过程，即为 I（1）过程。经过一阶差分后变量均成为平稳变量，一阶差分后的变量记为 D（ln（in1））、D（ln（in2））、D（ln（in3））、D（ln（FDI））、D（ln（trade））、D（ln（pgdp））。时间序列变量的单位根检验结果见表 4-14。

表 4-14　第一、二、三产业变量及相关变量单位根存在假设检验

变量	ADF 估计值	1%水平临界值	5%水平临界值	10%水平临界值	单位根假设检验结论
ln（in1）	-1.033	-3.696	-2.975	-2.627	非平稳，10%统计水平
D（ln（in1））	-2.780	-3.708	-2.980	-2.629	平稳，10%统计水平
ln（in2）	-0.272	-3.696	-2.975	-2.627	非平稳，10%统计水平
D（ln（in2））	-3.463	-3.708	-2.980	-2.629	平稳，5%统计水平
ln（in3）	-1.241	-3.696	-2.975	-2.627	非平稳，10%统计水平
D（ln（in3））	-3.352	-3.708	-2.980	-2.629	平稳，5%统计水平
ln（FDI）	-1.892	-3.696	-2.975	-2.627	非平稳，10%统计水平
D（ln（FDI））	-3.652	-3.708	-2.980	-2.629	平稳，5%统计水平
ln（trade）	1.701	-3.696	-2.975	-2.627	非平稳，10%统计水平
D（ln（trade））	-3.883	-3.708	-2.980	-2.629	平稳，1%统计水平
ln（pgdp）	-0.521	-3.696	-2.975	-2.627	非平稳，10%统计水平
D（ln（pgdp））	-3.331	-3.708	-2.980	-2.629	平稳，5%统计水平

注：全部变量的检验形式均为有截距，无趋势，滞后 1 阶。

2. 第一、二、三产业结构调整的协整模型分析

由于经过 ADF 的单位根检验，构建的所有时间序列变量均为同阶单整变量，并且 FDI 流入、国际贸易与经济发展水平变量的线性组合也是平稳时间序列。因此，认为第一、二、三产业变量与 FDI 流入、国际贸易、经济发展水平变量的线性组合之间存在长期的均衡关系。这种均衡关系即为产业结构调整的协整关系，其线性组合的系数为协整向量，并存在非零向量 α_i，因而多个变量线性组合的协整模型的一般表达式可以构造如下：

$$\ln(Y)_t = \alpha_0 + \alpha_1 \ln(FDI)_t + \alpha_2 \ln(trade)_t + \alpha_3 \ln(pgdp)_t + ecm_t \tag{19}$$

式中，误差项 ecm_t 为平稳时间序列，是对偏离长期均衡关系的短期调整力度。Y_t 分别代表第一、二、三产业的协整变量。应用 1979~2007 年时间序列数据对第一、二、三产业与 FDI 流入、国际贸易、经济发展水平分别构造协整模型，其表达式见（20）~（22）。模型结果表明，第一、二、三产业与 FDI 流入与国际贸易量呈现正向长期均衡关系，产业结构调整的促进效应统计显著，并对第三产业的结构调整正向效应显著（见模型括弧中的 t 统计量），当期 FDI 的流入每增加 1%，将带动第三产业同方向变化 0.14%，但对第二产业调整效应在减小。此外，国际贸易每增加 1%，也将拉动第三产业同方向变化 0.158%，并且大于对第二产业的调整效应，而经济发展水平则决定着工业的产业结构。总体上国际贸易效应要大于 FDI 流入效应，协整模型的统计量整体上高度显著（见表 4–15）。对误差项 ecm_t 的 ADF 检验表明，不存在单位根，均为 0 阶单整的平稳时间序列，并服从近于 0 均值的正态分布 $N(0, \sigma^2)$，即为 I(0) 过程。因此，在长期均衡模型的基础上，通过构造误差修正模型说明 FDI 流入的短期波动对产业结构调整的动态影响，并说明对产业成长路径偏离长期均衡状态的调整力度。

$$\begin{aligned}\ln(in1)_t = {} & \underset{(5.909)^{***}}{2.31} + \underset{(2.862)^{***}}{0.431}\ln(in1)_{t-1} + \underset{(2.574)^{**}}{0.079}\ln(FDI)_t + \underset{(0.077)}{0.006}\ln(trade)_t + \\ & \underset{(1.532)}{0.320}\ln(pgdp)_t + ecm_{1t}\end{aligned} \tag{20}$$

$$\begin{aligned}\ln(in2)_t = {} & \underset{(4.465)^{***}}{0.857} + \underset{(0.844)}{0.118}\ln(in2)_{t-1} + \underset{(0.280)}{0.009}\ln(FDI)_t + \underset{(0.424)}{0.023}\ln(trade)_t + \\ & \underset{(3.828^{***})}{0.933}\ln(pgdp)_t + ecm_{2t}\end{aligned} \tag{21}$$

$$\begin{aligned}\ln(in3)_t = {} & \underset{(4.570)^{***}}{1.176} + \underset{(7.441)^{***}}{0.740}\ln(in3)_{t-1} + \underset{(5.207)^{***}}{0.140}\ln(FDI)_t + \underset{(2.945)^{***}}{0.158}\ln(trade)_t - \\ & \underset{(-0.356)}{0.060}\ln(pgdp)_t + ecm_{3t}\end{aligned} \tag{22}$$

表 4–15　协整模型与误差修正模型的统计量检验

检验项目	第一产业协整模型	第二产业协整模型	第三产业协整模型	第一产业 ECM 模型	第二产业 ECM 模型	第三产业 ECM 模型
Adj. R–sq.	0.997	0.999	0.999	0.68	0.951	0.691
DW.stat	1.323	0.588	1.828	2.118	1.685	1.458
Prob(F–stat)	0	0	0	0	0	0
残差平稳检验	(–3.752)***	(–2.718)*	(–4.404)***	(–4.010)***	(–3.638)**	(–3.199)**
检验结论	1%高度显著	1%高度显著	1%高度显著	1%高度显著	1%高度显著	1%高度显著

注：平稳检验采用 ADF 检验，全部变量检验形式均为有截距，无趋势，滞后 1 阶。其中，* 为 10%统计显著水平；** 为 5%统计显著水平；*** 为 1%统计显著水平。

第一、二、三产业误差修正模型的构造分别见表达式（23）~（25）。误差修正模型的结果表明，FDI 流入的短期波动每变化 1%，对第一、二、三产业引起同方向变化分别为 0.027%、0.017%、0.083%，其中，FDI 流入对第三产业偏离长期均衡的短期调整效应最大。国际贸易的短期波动对二、三产业的短期正向调整效应也显著，对第三产业短期调整效应最大，达到 0.256%。而经济发展水平的短期波动对第一、二、三产业也产生同方向变化，其中对第二产业的短期调整效应最大。ecm_{it} 对当期第一、二、三产业偏离长期均衡的调整力度的估计值分别为-0.990、-0.442、-0.739，说明当期第一、二、三产业在受到 FDI 流入、国际贸易、经济发展水平的冲击后，偏离长期均衡值的差距有至少 44.2%的比例得到调整，并以相当快的速度调整到长期均衡状态。

$$\begin{aligned}D(\ln(in1))_t = &-0.020 + 0.678D(\ln(in1))_{t-1} + 0.027D(\ln(FDI))_t - \\ &(-0.854) \quad (3.191)^{***} \quad (0.707) \\ &0.117D(\ln(trade))_t + 0.493D(\ln(pgdp))_t - 0.990ecm_{1t} \\ &(-1.064) \quad (2.063)^{*} \quad (-3.716)^{***}\end{aligned} \tag{23}$$

$$\begin{aligned}D(\ln(in2))_t = &-0.025 + 0.150D(\ln(in2))_{t-1} + 0.017D(\ln(FDI))_t + \\ &(-2.774)^{**} \quad (1.912)^{*} \quad (1.129) \\ &0.038D(\ln(trade))_t + 1.035D(\ln(pgdp))_t - 0.442ecm_{2t} \\ &(0.850) \quad (9.250)^{***} \quad (-3.120)^{***}\end{aligned} \tag{24}$$

$$\begin{aligned}D(\ln(in3))_t = &-0.022 + 0.585D(\ln(in3))_{t-1} + 0.083D(\ln(FDI))_t + \\ &(-0.617) \quad (2.024)^{*} \quad (1.965)^{*} \\ &0.256D(\ln(trade))_t + 0.268D(\ln(pgdp))_t - 0.739ecm_{3t} \\ &(1.721)^{*} \quad (0.782) \quad (-1.803)^{*}\end{aligned} \tag{25}$$

3. 第一、二、三产业结构调整的分布滞后协整关系的检验

以上协整与误差修正模型分析并检查了第一、二、三产业变量与当期 FDI 流入、国际贸易、经济发展水平变量的线性组合的长期均衡与短期波动关系。为了进一步检查多变量之间的协整关系，查明变量之间的 Granger 原因，从基于协整关系的数据生成过程建立分布滞后的动态模型，并通过 Johansen 多重协整统计检验，说明多个同阶单整变量之间的协整关系，以及随机残差项对当期应变量与分布滞后的内生变量的冲击效应，并以此建立向量误差修正模型（VECM）。Johansen 多重协整检验结果表明，第一、二、三产业变量分别与 FDI 流入、国际贸易、经济发展水平变量之间均至少存在两个以上的协整关系。其中，r 为协整方程个数。这些变量之间的 Johansen 多重协整检验结果详见表 4-16。

第一、二、三产业的向量分布滞后误差修正模型的一般构造表达式见式(26)~(29)。其中，随机误差项 $\varepsilon_{1,t}$、$\varepsilon_{2,t}$、$\varepsilon_{3,t}$、$\varepsilon_{4,t}$ 均服从均值为 0 的正态分布（$N(0, \sigma_\varepsilon^2)$），它们的联合分布也服从正态分布，并服从强白噪声过程，即序列相关系数为 0 与无异方差性（$E(\varepsilon_t^2) = \sigma_\varepsilon^2$）。在 VAR 系统中，$\varepsilon_{1,t}$、$\varepsilon_{2,t}$、$\varepsilon_{3,t}$、$\varepsilon_{4,t}$ 则分别被称为 ln（Y）、ln（FDI）、ln（trade）、ln（pgdp）的脉冲值，它们的一个标准差的变化不仅直接对当期被解释变量产生冲击，而且也将对解释变量的未来趋势值产生影响。Y_t 分别代表第一、二、三产业的协整变量。s 为滞

表 4-16　第一、二、三产业结构调整的 Johansen 多重协整检验

协整检验	特征值	L.R.似然比	5%临界值	1%临界值	相伴概率	原假设（H_0）	备择假设（H_1）
第一产业	0.844	83.116	47.210	54.460	0.000	r = 0***	r≥1***
	0.596	32.911	29.680	35.650	0.021	r≤1**	r≥2**
	0.212	8.411	15.410	20.040	0.423	r≤2	r≥3
	0.071	1.977	3.760	6.650	0.160	r≤3	r≥4
第二产业	0.878	87.932	47.210	54.460	0.000	r = 0***	r≥1***
	0.579	31.136	29.680	35.650	0.035	r≤1**	r≥2**
	0.250	7.770	15.410	20.040	0.490	r≤2	r≥3
	0.000	0.001	3.760	6.650	0.976	r≤3	r≥4
第三产业	0.857	74.028	47.210	54.460	0.000	r = 0***	r≥1***
	0.440	21.526	29.680	35.650	0.326	r≤1	r≥2
	0.195	5.859	15.410	20.040	0.712	r≤2	r≥3
	0.000	0.005	3.760	6.650	0.943	r≤3	r≥4

注：相伴概率为 MacKinnon-Haug-Michelis 的 p 概率值，并假定存在线性趋势，为滞后一阶；**（***）表示在 5%（1%）显著水平上拒绝原假设或接受备择假设；L.R.似然比检验说明在 5%显著水平上拒绝原假设，并分别存在 r = 2 个协整方程。

后阶数，由 SC 与 AIC 信息量最小准则确定，c 为截距项。θ_1、θ_2、θ_3、θ_4 为协整误差修正项的权重，反映 VECM 模型中的短期非均衡波动向长期均衡调整的力度与收敛速度。

$$D(\ln(Y))_t = \alpha_{10} + \sum_{j=1}^{s}\alpha_{1j}D(\ln(Y))_{t-j} + \sum_{j=1}^{s}\beta_{1j}D(\ln(FDI))_{t-j} + \sum_{j=1}^{s}\gamma_{1j}D(\ln(trade))_{t-j} + \sum_{j=1}^{s}\lambda_{1j}D(\ln(pgdp))_{t-j} + \theta_1 EC_{t-1} + \varepsilon_{1,t} \tag{26}$$

$$D(\ln(FDI))_t = \alpha_{20} + \sum_{j=1}^{s}\alpha_{2j}D(\ln(Y))_{t-j} + \sum_{j=1}^{s}\beta_{2j}D(\ln(FDI))_{t-j} + \sum_{j=1}^{s}\gamma_{2j}D(\ln(trade))_{t-j} + \sum_{j=1}^{s}\lambda_{2j}D(\ln(pgdp))_{t-j} + \theta_2 EC_{t-1} + \varepsilon_{2,t} \tag{27}$$

$$D(\ln(trade))_t = \alpha_{30} + \sum_{j=1}^{s}\alpha_{3j}D(\ln(Y))_{t-j} + \sum_{j=1}^{s}\beta_{3j}D(\ln(FDI))_{t-j} + \sum_{j=1}^{s}\gamma_{3j}D(\ln(trade))_{t-j} + \sum_{j=1}^{s}\lambda_{3j}D(\ln(pgdp))_{t-j} + \theta_3 EC_{t-1} + \varepsilon_{3,t} \tag{28}$$

$$D(\ln(trade))_t = \alpha_{40} + \sum_{j=1}^{s}\alpha_{4j}D(\ln(Y))_{t-j} + \sum_{j=1}^{s}\beta_{4j}D(\ln(FDI))_{t-j} + \sum_{j=1}^{s}\gamma_{4j}D(\ln(trade))_{t-j} + \sum_{j=1}^{s}\lambda_{4j}D(\ln(pgdp))_{t-j} + \theta_4 EC_{t-1} + \varepsilon_{4,t} \tag{29}$$

式中，$EC_{t-1} = \alpha_0 \ln(Y)_{t-1} + \alpha_1 \ln(FDI)_{t-1} + \alpha_2 \ln(trade)_{t-1} + \alpha_3 \ln(pgdp)_{t-1} + c$

4. 第一、二、三产业结构调整的向量分布滞后误差修正模型与分析

在第一、二、三产业变量分别与 FDI 流入、国际贸易、经济发展水平变量之间的 Johansen 多重协整检验的基础上，构造了第一、二、三产业结构的 VECM 模型，模型估计结果见表达式（30）~（32）。模型结果表明，第一、二、三产业的滞后一期变量与 FDI 流入、国际贸易、经济发展水平滞后一期变量存在长期均衡关系，其中，FDI 流入、国际贸易滞后一期与一、三产业滞后一期为同方向变化，拉动作用最大，对第三产业分别为 3.541%与 4.494%，对第一产业分别为 1.661%与 1.920%。而与工业滞后一期变量成反方向变化，但贡献度较小，分别为-0.406%、0.577%，说明 FDI 流入与国际贸易的拉动作用未来将明显向第三产业与第一产业方向倾斜，产业结构调整的促进作用显著。在 FDI 流入、国际贸易、经济发展水平变量滞后一期变量对第一、二、三产业变量当期的短期调整效应中，FDI 流入均呈现正向的调整效应，对未来第一、二、三产业的短期波动向长期均衡的调整力度依次为 0.091%、0.044%、0.079%，对一、三产业调整力度最大。而国际贸易未来则对第一产业的短期波动产生正向调整效应，对第二、三产业为反向调整效应。经济发展水平则对第一、二、三产业偏离长期均衡的短期波动未来均为反向调整效应。其次，未来短期波动向长期均衡的调整力度与收敛速度最大的产业为工业，数值为 0.24，而农业与服务业的收敛速度则分别为 0.046、0.025。

$$\begin{aligned} D(\ln(in1))_t = &\underset{(1.372)}{0.060} + \underset{(0.956)}{0.241}D(\ln(in1))_{t-1} + \underset{(1.982)^{*}}{0.091}D(\ln(FDI))_{t-1} + \\ &\underset{(0.446)}{0.065}D(\ln(trade))_{t-1} - \underset{(-0.072)}{0.034}D(\ln(pgdp))_{t-1} - \underset{(-1.23)}{0.046}EC_{1t-1} \end{aligned} \quad (30)$$

式中，$EC_{1t-1} = \ln(in1)_{t-1} - \underset{(-1.767)^{*}}{1.661}\ln(FDI)_{t-1} - \underset{(-1.609)^{*}}{1.920}\ln(trade)_{t-1} + \underset{(1.391)}{3.589}\ln(pgdp)_{t-1} - 15.290 \quad R^2 = 0.500，F = 4.124$

$$\begin{aligned} D(\ln(in2))_t = &\underset{(2.317)^{**}}{0.109} + \underset{(0.945)}{0.572}D(\ln(in2))_{t-1} + \underset{(0.936)}{0.044}D(\ln(FDI))_{t-1} - \\ &\underset{(-0.226)}{0.032}D(\ln(trade))_{t-1} - \underset{(-0.515)}{0.371}D(\ln(pgdp))_{t-1} + \underset{(1.466)}{0.241}EC_{1t-1} \end{aligned} \quad (31)$$

式中，$EC_{1t-1} = \ln(in2)_{t-1} + \underset{(5.296)^{***}}{0.406}\ln(FDI)_{t-1} + \underset{(5.191)^{***}}{0.577}\ln(trade)_{t-1} - \underset{(-10.246)^{***}}{2.283}\ln(pgdp)_{t-1} + 2.331 \quad R^2 = 0.562，F = 5.397$

$$D(\ln(in3))_t = 0.149 + 0.168D(Ln(in3))_{t-1} + 0.079D(\ln(FDI))_{t-1} -$$

$$(3.00)^{***} \quad (0.566) \quad (1.596)$$

$$0.116D(\ln(trade))_{t-1} - 0.064D(\ln(pgdp))_{t-1} - 0.025EC_{1t-1}$$

$$(-0.782) \quad (-0.142) \quad (-1.219) \quad (32)$$

式中，$EC_{1t-1} = \ln(in3)_{t-1} - 3.541\ln(FDI)_{t-1} - 4.494\ln(trade)_{t-1} +$

$$(-1.538) \quad (-1.523)$$

$$8.760\ln(pgdp)_{t-1} - 28.797 \quad R^2 = 0.451，F = 3.449$$

$$(1.343)$$

5. 第一、二、三产业向量分布滞后误差修正模型的 Granger 因果检验

第一、二、三产业结构调整的 VECM 模型统计上均在 5%水平以上高度显著，其相应的 VECM 联合检验结果分别见表 4-18、表 4-19、表 4-20。对 VECM 模型的残差序列的检验表明，除了第一产业的 VECM 残差序列存在多元正态分布的假设统计上受到拒绝假设以外，二、三产业的 VECM 残差序列统计上均接受假设并服从多元正态分布，说明 VECM 模型的估计系数是无偏的，具有一致性，并为有效估计量。在不存在序列相关性与不存在异方差性的统计假设检验中，VECM 残差序列均为接受假设。说明 VECM 模型的 t 分布估计与 F 分布检验是可信的，同时也避免了 Adj. R-squared 的高估。因此，第一、二、三产业的 VECM 残差序列服从均值与自相关系数为 0，并且是满足齐方差过程的白噪声过程，解释变量与被解释变量之间存在长期均衡的短期波动调整过程，同时模型估计量为有效估计量，并具有统计显著性。第一、二、三产业的 VECM 残差序列联合统计估计结果详见表 4-17。

表 4-17　第一、二、三产业 VECM 模型残差序列的联合统计检验

VECM 模型	检验项目	原假设	统计量估计值	p 值概率	检验结论
第一产业	多元正态性检验	存在序列多元正态分布	Jarque – Bera = 13.505	0.096	拒绝假设
	异方差性检验	不存在序列异方差性	Chi – Sq = 108.774	0.258	接受假设
	序列相关性检验	不存在序列相关性	LM – stat = 20.546	0.197	接受假设
第二产业	多元正态性检验	存在序列多元正态分布	Jarque – Bera = 9.911	0.271	接受假设
	异方差性检验	不存在序列异方差性	Chi – Sq = 110.835	0.216	接受假设
	序列相关性检验	不存在序列相关性	LM – stat = 17.452	0.357	接受假设
第三产业	多元正态性检验	存在序列多元正态分布	Jarque – Bera = 7.777	0.456	接受假设
	异方差性检验	不存在序列异方差性	Chi – Sq = 102.499	0.412	接受假设
	序列相关性检验	不存在序列相关性	LM – stat = 16.556	0.415	接受假设

注：接受假设其原因是值合理地大，统计量估计值小于相应自由度的 χ^2 的 10%统计水平的临界值。序列相关检验为滞后一阶。拒绝假设是由于估计值大于自由度为 8 的 χ^2 的 10%统计水平的临界值（13.362）。

对第一、二、三产业变量与 FDI 流入、国际贸易、经济发展水平滞后一期变量之间的多重协整检验分析，说明了解释变量与被解释变量之间存在的长期均衡关系。在此基础上构造的向量分布滞后误差修正模型则说明了第一、二、三产业结构调整的长期均衡的短期波动的调整力度与收敛速度。这种基于长期均衡的短期波动的动态调整特征通过 Granger 因果关系的统计检验则进一步明确了协整变量之间所构成的因果关系。在第一产业的 VECM 模型中（见表 4-18），FDI 流入为第一产业增长的 Granger 原因（10%显著水平），而且随着第一产业的升级对未来 FDI 流入有减少趋势（10%显著水平），说明 FDI 流入促进了农业生产水平的提高，但投资的领域趋于饱和。另外，FDI 流入与经济发展互为 Granger 因果的促进关系（5%显著水平）。此外，当期 FDI 流入对吸引未来 FDI 流入具有显著的集聚效应，并互为 Granger 原因（1%显著水平），而国际贸易对未来 FDI 流入具有替代效应，并为未来 FDI 流入的 Granger 原因（20%显著水平）。在第二产业中（见表 4-19），产业的升级对未来 FDI 流入具有促进作用（5%显著水平），并为未来 FDI 流入的 Granger 原因，说明未来 FDI 流入趋向于知识与技术密集型的产业。同样，FDI 流入对吸引未来 FDI 流入具有高度显著的集聚效应，与未来 FDI 流入互为 Granger 原因（1%显著水平），并且促进未来制造业的发展，为未来制造业发展的 Granger 原因（20%显著水平）。而国际贸易则对未来制造业 FDI 流入具有替代效应，并为未来 FDI

表 4-18　第一产业 VECM 模型的 Granger 因果统计检验

滞后变量	参数检验	$D(\ln(in1))_t$	$D(\ln(FDI))_t$	$D(\ln(trade))_t$	$D(\ln(pgdp))_t$
$D(\ln(in1))_{t-1}$	检验系数	0.241	-1.597	-0.183	0.017
	t-stat	0.955	-1.737	-0.431	0.094
	伴随概率	0.342	0.086	0.668	0.926
$D(\ln(FDI))_{t-1}$	检验系数	0.091	0.601	-0.036	0.068
	t-stat	1.982	3.594	-0.471	2.060
	伴随概率	0.051	0.001	0.639	0.043
$D(\ln(trade))_{t-1}$	检验系数	0.065	-0.713	0.281	-0.018
	t-stat	0.446	-1.342	1.143	-0.167
	伴随概率	0.657	0.183	0.256	0.868
$D(\ln(pgdp))_{t-1}$	检验系数	-0.034	3.557	-0.177	0.135
	t-stat	-0.072	2.057	-0.221	0.396
	伴随概率	0.943	0.043	0.825	0.693
Adj. R-squared		0.375	0.372	-0.090	0.553
DW. stat		2.247	1.360	2.059	1.616
Akaike AIC		-2.644	-0.055	-1.597	-3.297
Schwarz SC		-2.356	0.233	-1.309	-3.009
F-Statistic		4.124	4.084	0.572	7.437
F 检验临界值		2.82（5%）	2.82（5%）	1.45（25%）	4.31（1%）
联合检验：假设解释变量系数为 0		5%水平拒绝假设	5%水平拒绝假设	不拒绝假设	1%水平拒绝假设

表 4-19　第二产业 VECM 模型的 Granger 因果统计检验

滞后变量	参数检验	D(ln(in2))$_t$	D(ln(FDI))$_t$	D(ln(trade))$_t$	D(ln(pgdp))$_t$
D(ln(in2))$_{t-1}$	检验系数	0.572	4.856	0.952	0.489
	t-stat	0.945	2.402	0.934	1.119
	伴随概率	0.348	0.019	0.353	0.266
D(ln(FDI))$_{t-1}$	检验系数	0.044	0.642	-0.043	0.054
	t-stat	0.936	4.070	-0.547	1.590
	伴随概率	0.352	0.000	0.586	0.116
D(ln(trade))$_{t-1}$	检验系数	-0.032	-0.780	0.236	-0.052
	t-stat	-0.226	-1.655	0.994	-0.510
	伴随概率	0.822	0.102	0.323	0.612
D(ln(pgdp))$_{t-1}$	检验系数	-0.371	-2.964	-1.166	-0.334
	t-stat	-0.515	-1.233	-0.963	-0.643
	伴随概率	0.608	0.221	0.338	0.522
Adj. R-squared		0.458	0.472	-0.088	0.550
Durbin-Watson stat		1.313	1.531	1.871	1.440
Akaike AIC		-2.637	-0.227	-1.599	-3.291
Schwarz SC		-2.349	0.061	-1.311	-3.003
F-Statistic		5.397	5.644	0.579	7.366
F 检验临界值		4.31（1%）	4.31（1%）	1.45（25%）	4.31（1%）
联合检验：假设解释变量系数为 0		1%水平拒绝假设	1%水平拒绝假设	不拒绝假设	1%水平拒绝假设

表 4-20　第三产业 VECM 模型的 Granger 因果统计检验

滞后变量	参数检验	D(ln(in1))$_t$	D(ln(FDI))$_t$	D(ln(trade))$_t$	D(ln(pgdp))$_t$
D(ln(in3))$_{t-1}$	检验系数	0.168	0.565	-0.320	-0.279
	t-stat	0.566	0.495	-0.650	-1.386
	伴随概率	0.573	0.622	0.518	0.169
D(ln(FDI))$_{t-1}$	检验系数	0.079	0.684	-0.032	0.053
	t-stat	1.596	3.594	-0.396	1.581
	伴随概率	0.114	0.001	0.693	0.118
D(ln(trade))$_{t-1}$	检验系数	-0.116	-0.604	0.325	0.048
	t-stat	-0.782	-1.058	1.321	0.471
	伴随概率	0.436	0.293	0.190	0.639
D(ln(pgdp))$_{t-1}$	检验系数	-0.064	1.148	0.088	0.315
	t-stat	-0.142	0.662	0.118	1.027
	伴随概率	0.887	0.510	0.906	0.307
Adj. R-squared		0.320	0.263	-0.112	0.581
Durbin-Watson stat		1.857	1.552	1.877	1.572
Akaike AIC		-2.586	0.105	-1.576	-3.362

续表

滞后变量	参数检验	D(ln(in1))$_t$	D(ln(FDI))$_t$	D(ln(trade))$_t$	D(ln(pgdp))$_t$
Schwarz SC		-2.298	0.393	-1.288	-3.074
F-Statistic		3.449	2.859	0.474	8.211
F 检验临界值		2.82 (5%)	2.82 (5%)	1.45 (25%)	4.31 (1%)
联合检验：假设解释变量系数为 0		5%水平拒绝假设	5%水平拒绝假设	不拒绝假设	1%水平拒绝假设

流入的 Granger 原因（20%显著水平）。在第三产业中（见表 4-20），FDI 流入对未来产业的升级具有促进作用，并且 FDI 流入为未来产业升级的 Granger 原因（20%显著水平）。另外，FDI 流入也是未来经济发展的 Granger 原因（20%显著水平），但服务产业的升级短期中对未来经济发展具有抑制作用，并为未来经济发展的 Granger 原因（20%显著水平）。同样，FDI 流入对吸引未来服务业 FDI 流入具有高度显著的集聚效应，并与未来服务业 FDI 流入互为 Granger 原因（1%显著水平）。

6. FDI 流入对第一、二、三产业结构调整冲击的动态效应分析

第一、二、三产业结构调整的 VECM 模型残差项 $\varepsilon_{i,t}$ 的一个标准差的变化不仅对当期第一、二、三产业结构产生直接的冲击，而且对未来 FDI 流入、国际贸易、经济发展也将产生影响。$\varepsilon_{i,t}$ 的脉冲响应函数就是测度 FDI 流入、国际贸易、经济发展变量的一个标准差变化对未来第一、二、三产业结构调整的冲击效应。在图 4-19 中，描述了第一产业 VECM 模型的一个标准差的变化所产生的冲击效应。其中，FDI 流入的冲击效应最大，其次为第三产业自身的冲击效应，而国际贸易与经济发展水平的冲击效应最小。一个标准差所引起的

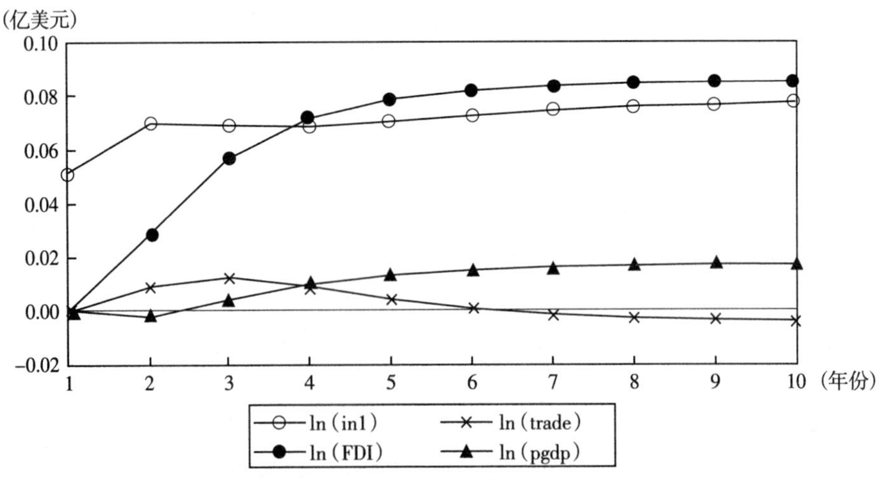

图 4-19 第一产业响应函数分析

FDI 流入的变化对第一产业的冲击效应由第 1 年的 0 亿美元达到第 2 年的 0.029 亿美元，冲击效应明显，第 4 年则达到 0.072 亿美元，并超过第一产业本身的一个标准差变化对第 4 年的冲击效应 0.068 亿美元，并逐渐收敛于第 6 年的 0.084 亿美元，而第一产业一个标准差的自身冲击效应则由第 1 年的 0.052 亿美元逐渐收敛于第六年的 0.072 亿美元左右。而一个标准差的国际贸易变化对第一产业的冲击效应最小，并具有一定的波动性。国际贸易的冲击效应由第 3 年的最高值 0.013 亿美元逐渐收敛于第 8 年的–0.003 亿美元，经济发展水平的冲击效应则由第 2 年的–0.02 亿美元收敛于第 8 年的 0.017 亿美元。

在图 4–20 中，描述了第二产业 VECM 模型的一个标准差的变化所产生的冲击效应。其中，FDI 流入的冲击效应仅次于第二产业自身的冲击效应，而国际贸易与经济发展水平的冲击效应最小。一个标准差所引起的 FDI 流入的变化对第二产业的冲击效应由第 1 年的 0 亿美元达到第 2 年的 0.011 亿美元，冲击效应明显，并到第 6 年逐渐收敛于 0.042 亿元，而第二产业一个标准差的自身冲击效应则由第 1 年的 0.052 亿美元逐渐收敛于第 6 年的 0.152 亿美元左右。而一个标准差的国际贸易变化对第二产业的冲击效应最小，国际贸易的冲击效应由第 1 年的最高值 0 亿美元逐渐收敛于第 7 年的–0.021 亿美元，经济发展水平的冲击效应则由第 1 年的 0 亿美元收敛于第 5 年的 0.020 亿美元。

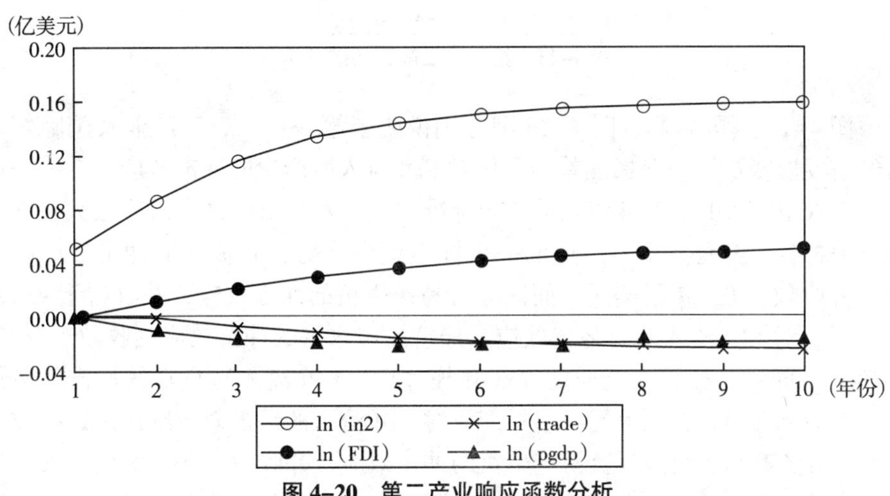

图 4–20　第二产业响应函数分析

在图 4–21 中，描述了第三产业 VECM 模型的一个标准差的变化所产生的冲击效应。其中，FDI 流入的冲击效应仅次于第二产业自身的冲击效应，而国际贸易与经济发展水平的冲击效应最小，其中国际贸易的冲击效应为负值，而经济发展水平的冲击效应具有一定的波动性。一个标准差所引起的 FDI 流入的变化对第三产业的冲击效应由第 1 年的 0 亿美元达到第 2 年的 0.025 亿美元，冲击效应明显，并到第 6 年逐渐收敛于 0.071 亿元，而第三产业一个标准差的自身冲击效应则由第 1 年的 0.053 亿美元逐渐收敛于第 6 年的 0.097 亿美元左右。而一个标准差的国际贸易变化对第三产业的冲击效应由第 1 年的最高值 0 亿美元逐渐收敛于第 7 年的-0.035 亿美元，经济发展水平的冲击效应则由第 1 年的 0 亿美元降到第 2 年的-0.003 亿美元，然后逐步增加并收敛于第 7 年的 0.005 亿美元。

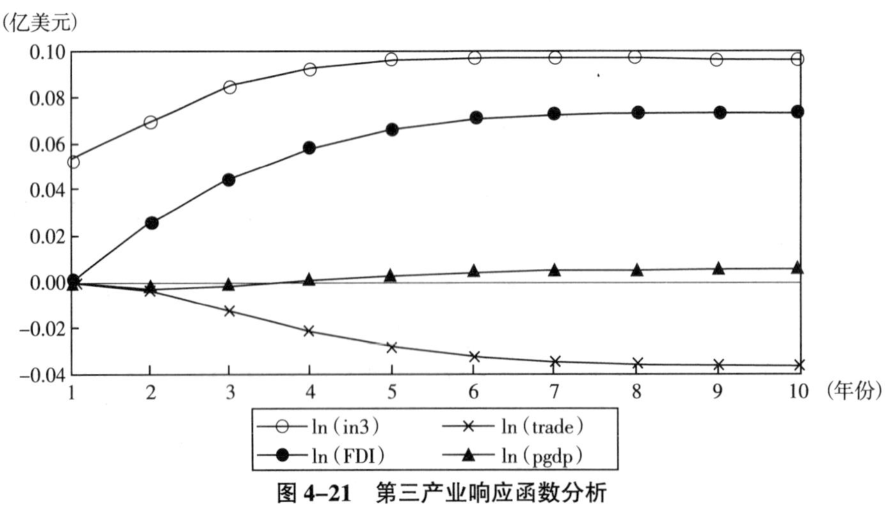

图 4-21　第三产业响应函数分析

图 4-22、图 4-23、图 4-24 则分别说明了第一、二、三产业及国际贸易与经济发展变量的一个标准差的变化对 FDI 流入所产生的冲击效应。在第一产业的 VECM 模型中，FDI 流入的一个标准差变化对自身的冲击效应最大，并收敛于 0.273 亿美元。第一产业的一个标准差变化对 FDI 流入的冲击效应则次之，并收敛于 0.127 亿美元。而国际贸易产生负的冲击效应，并收敛于-0.122 亿美元，对 FDI 流入具有替代效应。经济发展水平的冲击效应则收敛于 0.088 亿美元。同样，在第二产业的 VECM 模型中，FDI 流入对自身的冲击效应最大，并收敛于 0.273 亿美元。第二产业对 FDI 流入的冲击效应则次之，并收敛于 0.178 亿美元。而国际贸易产生负的冲击效应，并收敛于-0.128 亿美元。经济发展水平的冲击效应则收敛于 0.073 亿美元。类似地，在第三产业的 VECM 模型中，FDI 流入对自身的冲击效应最大，并收敛于 0.280 亿美元。第三产业的冲击效应则次之，并收敛于 0.130 亿美元。而国际贸易产生负的冲击效应，并收敛于-0.111 亿美元，对 FDI 流入具有替代效应。经济发展水平的冲击效应则收敛于 0.051 亿美元。

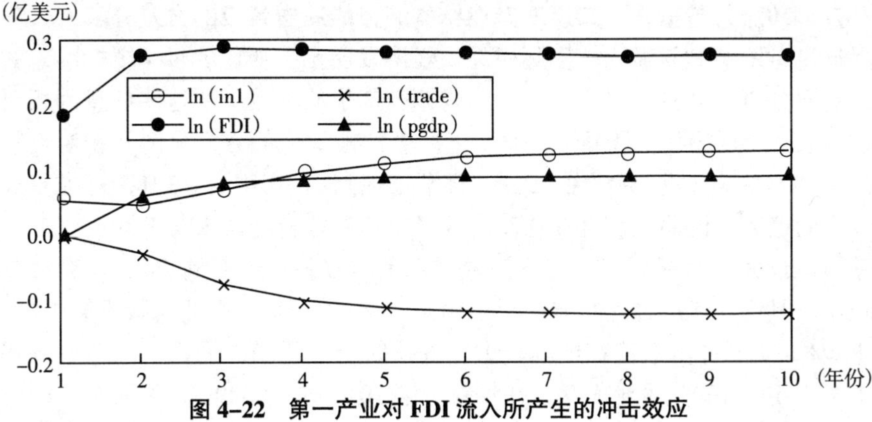

图 4-22　第一产业对 FDI 流入所产生的冲击效应

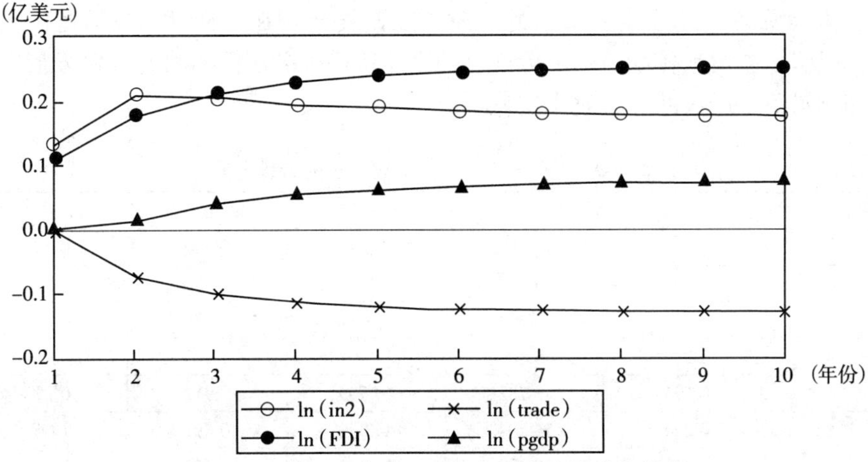

图 4-23　第二产业对 FDI 流入所产生的冲击效应

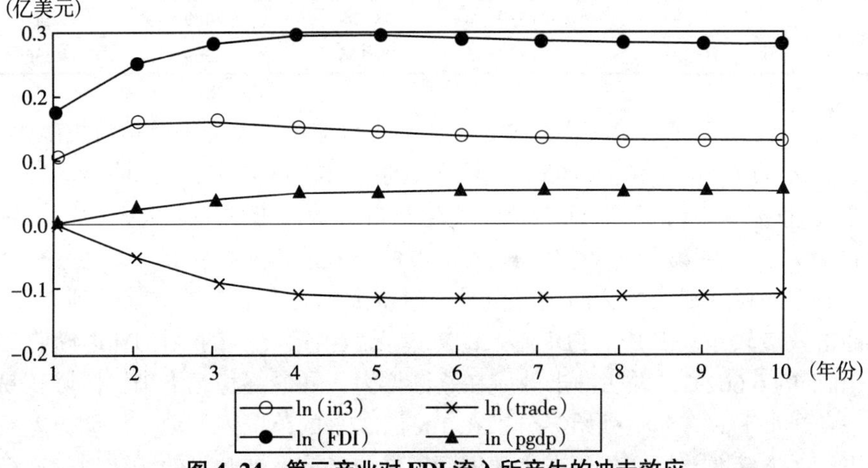

图 4-24　第三产业对 FDI 流入所产生的冲击效应

7. FDI 流入与第一、二、三产业结构调整的冲击效应的方差分解

通过对影响 FDI 流入、国际贸易、经济发展水平变量的每一个标准差的变化，进而分析对第一、二、三产业结构调整产生冲击效应的这些信息的相对重要性。表 4–21 说明了对第一产业变量产生冲击效应的方差分解及相对贡献大小。标准差从响应期第 1 年的 0.052 逐渐增加到第 10 年的 0.321，标准差有逐渐增大的趋势，说明波动性在逐步增大。第一产业自身冲击与 FDI 流入冲击的方差贡献最大，而国际贸易与经济发展水平的方差贡献不到 2%，说明冲击效应较小。其中，FDI 流入的方差贡献由第 2 年的 9.847%逐渐收敛于第 10 年的 49.166%，说明冲击效应在逐渐增大，并最终稳定下来。而第一产业的方差贡献由第 1 年的 100%逐渐减少，并收敛于第 10 年的 48.829%，说明第一产业的一个标准差的变化对其自身的冲击效应逐渐减少，并最终达到一个稳定的水平。国际贸易与经济发展水平的方差贡献始终分别在 1.5%和 2%的范围内波动，说明方差贡献较小，一个标准差的变化所产生的国际贸易与经济发展水平的变化对第一产业的冲击效应也较小。

表 4–21　第一产业响应函数分析的方差分解

响应期（年）	标准差	ln（in1）	ln（FDI）	ln（trade）	ln（pgdp）
1	0.052	100.000	0.000	0.000	0.000
2	0.092	89.118	9.847	0.970	0.066
3	0.129	73.964	24.411	1.473	0.152
4	0.163	63.800	34.505	1.228	0.467
5	0.194	57.782	40.509	0.912	0.797
6	0.224	54.204	44.039	0.691	1.065
7	0.251	51.983	46.194	0.553	1.270
8	0.276	50.532	47.576	0.466	1.425
9	0.299	49.539	48.509	0.409	1.544
10	0.321	48.829	49.166	0.369	1.636

表 4–22 说明了对第二产业变量产生冲击效应的方差分解及相对贡献大小。标准差从响应期第 1 年的 0.052 逐渐增大到第 10 年的 0.453，说明波动性在逐渐增大。第三产业的一个标准差的变化对自身的冲击效应最大，由第 1 年的 100%逐步减少到第 10 年的 90.463%，占冲击效应解释能力的 90%以上。FDI 流入的方差贡献则次之，而国际贸易与经济发展水平的方差贡献不到 2%，说明冲击效应较小。其中，FDI 流入的方差贡献由第 2 年的 1.131%逐渐收敛于第 10 年的 6.662%，说明冲击效应在逐渐增大，并最终稳定下来。国际贸易与经济发展水平的方差贡献始终分别在 1.5%和 2%的范围内波动，说明方差贡献较小，一个标准差的变化所产生的国际贸易与经济发展水平的变化对第一产业

的冲击效应也较小。

表 4-22　第二产业响应函数分析的方差分解

响应期（年）	标准差	ln(in2)	ln(FDI)	ln(trade)	ln(pgdp)
1	0.052	100.000	0.000	0.000	0.000
2	0.103	97.770	1.131	0.004	1.095
3	0.158	95.771	2.390	0.184	1.655
4	0.211	94.368	3.427	0.428	1.777
5	0.260	93.300	4.280	0.657	1.763
6	0.305	92.457	4.976	0.858	1.709
7	0.347	91.785	5.539	1.028	1.648
8	0.385	91.248	5.994	1.168	1.590
9	0.420	90.814	6.363	1.283	1.540
10	0.453	90.463	6.662	1.378	1.496

表 4-23 说明了对第三产业变量产生冲击效应的方差分解及相对贡献大小。标准差从响应期第 1 年的 0.053 逐渐增大到第 10 年的 0.352，说明波动性在逐渐增大。第三产业的一个标准差的变化对自身的冲击效应最大，占方差贡献的 64%以上，FDI 流入的方差贡献则次之，占方差贡献不到 30%，而国际贸易与经济发展水平的方差贡献最小，不到 2%，说明对第三产业的冲击效应较小。其中，第三产业对自身的冲击效应由第 1 年的 100%逐步减少到第 10 年的 64.193%，并稳定下来。FDI 流入的方差贡献由第 2 年的 7.677%逐渐收敛于第 10 年的 29.630%，说明冲击效应在逐渐增大，并最终稳定下来。国际贸易则由第 2 年的 0.183%逐渐收敛于第 10 年的 6.058%，对第三产业的冲击效应相对较小。经济发展水平的方差贡献始终在 1%的范围内波动，说明相对方差贡献

表 4-23　第三产业响应函数分析的方差分解

响应期（年）	标准差	ln(in3)	ln(FDI)	ln(trade)	ln(pgdp)
1	0.053	100.000	0.000	0.000	0.000
2	0.091	92.051	7.677	0.183	0.089
3	0.133	84.227	14.743	0.978	0.053
4	0.173	78.074	19.823	2.071	0.033
5	0.211	73.577	23.243	3.143	0.038
6	0.245	70.347	25.547	4.052	0.055
7	0.276	68.029	27.125	4.771	0.075
8	0.303	66.351	28.234	5.322	0.093
9	0.329	65.118	29.034	5.740	0.108
10	0.352	64.193	29.630	6.058	0.120

最小，一个标准差的变化所产生的经济发展水平的变化对第一产业的冲击效应也最小。

表 4-24、表 4-25、表 4-26 则分别说明了第一、二、三产业及国际贸易与经济发展变量的一个标准差的变化对 FDI 流入所产生的冲击效应的方差分解与相对贡献大小。表中的数据表明，一个标准差的变化所产生的冲击效应的方差贡献，除了 FDI 流入自身的冲击效应外，第一、二、三产业的一个标准差的冲击效应的方差贡献最大，第 10 期收敛的方差贡献分别为 10.67%、33.767%、17.975%。而与第一、二、三产业 VECM 模型中相对应的国际贸易的冲击效应的收敛的方差贡献则分别为 10.267%、12.243%、9.617%，经济发展水平的收敛方差贡献则分别为 6.288%、3.365%、1.908%，FDI 流入对自身冲击效应的收敛方差贡献则分别为 72.775%、50.625%、70.5%，因此，第一、二、三产业对 FDI 流入冲击具有相对较高的重要性。

表 4-24　第一产业的一个标准差变化对 FDI 流入冲击效应的方差分解

响应期（年）	标准差	ln（in1）	ln（FDI）	ln（trade）	ln（pgdp）
1	0.052	8.135	91.865	0.000	0.000
2	0.092	4.239	92.249	0.680	2.832
3	0.129	4.496	88.186	3.000	4.318
4	0.163	5.696	83.987	5.210	5.107
5	0.194	6.992	80.618	6.844	5.546
6	0.224	8.100	78.091	7.994	5.815
7	0.251	8.983	76.203	8.820	5.994
8	0.276	9.678	74.768	9.432	6.122
9	0.299	10.229	73.655	9.901	6.216
10	0.321	10.670	72.775	10.267	6.288

表 4-25　第二产业的一个标准差变化对 FDI 流入冲击效应的方差分解

响应期（年）	标准差	ln（in2）	ln（FDI）	ln（trade）	ln（pgdp）
1	0.052	60.030	39.970	0.000	0.000
2	0.103	55.669	39.156	5.023	0.152
3	0.158	49.499	42.052	7.562	0.888
4	0.211	44.777	44.622	9.054	1.547
5	0.260	41.417	46.465	10.064	2.054
6	0.305	38.972	47.798	10.781	2.450
7	0.347	37.142	48.792	11.305	2.761
8	0.385	35.740	49.553	11.699	3.008
9	0.420	34.642	50.149	12.003	3.205
10	0.453	33.767	50.625	12.243	3.365

表 4–26　第三产业的一个标准差变化对 FDI 流入冲击效应的方差分解

响应期（年）	标准差	ln (in3)	ln (FDI)	ln (trade)	ln (pgdp)
1	0.053	25.554	74.446	0.000	0.000
2	0.091	26.849	70.569	2.162	0.420
3	0.133	24.494	70.148	4.532	0.826
4	0.173	22.493	70.050	6.310	1.148
5	0.211	21.027	70.072	7.515	1.387
6	0.245	19.985	70.145	8.309	1.561
7	0.276	19.239	70.239	8.833	1.688
8	0.303	18.695	70.335	9.187	1.782
9	0.329	18.288	70.423	9.435	1.853
10	0.352	17.975	70.500	9.617	1.908

8. FDI 流入促进产业结构调整的主要结论

通过对 FDI 流入、国际贸易、经济发展水平与第一、二、三产业之间线性组合的长期均衡关系、多重协整关系与短期波动、向量分布滞后与误差修正模型的分析与统计检验，以及冲击效应与方差分解的分析，说明 FDI 流入是促进中国产业结构调整与升级的重要变量，并与产业结构调整构成 Granger 因果关系，其对产业升级的冲击效应大大高于国际贸易与经济发展水平的冲击效应，并与第一、二、三产业的结构调整与升级存在显著的统计互动关系。模型分析与统计检验的主要研究结论概括如下。

长期均衡的协整模型表明，FDI 流入与国际贸易对第一、二、三产业的拉动作用具有正向的长期均衡关系。其中，FDI 流入对第三产业的结构调整效应最大，其次是第二产业。在短期波动的误差修正模型中，FDI 流入与经济发展水平对第一、二、三产业偏离长期均衡的短期正向调整效应，其中，FDI 流入对第三产业的结构的短期调整效应最大。多重协整分析与向量分布滞后误差修正模型进一步证明了，FDI 流入、国际贸易、经济发展水平对未来第一、二、三产业结构调整具有多重长期均衡关系，并存在短期波动的调整效应。其中，FDI 流入与国际贸易对未来第一、三产业的正向拉动作用最大，对第三产业分别为 3.541%与 4.494%，对第一产业分别为 1.661%与 1.920%。这说明 FDI 流入与国际贸易的拉动作用未来将明显向第三产业与第一产业方向倾斜。因此，产业结构的不断升级是技术进步与经济发展的必然过程，经济发展水平越高，产业结构层次也就越高，得出的结论与 FDI 流入向服务业领域的扩张趋势是一致的。在当今以服务业为重心的新一轮经济全球化浪潮中，作为经济全球化载体的 FDI 流入，特别是生产性服务业与信息技术服务业的 FDI 流入，不仅促进了以知识技术密集型为特征的新兴产业的形成，而且通过将大批中国上下游企业纳入到 FDI 公司的国际生产与服务网络体系中，从整体上提高了中国企业的竞争优势，由此大大地促进了中国产业结构的调整与升级。

通过对 FDI 流入、国际贸易、经济发展水平与产业调整效应的 VECM 模型的 Granger 因果关系检验，进一步验证了 FDI 流入是未来产业结构变动的重要原因。同时，产业结构的升级又进一步促进了未来 FDI 流入。另外，FDI 流入对吸引未来 FDI 流入具有高度显著的集聚效应，与未来 FDI 流入互为 Granger 原因，并通过集聚经济产生“马太效应”，从而吸引更多的 FDI 流入。因此，FDI 流入加速了国内市场由垄断型向竞争型的结构转变，促进了中国中小民营企业与私人资本的发展，同时推动了国内企业的技术创新与产业结构的升级，而产业结构的升级又为 FDI 流入创造了新的动力。此外，FDI 流入也是未来经济发展的 Granger 原因，但国际贸易则对未来制造业 FDI 流入具有替代效应，并为未来 FDI 流入的 Granger 原因。因此，FDI 流入对中国经济增长具有长期的产业结构调整效应。

第一、二、三产业的脉冲响应函数描述了 FDI 流入的冲击所产生的三次产业的动态反应路径。分析结果表明一个标准差的 FDI 流入的变化对未来第一、二、三产业结构短期具有强的冲击与拉动效应，并在第四至六期逐渐收敛并趋于长期稳定状态，具有长期拉动效应。其中，FDI 流入对未来第一、三产业短期冲击效应最大。而国际贸易与经济发展水平则对未来第一、二、三产业的冲击与拉动效应较小。同时，一个标准差的变化所带来的第一、二、三产业结构变化对未来 FDI 流入的冲击同样呈现了强劲的冲击与拉动效应，并在第四至五期逐渐收敛并趋于长期稳定状态，具有长期拉动效应。一个标准差的变化所产生的国际贸易变化对未来 FDI 流入的冲击效应则次之，但表现为对未来 FDI 流入的负的拉动效应，即贸易对投资的替代效应。而经济发展水平对未来 FDI 的流入具有较小的正向冲击与拉动效应。因此，脉冲响应函数的分析表明，FDI 流入与第一、二、三产业结构变化之间具有较灵敏的互动关系，并且一个标准差的变化将会给 FDI 流入与产业结构变化带来强劲的冲击效应与拉动效应，冲击效应具有长期性与可持续性。

VECM 模型的方差分解模型说明了产生冲击效应的各变量的相对重要性。在第一、二、三产业的脉冲响应函数中，FDI 流入的方差贡献均远大于相应国际贸易与经济发展水平的贡献度。其中，FDI 流入的方差贡献对第一、三产业的贡献度最大，FDI 流入对第一、二、三产业的冲击效应在收敛期的解释力度分别达到 49.166%、6.662%、29.630%。而国际贸易则次之，经济发展水平的贡献度最小。同样，在 FDI 流入的脉冲响应函数中，第一、二、三产业的方差贡献对 FDI 流入的贡献度也均大于相应国际贸易与经济发展水平的贡献度，对 FDI 流入的脉冲响应结果在收敛期的解释力度分别为 10.67%、33.767%、

17.975%。因此，FDI 流入是解释产业结构调整与升级的重要变量。

参考文献

[1] Blomstrom, M. and Steven Globerman, et al., 1999. "The determinants of Host Country Spillovers from Foreign Direct Investment: A Review and Synthesis of the Literature", *Working Paper No. 76*, Stockholm School of Economics and NBER, September.

[2] Borensztein, E. and Gregorio, J. De and Lee, J-W., 1998. "How does Foreign direct investment affect economic growth?", *Journal of International Economics*, Vol.45, pp. 115-135.

[3] Chen, Chunlai, 1997. "The Location Determinants of Foreign Direct Investment in the developing Countries", *Working Papers in University of Adelaide*, Australia.

[4] Dunning, J., 1988. "The Eclectic Paradigm of International Production: A Restatement and Some Possible Extensions", *Journal of International Studies*, Vol.19, pp.1-32.

[5] Dunning, John H. and John Cantwell with Paz Estrella Tolentino and Faith Province, 1987. *The IRM Directory of Statistics of International Investment and Production*, London: Macmillan and New York: New York University Press.

[6] Duranton, G. and D. , 1993. "Micro-foundations of Urban Agglomeration Economies", *NBER Working Paper.*

[7] Goldberg, Linda S. and Klein, Michael W. 1999. "International Trade and Factor Mobility: An Empirical Investigation", *Working Paper in National Bureau of Economic Research*, Cambridge, MA, Boston, USA.

[8] Fujita, M., P. Krugman et al., 1999. *The Spatial Economy: Cities, Regions, and International Trade*, Massachusetts Institute of Technology.

[9] Head, K., J. Ries, and D. Swenson, 1995. "Agglomeration Benefits and Location Choice", *Journal of International Economics*, No. 38, pp.223-248.

[10] Helpman, E. and Krugman, P., 1985. *Market Structure and Foreign Trade*, the MIT Press, Cambridge, Massachusetts.

[11] Helpman, E., 1984. "A Simple Theory of International Trade with Multinational Corporations", *Journal of Political Economy*, Vol. 92, pp. 451-471.

[12] Hsiao, Frank S.T. and Park, Changsuh, 2002. "Korean and Taiwanese Productivity Performance-Comparisons at matched Manufacturing Levels", ICSEAD *Working Paper Series*, Vol. 2002, Kitakyushu, Japan.

[13] Hu, Dapeng and Masahisa Fujita, 1996. "Regional Disparity in China 1985-1994: Effects of Globalization and Economic Liberalization", *Discussion Paper Series*, No. 448, Kyoto University, Kyoto, Japan.

[14] Islam, Nazrul, 1995. "Growth Empirics: A Panel Data Approach", *the Quarterly Journal of Economics*, Vol.110, November, pp. 1128-1169.

[15] Islam, Nazrul, 1998. "Growth Empirics: A Panel Data Approach-a Reply", *the Quarterly Journal of Economics*, Vol. 113, February, pp. 325-329.

[16] Islam, Nazrul, 1995. Growth Empirics: A Panel Data Approach, *Quarterly Journal of Economics*, November, pp. 1129–1169.

[17] Ito, Keiko, 2002. "Are Foreign Multinationals More Efficient? —Plant Productivity in the Tai Automobile Industry", *ICSEAD Working Paper Series*, Vol. 2002, Kitakyushu, Japan.

[18] Jones, Charles I., 1995. "Time Series of Endogenous Growth Models", *the Quarterly Journal of Economics*, Vol.110, November, pp.495–521.

[19] Kojima, K., 1985. " Japanese and American Direct Investment in Asia: A Comparative Analysis", *Hitotsubashi Journal of Economics*, Vol. 26, June, pp. 1–35.

[20] Krugman, P., 1991. " Increasing returns and economic geography" , *Journal of Political Economy*, No.99, pp.483–499.

[21] Krugman, P. , 1996. "Urban Concentration: The Role of Increasing Returns and Transport Costs", *International Regional Science Review*, No.19, pp.5–30.

[22] Lee, Hiro and David Roland–Holst, 2002. "Emergent Trilateralism in the Pacific Basin: How Should China, Japan, and the United States Respond to Regional Trade Initiatives?", *ICSEAD Working Paper Series*, Vol. 2002, Kitakyushu, Japan.

[23] Lee, Kevin and Pesaran, M. Hashem and Smith, Ron, 1998. "Growth Empirics—A Panel Data Approach–a Comment", *the Quarterly Journal of Economics*, Vol. 113, February, pp. 319–323.

[24] Lee, Xinzhong, 2002. "Does Variation in Fixed Investment by Foreign Firms Explain part of the Variation in Economic Growth across Chinese Provinces?", *ICSEAD Working Paper Series*, Vol. 2002, Kitakyushu, Japan.

[25] Lee, Xinzhong, 2005. "Foreign Direct Investment Inflows in China: The Determinants at Location", *The international conference in Lyon*, France, June.

[26] Lee, Xinzhong, 2002. "The Contribution of Foreign Direct Investment to Growth in China", *ICSEAD Working Paper Series*, Vol. 2002, Kitakyushu, Japan.

[27] Lee, Xinzhong and Seung Rok Park, 2003. *The Effects of Foreign Direct Investment on China's International Trade*, Korea Economic Research Institute, Seoul, South Korea.

[28] Lee, Xinzhong and Seung Rok Park, 2003. *Regional Disparities in China's Economic Growth and Foreign Direct Investmen*, Korea Economic Research Institute, Seoul, South Korea.

[29] Levin, A. et al., 2002. "Unit Root Tests in Panel Data: Asymptotic and Finite–Sample Properties", *Journal of Econometrics*, Vol.102, pp.1–24.

[30] Markusen, J., 1984. "Multinational, Multi–plant Economies, and the Gains from Trade", *Journal of International Economics*, Vol. 16, pp. 169–189.

[31] Markusen, J., 1995. "The Boundaries of Multinational Enterprises and the Theory of International Trade", *Journal of Economic Perspectives*, Vol. 9, No. 2, pp. 169–189.

[32] Markusen, James R. and Venables, Anthony J., 1998. "Multinational Firms and the New Trade Theory", Journal of International Economics, Vol.46, pp.183–203.

[33] Mundell, Robert A., 1968. "International Trade and Factor Mobility", *International Economics*, New York: Macmillan Press, pp. 85–99.

[34] Ozawa, T., 1992. "Foreign Direct Investment and Economic Development", *Transnational Corporations*, Vol. 1, No. 1 February.

[35] Palivos, T. and P. Wang, 1996. "Spatial agglomeration and endogenous growth", *Regional Science and Urban Economics*.

[36] Park, Seung Rok , 2002. *Chinese Economic Growth and the Role of Foreign Direct Investment*. Korea Economic Research Institute, Seoul, South Korea.

[37] Park, Seung Rok and Lee, Xinzhong, 2003. *International Technology Spillovers and Its Effects on China's Economic Growth*. Korea Economic Research Institute, Seoul, South Korea.

[38] Porter, M. , 1996. "Competitive advantage, agglomeration economics, and regional policy", *International Regional Science Review*, No.19, pp.85-91.

[39] Ramstetter, Eric D., 1999. "Trade Propensities and Foreign Ownership Shares in Indonesian Manufacturing", *Bulletin of Indonesian Economic Studies*, Vol.35 (2), pp.1-24.

[40] Ramstetter, Eric D., 2002. "Does Technology in Differ in Local Plants and Foreign Multinationals in Tai Manufacturing? -Evidence from Translog Production Functions for 1996 and 1998", *Kyushu University Working Paper Series*.

[41] Romer, P.M., 1986. "Increasing Returns and Long-Run Growth", *Journal Polictical Economy*, 99, pp. 1002-1037.

[42] Rojec, Matija, 1999. "Restructuring and Efficiency Upgrading with FDI", *Integration Though Foreign Direct Investment*, Edward Elgar Pulishing Limited: UK, pp.130-149.

[43] Smith, D.F. and R. Florida, 1994. "Agglomeration and Industrial Location: An Econometric Analysis of Japanese-Affiliated Manufacturing Establishments in Automotive-Related Industries", *Journal of Urban Economics*, No.36, pp.23-41.

[44] Sun, Haishun and Parikh, Ashok, 2001. "Exports Inward Foreign Direct Investment (FDI) and Economic Growth in China", *Regional Studies*, Vol. 35 (3), pp. 187-196.

[45] Vernon, R., 1966. "International Investment and International Trade in the Product Cycle", *Quarterly Journal of Economics*, Vol. 80, pp. 190-207.

[46] Yun-Wing Sung, 2000. "Costs and Benefits of Export-Oriented Foreign Investment: The Case of China", *Asian Economic Journal*, Vol.14 (1), pp.55-70.

[47] 汪同三:《经济全球化与中国》,《全球化与 21 世纪》, 2002 年。

[48] 汪同三:《宏观经济模型论述》, 经济管理出版社, 1992 年。

[49] 梁琦:《产业聚集的均衡性和稳定性》,《世界经济》, 2004 年第 6 期。

[50] 江小涓:《服务全球化的发展趋势和理论分析》,《经济研究》, 2008 年第 2 期。

（本章执笔人：李新中）

第五章　资本账户自由化对发展中国家短期经济增长的影响：理论和实证

一、引言及文献回顾

经济理论表明：不受约束的国际资本流动能够促使资源更加有效地配置，能够使得风险更加分散并且促进金融的发展，因而开放一国的金融市场有利于该国的经济发展。许多工业化国家开放了它们的金融市场，而这些国家大多数都从中获得了经济效应。是否所有的国家都能够从资本账户自由化中获得利益呢？对这一问题的回答到目前为止仍然存在一些争论，尽管一些学者认为资本账户自由化对效率会有促进作用，但是仍然有许多学者对此提出质疑。

尽管到目前为止较少有人去研究资本账户自由化的成本，但是越来越多的文献开始研究资本账户自由化对经济增长的影响。一些研究者通过直接的实证研究来验证资本账户自由化对长期经济增长的影响。表 5–1 列出了有关资本账户自由化对经济增长影响的实证研究。

表 5–1　资本账户自由化对经济增长的影响综述

研究者及发表时间	发表类型	所包含的国家个数	所使用的数据	被解释变量和估计方法	主要结论
Grilli & Milcsi-Ferretti（1995）	R	61	p	1971~1994 年平均每 5 年的人均收入的增长率（IV）	没有证据表明资本账户自由化对人均收入增长有显著的影响
Quinn（1997）	J	58	cs	1960~1989 年人均收入的增长率（OLS）	资本账户自由化显著地增加了人均收入的增长率
Kraay（1998）	Un	64，94 或 117	cs	1985~1997 年人均收入的平均增长率（OLS & IV）	没有证据表明资本账户自由化对人均收入增长有显著的影响
Rodrik（1998）	Un	大约 100	cs	1975~1995 年人均收入的增长率（OLS）	没有证据表明资本账户自由化对人均收入增长有显著的影响
Bailliu（2000）	WP	40	p	1975~1995 年人均收入的增长率	资本账户自由化通过促进金融发展从而进一步促进经济的发展

续表

研究者及发表时间	发表类型	所包含的国家个数	所使用的数据	被解释变量和估计方法	主要结论
Klein & Olivei (2000)	Un	67	cs	1976~1995 年人均收入的增长率（IV）	资本账户自由化显著地增加了人均收入的增长率
Artcta & Wyplosz (2001)	Un	51~59	cs，p	1973~1981 年、1982~1987 年和 1988~1992 年或者三者的合成（Pooled）数据	在面板数据模型中资本账户自由化显著地增加了人均收入的增长率，而在截面数据中不显著
Bekaert、Harvey & Lundblad (2001)	WP	95	p	从 1981 年到 1997 年之间任意时间段的人均收入年均增长率	股票市场自由化显著地增加了人均收入的增长
Chanda（2001）	Un	94	cs	1975~1995 年人均收入的年平均增长率	资本账户自由化对于多民族国家的经济增长有显著影响，而对单一民族国家则没有这种影响
Edwards（2001）	J	55~62	cs	1980~1989 年人均收入的年均增长率（WLS & IV）	资本账户自由化对工业化国家的经济增长有显著正向影响，而对发展中国家则似乎有相反的影响
O'Donnell（2001）	Un	94	cs	1971~1994 年人均收入的年均增长率	资本账户自由化对经济增长的影响不太明确

注：在发表类型一栏中，R 代表研究报告，Un 代表未发表论文，J 代表杂志，WP 代表工作论文。在所使用的数据一栏中，p 代表面板数据，cs 代表横截面数据。

从表 5-1 中我们可以看到，在检验资本账户自由化对经济增长的影响时，得出的实证结果是相当不同的。根据实证研究的结果可以将它们分为两类，一类支持资本账户自由化对经济增长的促进作用，一类则不支持这一结论。

Quinn（1997）通过收集 58 个国家从 1960 年到 1989 年的数据来验证资本账户自由化对经济增长的影响，他的实证结果表明资本账户自由化的变化对人均实际 GDP 有着显著的影响。但是在他的文章中没有将资本账户自由化和其他更广泛的开放度的测量区分开来，我们因而也无法知道在这种正向的影响之中到底有多大程度上是由开放资本市场所造成的，而另外还有多大程度上是由开放贸易和服务市场所造成的。Klein & Olivei（2000）发现资本账户自由化对工业化国家的经济增长有正向的促进作用，但非工业化国家却没能支持这一结论。Bailliu（2000）收集了 40 个发展中国家从 1975 年到 1995 年的数据，通过一个动态面板数据模型证明出资本账户自由化会通过促进金融的发展从而促进经济的增长。Edwards（2001）证明出资本账户自由化对经济增长的影响取决于该经济的发展水平，在较富裕的新兴市场国家中，资本账户自由化会促进经济的增长，而在低收入水平国家中资本账户自由化反而不利于经济增长。Arteta、Eichengreen & Wyplosz（2001）对 Edwards（2001）的结论进行了审查，他们发现 Edwards（2001）的结论经不起稳健性检验，当用不同的指标来对资本账户自由化进行衡量时，所得出的结论不一致。他们的结论表明资本账户自由化对中高收入国家经济的影响不见得比低收入国家更加有利。然而，Arteta、Eichengreen & Wyplosz 发现资本账户自由化对不同国家的影响有可能不一样，取决于这些国家的宏观经济的稳定状况。他们引入了资本账户自由化与黑市收益（Black Market Premium，BMP①）的交叉项。通过实证研究，他们发现只有当一个国家消除了黑市收益之后，它才能够通过开放资本账户促使经济更快地发展。Bekaert、Harvey & Lundblad（2001）证明出股票市场自由化对经济增长有显著的促进作用。O'Donnell（2001）和 Chanda（2001）同时发现资本账户自由化对经济增长确实有促进作用，但是这种促进作用对于不同国家而言大小是不一样的。后者认为对于多民族国家而言，资本账户自由化对经济增长的促进作用要比单一民族国家更大一些。

一些研究者发现开放资本市场与经济增长之间没有联系。事实上第一次研究资本账户自由化对经济增长影响的学者是 Grilli & Milcsi-Ferretti（1995），尽管在他们的文章中主要的着力点不是对这一问题进行探讨。他们的研究表明，资本账户自由化对经济增长并没有促进作用，在有些情况下反而有阻碍作用。Rodrik（1998）收集了大约 100 个国家的数据来验证资本账户自由化对经济增长的影响，结果表明资本账户自由化既不对经济增长产生影响，也不对通货膨胀产生影响。Kraay（1998）对资本账户自由化进行了多种方式的测量，通过将这些不同的测量分别代入回归方程进行估计，结果没有发现资本账户自由化对经济增长的显著影响。

笔者将同时从理论和实证的角度来验证资本账户自由化对短期经济增长的影响。本章与前人研究的不同之处主要有以下几点：第一，前人的研究都集中在资本账户自由化对长期经济增长的影响，而本章的研究集中在短期；第二，本章的实证研究所采用的手段是差分内差分（Difference in Difference），尽管前人的研究中也已经使用了一些较为高级的经济计量手段，但是在衡量某一政策的变动是否产生效果时最有效的手段是差分内差分方法。为了检验某一项政策变动的影响，我们在经济计量模型中同时引入处理组（Treated Group）和控制组（Control Group）虚拟变量，处理组中的样本在某一年会有一个政策变动，控制组的样本除了没有发生政策变动之外，其他情况均与处理组相同。这个时候同时对处理组和控制组进行回归分析，通过比较处理组与控制组前面的

---

① BMP 的计算公式如下：$BMP=\frac{BMxrate}{OFxrate}-1$

其中，BMxrate 表示的是一个国家黑市上的汇率（用一美元可以兑换多少当地货币来表示），OFxrate 表示的是这个国家的官方汇率。很显然，一个国家如果贸易政策透明度越高，那么黑市汇率和官方汇率的差异也就越小，因而 BMP 的值也就会越小。

系数就能够分离出政策变动的影响，这就是所谓的差分内差分方法。

本章下面的结构安排如下：第二部分是全章的理论部分，笔者在一个新古典增长模型的基础之上证明出资本账户自由化对短期经济增长有正向的促进作用；第三部分介绍本章实证时所采用的数据指标并对数据的来源和处理进行了说明；第四部分介绍本章的实证模型和实证结果，在一个面板数据基础之上，通过差分内差分的方法，本章从实证上证明出资本账户自由化对短期经济增长的确有促进作用；第五部分对前面的实证结果进行稳健性检验，结果再次证明出资本账户自由化对短期经济增长的正向影响；第六部分是全章的结论。

二、理　论

本部分将在一个新古典增长模型的基础之上说明资本账户自由化对发展中国家人均经济增长的影响。假定一个国家通过资本、劳动以及劳动扩张型的柯布—道格拉斯生产函数来进行生产。

$$Y = F(K, AL) = K^{\alpha}(AL)^{1-\alpha} \tag{1}$$

令 $k = K/AL$ 是单位有效劳动的资本数量，$y = Y/AL$ 是单位有效劳动的产出数量，由生产函数的齐次性我们有：

$$y = f(k) = k^{\alpha} \tag{2}$$

假定国民收入以固定的比例 s（$0 < s < 1$）被储蓄起来，并且假定资本的折旧率是 δ，劳动力的增长率是 n，技术进步率是 g，以下方程描述了单位有效劳动资本数量的净效应：

$$\dot{k}(t) = sf(k(t)) - (n + g + \delta)k(t) \tag{3}$$

当 $\dot{k}(t) = 0$ 时，经济处于平稳状态上，单位有效劳动的资本数量是一个常数。稳态下资本的水平数量不是一个常数，而是以 $n + g$ 的速率增长。单位劳动（Y/L）的产出增长速率是 g。在平稳状态下资本的边际产出为利息率（r）与折旧率（δ）之和。

$$f'(k_{state}) = r + \delta \tag{4}$$

方程（4）给出了均衡条件下投资的表达式，由于资本账户自由化会影响一个国家的资本使用成本，方程（4）对于一个国家在资本账户自由化后其单位有效劳动资本 k 以及实际经济动态变化有着重要的意义。令 r^* 代表外生给定的世界资本的利息率，一个最基本的假定就是 $r^* < r$，这是因为除发展中国家之外，其他工业化国家的单位有效劳动的资本比发展中国家的有效资本要多。由于资本账户自由化后，发达国家的资本能够自由地流入发展中国家，于是发展中国

家的资本使用成本会慢慢降低，于是 r 和 r^* 在数值上越来越接近。

假定一个国家在其资本账户自由化以后，单位有效劳动资本数量迅速地从自由化之前的水平上升到自由化以后平稳状态下的水平。在这种情况下，资本的边际产出等于全世界的利息率加上折旧率：

$$f'(k^*_{state}) = r^* + \delta \tag{5}$$

由于 $r^* < r$，这就意味着在资本自由化期间，发展中国家资本的使用成本将会下降，这就意味着将会有更多的使用资本，从而使得在资本的利息率从 r 下降到 r^* 这段时间内 $\dot{k}/k > 0$。根据新古典增长模型：

$$\frac{\dot{Y}}{Y} = \alpha_k \frac{\dot{K}}{K} + \alpha_L \frac{\dot{L}}{L} + g \tag{6}$$

这里的 α_k 和 α_l 分别代表资本和劳动的产出弹性，g 是索洛余值，也就是技术进步率。从方程（1）我们可以看出 $\alpha_k + \alpha_l = 1$，通过将方程（6）两边同时减去 $\dot{L}/L$，可以得到人均收入的增长率如下：

$$\frac{\dot{y}}{y} = \alpha_k \frac{\dot{k}}{k} + g \tag{7}$$

从方程（7）可以看出当资本账户自由化以后，在资本的使用成本逐渐下降的这一段时间内，发展中国家的人均经济增长速度会有所加快。图 5–1 描述了这样一个过程：

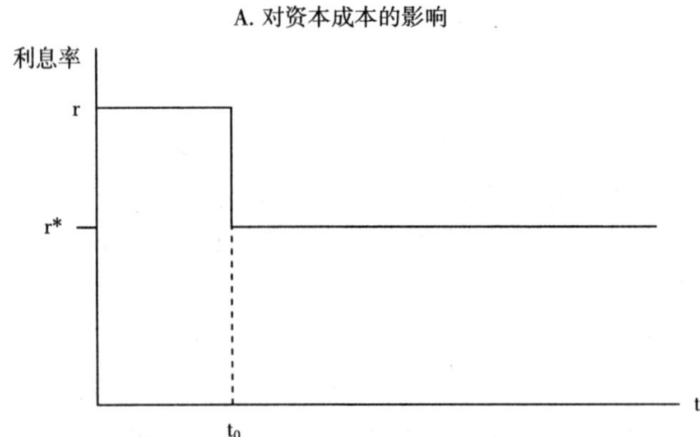

图 5–1　资本账户自由化对单位有效劳动产出、资本成本、投资和人均产出的影响

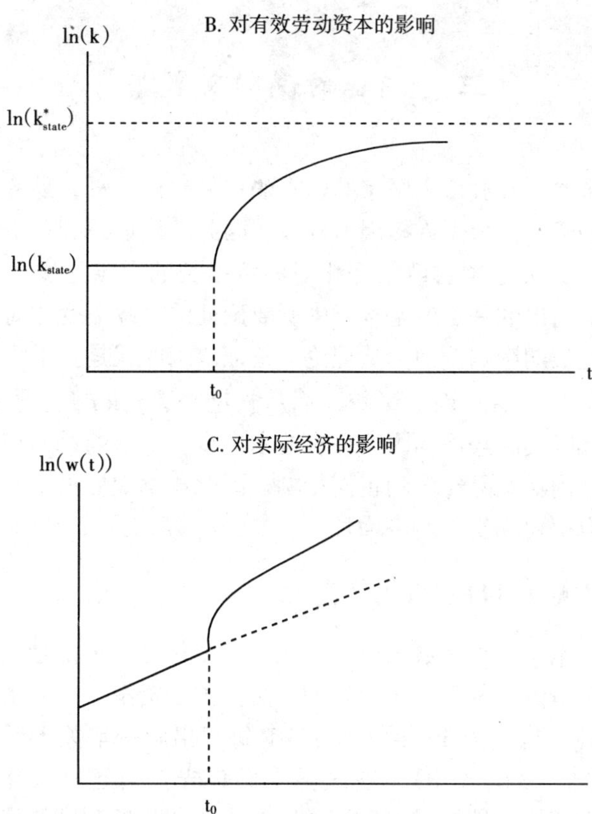

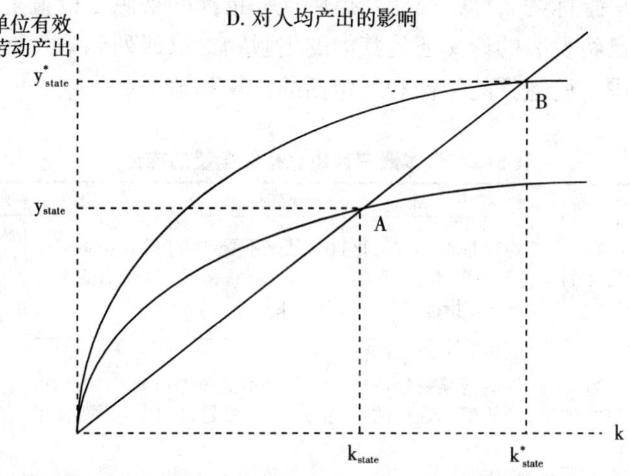

图 5–1　资本账户自由化对单位有效劳动产出、资本成本、投资和人均产出的影响（续）

三、指标的说明及数据

从理论上来看，开放一个国家的资本账户是一件比较容易的事，而在现实中，一个国家的资本账户由许多因素构成，因此准确地找到一个国家资本账户自由化日期从而论证本项目政策变化对经济增长的影响是一个非常困难的任务。在这里需要指出的一点就是本章中所要论证的是政策变化对实际经济的短期影响，而不是长期影响。因为从理论上论证出来的就是资本账户自由化对实际经济增长在短期内有正面的影响，而从长期来看，$\dot{k}^*/k^*$ 迟早会达到稳态水平，从而使得影响实际经济的因素只有技术进步。本章的目的在于验证资本账户自由化在短期内对实际经济的正面影响，因此本章中最重要的两个数据指标就是资本账户自由化和实际经济增长。

（一）资本账户自由化的衡量

在以往的文献中，大多数关于资本账户自由化的测量都是定性的以及基于规则的，只有少量的文献采用了定量的方法。关于资本账户自由化测量最常用的数据来自 IMF，自从 1950 年以来，IMF 每年出版一本关于汇率安排和交易约束的年度报告（AREAER）。在这里我们首先探讨这些关于规则的指标，表 5-2 提供了关于资本账户控制和资本账户自由化指标测度的综述。表 5-2 的第一列提供这一指标的名称，第二列提供这一指标的来源，也就是指出这些指标到底是来自已经发表的论文还是其他的出版物，第四列到第六列分别指出指标值所处的范围、所包括的年份和所包括的国家和地区。

表 5-2　资本账户自由化指标衡量的描述

名　称	来　源	描　述	取值范围	年　份	所包含的国家数
IMF	IMF 中的 AREAER 的第 E2 行	构建是否存在禁止跨国资本流动的 On/Off 指标	0（从来不受到约束），1（总是受到约束）	1967~1995 年以后形式发生改变	从 1976~1995 年的 117 个国家到 1986~1995 年的 137 个国家
Share	IMF 中的 AREAER 的第 E2 行	利用 IMF 提供的数据测度某一经济体开放资本账户的年份占 1966~1995 年的比例	0（从来不受到约束），1（总是受到约束）	1967~1995 年以后形式发生改变	从 1976~1995 年的 117 个国家到 1986~1995 年的 137 个国家
Quinn	Quinn（1997）	根据 AREAER 关于资本账户约束较为狭窄的记述来进行构建	数字越大说明该经济体所受的约束越小，数值范围处于 0~4	1958 年、1973 年、1982 年和 1988 年	63 个国家，其中 20 个发达国家、43 个发展中国家

续表

名　称	来　源	描　述	取值范围	年　份	所包含的国家数
△Quinn	Quinn（1997）	Quinn 指标的变化	资本账户变动的实际范围：1988~1982 年：-1 ~2；1988 ~1973 年：-2~2	根据上一表格中数据构建	63 个国家，其中 20 个发达国家、43 个发展中国家
OECD Share	资本流动自由化代码	11 类自由化约束相关指标占整个阶段平均水平的比例	0（总是受到约束），1（从来未受到约束）	1986 年、1988 年、1990 年、1993年、1995 年	21 个 OECD 国家
MR	Montiel & Reinhart（1999）	资本账户受到约束的强度	0（不受约束），1（受到轻微约束），2（受到较强约束）	1990~1996 年	15 个新兴市场国家
Levine/ Zervos & Herry	Levine & Zervos（1998）；Henry（2000）	新兴市场股票市场自由化的日期	构建 0 和 1 虚拟变量来对事件进行研究或者在横截面中以开放时间占总时间的比例进行研究	最早日期是 1986 年 5 月，最迟日期是 1991 年 12 月	11 个新兴市场国家
BHL	Bekaert Harvey & Lundblad（2001）	新兴市场和工业化经济股票市场自由化的日期	构建 0 和 1 虚拟变量来对事件进行研究或者在横截面中以开放时间占总时间的比例进行研究	最早 1980 年，最迟 1997 年	95 个国家，其中 43 个国家有一些金融自由化的经历（25 个新兴市场国家，18 个 CECD 国家
EW	Edison & Warnock（2003）	1 减去 IFC 可投资指数占 IFC 全球指数的比重	构建的数值处于 0~1 之间	1988~2001 年	29 个新兴市场国家
Capflows	Kraay（1998）	基于实际资本流的测量	实际资本流占 GDP 的比重		所有那些有 BOP 统计的国家
Capstocks	Lane & Milcsi-Ferretti	基于累积的总资本流动的测量	总资本流动占 GDP 的比重	1970~1998 年	70 个国家，既包括发达国家也包括发展中国家

在 AREAER 的报告中还记录了各个国家和地区放松资本账户管制的年份，Henry（2007）用这个国家或地区开放的年份占给定年份的比重（SHARE）来评价这个国家或地区资本账户的开放度，比如说从 1981~2000 年这 20 年中一个国家或地区开放的年份共 15 年，那么这个国家或地区的 SHARE 等于 0.5。文章通过将 GDP 的增长率对 SHARE 进行回归来评估 SHARE 对经济增长的影响，这种方法潜在地检验资本账户自由化对经济增长的长期影响，跨国横截面证据表明如果用 GDP 的增长率对 SHARE 进行回归得出的关于资本账户自由化对经济增长的影响是模棱两可的。本章想要论证的是资本账户自由化对实际短期经济增长的影响，因而必须用另外一种方法来对资本账户自由化进行衡量。

表 5-3　股票市场自由化及其主要经济改革的日期

国家或者地区	自由化年份	稳定性程序	贸易自由化	私有化
阿根廷	1989 年 12 月	1989 年 12 月	1991 年 4 月	1988 年 2 月
巴西	1988 年 3 月	1989 年 1 月	1990 年 4 月	1992 年 4 月
智利	1987 年 5 月	1985 年 8 月	1976 年	1988 年
哥伦比亚	1991 年 12 月	NA	1986 年	1991 年
印度	1986 年 6 月	1981 年 12 月	1994 年	1991 年
印度尼西亚	1989 年 9 月	1973 年 5 月	1970 年	1991 年
约旦	1995 年 12 月	1994 年 5 月	1965 年	1995 年 1 月
马来西亚	1987 年 5 月	NA	1963 年	1988 年
墨西哥	1989 年 5 月	1989 年 5 月	1986 年 7 月	1988 年 12 月
尼日利亚	1995 年 8 月	1991 年 1 月	NA	1988 年 7 月
巴基斯坦	1991 年 2 月	1993 年 9 月	2001 年	1990 年
菲律宾	1986 年 5 月	1986 年 10 月	1988 年 11 月	1988 年 6 月
韩国	1987 年 6 月	1985 年 7 月	1968 年	NA
中国台湾	1986 年 5 月	NA	1963 年	NA
泰国	1987 年 9 月	1985 年 6 月	NA	1988 年
土耳其	1989 年 8 月	1994 年 7 月	1989 年	1988 年
委内瑞拉	1990 年 1 月	1989 年 6 月	1989 年 5 月	1991 年 4 月
津巴布韦	1993 年 6 月	1992 年 9 月	NA	1994 年

注：通过整理 Henry（2007）的数据得来。

AREAER 年度报告中在评价一个国家或地区资本账户从封闭到开放时并没有指出这种开放到底是针对资本流入还是流出，而这两种开放对于实际经济的影响是有区别的。比如说如果外资可以自由流入，那么这种资本账户自由化可以暂时地提高该国或地区实际经济，而如果是该国或地区的资本能够自由流出，而外资流入受到约束，那么这种变化对于发展中国家或地区的实际经济没有什么影响。为了将资本自由化局限于前一种情形，我们将一个国家或地区允许外国资本购买该国国内或地区内股票的年份作为资本自由化的年份。许多发展中国家和地区在 20 世纪 80 年代末 90 年代初期开始允许国外资本购买本国股票，而这在以前是禁止的。尽管仅仅依靠是否允许国外资本购买该国股票这一个条件来衡量该国资本账户是否开放有些狭窄，但正是这种指标对于检验我们前面的理论而言是非常有用的（Frankel，1994）。

根据标准—普尔新兴市场数据库的记录，全球一共有 53 个发展中国家和地区拥有股票市场，在这些国家中共有 18 个国家和地区记录了其开放股票市场的日期。表 5-3 记录了这些国家开放其股票市场的日期，除此之外，该表还记录了该国其他一些主要经济改革的日期。

（二）经济增长的衡量

本章中的人均经济增长数据来自 Penn World Table 中的数据库 PWT6.2。在这个数据库中记录了从 1950 年到 2004 年 188 个国家的宏观数据，由于本章中所选取的发展中国家和地区开放股票市场的时间大多数集中在 20 世纪 80 年代末 90 年代初，因而本章中所选择的关于经济增长数据的始末年份是 1980 年和 2000 年。本章中所选用的经济增长用这个国家当年的对数人均 GDP 减去前一年的对数人均 GDP 来表示，而所选择的人均 GDP 用的都是 2000 年美元价格来进行衡量的。表 5–4 中给出了各个国家和地区在这段时期内有关人均经济增长的统计描述。

表 5–4　有关人均经济增长率的统计描述

国家/地区	自由化时间	0	1	2	均值	最小值	最大值
阿根廷	1989	–10.7%	–6.0%	9.17%	0.3%	–10.7%	14.3%
巴西	1988	–1.8%	1.6%	–5.6%	0.9%	–6.0%	5.8%
智利	1987	3.5%	4.9%	7.9%	1.0%	–12.8%	9.4%
哥伦比亚	1991	0.9%	1.6%	1.6%	1.1%	–4.0%	3.5%
印度	1986	3.9%	3.3%	5.8%	3.8%	–0.6%	6.8%
印度尼西亚	1989	6.6%	6.1%	6.1%	3.4%	–12.4%	6.8%
约旦	1995	2.7%	–0.2%	1.7%	0.1%	–17.1%	7.0%
马来西亚	1987	2.0%	5.9%	3.2%	3.7%	–3.1%	7.2%
墨西哥	1989	2.3%	2.7%	0.4%	0.9%	–6.3%	9.1%
尼日利亚	1995	5.1%	0	11.6%	–2.5%	–21.7%	11.6%
巴基斯坦	1991	2.8%	2.1%	0.3%	3.0%	–1.8%	7.0%
菲律宾	1986	–0.6%	2.3%	3.8%	0.4%	–8.9%	7.3%
韩国	1987	9.5%	9.1%	5.2%	5.5%	–9.5%	9.8%
中国台湾	1986	10.0%	10.6%	6.2%	5.9%	2.0%	10.6%
泰国	1987	6.9%	10.5%	9.0%	4.5%	–11.4%	10.5%
土耳其	1989	–2.0%	6.2%	–0.7%	2.4%	–7.0%	6.6%
委内瑞拉	1990	3.6%	4.8%	1.7%	–1.3%	–7.9%	4.8%
津巴布韦	1993	–1.4%	3.6%	–1.2%	0.5%	–12.7%	10.4%

注：0、1、2 分别表示该国或地区在自由化当年、自由化后第 1 年和第 2 年的人均实际 GDP 的增长率。

图 5–2 绘出了各发展中国家和地区在整个样本期间及资本账户自由化期间实际经济增长率的比较，可以看到除少数国家比如说阿根廷、智利和委内瑞拉这三个拉美国家之外，其他 15 个发展中国家和地区在资本市场自由化期间的平均经济增长率都大于或等于整个样本期间的平均经济增长率。

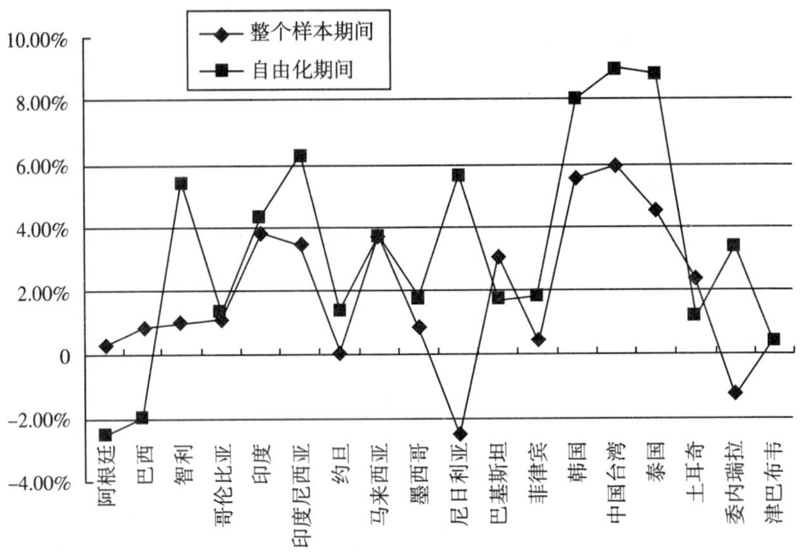

图 5-2 自由化期间与整个样本期间经济增长率的比较

（三）控制组的构建

由于实际经济增长既有可能是由资本账户自由化促进的，也有可能由同一时期其他外生的因素造成，比如说表 5-1 中列出的稳定性程序、贸易自由化或者私有化都有可能是造成实际经济增长的原因，除此之外，一些发展中国家和地区的实际经济增长本身就有内在的趋势。为了区分出资本账户自由化和其他外生的因素对实际经济增长的影响，在本章里将构建控制组（Control Group），通过差分内差分（Difference in Difference）方法来估计资本账户自由化对实际经济增长的影响。

从理论上来讲，控制组应当这样选择，即选择那些与资本账户已经自由化的那些国家或地区具有相同特征的国家或地区，而所选择的国家或地区唯一的不同之处就是资本账户尚未对外开放。选择控制组的目的在于判断那些与资本账户开放无关的全球经济冲击是否促进了实际经济的增长。因此所选择的控制组应该包含如下特点：这个国家或地区的经济发生了正的外生冲击，而且它的实际经济上涨了。这就排除了那些尽管发生了正外部冲击而实际经济没有上涨的那些发展中国家或地区。而对于一些发展中国家或地区，尽管它们也有股票市场，但在判断资本账户是否开放的问题上还存在疑问，因而这些国家或地区也被排除在控制组的选择之外。

在本章里，为了更好地选择控制组，我们以那些已经开放股票市场的国家和地区作为自身的控制组。具体的构造方法如下：我们以 1990 年前后两年时间内发生资本账户自由化的国家和地区作为处理组（Treated Group），1988 年到 1992 年这段期间内开放其股票市场的国家有阿根廷、巴西、哥伦比亚、印度尼西亚、墨西哥、巴基斯坦、土耳其和委内瑞拉；在 1988 年之前和 1992 年之后开放股票市场的国家和地区则被放在了控制组中，这些国家包括智利、印度、约旦、马来西亚、尼日利亚、菲律宾、中国台湾、泰国和津巴布韦。

(四) 控制解释变量的选择

在短期内有哪些因素能够影响经济增长呢？笔者收集了以下几个变量作为影响短期经济增长的控制解释变量。

(1) 初始 GDP。笔者认为首先是经济发展初始的水平量。根据新古典增长模型，当一国的经济水平比较低时，该国的经济相对于经济水平高的国家更能够获得较快的经济增长，出现所谓的“收敛”现象。这是因为，收入水平低的国家可以通过发达国家的“技术溢出”和“干中学”迅速地提高自身的技术水平，从而缩小与发达国家的差距，这就是所谓的“后发优势”。因而，在我们的实证模型中，我们希望初始人均 GDP 前面的系数为负。

(2) 实物资本投资。在本章中笔者收集了外商直接投资（FDI）作为某一个经济体的投资和贸易政策。以往很多文献已经证明出 FDI 对发展中国家经济增长的正向促进作用，因而笔者希望本章中 FDI 前面的系数为正。

(3) 人力资本投资（EDUCATION）。大多数研究文献在论证人力资本对经济增长的影响时用平均受教育情况来测量某一个经济体的人力资本。本章分别用每万人中学生注册登记人数来测量某一个经济体的人力资本投资。

(4) 人口（POP ULATION）。人口对人均经济增长也会有影响，根据新古典模型的推理结果，人口增长可以促进总体经济增长，但是会降低人均经济增长，由于本章验证的是对人均经济增长的影响，我们希望人口前面的系数为负。

(5) 就业状况（UNEMPLOYMENT）。最后一个影响人均经济增长的变量是失业率，根据奥肯法则，当一个经济体的失业率每上升 1 个百分点时，其经济增长就会有 2 个百分点的损失。失业很显然对经济增长有着负面影响，因而我们希望失业率前面的系数为负。

经过收集和整理，我们将这些控制变量的描述统计及其来源放在了表 5-5 中。

表 5-5 控制解释变量的描述统计

控制解释变量	观察值个数	均值	标准偏移	最小值	最大值
GDP	377	5313	3145	879.8	17056
FDI	336	42.87	79.3	–21.5	657.12
EDUCATION	339	153.3	41.35	69.09	284.82
POPULATION	357	1.08E+08	1.97E+08	2.23E+06	1.05E+09
UNEMPLOYMENT	235	6.71	3.892	0.8	20.5

资料来源：所有数据均来自联合国共同数据库（United Nation's Common Database）。

四、资本市场自由化对经济增长的影响：实证模型及其结果

（一）实证模型及其说明

实证分析的目的是为了检验资本市场自由化对于发展中国家的实际经济增长在短期内是否有显著的正向促进作用，我们通过估计下面的面板数据回归模型来验证这一点：

$$\Delta \ln grgdp_{it} = \beta_0 + country_i + \alpha_1 liberalize_{it} + \alpha_2 control_{it} + \alpha_3 trade_{it} + \alpha_4 stabilize_{it} + \alpha_5 privatize_{it} + \beta_i X_i + \varepsilon_{it} \quad (8)$$

方程（8）中，左边 $\Delta \ln grgdp_{it}$ 表示某一国家 i 在 t 年的对数人均实际 GDP 减去 t–1 年的对数人均实际 GDP，右边的第一项是常数项，它代表了在控制了国家固定效应 $country_i$ 之后在整个样本区间之内实际经济的平均年增长率。$liberalize_{it}$ 是虚拟变量，当国家 i 如果在第 t 年开放股票市场，那么在第 t 年、第 t+1 年和第 t+2 年它的取值是 1。这就意味着系数 α_1 代表的是在某一个国家股票市场开放的当年、下一年和下两年这三年时间里实际经济增长率对长期经济增长率的偏移。$control_{it}$ 是控制组国家的虚拟变量，当控制组中国家 i 在其股票市场自由化当年以及接下来的两年内时取值为 1。α_2 衡量的是在资本账户影响实际经济增长率时，外生的冲击对 α_2 的估计会造成多大程度的影响。$trade_{it}$、$stabilize_{it}$ 和 $privatize_{it}$ 也是一系列虚拟变量，当一个发展中国家实施这些经济政策时，在实施的当年和接下来的两年之内取值为 1。α_3、α_4 和 α_5 分别衡量的是贸易自由化、稳定性政策和私有化这些政策对实际经济的影响。之所以选择贸易政策、稳定性政策和私有化政策虚拟变量，其原因在于当一些发展中国家在资本市场自由化政策实施时，差不多同时实施了这些政策，为了分离出这些政策对于发展中国家经济增长的影响，从而得到资本账户自由化政策对短期经济增长影响的无偏估计。β_i 是一系列控制解释变量 X_i 的系数。

ε_{it} 是残差项，较为理想的情况是它满足独立同分布条件，即 $\varepsilon_{it}\sim$ ⅡD（0，σ^2），而实际上它存在两种可能的序列相关，一种情况是由于大多数开放了股票市场的发展中国家开放其股票市场的时间相同，因此在给定时间之内，不同国家之间的残差会发生序列相关的情形。还有一种情况是由于在每一个发展中国家内，上一年的经济增长也许会对下一年的经济增长产生影响，因此在某一个国家不同时间里残差序列有可能产生时间序列相关。为了解决这种序列相关性对估计产生的影响，本章在估计时采用了稳健的（Robust）面板数据固定效应模型估计方法。

（二）实证结论

通过对方程（8）进行估计，得到的结果如表 5-6 所示。方程（1）估计了所有解释变量的系数，方程（2）去掉了私有化虚拟变量，方程（3）去掉了稳定性政策虚拟变量，方程（4）去掉了贸易自由化虚拟变量。自由化虚拟变量前面的系数在数量上比较大，而且在统计上都是非常显著的。自由化虚拟变量的估计系数的变化范围从 1.7%到 3.1%。这就意味着在发展中国家的资本账户自由化期间，它的实际人均 GDP 的增长率比长期均值高出了 1.7 到 3.1 个百分点。控制虚拟变量前面的系数大都处于 0.02 左右，而且均不能通过显著性检验。

使用差分内差分计量方法的目的就是为了比较自由化虚拟变量和控制虚拟变量对于经济增长的影响是否有不同，当发展中国家在自由化阶段的经济增长高于其他时间段的经济增长时，一种可能性就是资本账户自由化使得发展中国家的资本变得更加丰富从而提高了经济效率。还有一种可能性就是全球经济震动到了景气阶段，这种外生的有利冲击也可能使得发展中国家在自由化阶段经济增长提高。引入控制虚拟变量的目的就是为了看看这种外生的有利冲击有多大，通过比较自由化虚拟变量的影响以及这种外生有利冲击的影响就能够判断出自由化虚拟变量对经济增长的实际影响。本章比较了各种情况下自由化虚拟变量和控制虚拟变量对实际经济增长的影响。表 5-6 中方程（1）、（2）、（3）、（4）中自由化虚拟变量前面的系数都能够通过显著性检验而且符号为正，也就是说资本市场自由化对短期经济增长有正向促进作用。而控制变量前面的系数均没有能够通过显著性检验，也就是说控制虚拟变量对短期经济增长没有什么影响。这就意味着抛开有利的外生冲击，资本市场自由化对短期经济增长有着显著的正面影响。

表 5-6 中方程（1）是我们主要关注的估计结果。在方程（1）中，常数项是 6.3%，意味着在整个样本中实际人均 GDP 的潜在的年均增长率是 6.3%，而在资本账户自由化期间，实际的年人均 GDP 的增长率会达到 9.4%。这就意味着在资本账户自由化的当年以及接下来的两年时间里实际的年人均 GDP 的增

表 5-6　自由化对实际人均 GDP 影响的实证结果 1（稳健的标准误差估计）

被解释变量/解释变量	实际人均 GDP 的增长率			
	（1）	（2）	（3）	（4）
liberalize	0.031*** (0.012)	0.017** (0.09)	0.019** (0.009)	0.031*** (0.012)
control	0.022 (0.014)	0.017 (0.014)	0.020 (0.012)	0.022 (0.014)
trade	0.003 (0.010)	-0.002 (0.010)	0.002 (0.010)	—
stabilize	-0.018 (0.012)	-0.011 (0.011)	—	-0.017 (0.012)
privatize	-0.020** (0.010)	—	-0.015* (0.009)	-0.020** (0.010)
GDP	4.75E-6*** (1.69E-6)	-4.83E-6*** (1.72E-6)	-7.12E-6** (3.33E-6)	-4.71E-6*** (1.69E-6)
FDI	8.41E-5* (4.95E-5)	8.81E-5* (5.03E-5)	9.67E-5* (5.57E-5)	8.30E-5* (4.90E-5)
population	8.45E-12 (1.19E-11)	1.25E-11 (1.19E-11)	6.53E-12 (1.98E-11)	1.02E-11 (1.05E-11)
education	-5.99E-6 (1.02E-5)	-5.08E-6 (1.02E-5)	-8.76E-6 (7.59E-6)	-6.03E-6 (1.01E-5)
unemployment	-0.0033*** (0.0009)	-0.0031*** (0.0009)	-0.0034** (0.0014)	-0.0033*** (0.0009)
常数	0.063*** (0.003)	0.060*** (0.011)	0.075*** (0.020)	0.063*** (0.010)
观察值个数	168	168	168	168
调整后的 R^2	0.623	0.599	0.540	0.621

注：***、** 和 * 分别表示在 1%、5%和 10%的显著性水平下显著。GDP、FDI 都是人均值，unemployment 用的是失业率乘以 100 以后的数值。

长率比长期潜在的人均 GDP 增长率高出了 50%。贸易自由化对于实际经济增长有着正面的影响，贸易自由化虚拟变量前面的系数为 0.003，但是这个系数没能通过显著性检验。通货膨胀稳定性政策虚拟变量前面的系数是-0.018，这个系数在 5%也没能通过显著性检验，这个系数同大多数关于发展中国家经济增长的文献是一致的。[①] 私有化政策虚拟变量前面的系数是-0.020，通过了显著性检验。下面我们将要对各个控制解释变量的估计结果进行分析。

人均 GDP 前面的系数为负而且在 1%的显著性水平下能够通过显著性检验，这和我们当初的预设是一样的。当人均 GDP 每上涨 1 个单位时，各经济

① 参照 Fisher，Sahay & Vegh（2002）。

体人均收入的差距就会缩小 0.0005 个百分点。由于本章所选择的样本都是发展中国家，因而出现这种收敛的情形是十分正常的，已经有很多经济学文献证明出全球经济呈现出发达国家与发达国家之间、发展中国家与发展中国家之间的“俱乐部式”趋同，本章再次证明出发展中国家之间“俱乐部式”的趋同。外商直接投资前面的系数为正，而且基本上通过了显著性检验，当外商直接投资增加 1 个单位时，发展中国家短期的平均经济增长将会增加近 0.01 个百分点。这和大多数以往的研究文献结果类似，已有大量的研究文献论证出 FDI 对发展中国家经济增长的正向促进作用。失业率对发展中经济体的短期增长率有显著的负面影响，很显然，这一结论也是符合经济学意义的，失业意味着劳动力的损失和社会资源的浪费，根据奥肯法则，失业率每上升 1 个百分点，经济增长率就会减少 2 个百分点。本章中，失业率每上升 1 个百分点，短期经济增长率就会下降 0.33 个百分点，很显然本章中失业率对短期经济增长的损害远不及奥肯法则所规定的那么严重，可能的一个原因是在奥肯法则中，失业率对经济增长的损害主要是长期潜在的经济增长，而本章实证研究的是失业率对短期经济增长的损害。从直觉上来看，失业对长期经济增长的影响应该比对短期经济增长的影响更大，因而本章中失业对于短期经济增长影响的结果也是符合经济学意义的。本章中所有教育对短期经济增长影响的实证估计结果与预期的结果不一致，而且都没能通过显著性检验。总体而言，表 5-6 的结果比较令人满意，实证模型的解释力度达到了 60%以上。

由于表 5-6 中人口和教育前面的系数没能通过显著性检验，在表 5-7 的回归结果中，笔者将人口和教育控制解释变量去掉后再次采用了一系列的经济计量手段来验证资本账户自由化对短期经济增长的影响。方程（1）所采用的方法是面板数据的固定效应模型，方程（2）所采用的是面板数据的随机效应模型，方程（3）所采用的是稳健的最小二乘估计（Robust OLS），方程（4）所采用的方法是面板数据的似无关（SUR）估计，方程（5）所采用的是面板数据的极大似然估计（MLE）。由于在不同国家之间可能出现截面异方差或者在同一个国家不同时间段里有可能出现时间序列相关现象，而且一般情况下当在一个面板数据中时间序列样本数目大于横截面样本时就需要采用 SUR 或者 MLE 方法来克服异方差和时间序列相关的问题。因而在表 5-7 中，方程（4）和方程（5）的结果最具有参考价值。

从方程（4）我们可以看出，在这 18 个发展中国家和地区或者经济体中，平均潜在的经济增长率是 5.8%，而在资本账户自由化期间经济增长速度要比平均增长速度高出 1.8 个百分点。控制虚拟变量前面的系数也是正的，但是没有通过显著性检验。其他所有的变量都通过了显著性检验，而且全都符合经济意义。可以看到当实行贸易自由化政策以后，该经济体的经济增长率比平均增

表 5-7　自由化对实际人均 GDP 影响的实证结果 2（稳健的标准误差估计）

被解释变量/解释变量	实际人均 GDP 的增长率				
	（1）	（2）	（3）	（4）	（5）
liberalize	0.019* (0.010)	0.022** (0.010)	0.023** (0.011)	0.018** (0.007)	0.022** (0.011)
control	0.015 (0.010)	0.018* (0.011)	0.021* (0.012)	0.014 (0.010)	0.019 (0.012)
trade	0.020 (0.013)	0.021* (0.013)	0.019 (0.012)	0.018*** (0.004)	0.021** (0.010)
stabilize	−0.020* (0.011)	−0.019* (0.011)	−0.018* (0.011)	−0.016*** (0.006)	−0.018* (0.010)
privatize	−0.019* (0.011)	−0.019* (0.010)	−0.018* (0.010)	−0.019*** (0.007)	−0.019* (0.010)
GDP	−1.28E−5*** (4.12E−6)	−6.31E−6*** (2.33E−6)	−4.49E−6*** (1.53E−6)	−5.55E−6*** (1.12E−6)	−5.17E−6*** (1.80E−6)
FDI	1.44E−4** (6.53E−5)	1.11E−4** (5.33E−5)	1.14E−4** (4.88E−5)	1.29E−4*** (3.06E−5)	1.09E−4*** (3.75E−5)
unemployment	−0.0036*** (0.0014)	−0.0031*** (0.001)	−0.0032*** (0.0007)	−0.0030*** (0.0003)	−0.0031*** (0.0008)
常数	0.104*** (0.025)	0.065*** (0.013)	0.056*** (0.008)	0.058*** (0.005)	0.059*** (0.011)
观察值个数	215	215	215	215	215
调整后的 R^2	0.28	0.44	0.19	0.18	—

注：同表 5-6。

长率高出 1.8 个百分点。而当通货膨胀比较严重，经济波动比较大时，该经济体的经济增长速度要比平均增长速度低 1.6 个百分点（由稳定性政策虚拟变量前面的系数可以看出）。当某一个经济体国有化程度高而要实行私有化政策时，该经济体的经济增长速度要比平均水平低 1.9 个百分点。GDP 前面的系数为负，再次证明了发展中国家的经济呈现出“俱乐部式”趋同现象。外商直接投资对发展中国家的经济有着显著的正向促进作用，而失业对发展中国家的经济增长则有着显著的负面影响。总体而言，方程（4）的估计结果与表 5-6 中方程（1）的估计结果类似，所不同的是由于方程（4）中去掉了两个控制解释变量，因而其解释力度比表 5-6 中方程（1）的解释力度低，只有 0.18。表 5-7 中其余方程的估计结果和方程（4）差别不大，再次证明了资本账户自由化对短期经济增长的正向促进作用。综合表 5-6 和表 5-7 的结果，我们可以看到当发展中国家或地区实行资本账户自由化时，其短期的经济增长速度要比平均增长速度高出 1.7 到 3.1 个百分点。

五、稳健性检验

在有些情况下，方程（8）的估计结果取决于控制组的构建，有一种可能性就是由于引入了控制组，资本账户自由化虚拟变量前面的系数变得显著。为了排除这种可能性，我们再次采用了另一种方法来验证资本账户自由化对经济增长的影响。我们在模型中同时引入国家固定效应和时间固定效应，在这个模型中时间趋势项所扮演的角色与方程（8）中的控制虚拟变量相同，模型形式如下：

$$\Delta \ln grgdp_{it} = \beta_0 + country_i + \alpha_0 year_t + \alpha_1 liberalize_{it} + \alpha_2 trade_{it} + \alpha_3 stabilize_{it} + \alpha_4 privatize_{it} + \beta_i X_i + \varepsilon_{it} \quad (9)$$

通过对方程（9）进行估计我们得到的结果如表 5–8 所示。由表 5–8 中的方程（1）我们可以看到，当我们通过引入时间固定效应来消除由于外生的有利冲击

表 5–8　自由化对实际人均 GDP 影响的实证结果 3

被解释变量/解释变量	实际人均 GDP 的增长率			
	（1）	（2）	（3）	（4）
liberalize	0.024* (0.014)	0.013 (0.011)	0.009 (0.012)	0.026** (0.012)
trade	−0.004 (0.012)	−0.004 (0.012)	−0.007 (0.012)	—
stabilize	−0.025* (0.013)	−0.020* (0.012)	—	−0.020* (0.011)
privatize	−0.021* (0.012)	—	−0.013 (0.012)	−0.017 (0.011)
GDP	−5.20E−6*** (1.56E−6)	−5.19E−6*** (1.57E−6)	−5.16E−6*** (1.58E−6)	−5.06E−6*** (1.62E−6)
FDI	1.06E−4*** (4.21E−5)	1.08E−4*** (4.23E−5)	1.12E−4*** (4.36E−5)	9.06E−5* (4.85E−5)
population	1.03E−11 (2.00E−11)	1.16E−11 (1.98E−11)	1.59E−11 (1.96E−11)	6.33E−12 (1.12E−11)
education	−5.81E−6 (1.12E−5)	−5.75E−6 (1.12E−5)	−4.84E−6 (1.17E−5)	−5.66E−6 (1.04E−5)
unemployment	−0.0032*** (0.0009)	−0.0032*** (0.0009)	−0.0031*** (0.0009)	−0.0034*** (0.0009)
常数	0.068*** (0.013)	0.065*** (0.013)	0.063*** (0.012)	0.067*** (0.011)
观察值个数	168	168	168	168
调整后的 R^2	0.24	0.22	0.21	0.23

注：同表 5–6。

对发展中国家实际经济增长的影响之后，资本账户自由化虚拟变量对于短期的经济增长仍然有正面的影响。自由化虚拟变量前面的系数为正，并且都能够通过显著性检验。然而，在方程（2）和方程（3）的回归结果中，资本账户自由化虚拟变量前面的系数就没那么显著了，而到了方程（4）中又具有了显著性。这就意味着在引入了时间固定效应之后，资本账户自由化对实际经济的正向影响没有改变，只是不太稳定。自由化虚拟变量前面的系数在 0.009 到 0.026 之间变动，也就是说当一个发展中国家进行资本市场自由化以后，在自由化期间的平均经济增长率比起整个样本期间的平均增长率要高出 0.9 到 2.6 个百分点，这就再次肯定了前面资本账户自由化在短期内对短期经济增长有着正面影响的结论。

其余控制解释变量中，人均 GDP 前面的系数为负，再次说明了发展中国家的经济发展呈现出“俱乐部式”的趋同。外商直接投资（FDI）前面的系数为正，再一次证明了 FDI 对发展中国家经济的正面促进作用。失业率前面的系数为负，说明了失业对经济增长的损害。而人口和教育对经济增长的影响不显著，这些结果与表 5-6 中的结果大致相同。

为了与前面的分析保持一致，我们将人口和教育变量同时去掉，再次分别使用固定效应模型、随机效应模型、OLS、SUR 和 MLE 方法对这一模型进行估计，估计的结果放在表 5-9 中。

表 5-9　自由化对短期经济增长影响的实证结果 4

被解释变量/解释变量	实际人均 GDP 的增长率				
	(1)	(2)	(3)	(4)	(5)
liberalize	0.017* (0.010)	0.019* (0.010)	0.019* (0.011)	0.019* (0.011)	0.019* (0.010)
trade	0.020 (0.013)	0.021* (0.013)	0.019 (0.012)	0.019 (0.012)	0.021** (0.010)
stabilize	−0.020* (0.011)	−0.019* (0.011)	−0.018* (0.011)	−0.016* (0.011)	−0.018* (0.010)
privatize	−0.016* (0.011)	−0.018* (0.011)	−0.014 (0.010)	−0.014 (0.010)	−0.015 (0.010)
GDP	−1.31E−5*** (4.14E−6)	−6.30E−6*** (2.27E−6)	−4.68E−6*** (1.54E−6)	−4.68E−6*** (1.54E−6)	−5.41E−6*** (1.84E−6)
FDI	1.47E−4** (6.56E−5)	1.14E−4** (5.33E−5)	1.20E−4** (4.95E−5)	1.20E−4*** (4.95E−5)	1.13E−4*** (3.78E−5)
unemployment	−0.0037*** (0.0014)	−0.0033*** (0.001)	−0.0033*** (0.0007)	−0.0033*** (0.0007)	−0.0033*** (0.0008)
常数	0.108*** (0.025)	0.066*** (0.013)	0.059*** (0.008)	0.059*** (0.008)	0.062*** (0.011)
观察值个数	215	215	215	215	215
调整后的 R^2	0.27	0.42	0.18	0.18	—

注：同表 5-6。

表 5-9 中方程（1）、（2）、（3）、（4）、（5）分别是固定效应、随机效应、OLS、SUR 和 MLE 的估计结果。从这些估计结果中我们可以看到，即使去掉了人口和教育这两个控制解释变量，资本账户自由化虚拟变量前面的系数仍然显著为正，再次证明了资本市场自由化对发展中国家短期经济增长的正向促进作用。其他控制解释变量在这个时候都变得非常显著，而且符合经济意义。人均 GDP 前面的系数都显著为负，再次证明出这 18 个发展中国家和地区的经济增长呈现出条件趋同的现象。人均 FDI 前面的系数为正，说明发展中国家引入的外商直接投资越多，经济增长速度越快，这从另外一个角度说明了资本市场自由化以后，发展中国家因为资本投入的改善从而获得更快的短期经济增长。失业率前面的系数为负，再次证明了失业对发展中国家经济增长的损害。总体而言，表 5-9 的估计结果比较符合经济学意义，模型回归的解释力度都在 0.18 以上。表 5-8 和表 5-9 的结果表明即使同时引入国家固定效应和时间固定效应，资本账户自由化对发展中国家的短期经济增长仍然有正向的促进作用。

六、结　论

根据新古典经济增长理论，当一个国家的经济增长处于长期经济增长的均衡路径上时，单位有效劳动的资本增长率为 0，此时促进经济长期增长的因素只有技术进步。当出现一个外生的冲击使得这个国家的单位有效劳动的资本增长率大于 0 时，这个时候，这个国家的经济增长在短期内将高于长期经济增长。本章根据这个理论假设发展中国家单位劳动的有效资本低于世界其他国家单位劳动的有效资本，当这个国家开放其资本市场后，随着外资的进入，该国的资本使用成本将会降低，单位有效劳动的资本使用将会增加，此时经济的增长速度将会高于长期的经济增长，这就从理论上证明了资本市场自由化对发展中国家的短期经济增长有着正面的影响。

在验证资本市场自由化对经济增长的正面影响时，为了消除全球有利的外生冲击对经济增长的影响，本章使用了差分内差分的计量方法，通过比较资本市场自由化虚拟变量和控制虚拟变量各自对经济增长的影响，结果发现在消除了控制虚拟变量的影响之后，资本市场自由化虚拟变量对经济增长仍然有着正面的促进作用。面板数据的实证结果表明，发展中国家在整个样本期间之内潜在的平均经济增长率是 6.3%，而在资本账户自由化期间的实际经济增长率会比潜在增长率高出 1.7 到 3.1 个百分点。

本章的实证结果还表明发展中国家的人均 GDP 出现了“俱乐部式”的条件收敛现象，当人均 GDP 每上升一个单位时，发展中国家之间人均 GDP 的差距就会缩小 0.0005 个百分点。外商直接投资对发展中国家的短期经济增长有正向的促进作用，当人均的外商直接投资增加 1 个单位时，发展中国家短期的平均经济增长将会增加近 0.01 个百分点。失业对短期经济增长有负向的影响，当失业率上升 1 个百分点时，发展中国家的经济增长就会下降 0.33 个百分点。实证结果也有一些缺憾，那就是没有能够论证出人口和教育对发展中国家的短期经济增长有什么影响。

最后有一点需要强调的是尽管本章从理论上和实证上都证明出资本项目自由化对发展中国家短期实际经济增长的促进作用，但是对于这一结论我们仍然得保持谨慎。这是因为在衡量资本市场自由化时，本章所采用的指标是股票市场自由化，而股票市场自由化只是资本市场自由化的一个方面。因而，如何更好地衡量一个国家的资本市场自由化程度，从而更准确地估计资本账户自由化对经济增长的影响仍然是一个值得进一步研究的课题。另外一点值得注意的就是本章所选择的 18 个国家和地区都是开放了股票市场的国家和地区，有一种可能性就是，正是因为这些国家通过开放股票市场可以促进它们的经济发展，所以它们开放了股票市场。而那些没有开放股票市场的发展中国家可能由于考虑到开放股票市场对它们的经济发展不利，因而它们就没有开放股票市场。因而本章所选择的样本有一定的片面性，如果能够证明出那些没有开放股票市场的发展中国家在开放其股票市场后，经济增长也能得到加速，那么本章的结论就更加真实了。但是至少到目前为止，还不能够证明那些没有开放股票市场的发展中国家可以通过开放股票市场获得更快的经济增长，否则的话它们为什么不开放自己的股票市场呢？因此，对于本章的结论我们必须保持谨慎，我们暂时得出资本账户自由化对发展中国家经济增长的正向影响，当其他的发展中国家开发股票市场之后我们会将这些样本收集进来再次对这一结论进行验证。

参考文献

[1] Arteta, C., Barry, E. and Wyplosz, C. (2001), *On the Growth Effects of Capital Account Liberalization*, Unpublished, Berkeley, California: University of California.

[2] Bailliu, J. (2000), *Private Capital Flows, Financial Development, and Economic growth in Developing countries*. Bank of Canada Working Paper, No.2000-15.

[3] Bekaert, G., Campbell, H. and Christian, L. (2001), *Does Financial Liberalization Spur Growth*? NBER Working Paper, No.8245.

[4] Chanda, A. (2001), *The Influence of Capital Controls on Long-run Growth: Where and How Much*? (Unpublished, Providence, Rhode Island: Brown University)

[5] Edison H. and Warnock F. (2003), *A simple measure of the intensity of capital controls*. Journal of Empirical Finance, 10: 81-103.

[6] Edwards, S. (1999), *How Effective are Capital Controls*? Journal of Economic

Perspectives, 13: 65–84.

[7] Fisher, S. Sahay, R. and Vegh, C. (2002), *Modern Higher-and High Inflations*. NBER Working Paper, No. W8930.

[8] Grilli, V. and Milcsi -Ferretti, G.M. (1995), *Economic Effects and Structural Determinants of Capital Control*. Staff Papers, International Monetary Fund, 42: 517–551.

[9] Henry, P.B. (2007), *Capital Account Liberalization: Theory, Evidence and Speculation*. Journal of Economic Literature, 45: 887–935.

[10] Klein, M.W. and Giovanni, O. (2000), *Capital Account Liberalization, Financial Depth and Economic Growth* (Unpublished, Boston: Fletcher School of Law and Diplomacy, Tufts University).

[11] Kraay, A. (1998), *In Search of the Macroeconomic Effects of Capital Account Liberalization* (Unpublished, Washington: The World Bank).

[12] Lane P.R. and Milcsi -Ferretti, G.M. (2001), *The external wealth of nations: measures of foreign assets and liabilities for industrial and developing countries*. Journal of International Economics, 55 (2001): 263–294.

[13] Levine, Ross and Zervos Sara (1998), *Stock Markets, Banks and Economic Growth*. American Economic Review, June, 88 (3): pp. 537–558.

[14] Montiel, Peter & Reinhart, Carmen M. (1999), *Do capital controls and macroeconomic policies influence the volume and composition of capital flows? Evidence from the 1990s*. Journal of International Money and Finance, 18 (4): 619–635.

[15] O'Donnell, B. (2001), *Financial Openness and Economic Performance* (Unpublished, Dublin, Ireland: Trinity College).

[16] Quinn, D. (1997), *The Correlates of Changes in International Financial Regulation*. American Political Science Review, 91: 531–551.

[17] Rodrik, D. (1998), *Who Needs Capital-Account Convertibility?* (Unpublished, Cambridge, Massachusetts: Harvard University)

(本章执笔人：刘生龙)

第六章 人民币均衡实际汇率的测算
——兼论实际有效汇率错配的贸易收支效应

近年来，我国的贸易顺差急剧扩大，外汇储备快速增长，贸易失衡及人民币汇率的错配（Misalignment）问题引起了国际机构等广泛的关注。正确测算和分析人民币均衡实际汇率及实际汇率错配的贸易收支效应，成为我国宏观经济实践和政策的要求。

本章共分五个部分。第一部分，简要概述测算均衡实际汇率的理论基础。第二部分，在实证检验和分析影响人民币均衡实际汇率水平变动的主要因素的基础上，以 Elbadawi 模型为理论前提，应用经济计量技术中的向量误差校正模型和 H-P 滤波方法，具体测算了人民币均衡实际有效汇率及相应的错配程度。考虑到中美贸易顺差和人民币兑美元汇率问题的相对重要性，第三部分进一步测算了人民币兑美元的均衡实际汇率及其错配程度。第四部分，在实证分析人民币实际有效汇率与对斥贸易的定量关系的基础上，模拟和分析了人民币均衡实际有效汇率的错配对贸易收支余额的影响。第五部分，是结论和政策含义。

研究发现：第一，影响人民币均衡实际有效汇率的基本经济要素主要是贸易条件、相对劳动生产率、国内外实际利差和负债率，这些要素对实际有效汇率的短期影响和长期影响的方向相同，但更多地表现为长期影响。影响实际有效汇率短期运动的主要因素是非均衡误差的自我调整机制、基本经济要素等，但非均衡误差的自我调整在实际有效汇率的短期调整过程中起主导作用。第二，人民币实际汇率的错配具有阶段性，不存在稳定的趋势；不过，对均衡实际有效汇率和双边均衡实际汇率的测算表明，2004 年以来，人民币实际汇率存在一定程度的低估。其中，人民币实际有效汇率在 1983~1985 年、1996~2002 年被高估，在 1986~1988 年、1990~1995 年、2004~2006 年被低估，在 1989 年和 2003 年基本平衡；人民币兑美元的内部实际汇率在 1985~1987 年、1990~1992 年、1994~1995 年、2003~2006 年被低估，在 1982~1984 年、1988~1989 年、1993 年、1996~2002 年被高估；人民币兑美元的外部实际汇率在 1985~1987 年、1991~1992 年、1994 年、2000~2006 年被低估，在 1982~1984 年、1988~1990 年、1993 年、1995~1999 年被高估。第三，对分贸易方式进行的人民币实际有效汇率与进出口贸易的实证关系、人民币均衡实际有效汇率错配对贸易收支平衡影响的情景模拟表明：在实际有效汇率被低估的年份，实际有效汇率升值有助于改善这些被低估年份的贸易收支状况；在实际有效汇率被高估的年份，实际有效汇率贬值对进出口贸易都有促进作用，对贸易收支余额的影响并不确定。这与通常认为的实际汇率贬值能够增加净出口、实际汇率升值能够减少净出口有些相悖。实证分析表明，这主要是由于中国的加工贸易进口在总进口中占有重要地位，且加工贸易进口需求的汇率弹性为负，从而使中国进口需求函数对实际汇率的弹性系数为负。上述分析隐含的政策含义是，中国的贸易顺差问题，不能单从汇率水平上找问题，还应该从更为根本的中国的经济结构、所处的发展阶段、在国际贸易格局中所处的地位等来进行深层分析，寻找解决办法。

一、测算均衡实际汇率的理论基础

均衡实际汇率并不是能在现实经济生活中直接观测到的经济变量，要测算均衡实际汇率，首先得明确均衡实际汇率的概念，其次需要建立均衡实际汇率与主要宏观经济变量之间的数量模型，最后根据所建立的模型测算得到均衡实际汇率。均衡实际汇率其实就是在中长期内与一国的内部均衡和外部均衡相一致的实际汇率；这样就引出了实际汇率的概念。根据国际贸易理论，可以通过对名义汇率进行价格指数调整来得到实际汇率，也可以用一国内部的贸易品与非贸易品的价格指数之比来计算实际汇率；由此又引出名义汇率的概念。从名义汇率到实际汇率，再从实际汇率到均衡实际汇率理论，最后从均衡实际汇率理论实证得到均衡实际汇率。本部分通过这种层层逼近，逐渐理解和把握测算均衡实际汇率的理论基础。

（一）名义汇率的定义和分类

货币有两种价格，国内价格是利率，国外价格是汇率。汇率用来衡量两国货币的相对价格，有两种标价方法：直接标价法和间接标价法。直接标价法，即以本币标价，衡量一单位外币所能购买的本币的数量。在此标价法下，名义汇率的数值上升表示本币贬值；名义汇率的数值下降表示本币升值。间接标价法，即以外币标价，衡量一单位本币所能购买的外币的数量。在此标价法下，名义汇率的数值上升表示本币升值；名义汇率的数值下降表示本币贬值。

名义汇率，通常是在外汇市场交易中形成或者是由官方规定的，是在社会经济生活中被直接公布、使用的表示两国货币之间比价关系的汇率。名义汇率可以区分为双边名义汇率和名义有效汇率。双边名义汇率是指外汇市场上两种货币之间的兑换牌价，直接标价法下，名义汇率上升表示本币贬值外币升值。名义有效汇率是对主要贸易伙伴国的双边名义汇率加权后得到的汇率，权重一般取进口额、出口额或贸易总额的相对份额，加权方法一般采用简单加权平均或几何加权平均。名义有效汇率只能通过计算得到，通常采用指数形式表示，并且一般采用间接标价法，名义有效汇率上升表示本国货币相对价值上升。

（二）实际汇率的定义和分类

由于名义汇率衡量的是两国货币的相对价格，没有考虑两国价格水平的差异，并不能反映两国货币的实际价值。实际汇率定义为以同种货币表示的两国商品的相对价格水平，从而能够反映本国商品的国际竞争力。根据定义的角度不同，可以区分为外部实际汇率和内部实际汇率。

1. 外部实际汇率

外部实际汇率是根据一国外部指标来定义实际汇率，即根据外国与本国价格水平的差异对名义汇率进行调整后得到的实际汇率。调整名义汇率的指数有：消费者价格指数、GDP 平减指数、批发价格指数、制造业部门单位劳动力成本指数等。表 6–1 详细对比了基于不同价格指数的实际汇率的特点。需要特别指出的是，在计算外部实际汇率时，对本国和外国要使用相同类型的价格指数或成本指数。

表 6–1　基于不同价格指数或成本指数的外部实际汇率

指　数	指数的特点	实际汇率的意义	实际汇率的判断及运用
消费者价格指数（CPI）	从支出角度全面衡量一国商品的价格变化	可用来比较本国居民与外国居民之间相对生活水平的变化情况	实际汇率上升，表示以同一货币衡量的本国商品的消费价格相对于外国商品的消费价格有所下降，这意味着本国居民的生活水平相对于外国居民有所改善
批发价格指数（WPI）	从支出角度衡量一国贸易品的价格变化	可用于比较本国贸易品与外国贸易品之间的相对价格变化	由于批发价格指数中涉及的非贸易品较少，可以反映本国居民与外国居民在各自贸易品方面的相对支出变化，但它却无法反映两国居民相对生活水平的变化
GDP 平减指数	从生产/成本角度考虑一国所有商品的产出价格或成本变化	可用于衡量本国所有商品与外国所有商品之间的相对竞争力的变化	实际汇率上升，表示本国所有商品相对于外国所有商品的生产价格有所下降，同时由于生产价格取决于生产成本，所以这也意味着本国所有商品的竞争力相对于外国所有商品有所提高
制造业部门的单位劳动力成本指数（ULC）	从生产/成本角度衡量一国贸易品的生产价格/成本	用于衡量本国贸易品与外国贸易品之间相对生产价格或生产成本的变化	实际汇率上升，表示本国贸易品生产价格或生产成本相对于外国贸易品有所下降，这意味着本国贸易品的对外竞争力加强

与名义汇率一样，外部实际汇率也可以用本币直接标价或用外币间接标价；根据研究对象的不同，实际汇率同样能够区分为双边实际汇率和实际有效汇率。

（1）直接标价的双边实际汇率（Bilateral Real Exchange Rate，BRER）。

$$BRER = EXR \times \frac{P^*}{P}$$

式中，EXR 是直接标价的名义汇率，P^* 和 P 分别表示国外和本国的价格指数或成本指数。

（2）间接标价的实际有效汇率（Real Effective Exchange Rate，REER）。

简单加权平均的实际有效汇率：

$$REER = \sum_{i=1}^{m}\left[\omega_i\left(EXR_i \times \frac{P}{P_i}\right)\right]$$

几何加权平均的实际有效汇率：

$$REER = \prod_{i=1}^{m}\left(EXR_i \times \frac{P}{P_i}\right)^{\omega_i} = NEER \times \prod_{i=1}^{m}\left(\frac{P}{P_i}\right)^{\omega_i}$$

式中，EXR_i 表示本国对第 i 个贸易伙伴国的间接标价的双边名义汇率，$\prod$ 表示乘积，ω_i 是第 i 个贸易伙伴国所占的权重，m 表示本国的贸易伙伴的数量，满足 $\sum_{i=1}^{m}\omega_i = 1$，P 是本国的价格指数或成本指数，$P_i$ 是第 i 个贸易伙伴国的价格指数或成本指数，NEER 是几何加权平均的名义有效汇率。

实际有效汇率不仅考虑了所有双边名义汇率的相对变动情况，而且还剔除了价格因素对货币本身价值变动的影响，能够综合地反映本国货币的对外价值和相对购买力。

2. 内部实际汇率

内部实际汇率是根据一国国内指标来定义实际汇率，将实际汇率定义为一国内部的贸易品与非贸易品的国内价格之比，[①] 它反映了在一个特定国家内部人们生产或消费贸易品和非贸易品的相对价格水平。贸易品价格和非贸易品价格分别用 P_T、P_N 表示。内部实际汇率能够反映出国内生产和消费在贸易品部门和非贸易品部门之间的动态配置情况。若内部实际汇率上升（假设 P_T 上升，而 P_N 保持不变），则生产贸易品变得相对有利可图，国内的生产资源将转向贸

① 内部实际汇率可以定义为一国内部的贸易品与非贸易品的国内价格之比；此时，内部实际汇率上升意味着本国货币实际贬值，内部实际汇率下降意味着本国货币实际升值。同样也可以将内部实际汇率定义为一国内部的非贸易品与贸易品的国内价格之比；此时，内部实际汇率上升意味着本国货币实际升值，内部实际汇率下降意味着本国货币实际贬值。

易品部门；而消费贸易品则变得相对昂贵，国内消费将转向非贸易品。可以看到，内部实际汇率的上升会对国内生产和消费的转移产生方向相反的激励效应，这种激励效应最终会改善本国的经常项目。因为国内消费转向非贸易品会减少进口，国内生产转向贸易品部门会增加出口，综合起来将改善本国的经常项目。由此可以看出，内部实际汇率上升意味着本国货币实际贬值，内部实际汇率下降意味着本国货币实际升值。

内部实际汇率也可以按照支出法和成本法来计算，还可以基于两商品模型、三商品模型和多商品模型分别进行定义。两商品模型是指一国宏观经济中的商品只包括贸易品和非贸易品，此时内部实际汇率直接定义为贸易品与非贸易品的国内价格之比，即：

$$IRER = P_T / P_N$$

（三）均衡实际汇率的理论模型

根据研究重点的不同，均衡汇率有两重截然不同的含义：一是指市场名义均衡汇率，由外汇市场上的套利力量和供求力量相互作用决定。二是指宏观实际均衡汇率，也就是在中长期内与宏观经济的内部均衡和外部均衡相一致的实际汇率。根据宏观经济调控的四重目标，一国宏观经济的内部均衡是指经济增长、充分就业、物价稳定，具体而言就是指一国经济的现实增长率达到或接近其潜在的生产能力、失业率等于或接近自然失业率、通货膨胀率维持在一个较低的可持续水平；一国宏观经济的外部均衡是指国际收支平衡，具体指一国国际收支中的交易项目——经常项目和资本项目实现均衡。

本章所研究的均衡汇率，专指宏观均衡实际汇率。由于传统的购买力平价理论仅仅考虑货币因素对汇率变动的影响，而忽视了诸如贸易条件、经济周期、资本流入水平变化等实际因素的影响，因此不在本章的研究范围之内。Nurkse（1945）最早提出均衡实际汇率的概念，并将均衡实际汇率定义为在贸易没有受到过分限制，对资本的流入流出无任何特别鼓励措施，不存在过度失业的前提条件下能够使国际收支实现均衡的汇率。也就是说，国际收支的均衡是在适当的宏观经济政策和内在经济条件下实现的，而不应通过扭曲的政策和不可持续的资源利用率来实现。在此框架内，国际收支状况是决定均衡实际汇率的最主要的基本经济要素，但这时的国际收支状况已经对暂时性影响和特殊因素等进行过调整。

均衡实际汇率理论的核心是研究内在均衡的实际汇率（Equilibrium Real Exchange Rate）与基本经济要素之间的关系，并在此基础上分析现实的实际汇率（Actual Real Exchange Rate）与内在均衡的实际汇率之间的错配情况。针对不同的研究对象，基于不同的分析框架，选定不同的基本经济要素，采用不同的经济计量学估计方法，便发展为不同的均衡实际汇率理论模型。广为经济学界引用的有：FEER 模型、NATREX 模型、BEER 模型以及 Edwards 模型、Elbadawi 模型和 Montiel 模型。下面仅简要介绍本章测算人民币均衡实际汇率的基础模型：Elbadawi 模型。

Elbadawi（1994）基本沿用 Edwards 的设定，将实际汇率定义为国内的非贸易品与贸易品的相对价格。他认为内部均衡的条件是非贸易品市场现在出清，并且预期在将来也出清；外部均衡的条件是当前和未来的经常项目收支与长期可持续的资本流入相适应。Elbadawi 模型是从一个小型的结构式模型入手，分析影响均衡实际汇率的基本经济要素，然后用简化式模型来决定均衡实际汇率，并考虑均衡实际汇率模型的动态调整。下面主要从逻辑上梳理 Elbadawi 模型的推导过程。

1. ERER 模型的基本形式

名义国内吸收等于私人部门国内支出和政府部门国内支出之和，即国内吸收恒等式为 $A = EXP_G + EXP_P$。式中，A 是名义国内吸收，EXP_P 表示私人部门的国内支出，EXP_G 表示政府部门（公共部门）的支出。政府支出被视为政策变量，并且由 GDP 的固定比例给出 $EXP_G = g \cdot \gamma$。

进一步，假定政府非贸易品支出 EXP_{GN} 与政府总支出 EXP_G 之间存在固定比例关系，即：

$$EXP_{GN} = g_N \cdot EXP_G = g_N \cdot g \cdot \gamma$$

另外，私人部门的非贸易品消费支出占私人部门总消费支出的比例（EXP_{PN}/EXP_P）由系统内生决定，是出口品国内价格 P_x、进口品国内价格 P_m、非贸易品国内价格 P_N 的函数。

$$\begin{aligned} EXP_{PN} &= d_{PN}(P_x,\ P_m,\ P_N) \cdot EXP_P \\ &= d_{PN}(P_x,\ P_m,\ P_N) \cdot (A - g \cdot \gamma) \end{aligned}$$

根据上述关系式，对非贸易品的总需求为：

$$\begin{aligned} EXP_N &= EXP_{PN} + EXP_{GN} \\ &= d_{PN}(P_x,\ P_m,\ P_N) \cdot (A - g \cdot \gamma) + g_N \cdot g \cdot \gamma \end{aligned}$$

非贸易品供给 S_N 与 GDP 的比例关系也被视为是出口品国内价格 P_x、进口品国内价格 P_m、非贸易品国内价格 P_N 的函数，$S_N = S_N(P_x,\ P_m,\ P_N) \cdot \gamma$。

当非贸易品供给与需求相等时，就意味着非贸易品市场实现了均衡：

$$S_N(P_x,\ P_m,\ P_N) = d_{PN}(P_x,\ P_m,\ P_N) \cdot \left(\frac{A}{\gamma} - g\right) + g_N \cdot g$$

出口品和进口品的国际价格不妨分别记作 P_x^* 和 P_m^*（以美元标价），对于发展中国家尤其是小国，P_x^* 和 P_m^* 完全可以看作是外生变量，令 t_x 和 t_m 分别代表出口和进口净税率，则有：

$P_x = E(1-t_x)P_x^*$　　$P_m = E(1+t_m)P_m^*$

E 表示直接标价法的名义汇率，单位是本币/外币。

将实际汇率定义为非贸易品与贸易品的国内价格之比：

$$e = \frac{P_N}{E \cdot P_x^{*\alpha} P_m^{*1-\alpha}}$$

根据上面构建的结构式模型，可以求出在给定外生变量和政策变量的情况下，使国内非贸易品市场实现瞬时均衡的实际汇率水平：

$$e = e\left(\underset{(+)}{\frac{A}{\gamma}},\ \underset{(?)}{TOT},\ \underset{(+)}{t_x},\ \underset{(+)}{t_m},\ \underset{(+)}{\frac{EXP_{GN}}{EXP_G}},\ \underset{(?)}{\frac{EXP_G}{\gamma}}\right)$$

其中，括号中的“+”代表正相关，“?”代表不确定。以下同。

2. ERER 模型的动态化

上述求解得到的 ERER 值只保证某特定时间内非贸易品市场均衡，并不能解释基本经济要素的预期变化，也没有指明如何将基本经济要素的“可持续性”内部化，更没有描述出事实的实际汇率回归到其均衡水平的动态过程。Elbadawi 从这些方面对上述的模型进行了扩展。为便于实证分析，取上述模型的线性形式：

$$\log e = \alpha_0 + \alpha_1\log(TOT) - \alpha_2\log(OPEN) + \alpha_3\log\left(\frac{A}{GDP}\right) + \alpha_4\log\left(\frac{G \cdot EXP}{GDP}\right) + \alpha_5\log\left(\frac{CURR \cdot G \cdot EXP}{G \cdot EXP}\right)$$

式中，OPEN =（EXPORT + IMPORT）/GDP 综合反映进出口关税（t_x 和 t_m）和贸易政策、汇兑管制政策等，G·EXP 和 CURR·G·EXP 分别代表政府总支出和政府经常性支出。

国内吸收 A 是内生变量，将其内生化有：

$$\frac{A}{GDP} = a\left(\underset{(+)}{\frac{NKI}{GDP}},\ \underset{(-)}{r^* - \sigma[{}_t\log(e_{t+1}) - \log(e_t)]}\right)$$

式中，NKI 代表可持续的净资本流入（或可持续的经常项目差额），r^* 是国际利率，σ 是非贸易品消费占总消费的比重，${}_t\log(e_{t+1})$ 是在时间 t 时 $\log(e_{t+1})$ 的期望值。由于可持续的资本流入增加时，可持续的国内吸收也将上升，因此 NKI 的一阶偏导为正；当国际利率或预期贬值率上升（${}_t\log(e_{t+1}) - \log(e_t) < 0$）导致实际利率上升时，储蓄需求将上升，国内吸收相对于收入将减少，因而方程中第二项一阶偏导为负。线性形式为：

$$\log\left(\frac{A}{\gamma}\right)_t = \beta_0 + \beta_1\left(\frac{NKI}{\gamma}\right)_t - \beta_2({}_t\log(e_{t+1}) - \log(e_t))$$

由于在实证分析中难以找到代表国际利率的合适指标，因此在方程中略去了国际利率。将国内吸收的函数形式代入，可以得到实际汇率的简化形式的动态方程：

$$\log e_t - \lambda_t \log e_{t+1} = \delta_0 + \delta_1 \log(TOT)_t - \delta_2 \log(OPEN)_t + \delta_3\left(\frac{NKI}{GDP}\right)_t + \delta_4 \log\left(\frac{G\cdot EXP}{GDP}\right)_t + \delta_5 \log\left(\frac{CURR\cdot G\cdot EXP}{G\cdot EXP}\right)_t$$

当上述方程右边的变量具有可持续性时，对应的实际汇率就是均衡实际汇率。

定义参数向量为：

$\boldsymbol{\delta} = (\delta_0,\ \delta_1,\ -\delta_2,\ \delta_3,\ \delta_4,\ \delta_5)$

基本经济要素向量为：

$$\mathbf{F} = \left[1,\ \log(TOT),\ \log(OPEN),\ \frac{NKI}{GDP},\ \log\left(\frac{G\cdot EXP}{GDP}\right),\ \log\left(\frac{CURR\cdot G\cdot EXP}{G\cdot EXP}\right)\right]$$

利用递推方法，在向量 **F** 的值具有可持续性时记为$\tilde{\mathbf{F}}$，就可以得到均衡汇率$\tilde{e}$的如下表达式：

$$\log \tilde{e}_t = \sum_{j=0}^{\infty} \lambda^j \boldsymbol{\delta}_t' \tilde{\mathbf{F}}_{t+j}$$

如果$\tilde{\mathbf{F}}$是一阶单整的，那么有下面的协整关系：

$$\log \tilde{e}_t = \frac{1}{1-\lambda}\boldsymbol{\delta}'\tilde{\mathbf{F}}_t + \eta_t$$

基本经济要素的可持续水平可以通过时间序列技术来得到，这种技术由 Beveridge and Nelson（1981）引入，后经 Nelson and Plosser（1982）、Cuddington and Winters（1987）、Cuddington and Urzua（1989）进一步发展和完善。

3. 构建实际汇率的 ECM 模型

在协整关系成立的条件下，可以同时考虑长期均衡和动态误差修正项。与协整关系相一致的误差修正模型表示为：

$$\Delta\log(e_{t+1}) = b_0\left(\frac{1}{1-\lambda}\boldsymbol{\delta}'\mathbf{F}_t - \log(e_t)\right) + \mathbf{b}_1\Delta\mathbf{F}_{t+1} - b_2\Delta\log(E_{t+1}) + b_3\Delta\log(Dom.Cred./Real\ GDP)_{t+1} + \varepsilon_{t+1}$$

E_{t+1} 是直接标价法的名义汇率，单位为本币/外币；ε_{t+1} 是平稳的随机变量，由实际汇率的未来一期的预测误差组成，也就是 $\Delta\log(e_{t+1}) - {}_t\Delta\log(e_{t+1})$。误差修正项为 $\left(\frac{1}{1-\lambda}\boldsymbol{\delta}'\mathbf{F}_t - \log(e_t)\right)$。假定经济的初始状态是实际汇率被高估（也就是误差修正项为负），那么自我调整机制将要求现实的实际汇率在未来贬值。调整的速度取决于系数 b_0，其在（0，1）区间内取值。b_0 越大，调整速度越快。$\frac{1}{1-\lambda}\boldsymbol{\delta}$刻画基本经济要素对实际汇率的长期影响，$\mathbf{b}_1$ 反映基本经济要素变化的短期影响。Δlog（Dom.Cred./Real GDP）前的系数反映扩张性宏观经济政策的短期效应。$(-b_2)$ 反映名义汇率贬值的短期影响。正如 Edwards（1989）所指出的那样，只有在初始状态为实际汇率被高估，并且伴随着其他宏观经济政策的支持时，名义汇率贬值将有助于实际汇率向均衡汇率的调整。

二、人民币均衡实际有效汇率的测算

本部分在深入分析影响人民币均衡实际汇率的主要因素的基础上，构建测算人民币均衡实际有效汇率的 ECM 模型，并采用 H-P 滤波技术得到人民币实际有效汇率的长期均衡水平，进而分析 1982 年以来人民币实际有效汇率的错配情况。

（一）影响均衡实际汇率的主要因素

在测算人民币均衡实际汇率之前，需要深入分析影响人民币均衡实际汇率水平变动的主要因素。本部分拟考察的影响因素主要包括：生产率、贸易条件、国内外实际利差、负债率、降低关税税率等贸易自由化政策、财政政策、数量类货币政策。

1. 生产率

分析影响一国均衡实际汇率的基本经济要素，不能不考虑该国的生产率；而考察生产率对均衡实际汇率的影响，就不能不提 Balassa-Samuelson 效应（下文简称 B-S 效应）。依据 B-S 效应假说，一国经济的快速发展通常会伴随着贸易部门生产率相对于非贸易部门的相对增长，从而会引起本国货币实际升值。该假说以两部门（贸易部门和非贸易部门）小型开放经济体模型为基础，认为一国贸易品生产部门和非贸易品生产部门的生产率水平不同，并且用贸易部门和非贸易部门生产率的差异来解释长期实际汇率的变动。

B-S 效应影响均衡实际汇率的传导机制可以概括为：

国内贸易品生产部门的生产率相对于非贸易品生产部门提高→贸易部门实

际工资上涨→非贸易部门实际工资趋同→非贸易部门生产成本增加→非贸易品价格上涨→非贸易品价格相对于贸易品价格提高→用非贸易品和贸易品的国内价格指数之比衡量的内部实际汇率升值

2. 贸易条件

贸易条件是影响均衡实际汇率的重要经济指标。贸易条件定义为一个国家在一定时期内出口商品价格指数与进口商品价格指数之间的对比关系。它反映一国单位出口商品的进口能力，即该国出口 1 个单位价值的商品，能够换回多少单位价值的进口商品。如果报告期的贸易条件高于基期贸易条件，则表示该国单位出口商品的进口能力上升，贸易条件改善。从长期看，当贸易条件改善时，经常项目收支也将随之改善，这时要求实际汇率升值以维持经常项目平衡的可持续性。反之，贸易条件恶化将要求实际汇率贬值。

贸易条件影响均衡实际汇率的传导机制：

贸易条件改善→出口商品价格指数相对于进口商品价格指数上升，从而带来两种效应：收入效应和替代效应。收入效应：单位出口商品能够换回来的进口商品增加，出口额增加，贸易收支改善；替代效应：出口商品价格相对上升，国外对本国出口商品的需求减少，出口额减少，贸易收支恶化。一般情况下，贸易条件的收入效应大于替代效应，贸易条件改善将改善经常项目收支状况，均衡实际汇率上升；贸易条件与均衡实际汇率同方向变动。

贸易条件综合反映出口价格指数和进口价格指数的相对变动，其变动的阶段性很明显，详见图 6–1。以 1992 年为比较基期，在此前的 1983~1991 年，贸易条件都是相对恶化的；1980~1982 年，贸易条件相对改善；此后的 1993~1995 年，贸易条件轻度相对恶化；1996~1999 年贸易条件逐渐改善，并在 1998 年达到最大程度的改善，100 单位出口商品所得外汇能够换回 107.32 单位进口商品；从 2000 年开始，贸易条件持续恶化，到 2005 年 100 单位出口商品所得外汇只能够换回 79.21 单位进口商品。

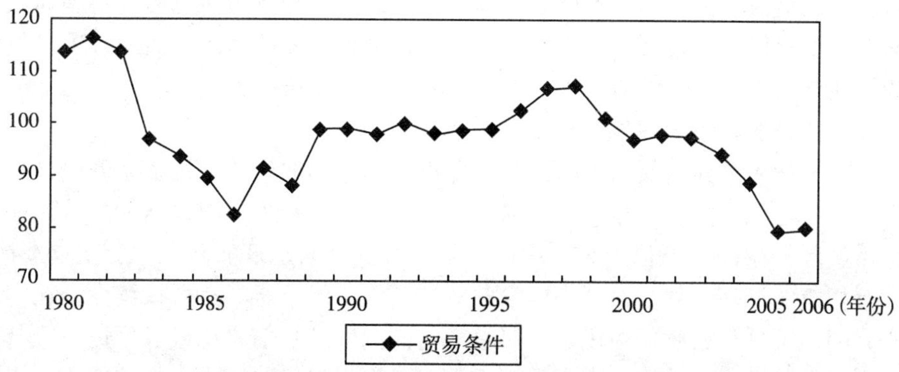

图 6–1　中国 1980~2006 年的价格贸易条件（1992 年 = 100）

3. 国内外实际利差

利率作为货币的国内价格，对货币的国外价格——汇率有重要影响，有时甚至起到决定性作用。利率平价学说认为利率水平的差异直接影响短期资本在国际间的流动，从而引起汇率的变化。根据利率平价学说，在内外均衡条件下，国外实际利率水平下降，将使人民币均衡实际汇率提高，人民币面临升值压力。这是因为国外实际利率下降，国内外实际利差扩大，使得国内利率水平相对提高，在存在资本套利的前提下，流入本国的资本增加，外汇市场上的国外资本供过于求，人民币升值；反之，国外实际利率水平上升，将使均衡实际汇率贬值。

用美元一年期存款的实际 LIBOR 利率（London Interbank Offered Rate）代替国外实际利率，用人民币的机构和个人一年期存款实际利率期末值来衡量国内实际利率。在 1980~2006 年的个别年份里，美元的实际利率低于人民币的实际利率，分别是 1990~1991 年、1998~1999 年、2001~2003 年。其中 1990 年、1991 年、2002 年、2003 年，人民币实际利率高出美元实际利率 2 个百分点左右。其他的年份，美元实际利率一直高于人民币实际利率，尤以 1988 年和 1994 年为甚，利差先后达 14.56 和 16.14 个百分点。近三年来，美元实际利率仍高于人民币实际利率，但差距非常小，在 2005 年美元实际利率仅仅高出人民币实际利率 0.18 个百分点。

4. 负债率

负债率是一国的外债余额与经济总规模（GNP 或 GDP）的比率，用于测度一国经济增长对外债的依赖程度，或一国外债的整体风险。国际公认的标准是负债率应该控制在 20%以下，即 20%是所谓的“警戒线水平”。

本国负债通过两条途径影响实际汇率。一是负债率上升引致本国居民的当期消费受到负向影响，消费减少，在国民收入不变的情况下，国民储蓄增加；如此，国内储蓄高于合意的投资，国内资金供给过多，资本流出，实际汇率贬值。二是负债率上升引致国内居民需要支付的外债利息增多，为维持国际收支均衡，需要保持经常项目收支盈余才能支付国外负债的增加；而经常项目盈余的增加要求实际汇率贬值。均衡实际汇率与负债率负相关。

5. 降低关税税率等贸易自由化政策

中国加入世界贸易组织后逐步降低进口关税和取消非关税贸易壁垒，长期看，这将导致中国出口相对于进口减少，贸易顺差减少或逆差增加，从而使人民币实际汇率面临贬值压力。因此，贸易开放度对均衡实际汇率有负向影响。没有相应的汇率贬值，发展中国家的对外开放一般很难具有可持续性。在实证研究中，贸易开放度一般用进出口总额与国内生产总值之比或者用进口额与国内生产总值之比来衡量。本章采用进出口总额与支出法国内生产总值之比来近似代替。

贸易自由化影响实际汇率，基于的假设前提是：进口品国内价格的下降会导致国内的进口需求增加，从而使出口相对于进口减少。这实际上取决于进口需求的价格弹性。若进口需求的价格弹性比较大，则关税税率小幅下调就能引起进口需求的较大增长；若进口需求的价格弹性很小，则关税税率的变动对进口需求的影响很有限。贸易自由化影响实际汇率的传导机制简述如下：

本国降低进口关税税率和取消非关税贸易壁垒→进口品的国内价格下降→国内的进口需求增加→出口额相对于进口额减少→贸易顺差减少或逆差增加→为维持国际收支均衡，实际汇率面临贬值压力。

6. 财政政策

扩张性的财政政策通常伴随着政府消费支出的增加。假定政府部门主要消费国内生产的非贸易品和从国外进口的贸易品。政府消费的非贸易品越多，国内对非贸易品的需求越大，非贸易品的价格相对于贸易品提高，从长期看均衡实际汇率将上升，人民币面临升值压力；反之，政府消费的贸易品越多，国内对贸易品的需求越大，贸易品的价格相对于非贸易品将提高，人民币面临贬值压力。简言之，政府增加对本国生产的非贸易品的消费，减少对从国外进口的贸易品的消费，将促使非贸易品价格相对于贸易品提高，实际汇率将升值。由于政府的消费支出大多用在非贸易品上，政府支出水平的增加会导致非贸易品价格上升，使实际汇率升值，因此政府支出在 GDP 中占比对均衡汇率的影响是正向的。

7. 数量类货币政策

当广义货币供应量 M2 扩张时，若国内居民对货币的交易需求、投机需求和预防性需求保持不变，国内物价水平将普遍上涨，导致通货膨胀率上升；在名义汇率和国外物价水平保持不变的情况下，人民币实际汇率将出现升值趋势。实际汇率升值，将导致本国出口相对于进口减少，本国的经常项目顺差将减少，甚至会逆转为经常项目逆差，国际收支将恶化。为维持本国经济外部均衡的可持续性，将要求实际汇率贬值。反之，当 M2 收缩时，实际汇率将面临升值压力。因此，M2 与实际汇率的变动方向相反。这里采用广义货币供给量 M2 与当年支出法 GDP 之比来近似衡量中国的货币政策。

货币政策影响实际汇率的传导机制是：

广义货币供应量 M2 扩张→国内价格水平上涨→在名义汇率和国外价格水平不变的情况下，人民币实际汇率升值→本国出口相对于进口减少，经常项目顺差减少甚至逆转为逆差，国际收支恶化→为维持外部均衡的可持续性，要求实际汇率贬值。

（二）人民币均衡实际有效汇率的测算

上一小节主要从理论上分析影响人民币均衡实际汇率的主要经济因素和政策因素，同时也探讨了这些因素影响均衡实际汇率的传导机制以及这些因素与均衡实际汇率的相对运动方向。简要概括如表 6–2 所示。

表 6–2 人民币均衡实际汇率的主要影响因素及影响方向

主要影响因素	生产率	贸易条件	国内外实际利差	负债率	贸易自由化	财政政策	货币政策
影响方向（理论）	+	+	+	–	–	+	–

下面将实证研究这些经济因素和政策因素对均衡实际汇率的影响，并构建基本经济要素与均衡实际汇率之间的长期均衡模型，在此基础上测算人民币均衡实际有效汇率。涉及的主要经济变量及其数据来源参见附表 6–1。

1. 经济变量的平稳性检验

在检验一组经济时间序列的协整性或长期均衡关系之前，应该首先确定时间序列的单整阶数。检验时间序列｛y_t｝的平稳性通常采用 DF 检验或 ADF 检验。区别在于：DF 检验有一个强假设，$u_t \sim i.i.d.N(0, \sigma^2)$；但对实际经济变量而言，$u_t$ 常常存在自相关，因此一般需要进行 ADF 检验。主要经济变量的 ADF 检验结果表明：只有劳动生产率的增长率为平稳时间序列，其他几个经济变量均为 1 阶单整序列。其中，LREER、LLP、LTOT、LGR、LOPEN、LM2、LNEER 分别表示实际有效汇率、劳动生产率、贸易条件、政府支出、贸易开放度、货币供应量、名义有效汇率的对数数值。

2. 人民币均衡实际有效汇率的 ECM 模型

这里采用 EG 两步法检验实际有效汇率与经济要素之间的长期协整关系，并构建实际有效汇率的 ECM 模型，以研究实际有效汇率的动态调整过程。通过多次尝试，最终选取的影响人民币实际有效汇率的基本经济要素为：负债率、实际利差、贸易条件。（ ）中的数字是回归系数的标准误差，[ ] 中的数字是回归系数的 t 统计量。

（1）人民币实际有效汇率的协整回归。

$$\ln(REER) = 2.9747 - 0.0847^{*}F + 0.0106^{*}(RR - RF) + 0.6404^{*}\ln(TOT)$$

$$\begin{array}{ccc} (0.0054) & (0.0042) & (0.2427) \\ [-15.5629] & [2.5055] & [2.6385] \end{array}$$

$R^2 = 0.9210$　　adj.$R^2 = 0.9097$

D.W. = 1.7115　　AIC = –1.5713　　SC = –1.3762

模型中的变量都是一阶单整，进行简单 OLS 回归的结果表明：负债率对实际汇率有负向影响，国内负债率每上升 1 个单位，实际汇率贬值 0.08%；国内外实际利差对实际汇率有正向影响，人民币实际利率高于美元实际利率，将引起人民币实际汇率升值；贸易条件改善，长期内收入效应大于替代效应，贸易收支改善，实际汇率升值，弹性系数为 0.64。各变量对实际汇率的长期影响方向与前面的理论分析基本一致。

（2）检验协整回归残差的平稳性。

对协整回归的残差进行 EG 检验，估计结果如下：

$$\Delta e_t = -0.8632 * e_{t-1}$$
$$[-4.2111]$$

$R^2 = 0.4352$　　D.W. = 1.8402

EG 检验，需要查协整检验临界值表。在上述协整回归中，N = 4，T = 25，含有常数项，无趋势项，查临界值表有：

$$C_{0.05} = -4.1000 - (10.745/25) - (21.57/25^2) = -4.5643$$

$$C_{0.10} = -3.8110 - (8.317/25) - (5.19/25^2) = -4.1520$$

$$EG = -4.2111 < C_{0.10} = -4.1520$$

可以认为，在 10%的显著性水平下，序列 ln(REER)、F、(RR-RF)、ln(TOT)之间存在长期协整关系。

（3）人民币实际汇率的 ECM 模型。

$$\Delta \ln(REER) = \underset{\substack{(0.2512)\\ [-2.4056]}}{-0.6042ECM(-1)} - \underset{\substack{(0.0147)\\ [-3.5339]}}{0.0519 * \Delta F} + \underset{\substack{(0.0043)\\ [1.9471]}}{0.0083 * \Delta(RR - RF)} + \underset{\substack{(0.3184)\\ [1.2625]}}{0.4020 * \Delta \ln(TOT)}$$

$R^2 = 0.4242$　　adj.$R^2 = 0.3378$

D.W. = 1.4318　　AIC = −1.8421　　SC = −1.6458

$$ECM = \ln(REER) - 2.9747 + 0.0847 * F - 0.0106 * (RR - RF) - 0.6404 * \ln(TOT)$$

非均衡误差 ECM_t 前的系数为−0.6042，显著地不为 0，非均衡误差的自我修正机制在实际汇率回归其均衡水平的过程中起重要作用。若前期现实的实际汇率相对于均衡实际汇率高估，则现实的实际汇率会下降，以逐渐回归到均衡实际汇率。负债率、实际利差、贸易条件对实际汇率的短期影响和长期影响的方向相同，与前面的理论分析相一致；并且长期影响系数的绝对值要大于短期影响系数的绝对值，也进一步证实了基本经济要素对实际汇率的影响主要是长期影响。

$$\Delta\ln(REER) = -0.7028ECM(-1) - 0.0564*\Delta F + 0.0098*\Delta(RR - RF)$$

(0.2421) (0.0145) (0.0042)

[-2.9033] [-3.9007] [2.3707]

$R^2 = 0.3783$ adj.$R^2 = 0.3191$

D.W. = 1.7116 AIC = -1.8488 SC = -1.7015

考虑到贸易条件对实际汇率的短期影响不显著，剔除贸易条件的短期变动，重新构建 ECM 模型。非均衡误差 ECM_t 前的系数为-0.7028，调整速度有所提高。负债率的负向影响系数有所增强，实际利差的正向影响也有所加强。

$$\Delta\ln(REER) = -0.5467ECM(-1) - 0.0406*\Delta F + 0.0122*\Delta(RR - RF) - 0.6337\Delta\ln(M2)$$

(0.2324) (0.0150) (0.0039) (0.2827)

[-2.3518] [-2.7119] [3.0849] [-2.2414]

$R^2 = 0.5031$ adj.$R^2 = 0.4286$

D.W. = 1.6008 AIC = -1.9895 SC = -1.7932

在上述 ECM 模型的基础上，进一步考虑货币政策变动的影响。短期实际汇率变动对短期货币供应变动的弹性系数为-0.6337，货币供应量扩张，对实际汇率有负向影响，并且强化了实际利差变动对实际汇率变动的短期影响，削弱了负债率变动对实际汇率变动的短期影响，并且降低了非均衡误差项的调整速度。

分析上面建立的人民币实际有效汇率变动的 ECM 模型，可以得出这样的结论：①影响实际有效汇率长期变动趋势的主要因素是负债率、实际利差和贸易条件；②影响实际有效汇率短期运动的主要因素是非均衡误差的自我调整机制，基本经济要素的短期变动，以及货币政策的短期变动；③非均衡误差的自我调整在实际有效汇率的整个调整过程中起主导作用。

3. 人民币实际有效汇率的错配

在估计得到实际有效汇率与基本经济要素之间的长期均衡关系之后，通过将基本经济要素的均衡值或长期趋势值代入，可以得到实际有效汇率的均衡值，即均衡实际有效汇率值。本章采取 H-P 滤波方法提取影响均衡实际汇率的基本经济要素的长期趋势值。将基本经济要素的滤波数据代入实际有效汇率的长期均衡方程：

$$\ln(REER\_hp) = 2.9747 - 0.0847*F\_hp + 0.0106*(RR\_hp - RF\_hp) + 0.6404*\ln(TOT\_hp)$$

可以得到 1982~2006 年人民币实际有效汇率的均衡值，详见附表 6-2。在此基础上，根据实际汇率错配的计算公式，可以计算得到人民币实际有效汇率的错配程度。

$$misalignment = \frac{REER - REER\_hp}{REER\_hp} \times 100\%$$

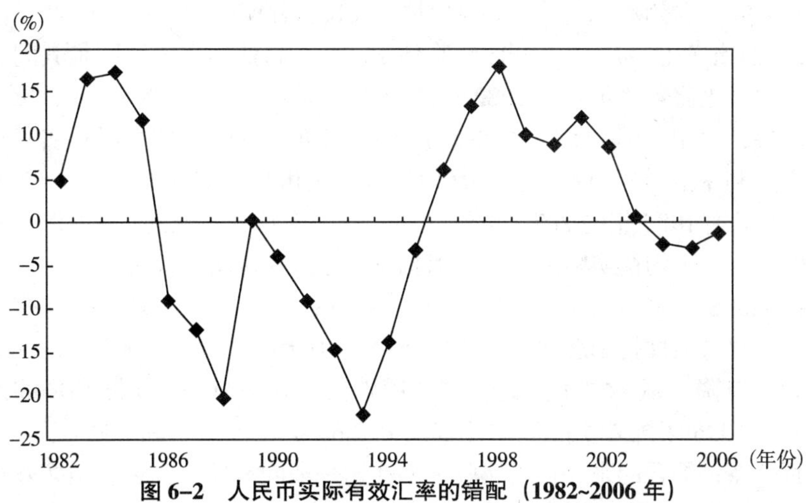

图 6-2　人民币实际有效汇率的错配（1982~2006 年）

人民币实际汇率错配有两种可能的情况：一是均衡汇率没有变化，但由于名义汇率、国内外物价等影响实际汇率的因素发生变化，使得实际汇率相对于均衡汇率产生了错配；二是均衡汇率发生变化，但实际汇率的变化没有完全适应均衡汇率的变化，导致实际汇率错配。

将研究期间内现实的实际有效汇率与均衡实际有效汇率的相对运动趋势总结如表 6-3 所示。

表 6-3　实际有效汇率与均衡实际有效汇率的相对运动

	实际汇率变动幅度（%）	均衡汇率变动幅度（%）	平均变动幅度的相对运动
实际汇率低估期间			
1986~1988 年	−19.12	−9.84	实际汇率下降幅度大于均衡汇率下降幅度
1990~1995 年	−3.91	−3.80	实际汇率下降幅度大于均衡汇率下降幅度
2004~2006 年	−0.26	0.38	实际汇率贬中有升，均衡汇率上升，导致实际汇率低估
实际汇率高估期间			
1982~1985 年	−9.24	−11.29	实际汇率下降幅度小于均衡汇率下降幅度
1996~2002 年	1.63	0.95	实际汇率上升幅度大于均衡汇率上升幅度
1989 年	15.29	−7.92	实际汇率升值，均衡汇率下降，导致实际汇率高估
2003 年	−6.56	0.70	实际汇率贬值，均衡汇率上升，但前期持续高估，导致实际汇率仍然高估

在对实际有效汇率错配的大致期间有宏观把握的基础上，深入分析各个期间内基本经济要素的变动趋势及其对均衡实际汇率的影响。

（1）人民币实际汇率高估的阶段：1982~1985 年、1996~2002 年。

1982~1985 年实际汇率高估：持续时间较长，程度较为严重，1983 年高估 16.5%，1984 年高估 17.1%，1985 年高估 11.8%。高估的主要原因是其间我国的贸易条件恶化比较严重，从 1982 年的 98.83，降为 1985 年的 95.09；负债率增加比较快，由 1982 年的 2.17%提高到 1985 年的 5.99%；并且国外实际利率与国内实际利率的差距有所扩大；从而导致人民币均衡实际汇率由 1982 年的 296 迅速下降到 1985 年的 207，虽然同期实际汇率从 311 贬到 231，但实际汇率贬值的幅度小于均衡实际汇率的贬值幅度，导致实际汇率高估。

1996~2002 年实际汇率高估，受 1997~1999 年亚洲金融危机影响相当严重。其间，贸易条件持续恶化，从 1996 年的 101.16，下降到 2002 年的 94.37；负债率稳中有降，从 14%下降到 13%；国外实际利率与国内实际利率的差距缩小很快，1996 年国外实际利率比国内高 3.60 个百分点，到 2002 年只高出 0.22 个百分点；综合起来，均衡实际汇率在这一期间有所上升，但是实际汇率在这一期间相对上升得更快，实际汇率仍然高估，1997 年高估 13.24%，1998 年高估 17.86%，2001 年高估 12.19%。

（2）人民币实际汇率低估的阶段：1986~1988 年、1990~1995 年、2004~2006 年。

1986~1988 年，人民币实际汇率严重低估，1986 年低估 8.94%，1987 年低估 12.46%，1988 年低估 19.97%。这期间人民币均衡实际汇率下降，但是实际汇率相对下降得更厉害，从而导致了实际汇率的低估。均衡实际汇率的下降主要是由于在贸易条件相对稳定的同时，负债率上升，国外实际利率与国内实际利率的差距扩大。

1990~1995 年，此次低估持续时间长、错配比较严重，1993 年低估高达 22.06%。均衡实际汇率持续下降，实际汇率下降速度更快，导致实际汇率低估。这期间，贸易条件有所改善，但负债率增加，国内外实际利差在缩小，综合引起了均衡实际汇率的下降。

2004~2006 年，均衡实际汇率直线上升，实际汇率贬中有升，导致实际汇率仍然呈现一定程度的低估。其间，贸易条件持续恶化，负债率持续下降，国内实际利率高于国外实际利率并且差距扩大。实际汇率面临强大的升值压力。

（3）人民币实际汇率基本平衡的阶段：1989 年、2003 年。

1989 年，实际汇率为 139.93，均衡实际汇率为 139.64，实际汇率相对高估 0.21%。这主要是由于当年实际汇率升值 15%，而均衡实际汇率下降 8%，最终使得实际汇率逆转前期的持续严重低估，与均衡实际汇率基本持平。均衡实际汇率的下降主要是由于负债率大幅度增长近 11%，而贸易条件的相对改善非常有限。

2003 年，实际汇率为 120.09，均衡实际汇率为 119.19，实际汇率相对高估 0.76%。事实上，当年实际汇率贬值 6.56%，而均衡实际汇率小幅上升。但由于从 1996 年开始实际汇率持续高估，并且在 1997~1999 年、2001 年的高估程度都超过 10%，实际汇率和均衡实际汇率相反的运动方向使得当年的实际汇率基本与均衡实际汇率相平衡。均衡实际汇率的上升主要是由于当年负债率有所下降，并且实际利率国内高于国外。

根据上面对人民币实际有效汇率错配的分析，我们可以得到以下一些结论：①影响人民币均衡实际有效汇率的基本经济要素主要是负债率、国内外实际利差和贸易条件。这些基本经济要素与实际有效汇率之间存在长期稳定的均衡关系，它们对实际有效汇率长期影响和短期影响的方向与理论分析完全一致，并且长期影响系数要更大一些。②实际有效汇率的短期运动主要由非均衡误差的自我修正机制、基本经济要素的短期变动以及货币政策变动决定，其中非均衡误差的自我调整起主要决定作用。③根据对均衡实际有效汇率的测算结果，人民币实际有效汇率在 1983~1985 年、1996~2002 年期间被高估，在 1986~1988 年、1990~1995 年、2004~2006 年期间被低估，在 1989 年和 2003 年基本平衡。④2004 年以来，人民币实际有效汇率存在轻微的低估，主要是由于这期间负债率下降、国内实际利率高于国外实际利率，导致均衡实际有效汇率的上升快于实际有效汇率的变化。

三、人民币兑美元均衡实际汇率的测算

第二部分测算的是人民币均衡实际有效汇率。根据定义，实际有效汇率不仅考虑了所有双边名义汇率的相对变动情况，而且还剔除了价格因素对货币本身价值变动的影响，能够综合地反映本国货币的对外价值和相对购买力。人民币均衡实际有效汇率是判断人民币总体对外价值是否错配的基础依据，也是研究人民币实际有效汇率错配对中国总体贸易收支影响的主要设定情景。不过，由于实际有效汇率指数综合了一国货币对所有主要贸易伙伴国货币的双边汇率变动，实际有效汇率的错配程度并不能够直接反映某特定双边实际汇率的错配程度。因此要想判断本币对某一主要伙伴国货币的均衡价值，就必须测算相应的双边均衡实际汇率，比如中美双边均衡实际汇率。

按照中方的统计数据，中国对美国的贸易顺差始于 1993 年，此后逐年迅速增长，到 2005 年中美双边贸易顺差已突破千亿美元大关，高达 1143.5 亿美

元。[①] 而按照美方的统计数据，美国自 1983 年开始对中国贸易逆差，并且中国从 2000 年起取代日本成为美国贸易逆差的最大来源国，到 2006 年美国对中国的双边贸易逆差占美国全球贸易逆差的 28%。抛却中美双方统计数据的差异，美国现在已成为中国的最大贸易伙伴国和最大的海外市场，而中国也迅速发展成为美国的第二大贸易伙伴国、第二大进口来源地和第三大出口市场。[②] 中美双边贸易发展强劲，经济相互依赖程度加深。然而，随着中美贸易规模的扩大，特别是美国对中国贸易逆差的增加，美国政界和学界有人坚持认为中国人民币兑美元的汇率不合理，将美对华巨额贸易逆差的根源归结为人民币币值被严重低估，并要求人民币大幅升值。判断人民币对美元币值是否被低估，需要以人民币兑美元的均衡实际汇率为基准，因此本部分拟测算人民币兑美元的双边均衡实际汇率。

（一）实际有效汇率指数与双边实际汇率指数

根据实际汇率的分类，可以分别定义人民币兑美元的内部实际汇率和外部实际汇率。内部实际汇率定义为非贸易品与贸易品的价格指数之比。人民币兑美元的内部实际汇率（Internal Real Exchange Rate，IRER）可以近似表示为：

$$IRER = \frac{P_N}{P_T} = \frac{CPI}{EXR^{*}WPI^{US}}$$

式中，CPI 表示中国的消费者价格指数，近似衡量国内非贸易品的价格指数；WPI^{US} 是美国的批发价格指数（生产者价格指数），EXR 是直接标价的人民币兑美元名义汇率，$EXR^{*}WPI^{US}$ 近似衡量国内贸易品的价格指数。以 1992 年为基期，将内部实际汇率转换为内部实际汇率指数。

外部实际汇率采用消费者价格指数对名义汇率进行调整，间接标价的人民币兑美元的外部实际汇率（External Real Exchange Rate，ERER）可以表示为：

$$ERER = \frac{1}{EXR} {}^{*} \left(\frac{CPI}{CPI^{US}} \right) = \frac{CPI}{EXR^{*}CPI^{US}}$$

式中，CPI 是中国的消费者价格指数；CPI^{US} 是美国的消费者价格指数，EXR 是直接标价的人民币兑美元名义汇率。以 1992 年为基期，将外部实际汇率转换为外部实际汇率指数。

分析人民币兑美元的内部实际汇率指数、外部实际汇率指数以及实际有效汇率指数随时间的变化趋势（见图 6-3），可以发现：①1980~1987 年期间，人民币兑美元的外部实际汇率一直呈现贬值趋势，主要是由于这期间中美消费者

---

① 资料来源：IMF 的 DOTS 数据库。

② 尹承德：《中美双边贸易发展趋势》，《中国经济时报》，2007 年 3 月。

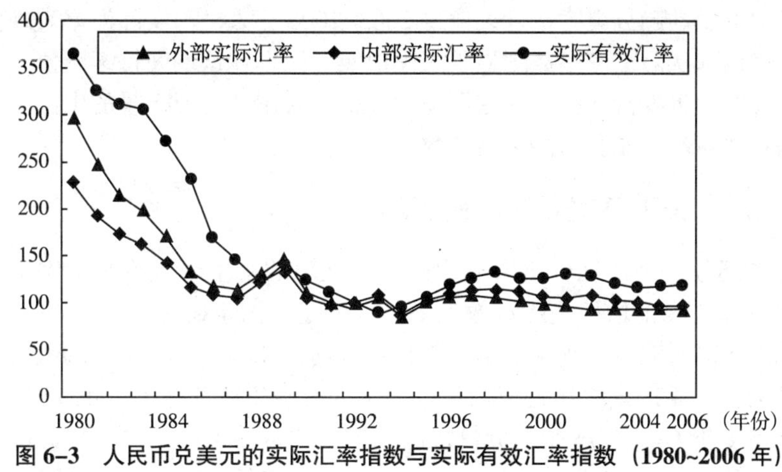

图 6-3　人民币兑美元的实际汇率指数与实际有效汇率指数（1980~2006 年）

价格指数之比下降，并且人民币兑美元的名义汇率一直贬值；1989~1992 年期间，外部实际汇率的贬值主要是由名义汇率的贬值引起；1997~2003 年期间，外部实际汇率贬值主要是由美国国内消费者价格指数上升很快，导致中美消费者价格指数之比下降引起的。1987~1989 年期间，外部实际汇率的升值主要是由于中国国内通货膨胀比较厉害，导致中美消费者价格指数之比上升引起的；1994~1997 年期间，外部实际汇率升值主要是由名义汇率升值引起；2003~2006 年期间，虽然中美消费者价格指数在波动中下降，但名义汇率一直在稳步升值，外部实际汇率在波动中呈现升值趋势。②人民币兑美元的内部实际汇率在 1980~1987 年、1989~1991 年、1993~1994 年、2002~2006 年都呈现明显的贬值趋势，并且都是由于非贸易品和贸易品价格指数同时上升但贸易品价格上升得更快；内部实际汇率在 1998~2001 年的贬值是因为国内非贸易品价格指数在波动中下降，而贸易品价格指数上升。内部实际汇率在 1987~1989 年、1991~1993 年、1994~1998 年都呈现明显的升值趋势，并且都是由非贸易品和贸易品价格指数同时上升，但非贸易品价格上升得更快引起的；内部实际汇率在 2001~2002 年的升值是因为非贸易品和贸易品价格指数同时下降，但贸易品价格指数下降得更快。③人民币的实际有效汇率指数的变动相对简单，在 1980~1994 年几乎一直呈现贬值趋势，其中在 1988 年先表现为小幅的升值，而后又延续贬值趋势；在 1994~2006 年几乎一直表现为明显的升值趋势，其间的 1999 年和 2003 年先表现为小幅的贬值，而后又延续升值趋势。④根据这三个指数对人民币实际汇率变动趋势，比较一致的判断是：在 1980~1987 年实际汇率贬值；在 1994 年人民币汇率制度改革后的最初几年，即 1994~1997 年实际汇率升值，对于其他年份的判断不尽相同。不过，由于实际有效汇率指数和外部实际汇率指数都是以消费者价格指数为基础对名义汇率进行调整，这两个价格指数的变动趋势更为接近，使得 2003~2006 年人民币实际汇率表现为升值趋势；而内部实际汇率指数则显示人民币实际汇率在这期间持续贬值，这主要是由于美国的批发价格指数在这期间攀升很快，用其近似衡量的中国国内贸易品价格指数相对于非贸易品价格指数上升过快。

（二）人民币兑美元的均衡实际汇率

第二部分已经详细分析影响均衡实际汇率的基本经济要素，这里不再赘述。与测算人民币均衡实际有效汇率不同的是，这里研究 B-S 效应对双边均衡实际汇率的影响时，采用的是中美相对劳动生产率，即用中国的劳动生产率与美国的劳动生产率之比近似衡量。中国的劳动生产率等于以 1992 年为基期的中国不变价 GDP 与就业人员数之比，美国的劳动生产率等于人民币计价的美国不变价 GDP 与就业人员数之比。中美双边实际汇率与影响因素之间的线性相关系数表明：用中美相对劳动生产率衡量的 B-S 效应与中美双边实际汇率存在较强的正相关关系。

建立双边实际汇率 ECM 模型的步骤与实际有效汇率 ECM 的构建步骤完全一样。内部实际汇率、外部实际汇率和名义汇率的对数以及相对劳动生产率都是 1 阶单整，其他变量的平稳性在前面已经检验过。

1. 内部均衡实际汇率

协整检验表明，影响内部实际汇率的基本经济要素是贸易条件、相对劳动生产率、负债率，这些基本要素与内部实际汇率之间的长期均衡关系为：

$$\ln(IRER) = 1.0358 * \ln(TOT) + 0.1321 * RLP - 0.0222 * F$$

内部实际汇率的动态运动方程为：

$$\Delta\ln(IRER) = \underset{\substack{(0.2605)\\ [-3.5490]}}{-0.9245 * ECM(-1)} + \underset{\substack{(0.1887)\\ [4.3945]}}{0.8291 * \Delta\ln(TOT)} + \underset{\substack{(0.0704)\\ [2.5196]}}{0.1774 * \Delta RLP} - \underset{\substack{(0.0097)\\ [-2.5495]}}{0.0247 * \Delta F}$$

$R^2 = 0.8245$　　adj.$R^2 = 0.7982$

D.W. = 1.4919　　AIC = −3.1638　　SC = −2.9674

非均衡误差 ECM_t 前的系数为-0.92，显著地不为 0，并且绝对值接近于 1，表明非均衡误差的自我修正机制在内部实际汇率回归其均衡水平的过程中起决定性作用，调整过程非常迅速。贸易条件对内部实际汇率的长期影响系数大于短期影响系数，而相对劳动生产率和负债率的长期影响系数绝对值小于短期影响系数绝对值。

将基本经济要素的 H–P 滤波值代入内部实际汇率与基本经济要素的长期均衡方程，得到均衡的内部实际汇率（详见附表 6–3）。图 6–4 直观地显示了内部实际汇率与内部均衡实际汇率的相对运动。由于自我调整机制的存在，内部均衡实际汇率的运动引导着现实的内部实际汇率回归到其均衡水平，并且调整速度很快。

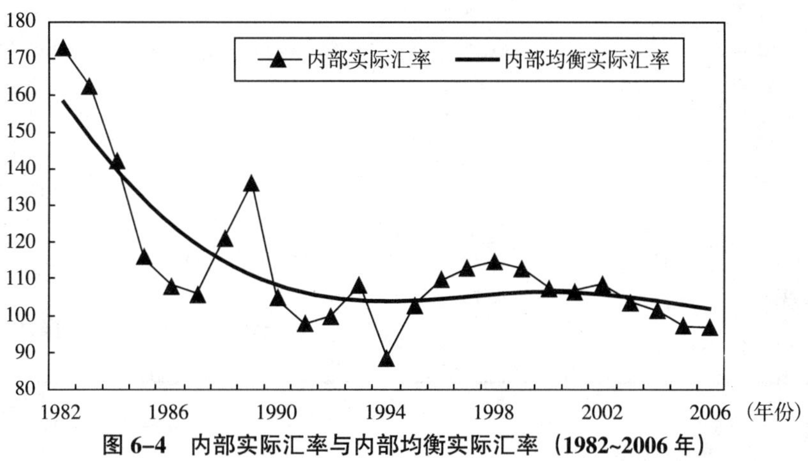

图 6–4　内部实际汇率与内部均衡实际汇率（1982~2006 年）

1985~1987 年期间，从影响内部实际汇率的基本经济要素角度讲，由于实际的贸易条件和相对劳动生产率远没有达到其长期趋势值，内部实际汇率严重低估；从相对运动上讲，内部实际汇率和均衡实际汇率都在下降，但内部实际汇率下降幅度更大，从而引起相对低估。1994 年，实际的贸易条件和相对劳动生产率尚未达到其长期均衡值，而实际负债率却远高于其趋势值，三者相互作用导致内部实际汇率严重低估；就相对运动而言，由于 1994 年人民币兑美元名义汇率贬值从而导致内部实际汇率当年大幅度贬值，均衡内部实际汇率小幅度贬值，使得内部实际汇率相对低估 14.8%。2003~2006 年中美相对劳动生产率上升较快，负债率逐年下降，但是由于贸易条件的长期趋势值稳步下降，均衡内部实际汇率在此期间一直下降；然而，由于中国国内贸易品价格指数攀升很快，内部实际汇率贬值严重；最终使内部实际汇率在 2003 年基本平衡，稍微低估 0.9%；在 2005 年低估 5.5%。

内部实际汇率在 1989 年高估最为严重，当年国内发生严重通货膨胀，导致国内非贸易品价格相对于贸易品价格上升很快，内部实际汇率以 13.47%的幅度升值；而国内相对劳动生产率下降，国内负债率提高，均衡实际汇率下降，两相运动使得内部实际汇率当年高估 22.7%。1996~1999 年内部实际汇率相对于内部均衡实际汇率更快上升，内部实际汇率高估。

从实际汇率和均衡实际汇率之间的相对运动来解释内部实际汇率的错配，

可以据此将内部实际汇率的错配情况总结如表 6–4 所示。

表 6–4　内部实际汇率和内部均衡实际汇率的相对运动

	IRER 的平均变动幅度（%）	均衡 IRER 的平均变动幅度（%）	相对变化及错配情况
内部实际汇率低估期间			
1985~1987 年	−9.08	−5.18	都下降，但实际汇率下降幅度大于均衡汇率下降幅度
1990~1992 年	−9.17	−1.86	
1994~1995 年	−0.85	−0.02	
2003~2006 年	−2.76	−0.94	
内部实际汇率高估期间			
1982~1984 年	−9.34	−6.20	都下降，但实际汇率下降幅度大于均衡汇率下降幅度
1988~1989 年	13.47	−3.42	实际汇率升值，而均衡汇率下降，导致实际汇率高估
1993 年	8.14	−0.70	
1996~2002 年	0.77	0.19	都上升，但实际汇率上升幅度大于均衡实际汇率上升幅度

2. 外部均衡实际汇率

协整检验表明，影响外部实际汇率的基本经济要素是：贸易条件、实际利差、相对劳动生产率、负债率。这些基本要素与实际外部汇率之间的长期均衡关系为：

$$\ln(ERER) = 1.1106 * \ln(TOT) - 0.0057 * (RR - RF) + 0.0926 * RLP - 0.0473 * F$$

外部实际汇率的动态运动方程为：

$$\Delta\ln(ERER) = \underset{\substack{(0.2081)\\ [-2.4730]}}{-0.5147} * ECM(-1) + \underset{\substack{(0.1967)\\ [3.3898]}}{0.6667} * \Delta\ln(TOT) + \underset{\substack{(0.0775)\\ [2.9370]}}{0.2276}{}^{*}\Delta RLP - \underset{\substack{(0.0108)\\ [-2.7577]}}{0.0298} * \Delta F$$

$R^2 = 0.8123$　　adj.$R^2 = 0.7841$

D.W. = 1.3142　　AIC = −2.9515　　SC = −2.7551

非均衡误差 ECM_t 前的系数为−0.51，显著地不为 0，表明非均衡误差的自我修正机制在外部实际汇率回归其均衡水平的过程中起重要作用，但调整过程有些缓慢。贸易条件和负债率对外部实际汇率长期影响系数的绝对值大于短期影响系数绝对值，而相对劳动生产率的长期影响系数小于短期影响系数。实际利差的短期变动对外部实际汇率短期运动无显著影响。

同样，将基本经济要素的 H–P 滤波值代入外部实际汇率与基本经济要素的长期均衡方程，得到均衡的外部实际汇率（详见附表 6–4）。图 6–5 直观地显示了外部实际汇率与外部均衡实际汇率的相对运动。

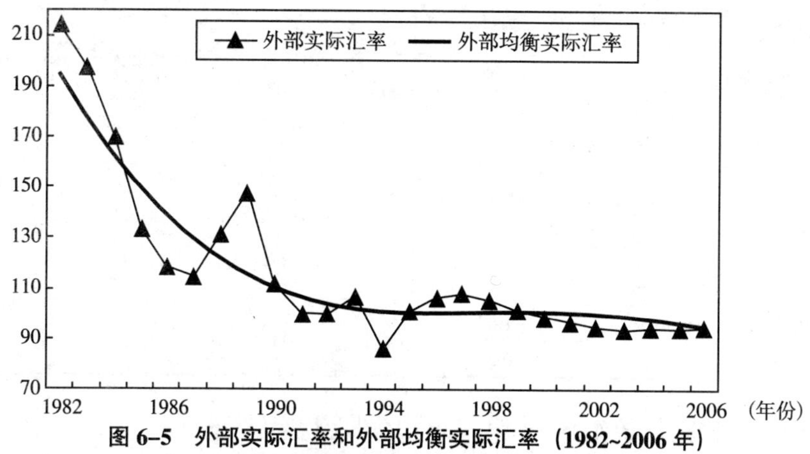

图 6–5 外部实际汇率和外部均衡实际汇率（1982~2006 年）

1985~1987 年期间，外部实际汇率严重低估，外部实际汇率和均衡外部实际汇率都下降；外部实际汇率的下降是由于人民币兑美元名义汇率贬值，而均衡外部实际汇率下降主要是因为实际的贸易条件、相对劳动生产率低于长期趋势值。1994 年外部实际汇率同样严重低估，均衡外部实际汇率下降主要是因为贸易条件和相对劳动生产率实际值低于其长期趋势值，而负债率高于长期趋势值；外部实际汇率贬值是由名义汇率一次性贬值 33%引起的。2000~2003 年，中美消费者价格指数之比下降导致外部实际汇率贬值，贸易条件的长期趋势值逐年下降引起外部均衡实际汇率下降，但实际汇率下降幅度更大，导致外部实际汇率低估程度逐年加剧。2003~2006 年期间，外部实际汇率低估程度逐渐减轻到低估 0.36%，2006 年基本平衡。

与内部实际汇率的错配比较，外部实际汇率同样在 1989 年被高估得最严重，高达 28%；1982~1983 年高估也比较严重，分别被高估 10.28%和 11.18%。1989 年的高估是由于外部实际汇率升值，而外部均衡实际汇率贬值，从而造成严重高估。1982 年和 1983 年的高估是由于现实值和均衡值同时下降，但均衡值相对下降得更快引起的。1988 年被高估 8%，其他年份错配程度相对较低。

从相对运动角度来解释实际汇率错配，可以将外部实际汇率的错配情况总结如表 6–5 所示。

表 6-5 外部实际汇率和外部均衡实际汇率的相对运动

	ERER 平均变动幅度（%）	均衡 ERER 的平均变动幅度（%）	相对变化及错配情况
外部实际汇率低估期间			
1985~1987 年	-11.95	-7.45	都下降，但实际汇率下降幅度大于均衡汇率下降幅度
1991~1992 年	-5.22	-2.98	
1994 年	-19.11	-0.98	
2000~2006 年	-0.99	-0.82	
外部实际汇率高估期间			
1982~1984 年	-11.05	-8.51	都下降，但实际汇率下降幅度大于均衡汇率下降幅度
1988~1990 年	0.89	-5.12	实际汇率升值，而均衡汇率下降，导致实际汇率高估
1993 年	6.58	-1.67	
1995~1999 年	0.93	-0.51	

（三）实际有效汇率错配与双边实际汇率错配

实际有效汇率错配与双边实际汇率错配都是本币实际汇率的错配，这两种错配的程度一般是不同的，为使这两种错配分别回归到其均衡水平，所需要对本币做出的调整一般也是不尽相同的。美国是中国最大的贸易伙伴国，如果人民币对美元重新估值，那么人民币的实际有效汇率和中美双边实际汇率都会相应发生变化，并且这两种变化一般存在差异，差异的程度取决于：中国主要贸易伙伴国货币兑美元的汇率有没有与人民币兑美元的汇率同步调整。比较极端的一种情形是：只有中国重新估价人民币兑美元汇率，其他主要贸易伙伴国货币兑美元价值保持不变，根据实际有效汇率的计算公式，在各主要贸易伙伴国的权重保持不变的情况下，人民币实际有效汇率变动与人民币兑美元的双边实际汇率变动应该是相同的。然而，在现实经济中，这样的情况鲜有发生。如果中国重新估价人民币对美元的汇率，很多亚洲国家可能也会倾向于重新估价其本国货币兑美元的汇率，这样就会使得人民币实际有效汇率变动与中美双边实际汇率变动不一致。

表 6-6 详细列出了 1982 年以来人民币实际有效汇率和中美双边实际汇率的错配程度。可以很明显地发现，这三种实际汇率对同一年份人民币错配程度的度量是很不相同的，一方面是对高估或低估的结果不同，另一方面是对高估和低估程度的结果不同。从到底是高估还是低估的角度讲，对以下年份的结果不一致：1985 年人民币实际有效汇率被高估 11.78%，而内部实际汇率和外部实际汇率都被低估，且低估比较严重，在 11%以上；1988 年、1993 年实际有效汇率分别被低估 19.97%、22.06%，而内部实际汇率和外部实际汇率均被高

估；1990 年、1995 年实际有效汇率和内部实际汇率被低估，而外部实际汇率被高估；2000~2002 年实际有效汇率和内部实际汇率被高估，外部实际汇率被低估；2003 年实际有效汇率被高估，内部实际汇率和外部实际汇率被低估。其他年份对高估还是低估的结果是一致的。

表 6–6　人民币实际有效汇率错配程度与中美双边实际汇率错配程度的比较

年份	实际有效汇率错配（%）	中美内部实际汇率错配（%）	中美外部实际汇率错配（%）	年份	实际有效汇率错配（%）	中美内部实际汇率错配（%）	中美外部实际汇率错配（%）
1982	4.96	9.04	10.28	1995	–3.26	–1.06	0.35
1983	16.50	9.32	11.18	1996	6.11	4.75	6.19
1984	17.13	1.71	4.10	1997	13.24	7.58	6.99
1985	11.78	–11.77	–11.07	1998	17.86	9.00	4.53
1986	–8.94	–13.29	–14.63	1999	10.06	6.24	0.89
1987	–12.46	–11.10	–11.33	2000	8.75	0.86	–1.68
1988	–19.97	5.88	8.03	2001	12.19	0.64	–3.28
1989	0.21	22.70	28.03	2002	8.59	2.56	–4.96
1990	–4.09	–3.28	1.15	2003	0.76	–0.92	–5.22
1991	–9.29	–8.00	–5.97	2004	–2.38	–2.11	–2.97
1992	–14.67	–4.75	–3.73	2005	–2.96	–5.55	–2.65
1993	–22.06	3.73	4.35	2006	–1.23	–4.82	–0.36
1994	–13.76	–14.82	–14.76				

从高估和低估的程度上讲，实际有效汇率和中美双边实际汇率的结果也不完全一样。表 6–7 综合归纳了人民币实际有效汇率以及人民币内部实际汇率和外部实际汇率在研究期间内的错配程度。

表 6–7　人民币实际有效汇率的错配与中美双边实际汇率错配的比较

	中美内部实际汇率	中美外部实际汇率	实际有效汇率
实际汇率低估期间			
严重低估	1985~1987 年、1994 年	1985~1987 年、1994 年	1987~1988 年、1992~1994 年
较高低估	1991 年、2005 年	1991 年、2003 年	1986 年、1991 年
轻微低估	1990 年、1992 年、2006 年	1992 年、2001~2002 年	1990 年、1995 年
基本平衡	1995 年、2003 年、2004 年	2000 年、2004~2006 年	2004~2006 年
实际汇率高估期间			
严重高估	1982~1983 年、1989 年	1982~1983 年、1989 年	1983 ~1985 年、1997 ~1999 年、2001 年
较高高估	1988 年、1997~1999 年	1988 年、1996~1997 年	1996 年、2000 年、2002 年
轻微高估	1993 年、1996 年	1984 年、1993 年、1998 年	1982 年
基本平衡	1984 年、2000~2002 年	1990 年、1995 年、1999 年	1989 年、2003 年

错配程度的划分标准：3%以下，为基本平衡；3%~5%，为轻微错配；5%~10%，为较高错配；10%以上，严重错配。

四、实际有效汇率错配的贸易收支效应

国际贸易理论认为，国家间贸易直接来源于同一产品在不同国家之间的价格差异，而价格差异又来源于生产成本差异，对生产成本差异的不同解释形成了国际贸易理论的不同派别。这些不同派别的国际贸易理论，不论是传统贸易理论还是新贸易理论，不论是静态的还是动态的国际贸易理论，都是从供给和需求两方面来解释国际贸易产生的原因。在供给方面主要从要素禀赋差异、生产技术差异、生产成本差异来解释同一产品在国与国之间的价格差异，进而导致国际贸易的产生。在需求方面则强调了收入水平对贸易的影响。根据国际贸易理论，从需求角度看，一国的商品出口量主要取决于国外经济活动对该国出口商品的需求，而进口主要取决于该国国内经济活动对国外商品的需求；从供给角度看，一国的商品进出口主要取决于该国商品的竞争能力（主要是价格竞争能力），即该国进出口商品与国外同类商品的相对价格（用实际汇率衡量）。

在实证研究中国的进出口函数之前，我们必须先对中国对外贸易的实际情况进行简要分析，以期实证得到的进出口函数更加符合中国的实际情况。说到中国的贸易实际，不得不提的就是中国贸易方式的显著特征。中国的贸易方式概要地划分为一般贸易、加工贸易和其他贸易。由于中国自身的要素禀赋、经济发展阶段、产业发展以及国际分工格局等多种因素综合影响，加工贸易在中国的贸易发展中扮演了重要的角色。作为贸易方式之一，加工贸易出口在1996年首次超过一般及其他贸易出口，其出口额占出口贸易总额的55.83%，此后至2006年加工贸易出口一直占据着中国出口贸易的“半壁江山”。

狭义的加工贸易（Processing Trade），是指出口产品中所含有的进口比重很高，出口国主要投入劳动力对进口的零部件进行组装。这种狭义加工贸易的背景是发达国家工资成本上升，面临来自工业化过程中的不发达国家的竞争压力，把劳动密集型的生产工序转移到工资成本低的国家，与直接投资联系在一起，进行“离岸生产”。在更一般的意义上，加工贸易是指一国从国外进口主要原材料、零部件，加工装配后复出口的一种贸易方式。对发展中国家来说，加工贸易通常是外国企业以合资、合作的方式把某些生产能力转移到东道国或者利用东道国的已有生产能力为自己加工装配产品，然后销售到世界市场去的一种贸易方式。加工贸易有多种具体的形式，在中国出口贸易中比较常见的有进料加工、来料加工和装配业务，即所谓的“三来一补”贸易中的“三来”。

从国际分工角度看，我国是一个经济资源短缺、劳动力相对富裕的国家，通过参与国际分工，可以使我国出口劳动密集型产品，换取我国相对短缺的资源类产品、技术与资本密集型产品，从而实现经济的持续增长。加工贸易是实现这种资源互换的主要途径之一。加工贸易实质上就是从国外引进我国相对短缺的资源、半成品等中间投入品，利用我国丰富的劳动力资源，通过加工组装，实现产品的增值，然后出口到国际市场，换回宝贵的外汇，再用这些外汇进口我国经济发展所需要的资源和先进的设备、技术，促进经济的快速发展。

一般贸易主要利用本国的资源，整个生产过程基本处于国内；加工贸易的整个生产过程被分割为不同的阶段，分别位于不同的国家。在这两种贸易方式的背后，体现出一国资源禀赋、竞争优势、行业结构以及参与国际经济循环的战略等决定性因素。由于加工贸易与一般贸易存在着显著不同，特别是加工贸易在中国对外贸易中所占据的重要地位，在考察中国的进出口函数时，分别考察加工贸易、一般贸易的进出口函数会更合理、更符合中国经济实际。

（一）进出口贸易需求函数

考虑到当前中国和世界的宏观经济背景，研究中国进出口贸易的需求函数将更具有现实意义。根据国际贸易理论，进口需求函数和出口需求函数的理论模型分别为：

$IM = f(Y_d, REER, \text{Control variables})$

$EX = f(Y_f, REER, \text{Control variables})$

式中，国内收入 Y_d 用中国的实际 GDP 来衡量；国外收入 Y_f 用世界实际进口总额 WIM 来近似衡量；实际有效汇率 REER 来源于 IMF 的 IFS 数据库。Control variables 表示影响进出口贸易的控制变量，如进出口关税等。本章主要考虑的控制变量有：实际外商直接投资存量 FDIRA 和虚拟变量 DV。因为 FDI 主要投向出口企业，所以 FDI 存量的增加应该会增加中国的出口；并且与国内企业相比，外商投资的企业在生产过程中更倾向于使用进口的机器和零部件，FDI 存量的增加对进口应该有正向影响。虚拟变量 DV 的引入主要是考虑到中国加入 WTO 以后关税下降更加有利于对外贸易的发展，用来近似衡量中国对外贸易政策的变化。本部分实证分析所涉数据来源及处理详见附表 6-5。

表 6-8 列出了实证得到的分贸易方式的进口需求方程，其中，IMPT 是加工贸易进口，IMGT 是一般交易进口。比较各方程的回归系数可以发现：①实际有效汇率对加工贸易进口有负向抑制作用；对一般贸易进口有正向促进作用，对总进口也有负向抑制作用。这主要是由于加工贸易方式的特殊性引起的，实际有效汇率升值导致加工贸易出口下降，从而对加工贸易进口需求减少；由于加工贸易进口的价格弹性系数绝对值远远大于一般贸易进口，因此总

进口的价格弹性系数也为负。②加工贸易进口的收入弹性比一般贸易进口的收入弹性大，因此国内经济发展状况对加工贸易的影响更大。③实际外商直接投资存量对加工贸易进口的影响比较显著，对一般贸易进口和总进口有影响但不显著。因为外商直接投资通常会伴随着从国外引进先进的生产设备，采用国外的原材料和零部件到生产过程中。④政策虚拟变量对各贸易方式下的进口需求影响都比较显著。加入 WTO，中国全面削减进口关税，对进口的促进作用非常明显。

表 6–8　进口需求方程

因变量	解释变量				拟合效果	
	ln(REER)	ln(GDP)	ln(FDIRA(−1))	DV	adj.R^2	D.W.
ln(IM)	−0.3654 (0.0468)	0.9946 (0.0229)		0.5345 (0.0668)	0.9842	1.5987
ln(IMPT)	−0.9052 (0.1047)	0.9936 (0.0752)	0.2046 (0.0381)	0.2043 (0.0581)	0.9944	1.3886
ln(IMGT)	0.2172 (0.0835)	0.6420 (0.0409)		0.9043 (0.1193)	0.9223	1.3871

比较实证得到的不同贸易方式的出口需求方程（见表 6–9），可以发现：①实际有效汇率与各贸易方式的出口需求都是负相关，实际有效汇率升值对出口有抑制作用；加工贸易出口的价格弹性系数远远大于一般贸易出口，总出口的价格弹性系数也比较小，比较而言，加工贸易出口对实际有效汇率变动更敏感。②出口贸易的收入弹性为正，考虑实际外商直接投资存量的加工贸易出口的收入弹性与一般贸易出口非常接近；不考虑实际外商直接投资存量时，加工贸易出口的收入弹性与总出口的收入弹性比较接近。③实际外商直接投资存量对加工贸易出口的正向促进作用比较显著，对一般贸易出口和总出口的影响不显著。④政策虚拟变量对一般贸易出口的影响比较显著，对加工贸易出口和总出口的影响不显著。

表 6–9　出口需求方程

因变量	解释变量						拟合效果	
	ln(REER)	ln(WIM)	C	DV	ln(FDIRA)	AR(1)	adj.R^2	D.W.
ln(EX)	−0.3418 (0.1709)	2.9556 (0.4445)	−27.0394 (5.8587)			0.8849 (0.0689)	0.9949	1.0033
ln(EXPT)	−2.0642 (0.5101)	3.2590 (0.4068)	−23.2757 (7.0016)				0.8943	1.4187
ln(EXPT)	−1.3939 (0.6399)	0.7788 (0.3462)			0.5963 (0.1658)		0.9001	1.3458
ln(EXGT)	−0.4048 (0.1090)	0.7886 (0.0437)		0.9610 (0.1181)			0.9231	1.0146

综合比较进口需求函数和出口需求函数，得出以下结论：加工贸易进出口需求对实际有效汇率变动要比一般贸易进出口更敏感，而加工贸易出口需求比进口需求更容易受实际汇率变动的影响；实际外商直接投资存量对贸易的正向促进作用主要体现在加工贸易进出口，且比较显著；政策虚拟变量对进口需求的影响非常显著，对出口需求的影响有限。由此可以断定，区分不同的贸易方式研究进出口需求函数是很有必要的。

（二）实际有效汇率错配对进出口贸易的影响

根据上面估计的进出口需求函数，可以计算得到在基准情形下的进出口贸易额。将测算的人民币均衡实际有效汇率代入，即在其他影响进出口需求的因素保持不变的情况下，将现实的人民币实际有效汇率调整到其均衡水平，可以得到情景模拟的进出口贸易额。比较两种情形下的贸易额可以研究实际有效汇率错配对贸易收支的影响。

在实际有效汇率低估的年份，实际汇率需要升值才能够将其调整到均衡实际汇率。实际有效汇率升值，由于总出口 EX、加工贸易出口 EXPT、一般贸易出口 EXGT、总进口 IM、加工贸易进口 IMPT 对实际汇率的弹性系数都为负，因此情景模拟的相应的贸易额相对于基准情形都有所下降。具体而言，在实际有效汇率低估的 1986~1988 年、1990~1995 年、2004~2006 年，EX、EXPT、EXGT、IM、IMPT 的情景模拟值相对于基准值的误差率都为负。一般贸易进口对实际汇率的弹性系数为正，实际汇率升值，一般贸易进口需求增加，情景模拟值相对于基准值的误差为正。由于加工贸易出口对实际汇率变动更敏感，对应于实际有效汇率同样的升值幅度，加工贸易出口的情景模拟值相对基准值的误差率更大。以 2005 年为例（其他年份的数据详见附表 6-6），实际汇率低估 2.96%，为使其回归到均衡水平需要升值 3.05%；实际有效汇率升值 3.05%，中国的加工贸易出口下降 6.02%，一般贸易出口下降 1.21%，总出口下降 1.02%；加工贸易进口减少 2.69%，一般贸易进口增加 0.66%，总进口下降 1.09%。在实际有效汇率高估的年份，实际汇率需要贬值才能够将其调整到均衡实际汇率。实际有效汇率贬值，对进出口贸易的影响方向与实际有效汇率升值时的方向恰好相反。

上面是具体考察实际汇率变动对不同贸易方式下的进出口需求的影响，并没有给出对贸易收支余额的净影响。表 6-10 详细列出了 1982~2006 年中国贸易收支实际余额的基准值和情景模拟值。通过对比表 6-10 和附表 6-7 中的数据可以发现，在实际有效汇率低估的 1986~1988 年、1990~1995 年情景模拟的出口额和进口额相对于基准情形都下降，并且进口需求下降得更多，贸易逆差减少；同样是低估，2004~2006 年情景模拟的进出口相对于基准情形下降，但出口额下降得更多，贸易顺差减少。实际有效汇率升值有助于改善这些低估年份的贸易收支状况。

在实际有效汇率被高估的年份，情景模拟值与基准值相比，1982 年出口增加、进口不变，逆差减少，贸易收支改善；1983~1985 年、1989 年，出口增加、进口相对增加更多，逆差增加，贸易收支恶化；1996 年，进出口都增加、进口相对增加更多，顺差减少，贸易收支改善；1997~2000 年，进出口都增加、出口相对增加更多，顺差增加，贸易收支恶化；2001~2003 年，进出口都增加、进口相对增加更多，逆差增加，贸易收支恶化。由于总进口需求和总出口需求的汇率弹性都为负，实际有效汇率贬值对进出口贸易都有促进作用，对贸易收支余额的影响并不确定。在 1982 年和 1996 年会改善当年的贸易收支状况，在 1983~1985 年、1989 年、1997~2000 年、2001~2003 年会恶化当年的贸易收支状况。

表 6–10　贸易收支余额的情景模拟

年　份	基准值 (Baseline)	情景值 (Scenario)	情景相对于基准的变动率（%）	年　份	基准值 (Baseline)	情景值 (Scenario)	情景相对于基准的变动率（%）
1982	–768	–760	–1.10	1995	–228	–220	–3.41
1983	–814	–862	5.99	1996	352	349	–0.85
1984	–921	–978	6.25	1997	1862	1920	3.09
1985	–1093	–1141	4.37	1998	2440	2548	4.42
1986	–1270	–1225	–3.55	1999	3843	3950	2.79
1987	–1386	–1316	–5.05	2000	7173	7362	2.64
1988	–1488	–1363	–8.42	2001	–824	–906	9.98
1989	–1136	–1137	0.09	2002	–928	–993	6.99
1990	–864	–849	–1.82	2003	–42	–46	9.38
1991	–840	–803	–4.35	2004	4679	4654	–0.53
1992	–905	–840	–7.17	2005	8122	8058	–0.79
1993	–1216	–1085	–10.72	2006	13192	13145	–0.36
1994	–888	–823	–7.29				

上述分析结果似乎与通常认为的实际汇率贬值能够增加净出口、实际汇率升值能够减少净出口有些相悖，问题的根源在于本章实证得到的中国进口需求函数对实际汇率的弹性系数为负，而中国进口需求的汇率弹性为负又是由于中国的加工贸易在总贸易中占有重要比重且加工贸易进口需求的汇率弹性为负。要解决中国的贸易顺差问题，不能单从汇率水平上找问题，还应该从更为根本的中国的经济结构、所处的发展阶段、在国际贸易格局中所处的地位等来进行深层分析，寻找解决办法。

五、结论及政策含义

本章以 Elbadawi 模型为测算人民币均衡实际汇率的理论基础，采用协整分析技术，先后测算得到人民币的均衡实际有效汇率、人民币兑美元的内部均衡实际汇率和外部均衡实际汇率。在此基础上，将人民币实际汇率的错配程度划分为四个等级，比较实际有效汇率错配与中美双边实际汇率错配的差异。测算均衡实际汇率、判断实际汇率错配情况，这是本章的两大主要内容，也是后面分析实际汇率错配的贸易收支效应的基础。通过这些研究分析工作，本章得到以下主要结论：

贸易条件、国内外实际利差和负债率是影响人民币均衡实际有效汇率的基本经济要素，这些要素对实际有效汇率的短期影响和长期影响的方向相同，并且长期影响系数的绝对值要大于短期影响系数的绝对值；进一步证实基本经济要素对实际有效汇率的影响主要是长期影响。影响实际有效汇率短期运动的主要因素是非均衡误差的自我调整机制，基本经济要素的短期变动，以及货币政策的短期变动。其中非均衡误差的自我调整在实际有效汇率的整个调整过程中起主导作用。

影响人民币兑美元内部实际汇率的基本经济要素是贸易条件、相对劳动生产率、负债率。相对劳动生产率对内部实际汇率的正向作用，证实了 B–S 效应在中美双边内部实际汇率的决定过程中是起作用的，并且 1994 年以后中美相对劳动生产率稳步上升。从内部实际汇率的动态调整看，贸易条件对内部实际汇率的长期影响系数大于短期影响系数，而相对劳动生产率和负债率的长期影响系数绝对值小于短期影响系数绝对值；名义汇率变动对内部实际汇率变动有正向影响，但不显著。通过人民币兑美元的名义汇率升值来解决人民币兑美元的内部实际汇率低估问题可能并不十分有效。

贸易条件、国内外实际利差、相对劳动生产率和负债率这四个基本经济要素联合起来显著作用于人民币兑美元的外部实际汇率。贸易条件和负债率对外部实际汇率的长期影响系数绝对值大于短期影响系数绝对值，而相对劳动生产率的长期影响系数小于短期影响系数。实际利差的短期变动对外部实际汇率没有显著影响。

人民币实际有效汇率在 1983~1985 年、1996~2002 年被高估，在 1986~1988 年、1990~1995 年、2004~2006 年被低估，在 1989 年和 2003 年基本平衡。2004 年以来的低估，主要是由于这期间负债率下降、国内实际利率高于国外实际利率导致均衡实际有效汇率的上升快于实际有效汇率的变化。人民币兑美元的内部实际汇率在 1985~1987 年、1990~1992 年、1994~1995 年、2003~2006 年被低估，在 1982~1984 年、1988~1989 年、1993 年、1996~2002 年被高估；外部实际汇率的低估期间：1985~1987 年、1991~1992 年、1994 年、2000~2006 年，高估期间：1982~1984 年、1988~1990 年、1993 年、1995~1999 年。

实际有效汇率对加工贸易进口有负向抑制作用；对一般贸易进口有正向促进作用；对总进口也有负向抑制作用。实际外商直接投资存量对加工贸易进口的影响比较显著，对一般贸易进口和总进口有影响但不显著。实际有效汇率与各种贸易方式的出口需求都是负相关，实际有效汇率升值对出口有抑制作用；加工贸易出口的价格弹性系数远远大于一般贸易出口，总出口的价格弹性系数也比较小，比较而言，加工贸易出口对实际有效汇率变动更敏感。

加工贸易进出口需求对实际有效汇率变动要比一般贸易进出口更敏感，而加工贸易出口需求比进口需求更容易受实际汇率变动的影响；实际外商直接投资存量对贸易的正向促进作用主要体现在加工贸易进出口方面，且比较显著；政策虚拟变量对进口需求的影响非常显著，对出口需求的影响有限。由此可以断定，区分不同的贸易方式分别研究进出口需求函数很有必要。

在实际有效汇率被低估的年份，实际汇率需要升值才能够将其调整到均衡实际汇率。实际有效汇率升值情景模拟的总出口、加工贸易出口、一般贸易出口、总进口、加工贸易进口需求相对于基准情形都有所下降，一般贸易进口需求增加。从贸易收支余额角度讲，在实际有效汇率低估的 1986~1988 年、1990~1995 年，情景模拟的出口额和进口额相对于基准情形都有所下降，并且进口需求下降得更多，贸易逆差减少；同样是低估，2004~2006 年情景模拟的进出口相对于基准情形下降，但出口额下降得更多，贸易顺差减少。实际有效汇率升值有助于改善这些低估年份的贸易收支状况。

实际有效汇率高估的年份，实际汇率需要贬值才能够将其调整到均衡实际汇率。实际有效汇率贬值情景模拟的总出口、加工贸易出口、一般贸易出口、总进口、加工贸易进口需求相对于基准情形都有所增加，一般贸易进口需求下降。从对贸易收支余额的影响看，在实际有效汇率高估的 1983~1985 年、1989 年、2001~2003 年，情景模拟的进出口相对于基准情形都增加，进口相对增加更多，逆差都增加，贸易收支恶化；1997~2000 年进出口都增加、出口相对增加更多，顺差增加，贸易收支恶化；1982 年的逆差减少，1996 年顺差减少，贸易收支改善。

均衡实际有效汇率和双边实际汇率都表明，2004 年以来，人民币实际汇率存在一定程度的低估。本章通过研究实际有效汇率错配的贸易收支效应，认为实际有效汇率升值并不能有效解决中国当前的贸易顺差问题。相应的政策含义是，要解决中国的贸易顺差问题，不能单从汇率水平上寻找对策，还应该从更为根本的人民币汇率制度、国内产业经济结构、中国所处的发展阶段、中国在世界经济格局中所处的地位等方面进行深层分析，谋求解决途径。

附录

附表 6-1　主要经济变量的数据来源及处理

变量名	变量描述	数据来源及处理
LP	劳动生产率	不变价支出法 GDP 与就业人员数之比
LPG	劳动生产率的增长率	根据劳动生产率计算
RR	国内实际存款利率	名义利率与通货膨胀率之差
RF	国外实际存款利率	名义利率与通货膨胀率之差
RR-RF	国内外实际存款利差	国内外实际存款利率之差
F	负债率	外债余额与 GDP 之比
TOT	价格贸易条件	来源于世界银行的 WDI 数据库
OPEN	近似衡量贸易政策	进出口贸易总额与 GDP 之比
GR	近似衡量财政政策	政府消费支出在 GDP 中占比
M2	近似衡量货币政策	广义货币供给量与 GDP 之比
NEER	名义有效汇率指数	名义有效汇率指数（1992 年=100），IMF 的 IFS 数据库
REER	实际有效汇率指数	实际有效汇率指数（1992 年=100），IMF 的 IFS 数据库
IRER	内部实际汇率指数	根据计算公式得出（1992 年=100）
CPI	消费者价格指数	根据《中国统计年鉴》整理
WPIUS	美国批发价格指数	U.S. Department of Labor：BLS
EXR	人民币兑美元名义汇率	间接标价的名义汇率指数（1992 年=100）
RLP	中美相对劳动生产率	《中国统计年鉴》和美国 BLS
ERER	外部实际汇率指数	《中国统计年鉴》和美国 BLS

附表 6-2　人民币均衡实际有效汇率及实际有效汇率的错配

年　份	实际有效汇率	均衡实际有效汇率	实际有效汇率的错配程度（%）	人民币实际有效汇率需要调整的幅度（%）
1982	311.08	296.39	4.96	-4.72
1983	305.84	262.52	16.50	-14.17
1984	272.62	232.75	17.13	-14.62
1985	231.29	206.92	11.78	-10.54
1986	168.39	184.93	-8.94	9.82
1987	145.86	166.61	-12.46	14.23
1988	121.37	151.65	-19.97	24.95
1989	139.93	139.64	0.21	-0.21
1990	124.73	130.05	-4.09	4.27
1991	111.25	122.65	-9.29	10.24

续表

年　份	实际有效汇率	均衡实际有效汇率	实际有效汇率的错配程度（%）	人民币实际有效汇率需要调整的幅度（%）
1992	100.00	117.19	-14.67	17.19
1993	88.42	113.45	-22.06	28.31
1994	95.93	111.24	-13.76	15.96
1995	106.88	110.48	-3.26	3.37
1996	117.58	110.81	6.11	-5.76
1997	126.60	111.80	13.24	-11.69
1998	133.33	113.13	17.86	-15.15
1999	126.10	114.57	10.06	-9.14
2000	126.15	116.00	8.75	-8.04
2001	131.57	117.27	12.19	-10.87
2002	128.53	118.36	8.59	-7.91
2003	120.09	119.19	0.76	-0.75
2004	116.93	119.79	-2.38	2.44
2005	116.66	120.22	-2.96	3.05
2006	119.09	120.56	-1.23	1.24

附表 6-3　人民币内部均衡实际汇率及内部实际汇率的错配

年　份	内部实际汇率	内部均衡实际汇率	内部实际汇率错配程度（%）	内部实际汇率需要调整的幅度（%）
1982	173.06	158.72	9.04	-8.29
1983	162.64	148.77	9.32	-8.53
1984	142.05	139.66	1.71	-1.69
1985	116.09	131.57	-11.77	13.34
1986	108.10	124.68	-13.29	15.33
1987	105.84	119.06	-11.10	12.49
1988	121.31	114.57	5.88	-5.56
1989	136.27	111.06	22.70	-18.50
1990	104.75	108.31	-3.28	3.40
1991	97.80	106.30	-8.00	8.70
1992	100.00	104.98	-4.75	4.98
1993	108.14	104.25	3.73	-3.60
1994	88.60	104.01	-14.82	17.39
1995	103.11	104.21	-1.06	1.07
1996	109.67	104.69	4.75	-4.53
1997	113.24	105.26	7.58	-7.04
1998	115.27	105.75	9.00	-8.26
1999	112.67	106.06	6.24	-5.87

续表

年　份	内部实际汇率	内部均衡实际汇率	内部实际汇率错配程度（%）	内部实际汇率需要调整的幅度（%）
2000	107.07	106.16	0.86	–0.85
2001	106.69	106.02	0.64	–0.63
2002	108.32	105.62	2.56	–2.50
2003	103.99	104.95	–0.92	0.92
2004	101.83	104.03	–2.11	2.15
2005	97.21	102.92	–5.55	5.87
2006	96.80	101.71	–4.82	5.07

附表 6–4　人民币外部均衡实际汇率及外部实际汇率的错配

年　份	外部实际汇率	外部均衡实际汇率	外部实际汇率错配程度（%）	外部实际汇率需要调整的幅度（%）
1982	214.76	194.75	10.28	–9.32
1983	197.95	178.04	11.18	–10.06
1984	169.71	163.03	4.10	–3.94
1985	133.24	149.83	–11.07	12.45
1986	118.30	138.57	–14.63	17.14
1987	114.59	129.23	–11.33	12.78
1988	131.35	121.59	8.03	–7.43
1989	147.72	115.38	28.03	–21.89
1990	111.63	110.37	1.15	–1.14
1991	100.20	106.56	–5.97	6.35
1992	100.00	103.88	–3.73	3.88
1993	106.58	102.14	4.35	–4.17
1994	86.21	101.14	–14.76	17.32
1995	101.07	100.72	0.35	–0.35
1996	106.89	100.66	6.19	–5.83
1997	107.78	100.73	6.99	–6.53
1998	105.35	100.79	4.53	–4.33
1999	101.62	100.72	0.89	–0.88
2000	98.82	100.51	–1.68	1.71
2001	96.81	100.09	–3.28	3.39
2002	94.54	99.48	–4.96	5.22
2003	93.48	98.63	–5.22	5.51
2004	94.68	97.58	–2.97	3.06
2005	93.81	96.37	–2.65	2.73
2006	94.72	95.06	–0.36	0.36

附表 6-5 贸易数据的主要来源及处理

<table>
<tr><th>变量名</th><th colspan="2">变量描述</th><th>数据来源及处理</th></tr>
<tr><td>EX</td><td>总出口</td><td rowspan="9">1992 年不变价，亿元</td><td rowspan="3">原始数据源于《中国统计年鉴》，根据人民币计价的出口价格指数进行调整</td></tr>
<tr><td>IM</td><td>总进口</td></tr>
<tr><td>EXPT</td><td>加工贸易出口</td></tr>
<tr><td>IMPT</td><td>加工贸易进口</td><td rowspan="3">原始数据源于《中国统计年鉴》，根据人民币计价的进口价格指数进行调整</td></tr>
<tr><td>EXGT</td><td>一般贸易出口</td></tr>
<tr><td>IMGT</td><td>一般贸易进口</td></tr>
<tr><td>WIM</td><td>世界进口</td><td>原始数据源于 WEO，根据世界进口价格指数调整</td></tr>
<tr><td>GDP</td><td>支出法 GDP</td><td>原始数据源于《中国统计年鉴》，根据 GDP 指数调整</td></tr>
<tr><td>FDIRA</td><td>实际利用 FDI 存量</td><td>原始流量数据源于《中国统计年鉴》，根据固定资产投资价格指数调整，并进行逐年累加，折旧率取 5%</td></tr>
<tr><td>REER</td><td>实际有效汇率指数（1992 年=100）</td><td></td><td>原始数据源于 IMF 的 IFS 数据库</td></tr>
<tr><td>DV</td><td>虚拟变量</td><td></td><td>1982~2000 年，DV=0；2001~2006 年，DV=1</td></tr>
</table>

附表 6-6 情景模拟与基准情形的相对变动（分贸易方式）

年 份	情景相对于基准的变动率（%）					
	EX	EXPT	EXGT	IM	IMPT	IMGT
1982	1.67	10.50	1.98	0.00	0.00	0.00
1983	5.36	37.07	6.38	5.74	14.83	-3.26
1984	5.55	38.59	6.61	5.95	15.39	-3.38
1985	3.88	25.85	4.61	4.15	10.61	-2.39
1986	-3.15	-17.58	-3.72	-3.37	-8.13	2.06
1987	-4.45	-24.01	-5.24	-4.74	-11.35	2.93
1988	-7.33	-36.86	-8.62	-7.81	-18.26	4.96
1989	0.07	0.44	0.09	0.08	0.19	-0.05
1990	-1.42	-8.26	-1.68	-1.51	-3.71	0.91
1991	-3.28	-18.23	-3.87	-3.50	-8.45	2.14
1992	-5.28	-27.92	-6.22	-5.63	-13.38	3.51
1993	-8.17	-40.22	-9.60	-8.70	-20.20	5.56
1994	-4.94	-26.34	-5.82	-5.27	-12.55	3.27
1995	-1.13	-6.62	-1.33	-1.20	-2.96	0.72
1996	2.05	13.03	2.43	2.19	5.52	-1.28
1997	4.34	29.26	5.16	4.65	11.91	-2.66
1998	5.78	40.38	6.88	6.19	16.04	-3.51
1999	3.33	21.88	3.96	3.56	9.06	-2.06
2000	2.91	18.89	3.45	3.11	7.89	-1.80
2001	4.01	26.81	4.77	4.29	10.98	-2.47
2002	2.86	18.55	3.39	3.06	7.75	-1.77
2003	0.26	1.57	0.31	0.28	0.68	-0.16

续表

年　份	情景相对于基准的变动率（%）					
	EX	EXPT	EXGT	IM	IMPT	IMGT
2004	-0.82	-4.86	-0.97	-0.88	-2.16	0.53
2005	-1.02	-6.02	-1.21	-1.09	-2.69	0.66
2006	-0.42	-2.51	-0.50	-0.45	-1.11	0.27

附表 6-7　实际出口的现实值、基准值和情景模拟值的对比

年　份	实际出口 EX					
	现实值（actual）	基准值（baseline）	情景值（Scenario）	基准相对于现实的变动率（%）	情景相对于基准的变动率（%）	情景相对于现实的变动率（%）
1982	1295	505	513	-60.99	1.67	-60.34
1983	1408	547	576	-61.16	5.36	-59.07
1984	1678	712	752	-57.55	5.55	-55.19
1985	1726	873	907	-49.45	3.88	-47.48
1986	2133	1132	1096	-46.93	-3.15	-48.60
1987	2524	1437	1373	-43.05	-4.45	-45.58
1988	2975	1870	1733	-37.15	-7.33	-41.76
1989	3081	2180	2182	-29.24	0.07	-29.19
1990	3521	2726	2688	-22.56	-1.42	-23.66
1991	4040	3246	3140	-19.66	-3.28	-22.30
1992	4676	3944	3736	-15.66	-5.28	-20.11
1993	5212	4561	4188	-12.50	-8.17	-19.64
1994	6666	5449	5180	-18.26	-4.94	-22.30
1995	7809	6525	6451	-16.44	-1.13	-17.38
1996	7778	7523	7677	-3.28	2.05	-1.30
1997	9325	9487	9899	1.73	4.34	6.15
1998	9730	10504	11111	7.96	5.78	14.19
1999	10633	12697	13120	19.40	3.33	23.38
2000	13729	16768	17256	22.13	2.91	25.68
2001	15013	16632	17299	10.79	4.01	15.23
2002	18727	18268	18790	-2.45	2.86	0.34
2003	25246	21597	21653	-14.45	0.26	-14.23
2004	33615	28722	28486	-14.56	-0.82	-15.26
2005	41828	34681	34326	-17.09	-1.02	-17.93
2006	51054	42458	42279	-16.84	-0.42	-17.19

附表 6-8　实际进口的现实值、基准值和情景模拟值的对比

年　份	实际进口 IM					
	现实值 (actual)	基准值 (baseline)	情景值 (Scenario)	基准相对于现实的变动率（%）	情景相对于基准的变动率（%）	情景相对于现实的变动率（%）
1982	1273	1273	1273	0.00	0.00	0.00
1983	1314	1360	1438	3.53	5.74	9.47
1984	1681	1633	1730	–2.84	5.95	2.94
1985	2410	1966	2048	–18.42	4.15	–15.03
1986	2437	2402	2321	–1.44	–3.37	–4.75
1987	2540	2823	2689	11.12	–4.74	5.85
1988	3045	3358	3095	10.26	–7.81	1.64
1989	3434	3316	3319	–3.42	0.08	–3.35
1990	3006	3591	3536	19.44	–1.51	17.63
1991	3516	4086	3943	16.19	–3.50	12.12
1992	4443	4849	4576	9.14	–5.63	2.99
1993	5786	5777	5274	–0.16	–8.70	–8.85
1994	6306	6336	6003	0.49	–5.27	–4.80
1995	6851	6753	6671	–1.44	–1.20	–2.62
1996	7345	7170	7327	–2.38	2.19	–0.25
1997	7763	7624	7979	–1.79	4.65	2.78
1998	7974	8064	8563	1.13	6.19	7.38
1999	9129	8854	9170	–3.01	3.56	0.44
2000	12030	9595	9893	–20.24	3.11	–17.76
2001	13443	17456	18205	29.85	4.29	35.43
2002	16553	19196	19783	15.97	3.06	19.51
2003	22440	21639	21699	–3.57	0.28	–3.30
2004	28294	24043	23832	–15.03	–0.88	–15.77
2005	28703	26559	26269	–7.47	–1.09	–8.48
2006	33415	29266	29135	–12.42	–0.45	–12.81

参考文献

[1] Alicia García-Herrero and Tuuli Koivu, "Can the Chinese trade surplus be reduced through exchange rate policy?", BOFIT, Discussion Papers 6/2007.

[2] Balázs Égert, László Halpern and Ronald MacDonald, "Equilibrium Exchange Rates in Transition Economies: Taking Stock of the Issues", William Davidson Institute Working Paper, No.793, 2005.

[3] Jinzhao CHEN, "Behavior equilibrium exchange rate and misalignment of Renminbi: A recent empirical study", 2007, www.degit.ifw-kiel.de/papers/degit_12/C012_013.pdf.

[4] John Williamson, ed., Estimating Equilibrium Exchange Rates, Washington DC:

Institute for International Economics, 1994.

[5] Laurence, E. Hinkle and Peter J. Monitiel, ed., Exchange Rate Misalignment: Concepts and Measurement for Developing Countries, Oxford: Oxford University Press, 2001.

[6] Morris Goldstein, "Adjusting China's Exchange Rate Policies", Institute for International Economics, paper presented at the International Monetary Fund's seminar on China's Foreign Exchange System, Dalian, China, May 26-27, 2004.

[7] Peter B. Clark and Ronald MacDonald, "Exchange Rates and Economic Fundamentals: A Methodological Comparison of BEERs and FEERs", IMF Working Paper, No.67, 1998.

[8] Peter Isard, "Equilibrium Exchange Rates: Assessment Methodologies", IMF WP/07/296.

[9] Peter Neary, "Determinants of the equilibrium real exchange rate", American Economic Review, Vol.78, No.1, 1988.

[10] Rebecca L. Driver and Peter F. Westaway, "Concepts of equilibrium exchange rates", Bank of England, Working Papers, No. 248, 2004.

[11] Sebastian Edwards, "Real exchange rates in the developing countries: Concept and Measurement", NBER Working Paper, No.2950, 1989.

[12] Shantayanan Devarajan, Jeffrey D. Lewis and Sherman Robinson, "External Shocks, Purchasing Power Parity, and the Equilibrium Real Exchange Rate", World Bank Economic Review, Volume 7, Number 1, pp. 45-63, 1993.

[13] W.L.Chou and Y.C. Shih, "The equilibrium exchange rate of Chinese Renminbi", Journal of Comparative Economics, Vol.26, 1998.

[14] William R. Cline and John Williamson, "Estimates of the Equilibrium Exchange Rate of the Renminbi: Is There a Consensus and, If Not, Why Not?", Paper presented at the Conference on China's Exchange Rate Policy Peterson Institute, Washington DC, 2007.

[15] Xiaoguang Zhang, Mingtai Fan and Weiming Yi, "Is the Devaluation of the Chinese Renminbi Yuan Inevitable? The Impact of East Asia's Crisis on China", Research Paper 621, University of Melbourne, 1998.

[16] 卜永祥、Rod Tyers:《中国均衡实际有效汇率：一个总量一般均衡分析》,《经济研究》, 2001 年第 6 期。

[17] 卜永祥、秦宛顺:《关税、货币政策与中国实际均衡汇率》,《经济研究》, 2002 年第 5 期。

[18] 卜永祥、秦宛顺:《人民币内外均衡论》, 北京大学出版社, 2006年。

[19] 窦祥胜、杨炘:《人民币均衡汇率估计——不同方法的比较》,《管理评论》, 2003 年第 8 期。

[20] 樊明太、李文军、胡洁、乔宝华等:《中国贸易顺差内外部效应定量分析》, 2007 年商务部重点研究课题（内部报告）。

[21] 樊明太、郑玉歆:《贸易自由化对中国经济影响的一般均衡分析》,《世界经济》, 2000 年第 4 期。

[22] 樊明太、郑玉歆等:《中国 CGE 模型及政策分析》, 社会科学文献出版社, 1999 年。

[23] 樊明太:《对外贸易对中国经济发展的影响及意义》,《财贸经济》, 2000 年第 8 期。

[24] 樊明太:《缓解人民币升值压力　完善人民币汇率形成机制》, 2004年内部稿件。

[25] 樊明太:《金融结构与货币传导机制》, 中国社会科学出版社, 2005年。

[26] 金中夏:《论中国实际汇率管理改革》,《经济研究》, 1995 年第 3期。

[27] 林伯强:《人民币均衡实际汇率的估计与实际汇率错位的测算》,《经济研究》, 2002 年第 12 期。

[28] 卢峰、刘鎏:《我国两部门劳动生产率增长及国际比较 (1978~2005)》,《经济学 (季刊)》, 2007 年 1 月第 6 卷第 2 期。

[29] 马纲:《中国实际均衡汇率》, NERI 2000 年工作论文。

[30] 秦宛顺、靳云汇、卜永祥:《人民币汇率水平的合理性——人民币实际汇率与均衡汇率的偏离度分析》,《数量经济技术经济研究》, 2004 年第 7期。

[31] 施建淮、余海丰:《人民币均衡汇率与汇率失调: 1991~2004》,《经济研究》, 2005 年第 4 期。

[32] 孙茂辉:《人民币自然均衡实际汇率: 1978~2004》,《经济研究》, 2006 年第 11 期。

[33] 王子先:《加入 WTO 对国际收支平衡的影响及其对策》, 中国对外经济贸易出版社, 2002 年。

[34] 徐家杰:《中国全要素生产率估计: 1978~2006 年》,《亚太经济》, 2007 年第 6 期。

[35] 杨长江:《人民币实际汇率长期调整趋势研究》, 上海财经大学出版社, 2002 年。

[36] 岳国强、程选:《实际汇率调整路径的设想》, 国家发展和改革委员会宏观经济研究院宏观经济信息研究, 2007 年 4 月 30 日。

[37] 张斌:《人民币均衡汇率: 简约一般均衡下的单方程实证模型研究》, 中国社会科学院国际金融研究中心工作论文 No.16, 2003。

[38] 张晓峒:《计量经济学基础》, 南开大学出版社, 2005 年。

[39] 张晓朴:《人民币均衡汇率研究》, 中国金融出版社, 2001 年。

[40] 赵登峰:《人民币市场均衡汇率与实际均衡汇率研究》, 社会科学文献出版社, 2005 年。

(本章执笔人: 乔宝华、樊明太)

第七章 中国加入WTO对中、美、欧经济的影响

截至2008年，中国加入世界贸易组织（WTO）已经过去了7个年头。在这7年中，中国政府履行了对世界贸易组织所做的承诺，取得的成就有目共睹。根据近几年我国宏观经济，尤其是对外贸易领域发展变化的具体情况，本章将重新评价加入WTO这一事件对我国经济及其主要贸易伙伴美国和欧盟的经济带来的影响。评价的方法是政策评估常用的一般均衡模型方法。通过比较我们已有的多国一般均衡模型模拟数据和我国对外贸易在近几年发生的实际变化，我们发现模拟结果与实际数据存在着不小的差距，通过参数的敏感性分析，我们发现原有模型中对双边贸易量的描述，即我们用阿明顿方程计算双边贸易量可能存在一些问题，因此，我们用描述双边贸易量的重力模型经验估计方程代替了原有模型中的阿明顿方程，并且对模拟方案进行了重新设计，结果发现，这一方法改进了多国模型的计算结果。改进的模型模拟的结果显示，关税减让和纺织品配额的取消对中国经济增长的贡献大约为2.7%。

一、介绍

中国自2001年加入世界贸易组织以来，随着关税和非关税壁垒减让措施的逐步实施，[①] 以及在服务贸易、贸易体制和投资等领域改革[②] 措施的逐步推行，中国的经济发展水平、贸易状况、制度环境、产业结构等都发生了一些变化：2001~2004年的经济年平均增长率为9.4%；国际贸易总量年均增长25.4%，在世界贸易总量的份额由2001年的6.3%[③] 上升到2004年的9%，其中出口份额由2001年的5.8%上升到2004年的8.7%，是全球出口市场份额增长最快的国家；关税平均水平由2001年的14.7%降至2005年的9.9%。与此

① 中国加入WTO以后关税和非关税壁垒减让的进程见附录一。
② 中国加入WTO以后其他领域的开放进程见附录二。
③ 这组数据取自EUROSTAT，“Trends in World Trend”。

同时，随着中国、俄罗斯及东亚一些新兴市场国家经济的不断转强，以及一些发展中国家在全球出口市场份额的不断扩大，发达国家在世界出口市场中所占的份额却在不断缩小。其中美国是出口份额下跌最大的国家，2001~2004 年在世界出口市场的份额减少了 3.9%。日本和加拿大等发达国家在国际市场的出口也都出现了 0.6%到 1%的减少。然而，尽管发展中国家与发达国家在世界出口市场中所占份额有不同程度的增长或下跌，全球出口市场的总体规模却在不断扩大。世界出口总额由 2001 年的 5.0 万亿欧元增加至 2004 年的 5.4 万亿美元，增加了 8%。[①]

尽管上述这些贸易格局的变化主要是由国际市场的需求结构决定的，但中国加入 WTO 这一事件的确对世界贸易格局产生了一些影响，正如许多经济学家在中国加入 WTO 之前预言的那样：中国贸易政策的改变不仅对中国本国经济，也将对世界其他国家尤其是中国的主要贸易伙伴的经济发展带来不同程度的影响。

在加入 WTO 以前，国际、国内对中国可能加入 WTO 的条件、加入 WTO 对中国经济的影响、对世界经济的影响等问题的讨论非常热烈，学术界也借用了不同的数理模型做了多方面的模拟和分析，国际上较为著名的有国际贸易分析项目（GTAP，Global Trade Analysis Project）（Hertal，2001）和世界银行（Martin，2001）的相关分析，国内有国务院发展研究中心（李善同和翟凡，1996，2000）以及中国社会科学院数量经济所的相关分析（郑玉歆和樊明太，1998；李雪松，2002），尽管各个研究机构在分析问题的手段、数据结构、数据来源等方面存在着差异，但得出的某些结论却是一致的，如加入 WTO 将提高中国经济的增长速度，使中国、美国和欧盟等国家或共同体受益等。[②] 而近几年，尽管描述加入 WTO 以后国内外经济形势变化的文章还有，但这方面的较为学术的讨论较前几年少了许多。但实际上，中国加入 WTO 以后同上述议题相关的一些问题非常值得深入研究，比如加入 WTO 这几年中国及其主要贸易伙伴经济的发展、贸易的增长以及一些结构的变化是否像几年以前人们预言的那样？中国近几年的增长到底在多大程度上得益于加入世贸组织？在以后的多边贸易谈判中，中国应该从何种角度考虑才能最大限度地从加入世贸组织中获利以及保护本国利益？以前的模拟分析在理论、技术以及数据方面还有哪些不足？等等。

根据上述的一些思考线索，我们试图在本章中回答以下两个问题：一是加入 WTO 这几年，中国与其主要的贸易伙伴美国和欧盟之间贸易结构的变化如

① 由于数据来自 EUROSTAT，国际出口总额中没有包括欧盟内部的出口贸易。
② 关于各种分析中国加入 WTO 的文章在本章的文献回顾中有详细介绍。

何？二是同实际情况相比，我们根据模型做出的中国加入 WTO 评估的结论哪些与实际情况相符，哪些差距较大，为什么？模型可以在哪些方面进行改进？

因此，本章研究的重点是讨论加入 WTO 以来中国同其贸易伙伴的双边贸易情况，如：贸易结构、贸易规模等方面的实际变化；考察原多国一般均衡模型模拟的结果与实际变化存在的差异，找出模型中需要和能够改进的部分，并用改进的模型重新评价中国加入 WTO 对中国及其主要贸易伙伴宏观经济和各部门经济的冲击效应。研究的目的在于，对中国的政策方案的模型设计、贸易改革策略和国际政策协调等几方面的研究提供一些思路，为今后中国贸易政策的调整提供参考。

本章下面的结构安排是这样的：第二部分介绍中国加入 WTO 以后，中国、美国和欧盟贸易格局在近几年的一些变化；第三部分对评价中国加入 WTO 的有关文献作一个回顾；第四部分介绍多国均衡模型的结构及其使用的数据、模型的不足以及对模型改进的方法、改进的依据以及新的模拟方案的设计；第五部分给出用改进的模型模拟出一些结果。

二、中国、美国和欧盟近几年的贸易格局

加入 WTO 以来，中国与国际贸易有关的变化主要体现在以下几个方面：第一，进出口贸易量增长迅速。2002~2004 年进出口的平均增速分别为 30.8%和 32.3%，[①] 比 1990~2000 年的平均增速分别提高了 8%和 4%。比这两年的世界平均增速分别快了 28.4%和 30.2%。[②] 第二，在世界贸易中出口和进口的份额均显著提高。其中，在世界出口市场的份额由 2001 年的 5.8%提高到 2004 年的 8.7%；在进口市场的份额由 2001 年的 4.5%提高到 2004 年的 7%。第三，中国的出口产品结构从依赖纺织业向工业制成品和电子产品转移。20 世纪 90 年代初，轻工业产品占中国出口产品的 40%左右，这些产品首先主要集中在鞋类产品、成衣制品、玩具，其次是纺织品、机械产品及运输产品。但近几年，在中国的出口额中，电器，如办公设备和数据处理产品、电信和音响产品和其他电子产品、家居、旅游用品等占的比重越来越大。其中，包括电器产品在内的制造业产品和运输业产品在出口总额的比重从 1993 年的 13%提高到 2003 年的 41%；其他制造业的出口从 42%下降到 28%。第四，中国的进出口结构中加工贸易仍占很大比重。这个比重从 1990 年初的 35%左右增长到目前的 50%

---

① 数据来自《中国统计年鉴》。

② 本章中除特别说明的以外，欧盟和美国及其他国际贸易数据均来自 EUROSTAT。

左右；同样，在进口中有超过 40%的进口商品用于出口的加工贸易。第五，贸易顺差增长迅速，由 2001 年的 225 亿美元增加到 2005 年的 1019 亿美元。

（一）美国的贸易格局及中美双边贸易在近几年的变化

近几年美国的贸易格局主要表现在以下几个方面：第一，进出口贸易在某些年份正增长，某些年份负增长，但由于 2004~2005 年进出口增加均超过了 10%，所以，它在 2001~2004 年进出口的平均增速分别为 7.2%和 3.4%，比同期的世界平均增速分别快 5.1%和 1%。第二，美国在世界贸易中出口和进口的份额均逐年减少。其中，在世界出口市场的份额由 2001 年的 15.8%减少到 2004 年的 11.9%；在进口市场的份额由 2001 年的 23.7%减少到 2004 年的 21%。第三，2000~2005 年，美国的机械类产品和运输设备仍然占了美国 50%以上的出口，2005 年这两大类产品的出口额之和占到了美国当年总出口的 61.4%。但从趋势上看，运输设备、办公和电信设备、数据处理设备等出口份额有下降的趋势，同 2000 年相比，这几大类商品的出口份额在 2005 年均出现了 0.3%和 1.4%的减少。第四，在美国的进口贸易结构中，机械类产品和运输设备占了美国 50%以上的进口，但同 2000 年相比，这两大类商品的进口份额分别减少了 2.4%和 2.3%，是所有进口商品中份额变化幅度最大的进口商品；相反，能源产品的进口份额反增加了 3.1%。

从中美双边贸易的角度看，中美双边贸易在我国的对外贸易中始终扮演着重要的角色。2003 年和 2004 年的双边进出口贸易增长率均超过了 20%。占中国对外贸易总额的 14.8%和 14.7%。就 2005 年而言，中美贸易总额达 2116.3 亿美元，增长 24.8%；其中中国对美国的出口 1629.0 亿美元，增长 30.4%；进口 487.3 亿美元，增长 9.1%；对美贸易顺差达 1141.7 亿美元，增长 29.8%。目前美国是中国最大的单一国别贸易伙伴、第一大出口市场、第六大进口来源地、第三大技术进口来源地。在美国的总进口量中，中国商品的市场份额也由 2000 年的 8.6%提高到 2005 年的 15%。2005 年，中国是美国第五大出口国、第三大进口来源地。

中美双边贸易量在增长的同时，贸易摩擦也日益激烈，目前中美贸易中有四个焦点问题：中国对美国的贸易顺差、知识产权保护、人民币汇率、纺织品的设限与反设限。在这四个焦点中，知识产权保护是最关键、最敏感的问题。

（二）欧盟的贸易格局及中欧双边贸易在近几年的变化

近几年欧盟的贸易格局主要表现在以下几个方面：第一，除了 2001 年进口是负增长，出口是零增长以外，2002~2004 年进出口均为正增长。在这期间欧盟进出口的平均增速分别为 9.6%和 9.8%，比同期世界平均增速分别快 7.5%

和 7.4%。第二，欧盟在世界贸易中出口和进口的份额逐年波动。其中，2001~2004 年在世界进口贸易的份额分别是 19.1%、18.8%、19.4%和 19.2%；[①] 出口市场的份额分别是 19.6%、20.1%、20.3%和 19.9%。第三，欧盟的出口产品结构中，机械产品和运输设备仍然是欧盟出口的主要产品，2005 年该类产品的出口占到了欧盟出口总额中的 44.9%；化学产品和其他制成品的出口之和占到了出口总额的 40%左右，另外的 5%是农产品和其他未分类产品的出口。但从趋势上看，机械产品和运输设备的出口有减少的趋势，2005 年该类产品的出口比 2000 年减少了 1.5%左右；同时，其他机械类产品的出口在这期间也减少了近 1%；但化学产品的出口增加了 1.5%。在进口产品结构中，机械和运输设备的进口是欧盟最主要的进口产品，2005 年，该类产品的进口占了欧盟总进口量的 32%，其次是能源产品的进口，包括煤炭、石油和天然气，这类产品的进口是欧盟总进口量的 16%。但是，从 2000~2005 年的发展趋势看，上述两大类产品的进口量变化得也最快，其中，机械和运输设备的进口在这 5 年间减少了 5.3%，而能源产品的进口却增加了 6.6%。

同中美贸易的情况相似，2000~2005 年中欧贸易额翻了一番。根据中国商务部最新颁布的《国别贸易投资环境报告 2006》，中欧贸易额 2005 年突破 2000 亿美元，达到 2173.1 亿美元，同比增长了 22.6%；其中中国对欧出口增长了 34.1%，中国自欧进口则增长了 5%，对欧贸易顺差达到 701.2 亿美元。到 2004 年，欧盟已成为中国第一大贸易伙伴，中国是欧盟第三大贸易伙伴。

但随着贸易量的增长，双边经贸领域的问题也日益突出。第一，中欧贸易逆差不断扩大，2004 年欧盟对华贸易逆差为 800 亿欧元，2005 年为 1060 亿欧元。第二，中国具有竞争力的传统低附加值产品使欧盟制造业受到了很大的竞争压力；例如法国和意大利与中国在纺织业、皮鞋、家具等行业有直接的竞争关系。第三，欧盟对中国实施的反倾销及与反倾销相关的贸易救济措施、欧盟对中国出口产品的技术壁垒、欧盟东扩等为影响双边贸易的重要因素。

三、文献回顾

有关加入 WTO 对中国经济以及世界经济的影响的论文在 2001 年中国加入世界贸易组织以前非常多，其中用一般均衡模型对“入关”情形的模拟结果被人们广为接受，该模型技术是一种被广泛使用的政策分析工具，它所揭示的经济联系比局部均衡分析或宏观计量经济模型更为广泛。这种模型通过比较在给

① 2003 年的欧盟数据是指 EU15，2004 年的数据是指 EU25。出口份额的数据同上。

定的政策框架下的经济均衡状态和有一定外生冲击或政策变化下的经济均衡状态，模拟和估计外生冲击或政策变化对宏观经济变量、部门变量等的影响。

在国内，有三个机构曾经用一般均衡模型方法研究贸易政策的变化对中国经济各个层面的影响。其中，国务院发展研究中心从 1997 年开始用一般均衡模型研究中国加入 WTO 对宏观经济以及各产业结构的影响（翟凡和李善同，1996，2000）。1996~2004 年，他们发表了数篇论文，运用该模型分别模拟了中国加入 WTO 对中国宏观经济和部门经济的影响。指出中国加入 WTO 大约使中国经济在 2001~2005 年每年的 GDP 增速平均提高 0.25%（李雪松等编，2002），并且使 2005 年时的就业增加 230 万人。同国务院发展研究中心几乎同时开展一般均衡模型研究的还有中国社会科学院数量经济和技术经济研究所，他们分别于 1998 年和 2002 年开发了两个版本的中国宏观经济一般均衡模型（郑玉歆和樊明太，1998；李雪松，2002），并分别模拟了贸易政策的变化对中国宏观经济和部门经济的冲击效应。指出随着中国关税水平的降低和其他一些贸易政策的变化，中国的经济增长速度将有所提高，产业结构将随着“入关”的进程而发生变化。华中理工大学从 2000 年开始着手开发中国的税收可计算一般均衡模型，并于 2004 年给出了中国“入关”对中国经济的各个总量指标，如总消费、总投资等产生的影响。

相比之下，国际上应用一般均衡模型对发展中国家贸易政策变化的影响这一问题的研究开展得较早也较为普遍，较为早期的研究主要集中在以下三个方面：①用一般均衡模型模拟财政政策、贸易政策的变化对经济增长和社会整体福利的影响；如世界银行的相关研究（Dervis K.，J. de Melo and S. Robinson，1982）。②用多国一般均衡模型模拟贸易自由化对经济各个层面的冲击，如 Whalley（1985）、Deardorff 和 Stern（1990）等人的相关研究。③将多国一般均衡模型不仅运用于贸易政策分析而且运用于环境、能源和农业政策、贫困问题、分配问题等，包括美国的国际贸易分析项目（GTAP，Global Trade Analysis Project）以及世界银行的分析（Ianchovichina et al.，2000，2001），G-CUBED 世界模型（McKibbin and Tang，1998），荷兰中央计划局的 Worldscan 项目等，它们的研究均表明：一般均衡模型方法是研究政策变化的冲击效应的一种有效方法。

从 1997 年开始，国际上对中国加入 WTO 问题的讨论也热了起来，比较有代表意义的研究包括普渡大学的世界贸易分析项目（GTAP）动态多国模型（Hertel，2002），美国农业部王直的动态多国模型（王直，2001）和美国农业与食品政策研究所（IFRPI）刁习胜等的多国模型（刁习胜，2003）。表 7-1 总结了用一般均衡方法研究中国加入 WTO 方面较有影响的一些文献及其得出的主要结论。

表 7–1　中国加入 WTO 的宏观效应（与基准情形比较的百分比）

单位：%

	GDP	居民消费	投资	出口	进口	贸易条件	汇率
单国模型							
王和李（1998）	1.53	0.58	1.75	26.93	25.79	–1.57	1.85
樊和郑（2000）	0.06	0.06	0.00	5.73	7.26	–1.84	3.34
李和雷（2000）	0.8	0.3	2.4	1.7	1.9	—	0.5
李和翟（2000）	1.53	0.58	1.75	26.93	25.79	–1.57	1.85
翟和李（2000）	1.1	1.05	0.81	17.13	16.75	–1.07	–0.27
翟和王（2002）	1.09	0.95	1.27	10.73	10.94	–0.73	n.a
刁等（2003）	0.73	0.81	n.a	n.a	n.a	n.a	4.79
姜（2003）	0.56	1.04	–1.22	n.a	n.a	–0.46	0.00
王（2005）	6.48	6.48	0.00	12.01	2.26	–2.40	5.29
多国模型							
杨（1996）	7.7	n.a	n.a	81.2	119.1	–12.2	n.a
Francos 和 Spinanger（2002）	5.80	n.a	n.a	23.08	n.a	n.a	n.a
Hertel（2002）	0.64	1.17	0.32	15.32	14.55	n.a	n.a
王（2003）	2.85	n.a	n.a	54.05	31.12	–5.66	n.a
Rees and Tyers（2004）	0.42	0.12	0.98	n.a	n.a	–0.85	–1.03
Walmsley et al.（2004）	4.26	n.a	6.08	17.59	16.72	n.a	n.a

然而，尽管学者们用的方法类似，但在某些方面得出的结论却大相径庭。从表 7–1 中提供的数据我们可以看到某些模拟结果相差很大，比如在模拟“入关”使中国经济增长增加多少这个数据上看，各机构模拟结果的（与模型中设定的基期比较）变化范围为 0.06%~7.7%。造成这些差异的主要原因有以下几个：一是模型结构不同，对中国经济结构的描述也就不同，因此模拟的结果也就不同。二是对中国加入 WTO 条件的判断不同，表中提供的大部分模拟结果都是中国加入 WTO 以前报告的，当时中国加入 WTO 的具体条款没有正式文件可以参考，因此造成各分析机构对中国加入 WTO 的条款把握不一，模拟的结果自然就有差异；此外，模拟基期情形使用的数据即投入产出数据、弹性数据的来源和选取没有统一的标准，这也是造成结果各异的另一个重要原因。

尽管如此，表中的数据仍然告诉了我们一些大家趋于一致的看法：①加入 WTO 能够促进中国的经济增长（GDP 增长均为正值）；②对居民消费、投资、进出口的影响也基本是正的影响（姜，2003 年的估计是个例外）；③加入 WTO 使中国的贸易条件进一步恶化；④对中国汇率趋势的影响很不确定。

此外，对于中国加入 WTO 对其他国家经济和中国部门经济的影响，国内、国外大部分的模型模拟的结果显示中国及其主要的贸易伙伴如美国、欧盟、日本等都将会从中国“入关”中获益。[①] 而中国国内的劳动密集型产业如纺织和服装加工业也将随着多纤维贸易协定中配额的消除及要素的重新配置得以快速增长。

四、本课题中对多国一般均衡模型的调整

（一）本课题中使用的多国一般均衡模型简介

由于本课题的目的是模拟贸易政策对宏观经济和部门经济的影响，因此我们采用为学术界普遍接受的一般均衡模型技术。研究中使用的基本模型是作者2005年博士毕业论文中使用的一个贸易分析模型，它是一个多国的（3个地区：中国、欧盟和世界其他）、静态的一般均衡模型，包括供应方程（或厂商行为方程）、个体居民行为方程、政府行为方程、投资需求方程、贸易需求方程、价格方程和宏观闭合方程等几个部分。[②]

1. 供应方程

供应方程之间的关系见图7-1。简单说来，供应方程主要描述厂商行为。考虑到各变量之间的替代关系，部门产出方程使用增加值和中间投入的CES形式；同样，增加值方程是土地、其他自然资源、熟练劳动力、非熟练劳动力以及资本的CES形式。中间投入表示为简单的比例函数。部门产出则使用了国内销售和出口的CET方程。

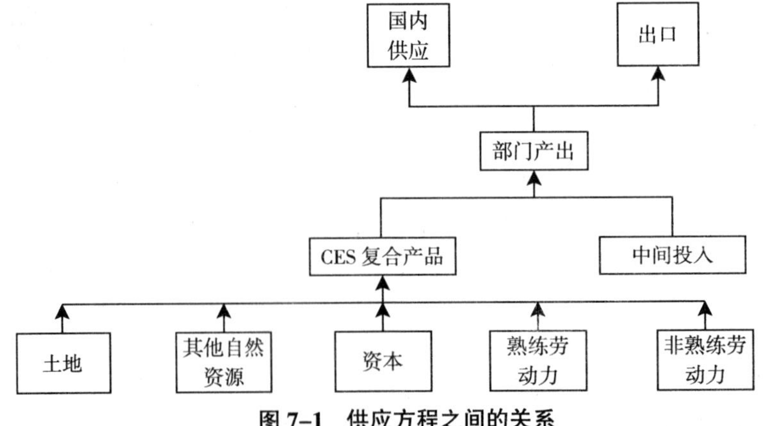

图7-1 供应方程之间的关系

① 感兴趣的读者可以根据本章最后的参考文献查阅相关的文献，这里不作详述。

② 模型文件见附录四。

2. 个体居民行为方程

模型的这一部分主要包括个体居民的收入方程、储蓄方程、消费需求方程等。其中个体居民的收入来源于工资收入、土地租金、资本回报中属于他们的收入以及政府的转移支付等；居民消费方程使用扩展的线性支出系统模型；居民的储蓄被描述为可支配收入减去居民消费；可支配收入则为居民的收入减去收入所得税。

3. 政府行为方程

这一部分主要描述政府的两种行为：一种是政府的税收行为；另一种是政府的支出行为。政府通过税收形成政府的收入，其中税收被分解成企业所得税、关税、消费税、居民收入所得税等 7 种税收形式；通过购买公共产品、转移支付、补贴等方式，政府将这些收入转化成各种支出，节余部分进行储蓄。

4. 贸易和投资需求方程

如图 7–1 所示，厂商生产的产品有两个出路：一个是供应国内市场；另一个是出口。另外，为满足国内的各种需求，各行为主体不仅购买国产产品，而且购买进口品；对这些行为的描述构成模型中的各种需求方程。包括对国产品的需求方程、对进口品的需求方程、对某一国进口品的需求方程等。写进出口方程时我们使用了小国假设，同时假定进口品和国产品之间遵循阿明顿替代，不同国家的进口品也遵循阿明顿替代等。因此需求方程基本采用了阿明顿 CES 方程形式。

由于模型是静态模拟方程，投资方程的写法采用简单的比例函数形式，即总投资是产出的比例函数，但在实际模拟中，为了求得方程的解，我们假设了投资零增长。

5. 宏观闭合方程

一般均衡模型宏观闭合方程有两种含义，即宏观经济账户的恒等关系和宏观调整行为的一些假设。本模型中宏观闭合块包括对商品市场供需均衡、要素市场供需均衡、政府账户平衡以及国际贸易平衡的描述等。

6. 数据、计算和相关参数

数据基础是 GTAP 编的 1997 年社会核算矩阵，它包括 3 个地区和 21 个部门分类，地区和部门定义见附录四。模型运算软件采用了 GAMS 语言。模型中一些参数值来源于 GTAP 数据库。

（二）模型的不足

该模型是一个静态模型。考虑到中国加入 WTO 条款中关税的减让是一个逐年递减的过程，比较理想的模型应该是一个动态模型。

在该模型的有效性检验中，我们发现：模型对阿明顿方程中替代弹性的选择较为敏感。但由于该参数估计的文献有限，模型模拟过程中没有解释和改进这一问题。实际上，在用一般均衡模型做模拟时，模拟结果对阿明顿参数的较高敏感性是一个比较普遍的现象，即许多研究者都发现，在均衡模型的敏感性检验中，不同的阿明顿方程替代弹性的选择使模拟结果的变化较大。但由于时间、已有资料有限，在用模型计算时我们简单地从 GTAP 数据库中确定了一个参数作了模拟。

对产出方程的确定以及相应的价格方程、单位生产要素需求方程的描述均根据标准西方经济学中的技术方程给出。但实际上，中国企业的生产行为同市场经济或竞争环境中的企业行为有很大的不同。比如：竞争环境中的企业一般追求利润最大化或成本最小，在这一目标函数下，要素成本的价格对要素的需求是一种数学表述方式；而如果企业目标函数不是利润最大化，照抄教科书中的方程式，可能会使模型失去意义。而在中国，由于企业所有权的不同，不同的企业有不同的生产行为。在某些行业中，如果外商投资企业和私营企业占的比重大，我们可以用照抄竞争环境中的企业行为方程；但如果某个行业以国有制企业为主导，它的生产函数可能应该是另外一种数学表达式，而如果将西方经济学中的要素需求方程式安到国有企业的头上，可能会使计算的结果远远偏离中国的实情。但涉及这些方面的研究以及可以参考的文献非常少，只能在以后的研究中逐步完善。

（三）模型调整的依据：数据比较和敏感性分析

1. 模型调整的依据之一：模型模拟数据与实际数据比较

模型模拟的最初结果（见表 7–2、表 7–3）是以 1997 年作为基期比较得出的，当时只模拟了关税的减让对一些宏观经济增长指标的冲击效应，考察对象是中国、欧盟和世界其他国家和地区。模型中使用的关税减让的幅度见附录四，模拟的结论大致为：关税的减让导致的我国各宏观经济变量的变化为：GDP 将增长 0.25%，消费增长 0.42%，进口增长 0.42%，出口增长 0.38%。欧盟上述经济指标的变化分别是：0.08%、0.11%、0.39%和 0.38%。在表中，我们还给出了上述指标的年均增长值。很明显，上述宏观变量的实际变化幅度远远大于模型计算出来的变化幅度。表 7–2 列出了与上述讨论相关的一些数据。

但是简单地比较上面这几个指标，我们似乎得不出任何具体的结论，因为模型只模拟了由于关税的降低使一些宏观经济及部门经济变量变化的幅度，而我们观察到的经济变量的变化是各经济变量变化的综合效应。没有一个统计数据能告诉我们 2005 年中国的经济增长中关税减让的贡献到底是多少？或者关税的减让到底使全社会的私人消费增加了多少或减少了多少？为了进一步找出模拟结果与实际经济变量的差距，以及模型调整的依据，我们找了一个较为容易比较的模拟方案，模拟纺织品配额取消的情形。因为我们有一组配额取消以后中国纺织品进出口的实际数据，而且，配额的取消可以看作是一个相对独立的情形去考察，根据美国商业部的统计数据和模型的模拟我们得到了表 7–3。

表 7–2　实际数据与模拟数据的比较——一些宏观经济指标的变化率

单位：%

	实际变化（2001~2005 年的年均变化率）		模型模拟的结论（同以 1997 年投入产出为基期计算的基准情形相比）	
	中国	欧盟	中国	欧盟
GDP	9.4①	1.6②	0.25	0.08
消费	10.3		0.42	0.11
私人消费	n.a		0.12	0.12
政府消费	n.a		1.60	0.08
投资	25.3		0.00	0.00
进口	24.6	9.6	0.42	0.39
出口	25.5	9.8	0.38	0.38

资料来源：国家统计局《中国统计年鉴》、国际贸易组织“International Trade Report”、欧洲统计（EUROSTAT）“Eurostat Yearbook”。

表 7–3　加入 WTO 后中国纺织和服装品的实际贸易量的增长以及模型模拟的数据

	实际数据				模型模拟的数据（同 1997 年基期比）		
	出口美国	出口欧盟	总出口	出口价格	出口欧盟	总出口	出口价格
2003 年	23.1%	—	—	—	—	—	—
2004 年	22.1%	—	—	—	—	—	—
2005 年	67.6%	39.7%	—	14.5%	12.5%	3.7%	8.6%
其中：2005.1~2005.9	18.9%	79.4%	6.7%	—	—	—	—

资料来源：John Whalley（2006）。

表 7–3 给出了纺织和服装配额取消后，我国该类商品同美国和欧盟的贸易数据。结果表明，模型模拟的结果同实际值差距仍然很大，主要表现在：在纺织品配额取消以后，我国该大类商品的实际出口增长大约为 6.7%（2005 年 1~9 月份），而模型模拟的结果是 3.7%；实际出口欧盟的数据增长 39.7%（2004~2005 年），模型模拟的数据只增长了 12.5%。另一组数据是对进出口商品价格的模拟，中国纺织品出口价格在 2005 年大约上升了 14.5%，而模型模拟的结

① 这栏数据取自国家统计局网上公布的历年《统计公报》，我们只做了简单的平均。因为这样处理不会影响相应的结论。

② 数据来自 EUROSTAT。2001~2005 年进出口增长率取自 WTO：“World Trade Report”。

果是同模型的基准情形相比，出口价格增加 8.6%。总之，用模型模拟出的数据和实际统计数据进行比较的结论有两个：一是两个数据存在着较大差距；二是同实际数据相比，模型模拟的一些经济指标的变动幅度可能偏小。

2. 模型调整的依据之二：敏感性分析

在前面的介绍中我们提及了模型的几个不足，其中第二点不足提到在阿明顿进口方程的敏感性分析中，如果我们使用了不同的阿明顿弹性，则模型计算出的结果变化较大。具体说来，我们做了 4 组替代弹性的敏感性分析实验，它们的实验过程相似，即分别将替代弹性变为原来的 1.5 倍和 0.5 倍，然后我们观察模型计算出的结果和基期的数据比较变化了多少？这种敏感性分析实验的结果列在表 7–4 中。从表中可以很明显地看出，改变阿明顿方程中的弹性使模

表 7–4 敏感性检验

	中国	欧盟	世界其他	中国	欧盟	世界其他
	指标的变化			指标的变化		
	$1.5*\rho_a$[①]			$0.5*\rho_a$		
居民消费	1.43	–3.60	–1.24	–0.02	–0.03	0.01
政府消费	–18.17	10.35	4.03	0.00	0.00	0.00
进口	13.08	–0.98	1.94	0.05	0.06	–0.01
出口	12.53	–0.94	2.01	0.05	0.06	–0.01
GDP	–2.03	–0.27	–0.25	–0.01	–0.02	0.01
	$1.5*\rho_t$			$0.5*\rho_t$		
居民消费	0.16	–0.40	0.13	0.09	–0.19	0.02
政府消费	1.88	1.01	–0.88	–0.71	0.61	0.00
进口	1.35	0.21	0.69	0.21	0.15	–0.01
出口	1.34	0.21	0.69	0.22	0.16	–0.01
	$1.5*\rho_e$			$0.5*\rho_e$		
居民消费	0.12	0.12	0.17	0.12	0.12	0.17
政府消费	1.60	0.08	–1.34	1.60	0.08	–1.34
进口	0.42	0.39	0.10	0.42	0.39	0.10
出口	0.38	0.38	0.05	0.38	0.38	0.05
GDP	0.25	0.09	–0.07	0.25	0.09	–0.07
	$1.5*\rho_p$			$0.5*\rho_p$		
居民消费	0.00	0.00	0.00	–0.06	0.07	0.08
政府消费	0.00	0.00	0.00	–0.60	0.35	–0.15
进口	0.00	0.00	0.00	0.23	–0.40	0.35
出口	0.00	0.00	0.00	0.22	–0.39	0.36
GDP	0.00	0.00	0.00	–0.11	0.11	0.03

① ρ_a，ρ_t，ρ_e，ρ_p 均为弹性系数。它们相应的方程和含义参见附录三。

型结果改变得最大，这说明，模型在模拟过程中对这个替代弹性比较敏感。国际上，一些用一般均衡模型做政策分析的学者也发现了类似的问题，相关的文章可以参考。

那么首先，为什么会有这样一个问题呢？首先我们看一下阿明顿方程。它的最一般的函数形式为 CES 函数形式，具体方程为：

$$M_i = \alpha_i [\beta_i MM_{i1}^{(\sigma-1)/\sigma} + (1-\beta_i) MM_{i2}^{(\sigma-1)/\sigma}]^{(\sigma-1)/\sigma} \quad (1)$$

它的含义是，一国的某个商品的进口需求 M_i 可以在几个（上述方程只有两个 MM_{i1} 和 MM_{i2}）该商品出口国之间进行选择。将阿明顿方程写入模型时，我们一般使用在预算约束条件下，它的一阶条件方程，即：

$$MM_{i1} = \frac{1}{\alpha_i}(\beta_i \frac{PMM_{i1}}{PM_i})^{(1-\sigma)/\sigma} M_i \quad (2)$$

$$MM_{i2} = \frac{1}{\alpha_i}[(1-\beta_i)\frac{PMM_{i2}}{PM_i}]^{(1-\sigma)/\sigma} M_i \quad (3)$$

这个方程的意思是，国家 i 从国家 1 进口商品 i 的数量与该国进口总量 M_i、国家 i 进口价格水平以及从国家 1 进口该商品的价格有关。国家 i 从国家 2 进口商品 i 的数量的数学表达方程（3）的含义和方程（2）相同。

相应地，该国总的进口价格可以表示成从两个贸易进口国的进口商品价格 CES 函数形式。

$$PM_i = \frac{1}{\alpha_i}[\beta_i * PMM_{i1}^{(\sigma-1)/\sigma} + (1-\beta_i) PMM_{i2}^{(\sigma-1)/\sigma}]^{(\sigma-1)/\sigma} \quad (4)$$

在小国假设下，进口国商品的进口价格就是国际市场给定的价格，加入贸易政策变量，如关税以后，两种商品在进口国 i 内的销售价格为：

$$PMM_{i1} = (1+t_{i1}) * PWM_i \quad (5)$$

$$PMM_{i2} = (1+t_{i2}) * PWM_i \quad (6)$$

将方程（5）和方程（6）代入方程（4），就得到了进口国 i 进口商品 i 的价格。

方程（4）变为：

$$PM_i = \frac{1}{\alpha_i} \{[\beta_i * PMM_{i1} * (1+t_{i1})]^{(\sigma-1)/\sigma} + [(1-\beta_i) PMM_{i2}(1+t_{i2})]^{(\sigma-1)/\sigma}\}^{(\sigma-1)/\sigma} \quad (7)$$

可以看出，如果关税水平 t 降低，则一国进口价格则会降低，进口量则会增加。

在具体方程运算时，上述方程中的替代弹性以及份额必须事先给定，它们的计算过程如下。

回到函数式（1），使用一阶条件我们可以得到如下的表达式：

$$\frac{MM_{i1}}{MM_{i2}} = \left[\frac{\beta_i}{1-\beta_i}\frac{PMM_{i2}}{PMM_{i1}}\right]^{\sigma}$$

两边取对数，可以得到如下线性方程：

$$\ln(MM_{i1}/MM_{i2}) = \sigma\ln\ [\beta_i/(1-\beta_i)] + \sigma\ln(PMM_{i2}/PMM_{i1})$$

方程左边是分别从两个进口国进口的比例，右边第一项可以看作一个常数项，第二项是价格变量，因此，可以简单地将上述表达式写为：

$$Y = a_0 + a_1X$$

使用 Y 和 X 数据对上式进行线性回归可以得到 a_1 的估计值，这就是我们要找的替代弹性。上述方法也是较为通用的替代弹性的估计方法。我们在多国模型中使用的替代弹性直接取自 GTAP 模型，而 GTAP 模型替代弹性的设定就是依靠上述估计方程估计出来的。

有了替代弹性值以后，方程（1）中还有两个参数 α_i 和 β_i 需要给出，β_i 是一个份额，求这个参数常用的方法是根据基准数据直接求出，即用进口量除以总需求即可；将 β_i 和 σ 代入方程（1），α_i 就很容易求出了。

在用一般均衡模型模拟政策变化时，类似 α_i 和 β_i 这样的参数在整个计算过程保持不变，这就带来了“小分配参数”的问题，即如果用基期的数据计算出的参数值非常小，即使政策变量的变化再大，用这些参数构造出的变量的变化也不会很大。比如，上述进口方程中，如果 α_i 接近于零，即使关税变化得再大，进口量的变化也不会很大。这可能是用模型模拟出的结果变动幅度不大、模拟结果和实际数据相差较大的一个原因。

因此，我们从改进这一方程入手改进模型。有两种改进方法：一种是在模型中去掉阿明顿方程；另一种是改进进口加总方程的设定，即将原来不变替代弹性的方程形式改为其他的函数表达方式。如果我们使用第一种方法，较好的替代则是使用双边贸易模型；如果模型中保留阿明顿模型则意味着可能要估计更多的参数。

我们首先估计以下形式的进口贸易方程，看一下用进口总量数据和重力模型方法能否得到一个较为合理的估计方程。

$$IM_{ij} = \alpha_0 + \beta_1\ln MM_j + \beta_2\ln T_j + \varepsilon_i$$

其中：

IM_{ij} = 国家 j 从国家 i 的进口量，MM_j = 国家 j 的总进口，T_j = 进口国对出口国的实际关税水平。

用 1994~2004 年中美和中欧贸易数据[①] 以及我国实际关税水平，我们得到

① 由于缺乏可靠的进出口价格指数数据，双边贸易量在估计时用的是名义数，GDP 用的是不变价的 GDP。实际的关税水平用关税收入除以进口量得到，关税收入和进口量数据取自国家统计局《中国统计年鉴》。

了如下的估计结果：

$$\ln(IM_{cn-eu}) = -37.79619 + 6.039719\ \ln GDP_{eu} - 0.575296\ \ln T_{cn} + \varepsilon$$

$$(-11.25) \quad (15.96) \quad (-3.78)$$

$R^2 = 0.970$　$\bar{R}^2 = 0.961$　D.W. = 1.56

$$\ln(IM_{cn-usa}) = -22.63049 + 4.253002\ \ln GDP_{usa} - 0.464465\ \ln T_{cn} + \varepsilon$$

$$(-13.03) \quad (22.16) \quad (-4.43)$$

$R^2 = 0.983$　$\bar{R}^2 = 0.983$　D.W. = 1.29

从上述方程的相关估计结果可以看出，用贸易伙伴国的 GDP 和关税水平两个变量可以解释 95%以上的双边贸易中的进口；与此同时，中国从欧盟和美国的进口同这两个贸易伙伴国的 GDP 有正的相关关系，而和贸易阻力指数（这里是关税水平）呈负的相关关系。我们所选的估计方程基本符合重力方程所要表达的经济含义。

为了将上述的方程替换成均衡模型中的进口方程，我们应该使用的方程形式为：

$$\ln(IM_{ijk}) = \alpha_i + \beta_{i1}\ln Y_{jk} + \beta_{i2}\ln T_{ijk} + \varepsilon_{ijk}$$

含义为：国家 i 从国家 j 进口商品 k 的数量 IM_{ijk} 可以表示为国家 j 商品 k 的产出水平 Y_{jk} 和进口国对商品的关税水平 T_{ijk} 和配额的估计方程。

我们模型中的产业共有 21 个，理想的做法是：首先取得中国同美国和欧盟的这 21 种商品的进口量时间序列数和相应的关税水平① 的时间序列数，然后作估计，但由于缺乏可靠的数据源，我们只能根据已有的数据，按以下的方法对所需方程进行简单的处理。首先估计出双边贸易中的进出口模型；其次根据每个产业在总的进出口中的比例，写出各产业（产品）的进出口方程；最后将各产品的进出口方程写成 CGE 模型。

3. 模拟方案及模拟结果

我们使用 1997 年 GTAP 数据作为基准数据计算出基准情形的相关数据，模拟纺织品及服装减让为 20%，② 其他产品的进口关税减让 8.9%③ 时各国宏观经济相关经济变量的变化。

模拟结果显示（见表 7-5），中国加入 WTO 后，随着关税的减让和对中国出口纺织品配额的取消，中国的进口、出口和消费将分别提高 4.1 个百分

① 估计所需的各国关税见附录三。

② 考虑了关税减让和取消配额两种情况。是一个外生假定值，因为到目前为止还没有一个能准确估算非关税壁垒的方法。

③ 用 2005 年实际关税平均水平 9.9%减去 1997 年的 15.3%再除以 15.3%，得到 35.3%。考虑到中国的平均关税减让率在 1997~2000 年为 74.5%（见 LI WANG，2005），我们再用 35.3%乘以 25.3%，得到 8.9%。

点、–6.5 个百分点和 3.9 个百分点，以 GDP 表示的经济增长将提高 2.7 个百分点，由此可以看出，加入 WTO 对中国经济的正面影响较为显著。与此同时，中国加入 WTO 这一事件对美国和欧盟的经济也具有正面的冲击效应，但效应较弱。模拟结果显示，欧盟的经济增长率将提高 0.02 个百分点，而美国则提高 0.03 个百分点。

表 7–5　模拟结果（同基期情形比）

	中国	欧盟	美国
GDP	2.7%	0.02%	0.03%
消费	3.9%	0.05%	0.08%
投资	0.0%	0.0%	0.0%
进口	4.1%	0.0%	0.0%
出口	–6.5%	0.62%	0.71%
中美双边贸易量	7.5%		
中欧双边贸易量	8.8%		

中美、中欧双边贸易模拟结果表明，中国“入关”以及纺织品等配额的取消使中美和中欧的进出口贸易分别增长了 7.5 个百分点和 8.8 个百分点。

五、几点结论

本章运用了一般均衡模型方法，对中国加入世界贸易组织之后的中国经济以及中美、中欧双边贸易的变化做了简单的评价。通过本章的有关论述，我们有如下小结：

（1）由于理论和数据等种种原因，经济模型分析的结论有时候和实际情况相去甚远，因而，不断地通过实际情况去修正模型是模型工作者的一个经常性的工作。

（2）同大多数学者分析的结论相似，通过一般均衡模型的模拟分析，我们得出中国、美国及欧盟是中国加入 WTO 的受益者；不同于大多数学者之前的分析之处在于该事件对中国经济的正面影响较为显著，大于大多数学者的判断；对美国和欧盟的经济也具有正面的冲击效应，但效应较弱。

（3）加入 WTO 对中国的进出口贸易总量以及中美、中欧的双边贸易量的影响非常显著。

附录

附录一　中国加入 WTO 以来的关税和非关税壁垒减让过程

	关税减让过程	关税水平	消除非关税壁垒进程
2001 年	不同程度地降低了 3462 个税目的税率	13.8%	
2002 年	不同程度地降低了 5332 个八位税目的税率，税目总数增加了 205 个，总税目数为 7316 个	12.0%	
2003 年	不同程度地降低了 3019 个八位税目的税率，税目总数由 2002 年 7316 个增至 7445 个	11.0%	
2004 年	降低了 2414 个税目的最惠国税率，税目总数从 2003 年的 7445 个增加至 7475 个	10.4%	出口配额许可证管理的产品减至 52 种，进口配额许可证管理的商品只有 8 种；取消了部分摩托车及其关键部件、汽车及关键件、照相机及手表等 16 个税号的配额、许可证和特定招标管理
2005 年	降低了 980 个税目的最惠国税率，调整后的税则税目总数由 2004 年的 7475 个增加到 7550 个	9.9%	取消进口许可证要求及招标要求，取消所有的进口配额

资料来源：《国务院关税税则委员会关于 2003 年关税实施方案的通知》等。

附录二　加入 WTO 以后中国其他领域的开放

服务贸易：在服务贸易领域中国政府已对外资开放包括金融和保险，法律服务及其他专业服务领域，电信和旅游等。

零售业的开放：零售业已在 2003 年底对外资开放；2004 年底除了国营垄断经营的产品，如石油和化肥，所有商品的经营权均对外资开放。2005 年底外资企业可以在中国市场销售所有商品。

银行业的开放：2003 年 12 月中国已向外资金融机构开放了人民币经营业务。2006 年底所有外资银行都可以在中国境内经营所有业务。

国民待遇和非歧视：在“入关”时取消了所有对进口品和外资企业的歧视性措施。

出口补贴：在 2001 年底中国“入关”时，中国政府已取消了一切同 WTO 规则不一致的出口补贴。

同贸易有关的投资政策：所有的外商投资都不再受国家强制条件的限制，所有外商都不再受如技术转让或地方法规的限制。

农产品补贴：中国政府在 2001 年底取消了所有农产品出口补贴，并逐步取消国内农产品补贴。

附录三　各国的关税水平①

单位：%

年　份	中国	欧盟	美国
1994	36.3	7.6	6.7
1995	35.6	6.8	5.9
1996	23.6	6.7	5.8
1997	17.6	6.2	6.6
1998	16.8	6.0	5.2
1999	17.0	5.6	4.8
2000	16.4	n.a	n.a
2001	13.8	n.a	n.a
2002	12.0	4.4	3.9
2003	11.0	4.1	3.6
2004	10.4	4.1	3.6

附录四　模型中集合定义及方程

地区（4 个）：

1. 欧盟（奥地利，瑞典，芬兰，比利时，卢森堡，丹麦，法国，德国，希腊，爱尔兰，荷兰，意大利，葡萄牙，西班牙，英国等 15 国）；2. 中国；3. 美国；4. 世界其他。

部门（21 个）：

1. 谷物和菜籽种植业；2. 其他非粮食种植业；3. 畜牧业；4. 肉和奶制品业；5. 食品加工业；6. 烟草业和饮料制造业；7. 林业和木材加工业；8. 渔业；9. 能源工业；10. 矿业；11. 纺织业；12. 服装业；13. 皮革和运动品制造业；14. 其他轻工业；15. 中间产品制造业；16. 汽车机器零部件制造业；17. 其他运输设备制造业；18. 电气机械业；19. 其他机器和设备制造业；20. 贸易和运输业；21. 房地产和建筑业。

生产要素（5 个）：

1. 土地。2. 资本。3. 熟练劳动力：①经理；②管理人员；③专业人员；④与专业人员类似的人员。4. 非熟练劳动力：①交易人员；②普通职员；③销售人员；④人事服务；⑤工厂和机器的操作工；⑥司机；⑦体力劳动者；⑧农

---

① 中国的关税水平参见王丽（2005），欧盟和美国的关税水平数据非常乱，我们参阅了所有欧盟和美国提交给世界贸易组织的文件“Trade Policy Review”，发现第一，该文件有些有年份，有些没有年份，得不到连续的数据，本表中 1994~2001 年欧盟和美国的关税数据来源于 Hoekman，Bernard M. and Aaditya Mattoo（2002），“Development，trade and the WTO：a handbook”，World Bank。2001 年以后的数据来源于历年欧盟和美国的“Trade Policy Review”。

民。5. 自然资源：①煤；②天然气；③石油；④其他矿产资源。

方程：

集合符号：

i：部门， i∈1，2，…，21

r：地区，r∈1，2，3

f：生产要素，f∈1，2，…，5

价格：

$$PP_{ir}=\frac{1}{A_{ir}}(\alpha^{\sigma_p}_{ir}*PN_{ir}^{(1-\sigma_p)}+(1-\alpha_{ir})^{\sigma_p}*PV_{ir}^{(1-\sigma_p)})^{1/(1-\sigma_p)}$$

$$PV_{jr}=\sum io_{ijr}*PA_{ir}$$

$$PV_{ir}=\frac{1}{B_{ir}}(\sum \beta^{\sigma_v}_{fir}*Pf_{fr}^{(1-\sigma_p)})^{1/(1-\sigma_p)}$$

$$PWM_{irs}=(1+mtr_{irs})\ PWE_{irs}$$

$$PM_{ir}=\frac{1}{D_{ir}}(\sum \varphi_{irs}^{\sigma_m}\ ((1+tm_{irs}+tn_{irs})\ PWM_{irs})^{(1-\sigma_m)})^{1/(1-\sigma_m)}$$

$$PWE_{irs}=PE_{ir}(1+te_{irs})$$

$$PA_{ir}=(PD_{ir}*DM_{ir}+PM_{ir}*IM_{ir})/AD_{ir}$$

$$PINDEX_r=NGDP_r/RGDP_r$$

生产行为：

$$VA_{ir}=\frac{1}{A_{ir}}(\alpha_{ir}\ \frac{PY_{ir}}{PV_{ir}})^{\sigma_p}\ YT_{ir}$$

$$VN_{ir}=\frac{1}{A_{ir}}\left[(1-\alpha_{ir})\ \frac{PY_{ir}}{PN_{ir}}\right]^{\sigma_p}\ YT_{ir}$$

$$\underset{(f\in F)_{fir}}{VF}=\frac{1}{B_{ir}}(\beta_{fir}\ \frac{PV_{ir}}{PF_{fr}})^{\sigma_f}\ VA_{ir}\qquad \sum \beta_{fir}=1$$

$$SE_{ir}=\frac{1}{C_{ir}}\left[\frac{PE_{ir}}{\gamma_{ir}*PT_{ir}}\right]^{\sigma_t}\ YT_{ir}$$

$$SD_{ir}=\frac{1}{C_{ir}}\left[\frac{PD_{ir}}{(1-\gamma_{ir})\ PT_{ir}}\right]^{\sigma_t}\ YT_{ir}$$

$$YT_{ir}=\frac{SD_{ir}*PD_{ir}+SE_{ir}*PE_{ir}}{PT_{ir}}$$

居民行为：

$$HC_{ir}=\eta_{ir}+\frac{\mu_{ir}}{PC_{ir}}(HD_r-\sum PC_{ir}*\eta_{ir})$$

$$HI_r = \sum \sum_{f \in F_1} DF_{fir} * VF_{fir}$$

F_1=(熟练劳动力，非熟练劳动力，土地和其他自然资源)

$$HD_r = HI_r - TXH_r$$

$$HS_r = HD_r - \sum HC_{ir} * PC_{ir}$$

政府行为：

$$GE_r = \sum GC_{ir} * PC_{ir} + trans_r^{gov}$$

$$GC_{ir} = \omega_{ir} * YT_{ir}$$

$$GR_r = TARRIF_r + TXE_r + TXF_r + TXP_r + TXC_r + TXH_r + TXI_r$$

$$TARRIF_r = \sum \sum tm_{irs} * PWM_{irs} * MS_{irs}$$

$$TXE_r = \sum \sum tx_{irs} * PE_{ir} * SE_{ir}$$

$$TXF_r = \sum \sum tf_{ir} * VF_{fir} * PF_{fr}$$

$$TXP_r = \sum tp_{ir} * PY_{ir} * YT_{ir}$$

$$TXC_r = \sum tc_{ir}(GC_{ir} + HC_{ir})PA_{ir}$$

$$TXH_r = \sum th_{ir} * HI_{ir}$$

$$TXI_r = \sum ti_{ir} * PN_{ir} * VN_{ir}$$

国际贸易和投资：

$$IM_{ir} = \frac{1}{E_{ir}}\left[(1-\phi_{ir})\frac{PA_{ir}}{PM_{ir}}\right]^{\sigma_a} AD_{ir}$$

$$DM_{ir} = \frac{1}{E_{ir}}\left[\phi_{ir}\frac{PA_{ir}}{PD_{ir}}\right]^{\sigma_a} AD_{ir}$$

$$MS_{ir} = \frac{1}{D_{ir}}\left[\varphi_{irs}\frac{PM_{ir}}{(1+tm_{irs}+tn_{irs})PWM_{irs}}\right] IM_{ir}$$

$$DI_{ir} = \bar{\omega}_{ir} * YT_{ir}$$

经济学定义式：

$$NGDP_r = \sum PC_{ir}(HC_{ir} + GC_{ir} + DI_{ir}) + BOT_r$$

$$RGDP_r = \sum PC_{ir,0}(HC_{ir} + GC_{ir} + DI_{ir}) + BOT_r$$

$$BOT_r = \sum PWE_{ir} * SE_{ir} - \sum PWM_{ir} * IM_{ir}$$

$$AD_{ir} = HC_{ir} + GC_{ir} + DI_{ir} + VN_{ir}$$

$$ES_r = \sum dr_r * \overline{KS_{ir}} \qquad K \in F$$

一般均衡：

$$\sum VF_{fir} = \overline{FS_{fr}}$$

$$GR_r = GE_r + GS_r$$

$$\sum DI_{ir} * PC_{ir} = HS_r + GS_r + ES_r - BOT_r$$

变量解释：

AD_{ir}：国内总需求　　BOT_r：贸易余额
DI_{ir}：投资需求　　DM_{ir}：国内产品需求
ES_r：企业的储蓄　　GC_{ir}：政府消费
GE_r：政府支出　　GR_r：政府的收入
GS_r：政府储蓄　　HC_{ir}：居民消费
HD_r：居民可支配收入　　HI_r：居民总收入
HS_r：居民储蓄　　IM_{ir}：总进口
MS_{irs}：地区 r 从地区 s 的进口　　$NGDP_r$：收入法计算的 GDP
PA_{ir}：复合商品的价格　　PC_{ir}：消费价格
PD_{ir}：产品在国内市场的售价　　PE_{ir}：出口价格
PF_{fir}：出厂价格　　$PINDEX_r$：GDP 指数
PM_{ir}：进口价格　　PN_{ir}：中间投入的价格
PP_{ir}：平均生产成本　　PT_{ir}：税后产品价格
PV_{ir}：增加值价格
PWM_{irs}：国际市场上商品 i 从地区 r 到地区 s 的进口价格
PWE_{irs}：国际市场上商品 i 从地区 r 到地区 s 的出口价格
PY_{ir}：税前产品价格　　$RGDP_r$：支出法计算的 GDP
D_{ir}：国内销售　　SE_{ir}：国际销售
$TARIFF_r$：关税水平　　TXC_r：消费税
TXE_r：出口税　　TXF_r：要素应付税
TXH_r：收入所得税　　TXI_r：中间投入产生的税
TXP_r：间接税　　VA_{ir}：增加值税
VF_{fir}：要素需求　　VN_{ir}：中间投入
YT_{ir}：部门产出

参数：

A_{ir}，B_{ir}，C_{ir}，D_{ir}，E_{ir} are parameters　　dr_r：折旧率
io_{ijr}：投入产出系数　　mtr_{irs}：运输的边际成本
tc_{ir}：消费税率　　tf_{ir}：要素税率

th_{ir}：收入所得税率　　tk_{ir}：中间投入税率

tm_{irs}：关税税率　　tn_{irs}：其他的进口保护税率

tx_{ir}：出口税率　　tp_{ir}：间接税税率

ϖ_r：投资占产出的比例　　α_{ir}，β_{ir}，γ_{ir}，φ_{irs}，ϕ_{ir} 比例系数

ρ_p，ρ_g，ρ_v，ρ_t，ρ_m 替代弹性　　η_{ir}：消费者的基本需求

μ_{ir}：消费者超额需求的比例　　ω_{ir}：政府支出占总产出的比例

外生变量：

$\overline{KS}_{fr}$：资本存货　　$\overline{FS}_{fr}$：要素供给

$trans_r^{gv}$：政府转移支出

参考文献

[1] Arjan, Lejour and Elena Ianchovichina, Will Martin and Emiko Fukase (2000), "Assessing the implications of merchandise trade liberalization in China's accession to WTO", World Bank Washington D.C.

[2] Armington, P. (1969), "A theory of demand for products differentiated by place of production", IMF Staff Papers, 16, pp. 159–178.

[3] Bergstrand, J.H. (1985), "The gravity equation in international trade: some micro-economic foundations and empirical evidence", Review of Economics and Statistics, 67, pp. 474–481.

[4] Dervis, K., J.de. Melo, S.Robinson (1982), "General equilibrium models for development policy", Cambridge University Press.

[5] Diao, X., Somwaru, A. and Tuan, F. (2003), "Regional and National Perspectives of China's Integration into the WTO: A CGE Inquiry with Emphasis on the Agricultural Sector", Review of Urban & Regional Development Studies, Vol. 15, pp.84–105.

[6] Fan, M. and Zheng, Y. (2000), "The Impact of China's Trade Liberalisation for WTO Accession: A Computable General Equilibrium Analysis", mimeo, Institute of Quantitative and Technical Economics, Chinese Academy of Social Sciences.

[7] Francois, J. and Spinanger, D. (2002), "The Motor Vehicle Sector in China and WTO Accession", paper presented at World Bank seminar on WTO Accession, Policy Reform and Poverty Reduction in China, Beijing, June 28–29.

[8] Ianchovichina, Elena and Will Martin (2001), "Trade liberalization in China's accession to the World Trade Organization", accessed at www.worldbank.org/wbiep/trade.

[9] Hertel, T., Zhai, F. and Wang, Z. (2002), "Implications of WTO Accession for Poverty in China", paper prepared for presentation at the DRC/World Bank Workshop on "China's WTO Accession and Poverty", Beijing, China, June.

[10] Hoekman, Bernard M. and Aaditya Mattoo (2002), "Development, trade and the WTO: a handbook", World Bank.

[11] Ianchovichina, Elena and Will Martin (2002), "Evaluating accession to WTO by

China and Chinese Taipei", GTAP resource 1093.

[12] Jiang, T., (2003), "The Impact of China's WTO Accession on Its Regional Economies", Australian Agribusiness Review, Vol. 11.

[13] Li, X.and Lejour, A. (2000), "The Sectoral Impact of China's Access to The WTO—A Dynamic CGE Analysis", mimeo, Netherlands Bureau for Economic Policy Analysis and Institute for Quantitative and Technical Economics.

[14] Li, S. and Zhai, F. (2000), "The Impact of Accession to WTO on China's Economy", mimeo, Development Research Centre, State Council, P.R. China.

[15] Mai, Y.H. (2003), "Effects of Reducing Tariffs and Endogenous Productivity Growth", General Working Paper No.G-139, Centre of Policy Studies, Monash University.

[16] Mai, Y.H., Horridge, M. and Perkins, F. (2003), "Estimating the Effects of China's Accession to the World Trade Organisation", paper presented at the 6th Annual Conference on Global Economic Analysis, June 12-14, 2003, Scheveningen, The Hague, Netherlands.

[17] Robinson, Sherman and Hans Loefgren etc. (2001), "A standard computable general equilibrium (CGE) model in GAMS", TMD discussion paper No. 75.

[18] Robinson, Sherman (2003), "CGE Models in GAMS: History and Current State of the Art", accessed at http: //www.gams.com/presentations/birthday_robinson.pdf.

[19] Shoven, J.B. and Whalley J. (1992), "Applying general equilibrium", Cambridge University Press, Cambridge.

[20] Walmsley, T.L. and Hertel, T.W. and Ianchovichina, E. (2004), "Assessing the Impact of China's WTO Accession on Foreign Investment"? forthcoming in Pacific Economic Review, paper presented for Greater China and the WTO International Conference, City University of Hong Kong, March 22-24, 2001 and prepared for the 4th Global Economic Analysis Conference, Global Trade Analysis Project, Purdue University, June.

[21] Wang, Z. (2001), "The Impact of China's WTO Accession on the World Economy".

[22] GTAP Resource No. 670, also Conference Paper, 2001 and Journal of Policy Modeling under the title "The Impact of China's WTO Accession on Patterns of World Trade" (2002).

[23] Wang, Z. and Li, S. (1998), "The Global and Domestic Impact of China Joining the World Trade Organisation", paper presented at Annual Conference of China Economic Research Program supported by Ford Foundation, Beijing, China, or GTAP Resource No. 286.

[24] Whalley, John (2006), "The Post MFA Performance of Developing Asia", NBER Working Paper 12178 http: //www.nber.org/papers/w12178 WTO, "International trade statistics 2000, 2001, 2002", accessed at www.wto.org.

[25] WTO (2000, 2001, 2002, 2003), Committee on Technical Barrier to Trade, "Annual review of the implementation and operation of the agreement series".

[26] Yang, Y. (1996), "China's WTO Membership: What's at Stake?" World Economy, Vol. 19, pp.661-682.

[27] 中华人民共和国关税总局：《中华人民共和国进出口税则 2002》，2002 年。

[28] 黄益平、宋立刚：《应用数量经济学》，上海人民出版社，2001 年。

[29] 李善同、王直等：《WTO：中国和世界》，中国发展出版社，2000年。

[30] 李善同、王直、翟凡：《关税减让，税收替代及其收入分配效应》，1996 年。

[31] 李雪松、阿杨·雷炯：《WTO 和中国经济展望》，中国财经出版社，2001 年。

[32] 王丽："Modelling China's Bilateral Trade"，皮特劳埃德和张晓光主编："Models of the Chinese economy"，Edward Elgar Publishing Inc.，2001。

[33] 王丽："Impact of China's WTO membership on bilateral trade between China and EU with a CGE model" 德国奥登堡大学图书馆，2005 年。

[34] 国家统计局：《中国统计年鉴》，统计出版社。

[35] 杨胜明：《中国的关税改革》，中国社会科学出版社，1997 年。

[36] 郑玉歆、樊明太：《中国一般均衡模型和政策分析》，中国社会科学出版社，1998 年。

（本章执笔人：王丽）

第八章 人民币升值对中国经济影响的CGE模型分析

本章通过构建一个中国经济多部门、动态可计算一般均衡（CGE）模型，对人民币汇率政策调整的经济影响进行定量分析及模拟研究。CGE模型作为一种辅助政策效应比较、评价和政策决策、选择的定量分析模型具备了政策分析工具所需的特点，其模型理论和实证应用的不断完善和扩展使CGE模型发展成为一种规范的经济分析模型。CGE模型应用领域和范围不断扩大，并被证明是一种政策分析的有效方法，目前已经被多数国家作为政策抉择时的有效分析和参考工具。

中国已经于2001年加入WTO，近年来经济增长率一直维持在10%以上的较高水平。这一期间，伴随着国内经济的高速增长、产业结构的升级以及国际经济环境的变化、贸易规则的改变，中国的宏观调控政策、对外贸易政策也随之适时地进行着调整，其中就包括为了改善中国对外贸易状况、同对外贸易密切相关的政策。为了减少贸易顺差过大的不利影响，目前普遍认可的降低贸易顺差的主要方法有三种：人民币升值、出口退税率下调以及内需扩大。本章主要就人民币汇率政策对中国经济以及外贸状况的影响进行CGE模型的模拟分析和讨论。本章采用标定的方法获得CGE模型所需的基础数据及参数，并根据目前可以获得的最新中国投入产出表2002年版编制了中国经济社会核算矩阵SAM（Social Accounting Matrix）表。通过本章构建的中国多部门、动态CGE模型，我们将对相关的经济政策进行模拟，并在模型求解数值结果上进行政策评价及建议。

人民币汇率制度改革是在中国双顺差规模持续增长、全球国际收支失衡日益加剧的背景下进行的。长期的对外贸易顺差和外汇储备高速增长，是国际社会要求人民币升值的主要原因。人民币适当升值可适当增大中国的进口总额，有利于减少贸易顺差并缓和与主要贸易伙伴的关系。出口退税率的下调则可以在一定程度上抑制出口、减少贸易顺差，并且降低过高的外汇储备。本章模拟了在人民币汇率升值作用下中国有关宏观经济指标及对外贸易状况受到的影响。根据本章CGE模型模拟预测结果，人民币适当升值将对中国经济产生一定的积极影响，尤其在减少中国近年来持续上升的贸易顺差幅度方面效果尤其显著。此外，人民币汇率的升值在优化中国产业结构、出口结构方面也有积极作用。但需要重视的是，根据 CGE 模型的模拟结果，在人民币升值政策作用下，中国国内生产总值将受到一定的不利影响。因此，政策制定者和决策者应当把握好人民币升值的“度”的问题。

一、中国经济 CGE 模型的特点与结构

（一）可计算一般均衡理论与 CGE 模型

模型是对现实进行描述和模拟的一种方法。对现实各种事物和现象的不同描述和模拟方法形成了多种多样的模型以帮助人们更清晰、更直观、更深刻地了解和认识现实世界。经济模型是用数学方法来描述经济活动——包括对宏观经济环境、微观经济主体、经济政策、经济行为等以及这些要素之间联系和相互影响的一类模型。经济模型传递了经济社会中各种因素之间相互联系的理论关系，通过确定的、随机的数学方程加以描述以辅助人们从另一个角度看待现实问题。

三百多年前，法国经济学家弗朗索瓦·魁奈（D.Franciscus Quesnay）“经济表”的发表标志着经济模型的诞生。随着研究对象的日趋复杂、建模理论和方法的逐步发展，经济模型的应用领域、应用价值也得到了迅速的扩展和提高。各种类型的经济模型纷纷涌现出来，其中得到较多关注和较快发展的可计算一般均衡模型，即 CGE 模型，代表了应用政策分析模型的发展方向。一致的理论基础、灵活的模型框架、对现实经济现象多方面的描述、在多经济研究领域的广泛应用等特点使可计算一般均衡模型较之早期传统的经济模型有着更多的研究和应用价值。

一般均衡理论试图证明：供求相等的均衡不但可以存在于单个市场，而且还可以同时存在于所有市场。这一理论是整个西方经济学理论体系的一个重要部分，是西方经济学论证“看不见的手”（An Invisible Hand）原理的一个必要环节。

“现代经济学之父”亚当·斯密（Adam Smith）于二百多年前提出了著名的“看不见的手”原理：在一个分散决策的经济体中，追求个人利益最大化的行为人行为在价格调节下能达到社会资源的最优配置，且追求个人最大化的行为人决策将通过价格机制实现相互均衡。虽然亚当·斯密在他的著作中从上述意

义出发使用“看不见的手”这个词仅有两次，[①] 但是这个比喻所表达的思想渗透到了几乎他所有的社会和道德理论。“看不见的手”这一理论的提出使亚当·斯密建立了全新的理论：正是在这双“看不见的手”的操纵下，市场实现了供需平衡的均衡状态。

但亚当·斯密仅仅是定性地给出了市场均衡的概念，在经济学说史上最先充分认识到一般均衡问题重要性的是法国经济学家瓦尔拉斯（Walras）。瓦尔拉斯提出了被后人称为“瓦尔拉斯均衡”的这样一种均衡状态：在完全竞争的市场中，经济行为人都受到严格的预算约束和市场约束，并在这一约束下追求利润或效用最大化。通过价格的充分调整，市场的所有供求都将相等，达到均衡状态。在瓦尔拉斯的一般均衡体系中存在着一套涉及所有商品和劳务（包括劳动和资本）的相对价格，这套相对价格将使所有买方按照市场价格愿意买进的数量恰好等于卖方按照该价格愿意卖出的数量，因而不可能存在超额需求和超额供给。瓦尔拉斯第一个提出了一般均衡的数学模型，并试图解决一般均衡的存在性问题。除此之外，他还对一般均衡的唯一性、稳定性及最优性等问题做过探索。瓦尔拉斯用消费者效用最大化和生产者利润最大化原理列出了需求和供给的数学方程表达式，第一次系统地给出了市场均衡方程，从而成为现代一般均衡理论的开创与奠基人物。

瓦尔拉斯虽然给出了市场供需均衡方程的表达式，但由于当时线性方程组的求解方法还不完善，瓦尔拉斯并没有在一般情况下讨论解的存在性、唯一性以及平衡点的具体求解方法。瓦尔拉斯的一般均衡理论后来由帕累托（Pareto）、希克斯（Hicks）、诺伊曼（Neumann）、萨缪尔森（Samuelson）、阿罗（Arrow）、德布鲁（Debreu）及麦肯齐（Mekenzie）等人加以改进和发展。阿罗和德布鲁在最一般的情况下讨论了一般均衡解的存在性、唯一性以及平衡点的具体求解方法，证明了解的存在性与唯一性，并因此分别于 1972 年和 1983 年获得了诺贝尔经济学奖。一般均衡理论自从阿罗、德布鲁之后发展很快，研究领域也不断扩大。但阿罗、德布鲁并没有给出一般均衡市场均衡点的具体求解方法，即均衡价格与均衡产量究竟是多少。一般均衡求解方法的研究成为 20 世纪 60 年代的热门课题之一并发展成为可计算一般均衡方法，即 CGE（Computable General Equilibrium）分析方法。

一般均衡理论之所以在经济学上有如此重要的意义，是因为经济学家认为一般均衡状态具有一系列的“优点”，而只有当社会上所有的市场都处于均衡状态，即处于一般均衡时，这些“优点”才能实现，从而具有现实意义。当社

---

① 一次是在《道德情操论》中，一次是在《国富论》中。

会上所有市场都处于均衡状态时，社会能进一步得到更多的“好处”。[①]

一般均衡理论把整个经济系统作为分析对象，着眼于经济系统内的所有市场、所有价格以及各种商品和要素的供需关系，并要求所有的市场都出清。在一般均衡模型中，还存在着一些外生给定的变量。由外生变量变化引起的任何经济系统结构变化都会对整个经济系统产生影响，从而引起商品和要素价格、数量的变动，使得经济系统从一个均衡状态向另一个均衡状态过渡。可计算一般均衡模型（CGE 模型）的理论基础与框架是在一般均衡理论的基础之上建立的。CGE 模型对抽象的一般均衡模型给出了具体的数字设定，依此来判断外生变量变化将导致内生变量如何变化。由于 CGE 模型具有清晰的经济结构并能反映宏观与微观变量之间的关系，所以它可以描述多个市场和主体间的相互作用、估计政策变化所带来的直接和间接的影响以及对经济整体的全局性影响，并通过对宏观经济结构和微观经济主体进行的描述评价相关的政策效应及政策变化影响。

世界上第一个 CGE 模型[②]是约翰森（Johansen）于 1960 年建立的挪威多部门增长模型（Multisectoral Growth Model，MSG）。通过该模型的主要特点可以看出该模型具备典型 CGE 模型的特征：一是模型明确定义了供给方程、需求方程和均衡方程，并假定价格出清的市场均衡。二是模型包括 20 个以成本最小化为目的的生产部门和一个以效用最大化为目的的家庭部门，且价格对这些依据行为最优化进行决策的主体行为起决定作用。三是模型在确定价格时假定市场均衡，并最终得出家庭收入弹性的估计和关于挪威多部门增长的数量结果。四是模型通过对非线性方程组求导得出模型的线性方程形式，并通过求逆矩阵的方法得解。虽然约翰森的多部门增长模型具有里程碑式意义，但由于人们不满意模型中均衡价格的计算方法，且当时没有更好的求解算法可供选择，在此之后的几年里 CGE 模型的发展受到了一定制约。

20 世纪 60 年代开始，一般均衡研究领域的经济学家对一般均衡模型解的存在性、唯一性、最优性和稳定性相关理论进行了发展和完善。斯卡夫（1967a，1967b，1973）把这些理论的发展同 CGE 模型的解法之间建立了直接联系，并在促进北美 CGE 模型的应用方面发挥了重要作用。70 年代初，斯卡夫的学生肖温（Shoven）和惠利（Whalley）成为 CGE 模型应用领域的重要学

---

① 高鸿业：《西方经济学》（第二版），第 352 页，中国人民大学出版社 2000 年。

② 本章讨论的 CGE 模型为狭义上的 CGE 模型。这里的 CGE 模型把投入产出模型和规划模型排除在 CGE 模型体系之外，因为这两种模型对主体行为和价格作用的设定不够充分。如果把这两种模型纳入整个体系，则广义 CGE 模型最早的应为 20 世纪 30 年代里昂惕夫（Leontief）的投入产出模型，并包括其他 50、60 年代开发的以整个经济为对象的数学规划模型（樊明太、郑玉歆：《中国 CGE 模型及政策分析》，社会科学文献出版社 1999 年）。

者。这一时期两个因素引起了人们对 CGE 模型更多的关注：首先，世界经济面临着诸如能源价格和国际货币系统突变、实际工资率迅速提高等较大的冲击，没有严格的理论设定，一般经济计量模型很难对冲击进行有效模拟。把上述冲击作为变量的 CGE 模型则克服了一般经济计量模型的缺陷。其次，由于 CGE 模型数据基础的改进和计算程序的完善，模型的细化处理能力日益提高，模型的分析结果也引起了学术界及公共部门广泛的关注。随着 CGE 模型理论基础的日益完善，更多的目光开始投向于 CGE 模型的运用。CGE 模型自产生至今已经经历了几乎半个世纪的发展，世界上许多国家和地区都开发了自己的 CGE 模型，一些多国、多区域的 CGE 模型也被构建出。CGE 模型被广泛地应用于贸易、税收、收入分配和政策选择等实证问题的分析。在世界银行、国际货币基金组织和世界劳工组织的大力推广下，CGE 模型被应用于分析多种政策问题，如宏观结构调整、资本流动、农业发展和工业化、贸易自由化和区间贸易、税收政策、劳动力转移和城市化、收入分配和福利效应政策、环境政策、能源政策等的分析，并成为应用政策分析模型的主流之一。

（二）中国经济 CGE 模型的结构

随着中国经济与世界经济的接轨、中国经济实力的日趋强大，国家对宏观经济的调控已逐步从直接调控转向间接调控，政策选择的方法也不断完善。当面临财政、金融、贸易、环境等单一政策或政策组合的多种选择时，如何把握政策的力度及其组合是政策制定者和决策者需要考虑的核心问题，同时也关系到政策对经济发展的影响效果。因此，对不同政策经济效果的模拟与定量分析成为了辅助政策选择的有效工具。中国经济的可计算一般均衡模型，即中国经济的 CGE 模型正是适应经济社会发展需要逐步完善的一种政策分析模型。

中国经济可计算一般均衡模型，即中国经济的 CGE 模型是为了适应经济社会发展需要逐步发展和完善的一种经济模型。中国自改革开放以来经济结构变化较大，由于缺乏连续可靠的长期时间序列数据，因而通过计量经济学方法进行政策分析往往较为困难。对经济数据长度要求并不十分苛刻的 CGE 模型克服了计量经济模型的上述不足，有关 CGE 模型理论和应用的研究工作自 20 世纪 80 年代末在中国开始以来受到广泛关注并日趋完善，其应用领域也越来越广，并被实践证明是一种有效的辅助政策决策的经济模型。

本章所构建的中国经济多部门、动态 CGE 模型（2002 年版）具有如下几个特点：第一，模型中部门分类较为广泛。模型包含 42 个中国经济部门——具体为 1 个农业部门，25 个工业部门以及 16 个流通与服务业部门。在部门细分的基础上，模型除了可以分析经济整体情况之外还可以细化讨论各个部门的经济状况。第二，模型是递推动态的，通过有关经济变量的动态设定可对未来进行较好的情景预测与战略分析。第三，模型采用最新的统计资料，使用目前最新出版的2002年中国投入产出表，以2002年作为基年，并选用了世界银行、国际货币基金组织以及世界贸易组织等资料，从而保证了模型数据基础的时效性和准确性。

本章介绍的中国经济多部门、动态CGE模型的特色之一就在于这是一个多部门的CGE模型，不但可以运用模型从整体上分析经济体系的情况，也可以分产业、分部门研究经济体系的情况。本章构建的中国经济动态CGE模型可以细分为42个部门，在此基础上可以进一步把这42个部门归为第一产业——农业、第二产业——工业以及第三产业——服务业，具体部门分类及各个产业归类如下：

第一产业——农业，包括的部门有：1. 农业；

第二产业——工业和建筑业，包括的部门有：2. 煤炭开采和洗选业，3. 石油和天然气开采业，4. 金属矿采选业，5. 非金属矿采选业，6. 食品制造及烟草加工业，7. 纺织业，8. 服装皮革羽绒及其制品业，9. 木材加工及家具制造业，10. 造纸印刷及文教用品制造业，11. 石油加工、炼焦及核燃料加工业，12. 化学工业，13. 非金属矿物制品业，14. 金属冶炼及压延加工业，15. 金属制品业，16. 通用、专用设备制造业，17. 交通运输设备制造业，18. 电气、机械及器材制造业，19. 通信设备、计算机及其他电子设备制造业，20. 仪器仪表及文化办公用机械制造业，21. 其他制造业，22. 废品废料，23. 电力、热力的生产和供应业，24. 燃气生产和供应业，25. 水的生产和供应业，26. 建筑业；

第三产业——服务业，包括的部门有：27. 交通运输及仓储业，28. 邮政业，29. 信息传输、计算机服务和软件业，30. 批发和零售贸易业，31. 住宿和餐饮业，32. 金融保险业，33. 房地产业，34. 租赁和商务服务业，35. 旅游业，36. 科学研究事业，37. 综合技术服务业，38. 其他社会服务业，39. 教育事业，40. 卫生、社会保障和社会福利事业，41. 文化、体育和娱乐业，42. 公共管理和社会组织。

本章所介绍的中国经济动态CGE模型由七大模块组成。这七大模块分别为：价格模块、生产模块、投资和资本积累模块、收入模块、消费模块、贸易模块以及均衡模块。

二、中国经济 CGE 模型版本

（一）中国经济 CGE 模型方程

与上面介绍的中国经济多部门、动态 CGE 模型相对应，根据前提假设及所依据的经济理论，模型所描述的七大模块中各个方程如下：

1. 价格模块方程

进口价格：

$$PM_i(t)=(1+tm_i(t))\cdot ordin_i\cdot \overline{PWM}_i(t)\cdot er(t)+(1-ordin_i)\cdot \overline{PWM}_i(t)\cdot er(t)$$

出口价格：

$$PX_i(t)=(1+reb_i(t))\cdot \overline{PWX}_i(t)\cdot er(t)$$

复合商品价格：

$$P_i(t)=(1/\Psi_i)\cdot(\mu_i^{\Psi_i}\cdot PM_i(t)^{1-\psi_i}+(1-\mu_i)^{\psi_i}\cdot PD_i(t)^{1-\psi_i})^{1/(1-\psi_i)}$$

或者 $P_i(t)=PD_i(t)$

国内销售价格（生产价格）：

$$PS_i(t)=(PX_i(t)\cdot X_i(t)+PD_i(t)\cdot D_i(t))/Q_i(t)$$

或者 $PS_i(t)=PD_i(t)$

增加值价格（部门净价格）：

$$PVA_i(t)=PS_i(t)\cdot(1-(itax_i(t)+gsub_i(t)))-\sum_j(a_{ji}\cdot P_j(t))$$

资本服务价格：

$$PK_i(t)=\sum_j(sf_{ji}\cdot P_j(t))$$

资本使用价格：

$$UK_i(t)=(uk_i/uk)\cdot UK(t)$$

消费品价格：

$$PC_i(t)=\sum_j(tr_{ji}\cdot P_j(t))$$

消费价格指数：

$$Y(t)/RY(t)=\overline{PINDEX}(t)$$

2. 生产模块方程

增加值：

$$VA_i(t)=\overline{A}_i\cdot e^{\lambda_i(t)\cdot(t-t_0)}\cdot K_i(t)^{\alpha_i}\cdot L_i(t)^{(1-\alpha_i)}$$

总产出：

$$Q_i(t)=\sum_j(a_{ij}\cdot Q_i(t))+VA_i(t)$$

劳动力：

$$L_i(t)=(1-\alpha_i)\cdot PVA_i(t)\cdot Q_i(t)/W_i(t)$$

资本：

$$K_i(t)=\alpha_i\cdot PVA_i(t)\cdot Q_i(t)/UK_i(t)$$

中间投入：

$$V_i(t)=\sum_j(a_{ji}\cdot Q_j(t))$$

3. 投资和资本积累模块方程

库存：

$$SK_i(t)=ac_i(t)\cdot Q_i(t)$$

名义总固定资产投资：

$$DK(t)=INV(t)-\sum_i(P_i(t)\cdot SK_i(t))-\overline{GDEF}(t)$$

部门固定资产投资：

$$DK_i(t)=ak_i(t)\cdot DK(t)/PK_i(t)$$

投资需求：

$$FI_i(t)=\sum_j(sf_{ji}\cdot DK_j(t))$$

折旧：

$$DEPR(t)=\sum_i(\delta_i(t)\cdot PK_i(t)\cdot K_i(t))$$

4. 收入模块方程

劳动要素收入：

$$WB_i(t)=W_i(t)\cdot L_i(t)$$

平均工资率：

$$W(t)=(1+GRW(t))\cdot wo\cdot CPI(t)$$

部门工资率：

$$W_i(t)=(wo_i/wo)\cdot W(t)$$

消费价格指数：

$$CPI(t)=\sum_i(PC_i(t)\cdot co_i)\Big/\sum_i(pco_i\cdot co_i)$$

资本要素收入：

$$YK_i(t)=PVA_i(t)\cdot Q_i(t)-WB_i(t)$$

企业净收入：

$$YE(t)=\sum_i YK_i(t)+\sum_i TPRT_i(t)-\sum_i EPUR_i(t)\cdot P_i(t)-\sum_i ETAX_i(t)-ESAV(t)-DEPR(t)$$

企业储蓄：

$$ESAV(t)=esr(t)\cdot(\sum_i YK_i(t)+\sum_i TPRT_i(t)-\sum_i EPUR_i(t)\cdot P_i(t)-\sum_i ETAX_i(t)-DEPR(t))$$

家庭收入：

$$YH(t)=\sum_i WB_i(t)+YE(t)+\overline{HHT}(t)-\overline{PSUB}(t)+er(t)\cdot\overline{REMIT}(t)$$

家庭可支配收入：

$$YD(t)=YH(t)-HHTAX(t)$$

家庭储蓄：

$$HSAV(t)=mps(t)\cdot YD(t)$$

政府收入：

$$YG(t)=TARIFF(t)+INDT(t)+HHTAX(t)+\sum_i ETAX_i(t)+er(t)\cdot\overline{FBOR}(t)+\overline{GDEF}(t)$$

关税：

$$TARIFF(t)=\sum_i(tm_i(t)\cdot\overline{PWM}_i(t)\cdot M_i(t)\cdot er(t))$$

间接税：

$$INDT(t)=\sum_i(itax_i(t)\cdot PS_i(t)\cdot Q_i(t))$$

家庭收入调节税：

$$HHTAX(t)=htax(t)\cdot YH(t)$$

企业直接税：

$$ETAX_i(t)=etx_i(t)\cdot(YK_i(t)+TPRT_i(t)-\delta_i(t)\cdot PK_i(t)\cdot K_i(t))$$

总储蓄：

$$TSAV(t)=HSAV(t)+GSAV(t)+ESAV(t)+DEPR(t)+er(t)\cdot\overline{FSAV}(t)$$

出口退税：

$$REBT(t)=\sum_i(reb_i(t)\cdot PWX_i(t)\cdot X_i(t))$$

名义 GDP：

$$Y(t)=\sum_i(PVA_i(t)\cdot Q_i(t))+INDT(t)+TARIFF(t)-REBT(t)$$

5. 消费模块方程

家庭消费：

$$C_i(t)=cles_i(t)\cdot(1-mps(t))\cdot YD_i(t)/PC_i(t)$$

家庭最终消费需求：

$$CI_i(t)=\sum_j(tr_{ij}(t)\cdot C_j(t))$$

企业最终消费需求：

$EPUR_i(t)=ef_i(t)\cdot\overline{TEPUR}(t)$

政府最终消费需求：

$G_i(t)=eg_i(t)\cdot TGPUR(t)$

亏损企业补贴：

$GSUB(t)=\sum_j(gsub_i\cdot PS_i(t)\cdot Q_i(t))$

实际 GDP：

$$RY(t)=\sum_i(CI_i(t)+G_i(t)+EPUR_i(t)+FI_i(t)+SK_i(t))$$
$$+\sum_i(1-reb(t))\cdot X_i(t)-\sum_i M_i(t)$$

6. 贸易模块方程

Armington 复合商品总需求：

$Z_i(t)=\Psi_i\cdot(\mu_i\cdot M_i(t)^{-\xi_i}+(1-\mu_i)\cdot D_i(t)^{-\xi_i})^{-1/\xi_i}$

或者 $Z_i(t)=D_i(t)$

进口需求：

$M_i(t)=(\mu_i/(1-\mu_i))^{\psi_i}\cdot(PD_i(t)/PM_i(t))^{\psi_i}\cdot D_i(t)$

国内销售与出口总供给：

$Q_i(t)=\Phi_i\cdot(v_i\cdot X_i(t)^{\varphi_i}+(1-v_i)\cdot D_i(t)^{\varphi_i})^{1/\varphi_i}$

或者 $Q_i(t)=D_i(t)$

出口供给：

$X_i(t)=((1-v_i)/v_i)^{\eta_i}\cdot(PX_i(t)/PD_i(t))^{\eta_i}\cdot D_i(t)$

贸易顺差：

$FTS(t)=\sum_i(\overline{PWX}_i(t)\cdot X_i(t))-\sum_i(\overline{PWM}_i(t)\cdot M_i(t))$

7. 均衡模块方程

商品市场均衡：

$Z_i(t)=V_i(t)+CI_i(t)+G_i(t)+EPUR_i(t)+FI_i(t)+SK_i(t)$

劳动市场均衡：

$\sum_i L_i(t)=\overline{LS}(t)$

资本市场均衡：

$\sum_i K_i(t)=\overline{FK}(t)$

财政预算均衡：

$YG(t)=\sum_i(P_i(t)\cdot G_i(t)+GSAV(t)+\overline{HHT}(t)-GSUB(t)-\overline{PSUB}(t)+$

REBT(t))

贸易均衡：

$\overline{SBT}(t) = \overline{FBOR}(t) + \overline{REMIT}(t) + \overline{FSAV}(t) + \overline{FTS}(t)$

储蓄投资均衡：

$TSAV(t) = INV(t)$

（二）内生变量、外生变量与参数说明

本章所描述的中国经济 CGE 模型包括 42 个中国经济部门、七大模块。表 8-1 列出了模型中的所有内生变量，包括各种商品和要素的价格、数量，企业、家庭、政府的收入、消费、储蓄等以及各种类型的转移支付（如各种税收和自愿转移）等。表 8-2 列出了模型中的所有外生变量，包括各种要素禀赋（如资本和劳动力的供给）、商品的各种市场价格、政府的政策变量（如出口退税率、普通进口关税税率等）。此外，外生变量还包括净国外资本流入、政府赤字等决定宏观闭合的变量。表 8-3 列出了模型中的所有参数。这些参数可以分为以下几大类：①各类弹性参数，包括 CES 生产函数、CES 和 CET 贸易函数、CET 部门资本和劳动力供给函数中的替代与转换弹性。此外还有上述 CES 函数和 CET 函数中的份额参数。②各类转换系数，包括投入产出系数、资本转换矩阵等。③各种与转移支付相关的份额参数和比率，包括各种税率、补贴率和工资率等。④有关收入、储蓄的参数，包括利润率以及企业、家庭的边际储蓄率等。上述参数的确定对于模型的有效性十分关键，在下一部分，我们将运用标定（Calibration）的方法，以 2002 年中国社会核算矩阵 SAM 表（Social Accounting Matrix）为基准数据集，在外生给定上述弹性参数的基础上，计算出模型的其他参数。下一部分将详细讨论模型的标定过程。

表 8-1　内生变量说明

$C_i(t)$	家庭消费	$PK_i(t)$	固定资产价格
$CI_i(t)$	家庭消费需求	$PM_i(t)$	进口的国内价格
CPI(t)	消费价格指数	$PS_i(t)$	国内生产商品的销售价格
$D_i(t)$	国内总需求	$PVA_i(t)$	增加值价格
DEPR(t)	固定资产存量总折旧	$PX_i(t)$	出口的国内价格
DK(t)	固定资产总投资需求	$Q_i(t)$	总产出
$DK_i(t)$	固定资产投资需求	REBT(t)	出口退税
$EPRT_i(t)$	企业消费	RY(t)	实际 GDP
ESAV(t)	企业总储蓄	$SK_i(t)$	库存
$ETAX_i(t)$	直接税	TARIFF(t)	关税
$FI_i(t)$	固定资产投资	TSAV(t)	总储蓄

续表

$FTS(t)$	贸易顺差	$UK(t)$	资本的平均使用价格
$G_i(t)$	政府消费	$UK_i(t)$	分部门资本平均使用价格
$GRW(t)$	总工资增长率	$V_i(t)$	中间需求
$GSAV(t)$	政府储蓄	$VA_i(t)$	增加值产出
$GSUB(t)$	企业亏损补贴	$W(t)$	平均工资率
$HHTAX(t)$	家庭收入调节税	$W_i(t)$	分部门平均工资率
$HSAV(t)$	家庭总储蓄	$WB_i(t)$	分部门工资收入
$INDT(t)$	总间接税	$X_i(t)$	出口
$INV(t)$	总名义投资	$Y(t)$	名义 GDP
$K_i(t)$	固定资产存量	$YD(t)$	家庭可支配收入
$L_i(t)$	劳动力	$YE(t)$	企业净收入
$M_i(t)$	进口	$YG(t)$	政府收入
$P_i(t)$	复合商品价格	$YH(t)$	家庭总收入
$PC_i(t)$	消费价格	$YK_i(t)$	资本收入
$PD_i(t)$	国内价格	$Z_i(t)$	复合商品总供给

表 8-2　外生变量说明

$\overline{FBOR}(t)$	净对外借款	$\overline{PSUB}(t)$	消费价格补贴
$\overline{FK}(t)$	总库存资产	$\overline{PWM_i}(t)$	进口的国际价格
$\overline{FSAV}(t)$	国外总储蓄	$\overline{PWX_i}(t)$	出口的国际价格
$\overline{GDEF}(t)$	预算赤字	$\overline{REMIT}(t)$	净国外汇入
$\overline{HHT}(t)$	政府对家庭转移支付	$\overline{SBT}(t)$	贸易均衡余量
$\overline{LS}(t)$	总劳动力	$\overline{TEPUR}(t)$	企业总消费
$\overline{PINDEX}(t)$	GDP 平减指数	$\overline{TGPUR}(t)$	政府总消费

表 8-3　参数说明

$\bar{A}_i$	资本—劳动复合投入之间的转换因子	sf_{ij}	资本转换系数矩阵
a_{ij}	投入产出系数	t_0	基年
$ac_i(t)$	单位产出所需的流动资本	$tm_i(t)$	进口关税税率
$ak_i(t)$	固定资产投资的部门份额	tr_{ij}	投入转换系数，$\sum_i tr_{ij}=1$
$cles_i(t)$	家庭消费份额	uk	基年资本平均使用价格
co_i	基年消费	uk_i	基年资本分部门使用价格
$ef_i(t)$	企业消费部门份额，$\sum_i ef_i(t)=1$	wo	基年平均工资率
$eg_i(t)$	政府消费部门份额，$\sum_i eg_i(t)=1$	wo_i	基年分部门工资率
$ep_i(t)$	出口利润率	Ψ_i	进口需求函数中的复合商品转换系数
$er(t)$	汇率	ψ_i	国内生产与进口之间的价格替代弹性
$esr(t)$	企业储蓄率	μ_i	进口需求函数中的复合商品份额参数
$etx_i(t)$	企业税率	$\delta_i(t)$	固定资产折旧率

续表

$gsub_i(t)$	亏损企业补贴率	ξ_i	Armington 因子，即 $(1-\psi_i)/\psi_i$
$htax(t)$	个人所得税率	$\lambda_i(t)$	年均生产增长率
$itax_i(t)$	企业间接税率	α_i	总增加值中资本投入份额
$mps(t)$	家庭边际储蓄率	Φ_i	出口供给函数中总产出的转换系数
$ordin_i$	普通进口在总进口中所占份额	ν_i	出口供给函数中的出口份额参数
pco_i	基年消费价格	η_i	国内销售与出口之间的价格转换弹性
$reb_i(t)$	出口退税率	φ_i	CET 因子，即 $(1-\eta_i)/\eta_i$

三、人民币升值对中国经济影响的 CGE 模型实证分析结果

本节运用所构建的中国多部门、动态 CGE 模型，定量分析人民币升值给中国经济整体、各个部门以及经济个体带来的影响。

2005 年 7 月 21 日中国拉开了人民币汇率机制改革，正式引入参考一篮子货币的外汇机制，开始实行以市场供求为基础、参考一篮子货币进行调节、有管理的浮动汇率制度。人民币汇率制度改革是中国金融开放和自由化进程中的重要一步，在内外经济不平衡、竞争力薄弱和经济金融体系抵御风险能力缺乏等的巨大压力下，汇率制度改革为中国经济可持续发展创造了条件。从人民币汇率政策实施的背景和目的可以看出，中国政府已经把调整人民币汇率作为对经济进行宏观调控、对产业结构进行优化、对中国对外贸易进行调整的工具和手段。人民币升值宏观经济调整政策效果究竟如何以及是否能达到预期的政策目标正是本部分分析的重点和研究的目的所在。

（一）人民币升值对经济影响的作用机制与参数设定

中国自 2001 年加入 WTO 至今，经济增长率一直维持在 10%以上的较高增长水平。这一期间，伴随着国内经济的高速增长、产业结构的升级，以及国际经济环境的变化、贸易规则的改变，中国的宏观调控政策、对外贸易政策也随之适时地进行着调整，其中就包括为了改善中国对外贸易状况、同对外贸易密切相关的政策。为了对中国人民币汇率及出口政策变化带来的经济影响进行分析，我们以构建的一个中国多部门、动态 CGE 模型为模拟分析工具，在对基态方案和模拟方案设定后通过模型计算估计结果对相关宏观经济指标进行对比，以期对人民币汇率变化的经济效应和影响进行定量分析。虽然 CGE 模型可以对经济的影响作中长期影响分析，但由于中国近几年来经济结构变化、产业结构升级、城市化进程，以及各种产业政策、贸易政策调整等原因使得中国

经济体系中的不稳定因素增多，再加之石油价格冲击等国际市场因素使得整个世界经济环境的运行更加变幻莫测，因此本章在对相关政策效应及其影响定量研究和讨论时，仅把讨论的时间范围限定在 10 年以内的短中期，以体现出本章构建的中国多部门、动态 CGE 模型的现实研究目的和应用价值。

CGE 模型主要的功能是在 SAM 表基础上，通过定量分析整个经济内部的生产和消费结构以及产业与区域之间的联系，计算某一政策对国内和全球经济的影响（具体体现为 GDP、技术发展、劳动生产率、就业、税收政策、贸易平衡、宏观经济等指标），从而为政策的分析和制定提供决策支持。其应用范围主要包括分析财政政策、贸易政策、微观经济政策、税收变化和其他政策、能源政策、国际环境的变化等的影响。本章以 2002 年作为模型设定的基年，把劳动力增长率、农业劳动力增长率、全要素生产率 TPF（Total Productivity Factor）增长率、GDP 平减指数等指标作为除去人民币中间汇率、平均出口退税率外的外生变量控制指标，在这几个外生变量预先设定的基础之上对模型方程进行求解。本章构建的中国经济动态 CGE 模型采用的数据基础为 2002 年的中国社会核算矩阵 SAM 表，因此我们把 2002 年选定为基态方案及模拟方案设定的基年，并在 2002 年基年数据基础之上对绝大多数变量进行标定，在各种方案设定下给定对应外生变量值，然后通过模型方程求解得出 2002~2007 年中国经济的相关指标数据。

表 8-4　2002~2007 年外生变量设定

年份 / 外生变量标定	2002	2003	2004	2005	2006	2007
年均劳动力增长率（%）	—	0.94	1.98	2.83	3.00	1.05
年均农业劳动力增长率（%）	—	-0.88	-4.34	-7.87	-7.00	-5.00
年均 TPF 增长率（%）	—	2.70	2.70	2.70	2.70	2.70

（二）人民币汇率对中国经济影响定量分析的方案设计

本章主要讨论的是人民币汇率这个外生变量变化对中国经济产生的影响。因此，除去表 8-4 已经标定的外生变量外，我们将在人民币汇率变化的外生作用下，通过 CGE 模型模拟计算得出相关经济指标的数值以试图得到经济所受影响的定量指标。我们的基态方案及模拟方案设计将围绕人民币汇率数值的变化展开。

基态方案：在基态方案中，我们把 2002~2006 年各年的实际人民币兑美元汇率中间值标定为各年汇率外生值，并以 2006 年人民币汇率中间值作为 2007 年人民币汇率基态方案的外生设定值。

模拟方案：我们根据人民币汇率升值幅度的不同设定高、中、低三种情景方案，分别模拟人民币升值对国民经济主要指标（GDP、对外贸易、三次产业增加值、投资、消费等）的定量影响，测算人民币升值对国民经济增长的贡献率。在中方案中我们设定人民币汇率在基态方案水平上升值 7 个百分点，即人民币汇率外生变量值标定为 7.41；在高方案中我们设定人民币汇率在基态方案水平上升值 9 个百分点，即人民币汇率外生变量值标定为 7.25；在低方案中我们设定人民币汇率在基态方案水平上升值 5 个百分点，即人民币汇率外生变量值标定为 7.57。

表 8-5　高、中、低方案下人民币汇率升值幅度及对应的人民币汇率值

方案 \ 年份		2002~2004	2005	2006	2007
基态方案 B		8.28	8.19	7.97	7.97
中方案 M	升值幅度	—	—	—	7%
	汇率值	8.28	8.19	7.97	7.41
高方案 H	升值幅度	—	—	—	9%
	汇率值	8.28	8.19	7.97	7.25
低方案 L	升值幅度	—	—	—	5%
	汇率值	8.28	8.19	7.97	7.57

（三）人民币升值对中国 GDP 的影响

根据我们的 CGE 模拟计算结果（见表 8-6），可以看出人民币升值在短期内对中国 GDP 将产生负面影响，且随着人民币汇率升值幅度的提高，我国 GDP 减小的幅度越大，二者呈反向变化关系。

表 8-6　三种方案下 GDP 变化对比①

	人民币升值幅度	GDP 变化
中方案 M	7%	-0.47%
高方案 H	9%	-0.64%
低方案 L	5%	-0.32%

人民币升值对我国 GDP 产生一定的负面影响，主要是因为人民币升值后短期内导致的出口减少、进口增多，从而引起净出口值下降给国内生产总值带来的不利影响所造成，且人民币升值幅度越大净出口值下降比例越大、GDP 减少的幅度也越大。人民币升值幅度最大的高方案下，GDP 与基态方案相比下降幅度为 0.6 个百分点。根据模拟结果，人民币升值将对我国经济带来一定的挑战，如何平衡好经济增长进程及对外贸易的发展将成为人民币升值需要重

① 变化为相关经济指标各方案下 CGE 模拟计算值与基态方案对应值相比较发生的变化，下同。

点考虑的问题之一。

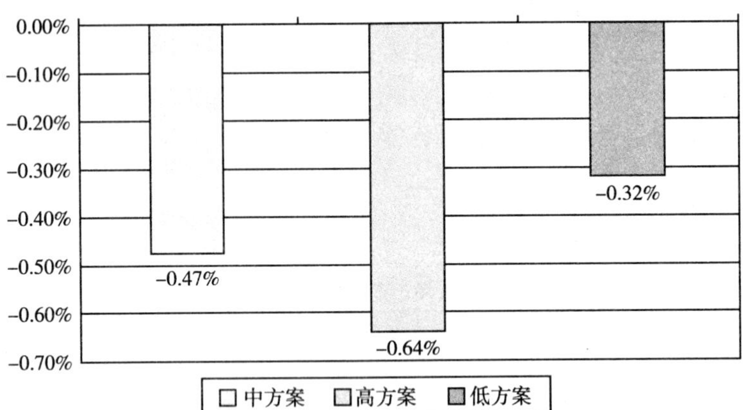

图 8-1　三种方案下 GDP 变化对比

(四) 人民币升值对对外贸易的影响

近几年，我国贸易顺差迅速扩大。为了适当减少贸易顺差，主要方法有三种：人民币升值、出口退税率下调以及内需扩大。

表 8-7　三种方案下进出口及贸易顺差的变化

	中方案	高方案	低方案
总进口	1.22%	1.68%	0.79%
总出口	-1.78%	-2.21%	-1.33%

由于人民币升值导致人民币购买力的增强会促使中国进口值一定程度的上升。通过 CGE 模型的模拟计算，人民币升值对我国的进口将产生促进作用。其中升值幅度最大的高方案下进口将增加 1.68%。

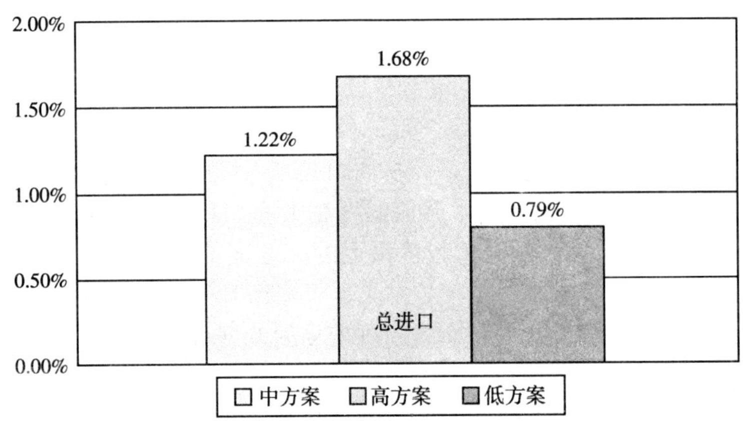

图 8-2　三种方案下进口值的变化

但是人民币升值对我国的出口带来了一定的抑制作用，且幅度大于对进口的促进。三种模拟方案下的出口值同基态方案相比都有所减小，其中又以人民币升值幅度最大的高方案下出口减少幅度最大，为-2.21%。

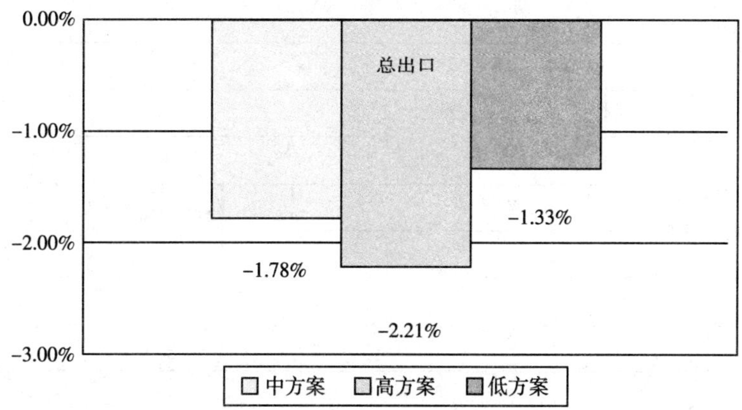

图 8-3 三种方案下出口值的变化

人民币升值对近年来持续增长的贸易顺差值以及促进国际贸易平衡有较大的积极影响。根据 CGE 模型的模拟计算结果，人民币升值后进口增加、出口减少，对外贸易的顺差相应有所减少，有利于改善进出口失衡状态。

（五）人民币升值对三次产业对外贸易的影响

把人民币对我国对外贸易的影响具体到三次产业中，进出口发生的变化如表 8-8 所示。

表 8-8 三种方案下三次产业进出口的变化

产业	进出口	中方案	高方案	低方案
第一产业	进口	2.24%	2.88%	1.61%
	出口	-2.84%	-3.58%	-2.07%
第二产业	进口	1.18%	1.64%	0.76%
	出口	-3.85%	-4.75%	-2.88%
第三产业	进口	1.43%	1.87%	0.99%
	出口	-2.63%	-3.35%	-1.91%

从表 8-8 中的数据可以看出，人民币升值在出口方面对第一产业的负面影响最大，而对第三产业的影响则相对较小。这与我国在对外贸易优化产业结构、出口结构方面是有积极作用的，适宜的人民币升值将有利于改善出口贸易结构，抑制依靠劳动力要素价格优势产品的出口，从而实现出口产业结构的升

级。而在进口方面对第一产业和第二产业的影响则要大于第三产业。

从图 8-4 可以看出，人民币升值对第一产业进口有促进作用，对于出口的抑制则要大于第三产业及整体水平。这将有利于我国产业结构的调整。

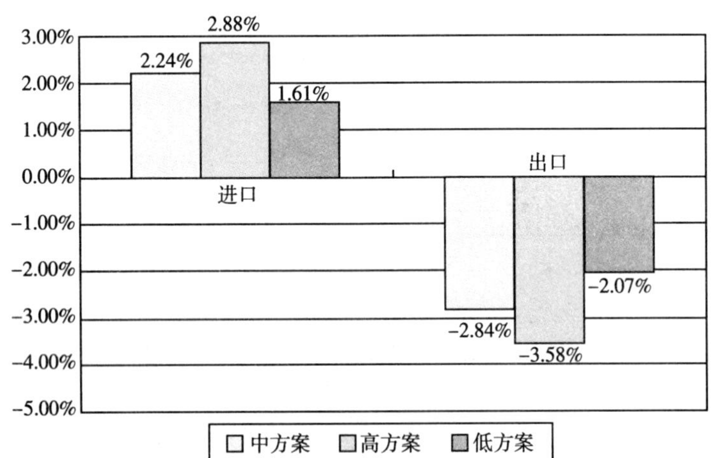

图 8-4　三种方案下第一产业进出口的变化

人民币升值对第二产业出口的影响最大。

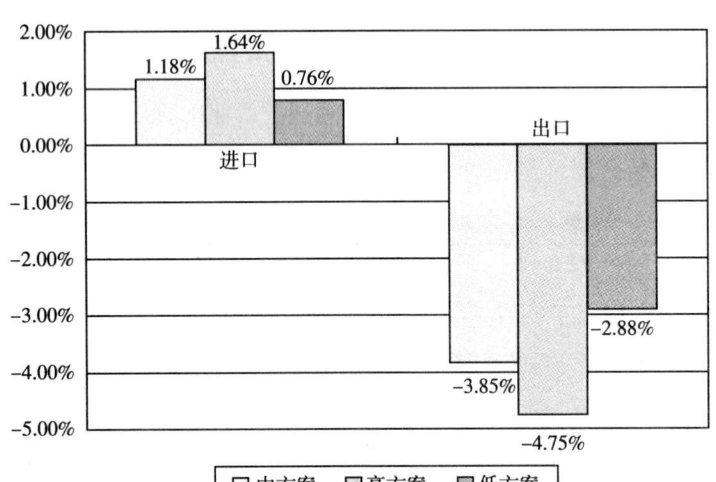

图 8-5　三种方案下第二产业进出口的变化

从图 8-6 可以看出，人民币升值对第三产业出口的抑制小于其余两个产业，有利于产业结构的升级。

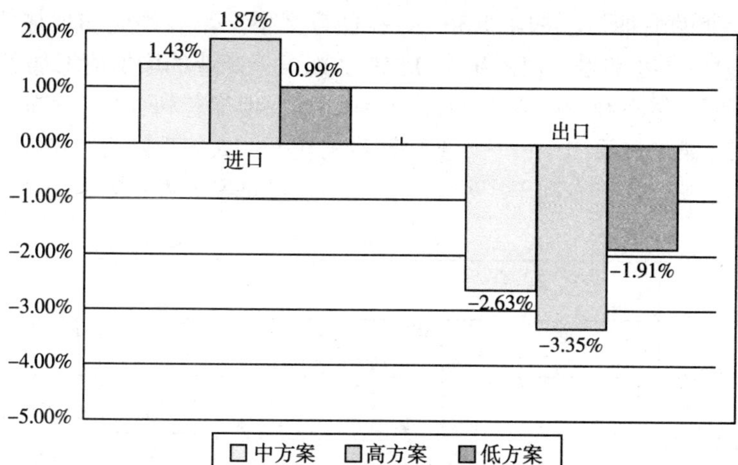

图 8-6　三种方案下第三产业进出口的变化

拓展对外开放广度和深度，提高开放型经济水平，坚持对外开放的基本国策，把“引进来”和“走出去”更好结合起来，扩大开放领域，优化开放结构，提高开放质量，完善内外联动、互利共赢、安全高效的开放型经济体系，形成经济全球化条件下参与国际经济合作和竞争新优势是我国对外贸易发展的基本道路。人民币升值，对于加快转变外贸发展方式、立足以质取胜、调整进出口结构、促进加工贸易转型升级等方面具有积极作用。

（六）人民币升值对三次产业增加值结构的影响

人民币升值虽然有利于缓和我国近年来逐年升高的贸易顺差值，但随着出口值的大幅减小，对我国的产业增加值也有一定的不利影响。

表 8-9　三种方案下三次产业增加值的变化

	中方案	高方案	低方案
总增加值	-0.38%	-0.47%	-0.29%
第一产业	0.25%	0.30%	0.19%
第二产业	-0.46%	-0.55%	-0.36%
第三产业	-0.43%	-0.55%	-0.31%

根据 CGE 模型的模拟计算结果，人民币升值对我国国民经济的发展有负面影响。具体到各个产业，对第二产业的抑制最大，对第三产业也将产生不利影响，但对第一产业却有一定的促进。在人民币升值的中方案下，第三产业的增加值减小了 0.43%、第二产业的增加值减小了 0.46%，而第一产业的增加值增加了 0.25%。在高方案下，第三产业、第二产业的增加值均减小了 0.55%，

而第一产业的增加值增加了 0.30%。在低方案下，第三产业的增加值减小了 0.31%、第二产业的增加值减小了 0.36%，而第一产业的增加值增加了 0.19%。人民币升值虽然不利于产业增加值的整体增加，但却有利于主要依靠第二产业带动向依靠第一、第二、第三产业协同带动转变。人民币同我国产业结构发展的目标是相一致的，有利于产业结构的调整和经济发展方式的转变。

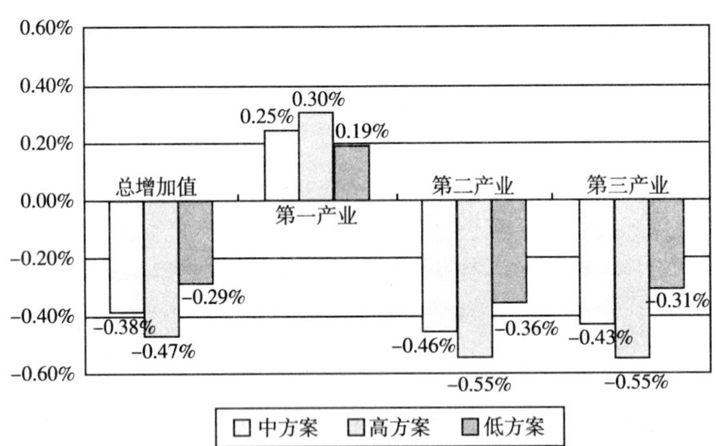

图 8-7　三种方案下三次产业增加值的变化对比

（七）人民币升值对三次产业就业结构的影响

通过 CGE 模型，我们模拟计算出了人民币升值对三次产业就业人数的影响。根据结果，人民币升值对第一产业即农业的就业人口基本不产生影响，人民币将增加第三产业即服务业的就业人口，与此同时减少第二产业即工业的就业人口。

表 8-10　三种方案下三次产业就业人数的变化

	中方案	高方案	低方案
第一产业	0.00%	0.00%	0.00%
第二产业	-0.77%	-0.97%	-0.56%
第三产业	0.95%	1.19%	0.69%

就业是民生之本，实施扩大就业的发展战略，促进以创业带动就业是我国的经济发展目标。人民币升值将有利于完善市场就业机制，扩大就业规模，改善就业结构。第三产业就业人口的增加将有利于实现产业结构升级、有利于优化就业结构以及出口结构。

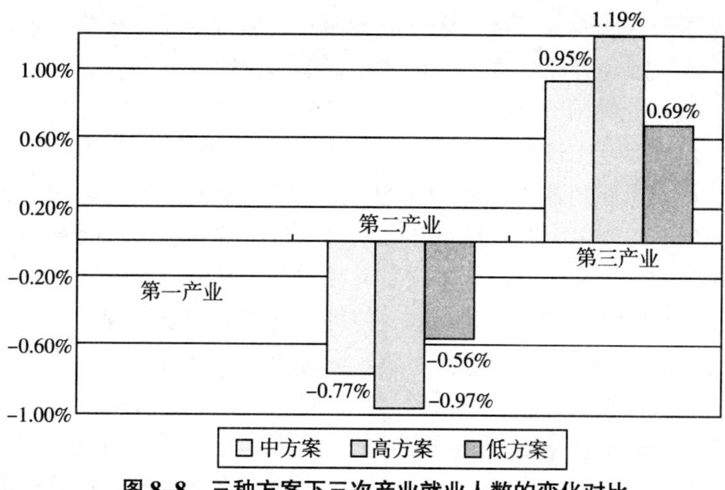

图 8-8 三种方案下三次产业就业人数的变化对比

四、政策含义

中国已经基本顺利走过加入 WTO 的过渡和适应时期。随着中国对外开放领域的不断扩大，中国经济正逐渐全面开放、日益融入世界经济体系，对全球经济产生的影响也越来越大。经济的迅速发展、经济体制和结构的深刻转变增加了政策分析和政策制定的难度。政策分析者需要一个可以从整体上反映出经济系统运行情况和在细微层次上反映各个经济主体间复杂联系的定量分析工具，从而对外部环境变化、政策实施给整个经济体系及其中个体带来的影响做出有效评价。

在进行政策分析时，定性的概括描述和对经验实事的比较分析往往是讨论的出发点，而进一步对不同的政策效果和影响的定量模拟和分析则有助于我们对问题进行另一个层面的探讨。经济模型的主要作用在于可以通过不同的外生变量和数据设定对不同的经济环境和经济政策进行假设和模拟，并对在一定经济背景下的经济指标进行定量估计，得出相应的政策影响效应比较结果。

CGE 模型作为一种辅助政策效应比较和评价的政策分析模型具备了政策分析工具所需的特点：首先，由于 CGE 模型具有对行为机制和因果关系的描述，对不同政策的分析可以归结为对所考虑的政策目标、行为假设以及模型参数的选择和设定。其次，CGE 模型能通过方程模拟计算提供政策评价的相关定量经济指标。在本章中这一类指标的选择既包括体现政策对整个经济体系影响的 GDP、投资消费、产业增加值、就业等数值上，还包括体现中国对外贸易状况的进出口、贸易顺差等数值上。最后，模型对整个经济体系进行了产业、部门的划分，从而可以从更详细的层面对政策效应做出评价。这样，CGE模型成为了政策制定者和政策分析者之间有效沟通的桥梁。

本章借助一个中国经济动态CGE模型对中国汇率政策做出了定量分析和对比，并在此基础上比较政策效应。关于汇率与经济增长之间的联系以及汇率与经济增长相互影响机制的研究由来已久。近30年来，开放宏观经济学和新开放宏观经济学的产生、经济计量学方法定量分析的发展给该问题的讨论注入了新的研究范式。汇率变动引起国内贸易品和非贸易品相对价格的变化，从而影响贸易品和非贸易品的生产和需求，使得社会资源重新配置，对整个经济体系和其中的各个经济主体都产生了影响。国际贸易的比较优势给整体经济增长带来了一定的积极影响：国际贸易商品往往是具有比较优势的，一国的贸易品生产部门具有比非贸易品生产部门更高的生产率。汇率的变动通过对价格的影响左右着贸易品的生产和出口，从而使得国内资源重新配置，资源由生产率低的部门流向生产率高的部门，最终促进经济增长。2005年7月21日，中国拉开了人民币汇率机制改革，核心内容主要体现在以下三个方面：一是改革汇率生成机制。自2005年7月21日起，人民币开始实行以市场供求为基础、参考一篮子货币进行调节、有管理的浮动汇率制度。二是适当释放人民币升值的压力，即对人民币币值作小幅的升值调整，人民币兑美元升值2.1%。三是适当扩大人民币汇率的浮动区间。本章在人民币汇率调整的背景下，主要模拟了在基态方案人民币汇率基础上人民币汇率升值对中国经济整体和对外贸易状况产生的影响。根据CGE模型方程模拟结果，人民币兑美元汇率在基态方案水平分别升值5%、7%、9%，2007年以人民币计算的中国GDP同基态方案相比都有小幅下降，降幅分别为0.32%、0.47%、0.64%。由此可以看出人民币升值对GDP将产生一定的负面影响，这主要是由于出口受到一定抑制、进口受到一定激励导致的净出口值下降给国内生产总值带来的不利影响所致，且人民币升值幅度越大GDP下降比例越大。对外贸易方面，人民币升值带来的人民币国际购买能力的提高在一定程度上削弱了中国产品在世界市场上价格方面的竞争优势，因此在促进了进口的同时却抑制了出口。根据CGE模型模拟计算结果，人民币兑美元汇率在基态方案水平分别升值5%、7%、9%之后，中国进口值将分别增加0.79%、1.22%、1.68%，出口值则分别下降1.33%、1.78%、2.21%。根据CGE模型模拟结果，人民币升值会在一定程度上缓解中国对外贸易的失衡。但如果人民币升值过快，劳动密集型企业为维持一定利润，将提高出口产品价格，这将导致中国一部分商品国际竞争力的削弱、某些企业出口竞争力的下降。由此将导致投资的增加以及我国居民消费的减少。因此在进行人民币汇率政策调整时，人民币升值应采取小幅度、慢性化、长期性升值的原则，这样才能保证中国经济的长期可持续良好发展。人民币汇率改革直接关系到中国经济是否能持续稳定的发展，中国可以从日本、俄罗斯和欧盟等国家和地区的经济发展和汇率制度安排、变革中吸取经验和教训，根据经济发展的需要适时地协调政策，以减少汇率波动和长期失衡带来的不良影响，避免经济出现过度波动。同时，我们也应看到人民币升值对中国经济的积极影响，借助人民币汇率的调整改善同主要贸易国的贸易关系。通过人民币适当升值增加中国进口总额、减少贸易顺差，缓和与主要贸易伙伴的关系，促进中国经济和贸易的和谐发展。人民币适度升值可以促进劳动密集型出口企业发展技术密集型产业，增加出口产品附加值。同时人民币升值可以降低先进设备的进口成本，有利于促进出口商品结构和产业结构的升级换代、改善贸易条件。

参考文献

[1] Armington, Paul, "A Theory of Demand for Products Distinguished by Place of Production", IMF Staff Papers, Vol.16, 1969.

[2] Ballard, C. L., Fullerton, D., Shoven, J.B. and Whalley, J., *A General Equilibrium Model for Tax Policy Evaluation*, Chicago: The University of Chicago Press, 1985.

[3] Bergman, L., "Energy Policy Modeling: A Survey of General Equilibrium Approaches", *Journal of Policy Modeling*, Vol.12, No.4, 1988.

[4] Bergman, L., "General Equilibrium Effects of Environmental Policy: A CGE Modeling Approach", *Environmental and Resource Economics*, No.1, 1991.

[5] Bhattarai, K., Ghosh, M. and Whalley, J., "A CGE Analysis of UK", presented in a Conference Organized in Honor of T.N., Srinivasan, 1998.

[6] Blitzer, C., "Growth and Welfare Losses from Carbon Emissions Restrictions: A General Equilibrium Analysis for Egypt", Working Paper, Center for Energy Policy Research, MIT, 1992.

[7] Conrad, K. and Schroder, M., "Choosing Environmental Policy Instruments Using General Equilibrium Models", *Journal of Policy Modeling*, Vol.15, 1993.

[8] De Melo, J. and Robinson, S., *A General Equilibrium Analysis of US Foreign Trade Policy*, Cambridge: MIT Press, 1992.

[9] De Melo, J. and Tarr, David, *A General Equilibrium Analysis of US Foreign Trade Policy*, Cambridge: MIT Press, 1992.

[10] Dearorff, A.V. and Stern, R. M., *Computational Analysis of Global Trading Arrangement*, Ann Arbor: University of Michigan Press, 1985.

[11] Derivis, K., J.de Melo and Sherman Robinson, *General Equilibrium Models for Development Policy*, Cambridge: Cambridge University Press, 1982.

[12] Devarajan and Shantayanan, *Lecture Notes on Computable Equilibrium Models*, John F. Kennedy School of Government, Harvard University, 1988.

[13] Dufournaud, M.C., Harrington, J. and Rogers, P., "Leontief's Environmental Repercussions and the Economic Structure. Revisited: A General Equilibrium Formulation",

Geographical Analysis, No.20, 1988.

[14] Forsund, F.R. and Strom, S., *Environmental Economics and Management: Pollution and Natural Resources*, London: Croon Helm, 1988.

[15] Garbaccio, Richard F., Jorgenson, Dale W. and Ho, Mun S., "Controlling Carbon Emission in China", Working Paper, 1998.

[16] Glomsrod, S., Vennemo, H. and Johnson, T., "Stabilization of Emissions of CO_2: A Computable General Equilibrium Assessment", *Scandinavian Journal of Economics*, Vol. 94, 1992.

[17] Harberger, A.C., "The Incidence of the Corporation Income Tax", *Journal of Political Economy*, Vol.70, No.1, 1962.

[18] Haufler, A., *Commodity Tax Harmonization in the European Community: A General Equilibrium Analysis of Tax Policy Options in the Internal Market*, Heidelberg: Physica-Verlag Press, 1993.

[19] Hazilla, M. and Kopp, R., "Social Cost of Environmental Quality Regulations: A General Equilibrium Analysis", *Journal of Political Economy*, Vol.98, No.4, 1990.

[20] Jog, V., Tang, J., *Tax Reforms, Debt Shifting and Corporate Tax Revenues: Multinational Corporations in Canada*, Working Paper prepared for the Technical Committee on Business Taxation, 1997.

[21] Johansen, L., *A Multi-Sectorial Study of Economic Growth*, Amsterdam: North-Holland, 1960.

[22] Jorgenson, D. W. and Wilcoxen, P. J., "Energy, the Environment and Economic Growth", Kneese, A.V. and Sweeney, J. L., *Handbook of Natural Resource and Energy Economics*, Amsterdam: North-Holland, Vol. Ⅲ, 1994.

[23] Jorgenson, D.W. and Hudson, E. A., "US Energy Policy and Economic Growth, 1975-2000", *Bell Journal of Economics and Management Science*, Vol.5, No. 2, August, 1975.

[24] Jorgenson, D.W. and Wilcoxen, P.J., "Intertemporal General Equilibrium Modeling of U.S. Environmental Regulation", *Journal of Policy Modeling*, Vol.12, 1990.

[25] Kehoe, T. and Serra-Purche, J.A., "Computational General Equilibrium Model with Endogenous Unemployment: An Analysis of the 1980 Fiscal Reform in Mexico", *Journal of Public Economic*, No.22, 1983.

[26] Keller, W.J., *Tax Incidence: A General Equilibrium Approach*, Amsterdam: North-Holland (second edition), 1974.

[27] Lewis J. D., Robinson, Sherman and Wang Z., Beyond the Uruguay round: the Implication of an Asian free Trade area, China Economic Reviews, No.7, 1995.

[28] Li, Xuesong and Lejour, Arjan, "The Sectoral Impact of China's Access to the WTO—A Dynamic CGE Analysis", presented at the Greater China and WTO International Conference in Hong Kong, 2001.

[29] Mercenier, J., "An Intertemporal Optimizing Model of Foreign Debt in Brazil", Mercenier, J. and Srinivasan, T.N., *Applied General Equilibrium Analysis and Economic*

Development，Ann Arbor：University of Michigan Press，1993.

[30] Piggott，J.，Whalley，J.，and Wigle，R.，"International Linkages and Carbon Reduction Initiatives"，Anderson，K. and Blackhurst，R.，*The Greening of World Trade Issues*，Michigan：University of Michigan Press，1992.

[31] Piggott，J. R. and Whalley，J.，*Economic Effects of U.K.Tax—Subsidy Policies：A General Equilibrium Appraisal*，Mimeo，1980.

[32] Richard F. Garbaccio，"Price Reform and Structural Change in the Chinese Economy：Policy Simulation Using a CGE Model"，*China Economic Reviews*，No.1，1994（6）.

[33] Robinson，S.，"Pollution，Market Failure，and Optimal Policy in an Economy-wide Framework"，Department of Agricultural and Resource Economics，Berkeley：University of California，Working Paper，No.559，1990.

[34] Scarf，H.，"The Approximation of Fixed Points of a Continuous Mapping"，*SIAM Journal of Applied Mathematics*，Vol.15（5）：328343，1967a.

[35] Scarf，H.，"On the Computation of Equilibrium Prices"，Fellner，W.，*Ten Essays in Honor of Irving Fisher*，New York：Wiley，1967b.

[36] Scarf，H.，Hansen，T.，*The Computation of Economic Equilibria*，New Haven：Yale University Press，1973.

[37] Whalley，J.，*Trade Liberalization among Major World Trading Areas*，Cambridge：MIT Press.

[38] Xie Jian，"Environment Policy Analysis：An Environmental Computable General Equilibrium Model for China"，Ph.D. dissertation，University of Minnesota，1994.

[39] Xu Dianqing，"The Transition Process from Planning to Markets：A CGE Analysis of Chinese Economy"，Ph.D. dissertation，University of Pittsburgh，1990.

[40] Zhang Xiaoguang，"A Dynamic Computable General Equilibrium Model of the Chinese Economy"，Department of Economic of Melbourne University，Research Paper，No.539，1996.

[41] Zhang Zhongxiang，"Integrated Economy-Energy-Environment Policy Analysis：A Case Study for the People's Republic of China"，PH.D dissertation，Netherlands：University of Wageningen，1996.

[42] Zhang Zhongxiang，"Macroeconomic Effects of CO_2 Emissions Limits：A Computable General Equilibrium Analysis for China"，*Journal of Policy Modeling*，1998a.

[43] Zhang Zhongxiang，"Economic Modeling Approaches to Cost Estimates for Control of Carbon Dioxide Emissions"，*Energy Economics*，1998b.

[44] 樊明太、郑玉歆、马纲：《中国 CGE 模型：基本结构及有关问题》（上），《数量经济技术经济研究》，1998 年第 12 期。

[45] 樊明太、郑玉歆、马纲：《中国 CGE 模型：基本结构及有关问题》（下），《数量经济技术经济研究》，1999 年第 4 期。

[46] 樊明太、郑玉歆：《中国 CGE 模型及政策分析》，社会科学文献出版社，1999 年。

[47] 樊明太、郑玉歆：《贸易自由化对中国经济影响的一般均衡分析》，《世界经济》，2000 年第 4 期。

［48］ 冯珊：《我国经济系统的可计算一般均衡模型 C-CGE》，《系统工程理论与实践》，1989 年第 4 期。

［49］ 高鸿业：《西方经济学》（第二版），中国人民大学出版社，2000年。

［50］ 国家统计局：《中国统计年鉴 2003》，中国统计出版社，2003 年。

［51］ 国家统计局国民经济核算司：《中国 2002 年投入产出表》，中国统计出版社，2006 年。

［52］ 国务院经济技术社会发展研究中心：《中国经济的发展与模型》，中国财政经济出版社，1990 年。

［53］ 贺菊煌、沈可挺、徐篙龄：《碳税与二氧化碳减排的 CGE 模型》，《数量经济技术经济研究》，2002 年第 10 期。

［54］ 李善同、翟凡：《中国经济的社会核算矩阵》，《数量经济与技术经济研究》，1996 年第 1 期。

［55］ 李善同、翟凡、徐林（2000a）：《中国加入世界贸易组织对中国经济的影响——动态一般均衡分析》，《世界经济》，2000 年第 2 期。

［56］ 李善同、翟凡（2000b）：《加入世界贸易组织对中国经济的影响》，《预测》，2000 年第 3 期。

［57］ 李雪松：《加入 WTO 对中国经济影响的 CGE 模型比较分析》，《数量经济与技术经济研究》，2000 年第 10 期。

［58］ 李雪松：《一个中国经济多部门动态的 CGE 模型》，《数量经济与技术经济研究》，2000 年第 12 期。

［59］ 李雪松：《中国经济 CGE 模型》；汪同三、沈利生：《中国社会科学院数量经济与技术经济研究所经济模型集》，社会科学文献出版社，2001年。

［60］ 汪同三、沈利生：《中国社会科学院数量经济与技术经济研究所经济模型集》，社会科学文献出版社，2001 年。

［61］ 王灿：《基于动态 CGE 模型的中国气候政策模拟与分析》，清华大学博士学位论文，2003 年。

［62］ 王韬、陈平路：《税收可计算一般均衡模型研究及其在中国的适用》，《财经理论与实践》，2000 年第 1 期。

［63］ 翟凡：《中国经济的可计算一般均衡建模与仿真》，华中理工大学博士学位论文，1997 年。

［64］ 翟凡、李善同、冯珊：《一个中国经济的可计算一般均衡模型》，《数量经济技术经济研究》，1997 年第 3 期。

［65］ 翟凡、李善同、冯珊：《中期经济增长和结构变化——递推动态一般均衡分析》，《系统工程理论与实践》，1999 年第 2 期。

［66］ 翟凡、李善同：《中国经济的可计算一般均衡模型》；王慧炯等编著：《中国实用宏观经济模型》，中国财政经济出版社，1999 年。

［67］ 中国社会科学院数量经济与技术经济研究所 PRCGEM 课题组：《中国税制改革效应的一般均衡分析》，《数量经济技术经济研究》，2002 年第 9期。

（本章执笔人：李佩颖、李雪松）

第九章　中国制造业的国际竞争力及其对周边国家的影响

20 世纪 80 年代中期以来，中国经济的崛起成为世界经济中最引人注目的现象。1978~2006 年，国民生产总值（GDP）从 3624 亿元增加到 210871 亿元，人均 GDP 从 381 元增加到 16084 元，按可比价格计算，GDP 年均增长 9.8%。[①] 按照汇率结算，2006 年末，中国经济总量位居世界第四位。20 世纪 90 年代初期，中国在世界进出口总额中所占份额分别为 1.5%和 1.9%，到 2006 年末，分别上升到 6.4%和 8.0%。利用外资的规模也不断扩大，2006 年末，中国的外商直接投资累计总额达到 694.68 亿美元，成为外商直接投资的最大目标国之一。中国经济在世界经济体系中的影响力日益增强。由于日本经济在整个 20 世纪 90 年代的停滞不前，在支持和驱动亚洲经济增长中，中国扮演了关键角色。此外，由于欧洲经济增长的暗淡无光，中国经济增长所提供的机会对亚洲以外的世界也日益重要。根据世界银行公布的数据，自 2001 年我国加入世贸组织以来，中国经济增长对世界经济增长的平均贡献率达到 13%，使中国经济成为全球经济的领跑者。没有人怀疑中国经济增长的巨大潜力。Ishikawa（2002）在其研究报告中指出，中国 GDP 将在 2050 年超越美国，跃居世界第一。Manning（2002）预测的时间为 2039 年，而 Golden Sachs（2003）对中国的前景也很乐观，他预计的时间是 2041 年。

事实上，无论是从历史的轨迹，还是全球的视角，中国经济的增长都是高速的。两个世纪以前，中国经济占世界经济总量的 1/5，列第一位，但这种增长势头并未得以持续。1978 年，中国 GDP 占世界经济总量不足 1/100，是世界上收入最低的国家之一。改革开放以来，中国成为经济增长最快的国家之一，在近代世界经济发展历史上，也只有少数几个国家和地区能与之媲美（例如，从 20 世纪的 60 年代初到 90 年代中期，韩国、中国台湾、中国香港和新加坡“亚洲四小龙”的年增长率都保持在 8%以上，并由此进入高收入国家和

---

① 数据来自《中国统计年鉴 2007》。

地区的行列（WDI，2003）①。在经济全球化的大背景下，中国经济的崛起是对全球经济的一种挑战，尤其是对那些与中国经济有着密切联系的国家和地区。无论是总体规模还是人均水平，中国经济的增长率都远高于周边国家以及其他一些发展中大国。对这些国家而言，需要面对的是如何适应这样一个日趋强大的经济体，怎样与其保持竞争与合作。而对中国而言，如何保持经济的持续增长则成为重中之重。鉴于此，中国与其合作伙伴们不仅需要对中国经济的国际竞争力有一个清醒的认识，而且还要了解这种竞争优势源自何处。

从中国经济发展水平看，以制造业为主体的第二产业在国民经济中的比重将在相当长的时期内保持稳定，甚至提高。因此，本章选择从制造业这个角度，分析中国经济持续增长的驱动因素及其对世界经济的影响。第一部分是简介，描述了中国经济在全球经济中的地位，重点介绍了中国制造业在全球市场份额中的变化趋势。第二部分讨论了中国制造业竞争力日益增强的原因，并利用面板数据模型分析了全要素生产率的提高对于竞争力提升的重要作用。第三部分讨论了中国竞争力的提高对周边国家的影响。第四部分是本章的主要结论，以及对中国制造业竞争力的展望。

一、中国制造业的国际竞争力

关于竞争力有多种定义。世界经济论坛给出了最为简明的一种定义：竞争力是一个国家人均 GDP 保持持续高增长的能力（WEF，2002）。OECD 给出了类似但更为详细的定义：竞争力是一个国家在自由贸易和公平市场的条件下，生产和提供满足国际市场要求的产品和服务并保持国民收入持续提高的能力（EC，2003）。在这一定义的框架下，一些研究机构相继公布了不同国家和地区竞争力的评估报告。在对国家竞争力的评估中，通常采取全面综合测度方法，评估体系中不仅涵盖了大量的宏、微观经济指标，而且还纳入了一些社会、法律及政治变量。

本章则使用了一种更为简单、直观的测度方法，即用一国产出占世界总产出的份额度量该国的国际竞争力。不少学者对这种测度方法提出了质疑，他们认为这种定义“使得竞争力成为一种零合博弈，因为一国获利是以牺牲其他国家为代价的。这种定义也称为市场干预政策的理论基础，政府可以通过补贴、

---

① 根据世界银行的定义，低收入国家指人均 GDP 等于或低于 735 美元的国家，中低收入国家指人均 GDP 在 736~2935 美元之间的国家，中高收入国家指人均 GDP 在 2936~9075 美元之间的国家，高收入国家指人均 GDP 高于 9076 美元的国家。

降低工资水平、货币贬值等手段刺激出口"(Porter，2003)。但在我们看来，这种度量方法本身并不一定会导致"零合博弈"。因为份额是一个相对概念，一国出口可能增长很快，但如果世界出口的增长更快的话，那么该国在世界贸易中所占的份额可能呈现缩减态势。在这种情况下，我们认为该国的竞争力有所下降。

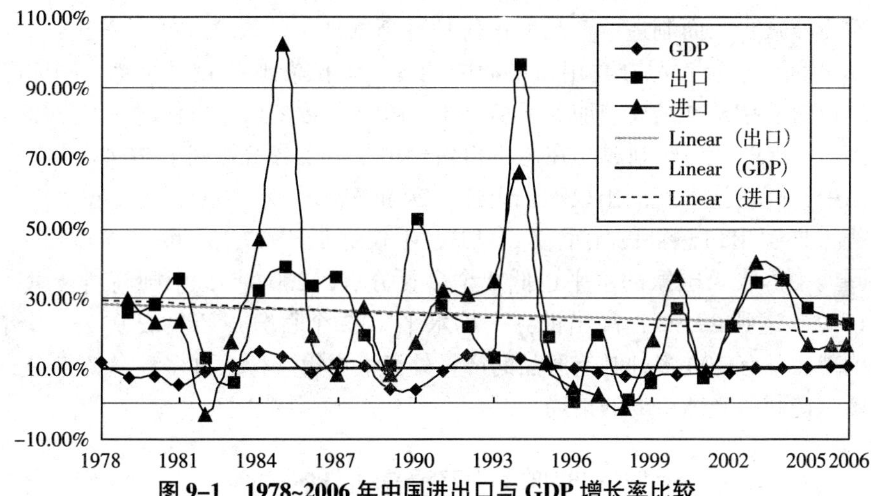

图 9-1　1978~2006 年中国进出口与 GDP 增长率比较

注：图中给出了进出口和 GDP 的增长趋势线。

中国经济增长的显著特征之一是外贸和外商直接投资的增长远高于其他部门（见图 9-1）。1978~2006 年间，中国进出口年增长速度高达 23.1%和 24.5%，远高于 9.8%的经济增长速度。进出口占 GDP 的比重从改革开放之初的 4.9%和 4.6%上升到 2006 年的 30.1%和 36.8%。进出口占 GDP 的比重通常用于衡量一个国家的贸易依存度，并以此反映该国的开放程度。但许多经济学家认为，如果仅仅以此为依据来比较不同国家的开放程度往往会使人产生误解(Perkins and Syrquin 1989； Pomfret 1996； Findlay and Watson 1996)。在评价一个国家的开放度时，除了要考虑货币换算、购买力平价之外，还要参考其他因素，尤其是国家规模[①] 和经济结构[②] 的差异。尽管如此，进出口国际市场份

① Perkins and Syrquin（1989）研究发现大国的贸易依存度通常小于小国。因为相对丰富的自然资源使得前者往往很少进口矿物等原材料，广阔的国内市场也易于发挥规模效应，而相对昂贵的国内运输费用增加了外商准入的难度，从而有效地保护了国内生产者的利益。

② 还要考虑贸易结构的差异。例如，假定两个国家的规模相似，贸易占 GDP 的比重相同。其中一个国家主要对进口原料进行加工，再出口制成品的附加值不高，而另一个国家则出口具有高附加值的产品，显然贸易对第一个国家的国内经济的影响不如第二个国家大，因为对后一个国家而言，其劳动力、技术、资本和自然资源更多地参与到了国际贸易中。

额的变化还是能动态地反映出国际贸易对国内经济的影响的。中国贸易依存度的提高说明了中国经济的日益开放，同时也佐证了中国竞争力的日益增强。中国进出口的增长不仅快于国内其他部门，而且高于世界进出口的增长速度。贸易增长速度的巨大差异使得中国贸易占世界贸易的份额急剧扩张，从 1978 年的 0.4 个百分点增加到 2006 年的 7.2 个百分点。

中国贸易不仅增长速度飞快，其结构也发生了显著变化。初级产品占贸易份额逐渐减少，而制造业产品所占份额逐渐增加。从表 9-1 可以看出，1980~2006 年间，初级产品在总出口份额中从 50.3%下降到了 5.5%，工业制成品在总出口份额中从 49.7%增加到了 94.5%。初级产品在总进口份额中从 34.8%下降到了 23.6%，工业制成品在总进口份额中从 65.2%增加到了 76.4%。在出口产品中，高新技术产品出口增长迅速，20 世纪 90 年代初期，高新技术产品出口额占外贸出口总额的比重仅 6.11%，不仅远低于 17.65%的世界平均水平，比同期中等收入国家的水平也低 4 个多百分点，2004 年，中国高新技术产品出口份额达到 29.8%，高出世界平均水平 10.2 个百分点（见表 9-2）。目前，中国现在已有 100 多种制造产品的产量处于世界第一位，许多产品初步形成了中国制造服务全球市场的格局。

表 9-1 中国的进出口产品结构（1980~2006 年）

年 份	出 口		进 口	
	初级产品	工业制成品	初级产品	工业制成品
1980	50.30%	49.70%	34.77%	65.23%
1985	50.56%	49.44%	12.52%	87.48%
1990	25.59%	74.41%	18.47%	81.53%
1991	22.45%	77.46%	16.98%	83.02%
1992	20.02%	79.98%	16.45%	83.55%
1993	18.17%	81.83%	13.67%	86.33%
1994	16.29%	83.71%	14.26%	85.74%
1995	14.44%	85.56%	18.49%	81.51%
1996	14.52%	85.48%	18.32%	81.68%
1997	13.10%	86.90%	20.10%	79.90%
1998	11.15%	88.85%	16.36%	83.64%
1999	10.23%	89.77%	16.20%	83.80%
2000	10.22%	89.78%	20.76%	79.24%
2001	9.90%	90.10%	18.78%	81.22%
2002	8.77%	91.23%	16.69%	83.31%
2003	7.94%	92.06%	17.63%	82.37%
2004	6.83%	93.17%	20.89%	79.11%
2005	6.44%	93.56%	22.38%	77.62%
2006	5.46%	94.54%	23.64%	76.36%

贸易结构的变化彰显出中国制造业在国际市场上特殊的竞争优势。事实上，自 20 世纪 90 年代中期以来，就整个亚洲而言，制造业产品的出口额在世界总出口额中的比重经历了一些波动，但没有表现出明显的向上或向下趋势，而中国却呈现出明显的、稳定的上扬趋势。

表 9–2　高技术产品出口额占制成品出口额的比重的国际比较（%）

国　家	1990 年	2000 年	2001 年	2002 年	2003 年	2004 年
世界	17.65	23.19	22.17	21.49	21.14	19.57
高收入国家	18.41	24.64	23.61	22.75	21.92	20.07
中等收入国家	10.43②	19.37	18.55	18.65	20.24	19.60
低收入国家	3.07③	4.52	4.50	3.85	4.25	
中国①	6.11④	18.58	20.57	23.31	27.10	29.80

注：①世界银行统计数据；②1993 年数据；③1996 年数据；④1992 年数据。

二、竞争力的来源：生产率的提高

产品的国际市场份额仅仅是衡量竞争力的指标之一。从产品市场份额的变化中既不能得知国家竞争力加强或削弱的原因，也不能得出有针对性的政策建议。因此，除了要度量竞争力之外，我们还要了解导致竞争力变化的原因。

竞争力的变化很可能是经济和社会因素相互作用的结果。经济学家通常将这些影响因素划分为宏、微观环境两大类，宏观环境包括体制结构、法律完备程度、经济和政治的稳定性、货币和财政政策等，微观环境包括产业革新、劳动成本、管理能力以及影响竞争力的其他因素。对竞争力的来源也有多种解释，最广泛的一种解释是生产率。生产率表示了产出与各种投入之间的关系。劳动生产率（单位劳动投入的产出）和资本产出率（单位资本投入的产出）是两个重要的生产率指标，它们表示了在某个时间点上一种要素对生产率的影响。

如果将产品的出口份额作为竞争力的度量指标，那么从前面的分析中不难看出在中国的各行业中，制造业产品是最具竞争力的。这是因为无论是与国内的其他产品，还是与其他国家的制造业产品相比，中国制造业产品的国际市场份额扩张得最快。因此，我们不禁要问：中国制造业的劳动生产率提高了吗？

首先来看中国制造业劳动生产率的变化。式（1）给出了相应的计算公式，

$$LP = V/L \tag{1}$$

式中，LP 表示劳动生产率，V 表示行业增加值；L 表示行业投入的劳动力。表 9–3 给出了 1990 年不变价的计算结果。表 9–3 右边一列给出了 1991~2002 年间不同行业劳动生产率的变化，值得注意的是，在劳动生产率增长最快的三

表 9-3　中国制造业的劳动生产率（元/人）

行　业	1991 年	1992 年	1993 年	1994 年	1995 年	1996 年	1997 年	1998 年	1999 年	2000 年	2001 年	2002 年	Annual%
黑色金属矿采选业	6098	9644	16599	14606	14033	21679	24305	28798	30110	36727	46278	49913	12.2
有色金属矿采选业	5577	7199	13456	11538	13770	16291	20389	23644	30200	35308	40282	43634	13.1
非金属矿采选业	—	—	20294	17447	15983	22940	27398	21890	27615	32858	38785	48861	9.8
木材及竹材采运业	5162	5426	6916	6001	5885	6366	6525	7955	6965	7447	7762	8743	2.6
食品加工业	—	—	23876	25651	18863	29054	33999	41085	53131	65358	87375	108449	16.8
食品制造业	5395	5375	13397	13828	12801	19690	25579	35870	42651	54873	66585	85341	20.6
饮料制造业	—	—	22142	22575	21972	30535	37462	49155	58727	65144	77893	90010	15.6
烟草加工业	—	—	131072	129896	139576	185399	206326	251072	278966	306447	400722	547355	15.9
纺织业	6739	7219	12524	12925	10038	13250	15497	22002	28213	34416	41952	51888	15.8
服装及其他纤维制品制造	7213	8277	17866	15683	14921	21495	23680	32254	36873	43621	51576	53140	12.1
皮革毛皮羽绒及其制品业	6701	7046	16090	17574	15301	24716	28296	37461	44581	49334	64996	74392	17.0
木材加工及竹藤棕草制品业	3748	4852	11767	10333	9793	16080	20983	24534	33458	44930	63089	76182	20.8
家具制造业	6090	6736	12795	13416	12122	20736	24530	34294	39256	52421	69416	75893	19.8
造纸及纸制品业	8002	8765	10887	11979	13135	20775	22605	32271	42197	55277	70661	91137	23.6
印刷业记录媒介的复制	5891	7023	12000	10044	9547	14318	17238	22507	27565	30701	43156	53922	16.7
文教体育用品制造业	11193	11539	17819	18411	17579	26459	30902	39989	42647	49041	62417	65300	14.4
石油加工及炼焦业	21573	26593	45817	48879	58618	59462	67341	67057	84035	114217	142642	165992	14.3
化学原料及化学制品制造业	10649	12350	15832	15648	17204	23590	25106	30852	38514	49284	63407	79478	17.9
医药制造业	15465	17235	22639	20730	19510	28266	33700	42787	55353	67525	80197	94247	15.8
化学纤维制造业	26624	30053	30551	30481	32473	32140	34660	39231	66398	79249	67761	88647	11.8
橡胶制品业	11561	12847	14892	14363	13511	20297	25134	33198	37465	45027	56718	73211	17.7
塑料制品业	9755	11767	18610	17545	15525	24954	29326	41251	51357	67317	88014	101513	18.8
非金属矿物制品业	8564	11789	20425	18780	15921	20942	23655	27209	34006	41509	50380	61065	12.2
黑色金属冶炼及压延加工业	12366	17858	33951	29811	22888	23939	26422	32627	39785	51748	68095	88158	10.6

续表

行　　业	1991 年	1992 年	1993 年	1994 年	1995 年	1996 年	1997 年	1998 年	1999 年	2000 年	2001 年	2002 年	Annual%
有色金属冶炼及压延加工业	12354	15153	25545	20851	22488	24515	26270	33628	43389	56663	68382	78346	12.5
金属制品业	8634	9973	18693	17948	14957	21906	24562	36020	45294	56132	72620	89531	17.4
普通机械制造业	4687	5677	13180	12358	12434	13910	16313	21541	26627	33485	43431	57092	16.3
专用设备制造业	—	—	12874	13347	11115	15009	16463	20943	25693	31514	39824	53224	15.8
交通运输设备制造业	10837	15564	18603	17502	16361	21194	24047	32911	39532	47963	64160	89199	17.4
电气机械及器材制造业	13126	14305	21150	19957	18607	25361	29865	43977	56483	75094	91411	104810	17.8
电子及通信设备制造业	10851	12050	21188	23749	27758	32871	45235	71104	90534	116885	129475	150593	21.8
仪器仪表及文化办公用机械	7601	7999	12807	11473	10714	14215	15559	27018	33789	41202	48824	56511	16.5

个行业中，有两个是高度出口导向型行业——电子装备行业和木材等加工业。

表 9-4 给出中国与邻国制造业劳动生产率的国际比较。可以看出，中国制造业的劳动生产率提高得最快，这也部分地解释了中国制造业出口的迅猛增长。

表 9-4 劳动生产率的国际比较（1995 年美元不变价）

年份	中国	中国香港	日本	韩国	马来西亚	新加坡	泰国
1988	2886	25190	89144	25386	18008		2608
1989	2924	26032	92163	25550	17486		2959
1990	3318	26189	96627	26945	17595		2853
1991	3046	26299	96815	28506	16854		2650
1992	3530	26513	92906	29066	15818		2436
1993	4030	27279	89175	31129	15710		2422
1994	4257	26784	86162	32417	15490		2289
1995	4530	27540	86058	34207	18467	48799	2211
1996	4938	28266	88119	35660	20064	50673	2025
1997	5385	28196	89142	38113	20256	59229	1966
1998	5282	28861	87854	39693	18476	60842	1920
1999		30629	87589	43201	20577	61768	2010
Annual%	6.72	1.51	–0.16	4.97	0.29		–3.4

资料来源：World Development Indicators 2003.

与中国制造业劳动生产率提高不同的是，中国制造业的资本产出率（人均 GDP）却呈现衰减的趋势。为了进行国际比较，我们引用世界银行提供的数据。[①] 表 9-5 给出了中国及周边国家资本产出率的估计值。国际比较表明，中国的资本产出率呈现衰减态势，但这并不一定表示效率的损失。与大多数快速增长的发展中国家一样，中国正经历一个资本积累的过程，在这个过程中不可避免地伴随着新技术和新设备的引进。这也是劳动生产率提高的原因之一。

生产率的另一个重要度量指标是全要素生产率（Total Factor Productivity, TFP）。TFP 综合考虑了所有要素的生产率。用于生产的要素投入有多种计算方法。常用的一种是取每种要素的加权平均，权重就是每种要素在总成本中的份额。但是很难准确地定价和度量每种投入要素，所以实践中常常通过对生产函数进行经济计量估计来计算全要素生产率。我们根据下列的双向误差分解面板数据模型进行估计。

① 并没有直接的数据表明生产 1 美元的 GDP 需要资本的投入值，但是有另外一个变量，每年制造业固定资本形成占 GDP 的比重。如果每年的资本形成和资本使用保持一个常数关系，那么这一指标的倒数可以看作是资本产出率的替代变量。虽然这个指标仅仅给出了资本形成和 GDP 之间的关系，而不是资本使用和 GDP 之间的关系，但它可以反映出中国资本产出率的动态变化态势。

表 9-5　资本产出率的国际比较（1995 年美元不变价）

年份	中国	中国香港	韩国	新加坡	印度尼西亚	马来西亚	菲律宾	泰国	日本	美国
1990	3.92	3.76	2.68	3.1	3.53	3.03	4.33	2.48	3.11	5.76
1991	3.64	3.75	2.56	2.97	3.7	2.75	4.99	2.4	3.15	6.19
1992	3.2	3.64	2.71	2.82	3.88	2.73	4.78	2.55	3.28	6.17
1993	2.67	3.66	2.77	2.88	3.81	2.57	4.21	2.53	3.43	5.98
1994	2.77	3.37	2.78	2.98	3.63	2.48	4.23	2.5	3.55	5.79
1995	2.88	3.28	2.73	2.99	3.52	2.29	4.5	2.44	3.6	5.66
1996	2.91	3.2	2.72	2.62	3.38	2.35	4.27	2.44	3.51	5.5
1997	2.96	2.98	2.85	2.58	3.53	2.32	4.1	2.96	3.56	5.34
1998	2.84	3.29	3.36	2.66	3.93	3.73	4.73	4.47	3.72	5.15
1999	2.78	3.83	3.6	2.93	4.97	4.57	5.33	4.8	3.82	5.03
2000	2.74	3.71	3.52	3.33	4.59	3.9	5.61	4.55	3.8	4.94
av.ch.%	−3.28	0.1	2.94	0.99	3.06	4.31	3.04	7.34	2.06	−1.46

资料来源：World Development Indicators 2003.

$$y_{i,t} = \eta_i + \lambda_t + \beta_1 k_{i,t} + \beta_2 l_{i,t} + \varepsilon_{i,t} \tag{2}$$

式中，y 表示 1991~2002 年 12 年间中国 37 个工业行业增加值，k 表示资本投入，l 表示劳动力投入，y，k，l 均取对数形式，η_i 和 λ_t 分别表示个体和时间效应。利用式（3）可以估计不同行业 TFP 的变化

$$\Delta TFP_{i,t} = \frac{\lambda_t + \eta_i}{\lambda_{t-1} + \eta_i} - 1 \tag{3}$$

表 9-6 给出了估计结果，表 9-7 给出了不同行业 TFP 的变化。可以看出，除了经济过热的 1994 年和 1995 年外，大多数行业的 TFP 均保持着较高的增长。

影响 TFP 增长的有多种因素，这里我们从三个方面加以解释。一是制度变迁，包括鼓励私有部门的发展，建立市场机制，引进公司治理等，这些激励机制有效地促进了劳动生产率的提高。二是全球化的经济发展战略。良好的外贸环境和优惠的外资政策确保了中国劳动力在国际分工中能够更充分地发挥出比较优势。外资的大量流入不仅带来了先进的设备和技术，而且加速了资本积累的过程。三是中国特殊的人力资本结构。中国是一个发展中国家，但与其他国家相比，其教育和人力资本的投资还是相当高的，根据联合国社会发展指标，1999 年，中国人均 GDP 只有世界平均水平的 13%，即便是用购买力平价指标测算，也仅为世界平均水平的 63%，但受过初等和中等教育的人口比世界平均水平高出许多。这种人力资本结构意味着与那些人均 GDP 和劳动成本水平接近的国家相比，中国的劳动力素质相对较高，因此劳动生产率也相对较高。而与那些教育和人力资本水平类似的国家相比，中国拥有相对较低的劳动力成本，因此，在生产廉价产品和吸引外资方面，中国显示出更强的竞争力。

表 9-6 37 个行业 TFP 面板估计结果（1991~2002 年）

Variable	Coefficient	Std. Error	T-Statistic	Prob.
k	0.230759	0.029202	7.902293	0.0000
l	0.529003	0.054079	9.782051	0.0000
λ1	-1.584298	0.066020	-23.99715	0.0000
λ2	-1.429623	0.063171	-22.63116	0.0000
λ3	-1.003013	0.058087	-17.26757	0.0000
λ4	-1.078284	0.057297	-18.81910	0.0000
λ5	-1.101277	0.057611	-19.11579	0.0000
λ6	-0.808237	0.056461	-14.31488	0.0000
λ7	-0.691262	0.054615	-12.65693	0.0000
λ8	-0.573006	0.048467	-11.82257	0.0000
λ9	-0.362077	0.048461	-7.471585	0.0000
λ10	-0.233707	0.045830	-5.099396	0.0000
λ11	-0.101996	0.043891	-2.323860	0.0207
Fixed Effects（k）				
Coal Mining and Dressing				2.494515
Petroleum and Natural Gas				3.831645
Ferrous Metals Mining				2.334610
Non-ferrous Metals Mining				2.518932
Non-metal Minerals Mining				2.799090
Logging and Transport				2.026396
Food Processing				3.473897
Food Manufacturing				2.984212
Beverage Manufacturing				3.277552
Tobacco Processing				4.487475
Textile Industry				3.245750
Garments				3.425443
Leather，Furs，Down				3.284547
Timber Processing				2.628474
Furniture Manufacturing				2.833353
Papermaking Products				2.855660
Printing				2.699197
Cultural，Educational				3.168039
Petroleum Processing				3.530255
Raw Chemical Materials				3.169329
Medical				3.211921
Chemical Fibres				3.072387
Rubber Products				2.918678

续表

Variable	Coefficient	Std. Error	T-Statistic	Prob.
Plastic Products				3.259208
Non-metal Mineral Products				3.264028
Pressing of Ferrous Metals				3.342189
Pressing of Non-ferrous Metals				3.041593
Metal Products				3.353837
Ordinary Machinery				3.112281
Special Purpose Equipment				2.997814
Transport Equipment				3.283009
Electric Equipment				3.549111
Electronic				3.519655
Instruments，Meters，Cultural				2.833933
Electric Power				3.387813
Production and Supply of Gas				0.800070
Tap Water				2.191067
R-squared	0.976031	Mean dependent var		5.572879
Adjusted R-squared	0.972949	S.D. dependent var		1.124623
S.E. of regression	0.184970	Sum squared resid		13.03555
F-statistic	1292.886	Durbin-Watson stat		0.651669
Prob（F-statistic）	0.0000			

表 9-7　中国工业各行业 TFP 的变化（%）

	1992年	1993年	1994年	1995年	1996年	1997年	1998年	1999年	2000年	2001年	2002年
煤炭采选业	16.99	40.06	-5.05	-1.62	21.03	6.94	6.56	10.98	6.02	5.83	4.26
石油和天然气开采业	6.88	17.76	-2.66	-0.84	10.73	3.87	3.77	6.47	3.7	3.66	2.73
黑色金属矿采选业	20.61	47.14	-5.65	-1.83	23.76	7.66	7.2	11.97	6.51	6.27	4.57
有色金属矿采选业	16.55	39.16	-4.97	-1.6	20.67	6.84	6.47	10.84	5.95	5.76	4.22
非金属矿采选业	12.73	31.15	-4.19	-1.34	17.26	5.88	5.61	9.48	5.27	5.13	3.78
木材及竹材采运业	34.99	71.49	-7.36	-2.43	31.68	9.6	8.86	14.51	7.71	7.35	5.3
食品加工业	8.19	20.87	-3.05	-0.96	12.35	4.39	4.25	7.27	4.13	4.06	3.02
食品制造业	11.05	27.44	-3.8	-1.21	15.56	5.38	5.16	8.75	4.9	4.79	3.54
饮料制造业	9.13	23.09	-3.31	-1.05	13.47	4.74	4.57	7.8	4.4	4.33	3.21
烟草加工业	5.33	13.95	-2.16	-0.67	8.65	3.18	3.12	5.39	3.11	3.1	2.33
纺织业	9.31	23.49	-3.36	-1.06	13.66	4.8	4.63	7.89	4.45	4.37	3.24
服装及其他纤维制品制造	8.4	21.38	-3.11	-0.98	12.61	4.47	4.33	7.39	4.19	4.13	3.07
皮革毛皮羽绒及其制品业	9.1	23	-3.3	-1.04	13.42	4.72	4.56	7.78	4.39	4.32	3.2

续表

	1992年	1993年	1994年	1995年	1996年	1997年	1998年	1999年	2000年	2001年	2002年
木材加工及竹藤棕草制品业	14.81	35.58	-4.63	-1.48	19.19	6.43	6.1	10.26	5.66	5.5	4.04
家具制造业	12.38	30.39	-4.11	-1.31	16.92	5.78	5.52	9.33	5.19	5.07	3.73
造纸及纸制品业	12.17	29.92	-4.06	-1.29	16.7	5.71	5.46	9.24	5.15	5.02	3.7
印刷业记录媒介的复制	13.87	33.6	-4.44	-1.42	18.34	6.19	5.89	9.92	5.49	5.34	3.93
文教体育用品制造业	9.77	24.54	-3.48	-1.1	14.18	4.96	4.77	8.13	4.57	4.49	3.33
石油加工及炼焦业	7.95	20.31	-2.98	-0.94	12.06	4.3	4.17	7.13	4.05	4	2.98
化学原料及制品制造业	9.76	24.52	-3.47	-1.1	14.17	4.95	4.77	8.12	4.57	4.49	3.33
医药制造业	9.5	23.94	-3.41	-1.08	13.88	4.87	4.69	7.99	4.5	4.42	3.28
化学纤维制造业	10.39	25.97	-3.64	-1.15	14.87	5.17	4.97	8.44	4.74	4.64	3.43
橡胶制品业	11.59	28.65	-3.93	-1.25	16.12	5.54	5.31	8.99	5.02	4.91	3.62
塑料制品业	9.23	23.32	-3.34	-1.05	13.58	4.77	4.61	7.85	4.43	4.35	3.23
非金属矿物制品业	9.21	23.26	-3.33	-1.05	13.55	4.76	4.6	7.84	4.42	4.35	3.23
黑色金属冶炼及压延加工业	8.8	22.31	-3.22	-1.02	13.08	4.62	4.46	7.62	4.31	4.24	3.15
有色金属冶炼及压延加工业	10.61	26.47	-3.69	-1.17	15.1	5.24	5.03	8.54	4.79	4.69	3.47
金属制品业	8.74	22.17	-3.2	-1.01	13.01	4.6	4.44	7.59	4.29	4.22	3.14
普通机械制造业	10.12	25.35	-3.57	-1.13	14.57	5.08	4.88	8.31	4.67	4.58	3.39
专用设备制造业	10.94	27.2	-3.77	-1.2	15.45	5.34	5.13	8.7	4.87	4.77	3.52
交通运输设备制造业	9.11	23.02	-3.3	-1.04	13.43	4.73	4.56	7.78	4.39	4.32	3.21
电气机械及器材制造业	7.87	20.13	-2.96	-0.93	11.97	4.27	4.14	7.09	4.03	3.97	2.96
电子及通信设备制造业	7.99	20.41	-2.99	-0.94	12.12	4.31	4.18	7.16	4.07	4.01	2.98
仪器仪表文化办公用机械	12.38	30.38	-4.11	-1.31	16.91	5.77	5.52	9.33	5.19	5.07	3.73
电力蒸汽热水生产供应业	8.58	21.79	-3.16	-1	12.82	4.53	4.39	7.49	4.24	4.18	3.1
煤气的生产和供应业	-19.72	-67.76	37.09	8.26	-97.29	NA	108.68	92.89	29.31	23.26	14.61
自来水的生产和供应业	25.49	56.03	-6.34	-2.07	26.89	8.46	7.88	13.04	7.02	6.73	4.88

三、中国竞争力的提高对其他国家的影响

中国制造业的比较优势在于廉价的劳动力成本，根据比较优势原理，这不一定对其他国家造成严重的负面影响，因为这些国家可以转移生产具有自己比较优势的产品。然而，现实并非如此。由于经济重建的高额成本，负面影响也就成为必然。要想深入分析这个问题需要各个国家的部门数据，数据的收集和

整理工作仍在进行之中，这里只是粗略地利用总量数据研究中国竞争力的提高对其他国家的影响。

我们用时序分析方法研究中国制造业产品市场份额的变化对其他国家制造业的影响。假设中国制造业产品国际市场份额的扩张对其他国家的制造业产生一定的影响，造成这些国家制造业产品在国际市场上的份额下降。我们预期这种现象发生在与中国有着类似劳动工资率，但人力资本水平却相对较低的国家，比如泰国、马来西亚等，以及那些与中国人力资本水平相近，而工资率相对较高的国家和地区，比如韩国、中国香港以及其他新兴发达国家和地区。而对于那些与中国有着不同工业结构或者有着不同市场的国家和地区而言，中国制造品在国际市场份额的变化对它们没有显著的影响。

$$y_i = A + \alpha k_i + \beta l_i + CnEx + \varepsilon \tag{4}$$

式（4）实际上是生产函数的一种形式，其中引入了一个新变量 CnEx 来反映中国制造业在国际市场份额中的变化。时间跨度是 1979~2002 年，我们选择了 13 个国家和地区，大部分是东亚和东南亚国家。表 9–8 给出了回归结果。对大多数亚洲国家和地区而言，中国的崛起确实给其制造业产生了负面的影响。中国香港地区除外，因为与大多数亚洲国家不同的是，中国香港地区经济与中国经济是互补的，而非竞争性的。

表 9–8　中国竞争力的提高对其他国家和地区影响的计量估计（1979~2002 年）

国家和地区	系数				单位根检验（ADF）
	A	K	L	CEx	
中国香港	1.845	0.170	1.330	0.218	平稳
	(0.438)	(1.338)	(3.370)	(2.748)	(***)
韩国	–22.971	0.119	2.748	–0.134	平稳
	(–6.5191)	(2.180)	(11.799)	(–2.2502)	(**)
新加坡	–9.374	0.000	2.372	–0.129	平稳
	(–3.4687)	(–0.0027)	(12.612)	(–1.9332)	(***)
泰国	–20.797	0.119	2.487	–0.152	平稳
	(–4.5564)	(3.211)	(9.575)	(–2.0410)	(**)
印度尼西亚	–6.519	0.366	1.276	–0.043	平稳
	(–3.1342)	(11.393)	(12.257)	(–0.7996)	(***)
马来西亚	–8.148	0.235	1.725	–0.091	平稳
	(–7.1060)	(11.059)	(25.876)	(–3.4906)	(***)
菲律宾	4.495	0.284	0.809	–0.018	平稳
	(3.103)	(13.147)	(9.905)	(–0.7166)	(***)
印度	–10.688	0.499	1.241	–0.082	平稳
	(–2.6676)	(5.634)	(4.084)	(–3.1320)	(***)

续表

国家和地区	系数				单位根检验（ADF）
	A	K	L	CEx	
巴西	2.689	0.407	0.793	0.086	平稳
	(1.7877)	(18.005)	(11.281)	(3.559)	(***)
墨西哥	7.151	0.311	0.680	0.085	平稳
	-3.969	(10.150)	(7.220)	(2.490)	(***)
俄罗斯	-218.100	0.348	13.011	0.166	平稳
	(-3.6924)	(16.254)	(4.012)	(2.065)	(***)
日本	-7.484	0.343	1.521	0.125	平稳
	(-2.0202)	(6.655)	(6.720)	(6.528)	(***)
美国	5.586	0.342	0.777	0.041	平稳
	(1.837)	(8.649)	(3.846)	(1.530)	(**)

注：*** 和 ** 分别表示 1%和 5%的显著水平。

我们可以从两个方面来解释上述结果。首先来看中国与亚洲其他国家在某些领域的竞争。以电子产品为例，在美国电子产品市场上，中国产品的份额从1992 年的 9.5%增加到 1999 年的 21.8%，而同期新加坡的市场份额则从 21.8%降低到 13.4%。中国硬盘的市场份额从 1996 年的 1%增加到 2000 年的 6%，而同期亚洲市场份额则从 83%下降到 77%。中国键盘的市场份额从 1996 年的6%增加到 2000 年的 38%，而同期亚洲市场份额则从 57%下降到 42%（Kalish 2003）。我们还可以从资本流动方面解释为什么中国与其他国家的制造业之间存在相关关系。最近一份对韩国制造商的调查表明，44%的制造商已经将生产转向中国或其他东南亚国家（Kalish 2003）。

四、中国竞争力展望

中国制造业的生产率和竞争力仍有提升的空间。中国拥有丰富而又廉价的劳动力供给。在城市有近 2000 万个下岗职工，在农村有近 2 亿剩余劳动力。大量的下岗职工不仅保证了劳动力的充分供给，而且降低了中国经济重构的成本。对小国家而言，在完成了工业化之后，随着人均 GDP 的迅速提高，工资率也迅速提高，这无疑降低了这些国家在劳动密集型产品上的国际竞争力，从而迫使它们进行经济结构的调整，而经济重构的成本往往是相当高的。而中国拥有大量的剩余劳动力，这不仅为发展新兴产业提供了生产要素，而且能够保持原有劳动密集型产业的持续发展，这些都会降低结构调整的成本，并加速资本积累的进程，从而进一步提高中国的国际竞争力。丰富的劳动力的储备并不意味着劳动力质量较低。中国每年有近 100 万大学毕业生进入劳动市场，有成千上万的海外学子学成回国，人力资本的提升为发展科技密集型产业创造了机会，而这些都是竞争力提高的重要源泉。

当然，也有一些不利因素影响了中国竞争力的提高。一是不良的银行体系。按《巴塞尔协议》的规定，商业银行的资本充足率不得低于 8%，其中核心资本充足率不得低于 4%。我国国有独资商业银行普遍未能达到这一标准，从而制约着商业银行的抗风险能力和扩张能力。从不良资产比率来看，2000 年世界前 20 家大银行，其平均不良资产率仅为 3.27%，而中国四大国有独资商业银行的不良资产率高达 20%左右。国有商业银行的资本不足严重削弱了银行消化贷款损失的能力，而且有可能危及整个金融体系的安全，加大整个金融系统的风险。二是国际商业环境的变化。随着中国出口份额的日益增加，中国与其贸易伙伴的摩擦也越来越频繁。迅速增加的反倾销案例表明中国制造业产品的出口环境将更为严峻。三是不断上升的劳动力成本压力。在中国还没有建立农村社保体系，城市的社保水平也比较低，这是中国劳动力成本廉价的重要成因之一。SARS 的爆发以及 AIDS 和其他流行病的蔓延为中国的社会保障和健康体系敲响了警钟。要想处理好这些问题，中央和地方政府都需要提高税率，但这最终会提高劳动力成本、损害投资环境，从而阻碍了劳动生产率的持续提高。

参考文献

[1] China State Statistical Bureau, 2003, *China Statistical Yearbook 2003*, China Statistical Publishing House, Beijing.

[2] European Commission, 2003, *European competitiveness report 2002: Competitiveness and Benchmarking*, Enterprise Publications.

[3] Findlay, Christopher C. and Andrew Watson, 1996, *Economic Growth and Trade Dependency in China*. Adelaide, Chinese Economy Research Unit, University of Adelaide.

[4] Kalish, Ira, 2003, "The World's Factory: China Enters the 21st Century", Deloitte Research, London.

[5] Ishikawa, Tatsuya, 2002, "Population Decrease, Aging, and Japan Japan's Long-Term Economic Outlook to 2050", NLI Research.

[6] Maddison, A., (1996), *Monitoring the World Economy*, 1820-1992. the OECD Publication.

[7] Manning, Alexis, 2002, "An Economic Analysis of the Kyoto Protocol", *The Park Place Economist*, Volume X, pp. 79-83.

[8] People's Daily, September 24, 2003, "Golden Sachs' Prophesy: China's Economy Expected to be ahead of US in 2039".

[9] Perkins, Dwight and Moshe Syrquin, 1989, "Large Countries: The Influence of Size",

In *Handbook of Development Economics*, Vol. 2, edited by Hollis Chenery and T.N. Srinivasan, Amsterdam, North-Holland.

[10] Porter, Mechaele, 2003, "Building the Microeconoomic Foundation of Prosperity: Findings from the Business Competitiveness Index", in *Global Competitiveness Report* 2003-2004, the World Economic Forum.

[11] Pomfret, Richard W. T., 1996, *Asian Economies in Transition: Reforming Centrally Planned Economies*, Cheltenham. Edward Elgar.

[12] World Bank (the), 2003, *World Development Indicators 2003*, Washington DC.

[13] World Economic Forum (the), 2002, *Global Competitiveness Report* 2001-2002, Oxford Press, Oxford.

(本章执笔人：张涛，中国社会科学院数量经济与技术经济所；
张伟，剑桥大学)

第十章　对外贸易对中国能源消费影响的投入产出分析

一、全球化下的中国对外贸易和能源消费

改革开放之初的1978年，中国的对外贸易很少，货物进出口总额为206.4亿美元（其中出口97.5亿美元，进口108.9亿美元），排在世界的30位之后。随着改革开放的不断深入，中国对外贸易增长十分迅速。2000年，中国的货物进出口额上升到世界第8位。2001年中国加入了世界贸易组织（WTO），对外贸易更是上了一个新的台阶。2006年货物进出口总额达到17606.8亿美元（其中出口9690.7亿美元，进口7916.1亿美元），排在美国和德国之后，跃居世界第3位。从1978年到2006年，货物进出口总额以年均17.2%的速度增长，其中出口年均增速为17.9%，进口年均增速为16.5%，对外贸易的迅速增长反映了中国经济正在快速融入全球化。

中国经济在快速增长的同时，能源消费也跟着迅速增加。1978年的能源消费量为57144万吨标准煤，2006年上升到245669万吨超标准煤，年均增长5.3%。在我国的能源消费构成中，主要是煤炭，占69.3%；其次是石油，占20.8%；天然气和水电较少，分别占2.8%和7.1%。我国的石油生产量已远远不能满足消费的需要。2006年，我国原油生产量为18368万吨，原油进口量为12682万吨，原油进口量占到全部用量的40.8%。大量进口原油不仅需要大量外汇，更会受到国外油价上涨的冲击。节能降耗不仅是一个经济问题，更是涉及国家经济安全的问题。

我国国民经济“十一五”发展规划提出，2010年单位国内生产总值能源消耗比“十五”期末降低20%左右，这就意味着平均每年要降低4%。2006年的实际执行结果比上年下降了1.23%，[①] 可见实现节能降耗目标绝非易事。

降低单位产值能源消耗大致可从三个方面着手：一是调整三次产业的结

① 参见国家统计局2007年2月28日公布的《中华人民共和国2006年国民经济和社会发展统计公报》。

构。我国第三产业的比重不但大大低于发达国家，甚至低于很多发展中国家。第三产业的单位产值能耗远低于第二产业，降低第二产业的比重，加大第三产业的比重，就可使单位产值能耗降下来。根据 2005 年的数据测算，工业的单位产值能耗是 2.0550 吨标准煤/万元，第三产业的单位产值能耗是 0.4178 吨标准煤/万元。如果把工业占国内生产总值的比重从 42.0%降低为 41.0%，把第三产业的比重从 39.9%提升为 40.9%，单位国内生产总值能耗将从 1.2198 吨标准煤/万元下降为 1.2034 吨标准煤/万元，节能量为 1.34%，即 1.34 个百分点。二是通过技术进步、技术改造来降低单位产值能耗。例如，以大容量炼钢炉取代小容量炼钢炉可降低吨钢能耗，以大型发电机组取代小型发电机组可以降低每度电的能耗，等等。三是调整产业内的产品结构，增加高附加值产品的比例，减少低附加值产品的比例。以上三个方面都是从国内经济运行的角度考虑节能。

此外，还可以从外部经济因素方面即对外贸易来考虑降低能耗。随着经济的全球化，各国间的经济联系日益紧密，具体表现在相互之间的贸易发展十分迅速，对外贸易在我国的经济中已经占有相当大的份额，而且还在继续扩大（见表 10-1）。2006 年我国货物出口占 GDP 的 37.1%，货物进口占 GDP 的 30.3%。一个明显的事实是，生产大量出口商品需要消耗大量能源，与此同时，从国外进口大量商品又可以节省大量能源，这“一出一进”究竟对我国的能源消耗影响有多大？是值得认真仔细计算的一笔大账。更进一步可考虑的是，可否从这“大出大进”中“赚取”能源？即减少出口产品消耗的能源，增加进口产品内含的能源，从而降低国内能源消耗。如果可以的话，应该怎样去做？本章将对此进行深入探讨，通过定量计算来回答这些问题。

表 10-1　2001~2006 年我国货物进出口及占 GDP 比例

	2001 年	2002 年	2003 年	2004 年	2005 年	2006 年
GDP（亿元）	109655.2	120332.7	135822.8	159878.3	183867.9	209406.8
货物出口总额（亿元）	22024.4	26947.9	36287.9	49103.3	62648.1	77594.6
货物进口总额（亿元）	20159.2	24430.3	34195.6	46435.8	54273.7	63376.9
进出口差额（亿元）	1865.2	2517.6	2092.3	2667.5	8374.4	14217.7
出口占 GDP（%）	20.1	22.4	26.7	30.7	34.1	37.1
进口占 GDP（%）	18.4	20.3	25.2	29.0	29.5	30.3

资料来源：《中国统计摘要 2007》，中国统计出版社，2007 年 5 月。

到目前为止，还没有检索到有关中国的对外贸易与能源消耗关系的文章。而有关对外贸易与能源消耗、环境影响之间关系的研究，在一篇综述性论文中有较为全面的介绍和论述（陈向东、王娜，2006）。国外的研究有，Lenzen（1998，2002）分析了澳大利亚最终消费中的一次能源和温室气体含量，贸易中隐含的能源和温室气体排放，研究揭示了商品生产过程中的间接能源消耗不可忽视；Machado，G.，Schaeffer，R.，Worrell，E.（2001）研究了巴西的国际贸易对其能源消耗和 CO_2 排放量的影响程度，研究结果表明，1995 年巴西出口的非能源产品中的能源和碳含量要明显大于进口中的含量，巴西每单位产值出口商品平均要比进口商品多消耗 40%的能源和 56%的碳，研究结果对巴西调整相关政策有突出的作用。Mukhopadhyay（2004）通过分析印度贸易自由化进程中的商品贸易结构，计算进出口商品中的能源和碳含量，构建贸易污染指数，结果表明，在 1993 年至 1994 年间，印度出口的所有商品中的能源和碳含量小于相应的进口商品，是一个能源和碳的净进口国。这些研究都采用了投入产出分析方法。“我国对环境与贸易关系的研究起步相对较晚，从 1993 年才开始且多为定性的研究，而对中国对外贸易和能源消耗关系问题的研究几乎是空白”（陈向东、王娜，2006）。

本章将利用投入产出方法，通过分析外贸商品在本国经济运行中所起的作用，定量分析外贸商品的耗能情况，进而分析外贸商品结构对能源消费的影响，揭示对外贸易帮助节能降耗的途径。

二、外贸产品的能耗计算原则

对外贸易包括出口、进口。在出口方面，出口产品在国内生产，需要消耗能源。由于各部门出口产品在生产过程中的能源消耗量各不一样，在保持出口总价值量不变的前提下，降低出口产品中高耗能产品的比例，增加低耗能产品的比例，自然就可降低国内生产过程中的能源消耗。所以，出口产品对能源消耗的影响将体现在出口产品的结构上。

在进口方面，进口产品是在国外生产，不消耗国内能源。然而，进口可以替代国内生产，多进口高耗能产品就可以节省国内的能源消耗。在保持进口产品总价值量不变的前提下，增加高耗能产品在进口产品中的比例，减少低耗能产品在进口产品中的比例，也可以帮助节省国内的能源消耗。所以，进口产品对国内能源消耗的影响体现在进口产品的结构上。

通过改变出口产品、进口产品的结构实现节能，无疑提高了对外贸易的质量，这将对提高整体经济增长的质量和节能降耗起到促进作用，也是落实科学发展观的一个重要方面。

各种产品在生产过程中的耗能情况可以通过相关的核算数据或技术参数得到。例如，炼一吨钢消耗的焦炭、电力、油料等折合约 761 千克标准煤，生产一吨电解铝消耗电能 14795 度（千瓦小时），火力发电厂发一度电消耗 376 克标准煤，等等。这种能耗是生产过程中的直接能耗，不能直接用于计算出口产品的能耗。如用这种能耗指标去计算会低估出口产品的能耗，原因很简单，它没有包括间接能耗。以钢为例，在炼钢过程中除了直接消耗能源外，还要消耗各种其他原料、辅助材料，为了生产出这些原料、辅助材料供炼钢用，也需要消耗能源，这是为了获得钢这种产品而间接消耗的能源，当然也应该计算进去。这就是说，出口产品作为最终产品，其对能源的消耗应该是直接消耗与间接消耗之和，即完全消耗。这里就自然而然地引出计算出口产品能耗应该采用的方法：投入产出模型。

进口产品同样也包含耗能量，不过是在国外生产，消耗的是外国能源。然而，进口产品含有的国外耗能量并不能作为本国的省能量，必须从进口产品在本国经济运行过程中所起作用的角度来考虑。进口产品是国内产品的替代品，如果没有进口，国内就需要多生产这些产品，当然就要多消耗能源。通过进口就可以少消耗这部分能源，所以，应该把这些进口产品假如在本国生产而需要消耗的能源量作为本国的省能量。显然，进口产品的省能量只与本国的生产技术和生产联系有关，与进口来源国的情况无关。进口某一部门的产品可以减少该部门的产出，但不能以该部门产品对能源的直接消耗作为进口产品的省能量。原因与考虑出口产品时相同，即该部门生产的产品不仅直接消耗能源，还要消耗其他部门的产品而间接消耗能源。所以，进口产品的省能量也应该按照国内最终产品的完全耗能量来计算。

国民经济各部门都有出口产品和进口产品，耗能情况各不一样。只要计算出各部门单位最终产品的耗能量（即各部门单位出口的耗能量或单位进口的省能量），分别乘以各种产品的出口量和进口量，就可以得到各部门出口产品的耗能量或进口产品的省能量，把各部门加总就得到全部出口产品的耗能量和全部进口产品的省能量。

国家统计局已经公布了《2002年中国投入产出表》，其中包括有42×42产品部门和122×122产品部门两个投入产出表，同时附有两类产品部门划分的对照表。由于122个产品部门数过多，给讨论带来不便，本章不采用122部门的投入产出表。42个产品部门数虽然少了很多，但仍感有点偏多。本章考虑，在42个部门的基础上对若干产品部门进行合并，以进一步减少部门数。由于第三产业各部门消费的能源量较少，这里就把第三产业的15个部门合并成3个部门，其中交通、商业两个部门与统计年鉴上的两个主要第三产业部门相对应，余下的第三产业部门合并成“其他服务业”。

第二产业中的工业部门是能源消费大户，在42个部门的投入产出表中占据了24个。这里基本上予以全部保留，只对其作微调，即把其中的4个部门分别合并成2个部门；又把另外2个工业部门分别一拆为二，这样总部门数仍保持不变。做这样的合并和拆分是为了更好地分析其部门产品对能源消费的影响。合并和拆分的具体情况如下：

在 42 个部门中合并的部门有：

(04) 金属矿采选业 + (05) 非金属矿采选业 = 采矿选矿业

(21) 其他制造业 + (22) 废品废料 = 其他制造业

(27) 交通运输及仓储业 + (28) 邮政业 = 交通运输仓储邮政业

(30) 批发和零售贸易业 + (31) 住宿和餐饮业 = 批发零售住宿餐饮业

(29) 信息传输、计算机服务和软件业 + {(32) 金融保险业 ~ (42) 公共管理和社会组织 (共 11 个部门)} = 其他服务业

利用 122 部门投入产出表中的相关数据，对 42 部门中的两个工业部门进行了拆分：

(10) 造纸印刷及文教用品制造业拆分成：造纸及纸制品业，印刷及文教用品制造业。

(14) 金属冶炼及压延加工业拆分成：黑色金属冶炼及压延加工业，有色金属冶炼及压延加工业。

经合并减少 15 个部门，经拆分增加 2 个部门，总共减少 13 个部门。部门总数由 42 个减为 29 个。其中农业 1 个，工业 24 个，建筑业 1 个，第三产业 3 个。

为了便于计算和讨论，对 29 个部门重新进行编号：把农业放到工业部门之后，成为 25 号；把 5 个能源生产、加工转换部门放在前 5 位；建筑业和第三产业编号不动。42 部门合并、拆分成 29 部门的对照情况见附表 10-1。

三、最终产品能耗分析

下面将利用投入产出模型进行分析，表 10-2 是投入产出简表。

表 10-2　投入产出简表

		中间产品	最终产品				进口	总产出
	部门	1 2 … n	消费	资本形成	出口	合计		
中间投入	1 2 n	x_{ij}	c_i	in_i	ex_i	y_i	$-M_i$	X_i
增加值		v_j						
总投入		X_j						

最终产品包括消费品、资本形成品、出口产品，其中前两项用于国内，第三项出口产品卖给国外。出口产品是最终产品中的一种，各部门单位最终产品的能耗，也就是单位出口产品的能耗，这可由列昂节夫逆矩阵直接得到。

根据投入产出公式：$X=(I-A)^{-1}Y$，式中，X 是各部门总产出向量，$(I-A)^{-1}=(b_{ij})$ 是列昂节夫逆矩阵，Y 是最终产品产量。考虑第 k 部门提供 1 单位最终产品时需要其他部门的总产出：

$$\begin{bmatrix} X_1 \\ \vdots \\ X_i \\ \vdots \\ X_n \end{bmatrix} = \begin{bmatrix} b_{11} & \cdots & b_{1k} & \cdots & b_{1n} \\ \vdots & \cdots & \vdots & \cdots & \vdots \\ b_{i1} & \cdots & b_{ik} & \cdots & b_{in} \\ \vdots & \vdots & \vdots & \vdots & \vdots \\ b_{n1} & \cdots & b_{nk} & \cdots & b_{nn} \end{bmatrix} \begin{bmatrix} 0 \\ \vdots \\ 1 \\ \vdots \\ 0 \end{bmatrix} = \begin{bmatrix} b_{1k} \\ \vdots \\ b_{ik} \\ \vdots \\ b_{nk} \end{bmatrix} \tag{1}$$

由式（1）可知，第 k 部门提供 1 单位最终产品，需要所有部门都提供总产出（体现了完全消耗），其中第 j（$j=1,\cdots,n$）部门提供的总产出就是列昂节夫逆矩阵的第 k 列 $(b_{1k},\cdots,b_{ik},\cdots,b_{nk})^T$ 中的第 j 个元素 b_{jk}：

$$X_j^{(k1)}=b_{jk},\ (j、k=1,\ \cdots,\ n) \tag{2}$$

式中的上标（k1）表示“由 k 部门 1 单位最终产品所引致”。

根据投入产出模型中直接消耗系数的定义 $a_{ij}=x_{ij}/X_j$，x_{ij} 是 j 部门消耗 i 部门的产品数量，X_j 是 j 部门的总投入（即总产出）。直接消耗系数 a_{ij} 就是 j 部门单位总产出消耗 i 部门的产品量。直接消耗系数矩阵 A 的前 5 行（a_{ij}，$i=1,2,\cdots,5$；$j=1,2,\cdots,29$）就是各部门单位总产出消耗 5 个能源部门的产品量。注意到这是价值型直接消耗系数，即以价值表示的能源消耗量。

为得到实物标煤消耗量，需要做一下转换。做法如下：根据表 10–3“按行业分能源消费量”（2002）中的数据，编一张 5×29（与投入产出表相对应的 5 行 29 列）的能源部门实物标煤产出分配表。假定第 i（$i=1,2,\cdots,5$）能源部门分配到第 j（$j=1,2,\cdots,29$）部门的实物标煤量是 e_{ij}，即第 j 部门消耗第 i 能源部门的实物标煤量。它与价值型投入产出表中 5 个能源部门的价值流量 x_{ij} 一一对应。

$$令\ r_{ij}=e_{ij}/x_{ij},\ (i=1,\ 2,\ \cdots,\ 5;\ j=1,\ 2,\ \cdots,\ 29) \tag{3}$$

r_{ij} 就是 j 部门消耗第 i 能源部门单位价值所对应的标煤量。于是可得 j 部门单位总产出消耗第 i 能源部门的实物标煤量 E_{ij}：

$$E_{ij}=r_{ij}\cdot a_{ij},\ (i=1,\ 2,\ \cdots,\ 5;\ j=1,\ 2,\ \cdots,\ 29) \tag{4}$$

把 5 个能源部门的消耗量相加，就是 j 部门单位总产出消耗的能源实物标煤量 E_j：

$$E_j=\sum_{i=1}^{5}E_{ij}=\sum_{i=1}^{5}(r_{ij}\cdot a_{ij}),\ (j=1,\ 2,\ \cdots,\ 29) \tag{5}$$

表 10–3 按行业分能源消费量（2002 年）

行业	能源消费总量（万吨标准煤）	煤炭消费量（万吨）	焦炭消费量（万吨）	原油消费量（万吨）	汽油消费量（万吨）	煤油消费量（万吨）	柴油消费量（万吨）	燃料油消费量（万吨）	天然气消费量（亿立方米）	电力消费量（亿千瓦小时）
消费总量	148221.13	136605.53	12343.69	22541.05	3749.70	919.19	7667.89	3873.87	291.84	16331.45
农、林、牧、渔业	6514.29	1622.89	140.98		187.93	1.40	1484.31	0.41		776.23
工业	102181.18	124195.37	11977.83	22357.50	632.14	87.35	1732.08	2950.86	227.53	11793.16
采掘业	10406.15	8921.14	165.77	3378.87	104.10	8.15	317.02	197.44	79.98	1127.86
煤炭采选业	4242.42	7273.82	47.73	1.18	30.10	5.99	54.80			498.82
石油和天然气开采业	4517.70	898.34	5.00	3377.69	39.10	0.40	187.36	196.30	79.97	349.51
黑色金属矿采选业	399.76	60.71	52.15		6.18	0.03	15.52			75.55
有色金属矿采选业	427.46	82.57	28.12		4.87	1.31	13.72	0.11		88.00
非金属矿采选业	654.54	505.23	32.62		8.57	0.42	34.11	1.03	0.01	95.55
其他矿采选业	38.23	2.00	0.03		0.28		1.01			9.40
木材及竹材采运业	126.04	98.47	0.12		15.00		10.50			11.03
制造业	79532.95	48996.36	11780.00	18909.36	499.79	78.66	1150.46	1851.46	138.67	8011.57
食品加工业	1604.63	1337.05	14.23	0.30	30.66	0.29	33.07	8.38	0.15	195.19
食品制造业	947.38	572.51	14.00	0.43	13.18	0.07	19.84	9.11	0.10	113.69
饮料制造业	662.64	571.03	3.30	0.59	8.46	0.08	11.84	8.08	0.02	67.81
烟草加工业	259.27	124.74	1.26		30.54	0.10	4.55	1.47	0.12	31.23
纺织业	2984.43	1266.89	4.54	0.05	35.44	4.34	43.94	65.16	0.81	454.11
服装及其他纤维制品制造	355.20	107.88	2.17	0.12	8.06	0.51	15.35	14.67		58.97
皮革毛皮羽绒及其制品业	209.77	62.85	1.53		4.81	0.15	14.05	3.35		35.70
木材加工及竹藤棕草制品业	324.27	204.31	1.55		3.00	0.10	6.09	3.04		37.59
家具制造业	87.95	38.82	1.14		3.87	0.05	3.29	0.74		11.21
造纸及纸制品业	2180.54	1747.30	1.73	0.50	15.65	2.93	29.73	21.85	0.27	284.97
印刷业记录媒介的复制	197.46	46.72	0.26		6.51	5.96	7.89	1.65	0.10	33.80
文教体育用品制造业	154.52	10.32	1.70	0.09	2.86	1.20	15.68	1.14		32.05
石油加工及炼焦业	8478.69	9843.29	67.69	16317.92	15.98	17.00	76.51	479.59	15.30	330.62

续表

行　业	能源消费总量（万吨标准煤）	煤炭消费量（万吨）	焦炭消费量（万吨）	原油消费量（万吨）	汽油消费量（万吨）	煤油消费量（万吨）	柴油消费量（万吨）	燃料油消费量（万吨）	天然气消费量（亿立方米）	电力消费量（亿千瓦小时）
化学原料及制品制造业	14507.73	7530.93	1169.03	1876.95	55.03	10.25	125.34	370.39	102.02	1355.56
医药制造业	845.44	483.20	0.72		10.65	0.10	6.81	4.63	0.98	97.93
化学纤维制造业	1942.76	720.23	25.56	646.40	3.64	0.37	10.55	87.72		206.46
橡胶制品业	643.59	251.72	2.37	0.06	8.29	0.05	7.34	12.40		108.87
塑料制品业	702.84	104.16	5.13	0.50	11.68	0.49	40.55	9.17	0.10	143.53
非金属矿物制品业	10624.64	8868.88	371.71	49.61	55.70	1.72	301.64	339.18	3.50	879.64
黑色金属冶炼及压延加工业	19327.49	11845.42	9319.68	13.47	31.22	6.46	81.10	263.11	2.30	1323.10
有色金属冶炼及压延加工业	4372.95	1307.05	233.22	1.00	11.02	0.63	42.81	69.30	0.66	823.81
金属制品业	1481.75	217.27	152.57	0.04	19.78	2.17	43.63	12.76	0.82	282.10
普通机械制造业	1325.07	330.34	227.49	0.09	22.14	3.53	31.83	8.41	0.22	201.52
专用设备制造业	782.46	266.83	69.34	0.25	27.48	1.18	11.18	9.79	2.22	102.86
交通运输设备制造业	1555.65	679.60	43.37	0.05	19.79	6.64	42.20	11.93	1.79	258.58
电气机械及器材制造业	725.47	159.39	10.46	0.50	18.19	0.32	27.44	12.19	1.02	129.98
电子及通信设备制造业	798.87	57.73	0.49		9.70	0.25	60.94	15.49	4.83	150.15
仪器仪表文化办公用机械	169.42	24.77	5.68		3.03	0.33	11.46	0.14	0.03	32.04
其他制造业	1280.07	215.13	28.08	0.44	13.43	11.39	23.81	6.62	1.31	228.50
电力煤气及水生产供应业	12242.08	66277.87	32.06	69.27	28.25	0.54	264.60	901.96	8.88	2653.73
电力蒸汽热水生产供应业	11150.53	65173.60		69.27	24.34	0.50	251.24	883.38	6.93	2476.90
煤气的生产和供应业	547.72	1068.69	32.06		1.47	0.00	11.00	18.56	1.93	36.95
自来水的生产和供应业	543.83	35.58			2.44	0.04	2.36	0.02	0.02	139.88
建筑业	1610.13	553.54	23.38	4.20	122.32	0.00	251.99	19.10	0.68	164.14
交通运输、仓储及邮电通信业	11086.49	1054.95	11.44	177.94	1503.00	616.74	2964.80	872.10	6.37	338.00
批发和零售贸易餐饮业	3464.02	809.08	42.60	0.12	224.22	13.00	280.79	12.30	6.10	500.00
其他行业	6333.27	767.06	12.34	1.29	916.29	140.00	870.00	19.10	0.00	758.50
生活消费	17031.75	7602.64	135.12		163.80	60.70	83.92		51.16	2001.42

资料来源：《中国统计年鉴 2004》，中国统计出版社 2004 年。

把式（5）和式（2）结合起来，可得到 k 部门 1 单位最终产品需要 j 部门产出 $X_j^{(k1)}$ 所消耗的能源实物量 $E_j^{(k1)}$：

$$E_j^{(k1)} = E_j X_j^{(k1)} = \sum_{i=1}^{5} (r_{ij} \cdot a_{ij}) \cdot b_{jk}, (j = 1, 2, \cdots, 29) \tag{6}$$

把 k 部门 1 单位最终产品需要所有部门的总产出所消耗的能源实物量加起来，得 k 部门 1 单位最终产品的实物标煤完全消耗量 $E^{(k1)}$：

$$E^{(k1)} = \sum_{j=1}^{29} E_j^{(k1)} = \sum_{j=1}^{29} \left(\sum_{i=1}^{5} (r_{ij} \cdot a_{ij}) \cdot b_{jk} \right), (k = 1, 2, \cdots, 29) \tag{7}$$

有了各部门单位最终产品的实物标煤完全消耗量，再分别乘以各部门出口、进口，就得到各部门出口标煤消耗量、进口标煤节省量。计算结果如表 10–4 所示。由合计数可得，2002 年的出口耗能为 44954.1 万吨标煤，进口省能为 46298.5 万吨标煤。

表 10–4　2002 年各部门出口耗能和进口省能

部门编号	部　门	单位最终产品耗能（吨标煤/万元）	出口（亿元）	出口耗能（万吨标煤）	部门出口耗能占总耗能比重（%）	进口（亿元）	进口省能（万吨标煤）	部门进口省能占总省能比重（%）
1	煤炭开采和洗选业	2.336	157.6	368.1	0.8	28.8	67.3	0.1
2	石油和天然气开采业	1.328	121.0	160.7	0.4	1095.7	1455.4	3.1
3	石油加工、炼焦及核燃料加工业	2.552	263.0	671.3	1.5	410.8	1048.5	2.3
4	电力、热力的生产和供应业	2.432	5.1	12.3	0.0	237.0	576.4	1.2
5	煤气生产和供应业	2.154	48.7	104.8	0.2	10.6	22.9	0.0
6	采矿业	1.754	169.8	297.9	0.7	544.5	955.1	2.1
7	食品制造及烟草加工业	0.946	893.5	845.3	1.9	527.1	498.7	1.1
8	纺织业	1.555	2719.9	4228.2	9.4	1202.4	1869.2	4.0
9	服装皮革羽绒及其制品	1.134	2775.2	3147.8	7.0	428.0	485.4	1.0
10	木材加工及家具制造业	1.236	666.4	823.8	1.8	191.0	236.2	0.5
11	造纸及纸制品业	2.113	130.1	275.0	0.6	455.0	961.6	2.1
12	印刷及文教用品制造业	1.339	857.0	1147.6	2.6	92.1	123.3	0.3
13	化学工业	2.485	2176.4	5408.1	12.0	3513.2	8729.8	18.9
14	建材工业	3.021	417.7	1262.1	2.8	197.9	598.0	1.3
15	黑色金属冶炼及压延加工业	3.915	165.1	646.5	1.4	1021.9	4000.8	8.6
16	有色金属冶炼及压延加工业	2.729	296.1	808.1	1.8	567.3	1548.5	3.3
17	金属制品业	2.262	1065.8	2410.8	5.4	540.7	1223.0	2.6
18	通用、专用设备制造业	1.749	1307.3	2287.0	5.1	3135.0	5484.6	11.8
19	交通运输设备制造业	1.604	653.5	1048.2	2.3	1003.5	1609.6	3.5
20	电气机械及器材制造业	1.699	2032.9	3454.0	7.7	1664.8	2828.6	6.1

续表

部门编号	部　门	单位最终产品耗能（吨标煤/万元）	出口（亿元）	出口耗能（万吨标煤）	部门出口耗能占总耗能比重（%）	进口（亿元）	进口省能（万吨标煤）	部门进口省能占总省能比重（%）
21	通信设备、计算机及其他电子设备制造业	1.252	4967.7	6220.4	13.8	5567.1	6971.0	15.1
22	仪器仪表及文化、办公用机械制造业	1.424	1483.5	2112.7	4.7	1611.3	2294.7	5.0
23	其他制造业	1.693	421.5	713.8	1.6	99.3	168.2	0.4
24	水的生产和供应业	1.907	1.1	2.0	0.0	136.7	260.7	0.6
25	农、林、牧、渔、水利业	0.792	474.2	375.7	0.8	681.2	539.7	1.2
26	建筑业	1.654	104.6	173.0	0.4	79.8	132.0	0.3
27	交通运输、仓储和邮政业	1.475	1451.9	2141.7	4.8	292.0	430.7	0.9
28	批发、零售和住宿、餐饮业	0.753	2887.9	2175.6	4.8	3.8	2.9	0.0
29	其他服务业	0.732	2228.3	1631.8	3.6	1605.4	1175.7	2.5
	合计		30942.5	44954.1	100.0	26944.0	46298.5	100.0

表 10–4 中的第 3 列给出了各部门单位最终产品耗能（吨标准煤/万元），这是一列特别令我们感兴趣的数字，它反映了在当前的生产技术和部门生产联系下，各部门提供一单位出口产品的完全耗能量或进口一单位产品的完全省能量。各部门之间的差别很大，总体说来，重工业部门产品的耗能量远高于轻工业部门，如“黑色金属冶炼及压延加工业”耗能量高达 3.915 吨标准煤/万元，“建材工业”为 3.021 吨标准煤/万元，“有色金属冶炼及压延加工业”为 2.729 吨标准煤/万元；相比之下，轻工业部门产品要低得多，如“食品制造及烟草加工业”只有 0.946 吨标准煤/万元，“服装皮革羽绒及其制品”只有 1.134 吨标准煤/万元，“木材加工及家具制造业”只有 1.236 吨标准煤/万元。这表明，在目前的生产水平下，如果在对外贸易中，轻工业产品多出少进，重工业产品多进少出，将有利于节能降耗，反之亦然。

四、出口耗能强度和进口省能强度分析

出口产品的耗能总量和进口产品的省能总量是两个十分重要的总量指标，用进口省能总量减出口耗能总量可得对外贸易的净省能。从节能的角度来看，自然是净省能越大越好。例如，2002 年就是 1344 万吨标准煤，这就是当年对外贸易对节能降耗的贡献。要想加大净省能，办法似乎很简单：尽量减少出口量或尽量增加进口量，即尽量减少净出口。不过这样一来，就会降低国内生产

总值（因为 GDP = 消费 + 投资 + 出口 - 进口）。这与加快经济增长相矛盾，显然不是好办法。正确的思路是，在保持净出口不变的前提下增加净省能；或者，在保持净省能不变的前提下增加净出口。两种说法体现了一个原则：降低净出口的耗能强度，即降低单位净出口的能源消耗量。把它分解到出口和进口上就是，降低出口耗能强度，提高进口省能强度。这就引出了两个指标：出口耗能强度和进口省能强度。

设出口（价值）为 EX，其耗能总量为 E^{EX}，定义出口耗能强度 $\eta^{EX} = E^{EX}/EX$，这是单位出口价值的能源消耗量。

设进口（价值）为 IM，其省能总量为 E^{IM}，定义进口省能强度 $\eta^{IM} = E^{IM}/IM$，这是单位进口价值的能源节省量。

2002 年的情况是，出口总价值是 30942.5 亿元，出口产品消费能源 51981 万吨标准煤，则出口耗能强度为 1.453 吨标准煤/万元。进口总价值是 26944 亿元，由进口产品而节省能源 46298.1 万吨标准煤，则进口省能强度是 1.718 吨标准煤/万元。由此可以看出，出口耗能强度小，进口省能强度大，所以，2002 年的对外贸易有利于国内的节能降耗。

再对出口耗能强度和进口省能强度做进一步考察。出口耗能强度是从总体上考量的指标，它与组成总出口的各部门出口密切相关，现在来考察其关系。令总出口量为 EX，出口产品耗能量为 E^{EX}，第 k 部门的出口量为 EX_k，k 部门产品的出口耗能强度为 η_k（等于 k 部门单位最终产品耗能量，也是 k 部门的进口省能强度，故不加上标），则 k 部门产品的出口耗能量就是 $E_k^{EX} = \eta_k \cdot EX_k$，全部出口产品的耗能量 E^{EX} 为：

$$E^{EX} = \sum_{k=1}^{29} E_k^{EX} = \sum_{k=1}^{29} \eta_k \cdot EX_k \tag{8}$$

根据出口耗能强度 η^{EX} 的定义，有：

$$\eta^{EX} = E^{EX}/EX = \sum_{k=1}^{29} \eta_k \cdot EX_k/EX = \sum_{k=1}^{29} w_k^{EX} \cdot \eta_k \tag{9}$$

式（9）中 $w_k^{EX} = EX_k/EX$，是第 k 部门出口量 EX_k 占总出口量 EX 的比重。

由式（9）可知，出口耗能强度 η^{EX} 是部门出口耗能强度 η_k 的加权平均，权重 w_k^{EX} 就是部门出口量 EX_k 占总出口量 EX 的比重。

以上讨论同样适用于进口，只需把出口 EX 换成进口 IM 即可，故有进口省能强度：

$$\eta^{IM} = E^{IM}/IM = \sum_{k=1}^{29} \eta_k \cdot IM_k/IM = \sum_{k=1}^{29} w_k^{IM} \cdot \eta_k \tag{10}$$

由式（10）可知，进口省能强度 η^{IM} 是部门进口省能强度 η_k 的加权平均，

权重 w_k^{IM} 就是部门进口量 IM_k 占总进口量 IM 的比重。

比较式（9）和式（10），由于同一部门的出口耗能强度与进口省能强度相同，则总体上的出口耗能强度 η^{EX} 与进口省能强度 η^{IM} 的差别就取决于出口的部门权重 w_k^{EX} 与进口的部门权重 w_k^{IM} 之间的差别。在出口总量不变的前提下，要降低出口耗能强度，就需降低出口耗能强度大的部门产品的比重，加大出口耗能强度小的部门产品的比重。对于进口来说正好相反，要加大进口省能强度，就需加大进口省能强度大的部门产品的比重，降低进口省能强度小的部门产品的比重。这就是从节能降耗出发，提高外贸对节能降耗的贡献，也即提高对外贸易质量的途径。

五、2003～2006 年中国对外贸易的能源消耗

有了 2002 年投入产出表就可以直接计算得到当年对外贸易的耗能、省能情况，然而，这只是一年的静态情景。更令我们感兴趣的是连续多年的情景，以此来判断对外贸易对节能降耗贡献的发展趋势。如果每年都有全国的投入产出表，事情就好办了，可惜没有，投入产出表 5 年才编一次。好在我们现在只是分析对外贸易的节能降耗，《海关统计》完整地提供了各年详细的进出口统计，在一定的假设下，仍然可以得到近似结果。

《海关统计》提供了 2003 年以后各年我国货物贸易的出口量和进口量（不包括第三产业），但是其产品分类却与投入产出表中的分类相去甚远，不能直接引用，必须先作加工转换。这里先利用 2002 年的投入产出表数据和当年的海关统计数，建立两者的对应关系。

以出口为例。把投入产出表中前 26 个部门的出口数据放入列向量 F（26 行 1 列，对应第一、第二产业），把海关统计中 22 类 98 章的出口数据放入列向量 M（98 行 1 列），编一个转换矩阵 T（26 行 98 列），使满足如下关系式：

$$T_{(26\times98)}\ M_{(98\times1)} = F_{(26\times1)} \tag{11}$$

转换矩阵 T 是一个只有 98 个元素为 1，其他元素为 0 的稀疏矩阵。转换对应关系见附表 10–2。有了转换矩阵 T，就可以把 2003~2006 年的 22 类 98 章的海关出口、进口数据转换成投入产出表所需要的出口、进口数据。

假定 2003~2006 年各部门之间的投入产出关系保持不变，则各年的部门出口耗能强度和部门进口省能强度与 2002 年相同。计算出各年的部门货物出口、进口分别占总出口、总进口的比重，再根据式（9）、式（10），就可计算得到各年的货物出口耗能强度和货物进口省能强度，计算结果列于附表 10–3。当然，这是以 2002 年价计算得到的结果，且只包括货物贸易。

仅仅得到2003~2006年的货物出口耗能强度和货物进口省能强度还不够，我们更需要得到这些年份的货物出口耗能实物标煤量和货物进口省能实物标煤量。为此需要把各年的当年价出口、进口总值换算成2002年价，再分别乘以各年的出口耗能强度、进口省能强度，得到各年的出口耗能实物标煤量、进口省能实物标煤量。[①] 2000~2005年各年出口、进口平减指数如表10–5所示。各年部门货物出口量和出口耗能计算结果见附表10–4，部门货物进口量和进口省能量计算结果见附表10–5。表10–6列出了各年货物贸易出口耗能和进口省能的汇总结果。

表10–5　2000~2005年中国出口、进口平减指数

	2000年	2001年	2002年	2003年	2004年	2005年
出口平减指数（2000年 = 1）	1.0000	0.9770	0.9213	0.9646	1.0157	1.0484
进口平减指数（2000年 = 1）	1.0000	0.9770	0.9262	1.0160	1.1207	1.1414
出口平减指数（2002年 = 1）	1.0854	1.0604	1.0000	1.0470	1.1025	1.1379
进口平减指数（2002年 = 1）	1.0797	1.0549	1.0000	1.0970	1.2100	1.2323

资料来源：根据世界银行世界发展指数（WDI）数据库中的数据推算。暂无2006年数据。

表10–6　2002~2006年货物贸易的出口耗能强度和进口省能强度

年份	出口耗能强度(吨标煤/万元)	进口省能强度(吨标煤/万元)	进口省能强度与出口耗能强度之比	出口(2002年价,亿元)	进口(2002年价,亿元)	出口耗能（万吨标煤）	进口省能（万吨标煤）	外贸净省能(万吨标煤)
2002	1.600	1.785	1.115	24374.5	25042.7	39005.1	44688.9	5683.8
2003	1.594	1.802	1.130	34678.4	31171.4	55293.5	61613.3	6319.7
2004	1.634	1.775	1.086	44536.7	38397.4	72775.4	82481.5	9706.2
2005	1.639	1.771	1.081	55064.6	44050.7	90231.6	96160.2	5928.5
2006	1.657	1.737	1.048					

注：2002年出口、进口数据来自《2002年中国投入产出表》。2003年及以后年份出口、进口数据来自《海关统计》，美元价值量用当年汇率换算成人民币价值量，再用平减指数换算成2002年价。

根据表10–6计算结果，我们可从两个方面来判断外贸产品对能源消费的影响。

其一，横向比较，即出口耗能强度和进口省能强度间的比较。表10–6中数字表明，从2002年到2006年，每一年的出口耗能强度都小于进口省能强度，这就意味着，单位出口产品内含的能源消耗低于单位进口产品带来的能源

① 这里直接用总平减指数对出口总量和进口总量平减以得到不变价总量，是一种简化做法，好处是计算过程简单，缺点是会有一定的误差。更好的做法是分别用各部门的出口、进口价格指数（得到它们有难度）去换算得到各部门2002年价出口、进口总值，再分别乘以各部门的出口耗能强度和进口省能强度，即得到各部门出口耗能量和进口省能量，加总后得到全部出口耗能和进口省能。

节省。即这些年来，从总体上说，对外贸易有助于节约能源消费，有助于降低单位产值能耗。

其二，纵向比较，即随着时间的推移出口耗能强度、进口省能强度的变化。在出口方面，从 2002 年到 2006 年，出口耗能强度从 1.600 吨标煤/万元逐年上升至 1.657 吨标煤/万元，（除 2003 年外）大体上呈上升趋势（上升了 3.6%）。这表明，出口产品的结构在趋坏。进一步分析为什么会出现这种趋势。表 10-7 列出了几个典型部门 2002~2006 年进出口贸易结构（为附表 10-3 的一部分）。能耗强度较低的第 9 部门（服装皮革羽绒及其制品业），其出口产品在总出口中占的比重逐年下降，由 2002 年的 11.39%下降到 2006 年的 7.80%；第 12 部门（印刷及文教用品制造业）出口产品的比重由 3.52%下降到 2.40%。与此同时，能耗强度较高的第 15 部门（黑色金属冶炼及压延加工业，即钢铁产品）的出口产品在总出口中占的比重明显上升，由 2002 年的 0.68%上升到 2006 年的 2.59%；第 16 部门（有色金属冶炼及压延加工业）的出口比重从 1.21%上升到 1.71%。这两种变化都造成了出口耗能强度的上升。

表 10-7　2002~2006 年进出口货物贸易结构

部门编号	最终产品能耗强度	部门出口产品比重（%）					部门进口产品比重（%）				
		2002 年	2003 年	2004 年	2005 年	2006 年	2002 年	2003 年	2004 年	2005 年	2006 年
9	1.134	11.39	10.38	9.04	8.49	7.80					
12	1.339	3.52	3.12	2.72	2.65	2.40					
13	2.485						14.03	13.69	13.48	13.56	12.95
14	3.021						0.79	0.64	0.58	0.51	0.50
15	3.915	0.68	0.78	1.93	1.98	2.59	4.08	5.38	4.22	3.97	2.53
16	2.729	1.21	1.19	1.39	1.29	1.71					
17	2.262						2.16	1.25	1.28	1.33	1.36
18	1.749						12.52	11.18	10.54	9.43	8.91

在进口方面，进口省能强度从 1.785 吨标煤/万元逐步下降到 1.737 吨标煤/万元，呈下降趋势（下降了 2.7%）。说明进口产品的结构也在趋坏。由表 10-7 可知，第 13、14、15、17、18 部门（分别对应化学工业、非金属矿物制品业、黑色金属冶炼及压延加工业、金属制品业、通用专用设备制造业）都是进口省能强度较大的部门，但它们的进口量在总进口中的比重却呈下降趋势，分别从 14.03%下降为 12.95%、从 0.79%下降为 0.50%、从 4.08%下降为 2.53%、从 2.16%下降为 1.36%、从 12.52%下降为 8.91%，这些变化促成了进口省能强度的下降。

从节能的角度来说，对出口和进口的上述不良趋势反其道而行之，就是改善外贸产品结构的调整方向。其中第 15 部门（黑色金属冶炼及压延加工业，即钢铁）的能耗强度最高，减少出口，增加进口会对整体国民经济的节能降耗起到明显的作用。

把进口省能强度除以出口耗能强度，所得比值可用于直观判断对外贸易对节能降耗的影响。只要该比值大于 1，就表明对外贸易有利于节能降耗。然而，随着时间的推移，该比值越来越小，从 1.115 逐年下降到 1.048，说明对外贸易对节能的贡献越来越小，也即对外贸易的质量在下降。

表 10–8 列出了 2002~2005 年我国货物出口耗能、货物进口省能和净省能占能源消费总量的比例。仅从对外贸易净省能占当年能源消费总量的比例来看似乎不是很高，分别为 3.7%、3.6%、4.8%、2.7%。然而，出口耗能或进口省能占能源消费总量的比例都相当高（与出口、进口占 GDP 的比例很高相对应），2005 年分别高达 40.4%和 43.1%。更为重要的是，目前我国对外贸易依然保持着强劲的增长趋势，出口耗能和进口省能占能源总消费的比例将继续攀升。可以想象，其中蕴藏着巨大的节能潜力。只要有针对性地改变出口、进口产品的结构，把此节能潜力释放出来，就将有助于整体国民经济的节能降耗。

表 10–8　我国货物出口耗能、货物进口省能和净省能占能源总消费比例

年份	能源消费总量（万吨标煤）	出口耗能（万吨标煤）	进口省能（万吨标煤）	出口耗能占能源总消费(%)	进口省能占能源总消费(%)	净省能占总消费（%）
2002	151797	39005.1	44688.9	25.7	29.4	3.7
2003	174990	55293.5	61613.3	31.6	35.2	3.6
2004	203227	72775.4	82481.5	35.8	40.6	4.8
2005	223319	90231.6	96160.2	40.4	43.1	2.7

特别需要指出的是外贸顺差对节能降耗的巨大影响。2002 年以来，我国的对外贸易都是出口大于进口，保持着巨大的顺差。如前面的表 10–1 所示，2002~2006 年的货物贸易顺差依次为 2517.6 亿元、2092.3 亿元、2667.5 亿元、8374.4 亿元、14217.7 亿元。姑且不论巨额外贸顺差正在引起越来越多的贸易摩擦，就是仅从节能降耗的角度来看，也应该认真审视大量贸易顺差中包含的能源消耗。出口远大于进口，必定会增加国内的能源消耗，若能降低外贸顺差，就可降低能耗（不过降低外贸顺差的连带副作用会降低经济增长率，需要权衡）。

以 2005 年为例。2005 年 GDP 总量 183867.9 亿元，货物出口总额 62648.1 亿元，货物进口总额 54273.7 亿元，出口和进口分别占 GDP 的 34.1%和 29.5%，货物外贸顺差 8374.4 亿元，占 GDP 的 4.55%（见表 10–1）。2005 年 GDP 比上年增长 10.4%，假设 GDP 总量降低 0.4%，由减少外贸顺差来实现，则外贸顺差减少 735.5 亿元。再假定：出口减少 400 亿元（占出口总额的

0.64%），进口增加 335.5 亿元（占进口总额的 0.62%）。

根据表 10-8 中 2005 年的数据可得：出口耗能下降 0.64%，为 576.1 万吨标煤；进口省能增加 0.62%，为 594.4 万吨标煤。两项合计可节能 1170.5 万吨标煤，占当年能源消费总量 223319 万吨标煤的 0.52%。这就是以 GDP 总量降低 0.4%换来的节能效果。需要说明的一点是，这里降低出口、增加进口是从平均的角度考虑的。如果有针对性地降低高耗能产品的出口，增加高省能产品的进口，节能效果会更加明显。

六、结论和启示

随着我国对外贸易的快速发展，外贸产品内含的耗能量和省能量也在快速增加，并对我国的总体能耗产生越来越大的影响。

从总体上来看，我国进出口贸易在能源消耗方面对整体经济是正影响，进口产品的省能多于出口产品的耗能，这有利于降低国内的能耗。但从近年的发展趋势来看，这种有利影响正在逐渐减小，或者说外贸产品的结构（无论是出口产品结构还是进口产品结构）在趋坏。我国的对外贸易发展很快，最近几年的增长率都超过了 20%。然而，用外贸对能源消耗的影响来衡量对外贸易质量的话，我国对外贸易的质量在下降。

如果有针对性地改变出口、进口中各类产品的比重，就有助于节约国内能源消耗，国家可制定相应的外贸政策。例如，在出口方面制订差别出口退税政策，鼓励低耗能产品的出口，限制（甚至禁止）高耗能产品的出口；在进口方面，降低高耗能产品的进口关税以鼓励进口，不降或少降低耗能产品的进口关税。[①] 巨大的出口量意味着巨大的能源消耗，与此同时，巨大的进口又意味着巨大的能源节省，其间巨大的节能潜力有待开发、释放。

---

① 据最新消息（新华网北京 6 月 19 日电）：6 月 19 日，财政部和国家税务总局下发《关于调低部分商品出口退税率的通知》，规定自 2007 年 7 月 1 日起调整部分商品的出口退税率，以抑制外贸出口的过快增长，缓解外贸顺差过大带来的突出矛盾，优化出口商品结构，抑制“高耗能、高污染、资源性”产品的出口，促进外贸增长方式的转变和进口贸易的平衡，减少贸易摩擦。

附录

附表 10–1 42 部门合并、拆分成 29 部门对照表

旧号	42 部门	新号	29 部门
01	农业		
02	煤炭开采和洗选业	01	煤炭开采和洗选业
03	石油和天然气开采业	02	石油和天然气开采业
		03	石油加工、炼焦及核燃料加工业
		04	电力、热力的生产和供应业
		05	燃气生产和供应业
04	金属矿采选业	06	采矿选矿业
05	非金属矿采选业		
06	食品制造及烟草加工业	07	食品制造及烟草加工业
07	纺织业	08	纺织业
08	服装皮革羽绒及其制品业	09	服装皮革羽绒及其制品业
09	木材加工及家具制造业	10	木材加工及家具制造业
10	造纸印刷及文教用品制造业	11	造纸及纸制品业
		12	印刷及文教用品制造业
11	石油加工、炼焦及核燃料加工业		
12	化学工业	13	化学工业
13	非金属矿物制品业	14	非金属矿物制品业
14	金属冶炼及压延加工业	15	黑色金属冶炼及压延加工业
		16	有色金属冶炼及压延加工业
15	金属制品业	17	金属制品业
16	通用、专用设备制造业	18	通用、专用设备制造业
17	交通运输设备制造业	19	交通运输设备制造业
18	电气、机械及器材制造业	20	电气、机械及器材制造业
19	通信设备、计算机及其他电子设备制造业	21	通信设备、计算机及其他电子设备制造业
20	仪器仪表及文化办公用机械制造业	22	仪器仪表及文化办公用机械制造业
21	其他制造业	23	其他制造业
22	废品废料		
23	电力、热力的生产和供应业		
24	燃气生产和供应业		
25	水的生产和供应业	24	水的生产和供应业
		25	农业
26	建筑业	26	建筑业
27	交通运输及仓储业	27	交通运输仓储业邮政业
28	邮政业		
29	信息传输、计算机服务和软件业		(并入其他服务业)

续表

旧号	42 部门	新号	29 部门
30	批发和零售贸易业	28	批发零售住宿餐饮业
31	住宿和餐饮业		
32	金融保险业	29	其他服务业
33	房地产业		
34	租赁和商务服务业		
35	旅游业		
36	科学研究事业		
37	综合技术服务业		
38	其他社会服务业		
39	教育事业		
40	卫生、社会保障和社会福利事业		
41	文化、体育和娱乐业		
42	公共管理和社会组织		

附表 10-2 投入产出表部门与海关统计类章对照表

	投入产出表部门	海关统计类章		投入产出表部门	海关统计类章
1	煤炭开采和洗选业	27 章	14	建材工业	68~70 章
2	石油和天然气开采业	27 章	15	黑色金属冶炼及压延加工业	72 章
3	石油加工、炼焦及核燃料加工业	27 章	16	有色金属冶炼及压延加工业	74~80 章
4	电力、热力的生产和供应业	27 章	17	金属制品业	73 章，81~83 章
5	煤气生产和供应业	27 章	18	通用、专用设备制造业	84 章
6	采矿业	25~26 章	19	交通运输设备制造业	86~89 章
7	食品制造及烟草加工业	01~05 章，16~24 章	20	电气机械及器材制造业	84 章
8	纺织业	50~61 章	21	通信设备、计算机及其他电子设备制造业	85 章
9	服装皮革羽绒及其制品	41~43 章，62~63 章，65~67 章	22	仪器仪表及文化、办公用机械制造业	90~92 章，95 章
10	木材加工及家具制造业	44~46 章，94 章	23	其他制造业	71 章，93 章，96~97 章
11	造纸及纸制品业	47~48 章	24	水的生产和供应业	74 章
12	印刷及文教用品制造业	49 章	25	农、林、牧、渔、水利业	6 章~15 章
13	化学工业	28~40 章	26	建筑业	98 章

附表 10-3　2002~2006 年进出口货物贸易结构

部门编号	最终产品能耗强度	部门出口产品比重（%）					部门进口产品比重（%）				
		2002 年	2003 年	2004 年	2005 年	2006 年	2002 年	2003 年	2004 年	2005 年	2006 年
1	2.336	0.65	0.67	0.65	0.61	0.49	0.12	0.12	0.14	0.16	0.18
2	1.328	0.50	0.52	0.50	0.47	0.37	4.38	4.38	5.28	5.99	6.95
3	2.552	1.08	1.12	1.08	1.02	0.81	1.64	1.64	1.98	2.25	2.61
4	2.432	0.02	0.02	0.02	0.02	0.02	0.95	0.92	1.11	1.26	1.46
5	2.154	0.20	0.21	0.20	0.19	0.15	0.04	0.04	0.05	0.06	0.07
6	1.754	0.70	0.37	0.35	0.43	0.37	2.17	2.05	3.40	4.27	4.35
7	0.946	3.67	2.95	2.65	2.35	2.16	2.10	1.31	1.17	1.17	1.10
8	1.555	11.16	9.60	8.76	8.18	8.49	4.80	4.47	3.94	3.41	3.12
9	1.134	11.39	10.38	9.04	8.49	7.80	1.71	1.23	1.09	0.98	0.94
10	1.236	2.73	3.94	3.94	3.93	3.91	0.76	1.29	1.08	0.99	0.94
11	2.113	0.53	0.53	0.48	0.52	0.56	1.82	2.01	1.77	1.60	1.43
12	1.339	3.52	3.12	2.72	2.65	2.40	0.37	0.17	0.15	0.15	0.14
13	2.485	8.93	7.09	6.99	7.24	6.95	14.03	13.69	13.48	13.56	12.95
14	3.021	1.71	1.58	1.57	1.61	1.60	0.79	0.64	0.58	0.51	0.50
15	3.915	0.68	0.78	1.93	1.98	2.59	4.08	5.38	4.22	3.97	2.53
16	2.729	1.21	1.19	1.39	1.29	1.71	2.27	2.48	2.69	2.78	3.12
17	2.262	4.37	3.71	3.96	4.12	4.35	2.16	1.25	1.28	1.33	1.36
18	1.749	5.36	7.50	7.84	7.74	7.59	12.52	11.18	10.54	9.43	8.91
19	1.604	2.68	3.56	3.54	3.73	3.97	4.01	4.25	3.47	3.01	3.75
20	1.699	8.34	11.54	12.07	11.91	11.67	6.65	6.13	5.78	5.17	4.88
21	1.252	20.38	20.30	21.85	22.61	23.47	22.23	25.17	25.30	26.48	27.66
22	1.424	6.09	6.02	5.76	6.24	6.01	6.43	6.45	7.45	7.85	7.68
23	1.693	1.73	1.29	1.28	1.24	1.19	0.40	0.57	0.58	0.63	0.68
24	1.907	0.00	0.05	0.09	0.10	0.15	0.55	0.43	0.47	0.49	0.54
25	0.792	1.95	1.76	1.14	1.12	0.96	2.72	2.45	2.71	2.19	1.88
26	1.654	0.43	0.22	0.19	0.21	0.25	0.32	0.31	0.27	0.30	0.26
	合计	100.0	100.0	100.0	100.0	100.0	100.0	100.0	100.0	100.0	100.0

附表 10-4　2003~2006 年货物出口与出口耗能

部门编号	出口能耗强度	部门货物出口（亿元）				部门出口耗能（万吨标煤）			
		2003 年	2004 年	2005 年	2006 年	2003 年	2004 年	2005 年	2006 年
1	2.336	243.6	317.1	383.6	389.4	568.9	740.5	895.8	909.5
2	1.328	187.0	243.4	294.5	299.0	248.4	323.4	391.2	397.2
3	2.552	406.5	529.1	640.1	649.9	1037.4	1350.5	1633.6	1658.7
4	2.432	7.9	10.3	12.4	12.6	19.2	25.0	30.2	30.6
5	2.154	75.3	98.0	118.5	120.3	162.1	211.0	255.3	259.2
6	1.754	134.4	173.2	271.2	299.8	235.7	303.8	475.7	525.8
7	0.946	1071.8	1300.8	1471.7	1731.7	1014.0	1230.7	1392.4	1638.3
8	1.555	3487.0	4303.5	5122.6	6811.6	5420.6	6689.8	7963.1	10588.8
9	1.134	3768.2	4439.5	5319.4	6258.9	4274.1	5035.5	6033.6	7099.2
10	1.236	1429.1	1934.9	2461.4	3134.0	1766.7	2392.1	3042.9	3874.4
11	2.113	192.8	236.9	326.0	451.6	407.5	500.5	689.0	954.3
12	1.339	1131.1	1335.5	1661.2	1924.6	1514.8	1788.4	2224.6	2577.4
13	2.485	2573.2	3433.9	4534.0	5577.6	6394.0	8532.7	11266.5	13859.5
14	3.021	574.4	773.0	1008.0	1286.5	1735.6	2335.5	3045.6	3887.1
15	3.915	283.0	949.0	1240.9	2081.1	1108.1	3715.5	4858.2	8147.5
16	2.729	430.6	680.5	806.3	1368.8	1175.4	1857.2	2200.7	3735.9
17	2.262	1348.0	1946.2	2584.3	3490.7	3049.0	4402.1	5845.5	7895.7
18	1.749	2723.4	3851.5	4849.8	6084.6	4764.5	6738.0	8484.4	10644.7
19	1.604	1291.5	1737.8	2336.1	3180.8	2071.6	2787.5	3747.1	5102.0
20	1.699	4189.9	5925.4	7461.2	9360.9	7118.9	10067.6	12677.0	15904.8
21	1.252	7369.6	10729.7	14169.7	18824.7	9228.0	13435.4	17742.9	23571.8
22	1.424	2185.9	2828.3	3907.6	4822.5	3113.0	4027.8	5564.8	6867.6
23	1.693	467.1	628.2	778.4	957.2	791.0	1063.9	1318.2	1621.0
24	1.907	19.7	44.3	62.8	120.7	37.6	84.5	119.8	230.1
25	0.792	638.4	559.8	704.4	768.8	505.8	443.5	558.1	609.1
26	1.654	78.8	91.7	132.2	197.4	130.3	151.7	218.7	326.6
	合计	36308.3	49101.3	62658.2	80205.6	57892.3	80234.2	102674.9	132917.0

附表 10–5　2003~2006 年货物进口与进口省能

部门编号	进口省能强度	部门货物进口（亿元）				部门进口省能（万吨标煤）			
		2003 年	2004 年	2005 年	2006 年	2003 年	2004 年	2005 年	2006 年
1	2.336	39.3	64.5	85.5	119.7	91.9	150.7	199.8	279.5
2	1.328	1496.8	2454.1	3254.0	4552.8	1988.3	3259.8	4322.4	6047.5
3	2.552	561.2	920.1	1220.0	1706.9	1432.3	2348.3	3113.8	4356.6
4	2.432	314.3	515.4	683.4	956.1	764.5	1253.4	1661.9	2325.2
5	2.154	14.5	23.7	31.5	44.0	31.2	51.1	67.8	94.9
6	1.754	700.1	1580.1	2317.6	2850.8	1228.1	2771.7	4065.5	5000.7
7	0.946	448.5	541.4	634.6	723.1	424.4	512.3	600.4	684.1
8	1.555	1527.5	1831.0	1851.0	2042.0	2374.6	2846.3	2877.4	3174.3
9	1.134	421.2	507.8	533.5	616.6	477.8	576.0	605.2	699.3
10	1.236	441.2	503.7	540.0	615.8	545.5	622.7	667.5	761.2
11	2.113	686.2	821.9	869.2	939.8	1450.2	1737.0	1836.9	1986.2
12	1.339	59.5	70.2	80.2	94.8	79.7	94.0	107.3	126.9
13	2.485	4682.7	6261.8	7358.3	8483.2	11635.9	15559.8	18284.5	21079.8
14	3.021	217.7	269.2	278.2	328.0	657.9	813.5	840.4	991.0
15	3.915	1840.6	1960.5	2155.2	1658.3	7206.1	7675.4	8437.7	6492.3
16	2.729	846.9	1251.7	1509.0	2045.8	2311.4	3416.4	4118.7	5583.8
17	2.262	426.2	594.8	724.4	889.1	964.0	1345.4	1638.5	2011.1
18	1.749	3824.7	4897.0	5118.1	5836.7	6691.1	8567.2	8953.9	10211.1
19	1.604	1452.5	1611.5	1635.5	2459.8	2329.8	2584.8	2623.3	3945.5
20	1.699	2097.4	2685.5	2806.7	3200.8	3563.6	4562.8	4768.8	5438.4
21	1.252	8607.7	11756.6	14376.9	18124.8	10778.3	14721.3	18002.3	22695.4
22	1.424	2204.9	3461.8	4259.9	5035.1	3139.9	4929.9	6066.4	7170.4
23	1.693	193.9	271.4	341.7	442.7	328.3	459.6	578.7	749.6
24	1.907	148.4	216.9	265.1	355.7	282.9	413.6	505.5	678.3
25	0.792	836.5	1261.3	1190.1	1233.0	662.7	999.3	942.9	976.8
26	1.654	104.6	126.5	164.8	168.0	173.0	209.2	272.7	277.9
	合计	34195.1	46460.6	54284.3	65523.2	61613.3	82481.5	96160.2	113837.8

参考文献

[1] Lenzen, M., (1998), "Primary Energy and Greenhouse Gases Embodies in Australian Final Consumption: An Input-output Analysis", *Energy Policy* 26 (6): 495-506.

[2] Lenzen, M., (2002), "Energy and Greenhouse Gax Emissions Embodied in Trade", Paper Presented at the 14th International Conference on Input-output Techniques held at UQAM, Montreal, Canada, October.

[3] Machado, G., Schaeffer, R., Worrell, E., (2001), "Energy and Carbon Embodied in the International Trade of Brazil: An Input-output Approach", *Ecological Economics*, 39 (3): 409-424.

[4] Mukhopadhyay Kakali, (2004), "Impact of liberalized trade on energy use and environment in India", *J Env Ecol Manag*, 1 (1): 75-104.

[5] 中华人民共和国国家统计局:《中华人民共和国 2006 年国民经济和社会发展统计公报》, 2007 年 2 月 28 日。

[6] 国家统计局国民经济核算司:《2002 年中国投入产出表》, 中国统计出版社, 2006 年。

[7] 陈向东、王娜:《国际贸易框架下出口国能耗——环境成本问题分析》,《国际贸易问题》, 2006 年第 3 期。

[8] 海关总署综合统计局:《海关统计》, 2002~2006 各年的第 12 期, 中国海关杂志社。

(本章执笔人: 沈利生)

第十一章 国际石油价格变动对中国经济影响的模型研究

在宏观经济学中，石油价格上涨是导致成本推动型通货膨胀的几种重要因素之一，也是经常引起世界经济波动的事件。中国经济对进口石油的依存度近年来快速上升，从 1993 年之前的净出口国已经转变为世界第三大石油进口国，石油进口花费成为中国最大的一项对外支出。在这种背景下，世界油价的任何波动都会对中国经济尤其是国际贸易、产业竞争能力造成重大的影响。国内的石油价格也早已与国际油价接轨。因此，研究国际石油价格对中国经济的全面影响具有重要的理论和实践意义。

文献中已经有了对美国等 OECD 国家经济受到石油价格冲击的影响的研究，但是对于发展中国家和转轨经济国家的研究既不多见，也不深入。对于中国这个石油需求快速增长的发展中大国，她并不完善的市场经济体系对石油价格波动时的反应机制几乎还处于黑箱之中。由于发展阶段、经济结构和政策机制的较大差异，显然中国经济对石油价格的波动的反应将会与 OECD 国家有很大不同。本章试图对此进行理论和数量上的分析。

对此问题的研究文献基本上有两个研究范式：需求范式和供给范式。需求范式的研究致力于把石油价格波动考虑进宏观经济模型之中，而供给范式则利用真实商业周期模型（RBC）研究外生供给方扰动对经济体的影响，如 Hamilton（1986）。对于石油价格对经济影响的研究主要集中在所谓的三次严重“油价冲击”（Oil Price Shock）前后：1973~1974 年的第一次石油危机时期、1978~1979 年的第二次石油危机时期和 1986 年之后的石油价格暴跌时期。前两次油价冲击是典型的正向冲击，即由非可预见的意外事件导致的供给短缺、油价飙升；后一次是典型的负向冲击，即石油价格突然剧烈下跌。前两次正向冲击导致了国民产出的急剧减少，但是后一次负向冲击却没有引起国民产出的意外增长，从而引发了对油价影响的不对称性研究。具体的研究文献的综述可参见 Jones and Leiby（1996）。

在经历了两次严重的石油危机之后，OECD 国家经济对石油价格作出了永久性调整，节能技术和替代技术的采用及其基础设施大规模建成之后，OECD 国家对油价冲击的抵抗力明显增强，因此在此后的油价剧烈波动中基本没有受到大的损害，如海湾战争后和 2004 年之后的高油价时期。这也是近些年来有关理论研究减少的一个原因。

实际上，石油价格波动通过供给与需求的动态互动关系对经济发生全面的影响，因此本章通过将投入产出和生产函数相结合的分析方法，提出了一个一般均衡范式的理论分析框架，得出了一些经济指标对石油价格波动的比较静态反应式。另外，本章利用可计算一般均衡模型（CGE）得出了这些指标的数量结果。这两个模型分析结果的对比表明，本章提出的一般均衡分析模型基本适合于解释中国经济面对石油价格波动的反应机制。

本章共分五部分，第一部分为文献综述，对第一次石油危机之后的研究历程做一综述；第二部分是模型结构，描述了本章所采用的一般均衡分析模型的各种假定；第三部分分析了在这些假定基础之上家庭和企业的行为方式；第四部分是宏观经济变量及其比较静态分析，主要推导了 GDP 面对石油价格波动的反应方程式，而把其他宏观经济变量的比较静态反应的分析结果放在了附录之中；第五部分是政策讨论部分，提出了降低石油价格波动对经济的负面影响的几种可能措施。

一、文献综述

在 1973~1974 年石油危机之后，对石油价格冲击的宏观经济影响进行实证研究成为一个新的热点。[①] 最初人们认为，这种较高的价格可能会是一个持续的高价位，从而会形成一种新的自然资源配置机制。相应地，研究课题集中在突发而持续的石油价格冲击对宏观经济的影响，以及经济如何对新环境进行调整上。代表性的研究比如 Rasche and Tatom（1977，1981）Bruno and Sachs（1982，1985）以及 Eastwood（1992），都是在石油价格持久性上涨的假定下研究了宏观经济的调整。

但是，Griffin（1985）、Jones（1991）、Dahl and Yücel（1991）、Wirl（1990）对 OPEC 供给行为和豪泰林可耗竭资源模型（Hotelling Exhaustible Resource Model）在石油市场的解释能力方面的研究表明，1973 年秋季后的石油价格冲击应该是一次供给方卡特尔的中等有效程度的操纵市场行为，而不是矿物资源稀缺性的加剧。因此，这次石油价格的剧烈波动应该是一次突发的、非持续性的油价上涨，而不是价格的持久上升。

关于 1973~1974 年石油价格冲击的一个争论是所谓的归因问题

① 对早期研究较完整的评述见 Mork（1994）。

(Attribution)，即 1974 之后的经济衰退在多大程度上是由石油价格冲击引起的，有多大程度是由政府政策或者其他什么因素引起的？之所以出现这个问题，是由于这次石油危机恰巧与布雷顿森林国际货币体系的解体几乎同时发生。Darby（1982）估计了 1973~1974 年石油价格冲击对 8 个 OECD 国家真实收入的影响。他认为，在石油价格、针对 1973 年布雷顿森林体系解体的独立货币政策、石油禁运以及后来解除 1971~1975 年间的价格管制四个因素中，所得数据无法解释清楚到底是哪个因素造成了和如何造成了美国的经济衰退。

J. Hamilton（1983）对石油价格冲击在美国商业周期中的角色的研究在石油价格冲击对宏观经济影响的研究领域中有重大的影响。正如 Mork（1994）的一篇述评中所指出的，在 Hamilton 提出真实商业周期（RBC）与石油价格冲击的协同模型之前的近十年时间内，经济学家都在致力于研究把石油价格冲击考虑进宏观经济模型的方法。Hamilton 的这篇文章把对石油价格冲击的宏观经济影响的研究从需求方面引向了供给方面。Hamilton 的另一个重大贡献是提出了石油价格冲击的不对称性：历史记录中有两次负向价格冲击——1960 年的石油价格下跌和 1986 年世界石油价格的雪崩。美国经济在两次负向价格冲击之后都没有出现经济繁荣。这提出了石油价格冲击宏观经济影响的不对称性的可能性。这种不对称性是在理论上必然会出现的，还是 20 世纪 70 年代的石油价格冲击被夸大了，还是与其他事件混淆了？对这一问题的讨论开启了石油价格冲击的传导机制研究之门。

1996 年之后，对石油价格冲击的传导路径的研究取得了重大进展。Rotemberg and Woodford（1996）（R&W），以及 Finn（2000）基本上是理论分析，使用了经济总量模型的模拟数据。Davis and Haltiwanger（2001）（D&H），Keane and Prasad（1996）（K&P）是实证的和高度行业分解的研究。Rotemberg and Woodford（1996）（R&W）对传导机制的研究是近几年石油价格对经济影响研究领域中的一个亮点。

石油价格冲击对经济影响的评估产生了很多关于 GDP/GNP—石油价格弹性的不同估计结果。Mory（1993）对美国 GNP 石油价格弹性的估计为-0.055。对微观经济基础的研究也从理论上证明了石油价格上涨和下跌导致经济影响的不对称性。美国 GNP 对石油价格上涨的弹性估计为-0.107（Mory，1993）（1952~1990），下跌时为-0.054（Mork 等，1994）（1967 年 2 月至 1992 年 4 月）。其他 OECD 国家的相应弹性在 1967 年 2 月至 1992 年 4 月期间为加拿大-0.024，法国-0.098，而挪威的估计为正的 0.051（Mork 等，1994，Table 2）。两个研究都显示，石油价格上升时的负弹性是统计上显著的，而石油价格下降的正弹性是统计上不显著的。Mory 报告了一个同时使石油价格上升和下降时的美国 GNP 弹性为-0.055。Smyth（1993）使用了非对称价格反应的棘轮模型，提供了支持 Mory 和 Mork 等使用的非对称概念的研究结果，发现只有当石油价格上升到以前的最高价之后才会降低总产出，而在低于此前最高价的情况下则没有任何效果。最近的几个 GDP/GNP—石油价格弹性估计结果如下：Hamilton and Herrera（2001）使用脉冲响应函数得出的 42 个月脉冲响应系数之和为-0.05488。Bernanke，Gertler and Watson（1997）（BGW）使用 VAR 模型做模拟，认为如果把联邦利率保持在 4%的水平，弹性将降至-0.02733。如果仅考虑 18 个月的滞后，没有松的货币政策的情况下滞后系数之和为-0.02898，有松的货币政策时为-0.0233。货币政策效应直到 18 个月之后才显示出来。这两个估计使用的都是石油价格的 1 年净石油价格上升（Net Oil Price Increases，NOPI）测度。Hamilton（2001b）利用 VAR 模型估计 1947~1998 年期间脉冲相应系数，使用 3 年 NOPI 测度的 8 个季度冲击系数之和为-0.1162。

近几年，美国经济顾问委员会（Council of Economic Advisors）使用了不同来源的石油价格——GDP 弹性，包括美联储（FRB）、国际货币基金组织（IMF）和 OECD 宏观经济模型，这些估计的结果在-0.01~-0.001 之间。实际上，说不清哪个可以作为美国经济对石油价格冲击反应的代表性结果。

20 世纪 80 年代，一些分析家注意到石油价格与许多经济指标之间的关系可能发生了变化。因此，石油价格——GDP 关系的稳定性这一问题就出现了。一些学者认为，这种变化可能是由石油输出国组织（OPEC）市场控制能力丧失所致。也有其他人指出，在两次石油危机之后，西方经济做出了充分的、不可逆转的调整，使得经济增长对石油进口的依赖性降低。也许这两者的共同作用，使得石油市场的卖方垄断力量大为减弱，而石油价格变动的影响力也大为下降。因此，美国石油价格——GDP 关系可能在 20 世纪 80 年代的某一时点真的存在一个拐点。这方面的研究主要有 Hamilton（1983，1996a，2001a，2001b），Mork（1989），Lee，Ni，and Ratti（1995）（LNR），R&W（1996，p. 552），Hooker（1996a，1996b，1999，2000）。但是，尽管美国或者其他 OECD 国家经济真的存在这一拐点，也不能认为所有经济体对石油价格的脆弱性都减弱了。

二、模型结构

本章的理论分析模型称之为两部门混合经济模型（BME），具体来说，为了便于分析，模型假定：

（1）经济中只有两种商品：石油商品 x_1，非石油商品 x_2。

（2）生产分为两个部门：国有的石油部门和完全竞争条件下的非石油部门。

（3）经济中存在大量同质的私人家庭和一个公共家庭（政府财政）。私人家庭的目标是在收入约束下最大化家庭效用；公共家庭从国有企业上缴利润、间接税（销售税）和直接税（个人所得税）获得收入，用于国有企业的再投资、公共消费和对私人家庭的转移支付。

在这些设定下，本章利用投入产出表与新古典生产函数相结合的方法，建立起石油产品价格对各经济指标影响的分析框架。模型具体结构如下。

（一）厂商

部门 1。部门 1 为石油部门，企业全部为公共家庭所有，即全部为国有企业，生产石油商品 x_1。

部门 2。部门 2 为使用石油作为中间投入的非石油商品生产部门。部门 2 的企业全部属于私人家庭所有，市场上有大量相同的厂商，生产商品 x_2，市场结构为完全竞争，定价机制为市场定价。

（二）私人家庭

私人家庭收入来源于工资收入和部门 2 的投资回报以及公共家庭的转移支付，即：

$$R^h = (wL + rK_2)(1 - t_1) + \gamma R^g \tag{1}$$

式中，R^h 为私人家庭收入，上标 h 表示私人家庭；R^g 为公共家庭收入，上标 g 表示公共家庭；w 表示工资率；L 为私人家庭向两个部门提供劳动的数量，$L = L_1 + L_2$，L_1 为部门 1 使用的劳动数量，L_2 为部门 2 使用的劳动数量，wL 代表了私人家庭的工资收入；r 为资本回报率；K_2 为部门 2 使用的资本数量，则 rK_2 就表示私人家庭从部门 2 获得的资本回报；t_1 为私人家庭收入所得税率（直接税）；γ 为公共家庭收入中用于对私人家庭转移支付的比例，γR^g 就代表了私人家庭获得的转移支付收入，假定不对这种收入征税。

假定私人家庭收入有不变的储蓄率 $s(0 < s < 1)$，那么其收入中用于消费的比例为 $1 - s$；假定两种商品在消费中不可替代，那么两种商品消费的支出在私人家庭总消费支出中的比例固定；令 λ（$0 < \lambda < 1$）为商品 1 消费支出在私人家庭总消费支出中的比例，则 $1 - \lambda$ 为商品 2 消费支出在其总消费支出中的比例。

（三）公共家庭

收入。按照模型设定，公共家庭从收入所得税（直接税）、商品交易税（间接税）和国有企业上缴利润中获得收入。

$$R^g = t_1(wL + rK_2) + t_2(p_1 x_1 + p_2 x_2) + \pi_1 \tag{2}$$

式中，t_2 为商品销售税（间接税）税率，在销售环节征收，税率为从价税率；$t_1(wL + rK_2)$ 为公共家庭从私人家庭获得的所得税收入，$t_2(p_1x_1 + p_2x_2)$ 为公共家庭从商品销售环节获得的间接税收入；π_1 为部门 1 的利润，假定全部上缴公共家庭。

支出。假定公共家庭收入中，βR^g 部分用于国有企业再投资，$0 < \beta < 1$；γR^g 用于对私人家庭的转移支付，$0 < \gamma < 1$；$(1 - \beta - \gamma) R^g$ 部分用于对两种商品的购买；公共家庭消费支出中两种商品的消费支出比例固定，假定不变比例 $\eta(0 < \eta < 1)$ 用于对 x_1 的购买，不变比例 $1 - \eta$ 用于对 x_2 的购买。

（四）储蓄和投资

公共家庭的储蓄率为 β，总储蓄为 βR^g，全部用于部门 1 的投资。

私人家庭的储蓄率为 s，总储蓄为 sR^h。

考虑到短期内企业无法对资本存量做出调整，本模型假定企业利用的是家庭上一期的收入和储蓄，在现期开始时投入，在当期内无法改变资本存量，即投资为期初一次性投入上期储蓄。

设：

$$i_t = \frac{\beta R^g_{t-1} + sR^h_{t-1}}{R^g_{t-1} + R^h_{t-1}} \tag{3}$$

式中，i_t 代表社会投资率，即两个家庭总收入中用于两个部门投资的比例。注意，这里设定的投资率与通常设定的投资除以 GDP 的计算方法不同。但是两者应该具有相同的变化趋势。

每期的资本存量由下式决定：

$$K_t = K_{t-1}(1 - \delta) + I_{t-1} \tag{4}$$

各部门的投资分别为：

$$I_{1t} = \beta R^g_{t-1} \tag{5}$$

$$I_{2t} = sR^h_{t-1} \tag{6}$$

总投资为：

$$I_t = I_{1t} + I_{2t} = \beta R^g_{t-1} + sR^h_{t-1} \tag{7}$$

并且假定投资不消费两部门商品。

（五）消费

假定：

(1) 消费资金来源于私人家庭和公共家庭上期的收入，占家庭收入的比例分别为 s 和 $(1 - \beta - \gamma)$，私人家庭和公共家庭按不变比例消费两种商品；

(2) $\lambda(0 < \lambda < 1)$ 为商品 1 消费支出在私人家庭总消费支出中的比例，则

$1-\lambda$ 为商品 2 消费支出在私人家庭总消费支出中的比例；

（3）公共家庭消费支出中两种商品的消费支出比例固定，假定不变比例 η（$0<\eta<1$）用于对 x_1 的购买，不变比例 $1-\eta$ 用于对 x_2 的购买。

总消费（C_t）可由下式决定：

$$C_t=(1-i_t)R_{t-1}=(1-i_t)(R^g_{t-1}+R^h_{t-1}) \tag{8}$$

其中 i_t 为投资率。

（六）生产技术

假定生产技术为常用的 Cobb–Douglas 函数。按照模型的设定，部门 1 为不完全竞争行业，部门 2 则是完全竞争行业。为了简化分析，假定两个部门面临着相同的生产技术，部门 1 的垄断性体现在价格加成[①] 能力上，即部门 1 的企业能够在一定程度上影响商品价格；部门 2 为完全竞争行业，企业只能是价格的接受者。

假定部门 1 企业的生产函数为 Cobb–Douglas 函数：

$$Y_{1,t}=\mu_t K_{1,t}^{\alpha}L_{1,t}^{1-\alpha} \tag{9}$$

$\mu_t>1$ 时，表示行业为不完全竞争；$\mu_t=1$ 时，表示行业为完全竞争状态；$\mu_t<1$ 时，表示政府对价格有补贴。一般情况下，$\mu_t\geqslant 1$。

式中，Y 为产出；K 为资本投入；L 为劳动投入；Y、K、L 的第一个下标 1 表示部门 1，第二个下标 t 表示时期；μ_t 表示价格加成，它代表着行业的垄断水平。

部门 1 企业利用上述生产函数，使用两种商品 x_1、x_2 作为中间投入进行 x_1 商品的生产。厂商可以选择产量，却不能自主决定价格，但是厂商可以通过与政府的关系影响价格决定。

部门 2 企业的生产函数为：

$$Y_{2,t}=K_{2,t}^{\alpha}L_{2,t}^{1-\alpha} \tag{10}$$

式中，Y 为产出，K 为资本投入；L 为劳动投入；Y、K、L 的第一个下标 2 表示部门 2，第二个下标 t 表示时期。

由于本章的分析为短期比较静态分析，因此没有考虑技术进步。实际上，如果把技术进步标准化为 1，则上面两个生产函数相当于 $Y=AK^{\alpha}L^{1-\alpha}$，其中 $A=1$ 则技术进步为希克斯中性的。

如果令生产函数中的 $K=AK$，那么就代表着资本增进型的技术进步。

如果令生产函数中的 $L=AL$，那么就代表着劳动增进型或哈罗德中性的技术进步。

---

① 关于价格加成的经典文献可见 Rotemberg and Woodford（R&W，1996）。

同时，两种商品生产的中间投入的投入产出表如下：

$$A = \begin{pmatrix} a_{11} & a_{12} \\ a_{21} & a_{22} \end{pmatrix} \tag{11}$$

A 为直接消耗系数矩阵，即假定生产中两种中间投入是不可替代的。这在短期分析中应该是合理的假设。

假定资本折旧率为 δ（$0<\delta<1$）。

（七）商品价格

本模型是为了分析石油价格变动对经济的影响，因此，在这两个部门简化模型中，假定 x_2 的价格 p_2 恒等于 1，而让 x_1 的价格 p_1 外生变动，这样，p_1 就相当于两种商品的比价。p_1 和 p_2 都是真实价格。本章讨论的也是石油商品的真实价格变动对各经济变量的影响，而不是名义价格的变动。模型假定商品 x_1 的价格（p_1）外生给定（在中国实际上为政府定价）。由于完全竞争，商品 x_2 的价格（p_2）始终处于零利润的水平。

（八）要素价格

社会要素价格由部门 2 的生产函数决定。按照经济学原理，完全竞争行业的要素价格等于要素的边际产出。因此，社会劳动价格即工资率为：

$$w_t = \frac{\partial Y_{2t}}{\partial L_{2t}} = (1-\alpha)K_t^{\alpha} L_t^{-\alpha} = (1-\alpha)k_t^{\alpha} \tag{12}$$

式中，$k_t = \frac{K_t}{L_t}$，代表资本劳动比率。

社会资本价格即社会资本回报率为：

$$r_t = \frac{\partial Y_{2t}}{\partial K_{2t}} = \alpha K_t^{\alpha-1} L_t^{1-\alpha} = \alpha k_t^{\alpha-1} \tag{13}$$

（九）要素需求

本模型只考虑资本和两种生产要素，而不考虑土地等自然资源要素。

模型中，假定资本投入是由两种家庭的不变储蓄率所决定的，企业根据市场需求和资本存量选择劳动投入，也就是说，模型允许资本和劳动之间的替代，即：

$$L_{1t} = L(Y_{1t},\ K_{1t}) \tag{14}$$

$$L_{2t} = L(Y_{2t},\ K_{2t}) \tag{15}$$

而资本存量是由上期存量、储蓄和折旧共同决定的，即：

$$K_{1t} = K_{1,t-1}(1-\delta) + \beta R_{t-1}^{g} \tag{16}$$

$$K_{2t} = K_{2,t-1}(1-\delta) + sR_{t-1}^{h} \tag{17}$$

（十）税收

公共家庭对商品销售、私人家庭的工资收入和资本收入征税。个人所得税税率为 t_1，商品销售税（间接税）税率为 t_2。

在做出上述这些假定之后，就可以推导出一些微观和宏观经济变量相对于石油价格波动的比较静态反应。本部分对这些比较静态反应没有进行计量经济学的校准，而是利用中国社会科学院数量经济与技术经济研究所与澳大利亚莫那什大学联合研制的中国可计算一般均衡模型（PRCGE）的模拟结果对本章的理论模型（BME）进行校准。BME 理论模型与 PRCGE 的数量结果之比附于后。

为了节省篇幅，本部分只讨论了宏观经济变量中的 GDP 面对石油价格波动的比较静态反应，其他指标只是在附录中列示了理论与数量分析结果。

三、家庭和企业的行为

从以上模型假定，可以推导出家庭和企业的行为方式，以及它们在石油价格发生变动时的反应模式。

（一）社会需求

本模型讨论的社会需求，是指两种家庭对两种商品的需求。在开放经济条件下，可以把国外对国内两种商品的需求算进私人家庭的需求。

假定第 0 期的家庭收入分别为：

R_0^g，公共家庭收入；R_0^H，私人家庭收入。

1. 最终需求

那么，第一期对两种商品的最终需求为：

$$y_{11} = \frac{\eta(1-\beta-\gamma)R_0^g}{p_1(1+t_2)} + \frac{\lambda(1-s)R_0^H}{p_1(1+t_2)}$$

$$y_{21} = \frac{(1-\eta)(1-\beta-\gamma)R_0^g}{p_2(1+t_2)} + \frac{(1-\lambda)(1-s)R_0^H}{p_2(1+t_2)} \tag{18}$$

由于假定 $p_2=1$，则：

$$y_{21} = \frac{(1-\eta)(1-\beta-\gamma)R_0^g}{(1+t_2)} + \frac{(1-\lambda)(1-s)R_0^H}{(1+t_2)} \tag{19}$$

y 的第一个下标表示部门，第二个下标表示时期，下同。

2. 总需求

按照投入产出分析，总需求：

$$X=(I-A)^{-1}Y=BY \tag{20}$$

式中，A 为直接消耗系数矩阵，B 为完全需求系数矩阵。

$$B=\begin{pmatrix} b_{11} & b_{12} \\ b_{21} & b_{22} \end{pmatrix}=\begin{bmatrix} \frac{1-a_{22}}{|A^*|} & \frac{a_{21}}{|A^*|} \\ \frac{a_{12}}{|A^*|} & \frac{1-a_{11}}{|A^*|} \end{bmatrix} \tag{21}$$

式中，$|A^*|=(1-a_{11})(1-a_{22})-a_{21}a_{12}$ 为矩阵 A 的伴随矩阵。

因此，总需求：

$$x_{11}=b_{11}y_{11}+b_{12}y_{21} \tag{22}$$

$$x_{21}=b_{21}y_{11}+b_{22}y_{21} \tag{23}$$

x 的第一个下标表示部门，第二个下标表示时期。

将上面的最终需求代入，则：

$$x_{11}=b_{11}\left[\frac{\eta(1-\beta-\gamma)R_0^g}{p_1(1+t_2)}+\frac{\lambda(1-s)R_0^H}{p_1(1+t_2)}\right]+ b_{12}\left[\frac{(1-\eta)(1-\beta-\gamma)R_0^g}{(1+t_2)}+\frac{(1-\lambda)(1-s)R_0^H}{(1+t_2)}\right] \tag{24}$$

$$x_{21}=b_{21}\left[\frac{\eta(1-\beta-\gamma)R_0^g}{p_1(1+t_2)}+\frac{\lambda(1-s)R_0^h}{p_1(1+t_2)}\right]+ b_{22}\left[\frac{(1-\eta)(1-\beta-\gamma)R_0^g}{(1+t_2)}+\frac{(1-\lambda)(1-s)R_0^H}{(1+t_2)}\right] \tag{25}$$

令 θ_1 为第一期社会总消费中 x_1 消费支出的比重：

$$\theta_1=\frac{p_1y_1(1+t_2)}{(p_1y_1+p_2y_2)(1+t_2)}=\frac{p_1y_{11}(1+t_2)}{(1-\beta-\gamma)R_0^g+(1-s)R_0^h} \tag{26}$$

则：

$1-\theta_1=\frac{p_2y_{21}(1+t_2)}{(p_1y_1+p_2y_2)(1+t_2)}$ 就是 x_2 消费支出的比重。

$$\theta_1=\frac{p_1(1+t_2)}{(1-\beta-\gamma)R_0^g+(1-s)R_0^h}\left[\frac{\eta(1-\beta-\gamma)R_0^g}{p_1(1+t_2)}+\frac{\lambda(1-s)R_0^h}{p_1(1+t_2)}\right]$$

$$\theta_1=\frac{\eta(1-\beta-\gamma)R_0^g+\lambda(1-s)R_0^h}{(1-\beta-\gamma)R_0^g+(1-s)R_0^h} \tag{27}$$

θ 的数值可能每期不同。另外，因为 R_t^g 和 R_t^h 随时间变化，所以两者都有时间下标。

如果增加考虑社会总消费资金：

$$C_1=(1-\beta-\gamma)R_0^g+(1-s)R_0^h \tag{28}$$

则：

$$x_{11}=\frac{b_{11}}{p_1(1+t_2)}\theta_1C_1+\frac{b_{12}}{(1+t_2)}(1-\theta_1)C_1 \tag{29}$$

$$x_{21} = \frac{b_{21}}{p_1(1+t_2)}\theta_1 C_1 + \frac{b_{22}}{1+t_2}(1-\theta_1)C_1 \tag{30}$$

（二）供给对 p_1 的弹性

下面分析两种商品对石油价格变动的比较静态效应。

x_{11} 对 p_1 的弹性（$\varepsilon_{x_1p_1}$）：

$$\varepsilon_{x_1p_1} = \frac{\partial x_{11}}{\partial p_1}\cdot\frac{p_1}{x_{11}}$$

$$= -\frac{b_{11}}{p_1^2(1+t_2)}[\eta(1-\beta-\gamma)R_0^g + \lambda(1-s)R_0^h]\frac{p_1}{\dfrac{b_{11}(\theta_1C_1)}{p_1(1+t_2)} + \dfrac{b_{12}(1-\theta_1)C_1}{1+t_2}}$$

化为：

$$\varepsilon_{x_1p_1} = -\frac{b_{11}\theta_1}{b_{11}\theta_1 + b_{12}(1-\theta_1)p_1} \tag{31}$$

由式（31）可以看出，$\varepsilon_{x_1p_1} < 0$。

x_{21} 对 p_1 的弹性（$\varepsilon_{x_2p_1}$）：

$$\varepsilon_{x_2p_1} = \frac{\partial x_{21}}{\partial p_1}\cdot\frac{p_1}{x_{21}}$$

$$= \frac{b_{21}}{p_1^2(1+t_2)}\theta_1 C_1 \frac{p_1}{\dfrac{b_{21}(\theta_1C_1)}{p_1(1+t_2)} + \dfrac{b_{22}(1-\theta_1)C_1}{1+t_2}}$$

$$\varepsilon_{x_2p_1} = -\frac{b_{21}\theta_1}{b_{21}\theta_1 + b_{22}(1-\theta_1)p_1} \tag{32}$$

由式（32）可以看出，$\varepsilon_{x_2p_1} < 0$。

从以上分析可以看出，两种商品的产量对 p_1 的弹性都为负，即 p_1 上升，短期内两种商品的产量都会下降。因此，对任何石油净进口国，短期内社会福利水平都会下降，即使其 GDP 可能是上升的。

四、宏观经济变量及其比较静态分析

本部分将讨论各宏观经济变量在石油价格发生变动时的比较静态效应。这里选取的主要宏观经济变量包括：部门总产出、总消费、国内生产总值（GDP）。此外，本部分还将专门讨论国内生产总值比较静态效应的方向判别问题。

（一）部门总产出

在本章中，部门总产出定义为商品产量与价格的乘积。为了简化分析，模型忽略了存货的影响。即假定每个部门的产出和社会消费总量是相等的。

部门 1 的总产出：

$$Y_{11}=p_1x_{11}=b_{11}\left[\frac{\eta(1-\beta-\gamma)R_0^g}{(1+t_2)}+\frac{\lambda(1-s)R_0^H}{(1+t_2)}\right]+$$

$$p_1b_{12}\left[\frac{(1-\eta)(1-\beta-\gamma)R_0^g}{(1+t_2)}+\frac{(1-\lambda)(1-s)R_0^H}{(1+t_2)}\right] \quad (33)$$

$$Y_{21}=p_2x_{21}=x_{21}=b_{21}\left[\frac{\eta(1-\beta-\gamma)R_0^g}{p_1(1+t_2)}+\frac{\lambda(1-s)R_0^H}{p_1(1+t_2)}\right]+$$

$$b_{22}\left[\frac{(1-\eta)(1-\beta-\gamma)R_0^g}{(1+t_2)}+\frac{(1-\lambda)(1-s)R_0^H}{(1+t_2)}\right] \quad (34)$$

或者

$$Y_{11}=\frac{b_{11}}{(1+t_2)}\theta_1C_1+\frac{p_1b_{12}}{(1+t_2)}(1-\theta_1)C_1 \quad (35)$$

$$Y_{21}=\frac{b_{21}}{p_1(1+t_2)}\theta_1C_1+\frac{b_{22}}{1+t_2}(1-\theta_1)C_1 \quad (36)$$

$$\frac{\partial Y_{11}}{\partial p_1}=\frac{b_{12}}{1+t_2}(1-\theta_1)C_1 \quad (37)$$

$$\varepsilon_{Y_{11}P_1}=\frac{\partial Y_{11}}{\partial p_1}\frac{p_1}{Y_{11}}=\frac{b_{12}}{1+t_2}(1-\theta_1)C_1\frac{p_1}{\frac{b_{11}}{(1+t_2)}\theta_1C_1+\frac{p_1b_{12}}{(1+t_2)}(1-\theta_1)C_1}$$

$$\varepsilon_{Y_{11}P_1}=\frac{p_1b_{12}(1-\theta_1)}{b_{11}\theta_1+p_1b_{12}(1-\theta_1)} \quad (38)$$

可以看出，$0<\varepsilon_{Y_{11}P_1}<1$。

$$\frac{\partial Y_{21}}{\partial p_1}=-\frac{b_{21}}{p_1^2(1+t_2)}\theta_1C_1<0 \quad (39)$$

$$\varepsilon_{Y_{21}P_1}=-\frac{b_{21}\theta_1}{b_{21}\theta_1+b_{22}(1-\theta_1)p_1}<0 \quad (40)$$

可以看出，$-1<\varepsilon_{Y_{21}P_1}<0$。

（二）总消费（C_1）的比较静态

总消费为两个家庭花费在两种商品上的资金的总和，它在数量上等于两种商品的供给量与价格乘积之和，即：

$$C_1=p_1x_{11}+p_2x_{21}=p_1x_{11}+x_{21}$$

$$C_1=\frac{b_{11}}{1+t_2}[\eta(1-\beta-\gamma)R_0^g+\lambda(1-s)R_0^h]+$$

$$\frac{b_{12}p_1}{1+t_2}[(1-\eta)(1-\beta-\gamma)R_0^g+(1-\lambda)(1-s)R_0^h]+$$

$$\frac{b_{21}}{p_1(1+t_2)}[\eta(1-\beta-\gamma)R_0^g+\lambda(1-s)R_0^h]+$$

$$\frac{b_{22}}{1+t_2}[(1-\eta)(1-\beta-\gamma)R_0^g+(1-\lambda)(1-s)R_0^h] \tag{41}$$

总消费对石油价格变化的比较静态如下：

$$\frac{\partial C_1}{\partial p_1}=-\frac{b_{21}}{p_1^2(1+t_2)}[\eta(1-\beta-\gamma)R_0^g+\lambda(1-s)R_0^h]+$$

$$\frac{b_{12}}{1+t_2}[(1-\eta)(1-\beta-\gamma)R_0^g+(1-\lambda)(1-s)R_0^h]$$

$$\frac{\partial C_1}{\partial p_1}=-\frac{b_{21}}{p_1^2(1+t_2)}\theta_1C_1+\frac{b_{12}}{1+t_2}(1-\theta_1)C_1 \tag{42}$$

由式（42）可知，C_1 变化的方向取决于 b_{21}、b_{12}、R_0^g、R_0^h、η、λ 的共同作用。

$$\frac{\partial C_1}{\partial p_1}=-\frac{b_{21}}{p_1^2(1+t_2)}\theta_1C_1+\frac{b_{12}}{1+t_2}(1-\theta_1)C_1$$

$$=-\frac{b_{21}}{p_1^2(1+t_2)}\theta_1C_1+\frac{b_{12}}{1+t_2}C_1-\frac{b_{12}}{1+t_2}\theta_1C_1$$

$$\frac{\partial C_1}{\partial p_1}=\frac{C_1}{1+t_2}\left[b_{12}-\left(\frac{b_{21}}{p_1^2}+b_{12}\right)\theta_1\right] \tag{43}$$

（三）国内生产总值（GDP）的比较静态

按照生产法 GDP 核算式：

$$GDP=P(X-AX)=P(I-A)(I-A)^{-1}Y=PY$$

$$GDP=p_1x_{11}+p_2x_{21}$$

$$=(b_{11}+\frac{b_{21}}{p_1})\left[\frac{\eta(1-\beta-\gamma)R_0^g}{(1+t_2)}+\frac{\lambda(1-s)R_0^H}{(1+t_2)}\right]+(p_1b_{12}+b_{22})$$

$$\left[\frac{(1-\eta)(1-\beta-\gamma)R_0^g}{(1+t_2)}+\frac{(1-\lambda)(1-s)R_0^H}{(1+t_2)}\right]$$

$$=(b_{11}+\frac{b_{21}}{p_1})\frac{\theta_1C_1+(p_1b_{12}+b_{22})(1-\theta_1)C_1}{1+t_2} \tag{44}$$

$$\frac{\partial GDP_1}{\partial p_1}=-\frac{b_{21}}{p_1^2(1+t_2)}\theta_1C_1+\frac{b_{12}}{1+t_2}(1-\theta_1)C_1 \tag{45}$$

由式（45）可见，GDP_1 对垄断商品价格的偏微分等于总消费（C_1）对垄断商品价格的偏微分，也就是说，垄断商品价格对 GDP_1 的影响完全是由总消费的变化引起的。而 GDP_1 变化方向也同样取决于 b_{21}、b_{12}、R_0^g、R_0^H、η、λ 的共同作用，而与投资无关，或者说，投资是根据上期收入所决定的。

$$\frac{\partial GDP_1}{\partial p_1}=\frac{C_1}{1+t_2}\left[b_{12}-\left(\frac{b_{21}}{p_1^2}+b_{12}\right)\theta_1\right] \tag{46}$$

式中，$C_1=(1-i_1)R_0$，也就是说，投资率影响的是作用的大小，而不是作用的方向。投资率越高，当期 GDP 所受的影响越小；相反，消费的比例越大，当期 GDP 所受的影响越大。

当期 GDP（GDP_1）的弹性：

$$\varepsilon_{GDP_1,p_1}=\frac{\partial GDP_1}{\partial p_1}\cdot\frac{p_1}{GDP_1}=\frac{b_{12}p_1^2(1-\theta_1)-b_{21}\theta_1}{(b_{11}p_1+b_{21})[\theta_1+(b_{12}p_1+b_{22})(1-\theta_1)]} \tag{47}$$

（四）当期 GDP 变化方向的临界点分析

当期 GDP 变化方向的临界方程式为：

$$b_{12}-\left(\frac{b_{21}}{p_1^2}+b_{12}\right)\theta_1\begin{Bmatrix}>\\=\\<\end{Bmatrix}0 \tag{48}$$

1. 讨论θ_1

$\frac{\partial GDP_1}{\partial p_1}$的正负取决于$b_{12}-\left(\frac{b_{21}}{p_1^2}+b_{12}\right)\theta_1$的正负，其他条件不变，

$$当\ \theta_1\begin{Bmatrix}>\\=\\<\end{Bmatrix}\frac{b_{12}p_1^2}{b_{21}+b_{12}p_1^2}时，\frac{\partial GDP_1}{\partial p_1}\begin{Bmatrix}<0\\=0\\>0\end{Bmatrix} \tag{49}$$

只有当 θ_1 较低，即消费中石油商品消费所占比例较低时，p_1 上升对 GDP_1 的效应才可能是正的。而在中国，由于其直接利用天然气的进程才刚刚开始，石油天然气往往是作为中间投入来使用，而不是直接进入最终消费的，因此毫无疑问，中国的 θ_1 值是偏低的。

2. 讨论 p_1

由反应方向判别式：

$$b_{12}-\left(\frac{b_{21}}{p_1^2}+b_{12}\right)\theta_1\begin{Bmatrix}>\\=\\<\end{Bmatrix}0\ 时，\frac{\partial GDP_1}{\partial p_1}\begin{Bmatrix}>0\\=0\\<0\end{Bmatrix} \tag{50}$$

求 p_1 的临界值（其他参数固定）：

$$b_{12}-\frac{b_{21}}{p_1^2}\theta_1-b_{12}\theta_1=0$$

$$\frac{b_{21}}{p_1^2}\theta_1=b_{12}(1-\theta_1)$$

$$p_1^*=\left(\frac{b_{21}\theta_1}{b_{12}(1-\theta_1)}\right)^{\frac{1}{2}} \tag{51}$$

即其他条件不变，

$$当\ p_1\begin{Bmatrix}>\\=\\<\end{Bmatrix}\left(\frac{b_{21}}{b_{12}(1-\theta_1)}\right)^{\frac{1}{2}}时，\frac{\partial GDP_1}{\partial p_1}\begin{Bmatrix}>0\\=0\\<0\end{Bmatrix} \tag{52}$$

其他参数不变的情况下，当 p_1 高过临界点时，p_1 上升，GDP_1 也上升，而且 p_1 越高，GDP_1 越可能随 p_1 上升而上升。

因此存在一个悖论，石油价格越高，政府越倾向于涨价；而当 p_1 低于临界值时，政府倾向于降价。这一结论在现实中是解释得通的：此时，GDP 的增长成为政府政策的首要目标，而社会福利水平的提高就居于次要地位了。

本章设计的两部门混合经济模型中，石油价格不是市场价格，而是石油商品与非石油商品合成商品的比价。因此，即使中国的石油商品名义价格不比国际油价高，这一比价也可能是高的，因为中国生产一吨原油的成本要大大高于其他国家。这既是因为中国石油工业的生产效率要远远低于发达国家，也因为中国的原油品位比富油国家相对低得多。基于上述原因，中国的石油商品与非石油合成商品的比价要大大高于其他国家。

3. 讨论经济的石油集约度

由前可知，$b_{12}=\frac{a_{21}}{|A^*|}$，$a_{21}$ 为生产单位石油产品对非石油产品的中间需求；$b_{21}=\frac{a_{12}}{|A^*|}$，$a_{12}$ 为生产 1 单位非石油产品对石油产品的中间需求。

令 $\sigma=\frac{a_{12}}{a_{21}}$ 代表经济的石油集约度①（Oil Intensity），

$$\sigma=\frac{a_{12}}{a_{21}}=\frac{b_{21}}{b_{12}} \tag{53}$$

从临界方程式，假定其他参数不变，求临界值：

$$b_{12}-\left(\frac{b_{21}}{p_1^2}+b_{12}\right)\theta_1=0$$

两边除以 b_{12}，

$$\frac{1}{\theta}=\frac{\sigma}{p_1^2}+1$$

$$\frac{p_1^2}{\theta_1}=\sigma+p_1^2$$

$$\sigma^*=\frac{p_1^2}{\theta_1}-p_1^2=p_1^2\left(\frac{1}{\theta_1}-1\right) \tag{54}$$

---

① a_{12} 为生产非石油商品对石油商品的中间投入需求，a_{21} 为生产石油商品对非石油商品的中间投入需求。因此，当 σ 较高时，意味着总生产中石油商品的投入较多，即生产的石油集约度高。因此，这一指标是生产的石油集约度的一个很好的度量指标。

因为 $0<\theta_1<1$，所以方程右边 >0。

其他参数不变，

$$当\ \sigma\begin{Bmatrix}>\\=\\<\end{Bmatrix}p_1^2\left(\frac{1}{\theta_1}-1\right)时，\frac{\partial GDP_1}{\partial p_1}\begin{Bmatrix}<\\=\\>\end{Bmatrix}0 \tag{55}$$

即超过临界值后，石油集约度越高，油价上升对当期 GDP_1 的负向冲击越大；在临界值之下时，油价上升，当期 GDP 反而会上升，这也与现实相符。

中国的石油集约度是偏低的。主要原因有两个：①以煤炭为主的能源结构；②汽车消费还处于较低层次。

能源消费结构的具体情况见图 11–1 至图 11–3。

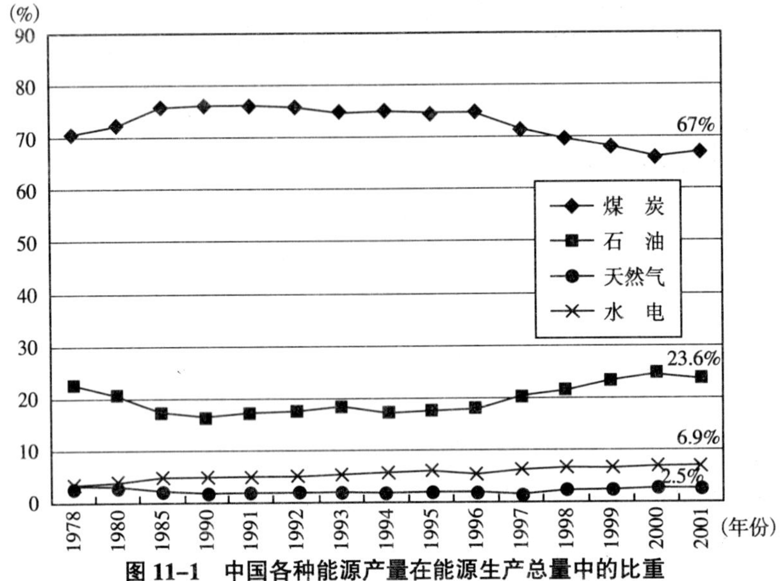

图 11–1　中国各种能源产量在能源生产总量中的比重

资料来源：国家统计局：《中国统计年鉴 2003》。

根据 PRCGE 模型的模拟结果，中国真实 GDP 相对于石油价格有着正的弹性（具体结果见附录），作为全球第二大石油进口国，出现这一结果看起来有些奇怪，但是当根据本章的理论分析框架对中国的消费结构、生产技术结构和相对石油价格进行考察之后，我们就能够得到对这一结果的合理解释。

从图 11–1、图 11–2 和图 11–3 可以看出，中国与世界平均水平和发达国家的能源结构很不相同。中国的能源结构中，石油所占比例（2001 年为 23.6%）远低于发达国家的水平（2001 年为 53%），也低于世界平均水平（2001 年为 43%）。

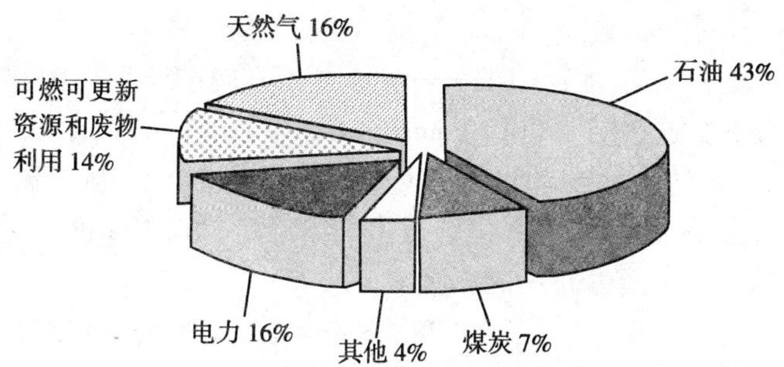

图 11–2 2001 年世界能源消费结构（%）

资料来源：International Energy Agency，*Key World Energy Statistics*，http：//www.iea.org.

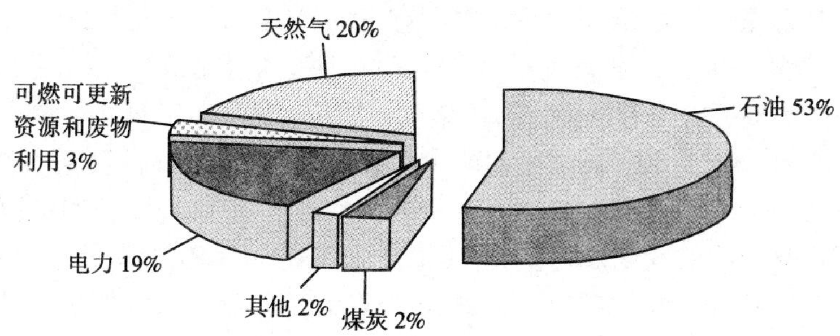

图 11–3 2001 年 OECD 国家能源消费结构（%）

资料来源：International Energy Agency，*Key World Energy Statistics*，http：//www.iea.org.

汽车消费情况可见图 11–4。

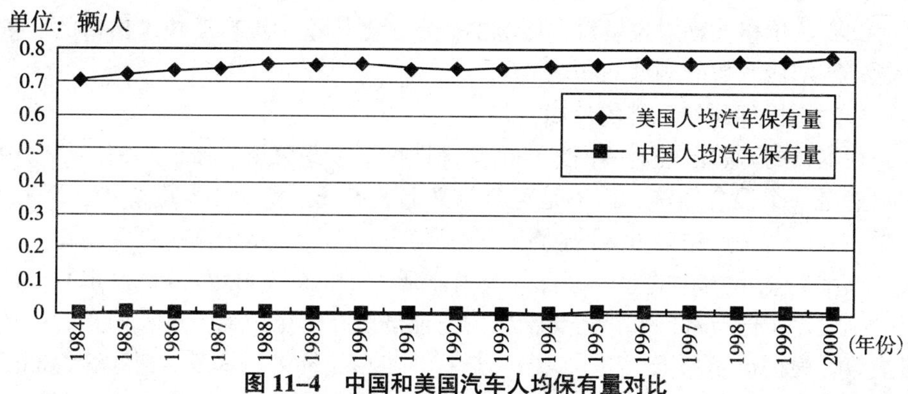

图 11–4 中国和美国汽车人均保有量对比

资料来源：中国汽车数据来源于中国汽车技术研究中心和中国汽车工业协会所编历年《中国汽车工业年鉴》，中国人口数据来源于国家统计局《中国统计年鉴 2003》；美国汽车数据来源于中国汽车技术研究中心和中国汽车工业协会所编历年《世界汽车工业》，美国人口数据来源于 http：//www.economagic.com。

从图 11–4 中可以看出，中国的人均汽车保有量（2000 年为 0.0127）远低于美国（2000 年为 0.7850），从而由汽车消费引致的石油消费需求远低于美国等发达国家。

从以上分析看，所有决定 GDP——油价关系方向的三个指标都明显偏向于使这一关系为正。这一结果也和 Youngho Chang 和 Chan Jiang（2000）的分析结果相吻合，他们利用 1980~1999 年期间中国原油出厂价格指数和中国 GDP 数据进行的 Granger 因果关系检验得出的结论是，国内油价（原油出厂价指数）上升对中国 GDP 有着正向的影响。

从以上分析可以看出，中国特殊的经济结构尤其是能源消费结构（包括中间需求消费和最终需求消费）是导致这种特殊的 GDP——石油价格关系的根本原因。

虽然从数量分析结果上来看，中国有正的 GDP 对石油价格的弹性，但本章认为正向的 GDP——油价关系并不表明石油价格上涨对中国经济有好处。前面的模型表明，对于石油净进口国来说，油价上涨将导致两种商品——石油商品和非石油合成商品——供给的减少，从而得出社会总福利水平是下降的。当然，非石油合成商品供给的减少，并不是说实际中每种商品的供应都会减少，不同商品供给的变化方向和变化幅度是不同的（具体的部门经济的变化可以参见 CGE 模型的数量结果）。因此，即使有 GDP 的增长，但是那种增长是核算意义上的，而不代表着社会福利水平的提高。

（五）模型的适用性问题

本节讨论的与模型适用性有关的问题包括：①模型对中国问题特殊性的考虑；②石油价格波动对投资没有影响的假定；③模型中没有反映进出口的变量问题；④结构系数的刚性问题。

1. 对中国问题特殊性的考虑

在本章的开始已经对中国经济的特殊性做了一些讨论。概括成一句话，中国仍然是一个混合经济，而不是经典意义上的市场经济。本章的 BME 模型对中国经济这一特点的最重要的假定，就是把石油部门设定为国有，它的行为方式与其他完全市场化的非石油部门有着本质上的区别。BME 模型设定两个部门分别代表了国有部门和市场化部门。石油部门完全由政府控制，但是它的产量决策要根据市场需求做出，政府决定石油产品的价格。本章中把非石油部门称为市场化部门而不是私人部门，是因为在非石油商品的生产中虽然也有很多国有企业，但是，在与非国有企业共同竞争的市场环境中，它们的行为模式与非国有企业基本相同，都要在市场环境中谋求生存和发展，而不能像国有石油部门那样不愁生存问题，因此将它们称为市场化部门。

因此可以说，本模型的设定条件充分反映了中国经济中国家控制和市场机制并存这一重要特点。

2. 石油价格波动对投资无影响的假定

本章的这一假定似乎与经典的文献不同。但是，本章中这一假定的含义是：油价冲击往往是突发的和短暂的。油价冲击的短期效应，首先是对消费的影响，在油价冲击之前发生的投资即使被油价冲击所延迟，也是短暂的。本章假定，投资是根据上期的收入所决定的，投资行为在期初已经开始，即使有油价冲击，也不会受到很大影响。如果石油价格的上升是持续的，那么经济结构会做出调整。但是，石油价格变动的历史表明，1980 年以后的石油价格冲击几乎都是暂时性的，有涨必有落，有落必有涨，而没有一个确定不移上涨或下跌的趋势。

3. 因素

本模型没有设定与国际市场有关的假设条件。但是，这并不表明该模型不适合于解决开放经济的问题。实际上，本模型是一个同时适用于封闭经济和开放经济的模型。投入产出表已经把国际因素对生产的影响包括在里面，任何国家的投入产出表都没有剔除国际因素。同时，只要把两种商品的出口需求当作需求的一部分，就可以把国际因素考虑进对两种商品的需求。因此，本模型完全适用于对开放经济的分析。

4. 结构系数的刚性假定

BME 模型假定了刚性的结构系数（η、λ 等）。在短期分析中，这种假定是可行的。在长期分析中，如果要假定结构系数在长期中是可变的，只要给各结构系数加上时间下标即可。

实际上，石油商品与其他商品的互相替代性并不强，因此可以说，这种刚性假定在短期分析中是完全合理的。

（六）GDP——油价关系的未来走势

需要特别指出的是，PRCGE 模型利用的是中国 1997 年的投入产出表数据，因此模型所给出的结论会出现一些偏差。同时应该提请注意的是，GDP——油价关系为正这一结论并不是永远不变的，实际上，这一正向关系是一种反常，而不是常态，它反映了中国经济结构上的问题。也就是说，上面所述的影响 GDP——石油价格关系三个决定方面——消费结构、石油价格和生产技术的结构，中国与其他石油净进口国存在着不同。在未来，或者说，现在正在发生着的变化将会促使这一关系的转折，详述如下。

第一，社会最终消费中石油天然气（液化石油气和液化天然气等）的直接消费将会稳步增加，因此，中国最终消费中石油消费的比例（θ_1）将会逐步提高。

第二，中国可开采的有经济意义的石油储备都在下降，中国未来必将越来越依赖于进口石油，那么，不消耗国内资源的进口原油的增加将逐步降低中国石油商品对非石油合成商品的比价。

第三，由于环境保护的压力，中国以煤为主的高污染、低效率的能源结构必将越来越受到批评。

第四，中国工业化带来的汽车进入家庭这一不可逆转的趋势。1997 年之后，中国的汽车工业取得了长足的发展，汽车进入家庭这一进程已经开始，这必将导致石油需求的大幅增长。因此，生产投入结构中石油投入的增加将大大提高中国的石油集约度。

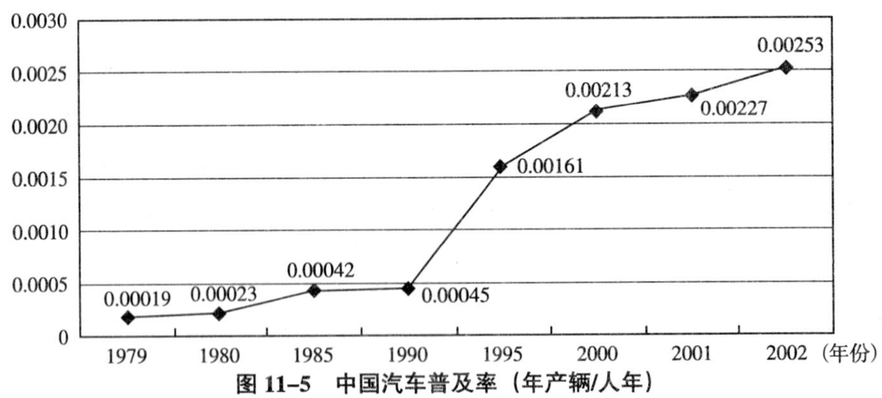

图 11-5 中国汽车普及率（年产辆/人年）

资料来源：中国汽车技术研究中心和中国汽车工业协会所编历年《中国汽车工业年鉴》。

中国的工业结构在未来 20 年内将会发生深刻的变革，汽车进入家庭和对进口石油的大量需求会更进一步提高中国最终消费中石油商品消费的比例和生产的石油集约度。预计这一快速变化的过程在 2040 年之后才会趋于平稳。

本章认为，以上所述的几种趋势最终必将导致中国 GDP——油价关系的转折。利用前述的两部门混合经济模型中的方向判别式可以测算出这一拐点的出现。由于数据的原因，本章没有做到这一点。①

五、讨论：模型的政策含义

PRCGE 模型根据中国 1997 年投入产出表数据进行的模拟表明，中国存在着正向的 GDP——石油价格关系。这与其他石油净进口国的 GDP——油价关

---

① 中国国家统计局正在编制详细的 2002 年版的中国投入产出表。也许用这一新的投入产出表数据就会得出不同的结论，因为 1997 年之后中国的汽车工业取得了长足的发展，汽车进入家庭这一进程已经开始。

系完全相反。造成这一现象的原因在于中国特殊的经济结构尤其是能源消费结构。具体来说，偏高的相对石油价格、偏低的石油消费占最终消费的比例、偏低的石油依存度、同时进口和出口的石油贸易方式，是形成这种异常关系的原因。

但是，中国正处于一个持续工业化的长过程之中。汽车进入家庭和对进口石油需求的稳定增长，最终会导致这一关系的逆转。第五部分将继续讨论这一问题。

石油基本自给、以煤为主的能源结构和对石油的较低消费需求，使得中国在新中国成立后的大部分时间里得以避免石油价格波动对 GDP 和经济增长产生影响，但是这一过程正在发生转折，拐点正在或者已经到来。同时，过少的石油消费需求也减少了国民应该享有的福利，增加了经济增长的成本。[①] 另外，以煤炭为主的能源结构也无法支持汽车进入家庭这一进程。

但是，伴随着进口石油的增加和国内汽车的普及，石油价格波动对中国经济的影响越来越大，GDP——油价关系的逆转是不可避免的。依据本章的分析可以看出，降低这种影响可以从以下几个方面加以考虑。

第一，需求结构。降低最终消费中石油商品消费支出的比例，是降低油价波动负面影响的有效办法。

第二，技术创新和替代能源。这两者将降低生产中对石油的中间投入需求。

第三，价格政策。价格政策可以改变石油商品与非石油商品的比价。

第四，投资政策和财政政策。这两种政策可以影响石油价格波动对经济影响的幅度。

附录

BME 模型与 CGE 模型分析结果比较

在本章中，BME 模型得出的各经济变量对石油价格的比较静态效应总结如附表 1。

附表 1　两部门混合经济模型的比较静态分析结果总结

变量	比较静态方程	变化方向	CGE 结果	
			上涨 5%	上涨 10%
x_{11}	$\varepsilon_{x_1p_1} = -\frac{b_{11}\theta_1}{b_{11}\theta_1 + b_{12}(1-\theta_1)p_1}$	<0	出口增 15.25%，供应国内增 4.03%	出口增 −20.55%，供应国内增 −7.88%

① 因为煤炭的燃烧效率低于石油和石油制成品，而且其污染也更严重。由于大量使用煤炭作为初级能源导致的酸雨问题已经成为部分地区的重要环境威胁。

续表

变量	比较静态方程	变化方向	CGE 结果	
			上涨 5%	上涨 10%
x_{21}	$\varepsilon_{x_2p_1} = -\frac{b_{21}\theta_1}{b_{21}\theta_1 + b_{22}(1-\theta_1)p_1}$	<0	—	—
Y_{11}	$\varepsilon_{Y_{11}p_1} = \frac{p_1 b_{12}(1-\theta_1)}{b_{11}\theta_1 + p_1 b_{12}(1-\theta_1)}$	$0<\varepsilon_{Y_{11}p_1}<1$	—	—
Y_{21}	$\varepsilon_{Y_{21}p_1} = -\frac{b_{21}\theta_1}{b_{21}\theta_1 + b_{22}(1-\theta_1)p_1}$	$-1<\varepsilon_{Y_{21}p_1}<0$	—	—
C_1	$\varepsilon_{C_1p_1} = \frac{p_1}{1+t_2}\left[b_{12}-\left(\frac{b_{21}}{p_1^2}+b_{12}\right)\theta_1\right]$	不定	—	—
I_{11}	$\frac{\partial I_{11}}{\partial p_1}=0$	0	0	0
I_{21}	$\frac{\partial I_{21}}{\partial p_1}=0$	0	0	0
GDP_1	$\varepsilon_{GDP_1,p_1} = \frac{b_{12}p_1^2(1-\theta_1)-b_{21}\theta_1}{b_{12}p_1^2(1-\theta_1)+b_{22}p_1(1-\theta_1)+b_{11}p_1\theta_1+b_{21}\theta_1p_1\left(\frac{i_1}{1-i_1}\right)(1+t_2)}$	不定	0.03%	2.7%
L_{11}	$\varepsilon_{L_{11}p_1} = \frac{1}{1-\alpha}\left(\frac{p_1x_{11}}{\mu_1K_{11}^{\alpha}}\right)^{\frac{2}{1-\alpha}}[x_{11}-b_{11}y_{11}]$	>0	32.19%	-35.57%
L_{21}	$\varepsilon_{L_{21}p_1} = -\frac{K_{21}b_{21}y_{11}}{(1-\alpha)x_{21}}$	<0	—	—
L_1	$\varepsilon_{L_1p_1}=\varepsilon_{L_{11}p_1}l_{11}+\varepsilon_{L_{21}p_1}l_{21}$	不定	0.05%	3.79%
w_1	$\frac{\partial w_1}{\partial p_1}=\alpha\frac{1}{L_{21}^{\frac{1}{1+\alpha}}}\left(\frac{x_{21}}{K_{21}^{\alpha}}\right)^{\frac{\alpha}{1-\alpha}}\frac{b_{21}}{p_1^2(1+t_2)}\theta_1C_1$	>0	-0.04%	-1.59%
R_{L1}^{h}	$\frac{\partial R_{L1}^{h}}{\partial p_1}=\frac{\partial w_1}{\partial p_1}L_1+w_1\frac{\partial L_{11}}{\partial p_1}+w_1\frac{\partial L_{21}}{\partial p_1}$	不定	0.06%	-1.83%
r_1	$\frac{\partial r_1}{\partial p_1}=\alpha(\alpha-1)k_{21}^{\alpha-1}\frac{1}{L_{21}}\frac{b_{21}y_{11}}{p_1}$	<0	-0.05%	-1.87%
R_{K_11}	$\frac{\partial R_{K_11}}{\partial p_1}=(1-a_{11})x_{11}+(1-a_{11})p_1\frac{\partial x_{11}}{\partial p_1}+(1-a_{11})$ $p_1\frac{\partial x_{11}}{\partial p_1}-a_{21}\frac{\partial x_{11}}{\partial p_1}-L_{11}\frac{\partial w_1}{\partial p_1}-w_1\frac{\partial L_{11}}{\partial p_1}$	不定	—	—
R_{K_21}	$\frac{\partial R_{K_21}}{\partial p_1}=K_{21}\frac{\partial r_1}{\partial p_1}$	<0	—	—
R_1^g	$\frac{\partial R_1^g}{\partial p_1}=\frac{\partial R_{K_11}}{\partial p_1}+t_1\frac{\partial R_{L1}}{\partial p_1}+t_1\frac{\partial R_{K_21}}{\partial p_1}+t_2x_{11}+$ $t_2p_1\frac{\partial x_{11}}{\partial p_1}+t_2\frac{\partial x_{21}}{\partial p_1}$	不定	—	—
R_1^H	$\frac{\partial R_1^g}{\partial p_1}=\frac{\partial R_{K_11}}{\partial p_1}+t_1\frac{\partial R_{L1}}{\partial p_1}+t_1\frac{\partial R_{K_21}}{\partial p_1}+t_2x_{11}+$ $t_2p_1\frac{\partial x_{11}}{\partial p_1}+t_2\frac{\partial x_{21}}{\partial p_1}$	不定	0.06%	-1.83%

续表

变量	比较静态方程	变化方向	CGE 结果（%）	
			上涨 5%	上涨 10%
R_{k1}	$\frac{\partial R_{k1}}{\partial p_1}=(x_{11}-b_{11}y_{11})(1-a_{11})+\frac{a_{21}}{p_1}b_{11}y_{11}-\frac{\partial w_1}{\partial p_1}L_{11}-w_1\frac{\partial L_{11}}{\partial p_1}+K_{21}\frac{\partial r_1}{\partial p_1}$	不定	-0.05%	-1.87%
R_1	$\frac{\partial R_1}{\partial p_1}=(x_{11}-b_{11}y_{11})(1-a_{11})+\frac{a_{21}}{p_1}b_{11}y_{11}+L_{21}\frac{\partial w_1}{\partial p_1}+w_1\frac{\partial L_{21}}{\partial p_1}+K_{21}\frac{\partial r_1}{\partial p_1}$	不定	—	—

从附表 1 可以看出，石油价格上涨之后，正向变化的经济变量有：部门 1（石油部门）总产出、部门 1 就业、工资率；负向变化的有部门 1 的供给量、部门 2 的供给量、部门 2 的总产出、部门 2 就业、资本回报率/资本价格、部门 2 的资本回报；不变的经济变量为部门 1 投资水平和部门 2 投资水平；变化方向不定的有总消费、GDP、劳动收入、部门 1 资本收入、公共家庭/政府财政收入、私人家庭收入、资本回报和总要素收入。

因此，通过本章的分析可以得出以下结论：

第一，石油价格上涨后，无论其他经济变量如何变化，石油生产和非石油生产两个部门的供给水平肯定都是下降的。从效用函数可知，私人家庭的福利是商品消费量的增函数，因此石油价格上涨，私人家庭的效用必然是下降的。①

第二，石油价格上涨后，非石油生产部门 2 的产量、总产出、就业、资本收入都是下降的。由于部门 2 与私人家庭收入直接相关，因此私人家庭收入很有可能是下降的，尽管从数理分析看是不定的。

第三，石油价格上涨后，石油生产部门 1 的总产出、就业都是增加的，但是总供给是下降的。同时，尽管资本回报率上升，由于部门工资支出的增加，部门 1 的资本回报的变化方向是不定的。在中国的具体情况下，如果劳动工资率上涨幅度较小，那么无疑部门 1 的资本回报的变化方向为正。

第四，如前所述，石油价格上涨对当期的投资水平没有影响。

第五，石油价格变动对就业的效应是不定的，具体的变化方向取决于石油生产和非石油生产两个部门的就业弹性和就业水平。

第六，与研究 OECD 国家的经典文献所报告的实证分析结果不同，石油价格波动之后，当期 GDP 和总要素收入的变化方向是不定的。对当期 GDP 的变

① 这个结论对于石油净进口国来说是正确的。对于石油净出口国来说，石油价格上涨会带来石油收入的增加，尽管石油产量会减少。但是从长期看，持续高油价必然会带来石油需求的持久性减少，因此从长期看，石油净出口国的石油收入的变化方向也是不定的。

化方向前面已有详细的分析，在后面我们将会看到，中国当期 GDP 对石油价格上涨的反应方向在 1997 年数据基础上是正的。

经过对比，本章的两部门混合经济（BME）模型基本上能够解释 PRCGE 模型对石油价格波动对经济影响这一问题的模拟结果。这说明本章设计的 BME 模型适合于这一问题的研究。

参考文献

[1] Bemanke B.S.M., Gertler M. Watson, "Systematic Monetary Policy and the Effects of Oil Price Shocks", *Brookings Papers on Economy Activity*, 1997.

[2] Bruno, M.Sachs, J., "Energy and Resource Allocation: A Dynamic Model of the Dutch Disesse", *Beview of Economic Studies*, 1982.

[3] Bruno, Michael and Jeffrey, Sachs, " Economics of Worldwide Stagfiation", Cambridge, MA: Harvard University Press, 1985.

[4] Dahl and Yiicel, "Testing Altemative Hypotheses of Oil Producer Behavior", *Energy Journal*, 1991.

[5] Darby M.R., "The Price of Oil and World Inflation and Recession", *American Economic Review*, 1982 (72).

[6] Davis S. J.J Haltiwanger, "Sectoral Job Creation and Destruction Response to Oil Price Changes", *Journal of Monetary Economics*, 2001.

[7] Eastwood, R.K., "Macroeconomic Impacts of Energy Shocks", *Oxford Economic Papers (OFE)*, 1992 (44).

[8] Griffin J.M., "OPEC Behavior: A Test of Alternative Hypothesis", *American Economic Review*, 1985 (5).

[9] Finn M.G., "Perfect Competition and the Effects of Energy Price Increases on Economy Activity", *Journal of Money Credit and Banking*, 2000.

[10] Hamilton, J.D., " Oil and the Macroeconomy since World War Ⅱ", *Journal of Political Economy*, 1983.

[11] Hamilton, J.D., "On Testing Self-fulfilling Speculative Price Bubbles", *International Economic Review*, 1986.

[12] Hamilton, J.D., "This Is What Happened to the Oil Price/Macroeconomy Relation", *Journal of Monetary Economics*, 1996

[13] Hamilton, J.Herrera, A, "Oil Shocks and Aggregate Macroeconomic Behavior: The Role of Monetary Policy", *Economics Working Paper Series with number 2001-10*, 2001.

[14] Hamilton, J.D., " A Parametric Approach to Flexible Nonlinear Inference", *Econometrica*, 2001.

[15] Hooker M., "What Happened to the Oil Price-macroeconomy Relationship?", *Journal of Monetary Economics*, 1996.

[16] Hooker M., "Are Oil Shocks Inflationary? Asymmetric and Nonlinear Specifications

versus Changes in Regime", *Federal Reserve Board of Governors*, 1999.

[17] Jones C.T., "OPEC Behavior under Falling Prices: Implications for Cartel Stability", *Energy Journal*, 1991 (3).

[18] Jones D.and Leiby R.N., "The Macroeconomic Impacts of Oil Price Shocks: A Review of Literature and Issues", 1996.

[19] Keane M.P., Prasad E., "The Employment and Wage Effects of Oil Price Changes: A Sectorial Analysis", *Review of Economics and Statistics*, 1996 (78).

[20] Lee Kiseok, Ronald A.Ratti. "Oil Shocks and Macroeconomy: The Role of Price Variability", *Energy Journal*, 1995 (16).

[21] Mork K.A., "Oil and the Macroeconomy When Prices Go Up and Down: An Extension of Hamilton' s Results", *Journal of Political Economy*, 1989 (3).

[22] Mork K.A., Olsen H.T. Mysen, "Macroeconomic Responses to Oil Price Increases and Decreases in Seven OEC Countries", *Energy Journal*, 1994 (4).

[23] Mory, J.F., "Oil Prices and Economic Activity: Is the Relationship Symmetric?", *Energy Journal*, 1993.

[24] Rasche R.H., Tatom J.A., "Energy Resources and Potential GNP", *Federal Reserve Bank of St Louis Review*, 1977 (6).

[25] Rasche R.H., Tatom J.A., "Energy Price Shocks, Aggregate Supply and Monetary Policy: The Theory and International Evidence", *Carnegie -Rochester Conference Series on Public Policy*, 1981 (14).

[26] Rotemberg, J., Woodford, M., "Imperfect Competition and the Effects of Energy Price Increases", *Journal of Money Credit and Banking*, 1996.

[27] Wirl F., "Dynamic Demand and OPEC Pricing", *Energy Economics*, 1990.

[28] Yang, C.W., Hwang, M.J., Huang, B.N., "An Analysis of Factors Affecting Price Volatility of the US Oil Market", *Energy Economics*, 2002.

（本章执笔人：刘强）

第十二章　经济全球化与环境保护
——中国经济发展模式探讨

对于发展中国家来说，经济全球化是一把“双刃剑”。一方面，经济全球化能够使跨国公司在全世界范围内优化资源配置，提高世界经济效率，增加人类总社会福利；另一方面，经济全球化也使缺乏主导资源配置能力的发展中国家失去了资源配置的主动权，在全球化红利分配方面处于不利地位。例如，全球化导致资源消耗高、污染排放严重和劳动密集型加工业向发展中国家集聚，这使得资源向发展中国家流动，工业制成品和利润（GNP）向发达国家流动，发展中国剩下的是“GDP”的升高和遍地的污染物。如果发展中国家不能够解决经济增长带来的日益严重的环境污染，他们有可能在“世界工厂”带来的繁荣中“幸福地死去”。而如果发展中国通过创新，走出一条经济增长与环境保护双赢的新道路，他们就可能通过全球化带来的资源和资本流入，增加就业，增加知识能力，提高国家财政能力，增加生态建设和环境保护的能力，在实现经济增长和环境保护双赢的同时，与发达国家一起实现全球化的双赢，最终推动整个人类的可持续发展。

一、经济全球化带来的利益与问题

（一）经济全球化下的贸易结构与生产结构变化

T.莱维特（Theodre Levitt）于1985年在其题为《市场的全球化》一文中使用“全球化”一词来概括1985年以前20年间国际经济发生的巨大变化。从那以后，全球化成为人们概括资本、信息、技术、劳动力、资源在全球范围内进行流动、配置、重组，导致全球经济日益融合化、一体化这一现象的最常用的词汇。经济全球化使世界各国经济联系程度提高、经济体制和政策趋同和国际经济协调机制强化。

自20世纪80年代以来，贸易全球化的趋势日益明显。世界各国的贸易活动日益频繁，国际贸易的规模越来越大。从1980年到2006年，世界货物贸易

（出口）总额由 20340 亿美元猛增到 117600 亿美元（按名义价格，增长了 5.78 倍，年均增长速度接近 7%）。世界各国的贸易依存度相应不断提高，1979~2003 年，以出口计算的世界贸易依存度由 16.9%上升到 25.5%，提高了近 9 个百分点。

虽然各国的对外贸易依存度都在提高，但发展中国家和发达国家的处境却不同。发达国家出口的主要是知识产品和生产过程产生污染较少的“清洁产品”，输入的主要是劳动密集度高和生产过程大量消耗资源，并产生污染的高耗能高污染产品（俗称双高产品）。全球化为发达国家带来了良好的生态环境。发展中国家恰恰相反，他们输入资本、资源和知识产品，出口“双高产品”，留下了环境污染和生态破坏。

（二）经济全球化加速经济增长

经济全球化促进了资源在世界范围内的优化配置，提高了经济运行效率，刺激了各国经济增长，增加了社会总就业，使全人类总的福利得到了增加。

首先，在资源有限、供应总量无法大幅度增加的资源约束下，要实现资源的可持续利用，最根本的出路在于提高资源的利用效率。一国经济运行的效率无论多高，总要受到本国资源和市场的限制。但经济全球化可以打破地域和空间界限。通过自由贸易和投资、生产全球化，可以实现全球范围内的专业化分工，发挥各自的比较优势，带来较大的规模经济效应，推动全要素生产率的上升，加速经济增长（刘力，2004）。

其次，经济全球化通过国际贸易刺激了世界经济增长。根据世界贸易组织（WTO）的数据，2006 年世界货物贸易进出口总额达 244420 亿美元；其中世界服务贸易进出口总额为 53300 亿美元，世界货物贸易进出口总额为 191120 亿美元。从 1996 年到 2006 年，世界货物贸易进出口总额平均每年的增长幅度为 6%以上。国际贸易的迅速增长使各国的经济日益一体化，国家间相互依赖的程度不断提高。

（三）经济全球化的不利影响

许多学者在肯定经济全球化促进经济增长、增加人类总体福利的同时，也对经济全球化进行了批评性的解剖分析。

1. 全球化红利分配不均

在全球化的机制下，各个国家按照比较优势原则加入国际分工，从而形成了对外贸易的比较利益结构。发达国家具有资本和技术优势，而发展中国家缺乏资本和技术。这样的全球化基础导致发展中国家只能利用有自然资源和劳动力资源丰富且价格低廉的优势，而发达国家则可以把资本和技术优势与发展中国家的资源和劳动力优势结合起来。比较优势导致的贸易格局是：发达国家进口劳动密集型和自然资源密集型产品，出口资本和技术密集型产品。发展中国家则进口资本和技术密集型产品，出口劳动密集型和资源密集型产品。

由于资本和技术可以对劳动进行一定程度的替代，而自然资源不能实现对资本和技术的替代。这就产生了“比较优势陷阱”：在自然资源和劳动密集型产品与技术密集型产品的贸易中，自然资源和劳动密集型产品出口国总是处于不利地位。资本和技术可以获得更高的回报率，而资源和劳动力则只能获得低回报率。由于自然资源和劳动密集型产品的需求弹性小于技术密集型产品的需求弹性，当技术进步和生产率的提高使供给量增加时，资源和劳动力优势会降低，而技术密集型产品则具有垄断的竞争优势，能够获得更高回报。因此，发展中国家以本国拥有的劳动和资源的相对优势确定的国际贸易结构，虽然能获得贸易利益，但不能缩短与发达国家之间的经济差距，还可能产生穷者越穷、富者越富的“马太”效应。

2. 对环境和资源可持续发展的不利影响

经济全球化促进了世界经济增长，增强了可持续发展的基础条件，但是，由于利益分配倾斜于发达国家，促进了发达国家的高消费，增加了对不可再生资源的需求，对可持续发展形成了威胁。

一是对土地和不可再生资源的不利影响。经济全球化促进了经济增长，但这是以经济系统消耗更多的原料和能源为代价的。全球化导致资源开采和产品运输的大量增长，运输的急剧增长导致高速公路等交通基础设施的迅猛增加，大量占用总量有限的可耕地和绿地，不可再生资源的保有储量急剧下降。

二是环境问题。经济全球化引发的不加限制的自由贸易和投资，导致了污染在全球范围内的转移和扩散。发展中国家由于经济落后，增长通常是优先的，因此，环境准入标准通常比发达国家低。这使得生产过程高污染排放的产品更多地在低环境标准地区生产，加大了污染排放。据联合国环境署的统计，日本 60%以上的高污染产业已经转移到东南亚和拉丁美洲，美国 39%的“肮脏产业”也已经转移到发展中国家。目前，中国有 100 家跨国公司被我国环保部门列入违规名单，这是环境污染转嫁已经非常危险的一种警示信号。

污染转移的另一种方式是国际间废弃物转移。废弃物一般可分为两种：第一种是可再生利用的无害废弃物，第二种是有利用价值但有较高环境毒害的废弃物。全世界每年产生的危险有毒有害废弃物约有 5 亿多吨，据联合国环境署的统计，工业发达国家生产的有害废弃物占全球生产量的 95%。由于发展中国家环境标准低而且法规相对宽松、处理费用比较低，也为了通过再生利用废弃物成本低的途径解决资源供给问题，发达国家向发展中国家转移的废弃物逐年增加。其中，美国、欧洲是主要的废弃物出口来源。2006 年美国出口了价值约为 67 亿美元的废品。含铁废品的出口已经从 1998 年的 16.6 万吨上升到了 2006 年的 200 万吨。

3. 转嫁环境污染的政治问题

全球化背景下的环境和资源问题实质上是政治问题。发达国家向发展中国家转移高污染生产，就是向发展中国家转嫁其环境代价。而发展中国家在生产过程中，由于资金的缺乏，技术、管理和法制的欠缺，常常产生大量的污染而不治理。发达国家从发展中国家进口生产过程中高污染排放的产品，事实上是免费使用了发展中国家的环境排放废弃物。由于发展中国家之间的激烈竞争和知识的缺乏，发展中国家没有把环境成本加入到出口产品价格中的能力。尽管发达国家对发展中国家进行了很多环境援助，但与发展中国家的环境福利损失相比是微不足道的。因为在市场激烈竞争的全球化背景下，发展中国家没有能力迫使发达国家为发展中国家支付出口产品生产过程中的环境成本。

4. 环境和资源管理知识的差距问题

在环境和资源管理方面，发达国家已经历了工业化时代，已经度过了学习曲线的缓慢进展阶段，掌握了大量的知识和管理经验，而发展中国家由于还在工业化的起步阶段，对于环境问题认识不深，不太了解污染对环境的负面效应和造成社会总体福利下降的不利影响；对于如何治理环境污染、如何高效利用资源，缺乏发达国家所拥有的知识和经验。这种差距对于人类共同解决资源环境问题是不利的。

二、中国的环境与经济全球化

经济全球化虽然有一定的消极影响和挑战，但也为发展中国家提供了空前的机遇，是发展中国家发展经济、后来居上的必由之路。自从改革开放以来，尤其是加入世贸组织以后，中国对外开放和参与经济全球化的程度越来越高，在经济发展方面也是全球化的受益者。

（一）中国参与经济全球化并成为“世界工厂”

2001 年中国成为世贸组织的正式成员，中国经济开始全面融入世界经济，参与经济全球化的程度有了质的飞跃。

截至 2007 年 7 月底，中国累计批准设立外商投资企业 61 万多家，实际利用外资金额 7200 亿美元。据联合国贸发会议提供的资料，中国吸收外资已连续 10 多年居发展中国家首位，2006 年居全球第四位。

1978 年中国的进口总额只有 108.9 亿美元，2007 年增加到 9558.2 亿美元；

出口总额 97.5 亿美元，2007 年增加到 12180.2 亿美元，29 年里已经增长了 124.9 倍。2007 年贸易顺差高达 2600 多亿美元，对经济增长的贡献超过 20%。中国已经成为名副其实的“世界工厂”。

（二）中国参与经济全球化付出的环境代价

中国参与全球化对环境的影响主要表现在下列四个方面。

第一，大量引进外资加速重化工产业的需求增长。中国经济增长得益于外资的大量涌入是不争的事实。而且大部分外资企业的环境保护比内资企业做得更好，这也是共识。但是，由于中国的环境标准低于发达国家，外资的进入增加了国内市场对高耗能和高污染产品的需求，加速了重化工产业的发展速度，增加了污染总量的排放。

第二，部分外资企业属于发达国家向外转移的“高污染”企业。造纸、化工、皮革制造等行业引入的外资企业虽然达到国家的环保标准，这些产业本身具有污染排放高的特点，就算单个企业污染排放达到国家较低的标准，也增加了污染物排放总量。

第三，大量出口增加了国内原材料供给的不足，进口废弃物再生利用成为资源供给的重要补充。2005 年以来，中国每年进口的废弃物数以千万吨计。废旧塑料进口超过了 1000 万吨。中国的工厂总计进口了美国 2006 年废品出口的 42%，买走了美国废纸出口的 58%。大约 40%的英国垃圾是在国外处理的，主要出口国为中国和印尼。1997 年英国大约有 1.2 万吨垃圾运往中国，而官方数据显示，在短短 8 年之后，2005 年英国运往中国的垃圾数量狂涨了 158 倍，达到了惊人的 190 万吨，其中废纸数量大约为 150 万吨，其余则是塑料制品和包括铜、镍、锌、铅和钨在内的废旧金属。全世界每年产生的电器和电子设备废品约为 5000 万吨，并逐年增长。在数量惊人的电子垃圾中，有 80%被运到亚洲，其中 90%运往中国。中国每年要容纳全世界 70%以上的电子废弃物。发达国家出口的废弃物虽然在一定程度上解决了发展中国家对资源的需求，创造了工作岗位，但是带来了广泛的环境污染。如电子废弃物的材料里，大多含有铅、汞、镉、六价铬、多溴联苯和多溴二苯醚等大量的有害物质，如果回收利用不当或者任意丢弃，就会形成水、空气、土壤污染和动植物污染，从而危害人的身体健康乃至生命安全的污染链。

第四，重化工产品大量出口加重了国内环境污染。重化工产业优先发展，曾经是很多工业化国家在工业化初期的经验。钢铁、汽车和建筑业曾经是美国工业化的三大支柱产业。日本在 20 世纪 60 年代的经济倍增时期也经历了重化工业快速发展的阶段。中国进入 20 世纪 80 年代后，由于工业化发展对钢铁和化工产品需求急剧增加，不得不从日本进口大量钢铁和化工产品。这一状况持续到 20 世纪 90 年代中期。当时国内经济界的基本共识是中国应该大力发展自己的重化工产业，降低对国外重化工产业的过度依赖。出口重化工产品替代原材料和农产品出口，曾经是我们的目标。

到 2003 年，中国的重化工产业开始进入高速发展期，到 2007 年，中国出口钢铁 7000 多万吨，相当于美国年钢产量的 80%以上。焦炭、铝、成品油等也成为了我们大量出口的产品。本来这是我们多年追求的梦想，但严重的环境污染使中国开始反思，大量出口高能耗、高污染的重化工产品，加重了国内环境污染的压力。

根据国家统计局 2002~2007 年对外经济贸易统计数据[①] 和中国海关官方网站的海关统计数据，[②] 中国近几年出口的四种重化工产品如表 12-1 所示。

表 12-1　2002~2007 年四种双高产品出口量

单位：万吨

年　份	焦炭（半焦炭）	钢材、钢坯和粗锻件	铝材、未锻造铝及合金	成品油
2002	1357	678	97.6	1068
2003	1472	843	151.8	1382
2004	1501	2029	211.4	1146
2005	1276	2759	203.0	1401
2006	1450	4301	284.3	1235
2007		7000		
小　计	7056	17610	948.1	6232

表 12-1 中的四种产品都是生产过程高污染的产品。

中国是全球最大的焦炭生产国、消费国和出口国。日本、美国、巴西、比利时和荷兰是中国焦炭的主要进口国。欧盟钢铁业焦炭年消耗量的 1/3 依赖中国进口。现阶段中国国内焦炭行业达到清洁生产一、二、三级标准的炼焦企业所占百分比分别为 0.25%、9.5%和 8.0%。2002~2006 年 5 年中，中国出口焦炭共计 7056 万吨。生产这些焦炭排放的二氧化硫至少达到 20 万吨，还有其他污染物。许多西方发达国家如美国、欧盟等近年来不断削减自己的焦炭产量，甚至全部停产，转而希望从中国进口焦炭。

钢铁行业是高能耗、高水耗行业，同时也是高污染高排放行业。2002~2006 年，中国共出口钢铁 1.06 亿多吨，按照中国目前钢铁产业平均技术水平，生产每吨钢排放二氧化硫 3.6kg，1.06 亿吨钢铁要排放二氧化硫 38 万多吨。

成品油生产加工过程产生的大气污染物主要是硫化物、烃类、氮氧化物和

① 见 http：//www.stats.gov.cn。

② 见 http：//www.customs.gov.cn。

烟尘。根据《石油炼制业清洁生产标准》，2003 年中国石油炼制业企业中有 3.6% 已经达到了一级清洁生产标准，3.6% 达到了二级清洁生产标准，46.4% 达到了三级标准。也就是说，有 46.4%的企业还没有达到清洁生产的标准。按照每吨成品油生产排放 0.9kg 二氧化硫的水平测算，2002~2006 年出口 6232 万吨成品油，排放二氧化硫 5.6 万吨，此外还有大量有机物和废水排放。

铝生产既是高耗能产业，又是高污染排放产业。发达国家已很少再建设电解铝厂，美国部分电解铝厂已停产。氧化铝产生的主要污染物是氟化物、粉尘、沥青烟、颗粒物和二氧化硫。2002~2007 年中国共出口铝产品 948 万吨。按照目前吨铝排放二氧化硫 9kg 计算，共排放二氧化硫 8.5 万多吨。

仅上述四种产品的出口就在中国排放了 72 万多吨二氧化硫，此外还有数量巨大的废水、烟尘、粉尘，等等。

三、全球化下的中国经济发展模式：具有典型性和普遍性的解决方案

所有事物都具有两面性。全球化既使中国受益，也使中国面临着环境代价。为了降低全球化对中国环境的影响，中国政府从 2007 年起，对高能耗、高污染产品的出口取消了出口退税，并对部分产品实施了出口税和出口许可证制度。这使得一些还不知道如何同一个经济实力强大的中国打交道的发达国家感到茫然。中国出口多了，他们指责中国污染了世界，输出通货紧缩，甚至有些人扬言抵制 2008 年北京奥运会。中国主动自我限制出口，他们又指责中国输出通货膨胀。那么中国应该怎么办呢？面对环境已经超过负荷，污染日益严重的事实，中国必须探讨出一条适合中国并有益于人类的经济发展道路，必须解决作为“世界工厂”的经济增长和环境污染的矛盾问题。

（一）创造中国经济发展模式

进入 21 世纪以后，中国在解决作为“世界工厂”的经济增长和环境污染之间的矛盾方面已经做出了巨大努力，并且取得了显著业绩，初步摸索出了中国经济发展模式，即在科学发展观指导下，通过发展循环经济，建立资源节约型和环境友好型社会，实现可持续发展。

2000 年以来，中国政府一直在寻求一种能够解决经济增长和环保之间矛盾的经济发展模式。在前国务院副总理曾培炎、前国家环保总局局长解振华和一批环境专家、经济学家等共同的推动下，循环经济思想和理念在中国不断普及和发展，并引起党和政府最高决策机构的关注。江泽民、胡锦涛、温家宝都

提出了通过发展循环经济，解决经济增长和资源、环境、人口的矛盾问题。2004 年 9 月曾培炎副总理正式发表讲话，提出在中国大力发展循环经济。从那以后，发展循环经济由解振华领导的国家环保总局领导改由国家发展和改革委员会领导。国家“十一五”规划把发展循环经济作为重要任务提了出来。从此，发展循环经济成为国家发展战略的重要组成部分，并且从企业到工业园区、从县级行政区域到省市级行政区域展开了大规模的试点。这使得循环经济在中国从理论和理念走向了大规模的实践。

循环经济在中国已经得到了快速发展。到 2007 年，通过循环经济模式，中国钢铁行业产生的大约相当于钢产量 40%的、近两亿吨的固体废弃物（高炉渣、钢渣、烟尘粉尘等）几乎得到了全面的回收再利用；数以亿吨计的电厂粉煤灰被用作制造水泥得到了回收利用；一些发电厂（例如西柏坡火力电厂）、钢铁厂（例如上海宝钢）、甚至整个工业开发区（例如天津泰达）等通过废水回收循环利用基本实现了污水零排放；全国范围内的废纸、废旧金属、废旧塑料等，几乎全部被回收利用；高炉煤气、转炉煤气已经作为钢铁企业的重要能源来源得到了回收和利用。

当然，中国的循环经济发展还处于初级阶段。在循环利用资源的过程中还存在由于技术落后、管理不完善等原因引起的二次污染问题。由于政策和体制存在的缺陷，有些循环经济项目因为经济效益低甚至亏损，存在循环的可持续性问题。这是需要未来不断完善和解决的新问题。中国政府正在通过制定相关法律体系和政策规制，通过建立有利于循环经济发展的市场经济机制解决存在的问题。

由于中国有丰富的劳动力，工资水平低，在发达国家因经济成本高而难以循环利用的废弃物，在中国则可以获得循环利用的经济效益。因此，中国有条件通过国际合作，帮助全世界解决可再生利用的固体废弃物引起的环境问题。

中国通过发展循环经济，建立资源节约型和环境友好型社会的发展模式已经初见雏形。如果这一模式取得成功，不仅“十一五”规划提出的节能减排目标能够实现，而且还会为发展中国家创造一种成功范例，帮助发展中国家解决经济发展与环境、资源之间的矛盾，实现未来人类的可持续发展。

事实上，在循环经济模式下，世界可再生利用的废弃物在中国进行再生利用就从坏事变成了好事，问题是我们必须建立完善的规制管理体系，恰当的市场准入标准，防止循环利用废弃物导致二次污染。

（二）实现中国经济发展模式的条件

中国模式不是无条件实现的。发展循环经济要求重新构造经济的成本价格形成机制，使循环利用有经济动力，即提高初始资源价格，提高废弃物排放成本，把环境作为经济要素，纳入经济循环中。这是一种体制创新或革命。

发展循环经济的目标是降低资源和能源消耗强度，保护环境，这都是经济问题。经济问题必须用经济手段去解决。违背经济规律，过分强调行政的力量，不是发展循环经济的长效机制。

第一，建立符合市场经济原则的法律和政策体系。发展循环经济是为了减少污染排放，保护环境。减少污染排放是企业外部性问题。改善环境会增加社会福利，但会增加企业的成本，这就需要政府制定相关的法律和政策，改变企业生产的边界条件。要通过法律和政策创新，引导企业通过循环利用废弃物和污染减排降低成本。在逻辑上只有排放污染物具有较高的成本，循环利用废弃物，减少排放才能降低成本。因此，制定有偿的污染排放政策，并认真执行，才是污染减排的根本途径。

问题的关键在于，从污染免费排放到污染高价排放，改变了企业生产的边界条件，在社会经济系统内加入了新的成本要素，这必然会使得经济“总成本”提高，使得价格总水平上升。必须动员全社会理解和承受这一后果，并通过社会保障政策来减轻低收入群体因环境成本的加入而带来的生活压力。尽管技术进步有时可以在不增加成本的情况下减少污染排放，但是，技术进步本身也需要投资，大多数情况下，减少污染物排放会增加企业生产成本，从而导致产品价格上升。

第二，重新构建国民经济的成本价格体系。在市场经济条件下，价格是生产和消费行为的指挥棒。各种经济政策，如果不是通过成本价格机制发生作用，就不会产生长期效果。成本价格机制是在一定制度和政策框架内形成并运行的。因此，通过制度创新和政策调整，可以重新构建有利于资源、能源节约和环境保护的新成本——价格体系，例如，通过增加能源资源税和消费税的制度创新，可以提高循环利用资源和废弃物的比较利益，使循环利用废弃物成为降低成本的途径。

第三，促进产业组织结构和技术结构优化。产业组织结构代表着产业的规模经济性，而技术结构决定了一个企业循环利用废弃物的可能性。一般情况下产业的组织结构直接决定了行业的整体技术结构。在政策和技术标准上推进产业组织结构优化，实现产业发展的集聚和规模效应，加速企业技术创新，利用工业园模式推进工业化，是发展循环经济的基本要求。

第四，加强国际合作。全世界都在关注中国的能耗和温室气体排放问题。中国是一个负责任的国家，它将通过自身的努力解决自身的环境问题。但是，在经济全球化的大背景下，中国的环境保护也需要发达国家的支持与合作。仅仅指责中国在更多地消耗世界上的资源、在污染全世界是无济于事的。事实上是中国为发达国家承担了部分污染。因此，发达国家有责任和义务向中国和其他发展中国家积极转让资源再生利用和环境保护技术，而不是把环境技术仅仅作为贸易的对象。

四、结　论

第一，在可持续发展方面，经济全球化是一把“双刃剑”。经济全球化能够优化资源配置，促进经济增长，使人类福利得到增加，但也加剧了资源消耗和污染的转移。

第二，中国得益于全球化，加快了经济发展步伐。但全球化也促进了中国的重化工产业的出口，加重了国内环境污染。

第三，中国已经开始了发展循环经济的积极探索。循环经济将成为解决经济增长与环境保护之间的矛盾的重要出路，是建立资源节约型和环境友好型社会的经济发展模式的基础。中国经济发展模式可以概括为：在科学发展观指导下，通过发展循环经济建立资源节约型和环境友好型社会，实现可持续发展。这一模式如果成功，将会为广大发展中国家提供一种新的技术经济范式。

第四，中国模式需要发达国家的技术支持，需要国际合作。

参考文献

[1] 奥辛迁斯基：《未来启示录——苏美思想家谈未来》，上海译文出版社，1988 年。

[2] 韩晓平：《从月球上看中国能耗和排放——客观看待中国的能源消耗和环境排放问题》，《能源思考》，2007 年 5 月刊。

[3] 李剑阁、齐建国等：《和谐小康社会建设与政府业绩考核》，中国环境出版社，2007 年。

[4] 韩威：《经济全球化——循环经济的新层次》，《环境保护》，2006 年第 12 期。

[5] 刘力：《经济全球化与中国和平崛起》，中共中央党校出版社，2004 年。

[6] 鲁本斯·里库佩罗：《全球化和自由化：在两大潮流下谋求发展》，联合国，1996 年。

[7] 赵景峰：《经济全球化的马克思主义经济学分析》，人民出版社，2006 年。

[8] 谭根林：《循环经济学原理》，经济科学出版社，2006 年。

[9] 齐建国、尤完、杨涛：《现代循环经济理论与运行机制》，新华出版社，2006 年。

（本章执笔人：齐建国、王红）

第十三章　经济全球化对中国的环境影响[①]

全球化是一个复杂的概念。对于全球化我们可以从多个角度来理解：从国际关系的角度来理解，全球化意味着各国之间关系不断增强的过程；从经济融合的角度理解，全球化意味着各国之间政府设置的贸易壁垒不断消除，贸易自由化程度不断增强的过程，即经济全球化；从价值观念融合的角度理解，全球化意味着不同观点和经验在地球各个角落传播、分享并逐渐走向协调的过程；从各国发展的趋势理解，全球化意味着西化或现代化，即西方发达国家的社会结构模式（资本主义、工业化）逐渐在全球普及，并使发展中国家的文化、意识形态和独立性不断受到破坏或影响的过程；另外，全球化还意味着社会空间的划分不再仅仅由国家之间的相对地理位置、边境或国与国之间的距离决定（Scholte，2000）。

而其中对全球化最流行的理解恐怕要属经济全球化。我们可以把经济全球化进一步理解成各国的经济发展通过贸易、外国直接投资（FDI）、短期资本流动、国家劳动和人口流动以及技术的扩散转移等方式融入国际经济体系的过程（Bhagwati，2004；IMF，2002）。虽然这种理解比较狭隘，但事实上，当前的全球化也主要是通过经济全球化——或更具体地来说——贸易自由化来实现的。贸易自由化既是全球化的驱动力，又是全球化的具体表现（Panayotou，2000）。

因此，经济全球化的环境影响可以在某种程度上理解为贸易自由化的环境影响。20世纪60年代、70年代以来，经济全球化的不断加剧使世界贸易量持续增加。而在贸易不断活跃的同时，许多区域性和全球性环境问题（如大气的跨境污染、酸雨、全球气候变暖、臭氧层消耗、热带雨林剧减等）的日益突出，环境问题已超过国内政策的范畴，逐渐成为国际社会关注的一个主要问题。这些环境问题的发生使人们意识到，经济全球化或贸易自由化虽然给全球各国带来了许多机遇，但经济全球化的同时也会造成经济外部性的全球化，从而给各国的资源环境体系带来了压力，并使全球不平等更加恶化。因而，一系

①本章为中国社会科学院重点课题“中国对外贸易中的环境成本：评估与对策研究”（编号：0700000470）的阶段性研究成果。

列国际多边环境协议（MEAs）（包括有关全球气候变暖，臭氧层的保护，生物多样性保护，濒危物种、危险物品的贸易等问题的协议）也已经相继出台。显然，经济全球化引起的环境退化给这个已经不安全的世界带来了新的威胁（Najam 等，2007）。

而中国自 1978 年将改革开放定为中国的基本国策以来，贸易量逐年增长，尤其是近年来增长十分迅速。与此同时，中国的环境污染也急剧增长，环境质量迅速恶化。那么经济全球化对中国的环境产生了怎样的影响呢？为此，本章主要从贸易的角度分析了经济全球化对中国环境的影响。本章第一部分综述了有关经济全球化影响环境的理论和实证分析结论，并分析了当今最有影响力的世界贸易组织 WTO 及其制定的贸易制度对贸易与环境问题的考虑。第二部分回顾了改革开放以来中国进出口贸易的发展情况以及环境污染的演变，并给出了两者关系的计量分析。第三部分报告了 1987 年以来进出口贸易对中国主要污染物排放的影响程度。第四部分为本章的结论。

一、经济全球化如何影响环境

（一）贸易对环境的影响机制

从新古典经济学对环境问题的经济解释来看，只有当导致市场失灵和政府失效的因素（如外部性、产权不明确、信息不充分等）存在时，贸易才会造成环境破坏。我们似乎很难找到贸易与环境的直接联系。然而，目前贸易与环境问题却正在受到国际上越来越多的关注，这在北美自由贸易区和关贸总协定的乌拉圭回合谈判中都可以看到（郑玉歆等，2005）。而 20 世纪 70 年代以来，许多研究也成功地将贸易纳入了传统的环境经济学分析框架，对贸易的环境影响进行了充分的分析。综合来看，贸易的环境效应大致可以归纳为如下七个方面（如表 13-1 所示）：①配置效应；②规模效应；③收入效应；④结构效应；⑤产品效应；⑥技术效应；⑦规制效应。

1. 配置效应

比较优势理论是当今国际贸易理论的重要组成部分。这一理论发轫于亚当·斯密在其巨著《国富论》中阐述的绝对优势原理，后经李嘉图在其代表作《经济学及赋税原理》中深化为相对比较优势原理，而后在 20 世纪被由赫克歇尔（E.Heckscher）和俄林（B.Ohlin）等人开创并经过萨缪尔森（P.Samuelson）等人完善的要素禀赋理论取代。比较优势原理描述了这样一种情景，即当各国都专业化生产其具有比较优势的产品，然后去与其他国家进行贸易以获得不具

表 13-1　贸易的环境效应

效　应	效应发生机制
1. 配置效应	贸易导致资源配置效率的提高，减少资源浪费，从而产生有助于环境保护的正效应
2. 规模效应	如果贸易增长的同时没有相应的技术进步或采取相应的政策，从而使污染排放增加，则此时规模效应为负效应；而如果贸易增长使经济总量增长，环保政策进一步加强，并导致产品结构和技术发生变化，从而使单位产出的污染排放下降，则此时规模效应为正效应
3. 收入效应	贸易增长带来的经济增长使人们的收入增加，从而使人们对环境质量的支付意愿上升或增加环境保护的预算，从而带来正的环境效应
4. 结构效应	贸易增长可能导致经济增长方式或微观的生产、消费、投资方式发生变化，从而导致正的环境效应（如，有效减少化肥密集程度高的农作物生产活动）或负的环境效应（如，导致煤炭发电在整个电力生产中的比重上升）
5. 产品效应	贸易增长使环境友好型产品（如技能设备）增加带来的正效应，或使有害环境的产品（如危险废弃物）增加而带来的负效应
6. 技术效应	单位产出污染排放下降的正效应或单位产出污染排放上升的负效应
7. 规制效应	贸易带来的经济增长或贸易协议中规定的有关措施使环境规制得到加强，从而形成有利于环境保护的正效应；或者迫于贸易竞争的压力而使现有的环境规制被削弱，从而形成不利于环境保护的负效应

资料来源：1 来源于 Runge（1995）；2、4~7 来源于 OECD（1994）；3 来源于 Panayotou（2000）。

有比较优势的产品时，会导致较高的配置效率。这就是比较优势理论的主要内容。按照这样一个理论，贸易自由化会导致外国商品和外国资本的进入并与本国的产品和工业进行竞争。在这一竞争中，本国产业结构的调整是不可避免的。这种调整的结果使得各国的资源使用效率得以提高。毫无疑问，配置效应带来的资源使用效率的提高对环境具有正面影响。

然而，从另外的角度看，由于不同国家发达程度不同，发展阶段不同，产品结构不尽相同，而不同产品的环境资源密集程度不相同，对环境造成的破坏程度也不尽相同。一般来讲，发达国家出口的产品，其知识密集程度较高、资源密集程度较低，而发展中国家与此相反。由此形成的资源配置格局所带来的环境影响对发达国家和发展中国家是不同的。这就是著名的“污染避风港假说”（Pollution Haven Hypothesis），即贸易的自由化将使污染产业从环境规制严格的国家或地区转向环境规制相对薄弱的国家或地区。

Baumol 和 Oates（1988）曾提出过一个考察国际贸易对污染排放影响的局部均衡分析的框架对“污染避风港假说”进行过理论上的论证。这个模型假定有两个国家：一个发达国家和一个发展中国家。两个国家都生产同一种商品。发展中国家采用的是污染较严重的工艺，而发达国家采用的是污染排放较少、较昂贵的工艺。他们的研究表明，两个国家间开放式的贸易会导致如下结果：在发展中国家采用污染严重的生产工艺会降低有严重污染的产品的世界价格，并且发展中国家和发达国家都会增加对有严重污染产品的需求；发展中国家采用污染严重的生产工艺所生产的产量要比采用清洁生产工艺时要多；显然，发展中国家采用污染严重的生产工艺生产时，世界的污染排放量要比其采用清洁生产工艺时要多；从长远看，如果发展中国家继续使用污染严重的生产工艺，那么，它将增加其在污染严重的产品上的比较优势，而发达国家将专门生产其他污染较轻的产品。因此，他们认为，如果其他国家控制污染排放而发展中国家不控制或较少控制，那么，发展中国家将自动变成世界“肮脏”工业的大本营（郑玉歆等，2005）。

Copeland 等（1994）则进一步证明，即使国家之间的环境政策相同，产业（或行业）的转移也有可能发生。他们建立的模型包含一个用污染排放密集度标示的商品闭集，假定污染对福利产生负面影响，政府恰好按污染的边际损害水平对它们征税。由于边际损害是随收入的增加而增加的（这是因为环境质量是正常商品），所以当国家之间进行贸易时，富有的国家会成为清洁商品的专业化生产国（减少污染）；而贫穷的国家则沦为污染型商品的专业化生产国家（扩大污染）。

2. 规模效应和收入效应

国际贸易对全球经济活动规模的扩大起着重要作用。如果没有贸易，全球的经济活动规模显然要小很多。国际贸易在增长在提高了一个国家经济规模和人均 GDP 的同时会对环境造成怎样的影响呢？对此问题 Grossman 和 Krueger（1993）曾做过研究和分析。通过对 42 个国家的面板数据分析，他们发现当人均 GDP 发生增长（其中部分是由于贸易扩大带来的），可吸入颗粒物和二氧化硫的污染伴随人均 GDP 的增长以递减的速率上升，并在人均 GDP 增至 5000 美元左右时达到峰值，然后下降。污染物排放与人均收入之间的这种关系类似一条倒 U 型曲线，它反映的就是著名的环境库兹涅茨曲线（Environmental Kuznets Curve，EKC）假说。之所以把这条反映环境与经济增长之间关系的曲线命名为 EKC，这是因为它与 Kuznets（1955）发现的人均收入和收入不平等之间的关系相似。那么，是不是可以认为，贸易自由化带来的经济规模增长或人均收入增加与环境污染之间就是这样一种简单的曲线关系呢？

事实上，一些发达国家的产业结构虽然已经发生了明显变化，即明显比过去清洁了，但这些国家的消费结构并没有发生相应的显著变化。表面上这可以用 EKC 来解释，但实际上却是这些国家将其“肮脏”产业转移到了发展中国家。Hettige 等（1992）发现，一些 OECD 国家排放的有害物质在 20 世纪 60 年代增长非常迅速，而这种情形在 70 年代和 80 年代这些国家颁布了严格的环境标准后则发生急剧变化。与此同时，发展中国家的污染物排放则开始急剧上升。Rothman（1998）怀疑，一些富裕国家的环境质量之所以能得到改善，是因为这些国家的消费者有能力使其消费活动远离其消费品的生产活动及由此产生的环境污染。而 Agras 和 Chapman（1999）以及 Suri 和 Chapman（1998）则发现，贫穷国家和富裕国家分别是污染密集型和能源密集型产品的出口国和进口国。因而造成倒 U 型 EKC 的部分原因可能就是这种贸易分工，即贫穷国家成为污染密集型和资源密集型产品的专门生产国家，而发达国家则成为清洁产品的专门生产国。由此看来，贸易带来经济规模扩大对环境质量产生的影响是有限的。这一现象反映的其实就是前面提到的"污染避风港"假说。

要指出的是，其实 Grossman 和 Krueger（1993）还发现，当一个国家达到更高的收入水平时，该国的环境污染排放又会重新上升。经济规模和污染程度之间的这种非线性关系意味着有其他的因素（如产出结构，技术和政策因素等）在起作用。

贸易带来的经济规模扩大还会产生另外一部分环境影响，即由环保投入变化产生的那部分影响。一个国家环保投入的多少是与其人均国民收入水平密切相关的。随着一个国家人均国民收入的增加，对环保的投入也会相应增加。

对于环保投入的增加，我们也可以理解为是环境恶化与人均 GDP 提高的双重结果。人均 GDP 的提高使人们对环境质量有了更高的要求，同时也有经济实力去改变环境恶化的状况。从而通过对污染实行更强的规制，导致了环保投入的增加和环境的改善。于是，我们看到，规模效应的短期和直接环境影响往往是负面的，而其长期和间接影响往往是正面的。

3. 结构效应

这里的结构专指产出结构。在讨论配置效应时，我们提到贸易自由化会导致更多的外国商品和外国资本的进入，并导致本国产业结构的调整。这种调整的结果会改变各国对自然和人力资源的配置。除此之外，这种调整的结果也会带来产出结构的变化。由产出结构变动而带来的环境影响主要表现在：随着 GDP 的增加，污染严重的重工业的比重会不断下降，而污染较轻的服务业的比重会不断提高。这种产出结构的变化会影响总的污染水平，抵消掉部分贸易带来的经济增长的规模效应。在发达国家，服务业相对于制造业的迅速增长，导致了人均污染物排放的减少，产出结构的变化对此产生了重要作用（Dean，1992）。

4. 产品效应或技术效应

贸易可能影响环境的第四个途径是通过技术扩散提高该国的技术水平，即技术效应。Antweiler 等（2001）和 Liddle（2001）认为，贸易有可能通过技术效应改善环境。随着收入的增加，环境质量被赋予更高的价值，环境规制也更加严格，从而使环境技术市场不断发展，刺激环境技术创新。环境技术（如废水处理技术或回收技术等）发展的同时，传统技术（如能源效率更高和污染较小的炼钢技术）也在发生变化，从总体上降低了制造工艺对环境的危害。一些

“绿色技术”由于能够减少资源消耗而具有高盈利性，从而激励了那些包括高度集成的制造企业在内的大公司进行有利于环境的技术创新。贸易对这些“绿色技术”的扩散具有积极作用。

5. 规制效应

按照现代经济学理论，环境问题的根本原因在于，在现有市场经济制度的框架下，环境资源的外部性使之难以得到正确的估价和合理的配置。按照马克思的理论，环境问题产生的原因是：虽然环境资源具有使用价值，但没有市场价值。环境资源只有与资本和劳动结合通过生产过程才能转换为市场价值，这造成了环境资源的被滥用，被破坏（郑玉歆等，2005）。

按“底线竞争（Race to the Bottom）假说”的说法，贸易自由化很有可能会使各国政府为了增强本国的竞争力而采取较低的规制标准（最典型的如环境标准和劳动工资标准）。从理论上分析，“污染避风港”是各国为了促进贸易增长或吸引外商投资而在环境领域进行“底线竞争”的一个结果（Milner 等，2006）。Van Beers 等（2000）指出，根据国际贸易和区位理论，相对严格的环境政策对企业的国际贸易和区位选择有重要的影响，那些具有“流动性”的企业受到的影响尤其突出。由于担心严格的环境标准会增加其成本，从而导致销售额、雇员、投资的下降乃至国际竞争力的丧失，投资者也会对政府进行游说或施加压力（Frankel，2002）。

Van Beers 等（1997）利用 Tinbergen 和 Linnemann 开发的引力模型（gravity model）研究了 21 个 OECD 国家 1992 年的双边贸易流量。其结论是：严格的环境政策对贸易流中的出口和进口都有显著影响。Wilson 等（2002）考察了 24 个国家的污染密集型商品的出口在 1994~1998 年期间受环境政策的影响程度。他们得到的结果表明，所考察的五个污染密集型行业的出口都因环境标准的实施而下降。而且他们还发现，签订一项基于环境标准的贸易协定时，非 OECD 成员国所增加的商品成本比 OECD 成员国所增加的成本明显高很多。

因而，一些国家由于害怕失去出口、就业或吸引投资的国家竞争力，可能通过采取较低的环境标准故意选择接受更多的环境污染，使环境质量降到底线（Esty，1994；Wheeler，2000）。而且，由于害怕实施了比别的国家更严格的环境规制而丧失国际竞争力，这些国家将减缓实施更严格的环境标准。这被称为“规制冷战”（regulatory chill）。例如，OECD 国家曾经不愿意实施环境税制以及其他温室气体减排措施，在一定程度上就是担心失去竞争力。许多观察者已经把 WTO 及其制度和政策视为当今社会“底线竞争”愈演愈烈的直接原因。因为 WTO 一直在积极地消除一些所谓的贸易壁垒（其中就包括劳动法和环境法规）以推动“自由”的贸易。

但 Jones（2003）认为，至今还没有哪个正式的经济理论模型成功论证了

“底线竞争（Race to the Bottom）假说”。从投资者的角度来看，环境成本往往只占公司成本的很小比重，因此其他的因素才是决定投资地点转移的重要因素，包括：廉价劳动力的供应、重要的自然资源禀赋、公共基础设施、合适的工业基础、市场规模以及与义务相关的利害关系或国内消费者施加的压力等。还有一些观点认为，投资者不愿意在环境政策松散的国家投资，例如对一些跨国公司而言，这不利于它们在国外的分支机构实施本国的产品标准。总而言之，真正决定投资地点的选择取决于该地区的投资环境，而不是环保政策。

以上分析了贸易的多方面环境效应。这些效应综合起来可能是正的，也可能是负的，这取决于所涉及的具体工业和具体污染物。例如，贸易自由化可提高配置效率，因而导致经济增长和人均 GDP 的提高，并带来负的规模效应。规模效应会导致环保需求和实现环保的政策需求，通过改变产出结构和生产技术，最终减少负的外部性。然而，在很多情况下，这样一个链条会由于缺乏使外部性内部化的规制而出现断裂。在很多发展中国家，环保需求的呼声常常被忽视，从而妨碍有利于结构调整和技术进步的政策的制定。中国也存在类似的现象。

而配置效应、规模效应、收入效应、结构效应、产品效应和技术效应六方面效应的影响程度，都将取决于政府政策规制的力度。比如，如果没有政府严厉的规制，那么，采用降低浪费和污染的生产方式和方法将缺乏激励。再如，尽管贸易可以鼓励较高的配置效率，但经济增长对环境的负规模效应仅能被结构和技术抵消到由政府规制框架或规制力度所决定的程度。为了解决由此带来的环境问题，保证社会经济的健康发展，利用公共政策来弥补市场制度上的缺陷或纠正市场失灵是政府不可推卸的责任（郑玉歆等，2005）。

（二）WTO 在贸易与环境之间的权衡

由于有关贸易与环境问题的传统分析方法把环境破坏看作是外部性的结果而非贸易本身带来的，因而，主流经济理论为解决环境问题提供的“最优解”不是去改变世界贸易制度，而是直接去解决与环境问题相关的各国的市场失灵与政府失灵问题。例如，进行价格形成机制改革，使价格中既包含私人成本也包含社会成本，即内部化导致环境问题发生的外部性。然而，在实践中由于体制、经济发展水平等诸多因素，各国，尤其是发展中国家的市场失灵和政府失灵现象难以避免。因此，国际贸易和贸易中的环境保护问题，经常需要通过政治协商方式来解决。

而当今最有影响力的贸易组织——关贸总协定成员国历经 8 年的乌拉圭回合谈判于 1995 年 1 月 1 日正式成立的世界贸易组织（WTO）——又在贸易与环境关系的协调中发挥了怎样的作用呢？事实上，WTO 不仅是当今最有影响的贸易组织，也是对全球经济发展最有影响力的组织。WTO 规则具有超越国家主权的效力，几乎涉及了经济活动的所有领域。为了保证所有政府都认可这样一个国际贸易法律的效力，WTO 拥有强大的实施工具。当发现某国政府违反他们的贸易义务时，经常是给予报复性的贸易判决，并涉及巨大的财政惩罚。

WTO 规则的本质目标是消除对国际贸易的限制，为了达到这个目标，WTO 达成的所有协议都是在试图制定详细的规则去减少政府控制国际贸易的程度，或者缩小政府“干预”大公司活动的范围。这样，WTO 规则中包含了范围广泛的、政府不能采取的行动清单。而贸易协定通过谈判方式产生，这决定了其着眼的主要是与大公司利益有关的眼前事务，而对诸如环境保护、社会公正、劳动者的权利和文化完整性等其他社会目标产生的影响往往关心不够。按照自由贸易模式建立的多边贸易协定客观上限制了政府对公司进行规制以及维护公共利益的能力，这使 WTO 在某种程度上成为环境和资源保护以及可持续发展的一个新障碍。例如，当按照多边环境协定（MEAs）的规定，欲执行某些贸易措施的时候，常常会发生贸易争端。而一旦发生贸易争端，就要按照 WTO 的原则行事。这样，MEAs 实际上难以执行。

尽管可持续发展的目标已为世界各国所确认，并且也取得了不同程度的进展，但到目前为止，尚没有迹象表明在不远的将来有可能在转变消费方式与生产方式上取得突破性或是根本性的进展。另外，WTO 所推动的全球经济一体化意味着由跨国公司主导的全球市场经济制度的一体化以及全球消费方式和生产方式的一体化。受此影响，众多发展中国家竞相把发达国家的生产方式和消费方式作为自己的示范模式，其中也包括中国在内。然而，正如 1989 年“联合国环境与发展大会”的 44/288 号决议所指出的，“造成全球环境不断恶化的重要原因，是不可持续的生产方式和消费方式，特别是发达国家的这种生产方式和消费方式”，因此，从某种意义上说，WTO 其实是人类走上可持续发展道路的一大障碍。

当然，也不能否认 WTO 在协调贸易与环境保护方面进行了许多努力。早在 1947 年，GATT 就规定环境问题可以作为适用 GATT 一般原则的例外。1971 年，GATT 设立了“环境措施与国际贸易”小组，1973~1979 年 GATT 东京回合达成的《技术壁垒协定（TBT）》第一次涉及环境措施可能成为贸易壁垒的问题。1986~1994 年乌拉圭回合谈判时期，对贸易与环境关系讨论的广度和深度大大扩展，对 TBT 做了修改，通过的一系列新协定中已经涉及环境问题。[①] 2001 年，《多哈部长宣言》授权 CTE 从 2002 年 1 月起正式开始“贸易与环境”问题

① 如《卫生与检验检疫措施协定（SPS）》、《与贸易有关的知识产权协定（TRIPS）》、《农产品协定》等。

的谈判。贸易与环境问题的核心在于协调自由贸易和环境保护，既要防止以环境保护为幌子的贸易保护主义，又要保护环境。但如何把握二者之间的度，是国际社会多年来面对的难题。2003 年坎昆会议也没有在贸易与环境问题上取得实质性进展。

二、中国的贸易发展与环境变化状况

（一）中国的贸易增长与能源消耗和主要污染物排放状况

1. 货物贸易增长

20 世纪六七十年代以来，经济全球化进程迅速。不少国家通过贸易获得了经济上的巨大发展。例如，同为东亚国家的日本，在第二次世界大战后确定了贸易立国的经济发展战略，并成功地通过这一战略的实施而取得了经济上的飞速发展。目前日本的经济总量仅次于美国而位居世界第二。韩国也是在这一时期，抓住机遇，通过贸易而带动了整个国家的经济发展，并于 1996 年加入有所谓富国俱乐部之称的 OECD 组织。

而由于种种原因，中国 1978 年才开始全面实施对外开放的基本国策，并逐渐融入世界经济体系。到目前为止，中国的开放政策已经执行了 30 年。在这一过程中，中国的对外贸易取得了长足发展，并为中国的经济发展作出了巨大贡献。

从货物贸易总额的增长来看，据《中国统计年鉴 2007》的数据，中国的出口总额已从 1978 年的 167.6 亿元增加至 2006 年的 77594.6 亿元，增长了 462 倍，年均增长 124.51%。进口总额从 1978 年的 197.4 亿元增加至 2006 年的 63376.86 亿元，增长了 338 倍，年均增长 123.12%。而 2001 年底加入 WTO 后，中国的贸易额增长速度进一步加快。出口总额年均增长达到 128.64%，进口总额年均增长达到 125.75%，均明显高于 1978~2001 年的增长速度（如图 13-1 上图所示）。

1978~2006 年，中国的货物出口总额占 GDP 的比重整体上也持续增加（如图 13-1 下图所示）。据《中国统计年鉴 2007》的数据估算，其中，改革开放初期货物出口总额占 GDP 的比重上升很快，从 1978 年的 4.60%上升到 1990 年的 15.99%，上升了约 11 个百分点。而 20 世纪 90 年代这一比重呈现波动上升的趋势，到 2001 年时达到 20.09%，只上升了 4 个百分点。但中国“入世”以来，这一比重又急剧上升，到 2006 年时已达到 36.80%，短短 5 年内上升幅度超过 16 个百分点。

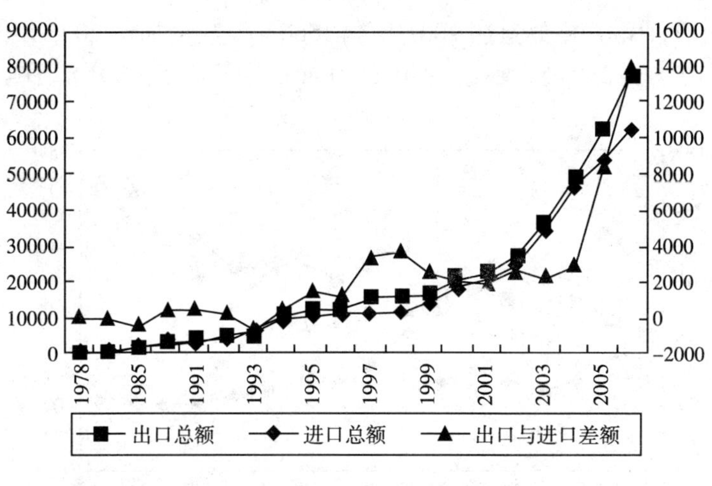

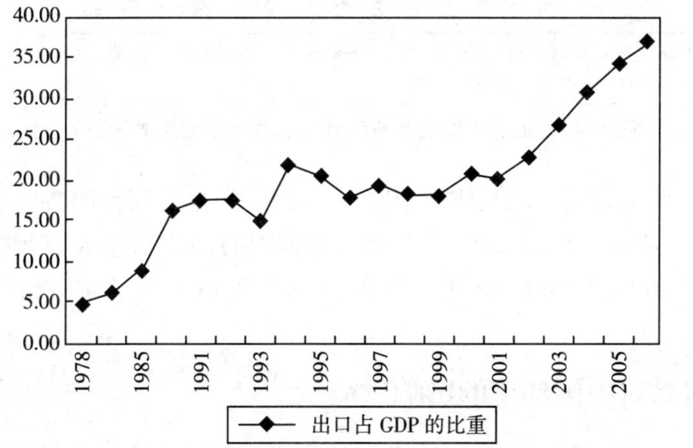

图 13–1　历年中国货物进出口总额（亿元）、出口占 GDP 比重（%）

从货物进出口差额来看，改革开放初期，中国的货物出口总额与进口总额基本保持平衡。虽然时而表现为顺差，时而表现为逆差，但进出口差额并不大。而从 1994 年以来，中国的货物出口总额始终高于进口总额，货物贸易一直表现为顺差。尤其是 2004 年以来，中国的货物贸易顺差急剧增加（如图 13–1 所示），2006 年时已经达到 14217.73 亿元，约占当年 GDP 的 6.74%。

2. 一次能源消耗和主要污染物排放量变化

在对外开放程度不断扩大，对外贸易额不断增长的同时，中国工业部门的一次能源消耗量也持续增加（如图 13–2 所示）。尤其是“入世”以来，中国工业部门的一次能源消耗增长更快，已经从 2001 年的 92347 万吨标准煤增加至 2006 年的 175137 万吨标准煤，增加了将近一倍。与此同时，工业废气排放量也从 2001 年的 160863 亿立方米增加至 2006 年的 330992 亿立方米，增加了一倍多。其中工业 SO_2 排放量从 2001 年的 1566.6 万吨增加至 2006 年的 2234.8 万吨，增长了 668.2 万吨，超过 1990~2001 年的增长幅度（501.8 万吨）。

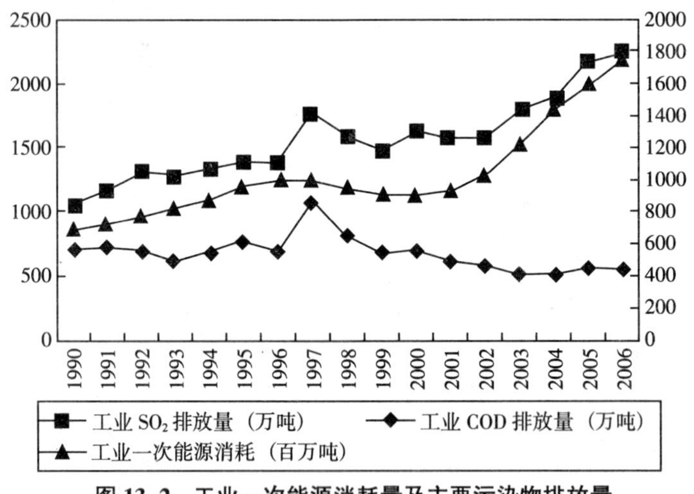

图 13-2　工业一次能源消耗量及主要污染物排放量

而工业 COD 排放量的变化趋势则有所不同。根据可获得的数据来看，除 1997 年和 1998 年外，1990~2006 年中国工业部门的 COD 排放量呈现下降的变化态势，下降幅度达到 166.5 万吨，2006 年的工业 COD 排放量约相当于 1990 年的 3/4。

（二）贸易对中国环境的影响途径

从中国的贸易总额变化态势和工业一次能源消耗及主要污染物排放量的变化态势来看，似乎不容易直接发现它们之间存在高度相关性。例如，工业一次能源和 SO_2 排放量基本上持续增加，而 COD 排放量则总体上下降。因而，仅就这几个变量的变化特点分析，恐怕不能直接得出贸易改善或恶化中国生态环境的结论。而事实上这也正反映了贸易对环境产生影响的复杂性（见第一部分）。

第一，不可否认的是，中国在对外开放的过程中，存在大量环境受到破坏的问题。例如，沿海地区从美国、日本、西欧、中国香港等 20 多个国家和地区，进口大量旧船拆废钢，使油污、船锈以及电焊等污染物直接排入滩涂、江海中，给人工养殖带来严重危害。我国每年从国外进口废金属、废纸等废旧物质，如果管理不善也会导致“洋垃圾”入境。① 而这些问题的发生则与人们追求

① 《环境问题：入世后的外贸焦点——访国家环保总局副局长王玉庆》，《科技日报》，2001-11-12。

短期经济利益、缺乏环境意识有密切关系，与中国环境管制不力（包括法律法规不健全以及执法不严）有密切关系，当然也在很大程度上与中国经济的发展水平密切相关（郑玉歆等，2005）。

第二，贸易对中国环境影响的配置效应明显。自改革开放以来，中国的GDP能源强度快速下降。这在一定程度上反映了贸易对中国环境的配置效应。因为从21世纪初叶起，中国开始进入有史以来人口、环境、资源"通道"最狭窄时期，国际贸易规模的扩大使中国得以利用国内国际两个市场的资源。中国的能源、木材、粮食大量进口，对缓解中国资源供应紧张以及生态环境的压力发挥了重要作用。同时，竞争压力也迫使中国企业减少资源消耗、提高资源的使用效率，以降低成本。这些对中国环境的改善都会产生积极影响（郑玉歆等，2005）。例如，1996~2000年尽管中国的出口总额和GDP增长迅速，但中国的一次能源消耗总量及SO_2排放量则呈现缓慢下降的趋势（如图13-2所示）。

另外，中国出口产品中有不少属于资源密集型或其生产和加工方法对环境有害，这部分贸易对中国环境的影响是负面的。例如，中国的对外贸易在20世纪80年代以前，基本没有考虑或很少考虑贸易对环境的影响。由于大量出口矿产品、农产品和畜牧产品，致使局部地区自然资源锐减、生态环境恶化。如有色金属矿钨、锡、锑、稀土及其他稀有金属的出口，都曾不同程度地导致这些矿产资源乱挖滥采；矿物的土法选炼释放出大量有毒和放射性物质，严重污染环境；石材的出口造成景观的破坏和水土流失等等。近年来，一些出口企业又盲目收购发菜、山野菜、药材等野生植物，致使大批农民拥向内蒙古草原，乱挖滥采，加速了草原沙化。甘草的出口也造成类似问题。羊绒出口量的扩大，导致过度放牧和生态环境的破坏。为了出口创汇，一些企业生产和出口的产品是发达国家因污染严重不愿意生产的产品，结果造成"把产品输往国外，把污染留在家乡"。①

而"入世"以来，部分高耗能高污染产品的出口规模仍在不断增大（如表13-2所示）。在非金属矿物制品中，水泥、混凝土或人造石制品由2001年的165.39万吨增加至2007年的243.24万吨；陶瓷产品由239.11万吨增加至541.98万吨；玻璃及其制品由103.52万吨增加至548.56万吨。在贱金属及其制品中，钢铁出口的增长幅度和增长速度最为突出，由2001年的808.79万吨增加至2007年的6186.09万吨，增加了6.65倍。钢铁制品出口的增长也非常迅速，从2001年的613.95万吨增加至2007年的2870.23万吨，增加了3.68倍。另外，铝及其制品出口的增长速度也较快，从2001年的75.11万吨增加至2007年的351.61万吨，也增加了3.68倍。这些高耗能高污染产品出口的迅

① 《环境问题：入世后的外贸焦点——访国家环保总局副局长王玉庆》，《科技日报》，2001-11-12。

速扩张是近年来中国一次能源消耗量急剧上升和相关污染物排放不断增加的重要影响因素之一。

表 13-2 部分高耗能高污染产品出口情况（万吨）

	2001 年	2002 年	2003 年	2004 年	2005 年	2006 年	2007 年
水泥、混凝土或人造石制品	165.39	187.76	206.56	214.36	253.26	227.57	243.24
陶瓷产品	239.11	291.08	348.62	428.68	501.68	561.33	541.98
玻璃及其制品	103.52	152.74	207.95	292.64	360.83	429.65	548.56
钢铁	808.79	710.68	899.97	2145.16	2762.44	4760.87	6186.09
钢铁制品	613.95	738.84	917.49	1180.43	1549.15	2213.31	2870.23
铝及其制品	75.11	124.13	186.55	252.92	258.15	315.83	351.61

注：数据来源于《中国海关统计年鉴》。

第三，贸易对中国环境影响的规模效应和收入效应明显。中国实施对外开放政策，极大地促进了国民经济的快速增长。而中国环境状况则是局部改善、总体恶化。由此可见，中国目前正处于污染程度随经济规模扩大而加重的阶段。这是因为经济规模的扩大会消耗更多的原料和能源，而环保能力提高的速度赶不上由此带来的污染加重的速度。显然，贸易带来的经济规模扩大的这部分环境影响存在一定的负面效应。不过，随着人民生活水平的提高、环保意识的增强，对环境质量有了更高的要求。经济实力的增强使中国有能力在环境保护上进行更多的投入。“十五”期间，中央财政安排环境保护资金 1119 亿元人民币，其中，国债资金安排 1083 亿元人民币，主要用于京津风沙源治理、天然林保护工程、退耕还林（草）工程、三峡库区及其上游地区水污染治理、“三河三湖”污染治理、污水、垃圾产业化及中水回用工程等。[①] 近年来，中国在环境保护中的投入以快于经济增长的速度不断增加，2006 年已经达到 2566 亿元。环保投入占 GDP 的比重由 1980 年的 0.4%增加到 1995 年的 0.8%、2006 年的 1.22%，其中 2005 年甚至达到了 1.40%。可见，GDP 的增长会显著促进环保投入。当然，促进的程度与政府的财政状况和政府对环境规制的力度有关（郑玉歆等，2005）。

第四，经济全球化对中国环境影响的结构效应显著。改革开放在给中国经济带来快速发展的同时，中国的产业结构也发生了很大变化。中国第三产业的国内生产值在 GDP 中的比重已经由 1978 年的 23.94%上升为 2006 年的 39.35%。这说明中国服务业始终以高于经济增长的速度发展。这些是中国环境出现局部改善的重要原因。不过“入世”以来，第三产业的比重则没有出现进

① 参见《中国的环境保护（1996~2005）白皮书》。

一步的上升，甚至还略有下降。而改革开放以来，工业的国内生产值在 GDP 中的比重则几乎没有什么变化：1978 年时为 44.09%，2001 年下降到 39.74%，而“入世”以来又逐渐回升，2006 年达到 43.30%。而且，工业内部重工业的比重由 1978 年的 56.9%上升到 2006 年的 70.0%。因而，经济全球化对中国环境影响的结构效应到底是积极的还是负面的，这还需要进一步分析。

第五，贸易促进了国外环保技术和产品在中国的扩散。在中国，尽管资源的使用效率相对于发达国家仍然较低，但是提高速度相当快，这与改革开放以来，中国从国外引进大量有利于环境的技术、装备和管理有密切关系。一些跨国公司，坚持全球环境标准，在全球范围使用统一标准的技术和管理实践。显然，这有利于发展中国家的环境保护。但贸易也可能会带来有害的、环境不友好的技术的传播。一些调查和新闻报道显示，也有一些跨国公司在健康、环境上采用多重标准，在其本土国家采用先进的技术和管理标准，而在中国使用低效、过时的技术。

第六，改革开放以来，尤其是近几年来，中国政府对贸易的环境影响问题日益重视，制定大量环境法律法规和政策措施，大大加强了中国的环境规制。1996 年以来，国家制定或修订了包括水污染防治、海洋环境保护、大气污染防治、环境噪声污染防治、固体废物污染环境防治、环境影响评价、放射性污染防治等环境保护法律，以及水、清洁生产、可再生能源、农业、草原和畜牧等与环境保护关系密切的法律；国务院制定或修订了《建设项目环境保护管理条例》、《水污染防治法实施细则》、《危险化学品安全管理条例》、《排污费征收使用管理条例》、《危险废物经营许可证管理办法》、《野生植物保护条例》、《农业转基因生物安全管理条例》等 50 余项行政法规；发布了《关于落实科学发展观加强环境保护的决定》、《关于加快发展循环经济的若干意见》、《关于做好建设资源节约型社会近期工作的通知》等法规性文件。国务院有关部门、地方人民代表大会和地方人民政府依照职权，为实施国家环境保护法律和行政法规，制定和颁布了规章和地方法规 660 余件。同时，中国还参加了《联合国气候变化框架公约》及其《京都议定书》、《关于消耗臭氧层物质的蒙特利尔议定书》、《关于在国际贸易中对某些危险化学品和农药采用事先知情同意程序的鹿特丹公约》、《关于持久性有机污染物的斯德哥尔摩公约》、《生物多样性公约》、《生物多样性公约〈卡塔赫纳生物安全议定书〉》和《联合国防治荒漠化公约》等 50 多项涉及环境保护的国际条约，并积极履行这些条约规定的义务。[①]

正是这一系列针对实施对外开放战略中环境问题的政策法规的出台，外商投资带来的污染转移问题已经明显缓解（郑玉歆等，2005）。而目前，针对环

① 参见《中国的环境保护（1996~2005）白皮书》。

境保护问题，中国政府正在积极加快实现“三个转变”：一是从重经济增长轻环境保护转变为保护环境与经济增长并重；二是从环境保护滞后于经济发展转变为环境保护和经济发展同步；三是从主要用行政办法保护环境转变为综合运用法律、经济、技术和必要的行政办法解决环境问题。党的十七大报告也明确提出，要“建设生态文明，基本形成节约能源资源和保护生态环境的产业结构、增长方式、消费模式。循环经济形成较大规模，可再生能源比重显著上升。主要污染物排放得到有效控制，生态环境质量明显改善”。相信这些举措将大大促进中国在融入经济全球化，促进经济发展的同时，也将大大促进中国的环境保护，显著改善中国的环境质量。

三、贸易对中国环境影响的测度

上一部分回顾了中国自改革开放以来对外贸易的增长，能源消耗和环境污染的变化，以及贸易对中国资源消耗和环境的影响途径。那么贸易对中国能耗和污染排放的贡献到底有多大？改革开放以来贸易对中国能耗和相关环境的影响发生了怎样的变化？这些变化主要是贸易的规模扩张、贸易部门的技术变化还是贸易产品的结构变化带来的？应当如何看待和应对贸易对中国能耗和相关环境造成的影响？弄清楚这些问题对于相关政策制定者、研究者客观认识贸易对中国能耗和环境的影响，并制定相关的政策措施有着重要的参考价值。而这些正是这部分要解决的问题。

（一）如何测度贸易的环境影响

1. 文献回顾

对贸易所造成的环境影响进行测度的研究始于20世纪90年代。Lee和Roland-Holst（1993）提出了“贸易含污量”（Embodied Effluent Trade，EET）概念用以表征一国为生产出口产品所耗费的资源。上述概念在后来的相关研究中得到了广泛的应用，如Wyckoff和Roop（1994）、Antweiler（1996）、Lee和Roland-Holst（2000）、Peters和Hertwich（2005）、Peters和Hertwich（2006），等等。

由于全球气候变暖问题的日益凸显，贸易对能耗及相关污染物排放的影响引起了研究者广泛关注。因而大多数关于贸易含污量的研究都是针对贸易对能耗和CO_2影响的。这些研究中贸易含污量主要用贸易含能量（Energy Embodied in Trade）和贸易含碳量（Carbon Embodied in Trade）表示。具体研究时，研究者多是以某一或某些国家或地区为出发点。

其中，Wyckoff 和 Roop（1994）发现 20 世纪 80 年代中期六个最大的 OECD 国家进口的工业制造品含碳量占其碳排放总量的 13%，其中法国更是高达 40%。他们认为，随着《京都议定书》的签署，有温室气体减排放任务的国家可能通过从无减排义务国家增加商品进口，并减少本国生产，从而完成自己的减排任务。因而贸易的增加可能造成“碳泄漏”（carbon leakage），并导致全球温室气体排放的不断增加。

Ahmed 和 Wyckoff（2003）采用所谓“保守性”（Conservative）假定进行研究，其结果表明无论是绝对量还是相对量，20 世纪 90 年代中后期 OECD 国家的贸易含碳量都非常显著，例如瑞典进口和出口含碳量相当于其 CO_2 排放总量的 50%。美国进口含碳量约占全球 CO_2 排放总量的 2.5%。Peters 和 Hertwich（2005）通过计算发现挪威 72%的 CO_2 排放是其出口引起的，而出口对挪威的国内总产出的贡献只有 38%，因而挪威出口部门的 CO_2 密集程度比其他部门高得多。Peters 和 Hertwich（2006）利用多国投入产出模型的进一步分析发现，挪威的进口含碳量相当于其 CO_2 排放总量的 67%。

在有关贸易含污量的测算中，绝大多数案例都是发达国家。近来一些研究发展中国家的案例也开始出现，如 Machado（2001）估计 1995 年巴西每美元出口额所含的能源和 CO_2 分别比每美元进口额高 40%和 50%，而 Mukhopadhyay（2006）也发现泰国与 OECD 国家的贸易中出口商品的含污量明显高于进口商品的含污量，并认为泰国的环境贸易条件不令人乐观。不过关于发展中国家的案例研究还显得很不足。

国内关于贸易与环境问题研究主要是检验或模拟贸易与环境污染的相关关系（如，张连众等，2003；郑玉歆等，2005；许士春，2006），只有很少几项研究涉及贸易所引起的生态或环境压力的定量测算。其中，陈丽萍等（2005），李刚（2005）分别计算了中国对外贸易中生态足迹和物质流的输入输出量。马涛等（2005）计算了工业品在国际贸易中的污染足迹。彭海珍（2006）直接用产业污染密度及其进出口值的乘积衡量其贸易含污量。最近比较有代表性的研究是沈利生（2007），他利用投入产出模型测算了 2002~2005 年我国货物出口、货物进口对能源消费的影响。其结果表明，进口产品的省能多于出口产品的耗能。

2. 贸易含污量的测度模型

生产中的资源消耗和污染物排放是伴随着经济活动而不可避免地发生的。我们可以把经济活动简单地分为供给和需求两个方面。在一定程度上，可以认为正是需求带动了供给，并引发了生产、流通等一系列供给方面的经济活动。因此，尽管大量的 CO_2 排放产生于生产和流通环节，但导致这些污染物产生的诱因则是最终需求（Munksgaard 和 Pedersen，2001）。而通常我们可以把最终需求划分为消费、资本形成和出口。正如我们可以把消费、投资和出口看成是经济增长的“三驾马车”一样，我们也可以把这三者看成是能耗和相关 CO_2 排放的“引擎”。

为了衡量贸易对资源、环境的影响，Lee 和 Roland-Holst（1993）提出了“贸易含污量（Embodied Effluent Trade，EET）”的概念。他们先定义部门污染产出指数：

$$e_i = \frac{\varepsilon_i}{\sum \varepsilon_i q_i}$$

式中，ε_i 表示美国制造部门中部门 i 的 AHTL（Acute Human Health and Terrestrial Ecotoxicity）产出排污率，q_i 表示部门 i 的产出在国内总产出中的比重。于是得到进口产品的含污量指数定义为：

$$E_m = \sum m_i e_i$$

式中，$m_i = M_i / \sum M_i$，M_i 是部门 i 的进口量，M 是总进口量。同理，出口产品的含污量指数定义为：

$$E_m = \sum x_i e_i$$

贸易含污量的净出口指数为：

$$E_x - E_m$$

用上述贸易含污量概念来衡量贸易对资源、环境的影响非常简洁明了。但是，由于各种经济活动有着广泛的、直接或间接的联系，生产某种贸易产品不仅会直接消耗资源并产生相关的污染排放，同时为了生产这种贸易产品还必须生产其他用于该产品生产的相关中间产品，因而生产这种贸易产品还会产生间接的资源消耗和污染排放。所以 Lee 和 Roland-Holst（1993）提出的概念/方法虽然简洁明了，但他们在具体计算贸易含污量时却忽略了贸易活动与国民经济活动的相互影响，没有考虑贸易的间接环境影响，不能全面度量贸易的含污量。

为了将贸易间接引起的那些污染也考虑近来以全面衡量出口含污量，必须将贸易对经济活动的影响机制与污染的产生结合起来考虑。这需要用系统的经济分析方法或模型，而作为国民经济核算基础的投入产出分析方法无疑是一个合适的选择。正因为如此，投入产出分析也就成为目前研究贸易对环境影响的主流方法。

事实上 20 世纪 70 年代以来，在有关经济与环境问题的研究中投入产出分析方法得到了广泛的应用。一些文献详细阐述了应用投入产出分析方法研究贸易污量的相关理论和技术（如 Lenzen 等，2004；Peters 和 Hertwich，2005）。尽管不同的研究者开发的模型之间存在重大的差异，但他们都遵循投入产出方法的一般假定，主要包括同质性假定、投入产品间的完全不可替代假定、投入产出比例固定的生产方程假定等（刘起运等，2006）。

投入产出模型的核心是投入产出系数矩阵 A，它的每一列代表了一个经济部门的投入产出“技术”。补充型投入产出表的系数矩阵 A 可以拆分成两部分 A^d 和 A^{im}，分别用来表示部门间产品投入要求中的国产品和进口品技术系数，即 $A = A^d + A^{im}$。令生产部门中 r 种资源消耗量或污染物排放量构成 $r \times 1$ 向量 Q，其元素 Q_i 表示第 i 种资源消耗总量或污染物的排放总量；国民经济各部门的总产出（共 m 个）构成 $m \times 1$ 总产出向量 X，其元素 X_i 表示部门 i 的总产出；各部门国内产品或服务的最终使用量构成最终使用向量 F。

各部门单位货币价值产出的资源消耗量或污染排放量，即直接资源消耗或污染排放系数构成 $r \times m$ 矩阵 Ω，其元素 ω_{ij} 表示部门 i 的单位产出直接消耗的资源量或产生的污染排放量。[①] 则根据投入产出模型的基本原理有：

$$Q = \Omega X = \Omega (I-A^d)^{-1} F \tag{1}$$

式中，$(I - A^d)^{-1}$ 就是 Leontief 逆矩阵，它反映了各个部门最终使用对其他部门产品的完全消耗情况。而 $\Omega (I - A^d)^{-1}$ 则可以理解为各部门最终产品的完全（包括直接和间接）资源消耗或污染系数向量。令它的第 i 个元素为 ξ_{ij}，则 ξ_{ij} 表示第 i 个部门单位货币价值最终产品完全消耗的第 j 种资源或产生的第 j 种污染排放量。

1. 出口含污量

令国产品或服务的出口构成 $m \times 1$ 出口向量 E，本部分将 E 引起的资源消耗或污染排放定义为出口含污量，即：

$$Q_E = \Omega (I - A^d)^{-1} E \tag{2}$$

Q_E 为 $r \times 1$ 向量，其元素 Q_{Ei} 表示国内产品或服务总出口引起的第 i 种污染物的排放总量。

2. 进口含污量

由于进口产品的间接消耗发生在国外，而各国的产业结构和技术水平有差别，这意味着进口产品与国内产品的资源密集程度和污染物密集程度是存在差异的。如果知道进口产品来源国的投入产出关系系数、资源消耗系数和污染排放系数，这将使进口含碳量的计算更加准确。但受数据限制，一般的研究都普遍假设进口产品是按进口国的技术生产的，即 $A^d = A^{im}$。显然这与实际情况有差异，有可能会使测算的结果产生一定的偏差。不过，如果把进口的环境影响理解为节约本国的能源消耗和减少本国的污染排放，则这样的处理方式也是合理的。因而，令 $m \times 1$ 进口品向量为 M，就可得到进口含污量为：

$$Q_M = \Omega (I - A^d)^{-1} M \tag{3}$$

---

① 在研究环境与经济相关问题时，一般可以假定污染排放与投入成比例（Beghin 等，1996），也可以假定污染排放与产出成比例（Perman 等，2002；Copeland 等，2004）。

Q_M 为 r×1 向量，它反映了中国通过进口世界其他国家所生产的这些产品而节约的环境代价。其元素 Q_{Mi} 表示总进口节约的第 i 种污染物的排放总量。

3. 净贸易含污量

在上述基础上，本部分定义净贸易含污量 Q_N 为出口含污量和进口含污量的差，即：

$$Q_N = Q_E - Q_M = \Omega(I - A^d)^{-1}(E - M) \tag{4}$$

显然，Q_N 也是 r×1 向量，其元素 Q_{Ni} 表示第 i 种污染物的出口含污量与进口含污量之差。

4. 环境贸易条件

在贸易研究中人们经常用贸易条件来衡量一个国家在贸易中的比较优势。Antweiler（1996）参照上述概念提出了环境贸易条件（The Pollution Terms of Trade），根据他的定义，环境贸易条件即单位货币价值的出口额所含的污染量与单位货币价值的进口额所含的污染量之比。我们依 Antweiler（1996）的定义可得到第 i 种资源或污染物的贸易条件：

$$PTT_i = \frac{Q_{Ei}/EX}{Q_{Mi}/IM} \tag{5}$$

式中，PTT_i 就是第 i 种资源或污染物的贸易条件，EX 为当期出口总额，IM 为当期进口总额。显然，如果一个国家某种资源或污染物的贸易条件大于 1，则该国在该资源或污染物质方面的贸易条件是不利的，因为这意味着这个国家在对外贸易中出口单位价值产品或服务所消耗的资源或排放的污染要多于同等价值进口产品或服务所包含的资源或污染。

（二）数据处理

1. 可比价格投入产出表及其延长表（2003~2006 年）的编制

投入产出分析需要大量的数据支持，其中最主要的数据是官方公布的投入产出表。主要由于数据限制，有关贸易含污量的实证分析大多都是建立在单个国家投入产出表的基础上的（Peters 和 Hertwich，2006）。本部分的分析也以中国的投入产出表为基础。从 1987 年起，中国官方每隔五年公布一张投入产出基本表，逢 0、5 年份公布基本表的延长表。最近公布的是 2002 年的投入产出基本表，包括 42 个部门的基本表和 122 个部门的基本表。

考虑到一次能源数据及污染数据的限制，本部分将经济系统划分为 26 个部门（如表 13-3 所示）。为了分析贸易增长的环境影响，需要对不同年份的贸易量和贸易含污量进行对比，因此，本部分首先以 1987、1992 和 2002 年的投入产出基本表为基础，通过合并分拆方法得到 26 部门的投入产出基本表。考虑到不同年份价格的不可比，本部分利用官方公布的各种价格指数将 1987 年和 1992 年的投入产出表转化为以 2002 年的价格为基准核算的可比价投入产出表。

表 13–3　投入产出表基本部门划分

代码	行业名	代码	行业名	代码	行业名
1	农业	10	造纸印刷及文教用品制造业	19	通信设备、计算机及其他电子设备制造业
2	煤炭开采和洗选业	11	石油加工、炼焦、核燃料及煤气加工业	20	仪器仪表及文化办公用机械制造业
3	石油和天然气开采业	12	化学工业	21	其他工业
4	金属矿采选业	13	非金属矿物制品业	22	电力、热力的生产和供应业
5	非金属矿采选业	14	金属冶炼及压延加工业	23	建筑业
6	食品制造及烟草加工业	15	金属制品业	24	交通运输仓储及邮电业
7	纺织业	16	通用、专用设备制造业	25	批发和零售贸易/住宿和餐饮业
8	服装皮革羽绒及其制品业	17	交通运输设备制造业	26	非物质生产部门
9	木材加工及家具制造业	18	电气、机械及器材制造业		

为了对最近几年来贸易的环境影响进行比较可靠的定量分析，本章以上述 2002 年 26 个部门的投入产出基本表为基础，应用 RAS 方法得到了 2003~2006 年的投入产出延长表。延长表编制过程中所用到的各部门增加值数据、除出口以外的各种最终使用数据来源于历年《中国统计年鉴》、《中国工业统计年报》；总产出数据是将各部门总产值按一定系数转换而来，因为投入产出分析中的总产出不仅包含总产值还包含增值税。农业和工业各部门进出口数据根据中国海关公布的 22 类 98 章产品进出口额按一定的比例转换而来，[①] 而服务业的进出口数据则来自《国际收支平衡表》。当然，为了得到以 2002 年价格计算的可比价格投入产出延长表，上述基本数据都按官方的各类价格指数进行了平减。

2. 补充型投入产出表的编制

在中国，常见的投入产出表一般是开放型的投入产出表，例如中国国家统计局历年所公布的投入产出表即这种类型。在这样的表中，中间使用和最终使用实际都是国内产品和进口产品的合成品。各部门的进口总量形成单独的一列，代表中间使用和最终使用中的进口产品，并被视为负的产出。为了避免夸大各种最终使用的环境影响，本部分需要区分国内产品和进口产品的投入产出表，即补充型的投入产出表。

为了得到这种投入产出表，需要将进口分摊到各类中间投入和最终需求

① 中国国家统计局和一些学者（如沈利生，2007）也采用类似的方法将进出口产品数据转化为部门数据。

（包括出口）中。本部分采取的方法如下：首先确定出口中包含的进口产品。中国海关公布的产品贸易数据按贸易方式可以分为一般贸易、进口加工贸易、保税仓库进出境货物、保税仓储转口贸易等 19 个类别。其中，保税管理下的货物进境后主要用于临时储存或加工出口产品，原则上复出口前并不投入境内的经济循环，对国内经济基本上不产生冲击。因此，以保税仓库进出境货物和保税仓储转口贸易出口的产品主要是未经过国内经济循环的进口产品，这部分出口产品价值应从出口总值中抵减，以免夸大出口的经济环境影响。①

其次，由于以保税仓库进出境货物、保税仓储转口贸易两种方式进口的产品在未经海关最终核定前不会进入国内经济体系，因而在考虑进口产品的环境影响时，不应当将这部分进口产品考虑在内，以免夸大进口对本国经济环境的影响。因而其价值应当从进口中抵减。

再次，从固定资产形成中抵减加工贸易进口设备、外商投资企业作为投资进口的设备、物品以及出口加工区进口设备的价值，因为以上述方式进口的产品主要是投资品，居民和政府一般不会消费这类进口品。

最后，将扣除了上述保税进口产品价值和设备类进口产品价值的其余进口产品价值，采取按比例拆分的方法② 分摊到中间使用和最终使用中（不包括出口）进行抵减。

3. 一次能源、SO_2 和 COD 排放数据

本章中各部门一次能源消耗数据来自历年《中国能源统计年鉴》，污染排放数据来自历年《中国环境统计年鉴》。需要说明的是，中国官方公布的 SO_2 和 COD 排放数据主要包括两部分：工业排放的污染物和生活排放的污染物。而其中公布的各工业行业污染物排放数据并非全部企业污染物排放数据。行业数据的累加值只有工业污染排放总量的 85%左右。另外 15%左右的工业污染难以找到其污染来源。对这部分工业污染的归属，本部分采取的方法是以各工业行业一次能源消耗量为权重进行分摊。而生活排放的污染物实际上包含服务业排放的污染物，对这部分污染物的归属，本部分也根据生活部门及各服务行业一次能源的消耗量进行分摊。另外，由于官方公布的分行业污染排放数据最早是 1993 年的数据，因此对于 1987 年和 1992 年的 SO_2 和 COD 排放数我们根据

---

① 尹敬东（2007）在分析贸易对经济增长的贡献时认为，来料加工、来样装配和进料加工部分的进口品主要是为出口服务，应从出口中扣除。同时，保税仓库和保税区仓储转口贸易多属于转口贸易，其中的进口品也从出口中扣减。本部分认为以上述贸易方式进口的产品经过了国内加工然后出口，它们可被当作参与了生产过程的进口中间产品看待，从投入产出分析的角度看，不应从出口中扣减。而保税仓库和保税区仓储转口贸易中的进口并没有完全通过转口贸易方式出口，不能全部从出口中扣减，只有其中的出口部分才应该从出口总额中扣减。且这部分进口品原则上没有参与国内经济活动，在估算进口的环境影响时，不应考虑。

② 其他一些学者也采取这样的方法分解进口，如陈锡康（2002）和沈利生（2007）。

1993 年的数据进行估计。具体方法是假定 1987 年和 1992 年污染物排放与一次能源的比值和 1993 年一样。

4. CO_2 排放数据

而各行业 CO_2 的排放数据也没有现成的官方统计数据可用，只能进行估计。根据国内外相关研究来看，IPCC 提出的 CO_2 排放估算框架及相关能源 CO_2 排放强度系数都具有权威性。但由于中国官方统计部门或能源部门提供的能源消费数据并不完全满足 IPCC 估算方法的要求，因此需要根据数据的可获得性适当修改 IPCC 的估算方法。本部分在估计历年的 CO_2 排放量时，采用的各种燃料平均热值数据来自《中国能源统计年鉴 2005》；碳排放系数来自 IPCC 排放清单指南（"Revised 1996 IPCC Guidelines for National Greenhouse Gas Inventories：Workbook"）。

为了避免重复计算，本章将所有部门划分成两类：能源转换部门（电力及热供应，炼焦、炼油、制气过程以及煤炭的洗选损耗）和能耗终端部门。能源转换部门的 CO_2 排放主要计算生产电力和热力的一次能源投入产生的 CO_2 排放量。而炼焦、炼油和制气过程以及煤炭的洗选损耗中发生的 CO_2 排放量忽略不计，因为这些过程主要是物理过程，理论上可以假定没有 CO_2 产生。这些过程中转换得到的能源产品在终端消费时产生的 CO_2 排放量将被计入相应部门的 CO_2 排放总量。而各个能源终端消耗部门的 CO_2 排放则是以相应部门终端消耗的燃料为基础估算的 CO_2 排放量，其中扣除了用于原料和材料的能源所固化的 CO_2 量。所采用的能源碳排放强度数据及平均低位热值数据见附录。

（三）贸易的环境影响及其变化

根据第二部分给出的模型框架，本部分测算了 1987~2006 年中国的贸易污量，在此基础上分析了中国的环境贸易条件，并进一步分析了中国贸易含污量变化的规模效应、结构效应和技术效应。

1. 完全污染强度系数与直接污染强度系数的差异

首先需要指出的是，根据本章方法估算的各行业产出所对应的完全污染强度系数与不考虑间接污染的直接污染强度系数存在较大的差别。下面，本章以 2002 年为例对此予以说明。

2002 年一次能源完全消耗强度系数与直接消耗强度系数的相对差异最大的是纺织业（行业代号为 7）。其一次能源完全消耗系数为 0.0083 Mtce /亿元，而一次能源直接消耗系数只有 0.0002 Mtce /亿元（如表 13-4 所示），前者是后者的 41.50 倍。一次能源完全消耗强度系数与直接消耗强度系数的相对差异最小的是电力、热力的生产和供应业（行业代号为 22）。其一次能源完全消耗系数为 0.0806 Mtce /亿元，而一次能源直接消耗系数只有 0.0735 Mtce /亿元（如

表 13-4 所示)，前者是后者的 1.10 倍。这意味着纺织业间接引起的一次能源消耗远远超过其直接消耗的一次能源；而电力、热力的生产和供应业间接引起的一次能源消耗则与其直接消耗的一次能源相差不大。

表 13-4　2002 年行业产出的完全污染强度系数与直接污染强度系数比较

行业代码	一次能源 (Mtce/亿元)		CO_2 (Mt-c/亿元)		SO_2 (10^4t/亿元)		COD (10^4t/亿元)	
	完全	直接	完全	直接	完全	直接	完全	直接
1	0.0073	0.0013	0.0037	0.0008	0.0069	0.0018	0.0021	0.0000
2	0.0133	0.0035	0.0102	0.0028	0.0169	0.0046	0.0038	0.0019
3	0.0130	0.0068	0.0084	0.0037	0.0087	0.0010	0.0019	0.0007
4	0.0140	0.0010	0.0110	0.0011	0.0224	0.0060	0.0041	0.0019
5	0.0105	0.0014	0.0081	0.0015	0.0150	0.0043	0.0040	0.0015
6	0.0315	0.0219	0.0047	0.0009	0.0098	0.0027	0.0113	0.0074
7	0.0083	0.0002	0.0061	0.0008	0.0092	0.0002	0.0069	0.0029
8	0.0094	0.0016	0.0046	0.0002	0.0114	0.0036	0.0058	0.0011
9	0.0089	0.0006	0.0058	0.0004	0.0111	0.0013	0.0037	0.0005
10	0.0095	0.0014	0.0064	0.0011	0.0155	0.0050	0.0326	0.0233
11	0.0103	0.0004	0.0123	0.0053	0.0094	0.0005	0.0030	0.0010
12	0.0191	0.0064	0.0089	0.0012	0.0204	0.0061	0.0080	0.0037
13	0.0113	0.0003	0.0183	0.0095	0.0139	0.0002	0.0048	0.0012
14	0.0203	0.0063	0.0185	0.0068	0.0306	0.0115	0.0041	0.0012
15	0.0139	0.0011	0.0110	0.0005	0.0296	0.0112	0.0032	0.0002
16	0.0100	0.0005	0.0079	0.0005	0.0132	0.0005	0.0031	0.0003
17	0.0088	0.0003	0.0068	0.0004	0.0115	0.0004	0.0030	0.0002
18	0.0107	0.0006	0.0078	0.0002	0.0141	0.0007	0.0038	0.0001
19	0.0060	0.0002	0.0044	0.0001	0.0075	0.0002	0.0025	0.0001
20	0.0083	0.0013	0.0052	0.0002	0.0096	0.0008	0.0038	0.0011
21	0.0091	0.0010	0.0065	0.0007	0.0104	0.0003	0.0033	0.0004
22	0.0806	0.0735	0.0607	0.0553	0.1034	0.0948	0.0031	0.0013
23	0.0095	0.0007	0.0080	0.0004	0.0119	0.0006	0.0053	0.0024
24	0.0101	0.0047	0.0070	0.0028	0.0073	0.0015	0.0046	0.0024
25	0.0075	0.0007	0.0039	0.0004	0.0069	0.0010	0.0056	0.0024
26	0.0053	0.0007	0.0035	0.0004	0.0056	0.0004	0.0052	0.0024

注：作者计算结果。其中农业的直接 COD 排放系数为 0，这是因为没有找到相关的农业部门 COD 排放量数据，因而本章没有考虑农业部门的 COD 排放。

CO_2 完全污染强度系数与直接污染强度系数相对差异最大的是通信设备、计算机及其他电子设备制造业（行业代码为 19）。其 CO_2 完全消耗系数是其 CO_2 直接消耗强度系数的 44.00 倍。而 CO_2 完全污染强度系数与直接污染强度系数相对差异最小的还是电力、热力的生产和供应业。其 CO_2 完全消耗系数是

其 CO_2 直接消耗强度系数的 1.10 倍。

SO_2 完全污染强度系数与直接污染强度系数相对差异最大的是非金属矿物制品业（行业代码为 13）。其 SO_2 完全消耗系数是其 SO_2 直接消耗强度系数的 69.50 倍。而 SO_2 完全污染强度系数与直接污染强度系数相对差异最小的仍然是电力、热力的生产和供应业。其 SO_2 完全消耗系数是其 SO_2 直接消耗强度系数的 1.09 倍。

COD 完全污染强度系数与直接污染强度系数相对差异最大的是电气、机械及器材制造业（行业代码为 18）。其 COD 完全消耗系数是其 COD 直接消耗强度系数的 38.00 倍。而 COD 完全污染强度系数与直接污染强度系数相对差异最小的是造纸印刷及文教用品制造业（行业代码为 10）。其 COD 完全消耗系数是其 COD 直接消耗强度系数的 1.40 倍。要指出的是，上述排序没有包括农业，因为数据限制，本部分没有考虑农业的直接 COD 排放。这样，农业的 COD 直接消耗强度系数被假定为万吨/亿元，而其 COD 完全污染强度系数为 0.0021 万吨/亿元。

上述分析表明，各行业产出所对应的完全污染强度系数与直接污染强度系数确实存在较大的差别。因此，忽略行业产出的间接污染排放或能源消耗，这必然会严重低估行业出口对中国环境的影响。

2. 出口的能源环境影响及其变化

20 世纪 80 年代后期以来，贸易对中国的能耗和主要污染物排放的影响不断增大（如表 13-5 所示）。其中，能源的出口含污量，即出口引致的能源消耗量增长十分迅速，从 1987 年的 95.88 Mtce（百万吨标煤）增加至 2006 年的 750.66 Mtce，增长了将近 7 倍。而“入世”以来（2002~2006 年），能源的出口含污量增长尤为迅猛：4 年时间内共增加了 423.06 Mtce，年均增长 23.03%；分别超过其前 15 年（1987~2002 年）的总增幅 231.72 Mtce 和年均增长速度 8.53%。

表 13-5　贸易含污量：1987~2006 年

	年份	贸易含污量			贸易含污量相当于全国生产部门能耗或污染排放总量的比重（%）		
		出口	进口	净贸易	出口	进口	净贸易
能源消耗（Mtce）	1987	95.88	131.14	-35.26	13.52	18.49	-4.97
	1992	178.87	193.68	-14.82	19.12	20.71	-1.58
	2002	327.60	332.63	-5.04	24.97	25.36	-0.38
	2003	411.20	432.35	-21.15	27.11	28.50	-1.39
	2004	550.48	529.06	21.43	30.26	29.08	1.18
	2005	644.34	534.74	109.60	32.23	26.75	5.48
	2006	750.66	553.77	196.89	33.98	25.07	8.91

续表

	年份	贸易含污量			贸易含污量相当于全国生产部门能耗或污染排放总量的比重（%）		
		出口	进口	净贸易	出口	进口	净贸易
CO_2排放（Mt-c）	1987	51.55	73.95	-22.41	12.40	17.79	-5.39
	1992	113.24	123.74	-10.50	19.40	21.20	-1.80
	2002	205.99	207.73	-1.73	25.07	25.28	-0.21
	2003	260.43	272.74	-12.32	27.11	28.39	-1.28
	2004	343.69	330.76	12.93	30.53	29.38	1.15
	2005	408.96	340.82	68.13	32.55	27.13	5.42
	2006	474.11	349.18	124.94	34.34	25.29	9.05
SO_2排放（10^4t）	1987	118.11	154.66	-36.55	11.48	15.03	-3.55
	1992	230.26	235.44	-5.18	16.63	17.01	-0.37
	2002	351.25	334.05	17.20	24.07	22.89	1.18
	2003	481.25	476.09	5.16	24.63	24.37	0.26
	2004	584.85	543.18	41.67	28.33	26.31	2.02
	2005	708.60	571.76	136.84	30.24	24.40	5.84
	2006	766.68	555.79	210.89	31.95	23.16	8.79
COD排放（10^4t）	1987	108.98	95.47	13.52	17.46	15.30	2.17
	1992	176.98	124.02	52.96	21.26	14.90	6.36
	2002	176.00	124.53	51.48	25.78	18.24	7.54
	2003	182.85	134.12	48.73	27.45	20.13	7.31
	2004	201.67	142.90	58.77	30.47	21.59	8.88
	2005	229.28	143.04	86.24	33.03	20.61	12.43
	2006	233.27	131.79	101.48	34.42	19.45	14.98

注：作者计算结果。

1987~2006年，各污染物的出口含污量也有不同程度的增加。其中，CO_2的出口含污量从51.55 Mt-c（百万吨碳当量）增加到474.11 Mt-c，增长了将近8倍。SO_2的出口含污量从118.11万吨增加到766.68万吨，增长了5倍多。COD的出口含污量增长幅度略低一些，从108.98万吨增加到了233.27万吨，但也增长了一倍多。且“入世”以来，CO_2、SO_2和COD出口含污量的增长速度也都明显高于其“入世”前的增长速度。

随着能源和各污染物出口含污量的逐年增大，它们在相应的全国生产部门能源消费和污染物排放总量中的比重（以下简称“出口含污量的比重”）也持续上升。其中，能源、CO_2、SO_2和COD出口含污量的比重分别从1987年的13.52%、12.40%、11.48%、17.46%上升到2006年的31.98%、34.34%、31.95%和34.42%。

能源和各类污染物出口含污量比重的持续上升意味着出口对中国的环境影响力在不断增强。目前各种出口含污量的比重都已超过或接近 1/3，它们对中国能源消耗和污染排放的影响已经不容忽视。这在一定程度上印证了人们关于贸易对资源环境影响的直观感觉和判断。

3. 进口的能源环境影响及其变化

根据前面的分析，在某种程度上可以把进口的环境影响理解为一种正面影响，即“节约”了相应产品或服务的能源消耗，并减少了相关的污染排放。20 世纪 80 年代后期以来，在出口对环境的影响不断增强的同时，进口对环境的影响也在增强（如表 13–5 所示）。

能源的进口含污量从 1987 年的 131.14 Mtce 增加至 2006 年的 553.77 Mtce，增长了 3 倍多。总体上，“入世”以来能源进口含污量每年的增幅要超过“入世”前的增幅。其中，2003、2004 年能源进口含污量的增幅较大，分别达到 99.72Mtce 和 96.71Mtce。而“入世”后能源进口含污量的年均增长速度也从“入世”前的 6.40%上升到 13.59%。

同样，1987~2006 年各污染物的进口含污量也有不同程度的增加。其中，CO_2 的进口含污量从 73.95 Mt–c 增加到 349.18 Mt–c，增长了 3 倍多。SO_2 的进口含污量从 154.66 万吨增加到 555.79 万吨，也增长了将近 2 倍。而 COD 进口含污量的增长幅度则要低一些，从 95.47 万吨增加到 131.79 万吨，增长了不到一半。而且 2006 年 SO_2 和 COD 的进口含污量还出现了负增长。

在能源和各污染物进口含污量逐年增大的同时，它们相当于全国生产部门能源消费和对应污染物排放总量中的比重总体上也有所提高，但变化较小，且 2004 年以来有下降的趋势。比较 2006 年与 1987 年进口含污量的比重，其中变化最大的是 SO_2，其进口含污量与全国生产部门 SO_2 排放量的比值从 15.03%上升到 23.16%，上升了 8 个百分点；其次是 CO_2，其进口含污量的比重从 17.79%上升到 25.29%，上升了 7.5 个百分点；而能源和 COD 进口含污量的比重则分别从 18.49%、15.30%上升到 25.07%、19.45%，上升了 4~7 个百分点。

进口含污量的不断增加表明，中国坚持对外开放，积极利用“(国际国内)两个市场、两种资源”的战略为中国的能源节约和环境保护做出了很大的贡献。不过，相对于当前中国面临的能源环境形势而言，进口节约的能源和减少的污染排放比重似乎还不够高。从缓解能源和环境约束的角度看，进口的潜力似乎还需要进一步发挥。

4. 中国的环境贸易形势：净贸易含污量与环境贸易条件

如果说出口增加了中国能源消耗和污染排放，是负面影响，而进口节约了能源消耗并减少了污染排放，是正面影响，那么出口的负面影响和进口的正面影响相抵所得到的净贸易含污量，就是贸易对中国能源消耗和污染排放的总影响。而这一总影响则反映了中国面临的环境贸易形势。20 世纪 80 年代后期以来中国的环境贸易形势发生了怎样的变化呢？

（1）净贸易含污量及其变化。如表 13–5 所示，1987 年，能源、CO_2 和 SO_2 的出口含污量均小于相应的进口含污量。它们的净贸易含污量分别为–35.26Mtce、–22.41Mt–c、–36.55 万吨；分别相当于当年全国生产部门能源消耗、CO_2 和 SO_2 排放总量的 4.97%、5.39%和 3.55%。因而，总体上而言 1987 年贸易有效地节约了中国的能耗、CO_2 和 SO_2 排放。

而 1987 年后直至 2003 年，能源、CO_2 和 SO_2 出口含污量的增长幅度与进口含污量的增长幅度比较接近，其相应的净贸易含污量维持在相对较低的水平。因而可以说，2003 年前贸易对上述三种物质的有利影响和不利影响基本保持平衡。

但是，从 2004 年开始，由于能源、CO_2 和 SO_2 出口含污量的增长幅度明显大于进口含污量的增长幅度，因而其相应的净贸易含污量迅速增大。2006 年时，这三种物质的净贸易含污量相当于全国生产部门能源消耗或相应污染物排放总量的比重都达到了 1/10 左右。

而自 1987 年以来，COD 的出口含污量一直明显高于其进口含污量，因而其净贸易含污量也一直维持在较高的水平。且 2004 年以来其净贸易含污量也呈现明显的增长态势。2006 年时，其净贸易含污量相当于全国生产部门能源消耗或相应污染物排放总量的比重已经达到 14.98%。

2004 以来，上述四种物质的出口含污量都明显高于其进口含污量，无论是其净贸易含污量的绝对值还是相当于全国生产部门能源消耗或相应污染物排放总量的比重都快速上升。这意味着，近两年来贸易对环境的综合影响是不利的。

（2）CO_2 的净贸易含污量与碳排放量核算原则。当前，有关温室气体排放权的谈判正成为国际社会关注的焦点。不少发达国家指责近年来包括中国在内的发展中国家 CO_2 排放太多。而实际上，正如高广生（2006）所指出的“在目前的国际贸易秩序下，发展中国家的 CO_2 排放有相当一部分通过国际贸易而为发达国家的人消费使用”。因此，贸易成为碳排放权分配谈判的一个重要因素。

考虑到这一问题，Munksgaard 和 Pedersen（2001）提出了有关温室气体排放核算的“生产核算原则”(Production Accounting Principle）和“消费核算原则”(Consumption Accounting Principle)。所谓生产核算原则是指全部按实际产生 CO_2 的各生产过程中 CO_2 的排放量进行核算。所谓消费者核算原则是指根据最终使用的（包括进口的）各种产品或服务进行 CO_2 排放量的核算。

Peters 和 Hertwich（2006）指出，依据生产核算原则，一个国家的污染排放量等于该国最终使用的国产品或服务所引起的污染排放量。而如果依据消费核算原则，一个国家的污染排放量等于该国国内最终使用的国产品所引起的污染排放量加上该国使用的进口产品或服务所引起的污染排放量。因此，生产核算原则下与消费核算原则下 CO_2 排放量的差异实际上就是 CO_2 的净贸易含污量。

Peters 和 Hertwich（2006）进一步认为，尽管消费核算原则也面临数据可获得性和一些技术上的难题，但坚持消费核算原则更有利于控制全球 CO_2 排放量。因为伴随进口品的形成而产生的污染排放如果被分配给进口国而不是出口国的生产者。那么进口国为了有效控制其 CO_2 排放量，就要选择那些碳密集程度低的同类产品予以进口。这在一定程度上可以有效遏制肮脏行业向发展中国家的无限度转移，因为这些国家生产的这些产品的碳密集程度一般都会更高。而发达国家从这些发展中国家进口产品显然会增加其 CO_2 排放量，不利于减缓其减排温室气体的压力。因此消费核算原则有利于使环境因素成为各国考虑的一个重要比较优势因素，使各国在成本和减排压力的权衡中逐渐改善全球环境质量。

而 2004 年以来，中国 CO_2 的净贸易含污量持续增加，2006 年已经达到 129.50 Mt–c。这意味着中国排放的 CO_2 有相当大一部分通过贸易而被世界其他国家消费了。也就是说，如果采用消费核算原则，中国的 CO_2 排放量要比生产核算原则下低 129.50 Mt–c。因此，中国在相关的国际谈判中应该坚持消费核算原则。

（3）环境贸易条件及其变化。进一步从中国的环境贸易条件来看（如表 13–6 所示），1987 年除 COD 的贸易条件高于 1 外，能源、SO_2 和 CO_2 的贸易条件介于 0.73~0.80。这说明中国每出口价值一元的产品所引致的能源消耗以及 SO_2 和 CO_2 的排放量，相当于每进口价值一元的产品所节约的能源或减少的污染排放的 70%~80%左右。显然，当时中国的环境贸易条件总体上是具有明显优势的。

表 13–6 环境贸易条件：1987~2006 年

年 份	能 源	CO_2	SO_2	COD
1987	0.77	0.73	0.80	1.20
1992	0.83	0.81	0.87	1.28
2002	0.82	0.85	0.87	1.17
2003	0.84	0.86	0.89	1.20
2004	0.87	0.96	0.90	1.18
2005	0.89	0.97	0.92	1.18
2006	0.92	0.99	0.94	1.19

注：作者计算结果。

到 1992 年时，能源、SO_2、CO_2 和 COD 的贸易条件值都有明显的增加，分别达到 0.83、0.81、0.87、1.28。这意味着 1987~1992 年中国的环境贸易条件发生了明显的恶化。1992~2002 年，能源和 COD 的贸易条件值略有下降；CO_2 的贸易条件值有所增加；SO_2 的贸易条件值没有变化。因而，这一时期不同物质的贸易条件呈现不同的发展态势。

而 2002~2006 年，能源、SO_2、CO_2 的贸易条件值则呈现不断增加的发展态势；到 2006 年时都已超过 0.90，且 CO_2 的贸易条件值接近于 1。这意味着中国出口单位价值产品或服务所包含的能耗、SO_2 和 CO_2 排放量与进口单位产品或服务已经比较接近。2006 年，COD 的贸易条件值也上升到 1.19。即单位货币价值出口产品或服务的 COD 含量仍明显高于进口产品或服务。因而可以说，1987 年以来中国的环境贸易条件总体上在不断恶化，而“入世”以来恶化得更快。

那么，20 世纪 80 年代后期以来，造成中国环境贸易条件明显恶化的原因又是什么呢？或者环境贸易条件的恶化意味着什么呢？由于本部分假定同部门同等价值的进出口产品的含污量相同，因此，中国环境贸易条件的变化只可能是进出口产品或服务的结构变化造成的。所以环境贸易条件的恶化意味着，相对于进口产品或服务而言，中国出口产品或服务中能源和污染密集型产品或服务的比重整体上有所上升。

综上所述，2004 年以来中国的净贸易含污量不断扩大，因而贸易对中国环境的综合影响是不利的。这意味着中国目前属于能源与环境的净输出国，且目前这一发展势头还很强。同时，1987 年以来中国的环境贸易条件则呈现不断恶化的发展趋势，多数物质的贸易条件的明显优势已逐渐消失。中国目前所面临的这种环境贸易形势及其发展态势值得重视。

四、结　论

经济全球化对中国的环境影响是多方面的，既有积极的影响，又有消极的影响。积极的影响如中国通过大量进口能源、木材、粮食，缓解了资源供应紧张以及生态环境的压力；贸易促进了中国经济规模的迅速增长，并进而使环保投入增加；中国从国外引进大量有利于保护环境的技术、装备和管理；随着对外开放的程度不断加深，中国的环境意识不断增强，中国的环保规制力度与发达国家也日趋接近。而消极的影响也是非常明显的，如“洋垃圾”入境；大量出口资源密集型产品致使局部地区自然资源锐减、生态环境恶化等。

为了定量估算贸易对中国的环境影响，本章编制了 1987~2006 年可比价格补充性投入产出表，在此基础上估算了贸易对中国一次能源消耗，CO_2、SO_2和 COD 排放的影响。并对贸易增长带来的环境影响变化进行了分解。估算的结果表明，20 世纪 80 年代后期以来中国的贸易含污量增长迅速。其中，一次能源和 SO_2 出口含污量自“入世”以来，尤其是 2003 年以来，增长更为迅猛。与此同时，各种出口含污量在全国一次能源消耗总量和相应污染物排放总量中的比重也持续上升，目前都已达到 1/3 左右。这意味着出口造成的环境影响是不容忽视的，而这也印证了人们的直觉。

在出口含污量快速增长的同时，中国进口贸易含污量也增长迅速。这在很大程度上节省了中国的一次能源消耗，并促进了污染物排放的减少。但是后者远没有前者的增长幅度大。因而，自 20 世纪 90 年代以来中国的出口含污量一直高于进口含污量，中国的净贸易含污量呈现不断扩大的发展态势。这意味着目前中国属于能源和环境的净输出国或污染的净输入国。

而 20 世纪 80 年代后期以来中国的环境贸易条件也有明显恶化。其中，一次能源、CO_2 和 SO_2 的贸易条件从 0.7~0.8 左右变化到 0.9~1，已经失去了明显的优势。这些污染物贸易条件恶化的直接原因是能源和相关污染密集程度高的产品或服务在出口和进口中的比重差异逐渐消失造成的。而根本原因则是中国的经济发展方式仍然粗放，环境规制还不够强。

需要特别指出的是，中国当前面临的贸易环境形势具有一定的客观原因，贸易并不必然导致中国的经济发展方式粗放。要改善贸易对中国环境的影响，长远来看要加强环境规制，短期内则应注意采取综合措施协调贸易、环境与经济发展之间的关系。

限于篇幅，本章对贸易的环境影响变化的深层原因没有展开充分的分析；对于中国与各国之间的贸易流向没有进行分析；对于如何转变贸易增长方式，改善贸易的环境影响的政策也没有展开充分的讨论。这些都需要在以后的研究中进一步深入探讨。

附录

附表 13–1　用于计算的 CO_2 排放量主要参数

燃料种类	平均低位发热量	CO_2 排放系数（t c/TJ）
原煤[a]	209.1 TJ/万吨	25.3
洗精煤	263.4 TJ/万吨	25.8
其他洗煤	83.6 TJ/万吨	25.8
型煤[b]	175.6 TJ/万吨	25.8
焦炭	284.4 TJ/万吨	25.8
焦炉煤气	1672.6 TJ/亿立方米	13.0

续表

燃料种类	平均低位发热量	CO_2 排放系数（t c/TJ）
其他煤气[b]	1045.0 TJ/亿立方米	13.0
其他焦化产品[b]	380.5 TJ/万吨	25.8
原油	418.2 TJ/万吨	20.0
汽油	430.7 TJ/万吨	18.9
煤油	430.7 TJ/万吨	20.2
柴油	426.5 TJ/万吨	20.2
燃料油	418.2 TJ/万吨	21.1
液化石油气	501.8 TJ/万吨	17.2
炼厂干气	460.6 TJ/万吨	18.2
其他石油制品	351.3 TJ/万吨	20.0
天然气	3839.1 TJ/亿立方米	15.3

资料来源：碳排放系数来自 IPCC 排放清单指南（"Revised 1996 IPCC Guidelines for National Greenhouse Gas Inventories：Workbook"，第一章的表 1-2）；a：姜克隽（2001）；b：北京市统计局"京统设函（2002）1 号"。

参考文献

[1] Ahmed N. and A. Wyckoff，2003，*Carbon dioxide emissions embodied in international trade*，DSTI/DOC（2003） 15，Organization for Economic Co -operation and Development (OECD).

[2] Agras，J. and D. Chapman，1999，"A dynamic approach to the Environmental Kuznets Curve hypothesis"，*Ecological Economics* 28（2），pp.267–277.

[3] Antweiler，W.，B. R. Copeland and M. S. Taylor，2001，"Is Free Trade Good for the Environment?"，*American Economic Review* 91（4），pp.877–908.

[4] Beghin John，Sébastien Dessus，David Roland -Holst and Dominique Van Der Mensbrugghe，1996，*General Equilibrium Modelling of Trade and The Environment*，Technical papers，No. 116，OECD Development Center，Paris，Septermber.

[5] Bhagwati，J.，2004，*In Defense of Globalization*，New York：Oxford University Press.

[6] Copeland，B. and S. Taylor，1994，"North–South Trade and Environment"，*Quarterly Journal of Economics*，August，pp. 87–755.

[7] Copeland，Brian R.，M.S.Taylor，2004，"Trade，Growth，and the Environment"，*Journal of Economic Literature*，XLII，pp. 7–71.

[8] Esty，D.C.，1994，"Greening the GATT：Trade，environment，and the future"，*Journal of International Economics*，Volume 39，Issues 3–4，November 1995，pp.389–392.

[9] Esty，D.and D.Geradin，1998，"Environment Protection and International Competitive–ness：A Conceptual Framework"，*Journal of World Trade*，Vol.32（3），June，pp.5–46.

[10] Frankel，J. A.，2002，"The Environment and Economic Globalization"，in Weinstein，M.（ed.），Globalization：What is New?，Cambridge，M.A.：W. W. Norton，pp.

129–169.

[11] Grossman, Gene, and Alan Krueger, 1993, "Environmental Impacts of a North American Free Trade Agreement", in *The U.S.–Mexico Free Trade Agreement*, Peter Garber, ed., Cambridge MA, MIT Press.

[12] Grossman, Gene, and Alan Krueger, 1995, "Economic Growth and the Environment", *Quarterly Journal of Economics*, pp.353–377.

[13] Hettige, H., M. Mani and D. Wheeler, 2000, "Industrial pollution in economic development: the environmental Kuznets curve revisited", *Journal of Development Economics* 62, pp.445–476.

[14] International Monetary Fund (IMF), 2002, *Globalization: A Framework for IMF Involvement.* IMF Issues Brief of March 15. Washington, DC: IMF.

[15] Jones Tom, 2003, "Trade and Investment: Selected Links to Domestic Environmental Policy", papers prepared for an International Conference on Globalization and National Environmental Policy, Veldhoven, 22–24 September.

[16] Kuznets, Simon, 1955, "Economic Growth and income inequality", *American Economic Review* 45, pp.1–28.

[17] Lee Hiro, David Roland–Holst, 1993, *International Trade and The Transfer of Environmental Costs and Benefits*. OECD Development Centre, Technical Paper No. 91.

[18] Lee Hiro, David Roland–Holst, 2000, "Trade–Induced Pollution Transfers and Implications for Japan's Investment and Assistant", *Asia Economic Journal*, 14 (2), pp. 123–146.

[19] Lenzen M., L.–L. Pade, and J. Munksgaard, 2004, "CO_2 multipliers in multi–region input output models", *Economic Systems Research*, 16 (4), pp.391–412.

[20] Liddle, B., 2001, "Free trade and the environment–development system", *Ecological Economics* 39, pp.21–36.

[21] Machado, Giovani, Roberto Schaeffer, and Ernst Worrel, 2001, "Energy and carbon embodied in the international trade of Brazil: an input–output approach", *Ecological Economics*, 39 (3), pp.409–424.

[22] Milner, H.V., Mansfield, E.D., and Botcheva–Andonova, L., 2006, *International Trade and Environmental Governance in the Post Communist World*, manuscript, http: //www.wws.princeton.edu/hmilner/ Research.htm.

[23] Mukhopadhyay Kakali 2006, "Impact on the Environment of Thailand's Trade with OECD Countries", *Asia–Pacific Trade and Investment Review*, 2 (1), pp.25–46.

[24] Munksgaard J. and K. A. Pedersen, 2001, "CO_2 accounts for open economies: Producer or consumer responsibility?", *Energy Policy*, 29, pp.327–334.

[25] Najam Adil, David Runnalls and Mark Halle, 2007, *Environment and Globalization-Five Propositions*, www.iisd.org/publications.

[26] OECD, 1994, *The Environmental Effects of Trade*, OECD: Paris.

[27] Panayotou Theodore, 2000, *Globalization and Environment*, Center for International

Development at Harvard University Working Paper No. 53.

[28] Peters Glen P., Hertwich E. G. 2005, *Energy and Pollution Embodied In Trade: The Case of Norway*, Technical report, Industrial ecology Program, Norwegian University of Science and Technology (NTNU), Trondheim, Norway.

[29] Peters Glen P., Hertwich E. G., 2006, "Pollution Embodied in Trade: the Norwegian Case", *Global Environmental Change*, 16 (4), pp.379–387.

[30] Porters M., C. Van der Lind, 1995, "Toward a New Conception of The Environment–Competitiveness Relationship", *Journal of Economics Perspective*, 9, pp.97–118.

[31] Rothman, D. S., 1998, "Environmental Kuznets curve–real progress or passing the buck?: A case for consumption–base approaches", *Ecological Economics* 25, pp.177–194.

[32] Runge, C.F., 1995, "Trade Pollution and Environmental Protection", in Bromley, D.W. (ed.) *The Handbook of Environmental Economics*. Blackwell, Oxford.

[33] Scholte, J.A., 2000, *Globalization: A Critical Introduction*, New York: Palgrave.

[34] Suri, V. and D. Chapman, 1998, "Economic growth, trade and the energy: implications for the environmental Kuznets curve", *Ecological Economics* 25, pp.195–208.

[35] Wheeler, D., 2000, *Racing to the Bottom? Foreign Investment and Air Pollution in Developing Countries*, World Bank Development Research Group *Working Paper* No. 2524.

[36] World Bank, 1992, *Development and the Environment*, World Development Report (Oxford University Press: NY).

[37] Wyckoff A. W. and J. M. Roop, 1994, "The embodiment of carbon in imports of manufactured products: Implications for international agreements on greenhouse gas emissionsx", *Energy Policy*, 22, pp.187–194.

[38] 陈锡康:《中国 1995 年对外贸易投入产出表及其应用》; 许宪春、刘起运编:《2001 年中国投入产出理论与实践》, 中国统计出版社, 2002 年。

[39] 陈丽萍、杨忠直:《中国进出口贸易中的生态足迹》,《世界经济研究》, 2005 年第 5 期。

[40] 高广生:《气候变化与碳排放权分配》,《气候变化研究进展》, 2006年第 6 期, 第 301~305 页。

[41] 李刚:《中国对外贸易生态环境代价的物质流分析》,《统计研究》, 2005 年第 9 期。

[42] 马涛、陈家宽:《中国工业产品国际贸易的污染足迹分析》,《中国环境科学》, 2005 年第 4 期。

[43] 彭海珍:《关于贸易自由化对中国环境影响的分析》,《财贸研究》, 2006 年第 4 期。

[44] 沈利生:《对外贸易对中国能源消耗的影响》,《管理世界》, 2007年第 10 期。

[45] Perman Roger、Yue Ma、James McGilveray、Michael Common:《自然资源与环境经济学》(侯元兆等译著), 中国经济出版社, 2002 年。

[46] 许士春:《贸易对我国环境影响的实证分析》,《世界经济研究》, 2006 年第 3 期。

[47] 尹敬东:《外贸对经济增长的贡献: 中国经济增长奇迹的需求解析》,《数量经济技术经济研究》, 2007 年第 10 期。

[48] 张连众、朱坦、李慕涵、张伯伟:《贸易自由化对我国环境影响的实证分析》,《南

开经济评论》，2003 年第 3 期。

［49］郑玉歆、樊明太、张友国：《WTO 条件下中国贸易与环境的协调发展——基于中国 CGE 模型的总体分析》，2005 年。

（本章执笔人：张友国）

第十四章　技术创新与全球化

全球化是现今世界发展的客观的趋势。全球化以奇特的方式不仅改变了发达国家的经济框架，也改变了发展中国家的经济结构。技术全球化是国际化的必然选择，全球化是科技发展的必然结果，世界日益紧密结合成“地球村”，主要得益于科技创新。

由于各国降低贸易壁垒、放松管制和加大创新力度，近几十年跨境贸易扩大的速度远远超过各国国内生产总值增长的速度，各国国内经济正日益受到严峻的国际竞争和相对优势的影响。[①] 全球大市场也似乎轻易地从一个均衡状态过渡到另一个均衡状态。亚当·斯密的“看不见的手”好像在全球范围内依然起作用。

但由于缺乏一个公正和公平的国际经济秩序，全球化对处于不同的发展阶段的国家的影响是完全不同的。由于发达国家在资本、技术、人力资源和管理经验方面具有明显的优势，并且是国际游戏规则的制定者，因此它们是积极的推动者，也是最大的受益者。而发展中国家处于非常不利的地位。发展中国家虽然能够获得一些外国投资、先进技术和管理经验，但同时，它们也最容易受到全球化的负面影响，缺乏有效抵御和减少全球化带来的风险和隐患的能力。在 20 世纪 90 年代，特别是近年来，南北之间的差距进一步扩大。发展中国家的经济主权和经济安全面临着巨大压力和严峻挑战。一些欠发达国家在全球化中甚至濒临被边缘化。2007 年 11 月年联合国教科文组织在名为《迈向知识社会》的首份“世界报告”中指出，发达国家和发展中国家之间正横亘着前所未有的巨大“知识鸿沟”。富国和穷国之间的差距越来越大。

因此，在参与全球化的进程中，发展中国家应始终警醒，尝试一切方式充分利用优势，避免各种危险和损害。而在全球化和向知识经济过渡的背景下，创新和技术进步对竞争力和经济增长已越来越重要。国家的学习和创新的能力已成为技术进步和在全球市场的竞争能力的一个主要来源。

---

① 2004 年 5 月 6 日，美联储前主席格林斯潘在芝加哥联邦储备银行主办的“银行结构和竞争”会议的《全球化和创新》中提及此。

一、技术创新全球化的趋势

（一）全球化的概念

由于世界各国相继取消或放松对商品、劳务、资本和技术等方面国际流动的管制，使得各国间的经济联系和相互依赖日益加深，进而导致全球范围内各种要素价格逐步趋同的经济现象。全球化不是一个单一的现象，而是一个包罗万象的描述了广泛影响因素的概念。根据它在社会科学中的应用，它的定义非常不同。从表现形式来看，全球化主要反映了贸易、投资和金融自由化，同时促进了国际经济重组和区域经济一体化。

Paul Streeten（1996）将有关全球化的各种不同的定义进行了归纳分析。[①] 我们认为吉登斯（1990：64）的定义具有广泛的适用性："Giddens 将全球化定义为：不受距离（表面上分离的民族国家、宗教、区域）限制的行为和（共同）生活。世界各地社会彼此关系强化，将本土事物调整为适合几百里之外的经济实体事物，或是让对方的事物与自己相互融通（Giddens，1990）。因此，我们认为"全球化"主要是指在不同的和地理上分散的参与者之间的一定（越来越多的）程度的相互依存和相互联系。因此，原则上可能有更高的全球化，同时伴随着同级别的国际化（Archibugi 和 Iammarino，1998；Cantwell 和 Iammarino，1998）。

像其他任何事物一样，全球化也是"双刃剑"，具有两面性。一方面，它可以提高效率，减少贫穷；另一方面，它将不可避免地带来消极的影响，当不发达国家参与国际竞争时必将面临发展机会的不平等。

（二）创新全球化的概念

20 世纪 60 年代和 70 年代是全球扩张的较早时期，跨国公司最初在国外拓展了海外销售和制造业务。到了 20 世纪 70 年代末，跨国公司大都努力开拓具有辅助设计和开发能力的外国子公司事业。自 20 世纪 80 年代初以来，无论是在数量还是在质量上跨国公司的 R&D 国际化程度都已大大提高。

自 20 世纪 80 年代起 R&D 全球化的趋势越来越强，并且这种趋势一直持续。但最近几年，跨国公司的研发战略和国际业务定位决策发生了很大变化。

---

① Daniele Archibugi、Simona Iammarino：《技术创新的全球化：定义和证据》，国际政治经济学评论，2002 年 3 月，第 98~122 页。

自90年代中期以来，跨国公司往往倾向于巩固和精简其组织结构。

创新全球化的特点是：市场和技术相互作用不断密切；形成了不同地理位置的多个知识中心；沿着价值链整合不同职能部门的跨职能学习能力；将内部及外部的学习相结合，而不是单向的信息传递；在不同的地理位置之间，以及组织的各职能部门和业务部门之间，出现了反向的和交互式的技术转让。

（三）技术创新全球化的趋势

1. 创新全球化模式的多样性

创新全球化的主要模式是：①以某个国家为基础开发的国际性技术；②全球开发的技术创新；③全球范围的技术合作（Archibugi 和 Michie，1995；1997a）。无论是在公司层面还是国家层面，这三类全球化创新的模式是相辅相成而不是相互排斥的。企业，尤其是跨国大公司的创新模式包含了上述三种模式。

2. 技术转让和创新的速度加快

技术为不同的社会提供一个丰富的集会场所。如果说过去技术的消化和转让需要漫长的时间的话，今天它的速度更快，强度也更高。

3. 技术和创新的分散化趋势

国家创新系统的快速增长和世界各地知识中心的增多和扩散，加强了跨国企业在研究和技术领域追逐“全球资源”的动机。作为全球技术生成系统形成部分的企业学习能力，是在不同分布的知识中心获得的。“创新全球化”最普遍的含义是在越来越多广阔的国际范围内产生和扩散技术。

4. 创新全球化的渠道与动力

根据 Archibugi 和 Michie、[①] Archibugi 和 Iammarino[②] 的观点，运用技术全球化的三种渠道可以促进创新活动的全球化。

创新活动全球化的第一个渠道是技术的国际化，可将其视为技术的国际流动。当出口一项新技术以便在世界市场获取利益时，就会出现技术的国际流动。在国际范围内利用创新技术既可以显性地体现在高技术产品出口，也可以隐性地体现在许可证、专利和知识等方面。实践证明，在过去几十年中，这两种技术国际流动形式都有显著增加。[③]

---

① D. Archibugi，J. Michie，Technological globalisation or national systems of innovation，Futures 29（1997），pp.121-137.

② D. Archibugi，S. Iammarino，The policy implications of the globalisation of innovation，Research Policy 28（1999），pp.317-336.

③ OECD，The Knowledge-based Economy：A Set of Facts and Figures，OECD，Paris，1999. World Bank，World Development Indicators 2000，Query Database，Washington. DC，1999.

创新活动全球化的第二个渠道是全球持续创造的技术，表现在跨国公司将R&D研发活动国际化的过程。这可以视为外国直接投资的技术。它的实现有两种方式，一是跨国公司将部分研发实验室移往在国外，从而建立全球性研发网络；二是收购东道国现有的研发实验室。[①] 经验证据表明，随着时间推移创新全球化的第二渠道的重要性日益凸显。[②]

新技术全球化的第三个渠道是全球性的科学技术合作，跨国技术联盟日趋增多。[③] 这些合作或者由私营企业承担，或由公共研究部门承担。经验证据再次表明，私人研究和公共科学的国际化都在快速发展。[④]

大的跨国公司是国际性创新的主要推动者。为什么20世纪90年代会出现技术全球化，技术能力的大规模跨国转移和跨国界技术系统的形成？90年代前后跨国公司的行为有非常重要的变化。一方面，由于创新成本不断增加，为了降低创新成本，大的跨国公司积极促进国际性创新。另一方面，为了缩短产品的生命周期。随着技术进步加快，研发费用急剧上升。在研发费用增加的情况下，折旧非常快，技术贬值的时间也在加速。创新者必须将它们尽快商业化，并应用到越来越广阔的市场中。可以说大型跨国公司是创新活动国际化的主要驱动力量（Patel 和 Pavitt，1992；Cantwell，1994；Nonaka 和 Takeuchi，1995；Roberts，1995）。

一方面，落后国家以稍微低一点儿的姿态，引进相对便宜的研发，促进自己的发展。另一方面，按照技术生命周期的理论，对于发达国家来说，最先进的技术一定在本国使用，然后再向其他发达国家出售产品和转移技术，最后一站才是让发展中国家接受它的技术。发展中国家靠引进技术发展，尽管引进的技术可能是当地比较先进的技术，但是从全球来看引进的一定是落后的技术。

5. 创新与全球化的关系

事实上，全球化和技术进步之间有着非常紧密的联系。而且从长远来看，两者之中哪一方是启动力这一问题其实并不重要，更重要的是承认它们的关系

---

① D. Archibugi，A. Coco，The technological performance of Europe in a global setting，Industry and Innovation 8（2001），pp.245-266.

② OECD，The Knowledge-based Economy：A Set of Facts and Figures，OECD，Paris，1999. R. Narula，A. Zanfei，Globalisation of innovation：the role of multinational enterprises，in：J. Fagerberg，D.C. Mowery，R.R. Nelson（Eds.），The Oxford Handbook of Innovation，Oxford University Press，Oxford，2005.

③ D. Archibugi，J. Michie，The globalisation of technology：a new taxonomy，Cambridge Journal of Economics 19（1995），pp.121-140.

④ D. Archibugi，A. Coco，The technological performance of Europe in a global setting，Industry and Innovation 8（2001），pp.245-266. National Science Foundation（NSF），Science and Engineering Indicators，US Government Printing Office，Washington，DC，2002.

彼此互相加强的事实。

新技术是使得全球化成为可能的重要因素。技术全球化是现代经济的两个重要现象的结合点。一方面是经济活动的世界性融合；另一方面是在不断加强的全球经济活动一体化和经济进程中，增加了知识的重要性。

新技术是使得全球化成为可能的重要因素。没有飞机、电话、卫星、电视和电脑，就不可能将信息从一个地方传送到另一个地方，而信息传递速度的加快和强度的加大恰恰是现代世界的特点。这些将使得知识的扩散和转移远远优于过去。

在全球化和向知识经济过渡的背景下，创新和技术进步对竞争力和经济增长的作用已越来越重要。技术学习和创新是影响竞争力与企业、地区和国家经济增长的重要来源，不仅对发达经济体如此，对发展中经济体也同样如此。很明显，发达和发展中经济体之间在学习的范围和实力方面存在很大的差距。正如地理上的邻近、具有区域创新体系和本地的生产网络是发达经济体技术学习和创新模式中的重要影响因素一样，毗邻关系、国家和跨国创新体系以及国家和全球生产网络对发展中经济体来说也是重要的因素。区域支持学习能力和创新能力已成为技术进步和在全球市场竞争能力的一个主要来源。

二、创新全球化的程度

（一）衡量创新全球化的主要指标

从全球化技术创新的渠道，我们可以推导出测量创新全球化的一些主要指标。

前两个指标是 R&D 投资和专利申请，具体可以体现在 R&D 支出比例、国外 R&D 的雇员人数、R&D 单位数和国际专利的申请数量。在境外注册的专利数量可被视为具有在海外市场开拓创新意愿的一个指标，创新既体现在实体产品（产品专利，以防止他人生产相似的货物，从而占领所有现有的市场），也体现在非实体形式（新型专利，以获得特许权）。在 20 世纪 80 年代和 90 年代，大部分大型研发密集型跨国公司在上述指标方面都有所增长。

第三个指标是国际贸易流量。虽然这是一个异构的指标，因为其中既包括创新性产品，也包括非创新性的产品，但很明显，国际贸易是国际创新转移的重要媒介，特别是物化的创新。在第二次世界大战后，贸易一直持续增长：发达国家货物和服务的出口占国内生产总值的比重由 1970 年的 9.4%增加到 1995 年的 20.9%（经合组织，1996 年 a）。其中，电子产业的贸易增长速度突出，它的增长率是整个制造业增长率的两倍。1970 年高科技产品在世界贸易中的比重占 9.5%，1995 年这个比重超过了 29%（Guerrieri，1999）。技术转移和贸易流动的因果关系往往是双向的（Pietrobelli 和 Samper，1997）。一方面，技术能力对出口竞争力产生积极的影响；另一方面，国际贸易推进了创新的产生和转让，因而产生了累积因果机制。

第四个指标是外国直接投资。这可能是由于这样一个事实，即在某一领域技术能力的国际开发主要是通过外国直接投资产生的。

第五个指标是科技合作。这种合作既可以是私人企业层面的（例如通过合资公司的创新项目，或技术信息、设备交换协议进行合作），也可以是科研机构层面的（例如通过国际科研项目、R&D 网络、国际学生或研究人员的流动进行合作）。

（二）技术创新全球化程度的实证研究

由于资料所限，我们只使用 R&D 投资的流入量、流出量和科技合作来进行测度。

1. R&D 的流入量和流出量

衡量创新全球化程度的经验证据大都集中在两个指标上：即研发和专利，专利反映了编录在册的最重要的技术活动。这里我们应用 R&D 的流入量和流出量作为测算创新全球化的指标。

经济合作与发展组织 2005 年发布的一份报告指出，在国外设立研发中心的跨国公司数量正在增多。在匈牙利和爱尔兰两国的企业科研投入中，高达 70%的投入来自于国外跨国公司。在瑞典、西班牙和葡萄牙等国，这一比例也超过了 40%。另据统计，20 世纪 80 年代，外国公司在美国投入的研发费用增长了 3 倍，外国公司注入美国的研发资金要多于美国公司在其他国家的研发投入。

这里我们引用 Daniele Archibugi 和 Simona Iammarin（2000）的实证研究结果，来说明 R&D 的国际流动程度。表 14-1 显示在何种程度上各国对与 R&D 相关的外国直接投资具有“吸引力”，第 1 栏和第 2 栏给出了根据公司所有权分类（外国或本国）的各国制造业的 R&D 分布。数据显示，加拿大、荷兰和英国吸引的外国 R&D 投资都超过了 20%，这说明在大多数发达经济体中，外国公司的作用是非常重要的。唯一例外的国家是日本，外国公司完成研发比例非常低；日本制造业高达 99%的 R&D 投资来自于日本本国公司。

R&D 投资的流出量也是测度技术创新全球化的重要指标。它可以用由跨国公司所有但在东道国发明的专利数量来衡量。Patel 和 Vega（1997）以 1992~1996 年的大型创新企业的数据（见表 14-2）为例，发现 87.4%的专利产生于该公司的所属国，只有 12.6%产生于国外的子公司。尽管在 1979~1984 年和 1992~1996 年期间产生于国外子公司的专利数有所增加（Patel，1995），但这不足以从根本上改变专利发明主要产生于公司所在国的现象。

表 14-1　1994 年和 1996 年主要 OECD 国家制造业中国企和外企 R&D 投入的分布和强度

国　家	占全国总数（%，1996 年）		R&D 强度*（%，1994 年）	
	外企	国企	外企	国企
美国	12.0	88.0	2.5	2.5
日本	0.9	99.1	1.2	2.5
德国	16.4①	83.6①	3.2	6.3
法国	18.6	81.4	1.8②	2.7②
英国	39.5	60.5	1.5	1.9
荷兰	24.0	76.0	0.8③	2.7③
瑞典	18.7	81.3	2.4	3.8
芬兰	11.5④	88.5④	2.6	2.5
加拿大	40.3	59.7	0.9	1.7

注：①1995 年数据；②1991 年数据；③1993 年数据；④1997 年数据；* 为 R&D 支出与营业额的比例。

资料来源：OECD，1996b。下载：[CDL Journals Account] At：07：34 22 February 2008。

表 14-2　1992~1996 年大型企业获得美国专利的地域分布（根据公司的所属国划分，%）

公司所属国	国内	国外	其中在下列东道国的比例		
			美国	日本	欧洲
美国	92.0	8.0	—	1.1	5.3
日本	97.4	2.6	1.9	—	0.6
欧洲	77.3	22.7	21.1	0.6	—
德国	78.2	21.8	14.1	0.7	6.5
法国	65.4	34.6	18.9	0.4	14.2
英国	47.6	52.4	38.1	0.5	12.0
意大利	77.9	22.1	12.0	0.0	9.5
荷兰	40.1	59.9	30.9	0.9	27.4
比利时	33.2	66.8	14.0	0.0	52.6
瑞典	64.0	36.0	19.4	0.2	14.2
奥地利	90.6	9.4	2.2	0.0	7.2
芬兰	71.2	28.8	5.2	0.0	23.5
瑞士	42.0	58.0	31.2	0.9	25.0
挪威	63.0	37.0	1.5	0.0	33.3
公司总计	87.4	12.6	5.5	0.6	5.5

资料来源：Patel and Vega（1997）。

我们可以得出这样的结论：三大经济体中的各个成员国受到创新全球化的影响不同。日本基本不参与创新全球化：一方面，外国公司不愿将研发中心放在日本；另一方面，日本企业也不愿意将研发机构分散到国外。向内吸引的和向外输出的 R&D 投资，以及与知识有关的外国直接投资大都集中在美国。最活跃的经济体是欧洲国家，其中相当一部分欧洲国家的技术能力是由外商独资子公司实现的，另外，欧洲各国企业越来越多地将自己的研发机构设立在其他欧洲国家和北美地区。此外，最能反映创新全球化的数据应该是部门数据。各国不同部门的相关数据表明，传统产业比高科技产业更具有全球化的趋势，这与上述第一种类型的情况不同。

2. 科技合作

目前关于全球技术合作的资料很有限。大多数人都强烈关注美国的跨国公司，对日本跨国公司的关注也越来越多，而在某种程度上，对欧洲公司比较忽视。在欧洲，有关斯堪的纳维亚和英国公司研发国际化进程方面的文献比较详细，相对而言，欧洲大陆企业的活动记录并不完善。这里我们引用 Fulvio Castellacci（2006）的实证研究结果来考察新技术合作的全球化程度。

表 14–3 中选定的 21 家公司都是世界领先的、具有较高研发能力的工业企业。其中大部分都是在各自的领域排名靠前的企业，而且 R&D 的国际化程度都很高。[①] 其中有 16 个企业每年的 R&D 投资都超过 10 亿美元。R&D 的密集度（R&D 支出与销售额的比例）平均为 8.3%。西门子、IBM、日立、松下等 50 家 R&D 支出最高的重要企业中的 1/3 都包含在这一调查中。[②]

表 14–3　21 家重要企业的 R&D 强度和 R&D 国际化

排名	企业	R&D 强度	国外份额	产业
		1993 年百分比	R&D1993 年百分比	
1	西门子	9.2	28	电子工程
2	IBM	7.1	25	计算机
3	日立	6.7	2	电子工程
4	松下电气	5.7	12	电子产品
5	ABB	8.0	90	电子工程
6	NEC	7.8	3	电信

① Examples for a very high R&D intensity at the corporate level are Roche（15%）, Eisaj（13%）and Ciba-Geigy（11%）. Several other firms spend less than 10% of turnover for R&D at the corporate level, but display very high R&D intensities at the business level. As an example, Sulzer Medica invests more than 10% of its turnover for R&D, while the average ratio for Sulzer is only 3.4%.

② Fulvio Castellacci, Innovation, diffusion and catching up in the fifth long wave, F. Castellacci/ Futures 38（2006）, pp.841-863.

续表

排名	企业	R&D 强度	国外份额	产业
		1993 年百分比	R&D1993 年百分比	
7	飞利浦	6.2	55	电子工程
8	赫斯特	6.2	42	化学/制药
9	索尼	5.8	6	电子产品
10	汽巴-嘉基	10.6	54	化学/制药
11	博世	6.7	9	电子工程
12	罗氏	15.4	60	化学/制药
13	三菱电气	5.2	4	电子工程
14	巴斯夫	4.5	20	化学/制药
15	联合技术公司	5.4	5	高级工程/航天
16	山度士	10.4	50	化学/制药
17	夏普	7.0	6	电子产品
18	花王	4.6	13	化学/化妆品
19	Eisaj	13.2	50	化学/制药
20	苏尔寿	3.4	27	高级工程
21	MTU	ca.	25	电子工程/航天

注：各公司按照年 R&D 支出排序。

资料来源：Database on International R&D Investment Statistics INTERIS and ISI Database on International Research and Innovation Activities ISI-DORIA.

若以国外的 R&D 投资份额作为科技合作国际化的测量指标，指标值的差距会比较大：国外 R&D 投资的比例从 3%（NEC）到 90%（ABB）不等。相对而言，欧洲较小型的公司获得了相对高的国外 R&D 投资份额，而日本公司绝大部分的 R&D 支出都投资在国内。

（三）中国参与技术创新全球化的程度

我们用 R&D 的密集度、FDI、贸易额和国际合作科研成果来表示中国参与技术创新全球化的程度。

1. 技术创新的全球化加速了中国 R&D 的投资和专利申请

R&D 的投资从 2000 年的 897.7 亿元增加到 2006 年的 3003.1 亿元，R&D 占 GDP 的份额从 2000 年的 0.90% 增加到 2006 年的 1.42%（见表 14-4）。

专利申请数量从 2000 年的 17.07 万增加到 2005 年的 47.63 万（见表 14-5）。特别是高新技术产品如信息通信产业的专利申请数量增加非常迅速。图 14-1~图 14-5 给出了电子类产品的专利授权状况：2003 年和 2004 年出现显著增长，2000~2006 年增长了 22 倍。

表 14-4　2000~2006 年中国 R&D 投资金额、出口占增加值比重、R&D 占增加值比重

单位：亿元，%

年　份	R&D	出口/增加值	R&D/增加值	FDI	进出口额
2000	897.7	20.80	0.90	407.15	39273.2
2001	1042.5	20.09	0.95	468.78	42183.6
2002	1287.6	22.39	1.07	527.43	51378.2
2003	1539.6	26.72	1.13	535.05	70483.5
2004	1966.3	30.71	1.23	606.3	95539.1
2005	2450	34.07	1.33	603.25	116921.8
2006	3003.1	36.80	1.42	694.68	140971.4

表 14-5　2000~2006 专利申请和授权情况

年　份	申请受理的专利				申请授权的专利			
	总数	发明	实用新型	外观设计	总数	发明	实用新型	外观设计
2000	170682	51747	68815	50120	105345	12683	54743	37919
2001	203573	63204	79722	60647	114251	16296	54359	43596
2002	252631	80232	93139	79260	132399	21473	57484	53442
2003	308487	105318	109115	94054	182226	37154	68906	76166
2004	353807	130133	112825	110849	190238	49360	70623	70255
2005	476264	173327	139566	163371	214003	53305	79349	81349
2006	102836	88172	1369	13295	44142	32709	1343	10090

资料来源：《中国科技统计年鉴》。

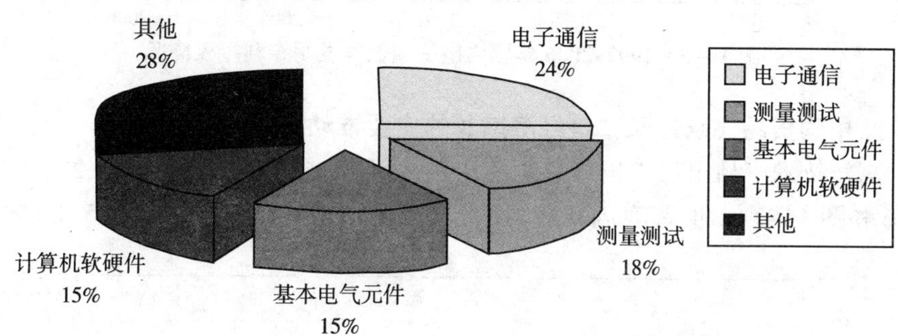

图 14-1　2006 年国内授权的电子类发明专利专业分布情况

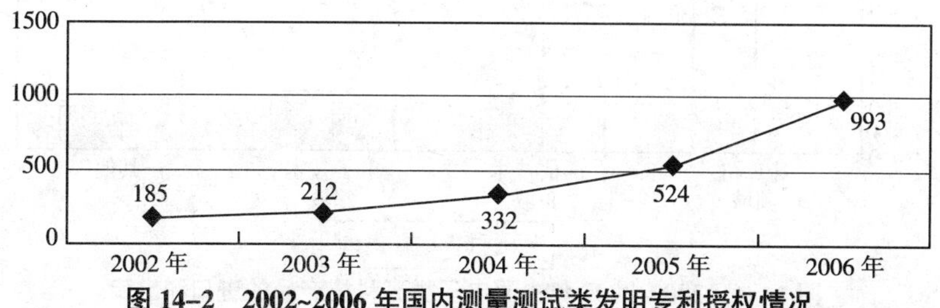

图 14-2　2002~2006 年国内测量测试类发明专利授权情况

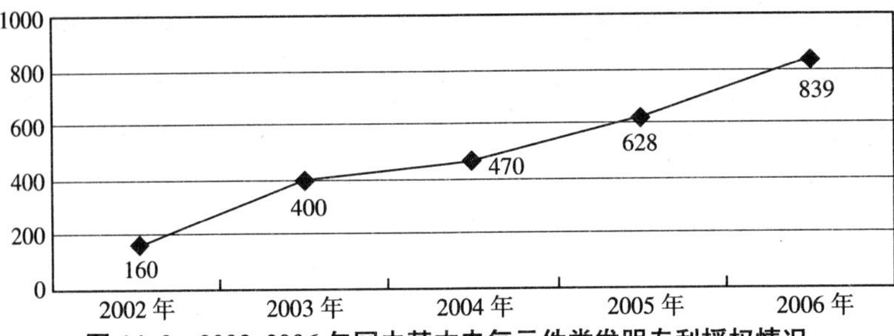

图 14-3　2002~2006 年国内基本电气元件类发明专利授权情况

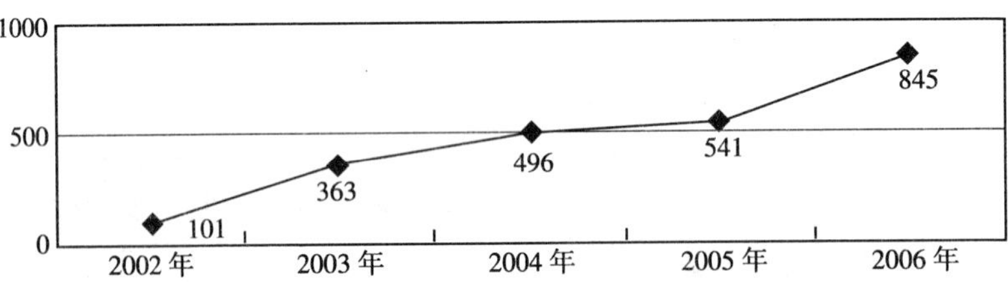

图 14-4　2002~2006 年国内计算机软硬件类发明专利授权情况

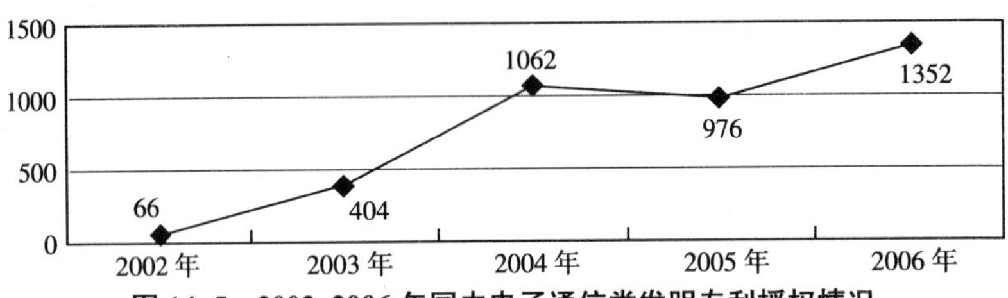

图 14-5　2002~2006 年国内电子通信类发明专利授权情况

2. 中国贸易飞跃增长，是经济增长的主要推动力

高新技术产品出口占出口总额的比例逐年增加，2005 年达到 29.2%（见图 14-6 和图 14-7）。但代表创新能力的一般贸易额的份额重，在 2005 年只达到

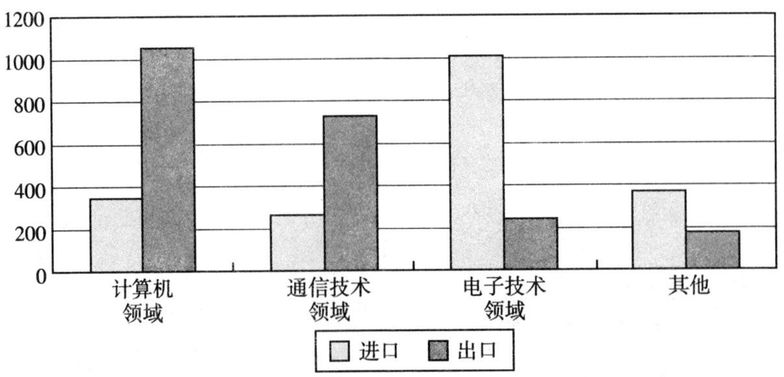

图 14-6　2000~2005 年主要电子类高科技产品的进口和出口

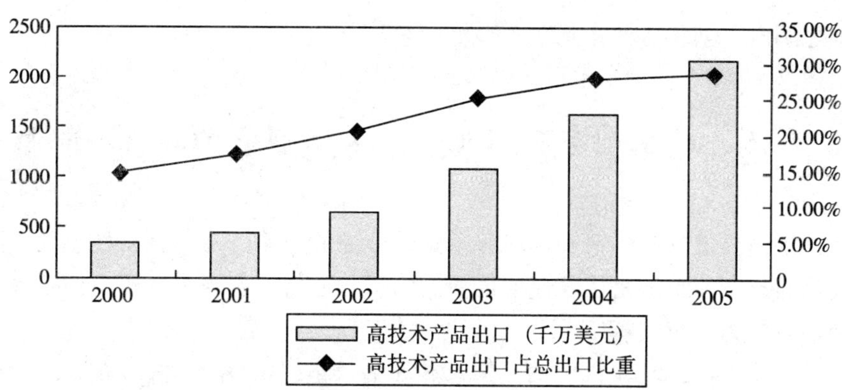

图 14-7　2000~2005 年高科技产品出口和在出口总额中的份额

8.1%。FDI 是弥补我国技术缺口的重要原动力，外资的大量流入带来了技术转移的潜力，FDI 投资额从 2000 年的 4071.5 亿元增长到 2005 年的 6946.8 亿元。

3. R&D 的密集度和国际化程度日益增高

表 14-4 和图 14-8 给出了 R&D 的密集度。中国的 R&D 密集度（R&D/增加值）和国际化程度（出口/增加值）在 2006 年和 2002 年更为显著。这说明了技术密集度和国际化随着时间的增长日益增强。

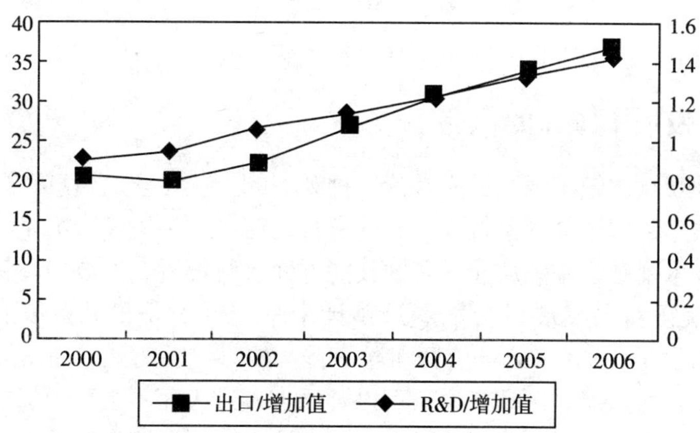

图 14-8　2000~2006 年 R&D 密度和全球化程度

4. 科技合作

单从信息产业部来看，2006 年的技术对外合作项目就有 21 项，在中国科学院半个世纪的发展中，几乎所有重大的科技成果都有国际科技的贡献，2001 年中国科学院与国外科学家合作发表的论文有 2210 篇，2005 年有 4393 篇，平均每年增长将近 20%。

从以上的数据可以看出，技术转移和技术扩散日益全球化。中国与其他各国之间由于创新活动相互联系得更加紧密了。

三、技术创新全球化对发展中国家的机遇和挑战

如何界定这个机遇和挑战并不是件容易的工作。考虑到科技创新主要体现在高科技产业特别是增长速度最快的信息和通信业。为了分析简便，我们选择通信业作为分析的基础。

自20世纪80年代中期，信息和通信技术（ICTs）已经开始在经济系统中迅速扩散。它们起源于半导体产业、电信产业以及最近与多媒体和互联网相关的新服务业的大范围和快速的技术发展。[①] 上述三个产业的技术进步趋同，通常统称为信息和通信技术，它们构成了一个新的“技术范式”。[②] 广泛采用信息和通信技术，在不久的将来将导致生产和流通的模式发生根本性的变化。这些变化不仅在工业化世界很有可能产生重要的后果，对赶超国家也是如此。

基于信息和通信技术的新技术范式将给赶超和发展中经济体带来新的机会还是会造成更多的障碍，这是一个争议很大的问题。原因在于分析的根本因素不确定，比较复杂也难以预测，使得对其进行讨论非常困难。到底通信产业为发展中国家创造了机会还是设置了障碍，各方意见难以统一。只能从大的方向上进行初步分析。关于这个问题，有两种截然不同的观点。

（一）发展中国家的机遇

第一种观点比较乐观。首先，持这种观点的人认为新的信息和通信技术的产生和扩散为赶超中的国家打开了新的机会之窗。如果发展中国家的发展战略重视在新技术基础设施和从业人员的技能方面进行投资，发展中国家通过消化吸收技术获得新的发展机会。通过预计未来全球竞争模式的变化，Carlota Perez[③] 指出，早在20年前，信息和通信技术的时代大门就已向发展中国家打开，她认为，对发展中国家来说，可以尝试直接进入而不必经历那些已经落后的技术阶段。新技术使得一些国家实现了“蛙跳”，它们不用重走以前工业结

---

① B. Dalum, C. Freeman, R. Simonetti, N. Von Tunzelmann, B. Verspagen, Europe and the information and communication technologies revolution, in: J. Fagerberg, P. Guerrieri, B. Verspagen (Eds.), The Economic Challenge for Europe: Adapting to Innovation -based Growth, Edward Elgar, Cheltenham, 1999.

② C. Freeman, F. Louc -a, As Time Goes by: From the Industrial Revolutions to the Information Revolution, Oxford University Press, Oxford, 2001.

③ T. Veblen, Imperial Germany and the Industrial Revolution, Macmillan, New York, 1915.

构的老路。

其次，以知识为基础的经济，越来越少地依赖原材料和自然资源。这使得没有得天独厚的自然资源禀赋和丰富原材料的国家也可能实现赶超。对传统基础设施薄弱的国家来说，这些变化可能为它们提供新机遇。这使得自然资源禀赋并不丰富的国家和传统的基础设施并不发达的国家也会有新的发展机遇。只要它们能够迅速、大量地投资于新通信技术，特别是与无线相关的设备，[①] 就有可能成为迎头赶上的国家。如果它们没有拘泥于先前的技术范式，即便是这些国家的基础设施较少，即便是在几十年前盛行的技术系统方面的有形资本投入的资源较少，可能也有很好的机会，能够迅速改变其生产结构实现新的生产活动。

最后，与大的生产技术体系相比，进入新的通信技术产业的投资要低得多。以信息和通信技术为基础的技术范式，其固定资产投资要少于竞争性大规模生产技术体系所需要的投资。[②] 新技术发展模式可以使一些国家出现蛙跳现象。迅速赶超的亚洲新兴工业国家（新近工业化的国家，如韩国、新加坡和中国台湾）的发展实践，尤其是近十年时间里，中国和印度的快速增长也为信息通信业的追赶战略提供了重要的模板。

（二）发展中国家面临的挑战

第二种观点认为基于信息和通信技术的新技术范式会给发展中国家造成更多的发展障碍。第一，信息技术的转移可能会带来更大的技术性失业风险，而劳动市场的灵活性加速了产业结构的变化增加了技术失业的概率。以前受聘于初级岗位或从事低技术制造业活动的工人，在短期内很难提高他们的技能和能力，以便应聘于技术上更先进的部门。[③] 此外，非技术工人的就业下降对技术工人有利。在一些欧洲大陆国家，低技术工人的失业人数增加现象也非常普遍（OECD，1993）。

第二，基于信息和通信技术的新技术范式不仅造成了发达国家低教育程度和高教育程度工人之间工资的差距，而且使穷国和富国之间的收入差距日益加大。快速的经济转变过程也可能引起工业化国家低学历和高学历工人之间工资

---

① A. Grantham，G. Tsekouras，Information society：wireless ICTs' transformative potential，Futures 36（2004），pp.359–377.

② C. Perez，Microelectronics，long waves and world structural change：new perspectives for developing countries，World Development 13（1985），pp.441–463.

③ M. Vivarelli，The Economics of Technology and Employment. Theory and Empirical Evidence，Edward Elgar，London，1995.

M. Pianta，Innovation and employment，in：J. Fagerberg，D.C. Mowery，R.R. Nelson（Eds.），The Oxford Handbook of Innovation，Oxford University Press，Oxford，2005.

差距的进一步扩大，因此可能会降低消费和总需求，而这些是持续赶超的重要因素。[①] 这也正是“贸易和技术”辩论的一个关键问题。可以从两个方面进行解释：一是根据标准赫克歇尔—俄林理论，发达经济体和低工资国家之间国际贸易的不断增长将会导致具有高工资的发达经济体国家对非技术劳动力的需求减少。二是技术变革和信息技术将会自然将劳动需求偏向于高学历工作者。在美国，受过大学教育和受过高中教育的人群的工资差距在 20 世纪 80 年代增加了约 20%（George J. Borjas 和 Valerie A. Ramey，1994）。

第三，会对生产率增长造成负面影响。由于国外先进部门具有较强的竞争力，发展中国家由于低效率而且产业刚刚兴起，与国外的先进部门竞争，其消极的表现将导致就业损失，有可能丢失市场份额从而导致失业，甚至是总需求的下降。[②] 反过来，又会造成生产率增长的下降，从而形成恶性循环。

第四，使得发展中国家在追赶的过程中其自身的重要性日益下降，很多国家根本就不愿意，也不期待因为全球化的原因而放弃它们的自主性。因为这些权利都让渡给了跨国公司、国际组织和金融市场。

虽然技术经济系统创新的趋势和变革增加了对国家政策的需求，以便维持赶超过程，但是最近社会经济体制发生的变化，已经大大减少了国家公共干预的余地。事实上，国际化背景下的机构改革已使得市场的力量在发展进程中发挥越来越大的作用。而国家拥有的推进和影响技术模式和经济表现的机会和资源已大幅度减少。[③] 对赶超国家来说，越是限制国家创新制度的实施范围，以创新和模仿为基础的增长越困难。因此，技术全球化最终可能会导致不同发展程度的国家的技术差距扩大。

第五，创新全球化可能会严重阻碍国际技术扩散的进程和发展中国家相关能力的建设。另外相关的不利因素是知识产权保护。在技术全球化进程中，知识产权发挥着越来越重要的作用，促进了更广泛的国际合作。但现在一些发达国家不是把知识产权当作正常的技术合作的手段使用，而是作为一个政治化的工具来打压其他国家。

以往的制度规范情况刚好相反，现在较少强调大型企业垄断和支配市场地位可能诱发的静态效率损失，而更注重动态效率的提高，即通过完善组织专利制度促进创新活动。在这个转变中，跨国公司发挥了重要的作用，在最近几十

---

① F. Castellacci, Technology-gap and cumulative growth: models and outcomes, International Review of Applied Economics 16 (2002), pp.333-346.

② P. Samuelson, Where Ricardo and Mill rebut and confirm arguments of mainstream economists supporting globalization, Journal of Economic Perspectives 18 (2004), pp.135-146.

③ D. Archibugi, J. Michie, Technological globalisation or national systems of innovation?, Futures 29 (1997), p.122.

年中跨国公司变得愈加强大，并通过积极推动、巩固加强知识产权制度来保护它们的市场份额和支配地位。在新的知识产权的时代，是通过国际公约和协定，提高国家专利条例的统一性和标准化程度的延续。工业化国家有兴趣推进新的知识产权保护制度，但这对于发展中国家来说过于严格。这样工业化国家可以据此对发展中国家发挥更强大的影响力和谈判能力。赶超国家发现采用国家知识产权条例越来越困难，而这些条例与国际层面的多边或双边协定设定的规则不同。这可能会严重阻碍国际技术扩散的进程和发展中国家的相关能力的建设。①

总之，发展中国家在技术全球化的过程中会遇到许多限制其进行创新的因素，包括实施教育和培训的政策等。发展中国家很难实现以创新和模拟为基础的增长战略。因此，发展中国家应当积极努力，实施促进培训和再培训的政策，目的是使劳动力资源更迅速地向更先进的生产活动转移。②

四、技术创新全球化对中国的影响

（一）中国高技术全球化的趋势

在经济全球化的巨大浪潮中，任何国家都不能孤立地发展和繁荣。只有通过开放和结合外部世界，加强与其他国家的交流与合作，并吸收一切人类文明的优秀成果，发展、进步和繁荣才能实现。中国有着悠久的历史，但也经历了与世隔绝导致落后的历史时期。我们应该接受并抓住全球化带来的机会，并通过改革以跟上不断变化的世界的步伐。

（二）中国在技术创新中的得失

中国是否在技术创新全球化中是一个受益者，也是学者们研究的热点。对此问题的观点也各不相同。

1. 创新全球化带给中国的利益

创新全球化带给中国的得与失，始终是学者们关注的问题。这一领域有很

---

① G. Parayil，The digital divide and increasing returns：contradictions of informational capitalism，The Information Society 21（2005），pp.41-51.

S. Lall，R. Narula，Foreign direct investment and its role in economic development：do we need a new agenda?，European Journal of Development Research 16（2004），pp.445-462.

② J. Fagerberg，M.M. Godinho，Innovation and catching-up，in：J. Fagerberg，D.C. Mowery，R.R. Nelson（Eds.），The Oxford Handbook of Innovation，Oxford University Press，Oxford，2005.

多经典文献，其中有些人支持外国直接投资产生的技术溢出效应是显著的观点，如 Caves（1974）、Globerman（1979）、Blomstrom & Persson（1983）、Kokko（1994，1996）、Kokko、Tansini & Zeian（1996）、Flores. Jr（1999）、Beata K. Smarzynska（2002）。中国学者（江小涓，2002；王志鹏和李子奈，2004）也做了大量关于中国利用外商直接投资是否具有技术溢出效果的实证研究，研究的结果表明中国具有积极的技术溢出效果。

首先，全球化引进了先进的技术和管理经验，整个产业的技术水平得以改善并且在一定程度上促进了企业的技术进步。

其次，跨国公司的动态差异技术战略有助于在短时期内缩小中国和发达国家的差距。

最后，从业人员的素质快速提升。技术人员的比例从 2001 年的 4.18%增加到 2005 年的 4.22%。

2. 创新全球化给中国造成的损失

也有一些学者从公司层面和产业层面认为科学技术的全球化对中国经济的正面影响并不显著而负面影响相对突出，如 Blomstrom 和 Sioholm（1999）。而且有些学者认为，即使国外直接投资具有技术的溢出效应还不能说明中国获得了创新能力，谢富纪、沈荣芳（2002）和王春法（2005）认为，尽管通过外商直接投资，中国的技术和管理经验有所改善，但是改善的程度非常小。沈桂龙（2005）认为，尽管短期内我国与发达国家之间的技术差距有所缩短，从长期来看，技术创新的程度是很有限的。

第一，科学技术的创新全球化将会影响中国未来的创新能力。跨国公司实行动态技术差距的策略，一段时间内可以缩小我国与发达国家的技术差距，但进一步创新的程度比较低，往往停留在浅度国产化阶段。我国很多行业和领域，技术的获得，被固化于硬件当中。我国自主的技术创新能力并没能得到提高，往往陷入了引进——生产——再引进——再生产的怪圈。

第二，从跨国公司技术转移和技术溢出中核心技术较难获得。一方面从技术的层次来讲，核心技术较难从技术溢出中得到。另一方面，技术优势是跨国公司在全球竞争中获胜的决定性因素，能否维持和垄断这种优势在很大程度上决定了其经营成败。因此，作为一个经济主体，趋利的本性将驱使外企保留先进技术以维持竞争优势，因此，跨国公司必然会采取措施（如技术转移限制、独资化、公司内贸易等）对这些先进的技术进行有效控制，防止其泄露和外溢。Canniee 等（2003）。例如在 2005 年，联想以 17.5 亿美元收购了 IBM 的 PC 业务。但在联想收购之前，IBM 已经将它在深圳的合资企业中技术含量较高的服务器部分剥离，另与长城成立了由它控股 80%的服务器公司。这样，联想购买到的只是 PC 制造的一般技术。此外，有些先进技术即使能够买到，但是，由于核心技术市场的垄断性，此类技术的价格往往会远高于完全竞争市场中的均衡价。

第三，技术创新的全球化在某种程度上还对我国发明技术创新能力的培养存在某种“挤出”。目前，跨国公司凭着优厚的薪水和待遇“挖走”了我国许多优秀科研人才。有关统计表明，我国最优秀人才的 40%、优秀人才中的 45.7%都流向了外商直接投资企业或大型跨国公司在华设立的研发机构。可能迫使中国企业放弃已有一定基础的技术开发能力，转而依靠跨国公司提供的技术，形成对跨国公司的技术依赖，因而在一定程度上抑制了内资企业的研发活动和创新能力的提高，产生了技术“挤出”效应。

第四，国际市场份额受到较大的限制。从目前的贸易格局看，发达国家利用自己拥有的先进技术，更多地依靠知识产权、贸易技术壁垒等新的手段控制市场。中国对外贸易中受技术标准影响的额度约有 1/4，每年直接影响 100 多亿元的贸易出口。

（三）中国科技发展的战略调整

制定合适的政策以应对科技全球化的挑战，并不是一件容易的事情。中国积极参与科技全球化政策的制定要与经济结构的调整相一致。

第一，要建立国家创新体系，增强创新能力和国际竞争力，从而有效地参与新的国际合作。当新的技术范式出现的时候，技术经济的子系统里有一股巨大的推动力以采纳具有利润前景的先进技术。从本质上来说，技术经济体系能更快地接受变化，而社会制度体系要花费较长的时间进行修正以适应新的技术模式。这两种体系的不匹配会使大量的引进技术受到阻碍，因为社会组织和机构的变化相对要慢一些。

第二，积极实施专利战略，强化知识产权的管理。从加入世贸组织的角度来看，跨国公司通过在中国抢注专利，特别是高技术领域的专利，设置种种专利壁垒，已经对我国发展高新技术产业设置了很大的障碍。在这种条件下，只能加强原始创新和跨越的能力，走在世界的前沿。

必须密切注视国际标准化发展动态，建立既符合世贸规则又能保护中国利益的国家技术标准体系，从而改善国内产品和服务在国内市场上的竞争条件，并且在出口方面增强中国出口产品和服务的国际竞争力。

第三，加大科技投入。要在开发研究当中，贯彻以企业为主体的原则，实现产学研有机结合。提升企业创新能力是国家建立创新产业过程中最核心的过程。技术创新不足是严重制约企业发展的一个重要因素。发达国家科研开发投入很高，其中主要投资的主体是企业，如美国科技投资的 3/4 来自企业，而我国科研开发的主体是科研机构和大学，企业投入的研发资金并不多，科研产品转化成产品时间比较漫长。

科技合作全球化的大潮，为各国都带来了挑战和机遇。不少发达国家和发展中国家都在审时度势之后，以前所未有的力度加大科技投入，将眼光投向下一个 5 年或 10 年，积极应对越来越激烈的全球性科技竞争。欧盟明确提出，到 2010 年要将成员国科研投入占国内生产总值的比例由 2000 年的约 1.9%提高到 3%。日本科研经费占国内生产总值的比例已连续 3 年保持在 3.35%，日本政府计划从 2006 年度起，在 5 年内向科技领域投资 25 万亿日元（约合 2126 亿美元），全力推进前沿科学领域的研究开发。英国制定了一个长达 10 年的科技创新投资框架计划，打算到 2014 年将科研投入占国内生产总值的比例提高到 2.5%。印度也设定目标，提出该国第十个五年计划结束时，科技投入至少翻一番，达到国内生产总值的 2%。

第四，中国的自主创新应在开放的全球化背景下进行，要重视技术创新的产业化。要提高国家创新能力。创新是一个价值链条，一定是在开放的全球化的背景下，充分地利用国际科技和产业资源，一定要有自主的创新产品和创新平台，这样才能形成产业发展、产品开发的系统性概念。而跨国公司研发全球化的趋势，也使我们日益难以在自主创新与技术引进之间做出泾渭分明的区分，因此“自主创新”应当强调的是创新者对技术创新的“主导权”，而不是技术本身的来源。

第五，实施人才战略。国际间的竞争，归根到底是人才的竞争，核心是尖端人才的竞争。要在国家计划当中，把发现、培养和稳定青年人才特别是青年尖端人才，作为最重要的考核指标。发展人力资源吸收科技人才。特别是从海外吸引留学人员回国。

教育和培训政策也是重要的促进因素。新技术模式需要更先进的劳动力。所以，发展中国家如果在人力资本方面不能快速投资，就很有可能会落在发达国家后面。因此，中国要采取措施推动培训和再培训政策以便将劳动力资源应用到先进的技术活动中。

五、结　论

全球化和技术全球化是当今发展的客观趋势。一方面，创新全球化带来的技术经济系统的变化为发展中国家打开了新的机会之窗，并且拓展了公共政策的范围以维持赶超进程。另一方面，又为追赶进程设置了很多障碍。发展中国家和发达国家之间的不平衡和差异性日益明显。全球范围内科技合作资源的配置目前仍由发达国家主导。

创新全球化也促使新的国际制度的产生，在这种新的制度下国家干预可利用资源的机会大大减少。这种矛盾暗含了技术经济系统和社会制度之间的不匹配，这使得发展中国家的赶超进程更加困难。近几十年来，世界经济经历了富国和穷国之间技术和收入差距日益加大的历史过程，这也正是技术经济系统和社会制度之间不匹配问题的体现。工业化国家与发展中国家之间的不平等和更大的分歧正在日益扩大。

对发展中国家来说，最好的方式是增强竞争力、提高创新能力、加强基础设施建设、推动培训和再培训政策的出台、提高劳动力素质。因此，加强教育投资，注重人力资本的积累是增强技术创新全球化中竞争能力的重要因素。

因此，使各国都能成为科技合作全球化的受益者，建设一个真正可持续发展的和谐世界，仍然任重道远。

参考文献

[1] Archibugi, D. and Michie, J. (1995) "The globalisation of technology: a new taxonomy", *Cambridge Journal of Economics* 19, 1, pp.121–140.

[2] Archibugi, D. and Michie, J. (1997a) "Technological Globalisation or National Systems of Innovation?", in D. Archibugi, J. Michie (eds) (1997b).

[3] Archibugi, D. and Michie, J. (eds) (1997b) *Technology, Globalisation, and Economic Performance*, Cambridge: Cambridge University Press.

[4] Borjas, George J. and Ramey, Valerie A. "Time-Series Evidence on the Sources of Trends in Wage Inequality", *American Economic Review*, May 1994 (*Papers and Proceedings*), 84 (2), pp. 10–16.

[5] Cantwell, J.A. and Iammarino, S. (1998) "MNCs, Technological Innovation and Regional Systems in the EU: Some Evidence in the Italian Case", *International Journal of the Economics of Business*, Special Issue 5 (3), pp.383–408.

[6] Cantwell, J., 1994. Transnational corporations and innovatory activities. The United Nations' Library on Transnational Corporations, Vol. Ⅷ. London.

[7] D. Archibugi, S. Iammarino, The policy implications of the globalisation of innovation, Research Policy 28, (1999), pp.317–336.

[8] Giddens, A. (1990) *Consequences of Modernity*, Cambridge: Polity Press.

[9] Guerrieri, P. (1999) "La competitività tecnologica dei paesi europei", in S. Ferrari et al. (eds), *L'Italia nella competizione tecnologica internazionale*, Milan: FrancoAngeli.

[10] Liefner, I., S. Hennemann, and L. Xin, "Cooperation in the Innovation Process in Developing Countries: Empirical Evidence from Zhongguancun, Beijing", *Environment and Planning A*, 38, 1, pp.111–130, 2006.

[11] Liu, W. and P. Dicken, "Transnational Corporations and Obligated Embeddedness: Foreign Direct Investment in China's Automobile Industry", *Environment and Planning A*,

38, 7, pp.1229–1247, 2006.

[12] Liu, X. and S. White, "An Exploration into Regional Variation in Innovative Activity in China", *International Journal of Technology Management*, 21, 1/2, pp.114–129, 2001.

[13] Lu, Q., "Learning and Innovation in a Transitional Economy: The Rise of Science and Technology Enterprises in the Chinese Information Technology Industry", *International Journal of Technology Management*, 21, 1/2, pp.76–92, 2001.

[14] Lu, Q., and L. William, "The Organization of Innovation in a Transitional Economy: Business and Government in Chinese Electronic Publishing", *Research Policy*, 30, 1, pp.55–77, 2001.

[15] Nonaka, I., Takeuchi, H., 1995. The Knowledge Creating Company: How Japanese Companies Create the Dynamics of Innovation. New York.

[16] OECD. *Employment outlook*. Paris: Organization for Economic Cooperation and Development, 1993.

[17] OECD (1996a) *STAN Database* 1975–1994, Paris: OECD.

[18] Patel, P., Pavitt, K., 1992. Large firms in the production of the world's technology: an important case of non–globalization. In: Granstrand, O., Håkanson, L., Sjö lander, S._Hrsg., Technology Management and International Business: Internationalization of R & D and Technology. Chichester, pp. 53–73.

[19] Patel, P. (1995) "Localised Production of Technology for Global Markets", *Cambridge Journal of Economics* 191, pp.141–153.

[20] Patel, P. and Vega M. (1997) "Technological Strategies of Large European Firms, Report for 'Strategic Analysis for European S & T Policy Intelligence'", Targeted Socio–Economic Research, European ommission.

[21] Pietrobelli, C. and Samper, J. (1997) "Measurement of Europe–Asia Technology Exchanges. Asymmetry and Distance", *Science and Public Policy*, XXIV (4), August.

[22] Roberts, E.B., 1995a. Benchmarking the strategic management of technology: I. Research Technology Management 38_1., pp.44–56.

[23] Roberts, E.B., 1995b. Benchmarking the strategic management of technology: II. Research Technology Management 38 _2., pp.18–26.

[24] Sigurdson, J., Jiang Jiang, and Xinxin Kong, *Technological Superpower China*. Cheltenham, UK: Edward Elgar, 2005.

[25] Streeten, P. (1996) "Governance of the Global Economy, paper presented at the International Conference on 'Globalisation and Citizenship'", Geneva, United Nations Research Institute for Social Development, December.

[26] Sun, Y. F., "China's National Innovation System in Transition", *Eurasian Geography and Economics*, 43, 6, pp.476–492, 2002a.

[27] Sun, Y. F., "Sources of Innovation in China's Manufacturing Sector", *Environment and Planning A*, 34, 6, pp.1059–1072, 2002b.

[28] Walcott, S. M., "Chinese Industrial and Science Parks", *The Professional*

Geographer, 54, 3, pp.349–364, 2002.

[29] Walcott, S. M., "Xi'an as an Inner China Development Model", *Eurasian Geography and Economics*, 44, 8, pp.623–640, 2003.

[30] Wang, J. C. and J. X. Wang, "An Analysis of New–Tech Agglomeration in Beijing", *Environment and Planning A*, 30, 4, pp.681–701, 1998.

[31] Wei, Y. H. D. and C. K. Leung, "Development Zones, Foreign Investment, and Global–City Formation in Shanghai", *Growth and Change*, 36, 1, pp.16–40, 2005.

[32] Wood, Adrian. *North–South trade, employment and inequality: changing fortunes in a skilldriven world.* Oxford: Clarenton Press, 1994.

[33] Zhou, Y., "The Making of an Innovative Region From a Centrally Planned Economy: Institutional Evolution in Zhongguancun Science Park in Beijing", *Environment and Planning A*, 37, 6, pp.1113–1134, 2005.

[34] Zhou, Y. and X. Tong, " An Innovative Region in China: Interaction between Multinational Corporations and Local Firms in a High–tech Cluster in Beijing", *Economic Geography*, 79, 23, pp.129–152, 2003.

[35] 江小涓:《跨国投资、市场结构与外商投资企业的竞争行为》,《经济研究》, 2002 年第 9 期。

[36] 谢富纪、沈荣芳:《建立企业技术联盟推进企业技术进步》,《科技进步与对策》, 2002 年第 2 期。

[37] 王志鹏、李子奈:《外商直接投资、外溢效应与内生经济增长》,《世界经济文汇》, 2004 年第 3 期。

[38] 王志鹏、李子奈:《外商直接投资对国内投资挤入挤出效应的重新检验》,《统计研究》, 2004 第 7 期。

[39] 沈桂龙、于蕾:《外商直接投资对我国经济发展的负面影响及对策思考》,《世界经济研究》, 2005 第 11 期。

（本章执笔人：王宏伟）

第十五章　2008~2020年中国经济前景预测

中国经济正在逐渐融入全球经济，这意味着中国可以依托国外市场，充分利用国外需求和资源，结合国内市场的需求和自身优势，继续快速发展经济，中国经济在全球经济中将发挥越来越大的作用。本章利用中国宏观经济年度计量模型，①对2008~2020年间中国经济发展前景进行预测，并给出简要分析。预测的前提是，假设世界经济保持平稳发展趋势，没有发生足以影响世界经济进程的重大突发事件，如战争、灾荒、瘟疫、股市崩盘、波及全球的金融危机、类似美国2001年发生的“9·11”恐怖事件，等等；同时假设，中国国内继续保持平稳发展态势，没有发生明显的高通货膨胀和突发事件。中国将在全面落实科学发展观的基础上，转变经济发展方式，推动产业结构优化升级。经济增长将由主要依靠投资、出口拉动向依靠消费、投资、出口协调拉动转变，由主要依靠第二产业带动向依靠第一、第二、第三产业协同带动转变，由主要依靠增加物质资源消耗向主要依靠科技进步、劳动者素质提高、管理创新转变。本章基于对未来发展趋势的定性判断，给出定量预测结果。为便于对比，各节的预测数字表中同时列出了2000~2007年的数据，其中2006年以前的数据来自《中国统计年鉴2007》（中国统计出版社，2007年10月），2007年的部分数据来自国家统计局《国民经济和社会发展统计公报2007》（国家统计局，2008年2月28日）。

一、经济总量和三次产业结构预测

表15-1列出了2000~2020年期间中国经济总量，其中2008年以后为预测。以当年价计算，2007年中国国内生产总值（GDP）为24.6619万亿元。预测2010年、2015年、2020年各年的当年价GDP分别为37.722万亿元、

① 这是中国社会科学院“经济形势分析与预测课题组”使用的经济计量模型，每年更新一次，公开发表的最近版本可见汪同三、沈利生主编：《中国社会科学院数量经济与技术经济研究所经济模型集》，社会科学文献出版社，2001年。

65.8688 万亿元、107.2433 万亿元。表 15-1 中同时给出了一产业、二产业、工业、建筑业、三产业、邮电交通通信业、商业的增加值。

表 15-1 2000~2020 年中国经济总量（2008 年以后为预测）

单位：亿元（当年价）

年份	国内生产总值	一产业增加值	二产业增加值	工业增加值	建筑业增加值	三产业增加值	邮电交通通信增加值	商业增加值
2000	99215	14945	45556	40034	5522	38714	6161	8186
2001	109655	15781	49512	43581	5932	44362	6870	9119
2002	120333	16537	53897	47431	6465	49899	7493	9995
2003	135823	17382	62436	54946	7491	56005	7913	11170
2004	159878	21413	73904	65210	8694	64561	9304	12454
2005	183868	23070	87365	77231	10134	73433	10836	13535
2006	210871	24737	103162	91311	11851	82972	12032	15158
2007	246619	28910	121381	107229	14152	96328	13667	18026
2008	287291	31667	140470	123702	16768	115154	15632	21419
2009	331363	34585	161067	141508	19559	135710	17794	25227
2010	377220	37480	182254	159854	22400	157486	20129	29114
2011	425527	40405	204126	178933	25194	180996	22605	33108
2012	477103	43406	226844	198845	27999	206853	25294	37402
2013	532821	46577	250737	219835	30902	235507	28197	42095
2014	592916	49962	275977	241975	34002	266977	31338	47142
2015	658688	53664	303037	265614	37424	301986	34761	52736
2016	729489	57634	331260	290011	41249	340595	38480	58973
2017	805517	61866	360942	315468	45474	382709	42462	65821
2018	887751	66344	392350	342215	50136	429057	46712	73338
2019	976430	71043	425339	370081	55258	480048	51253	81512
2020	1072433	75957	460400	399569	60830	536076	56071	90422

表 15-2 列出了 2000~2020 年间按当年价增加值计算的三次产业的结构。图 15-1 所示是 2000~2020 年三次产业增加值占国内生产总值比重的变化情况。我国第三产业在国民经济中的比重一直比较低，甚至与世界上的一些发展中国家相比也是偏低的。根据世界银行“世界发展指数”（WDI）数据库的资料，以全球最具经济活力的“金砖四国”（BRIC）——巴西（Brazil）、俄罗斯（Russia）、印度（India）、中国（China）为例，2005 年这四国服务业增加值占 GDP 的比重分别为：53.5%、56.4%、54.4%、39.9%。其他三国都已超过了 50%，中国仅有 39.9%。这是中国长期以来倚重第二产业而对第三产业发展不够重视的结果。在未来的岁月里，第一产业的比重持续下降，第二产业的比重

有所下降，第三产业的比重会有明显上升。即便如此，到 2020 年，我国第三产业占 GDP 的比重也只有 50.0%。产业结构的调整可谓是任重道远。

表 15-2　2000~2020 年三次产业结构预测（%）

年份	一产业比重	二产业比重	三产业比重
2000	15.1	45.9	39.0
2001	14.4	45.2	40.5
2002	13.7	44.8	41.5
2003	12.8	46.0	41.2
2004	13.4	46.2	40.4
2005	12.5	47.5	39.9
2006	11.7	48.9	39.3
2007	11.7	49.2	39.1
2008	11.0	48.9	40.1
2009	10.4	48.6	41.0
2010	9.9	48.3	41.7
2011	9.5	48.0	42.5
2012	9.1	47.5	43.4
2013	8.7	47.1	44.2
2014	8.4	46.5	45.0
2015	8.1	46.0	45.8
2016	7.9	45.4	46.7
2017	7.7	44.8	47.5
2018	7.5	44.2	48.3
2019	7.3	43.6	49.2
2020	7.1	42.9	50.0

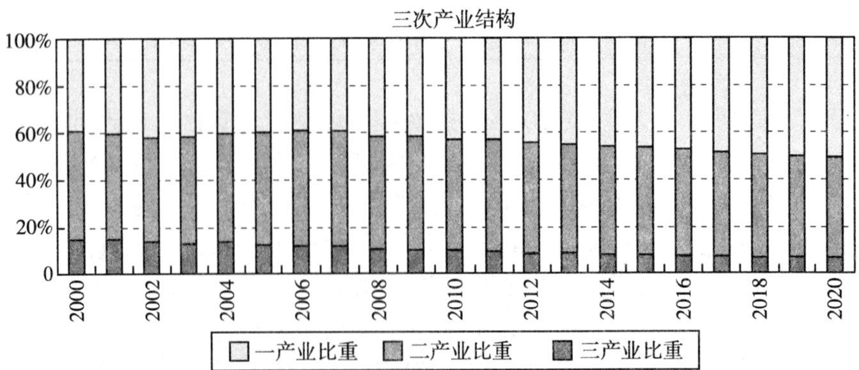

图 15-1　2000~2020 年三次产业增加值占国内生产总值比重变化情况

表 15–3 列出了 2000~2020 年间，各项经济指标按可比价格计算的增长率，其中 2008 年以后为预测数。2005 年、2010 年、2015 年、2020 年国内生产总值的增长率分别为：10.4%、9.7%、8.0%、6.8%。按每 5 年为一段考察年均增长率：2001~2005 年（十五）为 9.6%，2006~2010 年（十一五）为 10.6%，2011~2015 年（十二五）为 8.6%，2016~2020 年（十三五）为 7.1%。从总体上来看，经济增长率呈缓慢下降趋势。按可比价格计算，2020 年的国内生产总值是 2000 年的 5.576 倍，20 年间的年均增长率为 9.0%，远高于 10 年翻一番所需要的年均增长率 7.2%。可以肯定胡锦涛总书记在十七大报告中提出的，

表 15–3　2000~2020 年中国经济增长率（按可比价格计算）预测

单位：%

年　份	GDP 增长率	一产业增长率	二产业增长率	工业增长率	建筑业增长率	三产业增长率	邮电交通通信增长率	商业增长率
2000	8.4	2.4	9.4	9.8	5.7	9.7	8.6	9.4
2001	8.3	2.8	8.4	8.6	6.8	10.3	8.8	9.1
2002	9.1	2.9	9.8	9.9	8.8	10.4	7.1	8.8
2003	10.0	2.5	12.7	12.7	12.1	9.5	6.1	9.9
2004	10.1	6.3	11.1	11.4	8.1	10.1	14.5	6.6
2005	10.4	5.2	11.7	11.6	12.6	10.5	11.3	7.8
2006	11.1	5.0	13.0	12.9	13.7	10.8	8.3	10.9
2007	11.4	3.7	13.4	13.5	12.6	11.4	9.7	11.4
2008	10.7	3.2	12.2	12.3	11.0	10.9	10.2	10.9
2009	10.0	3.2	11.5	11.6	9.7	10.2	10.0	10.5
2010	9.7	3.4	11.0	11.1	8.9	9.8	10.2	9.9
2011	9.4	3.4	10.3	10.6	7.5	9.5	9.8	9.1
2012	9.0	3.2	9.7	9.9	6.5	9.2	9.6	8.7
2013	8.6	3.1	9.1	9.4	5.8	8.9	9.2	8.4
2014	8.2	3.1	8.7	8.9	5.5	8.5	8.9	7.9
2015	8.0	3.2	8.4	8.6	5.5	8.1	8.6	7.7
2016	7.5	3.0	7.8	8.0	5.6	7.8	8.3	7.5
2017	7.3	3.0	7.5	7.6	5.6	7.5	8.0	7.4
2018	7.1	3.0	7.3	7.4	5.7	7.3	7.7	7.2
2019	6.9	2.8	7.0	7.1	5.7	7.3	7.4	7.0
2020	6.8	2.7	6.9	7.0	5.6	7.2	7.2	6.9
五年平均								
2001~2005	9.6	3.9	10.7	10.8	9.7	10.2	9.5	8.4
2006~2010	10.6	3.7	12.2	12.3	11.1	10.6	9.7	10.7
2011~2015	8.6	3.2	9.2	9.5	6.2	8.9	9.2	8.4
2016~2020	7.1	2.9	7.3	7.4	5.6	7.4	7.7	7.2

实现人均国内生产总值到2020年比2000年翻两番的目标将会提前实现。

图15-2显示了GDP、一产业、二产业、三产业增长率的变化趋势。一产业增长率明显低于二产业和三产业，这是一产业的比重进一步下降的原因，第二产业的增长率先是高于第三产业，然后逐步接近，再略微稍低。

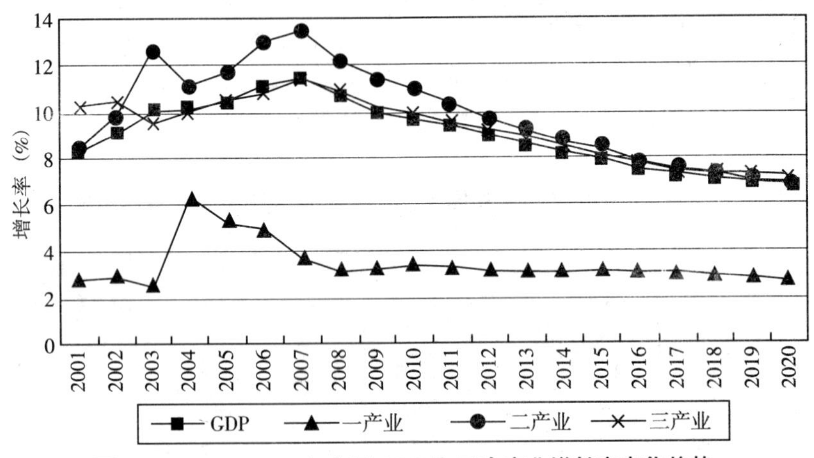

图15-2 2001~2020年中国GDP和三次产业增长率变化趋势

表15-4列出了1978~2007年三次产业的平减指数和平减指数年均上涨率，其中2008年以后为预测值，它反映了三次产业增加值的价格上涨情况。由表15-4中可以看到，三次产业的平减指数或价格上涨率有着明显的差别，从1978~2007年，三次产业平减指数的年均上涨率分别为7.3%、3.9%、6.2%，第一、第三产业的平减指数上涨率明显高于第二产业。在未来年份里仍将维持这种走势，预测2008~2020年三次产业的平减指数年均上涨率分别为4.9%、1.8%、5.5%。这就说明了，在未来岁月里，第二产业按可比价计算的增长率略高于第三产业（见表15-3），但按当年价计算三次产业的比重时（见表15-2），第二产业的比重下降，第三产业的比重上升。

表15-4 1978~2007年三次产业平减指数和年均上涨率

	年份或时段	第一产业	第二产业	第三产业
平减指数	1978	1.0000	1.0000	1.0000
	1990	2.5834	1.4542	1.8638
	2007	7.6906	3.0136	5.7711
	2020	13.5949	3.7226	10.9520
平减指数年均上涨率（%）	1978~1990	8.2	3.2	5.3
	1991~2007	6.6	4.4	6.9
	1978~2007	7.3	3.9	6.2
	2008~2020	4.9	1.8	5.5

二、总人口、城乡居民人口、人均 GDP 预测

表 15–5 列出了 2000~2020 年间中国的人口增长情况，城乡居民人口及城镇人口比例，人均 GDP 等指标的变化情况。

表 15–5　2000~2020 年中国总人口、城镇和乡村人口、人均 GDP 预测

年　份	总人口（万人）	人口自然增长率（‰）	城镇人口（万人）	城镇人口增长率（‰）	乡村人口	乡村人口增长率（‰）	城镇人口比重（‰）	乡村人口比重（‰）	人均国内生产总值（元）
2000	126743	7.6	45906	4.9	80837	–1.5	36.2	63.8	7828
2001	127627	7.0	48064	4.7	79563	–1.6	37.7	62.3	8592
2002	128453	6.5	50212	4.5	78241	–1.7	39.1	60.9	9368
2003	129227	6.0	52376	4.3	76851	–1.8	40.5	59.5	10510
2004	129988	5.9	54283	3.6	75705	–1.5	41.8	58.2	12299
2005	130756	5.9	56212	3.6	74544	–1.5	43.0	57.0	14062
2006	131448	5.3	57706	2.7	73742	–1.1	43.9	56.1	16042
2007	132129	5.2	59471	3.1	72658	–1.5	45.0	55.0	18665
2008	132788	5.0	61175	2.9	71613	–1.4	46.1	53.9	21635
2009	133440	4.9	62818	2.7	70622	–1.4	47.1	52.9	24832
2010	134090	4.9	64401	2.5	69689	–1.3	48.0	52.0	28132
2011	134735	4.8	65926	2.4	68809	–1.3	48.9	51.1	31583
2012	135373	4.7	67394	2.2	67979	–1.2	49.8	50.2	35244
2013	136003	4.7	68807	2.1	67197	–1.2	50.6	49.4	39177
2014	136623	4.6	70166	2.0	66457	–1.1	51.4	48.6	43398
2015	137237	4.5	71474	1.9	65764	–1.0	52.1	47.9	47996
2016	137843	4.4	72731	1.8	65111	–1.0	52.8	47.2	52922
2017	138437	4.3	73941	1.7	64496	–0.9	53.4	46.6	58186
2018	139019	4.2	75105	1.6	63914	–0.9	54.0	46.0	63858
2019	139586	4.1	76224	1.5	63362	–0.9	54.6	45.4	69952
2020	140144	4.0	77300	1.4	62843	–0.8	55.2	44.8	76524

2007 年中国人口总量为 13.2129 亿，自然增长率为 5.2‰。在未来年份里，虽然自然增长率持续下降，人口总量仍会继续增加。预测 2010 年、2015 年、2020 年人口分别为 13.41 亿、13.72 亿、14.01 亿，人口自然增长率分别为 4.9‰、4.5‰、4.0‰。随着城镇化的进一步发展，城镇人口不断上升，乡村人口不断下降。表 15–5 列出了未来年份各年的城乡人口数。2007 年城镇人口比重为 45.0%，2010 年、2015 年、2020 年城镇人口比重将分别为 48.0%、

52.1%、55.2%。

2007 年我国的人均 GDP 为 18665 元（当年价），以当年汇率 1 美元=7.3 元计算，折合人均 GDP 为 2558 美元。到 2020 年，人均 GDP 可达到 76524 元。自从 2005 年人民币兑美元汇率实行浮动以来，人民币呈升值趋势，加之美元本身不断贬值，人民币兑美元升值加快，预计未来人民币仍将保持升值趋势。假定 2020 年的汇率为 1 美元=6.5 元人民币，则 2020 年的我国的人均 GDP 将超过 1 万美元，达 11773 美元，而全国 GDP 则可达到 16.4990 万亿美元，中国的经济总量将在世界经济中占有举足轻重的地位。

图 15-3 所示是 1978~2020 年中国城镇人口比重的变化情况，它给出了中国城市化进程的发展趋势。

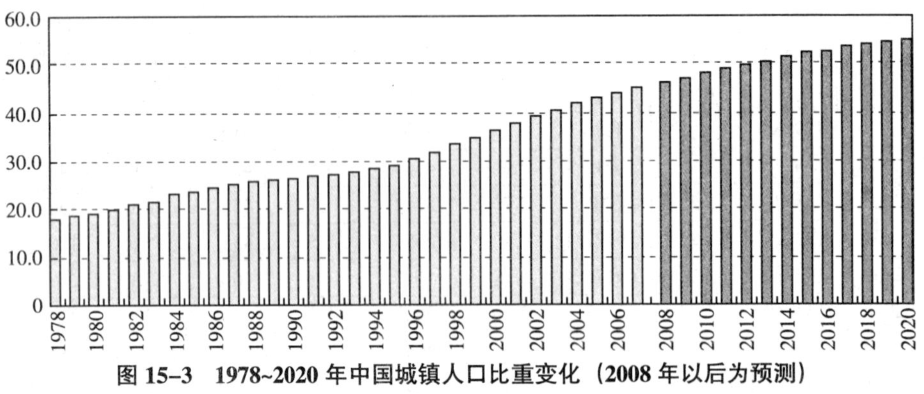

图 15-3　1978~2020 年中国城镇人口比重变化（2008 年以后为预测）

三、全社会固定资产投资预测

表 15-6 列出了 2000~2020 年间，全社会固定资产投资绝对量、名义增长率、扣除价格因素以后的实际增长率、固定资产投资占国内生产总值的比例等指标的变化情况。

进入 2000 年以来，中国的固定资产投资增长率一直居高不下，远高于国内生产总值的增长率。在 2003~2007 年的连续 5 年中，固定资产投资的名义增长率和实际增长率都超过了 20%，由此产生的一个结果就是，固定资产投资占 GDP 的比例越来越高。2002 年固定资产投资占 GDP 的比例只有 36.1%，经过短短的 5 年，到 2007 年，这个比例上升到 55.6%，5 年中投资占 GDP 的比例上升了近 20 个百分点，大致每年上升 4 个百分点。正是固定资产投资快速增长的强劲拉动，使得这 5 年的经济增长率连续保持在两位数。这种依靠投资拉动经济增长的趋势会呈现出一种惯性，在未来年份仍会持续一段时间，国家需要采取相应的宏观调控措施，抑制固定资产投资的过快增长。一个严峻的问题是，即使此后经过连续多年的努力，把固定资产投资的增长速度降到相当于或低于 GDP 的增长速度，固定资产投资占 GDP 的比例仍会在较长的一段时间里维持在较高的水平上，表 15-6 所描绘的就是这样一种情景，2020 年固定资产投资占 GDP 的比例仍然高达 59.9%。

表 15-6 2000~2020 年全社会固定资产投资

年 份	全社会固定资产投资（亿元）	投资名义增长率（%）	投资实际增长率（%）	投资占 GDP 比例（%）
2000	32918	10.3	9.1	33.2
2001	37214	13.1	12.6	33.9
2002	43500	16.9	16.7	36.1
2003	55567	27.7	25.0	40.9
2004	70477	26.8	20.1	44.1
2005	88774	26.0	24.0	48.3
2006	109999	23.9	22.1	52.2
2007	137239	24.8	20.1	55.6
2008	169744	23.7	18.7	59.1
2009	203835	20.1	16.0	61.5
2010	238613	17.1	13.4	63.3
2011	271967	14.0	10.7	63.9
2012	303455	11.6	8.6	63.6
2013	336868	11.0	8.1	63.2
2014	373227	10.8	7.9	62.9
2015	412659	10.6	7.6	62.6
2016	454157	10.1	7.0	62.3
2017	497958	9.6	6.6	61.8
2018	543550	9.2	6.2	61.2
2019	592647	9.0	6.1	60.7
2020	642900	8.5	5.7	59.9

四、支出法国内生产总值和结构预测

表 15-7 列出了 2000~2020 年间支出法国内生产总值预测。2006 年支出法国内生产总值为 22.12 万亿元；2010 年、2015 年、2020 年分别为 40.84 万亿元、67.54 万亿元、106.81 万亿元。其中货物和净出口呈逐渐下降趋势（即进出口趋于平衡），最终消费率从 2006 年的 49.9%先是缓慢下降，然后缓慢上升

到 2020 年的 50.6%（回复到 2005 年的水平）。资本形成率则从 2006 年的 42.5%先是缓慢上升，然后稍稍下降到 2020 年的 48.6%。这个预测结果意味着，由于 2003~2007 年间经济增长主要依靠投资拉动而形成的最终消费率下降、资本形成率上升的局面，经 21 世纪第二个十年的调整而逐步有所扭转，但仍然恢复不到 2002 年最终消费率 59.6%、资本形成率 37.9%的水平。

表 15-7　2000~2020 年支出法国内生产总值预测

年　份	支出法国内生产总值（亿元）	最终消费（亿元）	资本形成（亿元）	货物和服务净出口（亿元）	最终消费率（%）	资本形成率（%）
2000	98749	61516	34843	2390	62.3	35.3
2001	108972	66878	39769	2325	61.4	36.5
2002	120350	71691	45565	3094	59.6	37.9
2003	136399	77450	55963	2986	56.8	41.0
2004	160280	87033	69168	4079	54.3	43.2
2005	188692	97823	80646	10223	51.8	42.7
2006	221170	110413	94103	16653	49.9	42.5
2007	267792	125388	119952	22451	46.8	44.8
2008	312583	144758	145625	22201	46.3	46.6
2009	360718	165427	172551	22739	45.9	47.8
2010	408351	186839	200019	21494	45.8	49.0
2011	456639	209538	226364	20738	45.9	49.6
2012	505028	234165	251235	19629	46.4	49.7
2013	556499	261198	277625	17676	46.9	49.9
2014	612591	291126	306343	15122	47.5	50.0
2015	675423	324563	337487	13373	48.1	50.0
2016	743235	361730	370264	11242	48.7	49.8
2017	817270	402030	404859	10381	49.2	49.5
2018	895692	445294	440868	9530	49.7	49.2
2019	979632	491563	479647	8423	50.2	49.0
2020	1068052	540655	519339	8059	50.6	48.6

表 15-8 列出了 2000~2020 年支出法国内生产总值中各项消费的预测。在居民消费和政府消费中，居民消费的比重略有下降，从 2006 年的 72.6.%下降到 2020 年的 69.9%；政府消费比例相应略有上升，从 2007 年的 28.3%上升到 2020 年的 30.1%。

表 15-8　2000~2020 年支出法国内生产总值和结构预测

年　份	居民消费（亿元）	政府消费（亿元）	居民消费比重（%）	政府消费比重（%）	农村居民消费（亿元）	城镇居民消费（亿元）	农村居民消费比重（%）	城镇居民消费比重（%）
2000	45855	15661	74.5	25.5	15147	30707	33.0	67.0
2001	49213	17665	73.6	26.4	15791	33422	32.1	67.9
2002	52571	19120	73.3	26.7	16272	36300	31.0	69.0
2003	56834	20615	73.4	26.6	16306	40529	28.7	71.3
2004	63834	23199	73.3	26.7	17551	46283	27.5	72.5
2005	71218	26605	72.8	27.2	19228	51989	27.0	73.0
2006	80121	30293	72.6	27.4	21115	59006	26.4	73.6
2007	89852	35536	71.7	28.3	22318	67534	24.8	75.2
2008	103386	41371	71.4	28.6	24657	78729	23.8	76.2
2009	117823	47605	71.2	28.8	26937	90886	22.9	77.1
2010	132565	54274	71.0	29.0	28980	103584	21.9	78.1
2011	148182	61356	70.7	29.3	30890	117292	20.8	79.2
2012	165117	69047	70.5	29.5	32719	132399	19.8	80.2
2013	183773	77424	70.4	29.6	34496	149277	18.8	81.2
2014	204409	86717	70.2	29.8	36252	168157	17.7	82.3
2015	227521	97043	70.1	29.9	37953	189568	16.7	83.3
2016	253273	108457	70.0	30.0	39564	213710	15.6	84.4
2017	281102	120928	69.9	30.1	41040	240062	14.6	85.4
2018	311071	134222	69.9	30.1	42324	268747	13.6	86.4
2019	343298	148264	69.8	30.2	43359	299939	12.6	87.4
2020	377695	162960	69.9	30.1	44066	333628	11.7	88.3

在城乡居民消费中，农村居民消费的比重不断下降，城镇居民消费的比重持续上升，这与城镇化发展使城镇居民的比例逐步上升相一致，也与城乡居民收入的差距继续扩大有关（参见本章“七、城乡居民收入预测”）。在全部居民消费中，农村居民消费比重将从 2006 年的 26.4%，逐渐下降到 2020 年的 11.7%，城镇居民消费比重将从 2006 年的 73.6%上升到 2020 年的 88.3%。

五、就业人员总量、三次产业就业人员数和劳动力结构预测

表 15-9 列出了 2000~2020 年间，全国就业人员总量、三次产业就业人员数和劳动力结构预测。2007 年全国从业人员数为 7.712 亿人，预测 2010 年、

2015 年、2020 年从业人员数分别为 7.895 亿、8.212 亿、8.500 亿。

表 15-9 2000~2020 年三次产业从业人员和构成预测

年份	从业人员总数（百万）	一产业从业人员数（百万）	二产业从业人员数（百万）	三产业从业人员数（百万）	一产业从业人员比重（%）	二产业从业人员比重（%）	三产业从业人员比重（%）
2000	720.85	360.43	162.19	198.23	50.0	22.5	27.5
2001	730.25	365.13	162.84	202.28	50.0	22.3	27.7
2002	737.40	368.70	157.80	210.90	50.0	21.4	28.6
2003	744.32	365.46	160.77	218.09	49.1	21.6	29.3
2004	752.00	352.69	169.20	230.11	46.9	22.5	30.6
2005	758.25	339.70	180.84	237.71	44.8	23.8	31.3
2006	764.00	330.48	184.26	249.26	43.3	24.1	32.6
2007	771.23	321.15	192.75	257.33	41.6	25.0	33.4
2008	776.82	314.10	193.68	269.04	40.4	24.9	34.6
2009	783.90	306.21	200.37	277.33	39.1	25.6	35.4
2010	789.46	300.10	200.03	289.33	38.0	25.3	36.6
2011	796.50	292.74	205.82	297.94	36.8	25.8	37.4
2012	801.99	286.86	204.82	310.31	35.8	25.5	38.7
2013	808.95	279.50	210.14	319.31	34.6	26.0	39.5
2014	814.34	273.44	208.80	332.10	33.6	25.6	40.8
2015	821.21	265.78	213.87	341.56	32.4	26.0	41.6
2016	826.51	259.32	212.35	354.84	31.4	25.7	42.9
2017	833.26	251.17	217.27	364.82	30.1	26.1	43.8
2018	838.42	244.16	215.63	378.63	29.1	25.7	45.2
2019	845.00	235.40	220.45	389.15	27.9	26.1	46.1
2020	850.02	227.73	218.74	403.55	26.8	25.7	47.5

在三次产业中，一产业从业人员继续呈下降趋势，这是由于农村劳动力逐渐向非农产业转移的结果。二产业的从员人员数有所上升，但上升速度并不快，三产业的从业人员上升较快。或者说，农业劳动力的转移主要是转向第三产业。2007 年，一、二、三次产业从业人员构成为 41.6%、25.0%、33.4%，预测 2010 年为 38.0%、25.3%、36.6%，2015 年为 32.4%、26.0%、41.6%，2020 年为 26.8%、25.7%、47.5%。

图 15-4 所示是 2000~2020 年三次产业从业人员比重的变化情况。

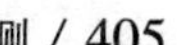

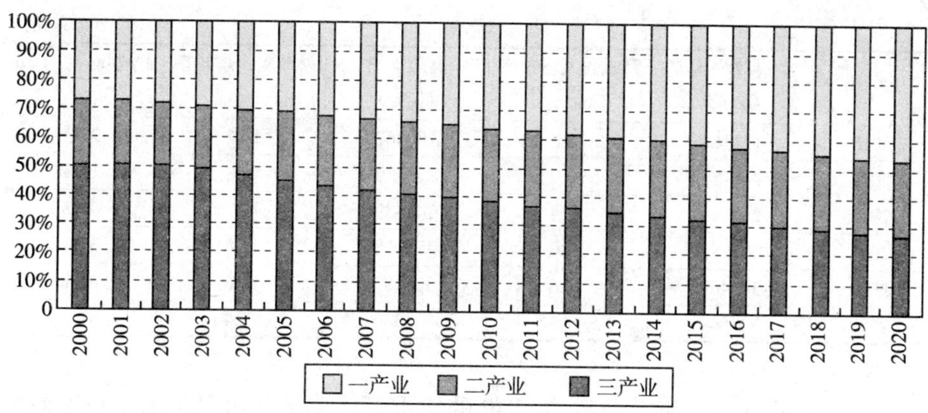

图 15-4　2000~2020 年中国三次产业从业人员比重的变化

六、财政收入和财政支出预测

表 15-10 列出了 2000~2020 年间财政收入、财政支出，其中 2008 年以后为预测。2007 年财政收入增长率猛升到 32.4%，财政支出增长率只有 22.6%。2008 年以后的总趋势是，财政收入和财政支出的增长率都要快于 GDP 的增长率，而财政收入的增长率略微低于财政支出的增长率。

表 15-10　2000~2020 年财政收入、财政支出

年　份	财政收入(亿元)	财政收入增长率(%)	财政支出(亿元)	财政支出增长率(%)	财政收入占 GDP(%)
2000	13395	17.0	15887	20.5	13.5
2001	16386	22.3	18903	19.0	14.9
2002	18904	15.4	22053	16.7	15.7
2003	21715	14.9	24650	11.8	16.0
2004	26396	21.6	28487	15.6	16.5
2005	31649	19.9	33930	19.1	17.2
2006	38760	22.5	40423	19.1	18.4
2007	51304	32.4	49565	22.6	20.8
2008	63094	23.0	61122	23.3	22.0
2009	77093	22.2	74637	22.1	23.3
2010	92405	19.9	89375	19.7	24.5
2011	109068	18.0	106189	18.8	25.6
2012	127151	16.6	125307	18.0	26.7
2013	146793	15.4	145335	16.0	27.6
2014	168039	14.5	166844	14.8	28.3

续表

年份	财政收入（亿元）	财政收入增长率（%）	财政支出（亿元）	财政支出增长率（%）	财政收入占 GDP（%）
2015	191168	13.8	190462	14.2	29.0
2016	216113	13.0	216730	13.8	29.6
2017	242944	12.4	244839	13.0	30.2
2018	271988	12.0	275178	12.4	30.6
2019	303408	11.6	307187	11.6	31.1
2020	337549	11.3	342350	11.4	31.5

值得注意的是，财政收入占 GDP 的比重变化情况。由于未来年份财政收入的增长率仍快于 GDP 的增长率，这就使得财政收入占 GDP 的比重不断向上升。2007 年财政收入占 GDP 的 20.8%，2010 年、2015 年、2020 年将分别上升到 24.5%、29.0%、31.5%。财政收入占 GDP 比重的变化，若从历史进程去考察可以得到一些启示。图 15-5 画出了 1978 年以来财政收入占 GDP 比重的变化情况。自从 1978 年实行改革开放政策以来，放权让利，扩大企业自主权的结果，使得财政收入占 GDP 的比例从 30%多持续下降到 1995 年的最低点 10.7%。从 1996 年起，情况发生了相反的变化，财政收入占 GDP 的比重逐年上升，一直持续至今。本预测设定的前提条件是，在未来年份里没有重大的政策变化，故这种情况仍将保持下去。如果在未来年份里当财政收入占 GDP 的比例上升到一定程度，国家认为无须继续上升时，可以采取相应的政策，例如减税，从而使财政收入占 GDP 的比例保持在较高的水平而不再上升。

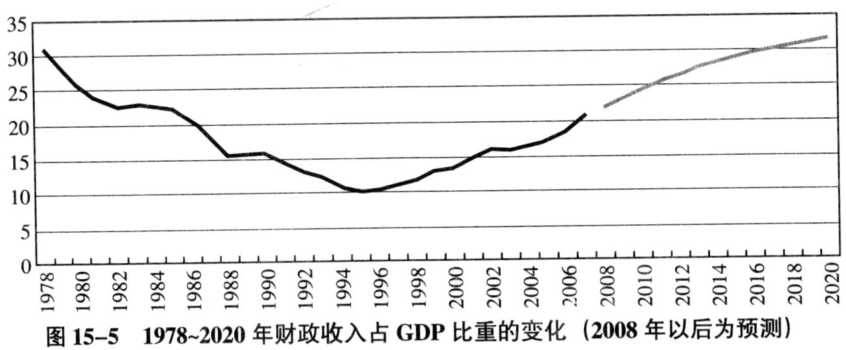

图 15-5　1978~2020 年财政收入占 GDP 比重的变化（2008 年以后为预测）

七、城乡居民家庭人均收入预测

表 15-11 列出了 2000~2020 年间城镇居民人均可支配收入、农村居民人均

纯收入，按可比价格计算城乡居民收入的增长率，城乡居民收入差距倍数，居民储蓄存款等变量的变化情况，其中 2008 年以后为预测。2007 年城镇居民人均可支配收入为 13791 元，预测 2010 年、2015 年、2020 年分别为 21185 元、35805 元、58125 元。

表 15-11　2000~2020 年城乡居民收入和储蓄

年份	城镇居民人均可支配收入（元）	城镇居民人均可支配收入增长率（%）	农村居民人均纯收入（元）	农村居民人均纯收入增长率（%）	城镇居民收入是农村居民收入倍数	城乡居民储蓄存款（亿元）	城乡居民储蓄存款增长率（%）
2000	6280	6.4	2253	2.1	2.79	64332	7.9
2001	6860	8.5	2366	4.2	2.90	73762	14.7
2002	7703	13.4	2476	4.8	3.11	86911	17.8
2003	8472	9.0	2622	4.3	3.23	103617	19.2
2004	9422	7.7	2936	6.8	3.21	119555	15.4
2005	10493	9.6	3255	6.2	3.22	141051	18.0
2006	11760	10.4	3587	7.4	3.28	161587	14.6
2007	13791	12.2	4063	9.6	3.39	172534	6.8
2008	16132	11.1	4532	7.3	3.56	196396	13.8
2009	18624	10.0	5045	7.0	3.69	223154	13.6
2010	21185	9.3	5623	7.5	3.77	252563	13.2
2011	23799	8.8	6263	7.9	3.80	286802	13.6
2012	26533	8.2	6960	8.0	3.81	325437	13.5
2013	29407	7.8	7700	7.7	3.82	367846	13.0
2014	32442	7.3	8500	7.6	3.82	413984	12.5
2015	35805	7.2	9354	7.3	3.83	464036	12.1
2016	39551	7.1	10273	7.1	3.85	518631	11.8
2017	43629	6.9	11265	6.9	3.87	577129	11.3
2018	48102	6.8	12341	6.8	3.90	640520	11.0
2019	52922	6.6	13497	6.7	3.92	707311	10.4
2020	58125	6.4	14746	6.6	3.94	778900	10.1

2007 年农村居民人均纯收入为 4063 元，预测 2010 年、2015 年、2020 年分别为 5623 元、9354 元、14746 元。

我国城乡居民储蓄存款一向有较高的增长率，2007 年全国城乡居民储蓄存款为 17.2534 万亿元，预计未来仍将保持较高的增长率。2010 年、2015 年、2020 年的储蓄存款额分别为 25.2563 万亿元、46.4036 万亿元、77.8900 万亿元。

图 15-6 所示的是 1978~2020 年间城乡居民收入的增长率变化情况。从图 15-6 中可以看到，改革开放初期，在农村实行联产承包责任制极大地提高了农民的生产积极性，收入明显提高，农民的收入增长率一度快于城镇居民，这

种情况持续到 1985 年。以后除几个年份外（1987~1988 年、1996~1997 年），农民的收入增长都是低于城镇居民，1999 年以来，这种趋势更为明显。如果按照这种趋势持续下去，城镇居民收入增长继续快于农村居民，将会使城乡居民收入的差距不断扩大，这会直接影响到国家的稳定和长治久安。这里假定政府在未来将通过实施向农村倾斜的一系列政策，努力提高农村居民的收入，如加大对农业的投入，发展高效农业，加快农村劳动力向非农产业转移的步伐，加大对农村贫困地区的转移支付等等。尤其重要的一点是，加大对农村教育的投入，一切费用全免，实现真正的义务教育，实行 12 年制义务教育，尽快提高农村居民的文化素质，提高农村居民的人力资本水平。经过若干年的努力，使农民收入的增长率至少不低于城镇居民，从而达到从根本上扭转城乡居民收入差距不断扩大的趋势。

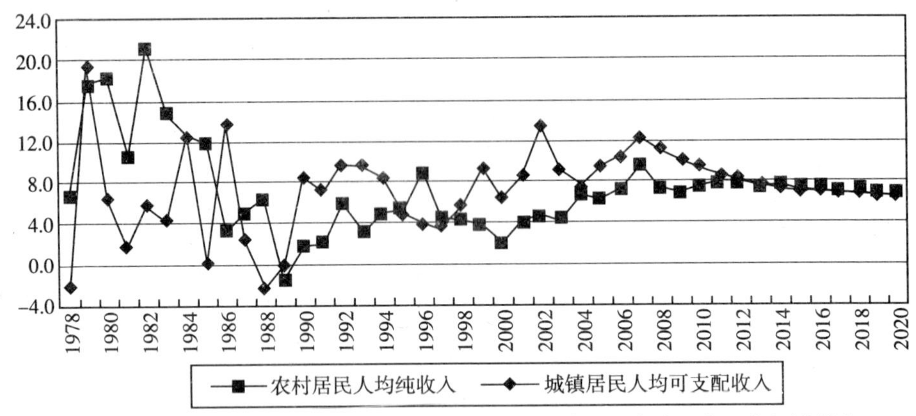

图 15-6　1978~2020 年农村居民人均纯收入和城镇居民人均可支配收入增长率

图 15-7 显示了 1978~2020 年城镇居民人均可支配收入为农村居民人均纯收入的倍数变化情况。改革开放之初的 1978 年，城乡居民收入差距为 2.6 倍，以后随着农村居民收入增长的加快而逐年缩小，1983 年下降到 1.8 倍，然后就是逐年扩大，1994 年上升到 2.9 倍；虽然其后几年曾一度下降到 2.5 倍，但从 1999 年起就只上升不下降了。2007 年这个差距倍数已达 3.39 倍。在假定政府实施了对农村的各项优惠措施后，城乡居民收入差距倍数不断扩大的趋势逐渐放慢，2010 年、2015 年、2020 年的差距倍数分别为 3.77 倍、3.83 倍、3.94 倍。差距倍数虽然还在上升，但趋缓了。

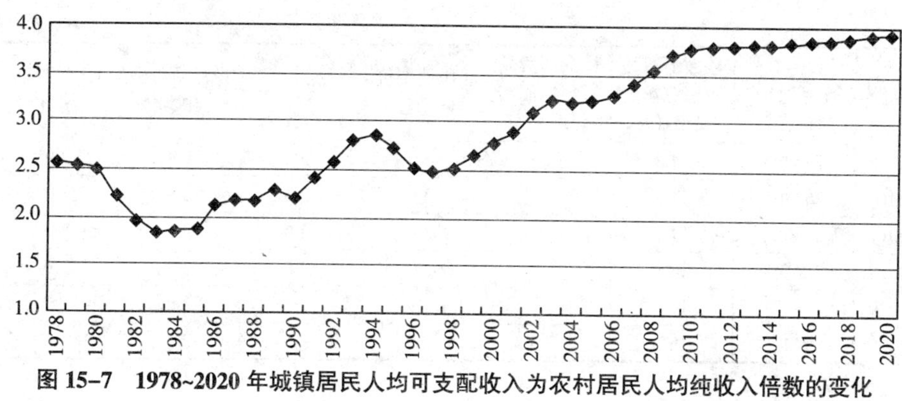

图 15-7　1978~2020 年城镇居民人均可支配收入为农村居民人均纯收入倍数的变化

八、社会消费品零售总额和物价指数预测

表 15-12 列出了 2000~2020 年间社会消费品零售总额、名义增长率、实际增长率，以及居民消费价格指数、社会消费品零售价格指数、投资品价格指数、GDP 平减指数等反映物价走势的指标情况，其中 2008 年以后为预测数。社会消费品零售总额一直保持着平稳增长态势，其实际增长率略高于 GDP 增长率，在未来年份里，社会消费品零售总额仍将保持与经济发展相适应的速度。

表 15-12　2000~2020 年社会消费品零售和各种物价指数预测（%）

年份	社会消费品零售总额（亿元）	社会消费品零售总额名义增长率	社会消费品零售总额实际增长率	居民消费价格指数	社会消费品零售价格指数	投资品价格指数	GDP 平减指数
2000	39106	9.7	11.4	0.4	-1.5	1.1	2.0
2001	43055	10.1	11.0	0.7	-0.8	0.4	2.0
2002	48136	11.8	13.3	-0.8	-1.3	0.2	0.6
2003	52516	9.1	9.2	1.2	-0.1	2.2	2.6
2004	59501	13.3	10.2	3.9	2.8	5.6	6.9
2005	67177	12.9	12.0	1.8	0.8	1.6	4.1
2006	76410	13.7	12.6	1.5	1.0	1.5	3.2
2007	89210	16.8	12.5	4.8	3.8	3.9	5.0
2008	104567	17.2	12.3	5.5	4.3	4.2	5.3
2009	121299	16.0	11.3	4.9	4.2	3.6	4.9
2010	137371	13.2	9.5	4.0	3.4	3.2	3.7
2011	153965	12.1	8.9	3.4	3.0	2.9	3.1
2012	171781	11.6	8.7	3.0	2.7	2.7	2.9
2013	191300	11.4	8.6	2.9	2.5	2.7	2.8
2014	212904	11.3	8.5	2.9	2.5	2.7	2.8

续表

年份	社会消费品零售总额（亿元）	社会消费品零售总额名义增长率	社会消费品零售总额实际增长率	居民消费价格指数	社会消费品零售价格指数	投资品价格指数	GDP 平减指数
2015	236996	11.3	8.5	3.0	2.6	2.8	2.9
2016	263804	11.3	8.5	3.0	2.6	2.8	3.0
2017	293082	11.1	8.3	3.0	2.6	2.8	2.9
2018	324645	10.8	8.0	3.0	2.6	2.8	2.9
2019	358471	10.4	7.7	2.9	2.6	2.8	2.9
2020	394426	10.0	7.4	2.9	2.5	2.7	2.8

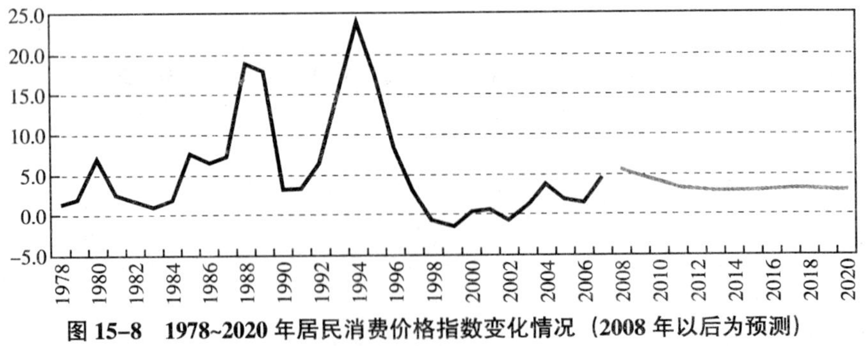

图 15-8　1978~2020 年居民消费价格指数变化情况（2008 年以后为预测）

图 15-8 所示是 1978 年以来我国居民消费价格指数的变化情况。居民消费价格指数一直被看作通货膨胀的代理变量。从总体说来，我国通货膨胀率不算高，从 1978 年到 2007 年，年平均通货膨胀率为 5.6%。在这 30 年中有两个时期出现过两位数的高通货膨胀，一次是 1988~1989 年，居民消费价格指数高达 18%，另一次是 1993~1995 年，其中 1994 年高达 24.1%。1997 年以来的 10 年则是低通货膨胀时期，其间甚至出现了“通货紧缩期”，即 1998 年、1999 年、2002 年的三年期间为负通货膨胀。2007 年国际石油价格大幅上涨对国内价格有一定的影响，而国内粮食、猪肉等食品价格的大幅度上涨，使得当年居民消费价格指数从上年的 1.5%上升到 4.8%。虽然这只是少数商品价格上涨而形成的结构性上涨，但其上涨幅度和趋势已不可小视，2008 年的通货膨胀率高于上年的可能性非常大。不过从长远来看，由于我国已经积累了丰富的宏观调控经验，通过综合运用各种货币政策和财政政策手段，把通货膨胀率控制在较低的水平上是可以做到的。有鉴于此，本预测对未来我国的通货膨胀走势持乐观态度。预测在本世纪的第二个十年里，通货膨胀率可望控制在 3%左右。

九、对外贸易预测

表 15-13 列出了 2000~2020 年间，中国货物出口、进口、贸易差额，出口、进口、外贸总额占 GDP 比例的变化情况，其中 2008 年以后为预测数。

表 15-13　2000~2020 年中国对外贸易预测

年份	出口总额（亿美元）	出口增长率（%）	进口总额（亿美元）	进口增长率（%）	贸易顺差（亿美元）	出口占 GDP（%）	进口占 GDP（%）	外贸总额占 GDP（%）
2000	2492	27.8	2251	35.8	241	20.8	18.8	39.6
2001	2661	6.8	2436	8.2	226	20.1	18.4	38.5
2002	3256	22.4	2952	21.2	304	22.4	20.3	42.7
2003	4382	34.6	4128	39.8	255	26.7	25.2	51.9
2004	5933	35.4	5612	36.0	321	30.7	29.1	59.8
2005	7620	28.4	6600	17.6	1020	33.9	29.4	63.3
2006	9689	27.2	7915	19.9	1775	36.6	29.9	66.6
2007	12180	25.7	9558	20.8	2622	36.1	28.3	64.3
2008	14490	19.0	11786	23.3	2704	35.3	28.7	64.0
2009	17128	18.2	14359	21.8	2770	36.2	30.3	66.5
2010	20055	17.1	17400	21.2	2654	36.7	31.8	68.5
2011	23327	16.3	20748	19.2	2579	37.6	33.4	71.0
2012	26966	15.6	24509	18.1	2457	38.4	34.9	73.4
2013	31107	15.4	28880	17.8	2226	39.4	36.6	76.0
2014	35824	15.2	33909	17.4	1915	40.5	38.3	78.8
2015	41217	15.1	39515	16.5	1703	41.6	39.9	81.5
2016	47390	15.0	45953	16.3	1438	42.9	41.6	84.5
2017	54380	14.7	53045	15.4	1335	44.2	43.1	87.4
2018	62347	14.6	61114	15.2	1233	45.6	44.7	90.4
2019	71336	14.4	70241	14.9	1095	47.1	46.4	93.5
2020	81563	14.3	80508	14.6	1054	48.7	48.0	96.7

进入 2000 年以来，中国的对外贸易一直保持顺差。2001 年中国正式加入世界贸易组织（WTO），为对外贸易提供了广阔的天地，进出口增长速度很高，顺差也呈不断扩大之势。2007 年中国的货物出口、进口分别为 12180 亿美元、9558 亿美元，外贸顺差为 2622 亿美元。在提高对外贸易的质量，优化外贸产品结构，提高经济效益，在节能降耗、环境保护服务等目标的要求下，国家已经或将要出台若干宏观调控措施，如改变出口退税政策，限止“两高一资”

（高消耗、高污染、资源性）产品的出口等。故在未来年份里，虽然对外贸易仍将保持较快的增长速度，但要比以前有所下降。预计出口增长率在 14%~16%，进口增长率在 14%~18%。预测 2010 年、2015 年、2020 年货物出口分别为 20055 亿美元、41217 亿美元、81563 亿美元，货物进口分别为 17400 亿美元、39515 亿美元、80508 亿美元。货物贸易顺差逐年减小，分别为 2654 亿美元、1703 亿美元、1054 亿美元。

由于出口增长率和进口增长率都远大于 GDP 增长率，出口、进口、外贸总额占 GDP 的比例将持续向上攀升。2007 年这三者的比例分别为 36.1%、28.3%、64.3%，2010 年将分别达到 36.7%、31.8%、68.5%，2015 年达到 41.6%、39.9%、81.5%，2020 年达到 48.7%、48.0%、96.7%。外贸总额占 GDP 的比例越来越大，反映了中国与世界经济的联系越来越紧密，中国对世界经济的影响越来越大，同时，中国受到世界的影响也将日益加强。

（本章执笔人：沈利生）